总序

随着2018年平昌冬奥会的圆满落幕，北京接过了冬奥会的会旗，标志着冬奥会正式进入了“北京时间”。北京将成为世界上第一个既举办过夏季奥运会，又举办冬季奥运会的“双奥”城市。

2022年北京冬奥会是我国重要历史节点的重大标志性活动，是展现国家形象、促进国家发展、振奋民族精神的重要契机。我们要深入学习贯彻习近平同志关于筹办北京冬奥会和发展冰雪运动的重要指示精神，全力做好冬奥会各项筹办工作，特别是做好冬奥会备战工作，加快冰雪运动的普及，实现冰雪运动跨越式发展。为做好北京冬奥会筹办工作，广泛传播奥林匹克文化、弘扬奥林匹克精神，2018年1月30日，教育部、国家体育总局会同北京冬奥组委共同制订了《北京2022年冬奥会和冬残奥会中小学生奥林匹克

教育计划》。该计划提出将奥林匹克教育纳入学校常规教育教学工作、开展冬季奥林匹克教育文化活动、开展冬季奥林匹克交流活动、组织冬季奥林匹克教育课程资源研发等主要工作任务。作为加强奥林匹克教育传播和推动冰雪运动开展的重要措施，北京市教委在2019年推出了“奥林匹克教育成果创编及展示”系列项目，将由北京市教委主编、首都体育学院统筹完成的《青少年冬奥知识普及丛书》呈现给广大青少年朋友。

本套丛书从冬季奥林匹克运动项目入手，结合青少年身心特点，以图文并茂的方式介绍2022年北京冬奥会的7个大项15个分项内容，邀请了包括王春露、刘秋宏、满丹丹等在内的知名世界冠军、亚洲冠军及冬季运动项目专家参与编写。本套丛书每本各分五章，从项目起源与发展、比赛场地与器材、项目设置与规则、冬奥人物故事和观赛礼仪等方面进行讲述，旨在推动北京市中小学奥林匹克教育的发展和冰雪运动的普及，促进中小学生奥林匹克知识的学习和实践，强化中小学生参加体育锻炼的习惯，营造全社会关心关注冬奥会的良好氛围，引导民众感受冰雪运动的美丽、激情和感动。

特别鸣谢北京市教育委员会、首都体育学院领导以及广大冰雪运动专家给予的鼎力支持与帮助。由于编写时间及编者能力有限，书中有不当之处，敬请谅解。希望广大青少年读者通过阅读本套丛书，能够感受冬季奥林匹克运动项目的魅力，了解冬季运动项目知识。

Beijing's taking over the flag of 2022 Olympic Winter Games at the closing ceremony of Pyeongchang 2018 Olympic and Paralympic Winter Games marks that the Olympic Winter Games is officially entering "Beijing time", and Beijing is set to become the first city in the world to have hosted both the summer and winter Olympic Games.

The Beijing 2022 Olympic and Paralympic Winter Games, a significant landmark event in the important historic time of China, is an important opportunity to show national image, promote national development and inspire national spirit. Thus, it is a must to thoroughly study and implement the spirit of President Xi Jinping's important instructions for the preparation of the Games and the development of winter sports, and try our best to make well-organized arrangements for the Olympic Winter Games, especially the preparation for sports competitions, so as to accelerate the popularization of winter sports and achieve leapfrog development of winter sports. In order to make a good preparation for the Games, widely spread Olympic culture and carry forward Olympic spirit, the Ministry of Education of China, General Administration of Sport of China and Beijing Organising Committee for the 2022 Olympic and Paralympic Winter Games jointly issued *The Olympic Education Plan for Primary and Secondary School Students of Beijing 2022 Olympic and Paralympic Winter Games* on January 30, 2018, in which several main tasks are tabled as follows: incorporating Olympic education into regular schooling, carrying out educational and cultural activities for Winter Olympics,

conducting exchange activities for Winter Olympics, and organizing research and development of Winter Olympics educational curriculum resources. As an important measure for enhancing Olympic education and promoting the development of winter sports, Beijing Municipal Education Commission launched a series of projects of "the Creation, Adaptation and Exhibition of Olympic Education Achievements" in 2019, and the *Winter Olympic Knowledge for Teenagers* prepared by Beijing Municipal Education Commission with the coordination of Capital University of Physical Education and Sports will be presented.

Based on the Olympic winter sports and considering the physical and mental characteristics of teenagers, this series of illustrated books introduces 15 sports disciplines of the 2022 Winter Olympics which are categorized into 7 main categories. This series of books are compiled by Wang Chunlu, Liu Qiuhong, Man Dandan and other famous world champions, Asian champions and experts in winter sports. Each book of the series introduces one sport from five perspectives, which are the origin and development, venues and equipment, events and rules, stories of Winter Olympic athletes and spectator's etiquette respectively. It aims to promote the Olympic education for elementary and secondary students in Beijing, popularize winter sports, facilitate the learning of Olympic knowledge and develop a good habit of taking part in physical exercises. Furthermore, it also aims to help create a sound atmosphere where the whole society cares for and pays attention to the Olympic Winter Games, and lead people to enjoy the amazing, moving and exciting beauty of winter sports.

Special thanks go to the leaders of Beijing Municipal Education Commission and Capital University of Physical Education and Sports and the experts in winter sports who presented their great support and assistance. Please accept a sincere apology for any deficiency of these books due to limited time for preparation and limited ability of the authors. It is hoped that teenage readers could enjoy the charm of Winter Olympic sports and know more about winter sports through this series of books.

青少年冬奥知识普及丛书

雪中舞蹈

自由式滑雪

周林清◎主编　黄兴◎副主编

新世界出版社
NEW WORLD PRESS

图书在版编目（CIP）数据

雪中舞蹈：自由式滑雪 / 周林清主编 . -- 北京：
新世界出版社，2021.5
（青少年冬奥知识普及丛书）
ISBN 978-7-5104-6986-2

Ⅰ . ①雪… Ⅱ . ①周… Ⅲ . ①雪上运动－青少年读物
Ⅳ . ① G863-49

中国版本图书馆 CIP 数据核字 (2019) 第 284260 号

雪中舞蹈　自由式滑雪

主　　编：周林清
责任编辑：王峻峰
责任印制：王宝根
出　　版：新世界出版社
网　　址：http://www.nwp.com.cn
社　　址：北京西城区百万庄大街 24 号（100037）
发 行 部：(010)6899 5968（电话）　(010)6899 0635（电话）
总 编 室：(010)6899 5424（电话）　(010)6832 6679（传真）
版 权 部：+8610 6899 6306（电话）　nwpcd@sina.com（电邮）
印　　刷：小森印刷（北京）有限公司
经　　销：新华书店
开　　本：880mm × 1230mm 1/32　　尺寸：145mm × 210mm
字　　数：69 千字　　印张：2.875
版　　次：2021 年 5 月第 1 版　2021 年 5 月第 1 次印刷
书　　号：ISBN 978-7-5104-6986-2
定　　价：398.00 元（全 15 册）

—北京2022年—

《青少年冬奥知识普及丛书》编委会名单

青少年冬奥知识普及丛书
（分册名录）

1.《冰上之箭——速度滑冰》

2.《冰上极速——短道速滑》

3.《冰上芭蕾——花样滑冰》

4.《勇敢者游戏——冰球》

5.《冰上象棋——冰壶》

6.《雪上马拉松——越野滑雪》

7.《空中飞鹰——跳台滑雪》

8.《全能高手——北欧两项》

9.《雪山飞人——高山滑雪》

10.《雪中舞蹈——自由式滑雪》

11.《雪上冲浪——单板滑雪》

12.《雪地猎人——冬季两项》

13.《冰上之舟——雪车》

14.《冰中鱼雷——钢架雪车》

15.《雪中跑车——雪橇》

分序

自由式滑雪是选手们在斜坡上进行自由滑降，通过表演各种空中技巧来进行比拼的艺术性比赛，也被称为“雪上杂技”。自由式滑雪起源于20世纪60年代，1992年被正式列为冬奥会比赛项目。

在2022年北京冬奥会上，自由式滑雪分为男子项目、女子项目和混合项目，其中男子项目和女子项目分别设有空中技巧、雪上技巧、障碍追逐、U型场地技巧、坡面障碍技巧和大跳台6个小项，混合项目为空中技巧混合团体。

这本《雪中舞蹈——自由式滑雪》科普读物，以专业视角和大众语言介绍了自由式滑雪的起源与发展、比赛场地与装备、项目设置与技术、冬奥人物故事和观赛礼仪等，并配以近百幅精美图片，让读者身临其境般地感受自由式滑雪带来的惊艳、感动和激情。

Freestyle skiing is an artistic competition that combines skiing and acrobatics. The athletes slide down freely on slopes and perform various aerial skills. Freestyle skiing began to flourish during 1960s and became an official event at the 1992 Olympic Winter Games.

At the Beijing 2022 Olympic Winter games, there will be 13 freestyle skiing events: men's and women's aerials, moguls, ski cross, halfpipe, slopestyle and big air, plus aerials mixed team.

From professional perspectives, this popular science book *Dance with Snow – Freestyle Skiing* introduces the general knowledge about freestyle skiing in common words, including the origin and development, venues and equipment, events and skills, stories of Winter Olympians and spectator's etiquette. Supported by nearly one hundred illustrations, the book would bring an immersive experience to readers while making them feel the amazing, moving and exciting beauty of freestyle skiing.

目录

第一章

自由式滑雪的起源与发展

自由式滑雪可以追溯到20世纪初，当时在挪威、意大利、奥地利等地相继出现了用滑雪板翻跟头的动作。这一运动最初只是将高山滑雪和杂技集于一身，经过一系列的演变，最终成为现在的竞技项目。

·自由式滑雪的起源与发展·

* 项目起源

自由式滑雪可以追溯到 20 世纪初，当时在挪威、意大利、奥地利等地相继出现了用滑雪板翻跟头的动作。20 世纪 20 年代初期，美国滑雪者开始做翻转、旋转动作。在滑雪装备的持续发展下，陆续出现了配置更高、更结实的滑雪鞋以及叠层滑雪板。这些装备的出现使

* 滑雪圣地挪威霍尔门考伦山

滑雪技术得到了快速的提升。在 20 世纪 50 年代和 60 年代，亚欧两大洲的滑雪运动员继续尝试滑行和跳跃的新方法。这种富有创造力的态度标志着一种名为“热狗”（hot dogging）或“自由式”的新滑雪运动的出现。这种滑雪运动也出现在了当时很多的影片当中，从而激发起更多人对滑雪的兴趣。专业赛事出现在 20 世纪 60 年代中期，20 世纪 70 年代开始盛行，赛事也获得了大量的企业赞助并吸引了很多观赛人群。

★ 滑雪练习

* 项目发展

20 世纪 60 年代自由式滑雪开始在美国逐步发展壮大。当时的美国正处于一个变革的时期，人们对自由的渴望促使这项全新刺激的滑雪项目普及开来。此项目最初只是将高山滑雪和杂技集于一身，经过一系列的演变逐渐走向成熟。1978 年国际滑雪联合会批准了经过修改后的自由式滑雪规则，1979 年举行了国际青年自由式滑雪赛，而在 1980 年国际滑雪联合会正式承认了这一新兴的项目，使自由式滑雪成为国际滑雪联合会的正式比赛项目。1980 年 3 月 28 日，第 1 届国际滑雪联合会自由式滑雪世界杯在加拿大惠斯勒举行，来自 7 个国家的 84 名运动员参加了雪上技巧、空中技巧、特技滑雪以及全能 4 个项目的比赛。由于这次比赛的推动作用，国际滑雪联合会决定举办自由式滑雪世界锦标赛。1986 年，首届自由式滑雪世界锦标赛在法国蒂涅（Tignes）举行，参赛国由 1980 年的 7 个增加至 18 个，运动员人

* 首届自由式滑雪世锦赛举办地——法国蒂涅

数也由最初的 84 名增加至 171 名。由于这次比赛的成功，国际奥委会决定将自由式滑雪列为 1988 年第 15 届冬奥会的表演项目。来自 17 个国家的 40 余名运动员参加了第 15 届冬奥会的自由式滑雪男、女各 3 个项目的角逐，此次表演十分成功。1988 年国际奥委会决定将男、女自由式滑雪雪上技巧列为 1992 年第 16 届冬奥会的正式比赛项目，由此自由式滑雪开始了在冬奥会上的发展历程。从自由式滑雪的发展来看，其发展速度比以往的传统项目如越野滑雪、高山滑雪、跳台滑雪等都要快，从项目形成到正式比赛，一直到进入冬奥会，仅用了 20 多年。

随后自由式滑雪在冬奥会上的比赛项目不断增多。1994 年利勒哈默尔冬奥会增设了空中技巧，2010 年温哥华冬奥会增设了障碍追逐，2014 年索契冬奥会增设了 U 型场地技巧和坡面障碍技巧，2022 年北京冬奥会将增设大跳台。

* 比赛中选手

· 自由式滑雪在中国的发展 ·

1989年，中国运动员开始从事自由式滑雪空中技巧项目。在以考验体能为主的雪上项目中，空中技巧是以灵活和技巧为主的项目，所以，该项目也成为中国获得雪上项目金牌的突破口。在体操、跳水等高技巧、低对抗的项目上，中国已经多年保持领先，而自由式滑雪空中技巧是雪上项目中少有的低强度项目。因此，凭借着我们的优势，参加长野冬奥会的徐囡囡和参加都灵冬奥会的李妮娜分别夺得亚军，

* 空中技巧展示

参加都灵冬奥会的韩晓鹏还夺得了冠军。他们 3 个都是从技巧或体操项目“转行”到中国自由式滑雪国家队的。运动员灵活的身体加上扎实的基础，还有从小培养出来的在空中的感觉，使中国空中技巧项目得以高速发展。

在 1994 年利勒哈默尔冬奥会上，中国首次派出了 2 名女子选手参加自由式滑雪，她们分别获第 17 名和第 18 名。在 4 年之后的长野冬奥会上，年仅 16 岁的小将徐囡囡从众多参赛选手中脱颖而出，以令人惊艳的一跳将银牌揽入怀中，同时她也创造了当时中国雪上项目的最好成绩。自 2002 年始，以李妮娜为首的一批女子选手开始活跃在空中技巧世界比赛的舞台上。在参加都灵冬奥会之前，李妮娜已获

* 1994 年利勒哈默尔冬奥会海报

得了世界杯 10 个分站赛的冠军，并在 2005 年荣获了中国首个雪上项目的世锦赛冠军。夺冠呼声很高的李妮娜、两届冬奥会老将徐囡囡、动作难度系数达到世界最高的郭心心，以及程爽、王姣、张鑫 6 名队员组成的中国女队在空中技巧世界杯比赛中可谓所向披靡，几乎包揽了世界杯各分站赛的冠军，令世界为之瞩目。此外，在男子组这边，也出现了一举拿下都灵冬奥会空中技巧金牌的韩晓鹏。可以说，自由式滑雪在中国有着非常好的发展前景。

1994—2006 年，我们的邻国日本在自由式滑雪女子项目上快速崛起，并先后在冬奥会上获得 1 枚金牌和 1 枚铜牌。为了提高我国在该项目上的竞技水平，我国对日本女子雪上技巧的发展状况进行了研究，学习和借鉴其成功经验。因为都属于亚洲人，有着较为相近的生理学特点，所以借鉴日本自由式滑雪雪上技巧运动员选材与训练方法对于我国在该项目上的发展有着重要的意义。在以往的比赛中不难发现，自由式滑雪雪上技巧项目要求运动员动作敏捷协调，回转动作具有冲击性，因此身材较矮和体重相对较轻的运动员更容易取得好的成绩。这些特点与技巧类项目的特点一致，而我国在技巧类的项目上一直都占据着一定优势，因此自由式滑雪雪上技巧更适合在我国开展。

2006 年 11 月，中国在哈尔滨体育学院一滑雪教学训练基地，举办了首届全国自由式滑雪雪上技巧教练员培训班，并聘请了来自加拿大国家队的美籍主教练 Stephen Fearing 主讲。同时，国家体育总局冬季项目管理中心滑雪部决定，在哈尔滨体育学院组建我国第一支自由式滑雪雪上技巧滑雪队。2006 年 12 月，在北大湖滑雪场举办了自由式滑雪裁判员培训班，首次对自由式滑雪雪上技巧项目的裁判进行培训。

2007 年 6 月 1 日至 7 月 28 日，国家体育总局冬季项目管理中心组建了自由式滑雪雪上技巧集训队，赴加拿大不列颠哥伦比亚省惠斯勒雪场与加拿大国家女队一起训练。在我国选手竞技水平不断提高的同时，通过冬运中心与加拿大自由式滑雪协会皮特先生的努力，我国也成功争取到了参加 2008 年世界杯加拿大站比赛的资格，这也是我国雪上技巧运动员第一次参加国际赛事。从这段时间开始，自由式滑雪雪上技巧国家队每年到国外训练 1~2 次，参加世界杯分站赛或洲际杯赛事 2~3 次，以此来积累国际赛事比赛经验，并获得冬奥会积分。

2018 年至今，科技部大力扶持自由式滑雪雪上技巧的科学研究工作,发挥体制优势,加大资金投入,启动高水平科研课题。加强国际交流，组织专家、学者定期到冰雪项目强国交流学习，不断缩小与国外运动员的技术差距。

为了保障运动员竞技能力获得稳步、科学的提高，我国利用东北地区的冰雪资源建造了自由式滑雪场地，并进一步完善了项目管理制度，制定了更加科学的训练方法。以训练单位为主体，由教练员、医务人员、科研人员组成保障小组，通过比赛等方式检验科学训练结果，建设更加完善的科学训练监督体系，其中重点研究选材、技术、体能训练、合理膳食、心理调节等多个方面。

到了 2019—2020 赛季，我国自由式滑雪项目共参加了 13 站国际比赛，包括 8 站国际雪联世界杯赛和 5 站洲际杯赛。国际比赛成绩展现了国家队进入北京冬奥会备战周期两年来所积累的备战成果，比赛成绩呈现出稳步上升的态势。其中女运动员在本赛季的国际雪联世界杯和澳洲杯比赛中均取得了历史性突破，特别是在 2019 年 12 月 15 日太舞举办的国际雪联世界杯中国站双人雪上技巧比赛中宁琴取得了第 16 名的优异成绩。这也是我国运动员首次在世界杯比赛中进入复赛，在国际 A 级赛事中有了新的突破。

知识窗

问：你知道 2022 年北京冬季奥运会自由式滑雪有多少个项目吗?

答：2022 年北京冬季奥运会自由式滑雪共设男子、女子项目各 6 个，分别是空中技巧、雪上技巧、障碍追逐、U 型场地技巧、坡面障碍技巧和大跳台，还有一个男女混合项目为空中技巧混合团体。

第二章 自由式滑雪的场地与装备

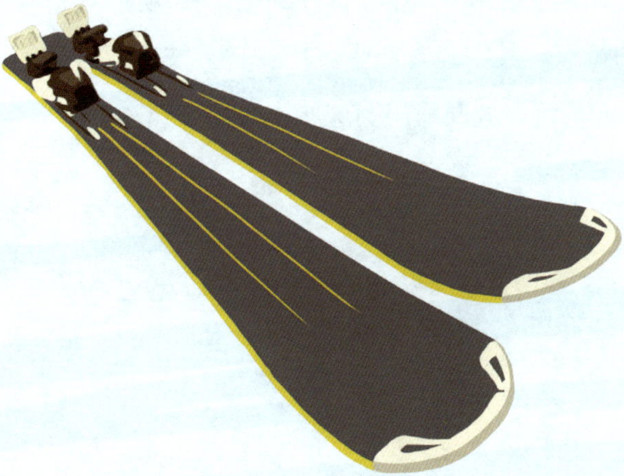

自由式滑雪是以技巧为主的滑雪项目，通过不同形式的滑雪赛道来展现滑雪灵活、自由的一面，有多种表现形式，样式繁多且各不相同，所以其比赛场地也有着各自的特点。

·竞赛场地·

* 自由式滑雪竞赛场地

自由式滑雪是以技巧为主的竞赛项目，需要通过不同的赛道来展示滑雪灵活、自由的另一面，其表现形式多样，且各不相同，所以其比赛的场地也都有着各自的特点。其中包含空中技巧、雪上技巧、障碍追逐赛、U 型场地技巧、大跳台、坡面障碍赛这些比赛的场地。

* 自由式滑雪竞赛场地

* 空中技巧场地

空中技巧比赛场地由出发区、助滑坡、过渡区、跳台、着陆坡、终点区组成。其中，助滑坡长度为 55~65m，坡度为 20° ~25° 。两个过渡区分别连接助滑坡与跳台以及跳台与着陆坡。跳台有 4 种类型，其中 3 种类型用于空翻系列动作，另外一种类型则用于直体系列动作。供空翻系列动作使用的跳台分大、中、小型，分别用于做空翻 3 周动作、空翻 2 周动作和空翻 1 周动作。跳台的宽度为 1.5~1.6m，一般资格赛中选手进行 2 轮跳跃，决赛中进行 3 轮跳跃。

* 空中技巧场地跳台

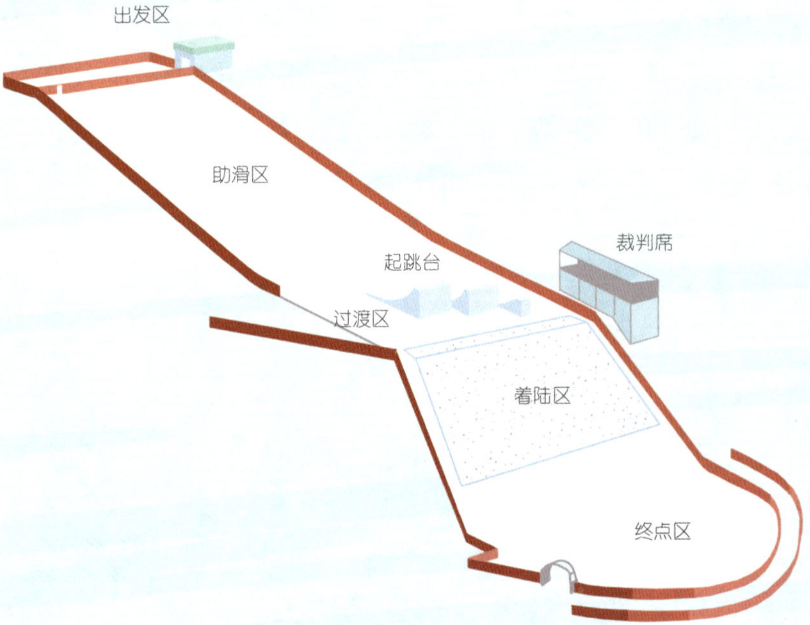

* 空中技巧场地

* 雪上技巧场地

场地长为 200~270m，宽为 15~25m，坡度达 24° ~32°。场地要保证恒定的坡度和落差。

斜坡不能过凸、过凹，不能有过于明显的坡度变化以及过深的沟底。雪包铺设要均匀，不能过尖或过硬。场内亦不得有冰块或雪块。雪包将布满整个场地，在这些雪包中间还有 2 个跳台。整个场地从起点到裁判房不可以超过 300m。

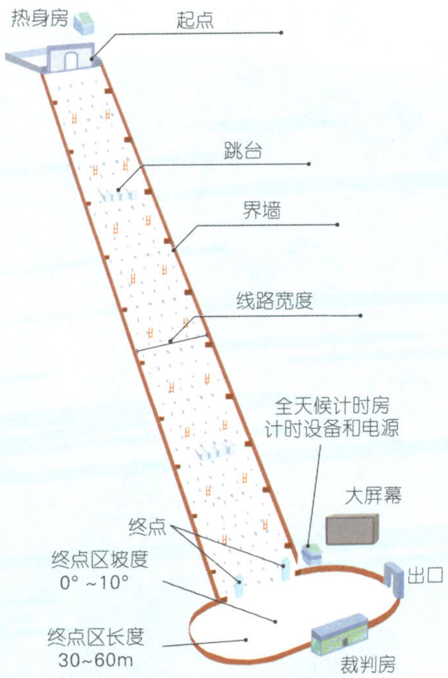

* 雪上技巧场地

* 障碍追逐赛场地

在障碍追逐的比赛中，运动员在一个包含不同坡面、跳台、波浪和其他地貌的赛道中进行比赛。奥运会赛道规格如下：标准高差为130~250m，长为900~1200m，平均坡度为10°~14°，斜坡宽度为40m，跑道宽度为6~16m。

* 障碍追逐赛场地

* U 型场地

奥运会 U 型场地技巧赛道规格如下：倾斜度为 17° ~18° ，长度推荐为 170m，但不得小于 150m，半圆筒宽度为 19~22m，高度为 6.7m。

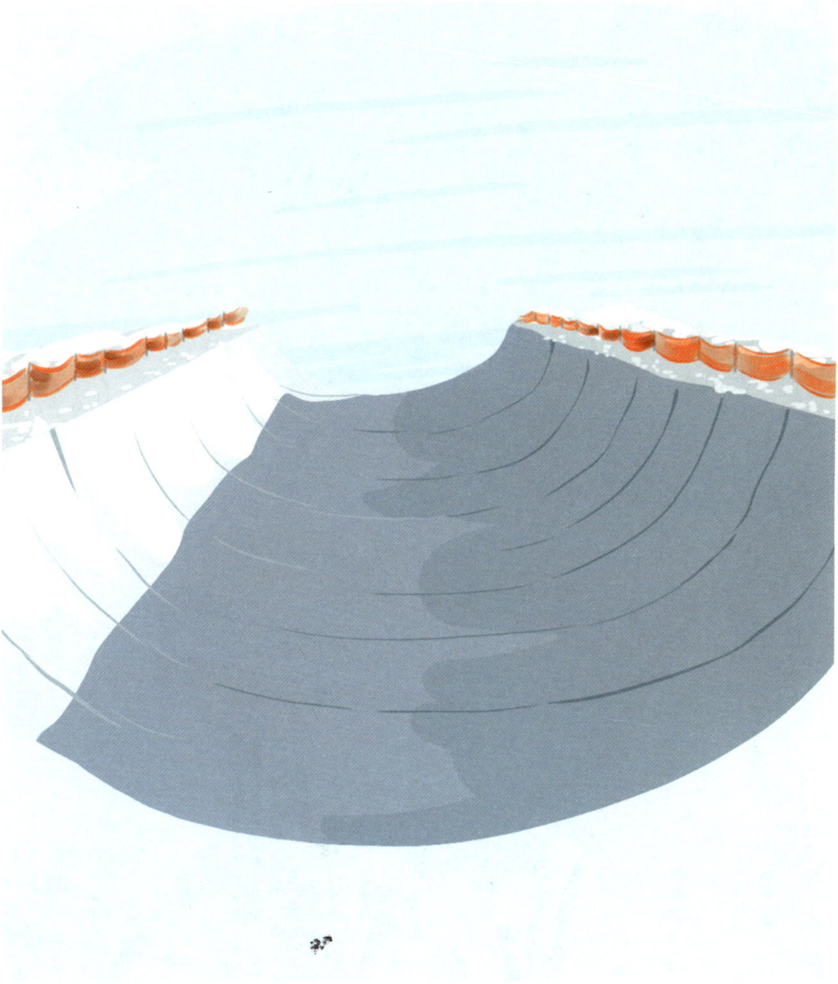

* U 型场地

* 大跳台场地

大跳台的比赛场地长度为 164m，最陡坡度约 38°。由以下几部分组成：出发区、起跳区、着陆坡和终点区。起跳台的宽度为 3m、高度为 8m，也可以用来承接跳台滑雪和空中技巧的相关比赛，有着很强的专业性。

* 大跳台场地

＊ 坡面障碍技巧场地

坡面障碍技巧比赛在一条可供运动员选择的充满各种各样腾跃场地、跳台、轨道、大跳台等设施的赛道上进行。奥运会赛道规格如下：标准高差不得小于 150m，斜坡的倾斜度平均在 12° 以上，宽不得低于 30m，各种障碍道具的选择不得少于 6 个（器物 + 跳跃），跳跃平台不得少于 3 个。

＊ 坡面障碍技巧场地

· 比赛装备 ·

* 滑雪板

自由式滑雪板的弹性和韧性较好，侧弧较小。自由式滑雪空中技巧滑雪板没有长度的限制，不过一般男运动员的滑雪板长度为175~182cm，女运动员的滑雪板长度为167~174cm。

雪上技巧滑雪板，男运动员的滑雪板不得短于190cm，女运动员的滑雪板不得短于180cm，对于身高不足160cm的参赛者，则允许滑雪板缩短10cm。

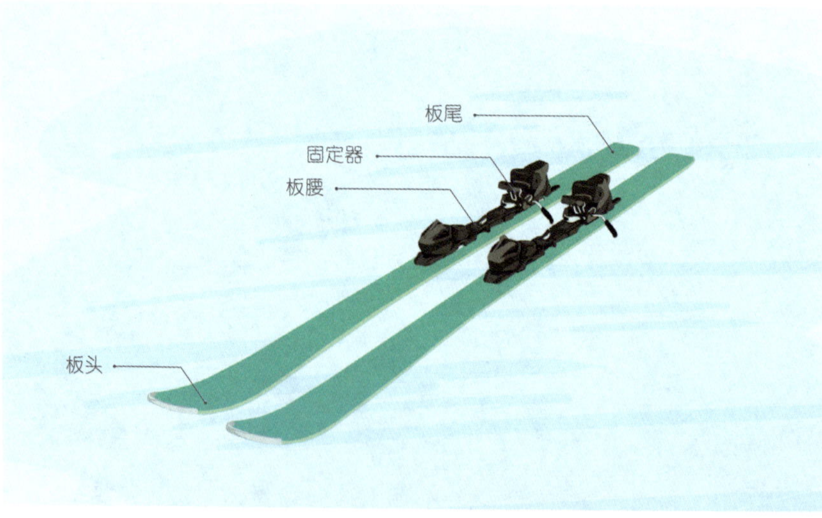

* 自由式滑雪板

* 滑雪杖

滑雪杖主要用于在滑雪时支撑前进加速、控制身体平衡和支撑变向转弯等。滑雪杖是由杖杆、握革、握柄、杖尖、雪轮等部分构成的，由轻质材料制成。滑雪杖的长度根据运动员的个人身材特点而定，一般以运动员用基本站姿站立时腰部和臀部之间的位置距地面的高度为宜。

* 自由式滑雪杖

* 滑雪服

滑雪服的种类、颜色很多。在比赛中滑雪服除了起到保暖、透气、防风、防水等作用外，在膝关节部位还要有带颜色的宽版分界线，以此来让裁判看清滑行质量。有的滑雪服还有发热、杀菌和防臭的效果。在制作滑雪服的时候会将伸缩性材料加入到关键部位，从而提升运动性能。此外，衣服内侧有可装滑雪镜的大网兜，内侧下摆有防风裙，风雪帽更大可兼容滑雪头盔，左边袖口配备可放置雪卡的小口袋等，这些都是滑雪服的主要特点。由透湿度高的材料所制作的滑雪服，能帮助身体在滑行过程中排出湿气，保持长久的干爽和舒适，有助于提升滑行质量。

* 自由式滑雪服

* 滑雪鞋

滑雪鞋是滑雪运动中必不可少的装备。合适的滑雪鞋不仅穿着合脚舒服，还能让运动员在滑雪时更加轻松自如，可以在雪道上任意飞驰，更重要的是在关键时刻还能保护脚部，尤其是脚腕。滑雪鞋的前面比较软，后面比较硬，因为在滑行中，运动员的身体需要向前倾，而不需要向后倾。

* 自由式滑雪鞋

＊ 头盔

选择合适的头盔十分重要。试戴时首先要感受头盔大小是否合适，过松或过紧的头盔都应该放弃。其次头盔的帽檐需在眉毛上方2根手指宽度处，如果帽檐太低会影响视野，若高于前额将无法提供足够保护。合适的头盔可以在保证通风的前提下，给予使用者良好的防风御寒功能，并为前额提供保护。

＊ 自由式滑雪头盔

* 滑雪镜

滑雪镜是必需的滑雪用品，用来遮挡强光和风。好的滑雪镜可以有效阻隔很多有害光线，减轻对眼睛造成的伤害，同时，滑雪镜还可以在摔倒时有效保护眼睛不被刮伤或者戳伤。滑雪镜主要的框架结构有柱形和球形两种，柱形是传统的样式，球形则视野较好也比较好看一些。镜片分为低透光率的防紫外线镜片和适合夜间使用的增光镜片。滑雪镜是双层镜片结构，其镜片比较软，保证不会起雾也不会因为撞击而破碎。

* 滑雪镜

* 手套

滑雪手套也是非常关键的滑雪用品，手套的保暖性、透气性和舒适性相当重要。在室外，没有滑雪手套几乎是不能滑雪的，哪怕在气候条件非常好的地方，不戴手套滑起来还是会感到寒冷。

滑雪手套的腕口一般略长，可以盖住滑雪服的袖口，达到防风保暖的效果。部分滑雪手套的手背位置还会配备小口袋，用于放置钥匙之类的小物件。竞技级别使用的滑雪手套会在关键部位填充橡胶、陶瓷等材料，充分保护滑雪者的双手。

* 滑雪手套

第三章

自由式滑雪的项目设置与技术

自由式滑雪的比赛规则于1979年制定。2022年北京冬奥会上自由式滑雪项目分为男、女各6个小项，即雪上技巧、空中技巧、U型场地技巧、障碍追逐、坡面障碍技巧和大跳台，以及1个混合项目，即空中技巧混合团体。

·项目设置·

* 空中技巧

自由式滑雪空中技巧是借助较为固定的下滑速度，在半弧形跳台上起跳，完成各种难度空翻动作，并平稳着陆的一项比赛，与体操中的跳马比赛类似。通过两轮预选，选出前 12 名选手进入决赛。决赛分 3 轮进行，第 1 轮中前 8 名选手进入第 2 轮，第 2 轮中前 4 名选手进入最终的第 3 轮决赛。

在比赛时选手可以根据战术选择不同难度的跳台，每个跳台都有指定的基本动作。选手可以在基本动作上添加其他空中技巧动作，例如：直体翻腾一周转体一周（360°）、直体翻腾一周转体两周（720°）、直体翻腾一周转体三周（1080°）、直体翻腾一周、屈体翻腾一周、团身翻腾一周等。

5 名裁判分别按照腾空分数（起跳和腾空高度）、空中动作分数（完成姿态和难度）以及落地分数进行评分，满分为 10 分。分值的占比分别为 20%、50%、30%。

排除最高分和最低分后，剩余 3 个分数相加，再乘以动作难度系数，评出最终的得分。

* 动作展示

＊ 雪上技巧

选手沿着布满人造雪丘的陡峭赛道疾速滑下，赛道设有 2 个跳跃点，选手需完成 2 次跳跃动作。

预选赛分为两轮，预选过后，排名前 20 的选手进入决赛。决赛分 3 轮进行，第 1 轮中前 12 名选手进入第 2 轮，第 2 轮中前 6 名选手最终进入第 3 轮决赛。

雪上技巧由 7 名裁判执裁，满分为 100 分，5 名负责滑行回转评分（满分为 60 分），2 名负责空中动作评分（满分为 20 分），滑行时间评分（满分为 20 分）通过计时换算。每位滑行裁判打出的技巧分数中，排除最高分和最低分后，剩余 3 个分数相加得出最后的技巧分数。空中动作分数则取两个分数的平均分。

参加雪上技巧项目的运动员需要有快速的转弯能力，良好的缓冲、伸展、刻雪技术。选手们需自己选择好路线，直接沿着路线滑降，并借助雪丘完成 2 种不同难度的跳跃。跳跃中要展示一定难度的技术动作，包括单个或多个位置的抓板动作、翻转和旋转。

* 场地跳跃点

* 障碍追逐赛

自由式滑雪障碍追逐赛是 4 名选手在由各种地形障碍构成的赛道上竞速的比赛，通过终点线的顺序决定最终排名。预选赛中通过 2 次时间记录选出进入决赛的前 32 名选手。在此后进行的决赛中，4 名选手将被分为一组，而每组的前 2 名将晋级下一轮，直至最终决赛。

* 障碍追逐赛

* U 型场地技巧

自由式滑雪 U 型场地技巧是从倾斜的半圆筒形斜坡往下滑，并展现跳跃、回转等空中技巧的项目。5 名裁判根据高度、回转、技巧、难度系数等分别打出满分为 100 分的综合表演分数，而其平均分数将作为每名选手一次滑行的最终分数。选手可进行 2 次表演，其中更高的分数将决定最终排名。

在冬奥会比赛中，U 型场地技巧采用 2 轮预赛，选出前 12 名选手入围决赛。决赛阶段共进行 3 轮，最后决出冠、亚、季军。

* U 型场地技巧

* 技巧动作分解

* 坡面障碍技巧

坡面障碍技巧比赛是为了考验滑雪者的滑雪技巧而设计的。赛道就像普通滑雪道一样，有平直滑道、宽滑道、横滑道，也有弯道，像岸边和山坡这样的滑道。5 名裁判根据高度、难度系数、回转、技巧等因素，打出整体分，以 5 名裁判的平均分数作为运动员的最终得分。在预选赛中，选手可进行 2 次表演，取其中更高的分数决定排名。选出 24 名男选手、12 名女选手进入决赛。

* 大跳台比赛

* 大跳台

在自由式滑雪大跳台比赛中，运动员会从近 50m 高的斜坡上滑下，然后在斜坡的尽头完成腾跃、空翻、转体、抓板等技术动作组合，裁判会依据参赛选手在比赛中所做出的动作难度、完成度以及美观性、流畅性等进行打分。进入决赛后，比赛难度会随之增加，运动员会用更高的难度做出各种动作，其中男子选手还会有两周、三周的空翻加转体这样的高难度动作，而参赛选手优美的技术动作也是取得高分的关键。

＊ 空中技巧混合团体比赛

＊ 空中技巧混合团体

空中技巧混合团体比赛分为预赛和决赛。预赛结束后，将按照比赛成绩从高到低进行排名，前 4 名的参赛队将进入决赛。决赛后再次按照比赛成绩从高到低进行排名，决出前 4 名。预赛和决赛中运动员必须选择不同动作参加比赛，并在每轮比赛中完成 1 跳动作。

预赛中参赛队的出发顺序由赛前抽签决定。决赛时将按预赛成绩从高到低逆序出发。出场顺序则按女子在前、男子在后的顺序排列，具体名单及参赛动作需在混合团体赛的赛前抽签前向竞赛委员会提交。

空中技巧混合团体赛每队 3 人，比赛日进行现场检录的参赛队不足 3 人将被取消参赛资格。各参赛队 3 名运动员的总成绩为该队比赛成绩。如果赛前训练和比赛期间出现运动员退赛，则按该队其余运动员成绩之和计算。如果参赛队伍比赛成绩相同，则选择参赛队内 3 名运动员中最高个人成绩进行评比，并以此类推。如果仍相同，则按上述顺序，依据国际雪联最新个人成绩评分决胜规则进行排名。

·技术特点·

* 空中技巧

自由式滑雪空中技巧比赛应该是一场完美的视觉享受，不过，对于运动员来说，要有非常好的平衡能力和空中控制能力，追求稳、难、准、美的结合。因此，该项目对运动员的身体条件要求极高，他们必须拥有极佳的身体柔韧性。另外，在奥运会比赛、世界锦标赛预赛中，运动员一共有 2 次试跳机会，在世界杯比赛中只有 1 次机会。为了取得好成绩，试跳对选手来说很重要，必须表现得非常完美，这对于运动员的心理素质也是一个极大的考验。

* 空中技巧分解

* 空中技巧

* 滑行动作

* 起跳动作

* 空中动作

* 落地动作

* 雪上技巧

雪包驾驭：运动员可以直接从雪包上经过，但是这样会比绕过雪包花费更长的时间，弯曲膝盖可以缓冲雪包对运动员的弹起力量。

* 雪包驾驭

收背技巧：“收背”是一种跳起后在空中做的技术动作，在其他位置上也可以和其他技术动作组合。雪板在此期间必须保持平行状态。

* 收背技巧

鹰式舒展：一种常见的空中动作，运动员从跳台上跃出后尽可能地展开四肢。

* 鹰式舒展

知识窗

你知道什么是露膝原理吗?

1994 年，加拿大运动员穿着鲜艳的护膝来确保裁判们注意到他在赛道上的技巧，通过完美的展示加拿大运动员夺得了金牌。在现在的比赛中每个运动员都带上了类似的护膝。

* 障碍追逐赛技巧

身体的耐性和强壮程度是在这项运动中取胜的至关重要的因素，因为运动员连续做 4 到 5 个动作需要 60 秒或更久。出发是追逐赛的关键，而上肢力量能带给运动员较大的初始速度，让其在起跑线上获得领先的位置。

* 障碍追逐赛

* U 型场地技巧

选手从赛道顶部出发，在 U 型池中从一面池壁滑行到另一面池壁，利用壁顶与池底的高度落差滑降、加速。每次转换的时候做出跳跃和技巧动作，一般为 5~8 个，主要动作有跃起抓板、跃起非抓板、倒立、跃起倒立、旋转等。裁判会根据其腾空高度、动作的难度和效果进行打分。

* 跃起抓板

* 跃起非抓板

* 倒立

* 跃起倒立

* 旋转

高度：选手起跳的高度，在跃起中的高度越高得分就越高。

难度：注重在跃起中旋转的角度以及起跳、落地、抓板等动作的难度，难度越高的动作相应的得分也会越高，连贯多样的高难度动作组合的得分也会更高。

多样性：注重在滑行中动作的多样性，在滑行中重复进行同一级高难度动作的得分甚至不如连贯多样的低难度动作组合得分高。

技术进阶：尝试自创的滑雪风格，或者完成其他选手从来没尝试过的动作将会得到高分，因为新动作的尝试可以推动整个运动的发展。

动作完成：评判标准包括空中抓板的时长、落地动作、落地手触地等。

动作连贯性：注重运动员整体的动作连贯性，如运动员在完成整套动作时被迫减速或者重新开始将会丢失一些分数。

* 坡面障碍技巧

在坡面障碍技巧比赛中，运动员在高速通过赛道上的各种障碍时，飞行、翻腾、跳跃，展示自己高超的技巧和创意。

* 飞行

* 翻腾

* 跳跃

第四章

自由式滑雪的冬奥人物故事

在自由式滑雪项目中，很多勇敢者创造出了大量的惊险动作，随后，此项运动也逐步成型。自由式滑雪被列为冬奥会比赛项目后，很多参赛选手一次次用精彩的表现讲述着他们的故事。

· 韩晓鹏 ·

* 梦想与精神

韩晓鹏，出生于 1982 年，江苏省徐州市沛县人。他于 1995 年进入沈阳体育学院，曾多次获得全国冠军。2005 年自由式滑雪世界杯总决赛他荣获第 3 名，这也是我国男子选手截至当时在世界杯总排名中的最好成绩。

* 韩晓鹏（一）

在韩晓鹏 6 岁的时候，父亲把他送到运动队里开始练习一些技巧。当时父亲只是希望他多学一点本事，多一条出路。1995 年，沈阳体育学院到江苏挑选运动员，他因为身体素质全面，在爆发力方面尤为突出，被教练选中进入自由式滑雪队。从此，韩晓鹏开始了他在东北沈阳的学习和生活。

韩晓鹏第一次看到跳台时被吓了一跳，简直太高了。站在一旁送他来的父亲也说："要是不行就回家算了。"但韩晓鹏说："来都来了，要不就试试吧。"就这样他留了下来。如果当时韩晓鹏跟着父亲离开，或许现在的世界冠军就会少一个中国人的身影了。一个从没接触过滑雪，不会游泳，不会轮滑的人就这样在沈阳体院开始了他自由式滑雪的职业生涯。在那段日子里，韩晓鹏学会了东北人的直爽、仗义。平时不爱说话的他，特别讨厌那些经常自我吹嘘、说话不实在的人。很多认识他的人都知道，只要是他认定的朋友，他就会不遗余力地帮助他们。正是因为这样的"兄弟义气"，他惹出了很多麻烦，还因为打架差点被沈阳体院自由式滑雪队开除。韩晓鹏夺冠后开玩笑地说道，如果那时候被开除了，就没有今天的奥运冠军了。

最初，自由式滑雪男队的成绩和女队相比有着很大的差距，基本属于陪衬。但是谁都没有想到，韩晓鹏竟然打破了这种局面，他从 2000 年开始代表中国参加自由式滑雪世界杯，就犹如一匹黑马脱颖而出。但在 2001 年盐湖城冬奥会前夕，韩晓鹏在二龙山滑雪场进行训练时不小心摔倒，导致右膝的十字韧带断裂。当时队里的教练和领导都在国外带队比赛，他的身边只有父母陪同。由于当时医院的床位紧张，韩晓鹏只能在父母的陪伴下一次又一次地往返于家和医院。那是他人生中最艰难的时期，他甚至一度想过放弃。但就在这样的情况下韩晓鹏还是去了盐湖城，参加了比赛。可想而知成绩并不理想，他只取得了第 24 名。但韩晓鹏却从这个成绩中看到了希望："我带伤还能跳成这样，看来下届冬奥会有戏，应该可以拿个奖牌吧。"

一晃四年过去了，2006 年韩晓鹏迎来了都灵冬奥会，当时中国队给他的目标是冲进前 6 名。没想到在预赛中韩晓鹏以绝佳的状态拿到了第 1 名。即便如此，他也没想到会拿到金牌，因为当时世界上的高手实在太多了。就在当天，中国女队的姑娘们比赛失利，没有拿到金牌。所以在当天晚上，全队连夜开会，研究战略和技术动作。大家想得最多的就是如何让韩晓鹏在没有过大的心理压力下拿下男子比赛的金牌，这个会议一直持续到天亮。在大家的精心设计下，决定采用以下战略：第一跳的难度定为 4.425，第二跳的难度降低为 4.175。而他的主要竞争对手是白俄罗斯选手达申斯基，对方两跳的难度都是 4.425。

果然，发挥稳定的韩晓鹏于 2006 年 2 月 23 日晚在都灵冬奥会上一鸣惊人，在决赛中以 250.77 分力挫群雄，以完美的两个动作获得了都灵冬奥会自由式滑雪男子空中技巧金牌，这也是中国第一枚自由式滑雪项目的金牌。当时的中国体育代表团团长、国家体育总局局长刘鹏评价道："今天晚上可以说创造了两个奇迹，第一个奇迹是实现了中国在冬奥会历史上男子项目金牌零的突破，第二个是实现了中国在冬奥会历史上雪上项目金牌零的突破。这两个突破是几代人努力的结果，凝聚着几代人的心血和奉献。多年来，空中技巧的教练员、运动员和其他人默默无闻地在冰天雪地中训练，他们的事迹很少有人知道，他们甘于寂寞、为国奉献的精神在今天终于结出了丰硕的果实。"

22岁的韩晓鹏在一夜之间完成了中国冰雪运动的三大突破，他的这一次跳跃可以说开创了中国冰雪运动新的里程碑。他在一次次刻苦的训练和比赛中所表现出的不畏艰辛和顽强拼搏，代表中国所有的冰雪人，很好地诠释了中国的体育精神。

* 韩晓鹏（二）

· 李妮娜 ·

* “雪上公主”

中国的雪上竞赛项目，一直以来在国际上都处于弱势，但自由式滑雪世锦赛的一项纪录却始终被中国选手保持着，保持这项纪录的人就是空中技巧项目的李妮娜。国际雪联自由式滑雪世锦赛自 1986 年创立以来，在所有项目中，唯一夺得三连冠的选手就是她。

李妮娜，出生于 1983 年 1 月，父母均为普通的上班族，她的出生让这个家庭顿时充满了欢乐，而给她起一个好听的名字，也成了

* 李妮娜（一）

全家的大事。有的说应该叫什么娜，有的说应该叫什么妮，后来大家一致说，干脆就叫李妮娜吧，名字就这样被确定了下来。没想到多年以后，李妮娜这个名字会被全国人民所熟知。

身为中国自由式滑雪空中技巧队运动员的李妮娜，是我国雪上项目第一位获得世界杯总决赛冠军、第一位世界排名第一、第一位获得世界锦标赛冠军的女运动员。作为我国自由式滑雪空中技巧项目的当家花旦，她连续参加了 2002 年、2006 年、2010 年、2014 年共 4 届冬季奥运会，并蝉联 2005 年、2007 年、2009 年 3 届世锦赛冠军，被大家亲切地誉为“雪上公主”。

* 初出茅庐

李妮娜和大多数空中技巧运动员一样，并不是一开始就从事这个项目，而是由别的运动转项过来的。在 1990 年也就是她 7 岁的时候，她在母亲的鼓励下去辽宁本溪市体校开始进行技巧训练（夏季项目），同年被沈阳的教练选中，去了沈阳，但因为年纪太小又被送回。2 年后，她再次被沈阳体育学院附属竞技体育学校选中，进入技巧队，从此离开父母，开始了集体生活。

小队员们平时训练都特别辛苦，经常弄得浑身是伤，家长们每周都会去学校看望自己的孩子，很多小队员见到父母时都会痛哭流涕，而小妮娜却表现得格外坚强，只有在妈妈离开时因为舍不得才会哭。为了让女儿有一个美好的未来，妈妈总是给她擦干眼泪，鼓励她好好训练。

在李妮娜 11 岁那年，因为身体发育带来的身高和体重的增长，限制了她在技巧训练上的发展，所以她只能转项，从此开始了冰雪运动的生涯。李妮娜其实不是一个很有天分的运动员，曾经还因为学习新动作慢而被教练劝退过，但是滑雪的魅力让她爱上了这个项目，她不想就这样放弃，跟父母和教练沟通后还是“赖”在了滑雪队里。在平均气温零下 20℃的天气下，小妮娜每天都要穿着厚厚的滑雪服，带上十几斤重的装备去进行训练，即使这样，刺骨的冷风还是能钻过衣服，吹到她幼小的身上。但小妮娜坚持了下来，学动作慢，就多练几遍，别人都下课了，就再加练一会儿，把别人偷懒的时间、玩乐的时间都用在训练上，小妮娜很懂得笨鸟先飞的道理。终于，在 2000 年的全国比赛中李妮娜获得了冠军，也因此顺利进入国家队，成为一名国家队运动员。

2002 年 2 月 8 日，盐湖城冬奥会开幕，这是李妮娜第一次参加冬奥会，当时年仅 19 岁的她还是一个名不见经传的新人。压力对于她而言仿佛根本不存在，因为奥运村里的一切事物对她来说都是那么新奇，她和伙伴们每天都是这里走走，那里看看，体验着大赛的壮观。从来没有见过那么多观众的她，看到的只有前方黑压压的一片和看台上来自各个国家的不同人群，大家高举着本国的国旗和自己喜欢的选手的名字，整个赛场的氛围显得十分紧张。

当李妮娜站在赛场的等候区，看到那些自己不太熟悉的参赛选手的面孔时，她发现大家都在紧张地准备着，有人闭目养神，有人一直在做深呼吸，还有人不断地做着模仿动作。但她一直观察着场上的动向，她想了解场上每位选手的表现，那才是最吸引她的。

★ 李妮娜（二）

很快李妮娜开始了自己的表演，在预赛中她发挥得十分稳定，顺利进入了决赛。这是件非常值得高兴的事，要知道，队员们无论谁进入了决赛都是值得庆祝的，因为这意味着为中国队争取了一个名额，同时也减少了一个对手。

决赛开始后，她第一跳动作表现欠佳，在落地时出现了一点小失误，但没有摔倒，而第二跳完成得非常好，连她自己都被吓了一跳。最终，李妮娜以第 5 名的成绩完成了比赛，这也是那届冬奥会上中国队雪上项目的最好成绩！

* 带伤出征，屡获佳绩

转眼到了 2006 年，都灵冬奥会开幕。这是李妮娜第 2 次参加奥运会，在过去的 4 年里，她经历了伤痛和磨炼，也从一个新人变成了令人瞩目的种子选手。

进入奥运村之后，李妮娜没有睡过一个安稳觉，每天都想着关于比赛的事情，直到半夜才能慢慢睡去。很多人会在奥运村买一些纪念品，她却对此提不起任何兴趣（直到比赛结束后，她才想起去看看，可惜什么都没有了，最后她只买到了一包薯片）。其实她对意大利的赛场并不陌生，她担心的是自己的新伤：在奥运会前夕，她在内蒙古阿尔山训练时意外受伤，在落地时腰椎受到压迫致使右腿当场失去知觉，被送到医院后她躺在病床上，半天不能动弹。在身体没有完全康复的情况下,参加这样的大赛,她不知道自己到底能不能坚持完成比赛，能不能发挥到最好。

比赛开始了，每一次落地后，她的整条右腿都是麻的，这是极为痛苦的时刻，但她不想把自己的弱点暴露在对手的面前，就那么一直坚持着。当滑到停止区后，右腿几乎一动也不能动，她只能用左腿支撑着，一点点蹭出比赛场地，开始接受队医的治疗。最终，在带着伤痛的不利条件下，李妮娜仍以优异成绩夺得了亚军。

比完赛回来的那个晚上，她突然觉得，四年，真的好快！

接下来，李妮娜又以出色的表现，夺得了2010年温哥华冬奥会的亚军。那是她运动生涯中表现得最好的一场比赛，虽然还是屈居亚军，但是她并没有遗憾，有几个运动员能把最好的瞬间留在奥运会的赛场上呢？

* 微笑道别，不忘冰雪

温哥华冬奥会结束后她因为伤痛暂时告别了赛场，但两年后，国家队向她发出召唤，希望她能回归，继续征战2014年索契冬奥会。此时的她没有犹豫，立刻决定复出，回到她心爱的赛场。但命运似乎跟她开了个玩笑，在2013年春节前的一次训练中，她在冲击最高难度时受伤了。这次受伤造成她的右膝前交叉韧带断裂，医生说，康复期至少12个月，可距离冬奥会开幕也只有12个月了。

为了踏上热爱的赛场，李妮娜进行了魔鬼式的康复训练。她每天被队医和体能教练折磨，拉着她的腿压韧带、练力量、做对抗。为了尽快康复，李妮娜和她的团队一直在寻找最好的康复方法。

最终，用了6个月的时间，她回到了训练场。又用了6个月的时间，她站到了索契冬奥会的赛场，并一路杀入决赛。可惜的是，最后一跳她摔倒在了赛场的雪地上，没能实现冬奥金牌梦。站立起来后，她向全世界展示了一个令人难忘的微笑，这个微笑展现了中国运动员的坚强，展现了中华体育精神。

索契冬奥会后不久，李妮娜宣布正式退役。2015年2月10日，李妮娜接过北京冬奥申委颁发的聘书，正式成为北京申办冬奥会的形象大使；7 月 31 日，她在吉隆坡作为陈述人，和大家一起见证了北京获得 2022 年冬季奥运会举办权的重大时刻。

虽然离开了竞技赛场，但李妮娜并没有放弃体育。如今的她正在用自己的力量和行动推广着冰雪运动，希望让更多人参与进来，因为对于“雪上公主”来说，冰雪已经成为她生命中不可分割的一部分。

· 徐梦桃 ·

* 初露锋芒

徐梦桃，1990 年出生于辽宁鞍山，是中国自由式滑雪空中技巧女队主力队员。在她出生以后，全家人都对这个女儿特别喜爱，所以在起名字的时候着实也下了一番功夫。“梦桃”两个字来源于“梦里遇陶公，笑看红尘事”，指的是陶渊明桃花源所在的梦幻快乐之地，寓意快乐似神仙，生活无忧无虑。

* 徐梦桃（一）

在徐梦桃很小的时候，家人就发现她的身体非常柔韧。于是她的父亲就有了一个想法,他希望女儿能实现当年他没有完成的体操梦想。他下定决心，无论自己和妻子多累，多辛苦，都要给女儿创造好的条件。从此，家里的电视总是锁定在体育类节目，每当中国队夺冠时，他都要让徐梦桃认真地观看，并告诉她一定要努力，以后争取拿冠军，为国争光。也许是受父亲的影响，小时候的徐梦桃对少儿节目一点兴趣都没有，越来越喜欢观看体操类的比赛。

1994 年 12 月，听说在鞍山市体校有体操培训班在招生，徐梦桃的父亲随即将女儿送了过去。年仅 4 岁的她从此开始了体操的练习。教练见到这个可爱、聪明的小女孩儿时很是欣喜，因为徐梦桃不仅悟性很高，而且非常勇敢。一节课下来，她就喜欢上了体操，并且一练就是 8 年。在这段时间里，徐梦桃在体操方面的进步非常快。在这期间由于一些突发事件，她先后转到了辽宁省体操队和沈阳市体校体操队。在 2002 年辽宁省第九届全运会上，年仅 12 岁的徐梦桃就展现了超出她年龄的成熟与自信，一人夺得了跳马、平衡木、自由操 3 枚金牌，这是她在体操项目上夺得的最高荣誉，也是她在体操项目上获得的最后的荣誉。

* 滑雪界的“当家花旦”

其实早在 2001 年，沈阳体院自由式滑雪空中技巧项目就开始在各地体校体操队招收运动员，当时就对身体素质好的徐梦桃抛出了橄榄枝。但由于徐梦桃正在备战省全运会，家里也希望她能在体操项目上继续坚持，就没有让徐梦桃去学习自由式滑雪。然而世事难料，随

* 徐梦桃（二）

着年龄的增长，徐梦桃越长越高，加之膝盖骨也变大，体操这项运动已经不再适合她了。在这种情况下家里最终决定把她送到沈阳体育学院。来到这里后她见到了李妮娜、徐囡囡等名将，成为她们的一位小师妹。由于从小练习体操，她很快成为时任沈阳体院教师、国家队总教练陈洪斌重点培养的苗子。在观看完录像和若干比赛资料片后，陈洪斌教练问她观看感受时，徐梦桃一句“老危险了！”瞬间就把陈洪斌给逗乐了。不过紧接着她就说：“任何项目都会有一定的危险，我一定会练好它，将来为国争光！”良好的基础，刻苦的训练，再加上她积极乐观的态度，使她的进步非常快。2005 年，年仅 15 岁的徐梦桃就获得了自己第一个全国冠军。2007 年，徐梦桃在世界青年锦标赛上获得金牌，在之后的亚冬会上取得银牌，并获得世界新人奖。

* 坚持梦想，宁折不弯

在 2018 年平昌冬奥会上，本以为能夺冠的徐梦桃却遭遇了自由式滑雪职业生涯以来最大的打击。在回忆当天的情况时，徐梦桃说道：“那天赛场天气不是特别好，练习的时候风很大，很多队都停止了训练，教练跟我说要不练两周台的动作，但是我说我什么都不怕。”到了比赛的时候，徐梦桃依然选择了难度系数达到 3.8 的三周台动作，第 1 跳发挥完美，但在第 2 跳的时候，发挥失误摔倒在地，那块她梦寐以求的金牌也随之离她而去……赛后接受采访时，徐梦桃泪流满面：“我不想哭，真的是尽力了，真的是很不容易，真的想拼这块金牌啊。”“我全力以赴了，但我速度太慢了。我也不知道以后还有没有第二次机会。我先做手术，把钉子取出来，先康复再说。现在我的腿依旧非常疼。”那一晚，她在赛场待了很久，回奥运村的班车都没有了，可她就站在那里不愿离去。在赛后不久，她公布了退役的决定：“希望我们还能在赛场有缘再见，但现在真的要说再见了。致敬我 24 年的体育生涯，还有我的 28 岁。”但在平复了心情之后，她随即在社交媒体发文，说自己不想退役了。只因那份追求奥运金牌的梦想依然存在，徐梦桃不甘心就此轻易放弃、黯然离场。

其实早在 2008 年全国锦标赛上，徐梦桃就因为着陆时摔伤导致右膝前交叉韧带断裂。有过这个伤病的运动员都知道，基本就可以告别赛场了。然而她硬是没有放弃，挺了过来。而在索契冬奥会前，她又因颈肩盘突出被迫修养。2016年在全国冬运会上，徐梦桃再次摔倒，痛苦地躺在病床上，而在她的诊断证明上写着：左膝前交叉韧带断裂、内侧副韧带扭伤、内侧半月板后角变性、多发骨挫伤、关节积液……也因为这一次摔倒，她外侧半月板被摘除了百分之六七十。即便是这样，她依然出现在了平昌冬奥会的赛场上。

在2020年2月23日徐梦桃拿下明斯克站银牌之后，她的空中技巧世界排名以325分回到首位，徐梦桃在这时写下："六年前的今天，在索契我拿到了自己人生中第一枚冬奥会奖牌；六年后的今天，我还在这个使我变得更勇敢、更坚强，不断鞭策、成就我的项目中锤炼着。""但此时，梦想的脚步更扎实，更坚定，在未来的某一天，我想我会遇到更好的自己。"就是这样一个坚强的姑娘一直用她的实际行动诠释着她的奥运梦想。

* 徐梦桃的经典战绩

自由式滑雪世界杯2011—2012赛季，徐梦桃获得了空中技巧项目分站赛四连冠，并在最后一站挪威沃斯站中获得其赛季第5冠，加冕空中技巧年度总冠军。

自由式滑雪世界杯2012—2013赛季，徐梦桃斩获空中技巧项目5个分站赛冠军和1个分站赛亚军，成功卫冕该项目年度总冠军。其中，在美国鹿谷站空中技巧项目比赛中，她以116.90分获得该项目女子历史最高分。在公布赛季世界杯总排名后，徐梦桃夺得个人首个自由式滑雪世界杯年度总冠军。这是她第一次问鼎自由式滑雪世界杯，并成为继李妮娜之后的第 2 位获此殊荣的中国运动员。

2013 年自由式滑雪世界锦标赛空中技巧项目决赛中，徐梦桃拿下女子组冠军，实现了中国女选手世锦赛五连冠。

2016-2017 赛季、2017—2018 赛季和 2018—2019 赛季，徐梦桃连续三次获得自由式滑雪世界杯空中技巧年度总冠军。

·谷爱凌·

* 请叫我北京姑娘

在北京仲夏 30℃的高温天气中，谷爱凌穿着厚厚的滑雪服站在室外，白皙的脸颊在烈日的炙烤下微微泛红。这个出生于 2003 年 9 月，当时年仅 15 岁的混血小姑娘对着镜头微笑着一遍遍自我介绍：“大家好，我叫谷爱凌……”

这是她在北京配合一档综艺节目录制镜头下的一幕。

* 谷爱凌（一）

自从在个人社交媒体上宣布将代表中国征战北京 2022 年冬奥会，北京姑娘谷爱凌就走入了众人的视线——3 岁开始学习滑雪，9 岁包揽全美滑雪比赛少年组冠军，15 岁获得世界杯意大利站金牌……

在 2019 年 8 月 16 日结束的新西兰公开赛中，自称“北京姑娘”的谷爱凌就作为归化选手第一次夺得冠军。

谷爱凌出生在美国，父亲是美国人，母亲谷燕是北京人，曾经也是一位滑雪教练。谷妈妈从小特别重视对谷爱凌中文和中国传统文化的教育，因此，谷爱凌不仅中文流利，还能说一口地道的绕口令，她也称自己是胡同里的北京妞。尽管每年夏天都会回到北京，但谷爱凌常常会被问及“为什么中文可以说得这么好”之类的问题，小姑娘有些疑惑：“这样的问题，就好像我问你，‘第一次来北京是什么样的’。

“从我有记忆开始，我每年都会想什么时候可以回北京，回来玩，吃好吃的，我根本不记得我是什么时候第一次回的北京，这就是我生活的一部分。”

对于目前仍在读高中的谷爱凌来说，滑雪在她过去的生活中一直都只是一项业余爱好。她每年花在滑雪上的时间并不算太多，一般是从 11 月份到来年的 4 月份。

除了从学校请假，前往世界各地参赛外，谷爱凌并没有太多的时间用来训练。“因为比赛场地都是世界上非常好的滑雪场地，我可以把比赛当作训练。”

把比赛看成训练，谷爱凌在不断地参赛中展现出了过人的滑雪天赋。

＊ 谷爱凌（二）

从她 13 岁开始参加全美滑雪公开赛，到 15 岁第一次站上世界杯分站赛的赛场，和众多世界顶尖滑雪高手竞技，谷爱凌的老成表现得淋漓尽致。在第三次参加世界杯分站赛时，谷爱凌就获得了金牌。

14 岁时，谷爱凌的总金牌数就已经超过 50 块。在参加国际雪联 A 级赛事后，她看到了自己在滑雪这项运动中更多的可能性，比如站上奥运赛场，代表中国参加 2022 年北京冬奥会。

“中国自由式滑雪运动员谷爱凌报到。”2019 年，谷爱凌这样在个人社交网站上写道，“我很骄傲能够在三年后代表中国征战北京 2022 年冬季奥运会，北京，我来了！”

为备战北京冬奥会，谷爱凌给自己定下的首要目标，就是要在接下来的 1 年里完成 2 年的高中课程，顺利毕业。

“我现在住的地方离最近的滑雪场，开车单程都要 4 个小时，如果明年我能毕业的话，后年我就可以空出更多的时间训练，为 2022 年的北京冬奥会更好地做准备。”

她的妈妈谷燕介绍说：“女儿就读的学校号称‘旧金山的人大附中’，如果明年能够顺利毕业，谷爱凌将是该校历史上第一个把 2 年学习时间并成 1 年完成的学生。”

事实上，在谷爱凌的生活中，除了滑雪，她还热爱越野、跑步、骑马、攀岩、篮球等多项运动，如果再算上学习的时间，严格来说她每年在滑雪上的时间分配仅占六分之一。

但这个小姑娘更愿意把这视作一种平衡：“对我来说，生命中最重要的就是平衡。”

她还举了一个例子，上 8 年级的时候本来打算放弃跑步，用更多的时间学习和滑雪，但她却发现效果并不好：“我原来用 1 个小时就可以写完作业，后来用 3 个小时也写不完。”

从那之后，她懂得了平衡的道理：“只要在各种爱好中找到平衡，这样在每个部分都会更加专心，也更有效率。”

* 谷爱凌（三）

谷妈妈同样告诉记者，在女儿的成长过程中，从来不会逼迫她只做一件事，好比日常吃饭，“如果她总吃一样的菜，时间长了也要换换口味，最重要的是要专心”。

做任何事都要专注。正如谷爱凌说要在备战和比赛的时间里，把自己当成职业运动员，但等到北京冬奥会结束，她还要去上大学，学习很重要，滑雪又会回到一种业余爱好。

如今，谷爱凌正在新西兰训练，之后打算去欧洲再进行下一步的滑雪计划，同时还要为取得奥运积分而努力。

至于她的北京冬奥会目标，小姑娘开了一个玩笑:“去冬奥会的人，没有人想得最后一名，可是我也不能把金牌直接拿走。

“只有我脑子里想做好自己的动作，我才能表现得更好。”

第五章

自由式滑雪的欣赏点与观赛礼仪

自由式滑雪是一种充满艺术性的竞技比赛，也被称为雪上杂技。与其他雪上项目不同，在观看比赛的过程中，观众们可以欣赏到选手们如后空翻、转体等华丽的空中技巧和精彩表演。

·比赛欣赏点·

* 学会欣赏

自由式滑雪空中技巧的危险性主要来自整个运动的过程，同时受场地、气候、器材的影响，在向下滑行时雪面的光滑程度、下滑时的风向和风速，也会影响到运动员的起跳速度和高度，构成对运动员的威胁。

运动员腾空后，高度一般会在 10m 左右，在空中需要完成的动作是包括跳水、蹦床在内的所有体育比赛项目中最困难、最危险的动作。如空中直体横轴转 3 周，同时接翻转 5 周，假如这期间风向不稳定，会造成运动员动作不完整以及着陆时身体不稳。

另外，相比而言，10m 跳台跳水运动员是落在水中的，而空中技巧的运动员则落在有坡度的雪面上，如果运动员空中动作不到位或出现失误，身体着地的部位不是脚，那么危险性就更大了。假如发生翻滚，脚下的滑雪板将会对运动员造成最大的威胁。

所以这项运动除了对场地条件要求很高以外，还需要练习者有专业的技术指导，并要求运动员和教练员胆大心细，具备勇敢的进取精神。

* 罗莎自由式滑雪中心

·观赛礼仪·

* 比赛欣赏

自由式滑雪竞赛项目危险系数很高，所以参赛选手时刻都处于不安全的状态下。他们除了要腾空到 10m 左右的高度，在空中完成困难的技术动作外，还要平稳地着陆，才能取得优异的成绩。所以除了运动员自身的技术水平和发挥外，外界环境也会对运动员的表现造成极大的影响。观众的掌声、喝彩声以及拍照时的闪光灯，都有可能会影响到参赛选手的注意力和发挥。因此在观赏比赛的同时，作为一名高素质的观众，我们需注意鼓掌与喝彩的时机，做到文明观赛。

* 观看比赛

* 注意事项

（1）在自由式滑雪比赛项目中，有非常多的空中翻转动作，运动员为了确保自己落地时脚先着地，就需要选择一定的参照物来引导自己做动作。外界环境的影响很有可能会直接干扰运动员的判断，其中拍摄设备的闪光灯光线的干扰尤为突出，甚至会对运动员造成极大的伤害。所以，请现场的观众朋友们在照相时一定记住关掉闪光灯，千万不要干扰运动员的比赛。

（2）因比赛场地在室外，所以在观看比赛的时候，不可翻越栏杆，不可向赛道上丢弃任何物品，以确保赛场的干净整洁，保证运动员的安全。

（3）在运动员比赛时，应控制好自己的情绪。不可起哄、吹口哨、尖叫、嘲讽、辱骂参赛选手。当比赛完成时，观众应报以热烈的掌声，为运动员加油喝彩。

* 注意事项

附录　跟我学

（中英文对照）

中文	英文
滑雪板	Ski
单板滑雪板	Snowboard
滑雪杖	Ski Pole
板头	Tipped Ski
板尾	Tailed Ski
止滑器	Ski Break
固定器	Binding
面罩	Face Mask
头盔	Helmet
滑雪用手套	Skiing Gloves
雪帽	Snow Cap
滑雪镜	Ski Glasses/Goggles
护膝	Kneepad
滑雪短袜	Ski Socks
滑雪服	Ski Suit
滑雪上衣	Skiing Jacket
羽绒滑雪衫	Down Skiing Jacket

续表

中文	英文
滑雪裤	Tapering Trousers, Ski Pants
背带滑雪裤	Suspender Ski Slacks/Pants
滑雪靴	Ski Boots
保温水壶	Thermos
点杖	Pole Planting
垂直屈折身体	Flexion
横向折曲身体	Angulation
转身	Pivot
旋转	Rotation
倾斜身体	Inclination
转向	Teering
边缘角，刃角	Edge Angle
伸展腿或臂的位置	Extension
滚落线，下滑线	Fall Line
刻滑	Carving
猫跳	Mogul
短半径转弯	Short Radius Turn
回转	Angulation, Comma Position
大回转（高山滑雪）	Giant Slalom Turn
并腿转弯（平行转弯）	Parallel Turn

续表

中文	英文
犁式刹车	Snow Plough
空中转弯	Airplane Turn
短半径转弯	Short Radius Turn
售票处	Ticket Office
滑雪场	Ski Resort
赛道	Track
滑道，雪道	Ski Slopes/Runs/Piste/ Trail
初级道	The Primary/Elementary Ski Slopes/ Runs, Bunny Slope
中级道	The Intermediate Ski Slopes/Runs
高级道	The High-Class/High-Level/ High-Grade Ski Slopes/Runs
造雪机	Snowmaking Machine, Snowmaker
压雪机	Bombardier
索道	Cableway/Lift
人造雪	Artificial Snow
雪道维护	Grooming
坡度	Slope
间距	The Distance Between...
（吊箱式）缆车	The Cable Car Gondola Lift
吊椅缆车	Chairlift
滑雪区	Ski Area

青少年冬奥知识普及丛书

雪上冲浪
单板滑雪

黄兴◎主编　王金英◎副主编

新世界出版社
NEW WORLD PRESS

图书在版编目（CIP）数据

雪上冲浪：单板滑雪 / 黄兴主编 . -- 北京：新世界出版社，2021.5

（青少年冬奥知识普及丛书）

ISBN 978-7-5104-6986-2

Ⅰ . ①雪… Ⅱ . ①黄… Ⅲ . ①雪上运动–青少年读物 Ⅳ . ① G863-49

中国版本图书馆 CIP 数据核字 (2019) 第 284269 号

雪上冲浪　单板滑雪

主　　编：黄　兴
责任编辑：王峻峰
责任印制：王宝根
出　　版：新世界出版社
网　　址：http://www.nwp.com.cn
社　　址：北京西城区百万庄大街 24 号（100037）
发 行 部：(010)6899 5968（电话）　(010)6899 0635（电话）
总 编 室：(010)6899 5424（电话）　(010)6832 6679（传真）
版 权 部：+8610 6899 6306（电话）　nwpcd@sina.com（电邮）
印　　刷：小森印刷（北京）有限公司
经　　销：新华书店
开　　本：880mm × 1230mm 1/32　　尺寸：145mm × 210mm
字　　数：78 千字　　印张：3.25
版　　次：2021 年 5 月第 1 版　2021 年 5 月第 1 次印刷
书　　号：ISBN 978-7-5104-6986-2
定　　价：398.00 元（全 15 册）

—北京2022年—

《青少年冬奥知识普及丛书》
编委会名单

青少年冬奥知识普及丛书
（分册名录）

1.《冰上之箭——速度滑冰》

2.《冰上极速——短道速滑》

3.《冰上芭蕾——花样滑冰》

4.《勇敢者游戏——冰球》

5.《冰上象棋——冰壶》

6.《雪上马拉松——越野滑雪》

7.《空中飞鹰——跳台滑雪》

8.《全能高手——北欧两项》

9.《雪山飞人——高山滑雪》

10.《雪中舞蹈——自由式滑雪》

11.《雪上冲浪——单板滑雪》

12.《雪地猎人——冬季两项》

13.《冰上之舟——雪车》

14.《冰中鱼雷——钢架雪车》

15.《雪中跑车——雪橇》

总序

随着2018年平昌冬奥会的圆满落幕，北京接过了冬奥会的会旗，标志着冬奥会正式进入了“北京时间”。北京将成为世界上第一个既举办过夏季奥运会，又举办冬季奥运会的“双奥”城市。

2022年北京冬奥会是我国重要历史节点的重大标志性活动，是展现国家形象、促进国家发展、振奋民族精神的重要契机。我们要深入学习贯彻习近平同志关于筹办北京冬奥会和发展冰雪运动的重要指示精神，全力做好冬奥会各项筹办工作，特别是做好冬奥会备战工作，加快冰雪运动的普及，实现冰雪运动跨越式发展。为做好北京冬奥会筹办工作，广泛传播奥林匹克文化、弘扬奥林匹克精神，2018年1月30日，教育部、国家体育总局会同北京冬奥组委共同制订了《北京2022年冬奥会和冬残奥会中小学生奥林匹克

教育计划》。该计划提出将奥林匹克教育纳入学校常规教育教学工作、开展冬季奥林匹克教育文化活动、开展冬季奥林匹克交流活动、组织冬季奥林匹克教育课程资源研发等主要工作任务。作为加强奥林匹克教育传播和推动冰雪运动开展的重要措施，北京市教委在 2019 年推出了“奥林匹克教育成果创编及展示”系列项目，将由北京市教委主编、首都体育学院统筹完成的《青少年冬奥知识普及丛书》呈现给广大青少年朋友。

本套丛书从冬季奥林匹克运动项目入手，结合青少年身心特点，以图文并茂的方式介绍 2022 年北京冬奥会的 7 个大项 15 个分项内容，邀请了包括王春露、刘秋宏、满丹丹等在内的知名世界冠军、亚洲冠军及冬季运动项目专家参与编写。本套丛书每本各分五章，从项目起源与发展、比赛场地与器材、项目设置与规则、冬奥人物故事和观赛礼仪等方面进行讲述，旨在推动北京市中小学奥林匹克教育的发展和冰雪运动的普及，促进中小学生奥林匹克知识的学习和实践，强化中小学生参加体育锻炼的习惯，营造全社会关心关注冬奥会的良好氛围，引导民众感受冰雪运动的美丽、激情和感动。

特别鸣谢北京市教育委员会、首都体育学院领导以及广大冰雪运动专家给予的鼎力支持与帮助。由于编写时间及编者能力有限，书中有不当之处，敬请谅解。希望广大青少年读者通过阅读本套丛书，能够感受冬季奥林匹克运动项目的魅力，了解冬季运动项目知识。

Beijing's taking over the flag of 2022 Olympic Winter Games at the closing ceremony of Pyeongchang 2018 Olympic and Paralympic Winter Games marks that the Olympic Winter Games is officially entering "Beijing time", and Beijing is set to become the first city in the world to have hosted both the summer and winter Olympic Games.

The Beijing 2022 Olympic and Paralympic Winter Games, a significant landmark event in the important historic time of China, is an important opportunity to show national image, promote national development and inspire national spirit. Thus, it is a must to thoroughly study and implement the spirit of President Xi Jinping's important instructions for the preparation of the Games and the development of winter sports, and try our best to make well-organized arrangements for the Olympic Winter Games, especially the preparation for sports competitions, so as to accelerate the popularization of winter sports and achieve leapfrog development of winter sports. In order to make a good preparation for the Games, widely spread Olympic culture and carry forward Olympic spirit, the Ministry of Education of China, General Administration of Sport of China and Beijing Organising Committee for the 2022 Olympic and Paralympic Winter Games jointly issued *The Olympic Education Plan for Primary and Secondary School Students of Beijing 2022 Olympic and Paralympic Winter Games* on January 30, 2018, in which several main tasks are tabled as follows: incorporating Olympic education into regular schooling, carrying out educational and cultural activities for Winter Olympics,

conducting exchange activities for Winter Olympics, and organizing research and development of Winter Olympics educational curriculum resources. As an important measure for enhancing Olympic education and promoting the development of winter sports, Beijing Municipal Education Commission launched a series of projects of "the Creation, Adaptation and Exhibition of Olympic Education Achievements" in 2019, and the *Winter Olympic Knowledge for Teenagers* prepared by Beijing Municipal Education Commission with the coordination of Capital University of Physical Education and Sports will be presented.

Based on the Olympic winter sports and considering the physical and mental characteristics of teenagers, this series of illustrated books introduces 15 sports disciplines of the 2022 Winter Olympics which are categorized into 7 main categories. This series of books are compiled by Wang Chunlu, Liu Qiuhong, Man Dandan and other famous world champions, Asian champions and experts in winter sports. Each book of the series introduces one sport from five perspectives, which are the origin and development, venues and equipment, events and rules, stories of Winter Olympic athletes and spectator's etiquette respectively. It aims to promote the Olympic education for elementary and secondary students in Beijing, popularize winter sports, facilitate the learning of Olympic knowledge and develop a good habit of taking part in physical exercises. Furthermore, it also aims to help create a sound atmosphere where the whole society cares for and pays attention to the Olympic Winter Games, and lead people to enjoy the amazing, moving and exciting beauty of winter sports.

Special thanks go to the leaders of Beijing Municipal Education Commission and Capital University of Physical Education and Sports and the experts in winter sports who presented their great support and assistance. Please accept a sincere apology for any deficiency of these books due to limited time for preparation and limited ability of the authors. It is hoped that teenage readers could enjoy the charm of Winter Olympic sports and know more about winter sports through this series of books.

分序

单板滑雪又被称为滑板滑雪或雪上冲浪，是冬奥会的竞赛项目之一。单板滑雪相比其他冬季项目，虽然起步较晚，但其表现出的自由洒脱、刺激震撼，以及时尚、惊险等特质，在短短几年的时间内就获得了众多滑雪爱好者的青睐，并因此征服了世界。

单板滑雪比赛是指参赛选手在滑雪单板上利用身体和双脚来控制方向，在被雪覆盖的山坡上快速滑降，并做出各种技术性动作的竞赛项目。2020 年北京冬奥会的单板滑雪项目设有男、女平行大回转、障碍追逐、U 型场地技巧、坡面障碍技巧和大跳台，以及障碍追逐混合团体赛共 11 小项。

这本《雪上冲浪——单板滑雪》科普读物，以专业视角和大众语言介绍了单板滑雪的起源与发展、运动场地与器材、比赛项目与规则、冬奥人物故事和观赛礼仪等，并配以近百幅精美图片，让读者身临其境般地感受单板滑雪带来的惊艳、感动和激情。

Snowboarding, also known as skateboarding or snow surfing, is one of the sport events of the Olympic Winter Games. Although snowboarding started relatively late compared with other winter sports, it has been one of the most popular winter sports all over the world which is attributed to the characteristics of free spirits and fashion.

In the snowboarding competition, the athletes use their bodies and feet to control the direction, ride down the snow-covered mountain slope, and perform various technical movements. There will be 11 snowboarding events at the Beijing 2022 Olympic Winter Games: men's and women's parallel giant slalom, snowboard cross, halfpipe, slopestyle and big air, plus snowboard cross mixed team.

From professional perspectives, this popular science book *Surfing on snow field – Snowboarding* introduces the general knowledge about snowboarding in common words, including the origin and development, venues and equipment, events and rules, stories of Winter Olympians and spectator's etiquette. Supported by nearly one hundred illustrations, the book would bring an immersive experience to readers while making them feel the amazing, moving and exciting beauty of snowboarding.

目录

第一章 单板滑雪的起源与发展

单板滑雪既有冲浪的自由洒脱、流畅优美，又有驰骋雪海的刺激震撼。它是全世界影响范围最大、职业化程度最高的冬季运动项目之一。

·单板滑雪的起源与发展·

＊ 项目的起源

单板滑雪由水上冲浪运动演变而来，不过它的起源一直存在着争议。有一种学派研究认为，1929 年，有个叫杰克·伯切特（Jack Burchette）的人想在水上冲浪，但因为当时正值冬天，这一想法无法实现。于是，他就把一条绳子拴到一块用胶合板制成的木板上在雪坡上进行滑行，因此发明了第一块滑雪单板。

＊ 早期单板滑雪人物

20 世纪 60 年代中期，在美国的密歇根州，有一位名叫谢尔曼·波普 (Sherman Poppen) 的冲浪爱好者。他把两个 1.2m 长的塑料滑雪板绑在一起，做成一个冲浪板，并把它作为礼物送给了自己的女儿。女儿踩着这个另类的“冲浪板”在银装素裹的世界中“冲浪”，很快便成了附近的小名人。不久后，谢尔曼·波普改造的雪上冲浪板被大批量生产，在短短的 10 年内销售出了 100 多万个。这种很接地气的娱乐方式在滑雪爱好者中迅速流行了起来。

* 20 世纪 60 年代单板滑雪人物

* 现代单板的奠基人

20 世纪 70 年代，单板滑雪迎来了一个全新的发展。两名“雪上冲浪”发烧友，汤姆 · 希姆斯 (Tom Sims) 和杰克 · 波顿（Jake Burton），开始对“雪上冲浪”所用的单板进行改造。为了提升人们在“冲浪”时的控制力和滑行的速度，两个人改进了单板的材质和固定器。后来，他们又进一步改良了单板滑雪的玩法，将单板滑雪从一个娱乐性的玩具用品正式改造成一种运动器材。汤姆·希姆斯和杰克·波顿因为对这一运动所作的贡献突出，被大家公认为现代单板滑雪运动的奠基人。

* 现代滑雪板

* 从竞速到自由式

随着专业运动器械的出现，单板滑雪运动也开始发展开来。1982年，第一届单板滑雪锦标赛在美国举行，当时单板滑雪的比赛形式只有直线速降 1 个项目，到了 1983 年，单板滑雪不但有了新花样，还增加了高山速降和大回转两个比赛项目。同年，现代单板滑雪运动的奠基者汤姆·希姆斯还开办了世界级的单板滑雪比赛。与此同时，单板滑雪也逐渐传到欧洲，很多人开始学习这一运动。

单板滑雪比赛在创立之初，胜负只是单纯地用滑行时间来判定，随后，单板滑雪自由式之父——特里·基德威尔（Terry Kidwell）开创了花样玩法和姿势评分的比赛方式。他和朋友们将滑板玩法融入单板滑雪比赛中，又发明了单板的半管（即 U 型池）玩法，为这一比赛增添了不少亮点。

* 单板滑雪花样玩法

* 引领时代风尚

单板滑雪自由式比赛一出现，顿时吸引了众多滑雪运动员与爱好者，甚至滑板爱好者都会来试一试这一运动，全世界兴起了一股单板滑雪运动的潮流。1989 年，单板滑雪的半管项目被列入美国的单板滑雪公开赛中，众多年轻的滑雪运动员都前来参赛。随后，单板滑雪的风潮席卷全球，仅仅用了二三十年，世界上单板爱好者人数就有超越双板爱好者的趋势，而且世界上各大滑雪场也开始大规模建造单板滑雪场地，例如美国加州的大熊雪场，雪场内甚至只建造了单板设施。

单板滑雪的爱好者大部分都是追求刺激的年轻人，但也不乏各个年龄段的人群，目前，全世界的单板滑雪爱好者已经突破 1500 万人。

* 单板滑雪爱好者

* 奥运历史

1998 年，单板滑雪被列为日本长野第 18 届冬奥会正式比赛项目，下设个人大回转和 U 型池比赛。2002 年，在美国盐湖城第 19 届冬奥会上，平行大回转取代了个人大回转。2006 年，意大利都灵第 20 届冬奥会增设单板滑雪障碍追逐赛。2014 年，俄罗斯索契第 22 届冬奥会增设单板滑雪坡面障碍技巧项目。2018 年平昌冬奥会上，大跳台项目首次亮相。

* 比赛中选手

·单板滑雪在中国的起源与发展·

* 我国单板滑雪的发展历程

2003年，单板滑雪在中国正式立项，并在5年内得到迅速发展。在2005年的世界大学生冬季运动会上，中国队迎来了单板滑雪在国际赛事上的第1枚银牌，并顺利获得了2个2006年都灵冬奥会该项目的参赛资格。

因为中国在体操、武术等技巧性较强的比赛项目上存在着较高的优势，所以在单板滑雪的各个小项中，U型池比赛是最容易上手的。因此，中国在U型池的比赛中发展最快，表现最好。

* U型池比赛

2007—2008 赛季，中国在单板滑雪项目上迎来了新的进步。在 17 岁的单板小将刘佳宇的努力下，中国队夺得了 2 枚世界杯分站赛的金牌，一度成为单板滑雪强国。

2009 年 1 月，韩国举办单板滑雪世锦赛，中国队取得了 U 型池团体和个人冠军，实现新的突破，这也进一步证明了中国单板滑雪项目在国际竞赛中的实力。

2010 年，在温哥华冬奥会上，中国队拿到了 3 个女子比赛和 2 个男子比赛的参赛资格，中国单板女将刘佳宇、孙志峰、蔡雪桐及单板男将曾小烨、史万成迈入了冬奥会的大门。

2018 年，在平昌冬奥会上，刘佳宇、蔡雪桐成功晋级 U 型池决赛，其中刘佳宇还赢得 1 枚银牌。至此，中国队终于打破了冬奥会单板滑雪奖牌“零”的纪录，同时也拥有了可以与北欧国家一决高下的实力。

* 单板滑雪奖牌

* 单板滑雪的各种酷炫动作

第二章

单板滑雪的场地与器材

单板滑雪又被称「滑板滑雪」「雪上冲浪」，是一项利用身体和双脚来控制滑雪板方向的雪上运动。如果想在观赛中获得完美的视觉体验，对场地与器材的了解是必不可少的。

· 竞赛场地 ·

单板滑雪比赛一般下设平行大回转、U 型池、障碍追逐赛、大跳台、坡面障碍技巧 5 个小项，每个小项又分为男子组和女子组。根据比赛类型，比赛场地也各有不同。

* 平行大回转比赛场地

* 平行大回转场地

平行大回转的线路长度在 400~700m，宽度最少 40m，落差 120~200m，一般设置 18~25 组旗门。三角旗门交替放置在左右，分为红色旗门和蓝色旗门 2 条赛道，旗门间距至少 8m。起点旗门(高 1.10m，底座宽 1.30m) 的 2 个立柱高度不同，中间有一面三角旗。蓝旗赛道与红旗赛道之间应保持 20~27m 的距离，平均坡度为 16°（±2°）。2 条赛道的长度、坡度和旗门位置的高度需要保持一致。

知识窗

旗门：也叫作“门形”，简称“门”，是在比赛赛道上用来规定比赛选手滑行路线的一种设备，一般由旗杆和旗帜组成，旗杆多采用竹竿或其他不易折断的材料。

旗门

* U 型池场地

U 型场地技巧比赛在一个 U 形雪槽中进行，雪槽长 150~180m，宽度为 19~22m，深度为 6.7m，坡度为 18° 。

比赛时，运动员沿赛道左右槽壁从一侧滑到另一侧，在离开赛道腾空的过程中，做出各种空翻和转体动作。高水平运动员一般可以完成 4 个以上动作造型。

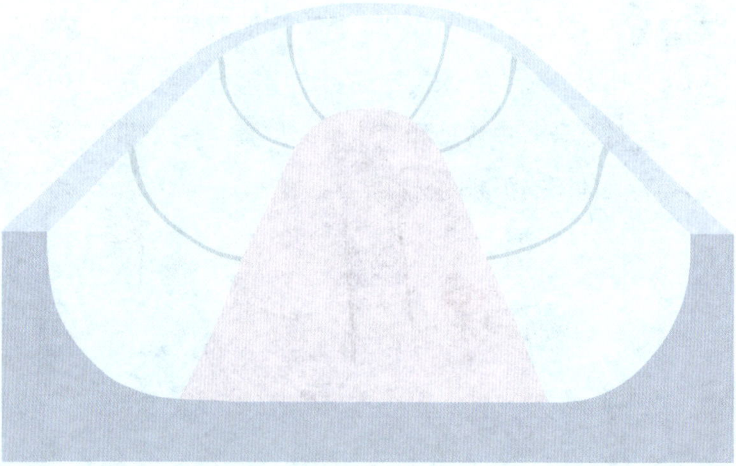

* U 型池比赛场地平面图

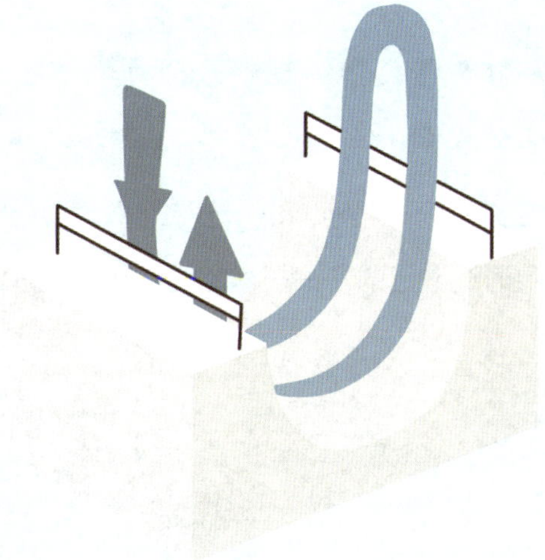

＊ U 型池比赛场地侧面图

＊ U 型池比赛场地

* 障碍追逐赛场地

障碍追逐赛的冬奥会赛道规格：标高差 70~260m；赛道长 800~1300m，平均坡度 5~12° ；坡宽 40m；赛道宽 6~16m。

比赛沿途分布着雪丘、跳跃点和急转弯，运动员从出发门出发后，需要在比赛过程中通过自己的各种技术越过障碍来完成比赛。

* 障碍追逐赛比赛场地

* 大跳台场地

大跳台的场地分为助滑区、起跳台、着陆坡和停止区 4 个部分，场地多是临时搭建的。一般起跳台高 40m，雪道长 138m，宽 8m。

运动员从高处滑行而下，通过起跳台起跳，完成各种空翻、转体、抓板等技术动作后落地。

* 大跳台比赛场地

* 坡面障碍技巧场地

坡面障碍技巧赛道一般由道具杆技巧区和坡面跳跃区两部分组成。在道具杆技巧段中，选手们必须利用障碍(沟渠、道具杆、轨道或连接段)滑出尽可能多的技术动作。在坡面跳跃段中，选手们则需要利用跳台腾空，做出多重转体动作，得到更多的技巧分。

由于对比赛自由性的要求，坡面障碍技巧没有对道具设置进行明确规定和严格要求，所以在不同的雪场会有不同的道具出现。冬奥会坡面障碍技巧赛道标高差在 150m 以上，平均坡度在 12° 以上，赛道宽度在 30m 以上，由 6 个以上的赛段（地形 + 跳跃）和 3 个以上的跳台构成。比赛时，运动员可在多种地形中选择适合自己的线路做技术动作。

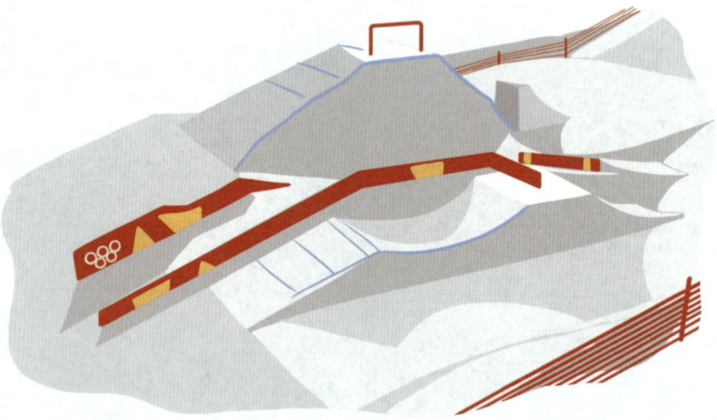

* 坡面障碍技巧比赛场地（一）

* 坡面障碍技巧比赛场地（二）

* 坡面障碍技巧比赛场地（三）

·比赛器材·

* 滑雪单板

对单板滑雪项目来说，最主要的器材就是单板。

单板的主要组成部分为板头、板尾、前刃、后刃、固定器滑槽。由于单板板面都是带有花色的，板面花色为正的那头便被称为板头，反之则被称为板尾。在单板的两侧有被铁包着的边缘，那个地方就是刃，偏向于固定器脚趾侧的刃被称为前刃，另一侧则为后刃。

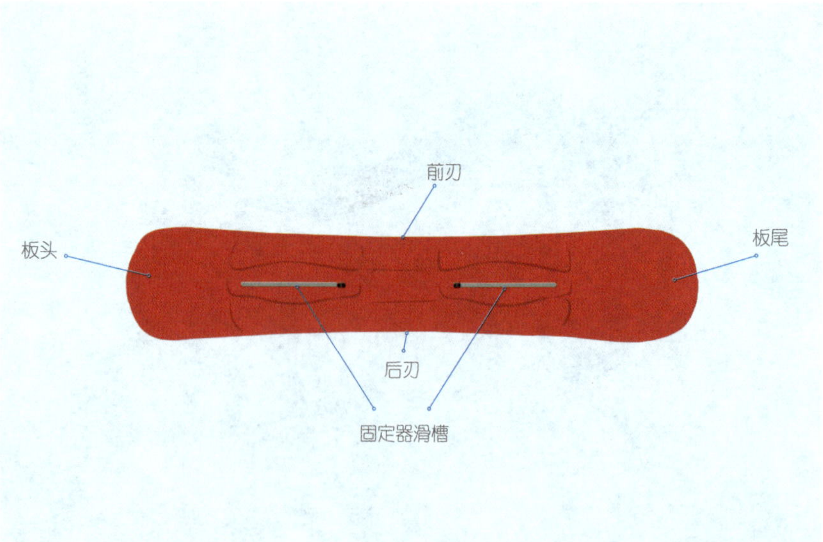

* 单板详解

滑雪单板一般分为 3 类：

竞技式单板（RACE）：竞技式单板板身较长，结构较硬，板头部分略微向上翘起，板身与板腰比较窄，基本上只在雪道上滑行，方便小半径转弯和快速滑行时的控制。这种板需要配以相对较硬的雪鞋和特殊固定器，在单板滑雪比赛中适用于平行大回转比赛。

＊ 竞技式单板

自由式单板（FREERIDE）：这种单板是最普通且功能最多的大众全能板，不论是新手还是专业人士都可以使用，也适用于各种地形。它前后端都向上翘起，向前向后都可以滑行，不仅可以在雪道上滑，也可以在深雪中滑。这种板需要相对较软的雪鞋，多用于障碍追逐比赛中。

花样式单板（FREESTYLE）：这种单板目前最受欢迎，尾部翘起，具有短、宽、轻、软的特点，在跳起和落地时可以提供更好的包容性。花样式单板灵活性好，易于滑雪者控制并调整滑行姿态，做出跳跃、旋转等技巧动作，使表演极具观赏性。这种板需要配套一双软滑雪鞋，多用于 U 型池、大跳台、坡面障碍技巧比赛中。

知识窗

当我们选择滑雪板的时候，其长度应取决于个人的滑雪方式、身高和体重。我们可以将滑板立起，雪板长度达到下巴或嘴唇附近，即为合适。身体较胖的滑雪者需选择稍长、质地较坚硬的滑板，反之可选择较短、质地较软的滑板。女性和脚小的男性要选择窄滑板，而脚大的男性则需选择宽滑板。当站在滑板上时，滑雪鞋应该与滑板边缘齐平或稍稍超过滑板边缘 1cm 左右。

＊ 自由式单板

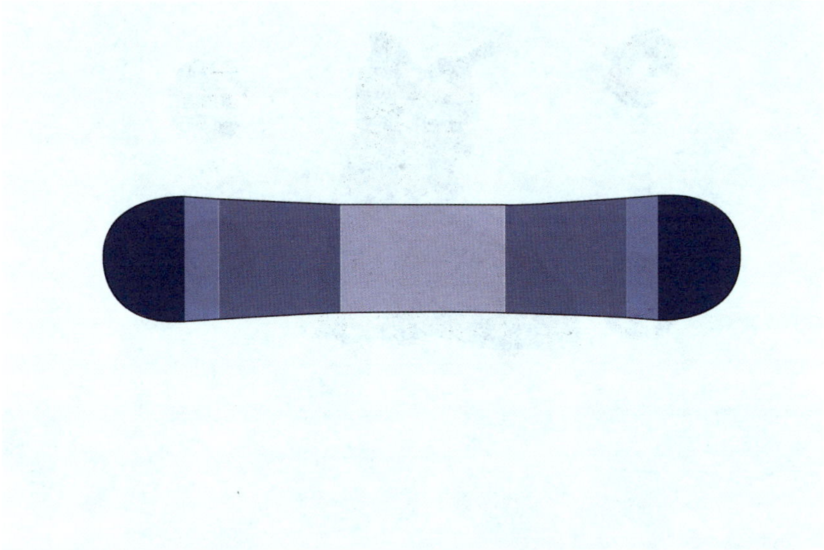

＊ 花样式单板

* 单板滑雪鞋

单板滑雪鞋从材质和应用领域，分为全领域的软鞋和竞速专用的硬鞋两种。硬鞋同高山滑雪鞋非常相似，拥有硬质外壳及柔软的内鞋套，目前几乎只用在像大回转这样的少数竞技比赛中。舒适轻便的软鞋在这些年得到推广，在多数比赛中都会使用这种较软的雪鞋。软鞋根据系带方式一般分为系鞋带、快速抽绳和钢丝扣 3 种。其中拥有双钢丝扣的滑雪鞋是舒适和便捷性兼顾得最好的。

* 滑雪鞋详解

* 硬鞋

* 软鞋

* 滑雪鞋系带样式

知识窗

为了保暖，在穿滑雪鞋的时候会穿一双稍微厚一点的袜子，因此滑雪鞋应该要宽松一些，至少给袜子留下1cm左右的空间。

* 固定器

固定器是单板滑雪运动中唯一连接身体和雪板的装备，有快穿式固定器和绑带式固定器两种。运动员多用绑带式固定器，这种固定器由大绑带、小绑带、踝杯和背板组成，其中踝杯和背板主要起支撑与固定脚跟的作用。固定器分前后两部分，前部直接用螺丝固定在滑雪板上，不能移动，后部固定器可沿滑雪板前后移动，以适应大小不同的滑雪鞋。

单板滑雪的固定器是将鞋和板真正地固定在一起，这是单板滑雪固定器和高山滑雪固定器之间最大的区别。软鞋和硬鞋要配不同的固定器。因为身高和体重的差异，固定器的宽度和所摆放的角度也有所不同，一定要调到适合的宽度和角度。

* 固定器

* 快穿式固定器

* 绑带式固定器

＊ 滑雪服

单板滑雪运动量较大，身体在运动中会产生大量的热量和湿气，因此滑单板时的服装要注意防水、防风、透气，并能保证身体可以活动自如。单板滑雪的滑雪服一般都是单层设计，前面增加保暖层，后背部分有专门的单层透气区域。运动员在滑雪服内需要穿一件保暖的衣服，注意选择干爽型的，切忌棉质秋衣秋裤。

从款式上说，单板滑雪的服饰文化来源于滑板，夹克和裤子肥大而松垮，而且裤子一般有很多口袋。衣服颜色上不像双板艳丽多姿，一般都是单色，多墨绿、深蓝、黑色。单板服装也没有套装，上衣和裤子可自由组合。

＊ 滑雪服

＊ 保暖衣

* 护具

滑雪帽、头盔、手套、长袜、护膝、护肘、护腕、护臀、雪镜等护具在单板滑雪中也是必不可少的。滑雪帽用来保护耳朵，以不影响视线为宜，多用弹性较好的细绒线织成；头盔用来保护头部不受伤害并且保暖；手套防止手部冻伤擦伤，一般用天然皮革和合成材料制成，外层面料一定要防水；护膝、护肘、护腕、护臀用来保护身体的各个关节；雪镜用来保护眼睛，防止雪盲和高速运动中风对眼睛的刺激。

* 滑雪帽

* 手套

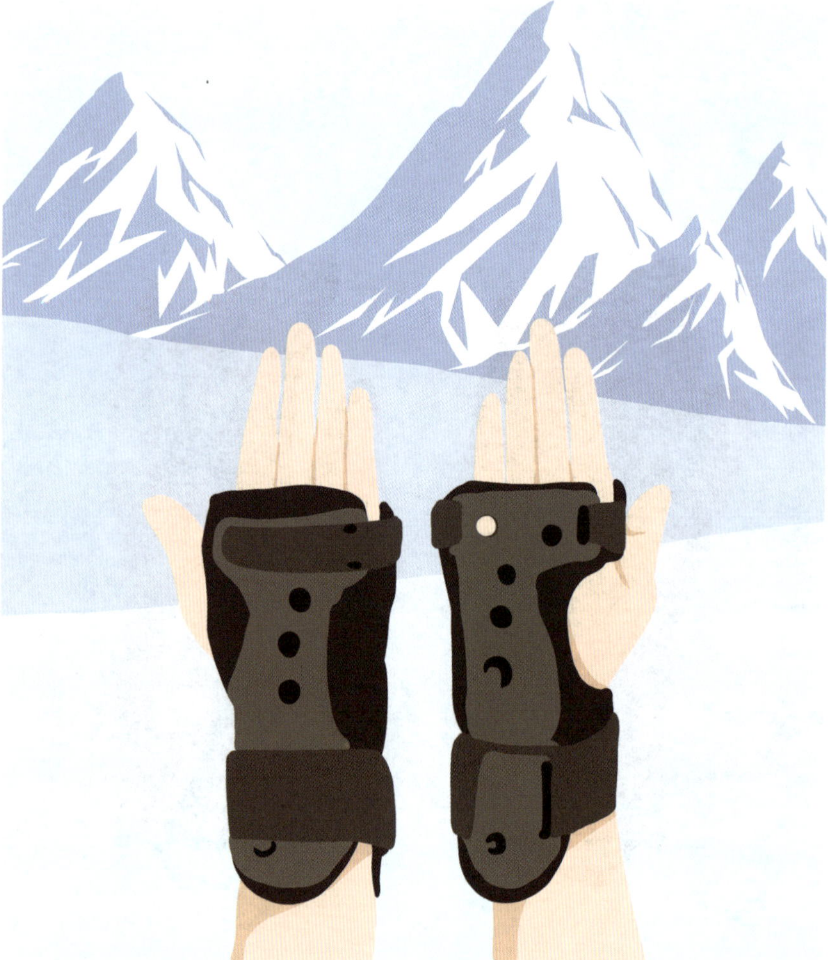

* 护腕

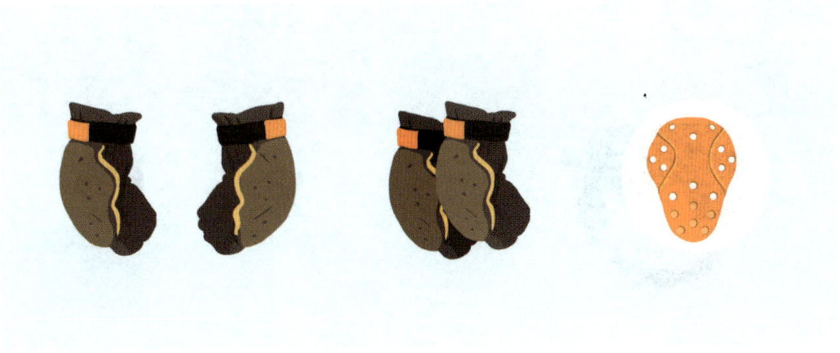

* 护肘

* 护臀

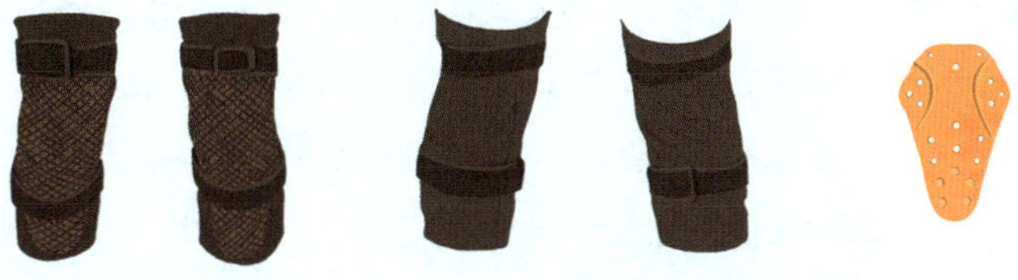

* 护膝

* 头盔

* 雪镜

知识窗

装备穿戴顺序：首先应该穿好服装里的护膝、护臀等保护用具；再穿滑雪服，如果保护用具放在滑雪服外可以后穿；最后穿滑雪鞋，将裤脚及内层套在鞋里面，既可防止进雪又能保暖。

第二章

单板滑雪的项目设置与规则

单板滑雪是一项具有一定危险性的运动，在旋转翻腾、追逐超越等技巧展示中尽显参赛选手的青春活力，一直深受广大年轻人的喜爱。

·项目设置·

* 竞赛设置

2022 年北京冬奥会单板滑雪项目共设有 11 个小项，分别为：

男、女竞赛：平行大回转、U 型池、障碍追逐、坡面障碍技巧、大跳台。

团体竞赛：障碍追逐混合团体赛。

其中障碍追逐混合团体赛项目是北京冬奥会新增小项，大跳台项目在北京赛区进行，其余小项在张家口赛区进行。

* 比赛中的选手

·比赛规则·

* 平行大回转

比赛开始时，出发门自动开启，两名参赛选手同时出发。在选手穿越旗门的瞬间，把压力集中在脚尖，胸部向前挺，通过以后将压力集中在脚跟。主要技术动作是左右回转，以滑行的速度评定名次。

（1）平行大回转项目共有 64 名选手参赛，男子、女子运动员各 32 名。

（2）在赛道上要先进行两轮预赛。选手经过抽签分成两人一组，分别在红、蓝两道上进行第 1 轮滑行。在第 2 轮预赛中需交换赛道，第 1 轮比赛落后的选手将延迟出发，延迟的时间为第 1 轮比赛落后的时间。最后，按两轮比赛的滑行时间之和进行排名，经过预赛决出男、女前 16 名选手进入淘汰赛。

（3）淘汰赛对阵按第 1 名 vs 第 16 名、第 2 名 vs 第 15 名、第 3 名 vs 第 14 名，以此类推进行分组，以 16 进 8、8 进 4 的赛制进行淘汰。

（4）经过淘汰赛的前 4 名运动员分成两组比赛，每组第 1 名进入大决赛，决出第 1、2 名，第 2 名进入小决赛，决出第 3、4 名。

* 平行大回转比赛

* U 型池

比赛时运动员在 U 形滑道内边滑行边利用滑道做各种旋转和跳跃动作。裁判员根据运动员的腾空高度、完成的动作难度和效果评分。主要动作有跃起抓板、跃起非抓板、倒立、跃起倒立、旋转等。

（1）U 型池项目共有 54 名选手参赛，其中男子选手 30 名，女子选手 24 名。

（2）参赛选手需要经过 2 轮预赛，决出进入决赛的人选。第 1 轮排名前 6 的男子选手和排名前 3 的女子选手直接进入决赛，其余运动员通过第 2 轮比赛再次决出男子前 6 名、女子前 3 名进入决赛。

（3）决赛共分为 3 轮，选出 3 轮中成绩最好的 1 轮成绩，对参赛选手进行排名。

* U 型池比赛

* 障碍追逐赛

比赛沿途分布着雪丘、跳跃点和急转弯，时常发生碰撞，单板滑雪的参赛选手要通过自己的各种技术越过障碍来完成比赛。比赛最后的成绩以到达终点的时间来进行评定。

（1）障碍追逐赛共有 70 名运动员参赛，其中男子 40 名、女子 30 名。

（2）参赛选手首先进行 1 轮个人预赛，并按每位选手的滑行时间进行排名。

（3）按排名将参赛选手分为若干组进行比赛，每组设 4~6 人，并评出每组中的前两名进入第 2 轮比赛，最终决出 8 名选手进入决赛。

（4）进入决赛的前 8 名选手分成两组比赛，每组前两名进入大决赛，决出第 1~4 名，后两名进入小决赛，决出第 5~8 名。

* 障碍追逐赛

* 大跳台

大跳台是指比赛时选手从高处滑下并在大跳台前表演跳跃、空翻、回转等空中绝技的一项竞赛运动。裁判员将根据参赛选手的技术动作和表演效果进行评分。

（1）大跳台比赛用的是淘汰式赛制，有多种竞赛方式：一种为参赛选手在 2 次表演结束后，取成绩最好的 1 次成绩进行排名，另一种为在 3 次表演结束后，取成绩最好的 2 次成绩进行排名。比赛共有 70 名选手参加，其中男子 40 名、女子 30 名。所有选手均需要兼项坡面障碍技巧比赛。

（2）一般来说，预赛采用第 1 种竞赛方式，决赛则采用第 2 种竞赛方式。预赛共进行 2 轮比赛，第 1 轮男子前 5 名、女子前 3 名选手直接进入决赛，其余选手通过第 2 轮比赛再次决出男子前 5 名、女子前 3 名进入决赛。

（3）决赛共进行 3 轮，每名参赛选手按 3 轮中成绩最好的两轮成绩之和进行排名。

* 大跳台比赛

* 坡面障碍技巧

坡面障碍技巧赛是单板滑雪中最惊险刺激的项目，它的比赛规则与大跳台的比赛规则相同。在道具杆技巧段中，选手们必须利用赛场上的障碍物滑出尽可能多的技术动作。在坡面跳跃段中，选手们需要利用跳台腾空，做出多重转体动作，得到更多的技巧分。裁判员根据参赛选手的技术动作以及表演效果进行评分。

（1）在此项目比赛中共有 70 名选手参赛，其中男子 40 名、女子 30 名。所有选手均需兼项大跳台的比赛。

（2）预赛需进行 2 轮，第 1 轮男子前 5 名、女子前 3 名的选手可直接进入决赛，其余选手经过第 2 轮比赛后再次决出男子前 5 名、女子前 3 名进入决赛。

（3）决赛共进行 3 轮，每名参赛选手按 3 轮中成绩最好的两轮成绩之和进行排名。

* 坡面障碍技巧比赛

＊ 障碍追逐混合团体赛

（1）参加障碍追逐混合团体比赛的每支队伍均由 1 名男子选手和 1 名女子选手组成，参赛队伍数量不限。

（2）比赛形式为计时赛，所有参赛队伍通过抽签的方式进行分组。比赛结束后，裁判员对各参赛队伍的用时进行统计并排名，成绩排名前 4 的参赛队伍可入围最终决赛。

（3）通过最终的决赛成绩，确定出排名第 1~4 名的参赛队伍，其余参赛队将根据计时赛阶段的成绩进行排名。

＊ 障碍追逐混合团体赛

·评分制度·

* 评分方式

平行大回转与障碍追逐赛是以参赛选手到达终点的时间来进行评判的，其他单板滑雪项目依靠裁判的“总体印象分”来进行评判。

裁判员从腾空高度、技术动作难度、选手完成质量 3 个方面对参赛选手进行评判。每套动作满分为 100 分，参赛选手在比赛过程中如出现摔倒或停顿等失误，均会被扣分。裁判组由 3~6 人组成，去掉最高分和最低分后的平均分即为参赛选手的成绩。目前顶尖的运动员最终得分一般都在 80 分以上。

* 评分依据

为了保证公平公正，裁判主要从动作幅度、难度系数、动作多样性、完成度与进步创新这几个相对容易量化的角度来对动作进行评分。

* 动作演示

动作幅度

动作幅度指选手在比赛时跃出池沿的高度。参赛选手通过自身的发力与良好的身体素质，借助速度与力量跃出池沿，在空中做出各种复杂的动作。裁判在打分时的依据不仅是第一跳的高度，也包括了选手在整个滑行过程中每个动作的高度。

难度系数

我们在观看单板滑雪技术性比赛时经常可以看见选手在空中做出各种令人眼花缭乱的转体与空翻。一般来说，转体的数量、空翻的圈数、跃起的高度，都会影响裁判对技术分的评判。

滑手也可以通过以下方面提高动作的难度系数来得分。

（1）运动员的习惯性方向。比赛前赛方会记录选手的正反脚来作为裁判最后评判的依据，在选手完成全部比赛动作后，使用反脚会比使用正脚获得更高得分。

（2）旋转的方向。比较容易的旋转是顺着选手的发力方向外转，如果逆着选手的发力方向旋转会增加动作的难度系数。虽然动作相同，但后者的得分优势更大。

（3）困难的抓板动作。一些传统抓板之外的动作由于成功率低很少出现在比赛中，复杂拧结的身体动作也会影响转圈时的发力，但这样的动作反而会有一定的得分优势。

（4）高难动作的组合。比赛的得分不只取决于起跳、所转圈数、抓板和落地方式，连续高难度动作组合的得分也比单独动作的得分更高。

* 抓板动作演示

动作多样性

参赛选手在比赛中，总会在一个方向上转出尽可能多的圈数，并做出丰富多样的技巧性动作，以此来增加技术难度，并使观众获得更好的观赏体验。

不同的转向和抓板方式是参赛选手用来展现自己独特风格并获得高分的一种方式。通常来说转向有 4 个方向，反脚转向比正脚转向得分更高，逆方向转向要比顺方向转向得分更高。

在比赛中加入抓板的动作往往会在一定程度上影响转速，所以有抓板的动作也会得到更高的分数。在每个动作中加入不同的抓板方式，也会更加受到裁判与观众的青睐。

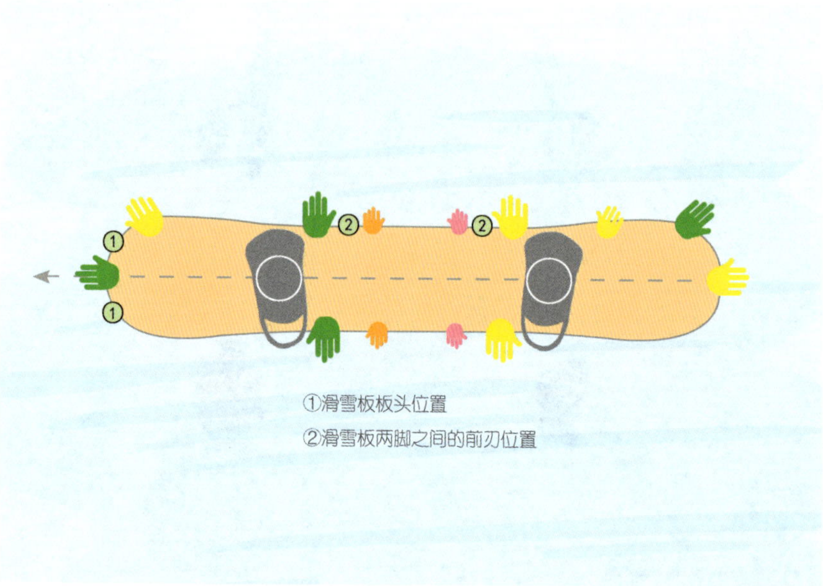

* 抓板动作位置

完成度

在完成度的评分过程中，主要考查参赛选手在比赛中动作完成的稳定性、流畅度和对技术的掌控程度。

抓板的动作是否完整且有足够长的展示时间，落地是否顺畅，在落地时手是否扶地，滑行过程中是否存在搓雪，展示了多少“风格”的动作等，这些都会包含在整个评分过程中。

进步创新

为了鼓励参赛选手创新，增加高难度动作的出现，表现单板滑雪运动不断拼搏进取和勇于探索的精神，裁判员对运动员做出的创新动作，以及新的组合技巧都会给予创新奖励的最高分。

知识窗

单板滑雪没有一个通用的评分方式。总的来说，裁判员会根据文中所提到的评分标准，针对比赛中各位选手的具体表现来给出相应的分数。由于技术评分标准不断改进以及各参赛选手的身体素质存在差异，我们无法拿以往的顶尖运动员与今天的选手相比。所以裁判打分的标准会根据当天运动员们的整体水平出现浮动。

* 比赛展示

·动作与技术·

* 准备动作

在单板滑雪的训练和比赛中提前做好准备工作是很重要的，因为运动员需要增加心率，使血液循环加快，以向腿部肌肉注入充足血液。在登上滑板前需要做散步、台阶运动、慢跑等基本准备活动，然后停下来多做一些伸展运动。这样不仅会全面提高选手的身体性能，还会减少肌肉拉伤的概率。

* 准备动作

* 基本站姿

弯曲上半身、腰、膝盖，保持最大的弹性，双手平举，辅助平衡，双眼自然平视远方而不要盯着自己的雪板尖看。上半身同样应保持最大的弹性，配合滑板动作，做出必要的反应姿势。低站姿可应用于转弯及需要降低身体重心的情况。

* 基本站姿

* 基础转弯动作

直滑降——前刃转弯

动作要领：以直滑降滑行开始，提高身体重心，逐渐倾倒、立前刃、扭转、加压滑行，重点应该注意立刃与倾斜角度的控制。

要点：逐步提高练习难度，克服恐惧心理，增加练习兴趣，循序渐进地加大立刃角度，以提高滑行速度。

注意事项：以雪板前刃向山上侧的方式转弯时，视线要注意引领滑行方向。要把握转弯变刃的时机，身体不可过度倾倒。

* 直滑降——前刃转弯

直滑降——后刃转弯

动作要领：由直滑降开始，滑离最大倾斜线后，进入半弧转弯，上体的扭转、加大立刃和重心的移动是动作的要点。后刃滑行与前刃滑行相比，板尾易拖滑，练习时要防止转体过大而造成摔倒。

要点：上体前倾以维持反向平衡是后刃滑弧的要点，反向平衡角度的大小要依据倾倒角度改变。

注意事项：要克服害怕向后摔倒的恐惧心理，可以体验几次后刃滑弧过程中，大角度立刃倾倒之后向山上侧的坐下摔倒动作。

* 直滑降——后刃转弯

斜滑降——前刃转弯（侧面）

动作要领：以斜滑降滑行开始，提高身体重心，逐渐倾倒、立前刃、扭转、加压滑行。重点应该注意立刃与倾斜角度的控制。

要点：逐步提高练习难度，克服恐惧心理，增加练习兴趣，循序渐进地加大立刃角度，以提高滑行速度。

注意事项：以雪板前刃向山上侧的方式转弯时，视线要注意引领滑行方向。要把握转弯变刃的时机，身体不可过度倾倒。

* 斜滑降——前刃转弯（侧面）

斜滑降——后刃转弯（侧面）

动作要领：由斜滑降开始，滑离最大倾斜线后，进入半弧转弯，上体的扭转、加大立刃和重心的移动是动作的要点。后刃滑行与前刃滑行相比，板尾易拖滑，练习时要防止转体过大而造成摔倒。

要点：上体前倾以维持反向平衡是后刃滑弧的要点，反向平衡角度的大小要依据倾倒角度而改变。

注意事项：要克服害怕向后摔倒的恐惧心理，可以体验几次后刃滑弧过程中，大角度立刃倾倒之后向山上侧的坐下摔倒动作。

* 斜滑降——后刃转弯（侧面）

有拖滑的大 S 连续转弯（侧面）

动作要领：把前刃拖滑和后刃拖滑连接起来滑出完整的有拖滑的大 S 连续转弯。站起、平刃滑行是两个滑行弧之间变刃过渡区，也是滑行节奏的体现。

要点：板尾推出典型的拖滑状态，在练习中应该逐渐缩小推出幅度和拖滑距离，为卡宾转弯打下基础。

注意事项：

板刃变化：前刃—平刃—后刃

身体姿势变化：高—低—高—低—高

* 有拖滑的大 S 连续转弯（侧面）

知识窗

什么是卡宾转弯？

卡宾转弯是指选手在滑雪转弯时单板一侧板刃刻入雪中，在雪面上滑出细而深的雪辙的技术。

* 抓板动作

抓板动作是在空中完成的，选手腾空时应保持身体平衡，目视落地的方向，尽量向上抬腿，不要弯腰向下。在比赛过程中，抓板动作不仅能够帮助参赛选手在空中保持身体的稳定，使选手的身体在空中与雪板融为一体，还能使身体在空中展现出精彩的姿态。

抓板并不是一个独立的技术动作，是与飞跃、转体、空翻等技术动作相结合的一种技术展示，包括前手抓板、后手抓板、抓脚趾边板、抓板尖、双手抓板等。

前手抓板头
前手抓前刃
后手抓板尾
前手抓后刃
前手经体前侧抓住板尾
后手抓前刃
后手经体前侧抓住后刃
后手抓住前脚的前刃部分
前手抓后刃

* 抓板动作

* 保护动作

向后摔：不要用手腕撑，小臂自然落地缓冲，头向前，下巴贴紧胸前，呈抱团状。

向前摔：双臂弯曲护胸护脸前摔，肘部着地，两小腿弯曲抬起。

* 摔倒保护动作示意

* 横滑停止动作

正向刹车：重心在前腿，刹车时，上体向外侧转，眼睛向外侧看，后腿向前踢板，脚尖抬起，做推板动作，后刃形成刹车。

背向刹车：重心在前腿，刹车时，脚跟抬起，脚尖用力，眼睛一定要向上看，后腿做蹬板动作，膝盖往雪里走，前刃刹车。

* 正向刹车

* 背向刹车

第四章

单板滑雪的冬奥人物故事

在冬奥会单板滑雪的赛场上出现过很多知名的运动员，他们用专业的技能展现出了属于他们的精彩瞬间，而在赛场的背后他们也有着很多动人的故事。

· 刘佳宇 ·

* 中国的元老级选手

单板滑雪在我国起步较晚，发展速度也不是很快，目前尚处于摸索阶段。尽管中国的单板滑雪总体上还不能向北欧冰雪强国看齐，但其中的一个小项却不能忽视，那就是 U 型池比赛。提到 U 型池这个项目，就不能不提我国选手刘佳宇，她不仅是中国单板滑雪的领军人物，同时也是中国单板滑雪历史的开创者。

* 刘佳宇（一）

刘佳宇，1992 年 9 月出生于黑龙江省鹤岗市。在她很小的时候，家里的长辈就支持她参加武术、京剧等课外活动，这为她以后单板滑雪的职业生涯打下了坚实的基础。2003 年，国家体育总局冬季体育管理中心决定开展单板滑雪项目，单板滑雪在中国正式立项。为了响应国家号召，年仅 11 岁的刘佳宇被家人送到了哈尔滨队，积极投身于单板滑雪项目的训练中。当时连滑雪都不会的刘佳宇就这样成了单板滑雪国家集训队最早的成员之一。

刘佳宇刚刚开始练习这个项目的时候，觉得这项运动很酷，年轻外向的她也因此对这项运动产生了浓浓的好奇心。但是真正的训练开始后，她发现一切并非她想象的那样充满乐趣。她虽然此前学习过武术，但因并非专业运动员，也没有经过专业训练，身体素质并不比其他的同学优秀，所以在训练中进步非常慢。此时，不断受挫的刘佳宇开始想家，但放弃仅仅是一个念头，终究她还是坚持了下来。直到第二年，刘佳宇才渐渐发现自己真正爱上了这项运动，开始慢慢地在单板滑雪中寻找自己的价值，并将单板滑雪作为爱好，开始了刻苦的训练。

而此时我国对这项运动也是一知半解，练习使用的配套设施、技术及人才的储备都仅仅只有一个基础。这样的训练条件与设备完善的欧美国家相比可谓天壤之别。在这种情况下，刘佳宇在日常基础训练结束之后，开始积极探索，搜寻国外单板滑雪的图像和视频，参照双板滑雪的一些知识，开始尝试新的训练方法。最终，在不断的摸索中，刘佳宇找到了适合自己的训练方法。

终于，经过 4 年的训练，在 2007—2008 赛季，16 岁的刘佳宇脱

* 刘佳宇（二）

颖而出，两次夺得世界杯分站赛金牌，一度跻身世界一流水平。而此时的她，也终于由一个懵懂的小女孩成长为一位可以独当一面的单板滑雪选手。获奖后她表示希望通过自己的成绩和努力，让更多的人喜欢上这项运动。

* 因为快乐，所以坚持

为了备战2010年的温哥华冬奥会，刘佳宇开始了刻苦的赛前准备。在2009年年末的一场训练中，刘佳宇发生了意外，导致肩膀脱臼。忍着肩膀的伤痛，当时不到18岁的刘佳宇毅然决然地选择了继续参赛。

而在这一次冬奥会的赛场上，刘佳宇取得了第 4 名的优异成绩，离领奖台仅一步之遥。

随后，刘佳宇将下一个目标放在了 4 年后的索契冬奥会上，但在这期间，刘佳宇的身体越来越不堪重负，从左肩到髋关节一直都存在着很严重的问题，其中左肩的盂唇撕裂最为严重。为了早日恢复健康，刘佳宇进行了两次大型手术。但很可惜的是，第 2 次参加冬奥会的刘佳宇因为身体的原因，还是无缘领奖台。

在索契冬奥会结束后，刘佳宇又进行了第 3 次手术，此时的她感到了前所未有的压力。练习单板滑雪已经十多年了，可是自己还没有在冬奥会上取得过一块奖牌，对她来说这是个遗憾。而此时身体的伤痛也不断折磨着刘佳宇，她开始有些动摇了。为了让自己能够有更好的状态，她开始尝试着让自己彻底放松，在养伤的同时只是单纯地玩玩滑雪。她不再将这一运动当作自己的工作，而是将它作为一项娱乐活动。在每天的滑雪玩耍中，刘佳宇找到了更多的乐趣。经过长时间的调整，刘佳宇终于放下了心中的压力，决定再度向冬奥会进发。

2018 年，刘佳宇迎来了平昌冬奥会，已经将这一运动当作享受的刘佳宇终于突破了自己，在 U 型池比赛中表现出色，取得了 89.75 分的成绩，一举拿下这一项目的银牌。拿到奖牌的刘佳宇和队友们都热泪盈眶。因为这不仅是中国在平昌冬奥会上的第 1 枚奖牌，也是中国在冬奥会单板滑雪项目上的第 1 枚奖牌。至此，中国终于在冬奥会单板滑雪项目上实现了“零”的突破，跻身单板滑雪的强国之列。而刘佳宇也被大家亲切地称为“天才少女”。她在比赛后表示，现在她所做的，就是想让大家知道，单板滑雪有自己独特的文化，而她参与这项运动的竞技比赛，不仅仅是为了同其他选手同台切磋，不仅仅是为了夺得冠军，也是为了快乐。

* 一辈子的热爱

随着单板滑雪项目在我国的开展和推进，一场滑雪浪潮在中国兴起，更多的人逐渐加入到单板滑雪的项目中来，尤其是追求炫酷的年轻人更是被它的魅力所吸引。而 2018 年平昌冬奥会后，取得了巨大成功的刘佳宇已经很少活跃在公众面前了。在沉淀自己的同时，刘佳宇也不忘推广宣传自己热爱的单板滑雪，以激励更多的人来参与这项运动。不论时间过去多久，相信已经将单板滑雪作为一种生活方式的刘佳宇，会一直热爱着这一充满魅力的运动。

·肖恩·怀特·

* 从都灵走出来的滑雪偶像

如果你喜欢滑雪，你可以不了解其他滑雪选手，但你一定要知道来自美国的选手肖恩·怀特（Shaun White）。他是单板滑雪运动殿堂级的人物，也是单板迷们最欣赏和崇拜的偶像，很多滑雪迷都是在他的影响下投身这一运动的。作为世界上最好的单板滑雪选手之一，他在这项运动中拥有着极高的天赋，并成为单板滑雪的王者，甚至成为代表滑雪运动的文化标志。

肖恩·怀特具有极强的人格魅力，他将独特的技巧、风格融入每一场比赛中，而且在他参加的每一场比赛中，几乎都能处于不败之地。

2006 年都灵冬奥会前，除了冬奥会的冠军奖牌，肖恩·怀特已经拿到了其他很多国际大赛的冠军。在都灵冬奥会上，肖恩·怀特在 U 型池项目中再度轻松夺冠，一跃成为世界级的滑雪偶像。留着一头酷炫红色长发的他通过电视转播被全世界熟知，“飞翔的番茄”从此成为滑雪迷们对这位冠军的爱称，以至于一提到滑雪，很多滑雪圈子外的人首先想到的就是他。之后，肖恩·怀特也长期活跃在聚光灯下，只要电视媒体上有他的比赛，收视率就会急剧上升，就此肖恩·怀特成为当时闻名遐迩的滑雪明星。单板滑雪也在他的推动下爆红。

* 肖恩·怀特（一）

* 人生赢家

1986 年，肖恩·怀特出生于美国加州的阳光海岸，他 6 岁起开始练习单板滑雪，7 岁时在一次滑雪旅行中，他的妈妈拍摄了一部他滑雪的短片，为此他拿到了人生的第一笔赞助。肖恩·怀特 12 岁就赢遍了青少年单板滑雪的各大比赛，13 岁开始转向成年组比赛，成为最年轻的职业单板运动员，20 岁时在 2006 年都灵冬奥会上一战成名，24 岁时在 2010 年温哥华冬奥会上成功卫冕，32 岁时在 2018 年平昌冬奥会上再次夺冠，凭借雪上项目 3 枚金牌数，成为“冬季奥林匹克运动会单板滑雪项目金牌数最多”吉尼斯世界纪录称号保持者。肖恩·怀特以前所未有的速度飞驰在他的成功大道上。

肖恩·怀特是一位极限运动天才，至今保持着无人能及的比赛战绩。除此之外，他还跨越夏季和冬季项目，在夏季的极限运动会中也拿过多个滑板冠军，赢得了史上最多的 24 块 X Games（极限运动）奖牌。直到现在，他也是获得极限运动金牌数量最多的运动员。他还是第一位在单板滑雪和滑板两项运动中都夺得过金牌的运动员。

除了滑雪外，肖恩·怀特对其他许多领域也有所涉猎。他组建了乐队“Bad Things”并担任吉他手。同时他也是一位成功的商人，成立了自己的公司并出任 CEO，与众多大品牌有深度的代言合作。由于他超高的知名度，育碧电子在 2008 年和 2010 年分别推出了两款以他的名字命名的电子游戏，均大受欢迎。

* 那些年的痛苦与失败

纵观肖恩·怀特所获得的成就，他可谓是人生赢家，但是成功必定有所付出，他的人生经历也颇为励志。肖恩·怀特刚出生时就被诊断患有先天性心脏血管畸形，这种病非常严重，如果不能及时医治，随时可能会失去生命，就算侥幸活了下来，也只有很小的概率能活到 20 岁。他在 5 岁的时候，就进行了两次心脏手术，直到现在，他的胸口还留着两道狰狞的疤痕。

* 肖恩·怀特（二）

在 2000 年的一场滑板表演赛中，14 岁的肖恩·怀特和另一名成年滑手相撞，除了手脚骨折以外，还摔裂了头骨。2004 年肖恩·怀特进行了右膝手术，手术后他因训练过早，造成了膝盖多处骨头受伤。2006 年右脚踝骨裂，2009 年、2012 年左脚踝骨折，2012 年进行了左膝手术，2013 年双脚踝骨裂……即使遭遇了这么多的伤痛，肖恩·怀特依然没有放弃他热爱的单板运动。

成功者往往“不允许”失误，在 2014 年索契冬奥会上，肖恩·怀特带着 U 型池预赛第一的成绩闯入决赛，却最终在决赛中失误，仅获得第 4 名的成绩，错失了 3 连冠的机会。这次比赛后，许多人都对肖恩·怀特的技术水平产生了怀疑，认为他的赛场传奇就此终结了。这场比赛也成为他一生的遗憾，赛后他曾一度失意，远离了这项他热爱的运动，淡出赛场。

* 传奇归来

在淡出赛场的几年中，肖恩·怀特发现自己依旧无法割舍对单板滑雪运动的热爱，这项运动已经成为他生命的一部分。在伤痛中，他不断地超越着自己，在别人的质疑与自我否定中，他最终选择重新振作，在 2017 年的美国公开赛中，肖恩·怀特以满分的成绩夺得了 U 型池的冠军，高调宣布复出，并且获得了 2018 年平昌冬奥会的参赛资格。

为了提高自己的技术，肖恩·怀特在 2018 年平昌冬奥会前就开始练习后脚转体 4 周 1440 度这个极难的动作，直到冬奥会开始前他都没有成功。为了成功做出这一动作，肖恩·怀特不断地摔倒、受伤，付出了他所有的精力。最严重的一次，他背部受伤流血不止，几乎瘫痪，险些失去生命。但他仍旧不甘放弃，仅用了一个月就重新回到了训练场，可面对身体的痛苦以及心理的迷茫与恐惧，他也常常掩面哭泣。

肖恩·怀特的复出之路走得并不轻松，在这个属于年轻人的比赛项目中，当时已经 31 岁的他，其实并不占据任何优势，而且在这短短 4 年的时间里，单板人才也不断涌现。在这种环境下，肖恩·怀特从比赛一开始就背负着重重的压力。即便是这样，肖恩·怀特还是凭借着自己的实力拿到了 94.25 的高分，冲进了决赛。正当大家以为他稳操胜券时，来自日本的单板滑雪天才少年平野步梦，又为这场比赛制造了悬念。按照比赛规则，肖恩·怀特是最后一个出场的选手。顶着这样的压力，为了实现梦想，他只能拼尽全力。比赛中，他奇迹般地连续完成了两个连续后脚转体 4 周 1440 度，动作堪称完美。最终获得了 97.75 的高分，成功超越平野步梦，再一次成为冬奥会的冠军，也用实力向全世界宣布了王者的归来。

肖恩·怀特虽然在索契错失了 3 连冠的机会，但在平昌冬奥会上拿到了“三冠王”的称号。不仅如此，这块金牌还有着极高的纪念价值，因为这块金牌也是美国在冬奥会上赢得的第 100 枚金牌。

都说单板滑雪是年轻人的天下，但肖恩·怀特却用实力打破了这一说法。至 2022 年北京冬奥会时，他已经 35 岁，我们期待他能够再次为大家带来奇迹。

·马克·麦克莫里斯·

＊ 加拿大单板滑雪第一人

马克·麦克莫里斯（Mark Lee McMorris），1993 年 12 月出生，许多人都认为他是继肖恩·怀特之后的单板滑雪领军人物。他来自加拿大萨斯喀彻温省中南部的里贾纳，父亲是一名政客，母亲是一名医务工作者，而他的哥哥克雷格·麦克莫里斯（Craig McMorris）同样是一名职业单板滑雪选手。

＊ 马克·麦克莫里斯（一）

* 马克·麦克莫里斯（二）

马克·麦克莫里斯从小就对冬季极限运动抱有极大的好奇心。6岁时就开始练习滑雪，少年时就正式开始了他的比赛生涯，尤其热爱障碍技巧和大跳台比赛。他的家乡曾多次举办冬季极限运动比赛，马克·麦克莫里斯在这些比赛中展现出了他的实力，连续两年夺取了单板大跳台和坡面障碍技巧项目的金牌，在其他单板滑雪比赛中也多次夺冠。

马克·麦克莫里斯还是单板滑雪历史上完成向后翻腾4周1440

度的第一人，曾经一度世界排名第一，也因此被加拿大人称为“国民的骄傲”。

2009—2010 赛季，马克·麦克莫里斯参加在魁北克城举行的单板滑雪世界杯大跳台比赛，以第 8 名的成绩完成了世界杯首秀，并在随后的卡尔加里世界杯中一举拿下冠军。

2011 年马克·麦克莫里斯赢得了自己第一个世界单板滑雪巡回赛总冠军，2012—2013 赛季，马克·麦克莫里斯在极限运动比赛中以 98 分夺得冠军，成为单板滑雪障碍技巧历史上首位在极限运动中取得 98 分的选手，并凭借这一历史最高分，成功完成连续两届比赛登上领奖台的壮举。在 2014 年索契冬奥会的坡面障碍技巧赛上，马克·麦克莫里斯赢得铜牌，成为加拿大单板滑雪运动首位奥运奖牌获得者。

* 与死亡擦肩

单板滑雪这项极限运动具有一定的危险性，就算是马克·麦克莫里斯这样优秀的运动员也会出现失误。为了迎战 2018 年平昌冬奥会，马克·麦克莫里斯特地前往不列颠哥伦比亚省进行训练。可是，这一次训练却发生了意想不到的事故，他身体多处重伤，肋骨骨折，脾脏也受到极大损伤。

马克·麦克莫里斯随即被救援直升机紧急送往当地的医院进行抢救。幸运的是，尽管多个部位受伤，他最终脱离了生命危险。原以为自己死定了的马克·麦克莫里斯在医院昏迷了许久，醒来之后他最关心的是自己还能不能继续从事冰雪运动，而医生的建议是好好休养，让他放弃接下来的冬奥会比赛。2018 年平昌冬奥会原本是他冲击冠军的舞台，但这次受伤可能意味着他将无法完成自己的心愿，这不是他所期望的。

从小就进行高强度专业训练的马克·麦克莫里斯身体素质很好，恢复能力极强，在受伤如此严重的情况下，竟然很快挺了过来。面对即将到来的平昌冬奥会，仅仅在医院躺了3个月的他，就在医生的指导下开始了康复训练。康复训练的过程漫长而痛苦，对于职业运动员来说尤为残酷，也存在着很多风险，但他还是决定继续走下去，2个月后，他开始了紧张的赛前练习。

* 再次创造奇迹

马克·麦克莫里斯凭借着惊人的毅力和坚持不懈的努力，终于重新回到了赛场，并在2017年11月北京举行的沸雪单板滑雪大跳台世界杯上斩获男子组冠军，强势宣告归来。

2018年在平昌冬奥会单板滑雪男子坡面障碍技巧决赛中，马克·麦克莫里斯获得铜牌。当站在领奖台上时，他因与死亡抗争的不屈精神而获得了人们的赞赏，他的这份永不放弃的奥运精神比金牌更加重要。当他一次又一次地战胜伤病，一次又一次地在赛场上留下汗水时，他就已经成为这项雪上运动的传奇王者，他的故事也时刻激励着我们每一个人！

·维克·维尔德与扎瓦尔金娜·

* 奖牌夫妻

滑雪运动有着悠久的历史，单板滑雪作为滑雪运动中的一个小项，在世界上也拥有着不可替代的影响力。我们中国人所熟知的一般是中国单板滑雪选手擅长的 U 型池比赛，与其相比，我们对平行大回转的比赛就了解很少。作为速度与技巧相结合的雪上项目，平行大回转的比赛十分惊险刺激，非常有观赏性。在这个项目中，也有许许多多的知名选手。其中，被人津津乐道的就属奖牌夫妻维克·维尔德（Vic Wild）与扎瓦尔金娜（Zavarkina）了。

* 维克·维尔德与扎瓦尔金娜（一）

* 俄罗斯单板滑雪功臣

扎瓦尔金娜是俄罗斯著名运动员，她在还未成为正式运动员之前，无意中在电视上看到了来自捷克的单板滑雪选手伊娃·萨莫科娃（Eva Samokova）在莫斯科世锦赛上的出色表现。那一刻，她被单板滑雪这项运动所吸引，决定正式投入到单板滑雪项目中来，希望以后可以成为像伊娃·萨莫科娃那样出色的选手。

在2010年，扎瓦尔金娜在训练中不幸受伤，伤情非常严重，俄罗斯的一些专家建议她不要继续参加比赛了，但她并没有放弃，为了热爱的事业还是坚持了下来，并在2011年夺得单板滑雪世锦赛的冠军，还为俄罗斯找到了一位全美排名前10的单板滑雪名将，也就是她的丈夫维克·维尔德。

* 为了爱情与梦想

2010年温哥华冬奥会结束后，因为美国的滑雪及单板滑雪协会所提供的资金被削减，美国单板滑雪运动受到影响，开始步入低潮。此时，极度渴望在单板滑雪比赛上表现自己的维克·维尔德有些失望，他不愿放弃，也渴望在2014年索契冬奥会上展现自己的实力。为了爱情也为了追逐梦想，维克·维尔德毅然决定代表俄罗斯队出战。在2011年，原是美国人的他远离了自己的家乡，追随着妻子前往俄罗斯，加入了俄罗斯国籍。

刚到莫斯科的前几个月，维克·维尔德面临不少的困难和挑战，语言不通、生活习惯差异等困难，使得他经常烦闷不安。在妻子扎瓦尔金娜的支持和鼓励下，维克·维尔德克服了重重难关，开始在俄罗斯的单板滑雪赛场上崭露头角。而后来的事实证明，维克·维尔德的决定是对的。在 2014 年索契冬奥会中，维克·维尔德参加了单板滑雪男子平行大回转的比赛。在第 1 轮比赛中，维克·维尔德发挥失利，表现欠佳，但在接下来的第 2 轮比赛中，重新调整心情后的他几乎毫无失误地快速通过了终点，并以领先对手 2.14 秒的成绩夺得冠军，这也是俄罗斯在单板滑雪男子平行大回转中获得的首枚冬奥会金牌。在后来的比赛中，维克·维尔德又为俄罗斯拿到了单板滑雪男子平行回转的金牌。

* 维克·维尔德与扎瓦尔金娜（二）

* 奥运佳话

在维克·维尔德获得首枚冬奥金牌的前几十分钟，他的妻子扎瓦尔金娜在单板滑雪女子平行大回转比赛中也获得了第 3 名的好成绩。此时的他们可谓爱情与事业双丰收。在比赛结束后的采访中，维克·维尔德兴奋地说道，“能和爱人一起赢得比赛，真让人感到难以置信”，“我不知道这一切是如何发生的，就好像是一个美梦”。在索契冬奥会结束后，同时获奖的夫妻俩还因此受到总统的接见。

维克·维尔德与扎瓦尔金娜于 2009 年在赛场相识，在热恋两年后正式结为夫妻。就这样，来自不同国度，但有着共同爱好和职业的两个人走到了一起，他们在比赛中相识相恋的故事也被人们传为奥运佳话。

第五章

单板滑雪的欣赏点与观赛礼仪

单板滑雪是一项极具魅力的运动。在比赛中，我们经常会看到很多惊险、刺激的高难度动作。因此，这一运动项目有着极高的观赏性。

·比赛欣赏点·

* 学会欣赏

单板滑雪是自由的代名词,但有一定的危险性。这一项目小项众多,在观看比赛时，除了可以看到运动员们不断追逐，还可以尽情欣赏各种各样高技巧性的花样动作。这项运动既包含了雪上冲浪的美感，也有着挑战极限的刺激，其众多且不断增加的姿势花样也是这项运动最有魅力的一面。

* 观看比赛

自由灵活

单板滑雪具有极高的灵活性，选手们和众多爱好者可以很轻松地在各个小项中展示自己的风采。他们可以在U型池和跳台上腾空、翻转，摆出各种各样的姿势，也可以像滑板一样在雪道上自由滑行。相较双板滑雪来说，单板滑雪更为自由洒脱。除了已经出现的花样动作，单板爱好者还可以创造自己的全新动作,这也是单板滑雪的魅力所在。

彰显个性

单板滑雪与滑板和冲浪有异曲同工之处，它们或在雪上，或在陆地上，或在水面上，但都充满了动感和激情。单板滑雪的爱好者们用他们炫酷的装扮和精彩的滑行动作展现着自身的魅力与个性。

挑战自我

作为滑雪运动，单板滑雪较双板滑雪更加刺激，使人获得更加强烈的快感。运动员在速度中展示各种各样的花样动作，这种行为无疑增加了这项运动的危险性，但勇于挑战自我、追求速度与创新的精神，也是这一极限运动吸引人的原因。驾驭着单板滑行在雪坡上，已然成为冰雪运动的代表。

· 观赛礼仪 ·

* 赛前礼仪

观看比赛前，观众应提前入场。衣着整洁大方，遵守观赛礼仪。配合工作人员的指引在指定区域观赛，严格与赛道保持距离并严禁穿越赛道，接受工作人员对所携带物品的安全检查，不允许带宠物入场。从规定的入口有序进入，按门票规定区域进行观赛，不翻越护栏、围挡，不要携带易拉罐、玻璃瓶饮料进入场地，到达自己指定的位置安静就座。应适当了解比赛的规则，避免因为理解的不同做出影响他人的举动，这是对运动员、教练员、裁判员的尊重，也是观看一场精彩比赛的必要准备。

* 有序入场

* 赛中礼仪

比赛中对于观众行为的要求

观看比赛时在观众席不可随意走动或频繁进出场，否则不但会影响运动员的发挥也会影响其他观众观看比赛。请不要吸烟，不吃带响声与浓烈气味的食物，不损坏公共设施，不往场地内扔杂物。

比赛中对于声音的要求

调低或关闭手机铃声。大多数体育比赛中允许观众为运动员呐喊助威，活跃赛场气氛，激励运动员竞赛水平发挥。但需要注意的是，特定的运动项目和某些特定的时刻禁止发出声音，以免影响运动员比赛。

比赛中对于灯光的要求

体育比赛中对于光的要求较为严格。全场比赛都禁止使用闪光灯，因为它对运动员的发挥影响非常直接，运动员在完成比赛动作时，闪光灯会影响落地或旋转的角度，甚至导致动作失败。目前数据表示，在比赛中有 6.23% 的观众使用了闪光灯进行拍照，尽管比例不多，但这样的比例足以让运动员在比赛时受到很大的影响，甚至影响比赛结果或出现意外。

其他诸如观众与运动员发生冲突、观众之间发生冲突、喝倒彩、因裁判问题引起的骚乱、因突发事件引起的骚乱、提前退场等问题也值得大家注意，积极避免！

* 赛后礼仪

（1）请随手带走垃圾。

（2）比赛全程应尊重不同国家和地区运动员的习俗、信仰，做到不围观、不评论。

（3）无论胜负，对所有参赛运动员的精彩表现都应报以热烈的掌声，予以鼓励。

附录　跟我学

（中英文对照）

中文	英文
平行大回转	Parallel Giant Slalom
U 型池	Halfpipe
障碍追逐	Snowboard Cross
坡面障碍技巧	Slopestyle
大跳台	Big Air
侧切	Sidecut
板头长度	Nose Length
板尾长度	Tail Length
板头宽度	Nose Width
板腰宽度	Waist Width
板尾宽度	Tail Width
板头高度	Nose Height
板尾高度	Tail Height
站立距离	Stance Width
过渡区	Transitions
垂直区	Verticals
平台	Platform

续表

中文	英文
入口坡	Entry Ramp
板头平衡	Nose Press
板尾平衡	Tail Press
企鹅步	Penguin Walk
板头 180°粘跳	Butter Nose Roll
平底花式（平转 180°）	Butter 180
三脚架	Tripod
平花面包圈	Butter Bagel
平花蝴蝶饼	Butter Pretzel
前手	Fronthand
后手	Backhand
前脚	Frontfoot
后脚	Backfoot
前刃	Toeedge
后刃	Heeledge
板头起跳	Nollie
板尾起跳	Ollie
飞骑	Fakie
360°空中飞骑	360 Air to Fakie
前脚转弯	Frontside Turn

续表

中文	英文
后脚转弯	Backside Turn
前脚旋转	Frontside Rotation
后脚旋转	Backside Rotation
空翻	Flip
“Z”字滑行	Falling Leaf
组合花式滑行	Combo Trick
外转横板	Frontside Shifty
正向直板滑行（5050）	50-50 Box
直线跳跃	Straight Air
外转正向横板滑行	Backside boardslide
内转背向横板滑行	Frontside boardslide
抓板	Grab
前手抓前刃中部	Mute Grab
后手抓前刃中部	Indy Grab
前手抓后刃	Melancholy Grab
前手抓板头	Nose Grab
外转 180°	Frontside 180
内转 180°	Backside 180
外转 360°	Frontside 360
内转 360°	Backside 360

续表

中文	英文
懒汉	Slob Air
柯雷尔	Crail Air
印地	Indy Air
消音	Mute Air
腐鱼	Stale Fish
转换滑行	Revert
快速旋转	Corkscrew
前手抓前刃向前蹬	Sad Air
凭空旋	Mistyflip
后刃向后翻腾	Backside Rodeo
直体后空翻	Backflip
后转弯	Late Turn
磨碎动作	Grinds
空中接力	Alley Oop

青少年冬奥知识普及丛书

雪地猎人

冬季两项

王荣波◎主编　满丹丹◎副主编

新世界出版社
NEW WORLD PRESS

图书在版编目（CIP）数据

雪地猎人：冬季两项 / 王荣波主编．-- 北京：新世界出版社，2021.5
（青少年冬奥知识普及丛书）
ISBN 978-7-5104-6986-2

Ⅰ．①雪… Ⅱ．①王… Ⅲ．①现代冬季两项（雪上运动）—青少年读物 Ⅳ．① G865-49

中国版本图书馆 CIP 数据核字 (2019) 第 284267 号

雪地猎人　冬季两项

主　　编：王荣波
责任编辑：王峻峰
责任印制：王宝根
出　　版：新世界出版社
网　　址：http://www.nwp.com.cn
社　　址：北京西城区百万庄大街 24 号（100037）
发 行 部：(010)6899 5968（电话）　(010)6899 0635（电话）
总 编 室：(010)6899 5424（电话）　(010)6832 6679（传真）
版 权 部：+8610 6899 6306（电话）　nwpcd@sina.com（电邮）
印　　刷：小森印刷（北京）有限公司
经　　销：新华书店
开　　本：880mm×1230mm 1/32　　尺寸：145mm×210mm
字　　数：72 千字　　印张：3
版　　次：2021 年 5 月第 1 版　2021 年 5 月第 1 次印刷
书　　号：ISBN 978-7-5104-6986-2
定　　价：398.00 元（全 15 册）

—北京2022年—

《青少年冬奥知识普及丛书》
编委会名单

青少年冬奥知识普及丛书
（分册名录）

1.《冰上之箭——速度滑冰》

2.《冰上极速——短道速滑》

3.《冰上芭蕾——花样滑冰》

4.《勇敢者游戏——冰球》

5.《冰上象棋——冰壶》

6.《雪上马拉松——越野滑雪》

7.《空中飞鹰——跳台滑雪》

8.《全能高手——北欧两项》

9.《雪山飞人——高山滑雪》

10.《雪中舞蹈——自由式滑雪》

11.《雪上冲浪——单板滑雪》

12.《雪地猎人——冬季两项》

13.《冰上之舟——雪车》

14.《冰中鱼雷——钢架雪车》

15.《雪中跑车——雪橇》

总序

随着2018年平昌冬奥会的圆满落幕，北京接过了冬奥会的会旗，标志着冬奥会正式进入了“北京时间”。北京将成为世界上第一个既举办过夏季奥运会，又举办冬季奥运会的“双奥”城市。

2022年北京冬奥会是我国重要历史节点的重大标志性活动，是展现国家形象、促进国家发展、振奋民族精神的重要契机。我们要深入学习贯彻习近平同志关于筹办北京冬奥会和发展冰雪运动的重要指示精神，全力做好冬奥会各项筹办工作，特别是做好冬奥会备战工作，加快冰雪运动的普及，实现冰雪运动跨越式发展。为做好北京冬奥会筹办工作，广泛传播奥林匹克文化、弘扬奥林匹克精神，2018年1月30日，教育部、国家体育总局会同北京冬奥组委共同制订了《北京2022年冬奥会和冬残奥会中小学生奥林匹克

教育计划》。该计划提出将奥林匹克教育纳入学校常规教育教学工作、开展冬季奥林匹克教育文化活动、开展冬季奥林匹克交流活动、组织冬季奥林匹克教育课程资源研发等主要工作任务。作为加强奥林匹克教育传播和推动冰雪运动开展的重要措施，北京市教委在 2019 年推出了“奥林匹克教育成果创编及展示”系列项目，将由北京市教委主编、首都体育学院统筹完成的《青少年冬奥知识普及丛书》呈现给广大青少年朋友。

本套丛书从冬季奥林匹克运动项目入手，结合青少年身心特点，以图文并茂的方式介绍 2022 年北京冬奥会的 7 个大项 15 个分项内容，邀请了包括王春露、刘秋宏、满丹丹等在内的知名世界冠军、亚洲冠军及冬季运动项目专家参与编写。本套丛书每本各分五章，从项目起源与发展、比赛场地与器材、项目设置与规则、冬奥人物故事和观赛礼仪等方面进行讲述，旨在推动北京市中小学奥林匹克教育的发展和冰雪运动的普及，促进中小学生奥林匹克知识的学习和实践，强化中小学生参加体育锻炼的习惯，营造全社会关心关注冬奥会的良好氛围，引导民众感受冰雪运动的美丽、激情和感动。

特别鸣谢北京市教育委员会、首都体育学院领导以及广大冰雪运动专家给予的鼎力支持与帮助。由于编写时间及编者能力有限，书中有不当之处，敬请谅解。希望广大青少年读者通过阅读本套丛书，能够感受冬季奥林匹克运动项目的魅力，了解冬季运动项目知识。

Beijing's taking over the flag of 2022 Olympic Winter Games at the closing ceremony of Pyeongchang 2018 Olympic and Paralympic Winter Games marks that the Olympic Winter Games is officially entering "Beijing time", and Beijing is set to become the first city in the world to have hosted both the summer and winter Olympic Games.

The Beijing 2022 Olympic and Paralympic Winter Games, a significant landmark event in the important historic time of China, is an important opportunity to show national image, promote national development and inspire national spirit. Thus, it is a must to thoroughly study and implement the spirit of President Xi Jinping's important instructions for the preparation of the Games and the development of winter sports, and try our best to make well-organized arrangements for the Olympic Winter Games, especially the preparation for sports competitions, so as to accelerate the popularization of winter sports and achieve leapfrog development of winter sports. In order to make a good preparation for the Games, widely spread Olympic culture and carry forward Olympic spirit, the Ministry of Education of China, General Administration of Sport of China and Beijing Organising Committee for the 2022 Olympic and Paralympic Winter Games jointly issued *The Olympic Education Plan for Primary and Secondary School Students of Beijing 2022 Olympic and Paralympic Winter Games* on January 30, 2018, in which several main tasks are tabled as follows: incorporating Olympic education into regular schooling, carrying out educational and cultural activities for Winter Olympics,

conducting exchange activities for Winter Olympics, and organizing research and development of Winter Olympics educational curriculum resources. As an important measure for enhancing Olympic education and promoting the development of winter sports, Beijing Municipal Education Commission launched a series of projects of "the Creation, Adaptation and Exhibition of Olympic Education Achievements" in 2019, and the *Winter Olympic Knowledge for Teenagers* prepared by Beijing Municipal Education Commission with the coordination of Capital University of Physical Education and Sports will be presented.

Based on the Olympic winter sports and considering the physical and mental characteristics of teenagers, this series of illustrated books introduces 15 sports disciplines of the 2022 Winter Olympics which are categorized into 7 main categories. This series of books are compiled by Wang Chunlu, Liu Qiuhong, Man Dandan and other famous world champions, Asian champions and experts in winter sports. Each book of the series introduces one sport from five perspectives, which are the origin and development, venues and equipment, events and rules, stories of Winter Olympic athletes and spectator's etiquette respectively. It aims to promote the Olympic education for elementary and secondary students in Beijing, popularize winter sports, facilitate the learning of Olympic knowledge and develop a good habit of taking part in physical exercises. Furthermore, it also aims to help create a sound atmosphere where the whole society cares for and pays attention to the Olympic Winter Games, and lead people to enjoy the amazing, moving and exciting beauty of winter sports.

Special thanks go to the leaders of Beijing Municipal Education Commission and Capital University of Physical Education and Sports and the experts in winter sports who presented their great support and assistance. Please accept a sincere apology for any deficiency of these books due to limited time for preparation and limited ability of the authors. It is hoped that teenage readers could enjoy the charm of Winter Olympic sports and know more about winter sports through this series of books.

分序

冬季两项起源于斯堪的纳维亚半岛，由远古时代的滑雪狩猎演变而来。该项目曾经是欧洲的军训科目，于 1924 年被列为首届冬奥会表演项目，1960 年被列为冬奥会比赛项目。

冬季两项是将越野滑雪和射击相结合的一项运动。运动员在比赛中身背专用小口径步枪，每滑行一段距离进行一次射击，最先到达终点者即为获胜者。

这本《雪地猎人——冬季两项》科普读物，以专业视角和大众语言介绍了冬季两项的起源与发展、运动场地与器材、项目设置与规则、冬奥人物故事和观赛礼仪等，并配以近百幅精美图片，让读者身临其境般地感受冬季两项带来的惊艳、感动和激情。

Biathlon was rooted in the skiing traditions of Scandinavia, where people hunted on skis with rifles slung over their shoulders. It used to be a training course for military, and made its debut as a demonstration sport at 1924 Chamonix Games. Biathlon was officially added to the Olympic Winter Games in 1960.

Biathlon is a winter sport that combines cross-country skiing and rifle shooting. The athlete carries a specially designed rifle, and shoots once every time they ski a certain distance. The first competitor who reach the finish line will be the winner.

From professional perspectives, this popular science book *Snowfield Hunter – Biathlon* introduces the general knowledge about biathlon in common words, including the origin and development, venues and equipment, events and rules, stories of Winter Olympians and spectator's etiquette. Supported by nearly one hundred illustrations, the book would bring an immersive experience to readers while making them feel the amazing, moving and exciting beauty of biathlon.

目录

第一章

冬季两项的起源与发展

Biathlon 这个词来自希腊语，今天被用来表达冬季两项这个竞赛项目。该运动起源于斯堪的纳维亚半岛，由远古时代的滑雪狩猎演变而来。

·冬季两项的起源与发展·

＊ 项目起源

史前时期，人们为了解决冬季所需，不得不在大雪茫茫的环境中，借助滑雪工具行走，并使用弓箭和长矛等武器进行狩猎。据考证，人类有着 5000 多年的滑雪历史。1000 多年前的罗马、希腊以及中国的新疆伊犁地区就已经出现了利用滑雪用具的狩猎者。他们脚上穿着用于滑雪的板子，手持弓箭和长矛，可以自由地在雪原上追捕野兽。

＊ 古代人狩猎

知识窗

在挪威、荷兰和瑞典等北欧国家曾发掘了一些石制雕刻品，这些雕刻品距今 4000 多年，有一些雕刻品上刻有两个人蹬着雪板，手持棍棒，在雪地里狩猎的场景，上面描绘的场景就是冬季两项起源的最好证明。

* 早期的滑雪板

* 从狩猎活动到军事训练

滑雪狩猎是原住民的生存技能，人们肩背步枪，脚踏滑雪板在被大雪覆盖的森林里进行狩猎活动。随着时间的推移，这种狩猎活动逐渐与军事作战用途相融合，17 世纪开始滑雪射击逐渐被纳入军事训练科目。到了 18 世纪，滑雪射击已在斯堪的纳维亚地区被人所熟知。

* 1767 年挪威边防军

* 世界上最早的滑雪射击比赛

世界上最早的滑雪射击比赛是由挪威边防军滑雪巡逻队在 1767 年举办的。这场滑雪射击比赛要求选手在滑行途中，用步枪射击距离 40~50 步远的靶子。滑完全程后的比赛第一名则可以得到价值 20 克朗的奖品。

* 克朗币

* 项目的诞生

1861 年，世界上第一个滑雪射击俱乐部在挪威吕希尔成立。1912 年，挪威军队在奥斯陆组织了盛大的滑雪射击比赛。这是一项年度赛事，滑行的距离设定为 17km，在滑行射击过程中如未击中目标，参赛选手将会被处罚停赛 2 分钟。这可能是现代冬季两项比赛的雏形。随着时间的推移，滑雪射击比赛逐渐在欧美国家开展起来，逐渐成为一种体育运动项目。

1924 年第一届冬季奥运会在法国夏蒙尼举行，冬季两项以古老的形式——军事巡逻，作为表演项目亮相。1954 年，国际奥林匹克委员会正式承认冬季两项为奥运会运动项目。

* 1767 年挪威边防军训练

* 冬季两项运动简史

第一届冬季两项世界锦标赛于 1958 年在奥地利石海山麓萨尔费尔登举行，当时共有来自 9 个国家的 25 名运动员参加了比赛。此次比赛仅设有男子比赛，比赛设置为滑行 20km + 射击 4 次，射击距离为 200m，每次射击 5 发子弹；射击靶类似于今天军事训练用的人形靶；武器为大口径步枪。

随着时间的推移，竞赛项目的设置及规则也发生了一些变化。1966 年 6 月 12 日，男子接力赛首次亮相世锦赛。1967 年第一届青年男子冬季两项世界锦标赛在德国阿尔滕贝格举行，并开始同时设有个人和接力两个项目。在比赛的射击环节，1977 年冬季两项世锦赛时还在使用的大口径步枪，到 1978 年奥地利霍赫菲尔岑冬季两项世锦赛时也开始改为小口径步枪，且第一次开始使用机械靶标。

* 大口径步枪

* 奥地利石海山麓萨尔费尔登

1984 年，法国夏蒙尼举办了第一届女子冬季两项世界锦标赛。

1989 年，第一届男子和女子联合世界锦标赛在奥地利费斯特里茨举办，挪威沃斯举办了青年男子和青年女子世界锦标赛。

1996 年，第一届冬季两项夏季世界锦标赛在奥地利霍赫菲尔岑举办。

1997 年，追逐赛开始在世锦赛和世界杯赛等重大赛事中出现。

1999 年，追逐赛被列为奥林匹克项目；世锦标赛取消团体赛，加入集体出发赛项目。

2000 年，国际冬季两项联盟代表大会决定，青年世锦赛与少年世锦赛每年将同时举办。

2005 年，第一次混合接力赛在俄罗斯汉特-曼西斯克的世锦赛上亮相。

2006 年，俄罗斯乌法举行了第一次越野滑轮冬季两项夏季世界锦标赛。

2015 年，捷克诺瓦梅斯托世界杯赛上，单人混合接力赛首次亮相。

2019 年，世界锦标赛开始举行单人混合接力赛。

* 冬季两项冬奥史

从表演项目到比赛项目

1949 年，国际奥委会在罗马举行的第 43 次会议上，确认由越野滑雪和射击组合的这项运动正式成为奥运会的比赛项目。

1954 年，国际奥委会正式承认冬季两项是冬奥会的运动项目。1955 年，“冬季两项运动”这个术语首次在比赛规则中被采用。1957 年，国际现代五项联盟 (UIPM) 承认并接纳“冬季两项运动协会”作为国际专业协会，使得该项运动在国际范围内得到快速发展。

现代冬季两项

1960 年美国斯阔谷冬奥会上，冬季两项被并入冬季五项全能比赛，其中男子 20km 越野滑雪 + 4 次射击组成的竞赛项目以全新的现代形式第一次出现在奥运会赛场上，这标志着冬季两项进入冬奥会大家庭，成为正式比赛项目。此时的冬季两项又被称为现代冬季两项。

* 1960 年美国斯阔谷冬奥会火炬和奖牌

1968 年法国格勒诺布尔冬季奥运会，现代冬季两项男子 4×7.5km 接力赛第一次亮相。到 1976 年奥地利因斯布鲁克冬季奥运会，冬季两项比赛发展为男子 20km 个人比赛和男子 4×7.5km 接力赛。

1980 年美国普莱西德湖冬季奥运会上，现代冬季两项比赛男子 10km 短距离 + 2 次射击的竞赛项目第一次出现。此届冬奥会上冬季两项的金牌数量也增加至 3 块，3 个项目分别是男子 20km 个人赛、男子 4×7.5km 接力赛、男子 10km 短距离赛。

女子冬季两项

1992 年法国阿尔贝维尔冬季奥运会上，女子冬季两项比赛以女子 15km 个人赛、3×7.5km 接力赛、7.5km 短距离比赛的形式首次亮相于冬奥会赛场。2006 年接力赛调整为 4×6km。

冬季两项比赛项目的增加

2002 年盐湖城冬季奥运会，首次增设了男子 12.5km 追逐赛和女子 10km 追逐赛，只有在男子 10km 或女子 7.5km 短距离比赛中排名前 60 的运动员才有资格参加追逐赛。

2006 年都灵冬季奥运会，首次增设了男子 15km 集体出发项目和女子 12.5km 集体出发项目。

2014 年索契冬季奥运会，增设了男女混合接力赛，由 2 名女子运动员各滑行 6km，2 名男子运动员各滑行 7.5km。

随着男女混合接力赛进入冬奥会，在 2018 年平昌冬奥会上，冬季两项比赛逐渐形成了由男子项目（5 个小项）、女子项目（5 个小项）、混合项目（1 个小项）组成的多种形式的竞赛。金牌数量也随之增加为 11 块，在雪上竞赛项目中金牌的数量仅次于越野滑雪的 12 块。

知识窗

挪威 vs. 德国

在冬季两项冬奥会的参赛历史上，挪威是成绩排在第二的国家。截至 2018 年平昌冬奥会，一共产生过 86 块冬季两项的金牌，德国总共拿过 19 块，挪威拿到过 16 块，二者不相上下。

* 挪威国徽

* 德国国徽

知识窗

现代五项运动自1912年被列为奥运会比赛项目后，一直由国际奥委会直接管理。1948年，国际现代五项联盟在英国伦敦成立，以规范现代五项全能运动。同年，国际奥委会将这项运动的领导权移交给国际现代五项联盟。

1953年，冬季两项运动在国际现代五项联盟的支持下成为一项运动。1956年，国际现代五项联盟承认越野滑雪和射击这两项运动的成员联合会。由于历史的原因，现代五项运动与冬季两项运动以奥运会为契机，处于同一个国际体育组织中。1969年，国际现代五项联盟因冬季两项的加入而扩大为国际现代五项和冬季两项联盟(UIPMB)。

1993年7月2日，国际冬季两项联盟（IBU）在英国伦敦的希思罗建立。至此，国际现代五项和冬季两项联盟实际成为国际现代五项联盟和国际冬季两项联盟联合体。两个组织协议决定，在保持该联盟的前提下，各自独立活动。

1998年9月26日，国际冬季两项联盟正式与国际现代五项和冬季两项联盟分离。国际现代五项和冬季两项联盟作为国际单项体育组织依然被国际奥委会承认。同年，国际冬季两项联盟作为一个国际单项体育组织被国际奥委会所承认，全球国际体育联合会（GAISF）也宣布国际冬季两项联盟成为其会员。

* 国际冬季两项联盟规则

* 国际冬季两项联盟组织标识

* 国际现代五项和冬季两项联盟标识

·冬季两项在中国的发展·

＊ 早期发展

受苏联体育发展的影响，中国在 20 世纪 50 年代末及 60 年代初就开展了军事滑雪巡逻和军事两项的训练，并参加了国际性的比赛。1961 年，中国派出以解放军队、通化队、呼伦贝尔盟队等队的运动员组成的中国军事滑雪代表队，赴波兰参加了“社会主义友军运动会”上的滑雪巡逻和军事两项的比赛。这也是新中国成立以后第一次组队参加国际性的滑雪比赛。1963 年，在罗马尼亚又参加了同样的赛事。这是中国冬季两项的开端。

1977 年，解放军滑雪队率先开展了冬季两项训练。各地方队也都组建了冬季两项队伍。1980 年，我国首次派出代表队参加了在美国普莱西德湖举办的第 13 届冬季奥运会。通过这次参赛，中国了解了国际冬季两项的发展形势和其他各方面信息。1980 年 2 月，中国在吉林省通化市金厂子滑雪场举行了首届冬季两项比赛，当时有解放军队、通化队、黑龙江队、浑江市（现白山市）队等滑雪队参赛。此次赛事标志着我国冬季两项的发展已初具规模。

＊ 1980 年普莱西德湖冬奥会会徽

＊ 中期发展

从 1980 年以后，国内各队均加大对冬季两项的资源投入，国内的训练和竞赛已走向正规化和初具规模化，每年都举行全国性的冬季两项比赛。1984 年，我国派代表队参加第 14 届冬奥会。1989 年 2 月，我国首次派出王敬歌、刘桂兰、王锦芬、宋爱琴参加冬季两项世界锦标赛。1989 年 3 月，在保加利亚举行的第 14 届世界冬季大学生运动会上首次增设女子冬季两项比赛，王敬歌获得 10km 比赛铜牌，这也是我国冬季两项第一次在世界性比赛中获得奖牌。1990 年，在日本举行的第二届亚洲冬季运动会比赛中，我国冬季两项男子代表队队员王伟义、宋文斌分别获得 10km、20km 比赛的金牌。1993 年 2 月，在波兰举行的第 16 届世界大学生冬季运动会上，解放军队女选手王锦芬在 7.5km 项目的比赛中发挥出色，夺得冠军，成为我国冬季两项首次在世界性比赛中获得金牌的选手。

知识窗

1988 年 1 月，受中国奥委会的邀请，东、西德冬季两项专家和教练来我国到八一雪场讲学，使中国冬季两项教练员和运动员获益匪浅；1989 年 12 月，德国冬季两项教练亚各布先生到八一雪场为中国冬季两项队执教，带领中国冬季两项队在 1990 年第二届亚冬会的比赛中获得 2 枚金牌。

* 后期发展

从第三届亚冬会开始，国家体育总局冬运中心在冬季两项发展的各方面都给予了重点关心和支持。以解放军队为代表的冬季两项队伍，在选材、场地建设、器材和经费等方面实施最大限度的投入，以严格的纪律和着眼世界的目标从事训练，并充分运用国家职能部门和解放军队的优势，连续数年派国家队出国训练，参加奥运会、世界锦标赛、世界杯赛等赛事，于淑梅、刘显英、孙日波、孔颖超、张庆、张成晔等一批优秀运动员相继涌现，并在各大世界性的比赛中不断取得好成绩。此时我国冬季两项运动已日益融入世界发展潮流，并走在了亚洲的前沿。

中国冬季两项运动协会于 2015 年 4 月 2 日成立，这是中国冬季两项爱好者自行组织的社会团体，也使得冬季两项在大众化的路上又前进了一大步。

* 八一雪场

第二章

冬季两项的场地与器材

冬季两项由于是两个运动组成的竞赛项目，所以对使用的竞赛场地要求更高，器材方面也远远多于其他雪上竞赛项目。

· 竞赛场地 ·

冬季两项比赛区域设置有赛道起点区、终点区、靶场、处罚圈、接力赛交接区和观众区，其中场地内的起点区、终点区、靶场、处罚圈和接力赛交接区应坐落在平地上，彼此相临，便于观众较好地观看比赛。为了使参赛选手可以更好地进行比赛，区域和赛道的关键地段均设有围栏,与观众区进行隔离,以避免参赛选手受到妨碍或走错路线，无关人员未经许可不得随意进入。

* 起点区

不同竞赛形式的起点区设置不尽相同，但都必须用雪碾压平整，嵌入雪中的红线标识即出发线，并设置了围栏保证选手、后勤人员和工作人员通行。热身区就在起点区边上，以供参赛者赛前热身，以及存放衣服和放置枪架。

知识窗

在冬奥会、世锦赛、世界青少年锦标赛、世界杯、欧锦公开赛、IBU 杯和青年 IBU 杯赛中，在出发线后 1.5m 处要设置一部摄像机作为时间感应点，以获取参赛者在抢发情况下的相对出发时间。

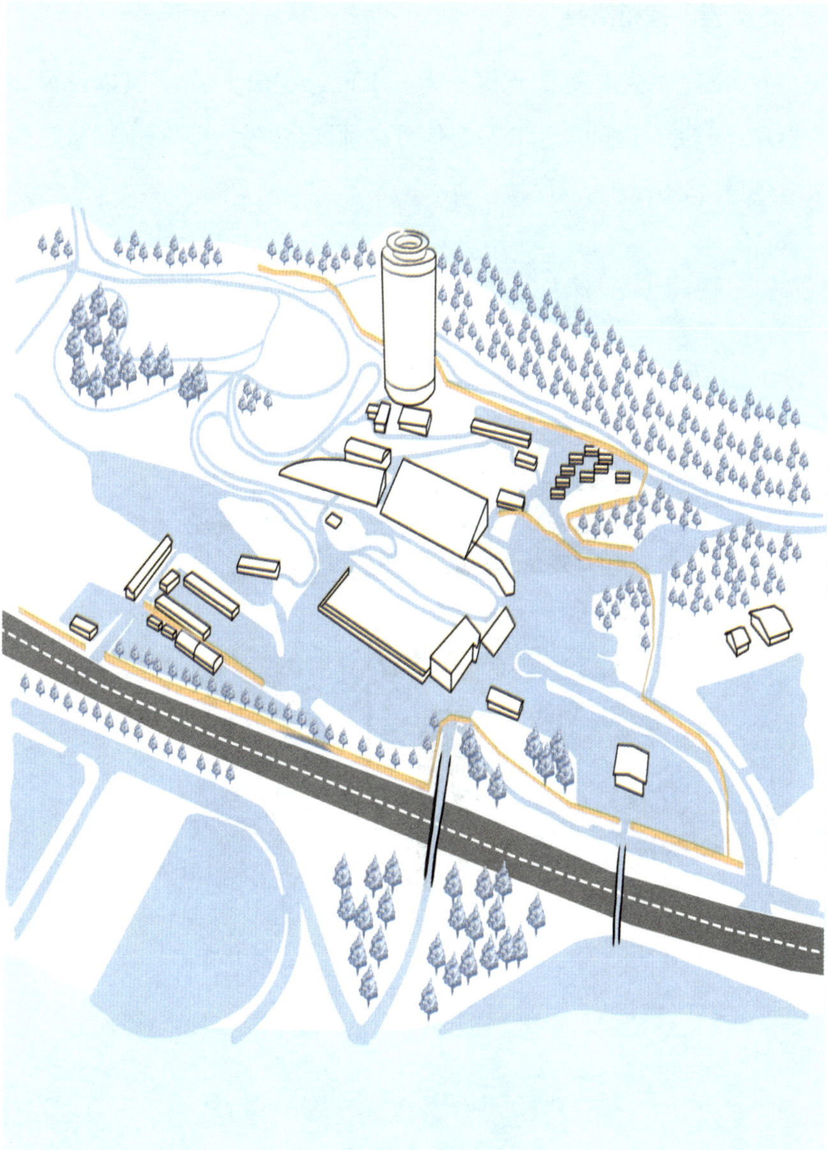

＊ 比赛场地

个人赛、短距离赛

个人赛、短距离赛起点区长为 8~10m，宽最少 2m，其内设置一块出发计时钟，时间显示和声音信号必须同步。另外，有围栏将起点区与热身区分开。

* 个人赛、短距离赛起点区

追逐赛

追逐赛起点区一般不少于 4 条出发道，出发道的实际数目由出发名单上同时出发的人数来确定。如果有 5 个人同时出发，那就要有 5 条出发道，以此类推。

出发道宽为 1.5~2m，必须从选手的右侧向左侧用数字进行标识，出发道必须彼此平行，并进行隔离。出发线则贯穿各出发道设置于前端。

通道或出发道需要单独设立，以便后来的选手能够准确快速的通过出发线，应至少由 1 名起点工作人员进行监管。

在单独的出发牌上，用大字标明每条雪道的出发号码和出发时间。在追逐赛中，每个出发线左右两侧都相应设立计时钟。

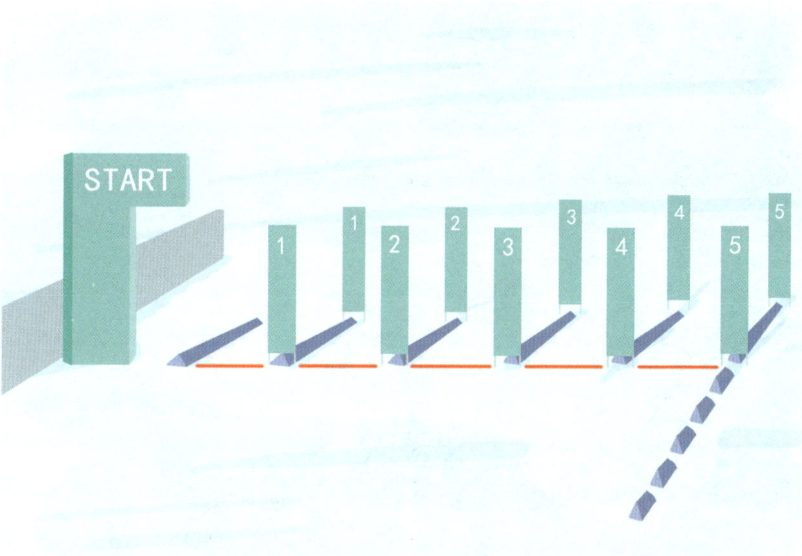

* 追逐赛起点区

接力赛、集体出发赛

起点区共设置有 3 条平整的通道，宽为 3m，选手间距为 3m。出发位置将根据选手世界杯比赛的积分进行蛇形排列，1 号选手的出发位置为出发方向的最右侧。

比赛中，在起点区标志牌处设有出发位置牌，尺寸为 20cm × 20cm，放置于参赛选手出发道的右侧，出发牌上的数字高不得低于 10cm，应使参赛选手和观众一目了然。出发道号码必须从右至左进行依次编号。

* 接力赛、集体出发赛的起点区

* 终点区

终点区一般长 30m、宽 9m，终点线前 50~70m 的雪道通常被分成 3 条相等的通道。终点区必须提供足够的空间，用于放置计时设备、标识、广告和广播装备、轨道摄像机等。

终点区会用围栏进行必要的隔离，以便引导参赛选手进入器材检查点。而连接终点区和器材检查区的位置，还会设有为媒体准备的综合区，以便于媒体对参赛选手进行赛后采访和拍照。

在终点区后方，还设有赛后为选手提供饮料、纸巾及类似必要服务的给养点，以及参赛选手更衣的场所。

* 终点区

* 靶场

靶场是冬季两项比赛中进行射击的场所，所以必须设在体育场区的中心位置，射击方向通常向北。在保证安全的情况下，还要尽量避免妨碍观众视线和电视转播。

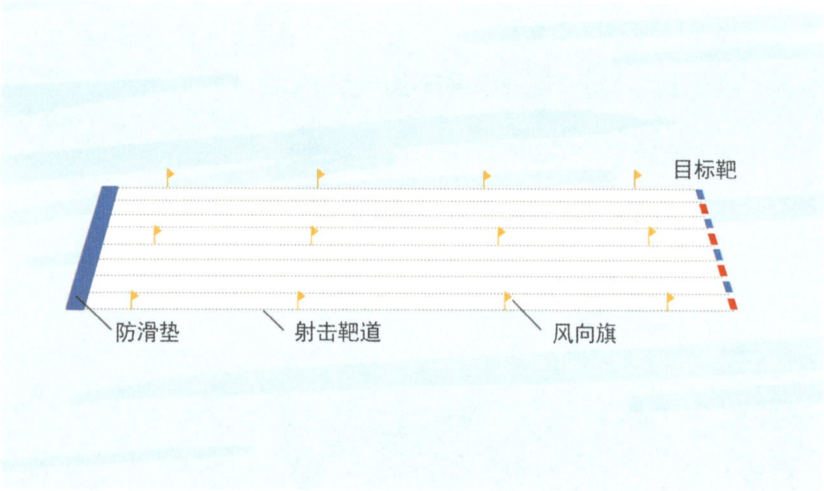

* 靶场简图

射击距离：从靶位的前沿，也就是射击线开始到射击靶的距离为50m(±1m)。

进入靶场：无论是在训练还是比赛中，运动员都必须由左侧入场，右侧退场。

靶位与靶台：靶位的表面与安置靶子的靶台表面应尽量处于同一水平面，且应高于地面至少30cm。

射击姿势：射击姿势分为卧姿和立姿两种。在卧姿射击时，参赛选手必须保证枪支只能与双手、肩和脸颊接触。支撑步枪的手腕低的一侧须高于地面。在立姿射击时，参赛选手须无支撑站立。只有手、肩、脸颊和紧挨肩的胸部可以同步枪接触，支撑枪的手臂可以顶在胸前或髋部。

知识窗

在短距离和个人赛中卧姿和立姿的靶位是一样的吗?

一般卧姿的靶位在靶场面向射击方向的右半部分，立姿的靶位在左半部分，两者必须用标志牌清晰划分，能让运动员一目了然。比如比赛总共设置 30 个靶道，1 号靶道为面向射击方向的最右侧靶道，依次从右向左排列，最左边（靠近靶场的入口处）为 30 号靶道，1~15 号靶道为卧姿靶道，16~30 号为立姿靶道。但在追逐赛、集体出发赛和接力赛中，选手在所有靶位上均可进行卧、立姿射击，则不分左右射击区。

* 靶位区

* 卧姿射击

* 立姿射击

射击垫

无论卧姿还是立姿射击，必须在射击线前端、靶道中央的位置铺设射击垫。在所有 IBU 赛事中，射击垫规格为 200cm × 150cm，厚度为 1~2cm，由人造纤维或自然织物制成且表面要防滑。

* 射击垫

靶道

比赛时，靶位区将被逐一分隔为靶道。每个靶道宽至少为 2.75m，但不得宽于 3m，用带有指示牌的 T 形桩标识进行分隔和界定。指示牌的颜色应与靶子号码背景颜色相匹配，以不影响选手射击为前提。

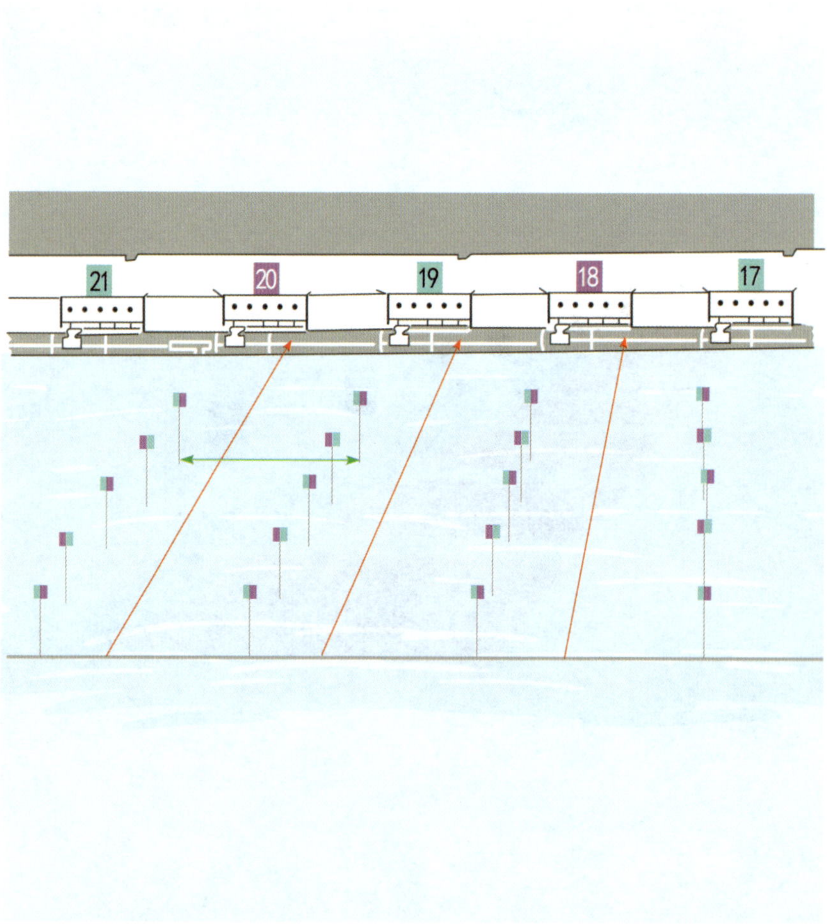

* 靶道

射击靶

冬季两项使用的靶子主要有 3 种类型，分别为：纸靶、金属靶和全电子靶。金属靶和全电子靶可用于比赛，纸靶和全电子靶可用于校枪，纸靶、金属靶和全电子靶都可用于训练。

靶子要安置在靶道的中间位置。而靶子的背景色也有一定的要求，应按照 IBU 规则进行设置，背景从水平地面开始计算，应高出靶子上端至少 50cm，包括此区域所有建筑物，均应为白色。冬奥会上所使用的靶子必须具有远程重置功能，并能进行电子计分。

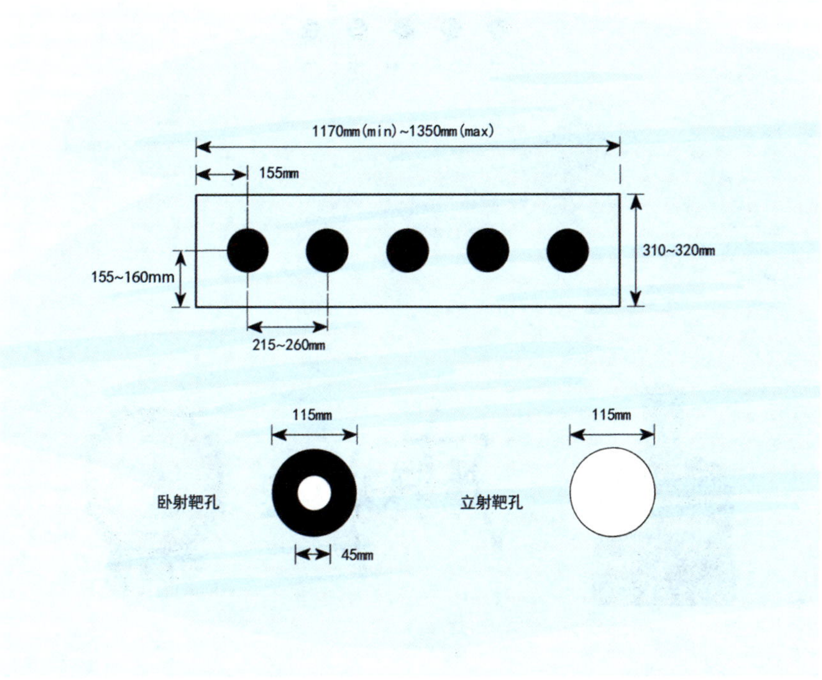

* 射击靶简图

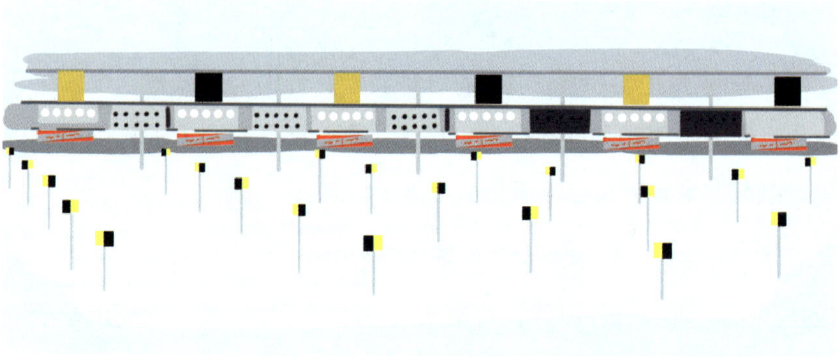

* 赛场靶位分布

* 机械靶

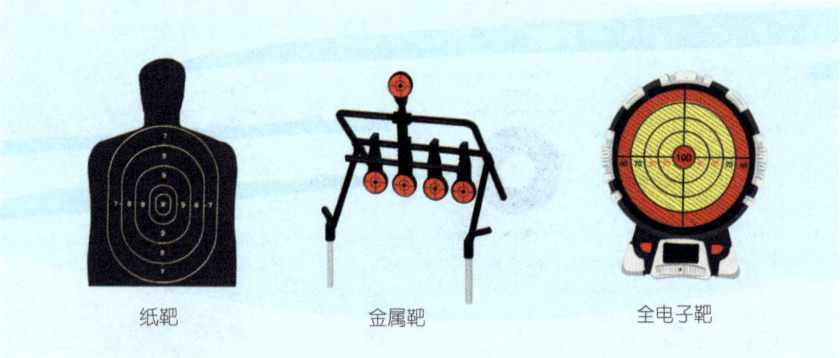

* 纸靶、金属靶、全电子靶

风向旗

当比赛或正式训练时，从 1 号靶位右侧开始，每 2 个靶位，距靶位区 5m 和距靶子 20m 处须安装风向旗。风向旗的上沿与靶子的下沿应处于同一水平线，且不可影响对靶子射击的视线。

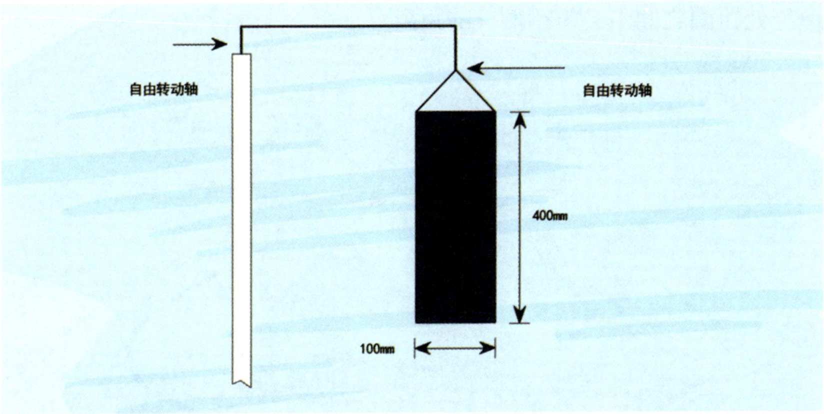

* 风向旗简图

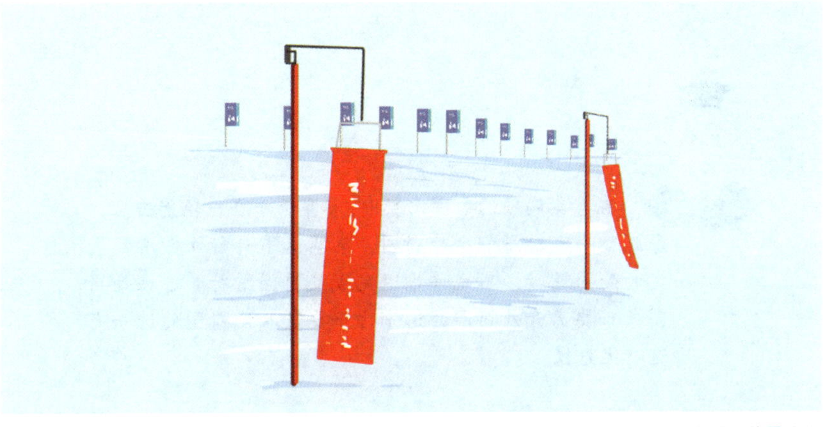

* 赛场上的风向旗

* 处罚圈

在短距离、超短距离、追逐、集体出发和接力赛中，处罚圈必须紧挨靶场设置，从靶场的右侧边缘到处罚圈的入口处滑行距离不得超过 60m。处罚圈设置为椭圆形，在冬奥会比赛中处罚圈的周长为150m。处罚圈必须以 V 形板标识区分，并设在平地上，使选手在赛道与处罚圈之间不必滑行额外的距离。

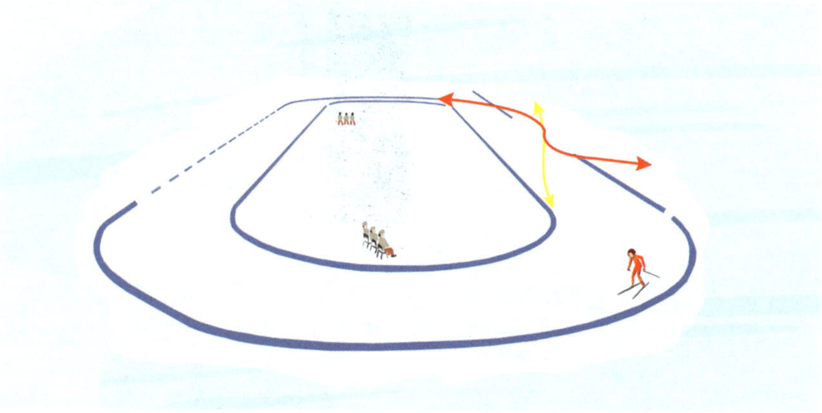

* 处罚圈示意图

知识窗

在冬季两项的射击比赛中，参赛选手在一轮射击后，每脱靶一发加滑一个处罚圈，参赛选手自行立即滑完规定的处罚圈数，不允许推迟完成处罚圈滑行。已在处罚圈或正要离开处罚圈的选手比正要进入处罚圈的选手有道路优先权。

＊ 接力赛交接区

交接区是在接力比赛中必须明确标明的区域，仅允许交接的参赛选手和负责管理交接区的工作人员进入。一般交接区两侧要用围栏隔离，为了提高交接区的识别度，还会用 1m 长的红线在赛道左侧和右侧标识，并配写有“交接区开始”和“交接区结束”的标志牌。

交接区长 30m、宽 9m，设置在直雪道的末端。进入交接区前的 50m 雪道至少要有 9m 宽，保证参赛者以可控的速度进入交接区与队友进行交接。交接区应从计时线或邻近计时线的地方开始。

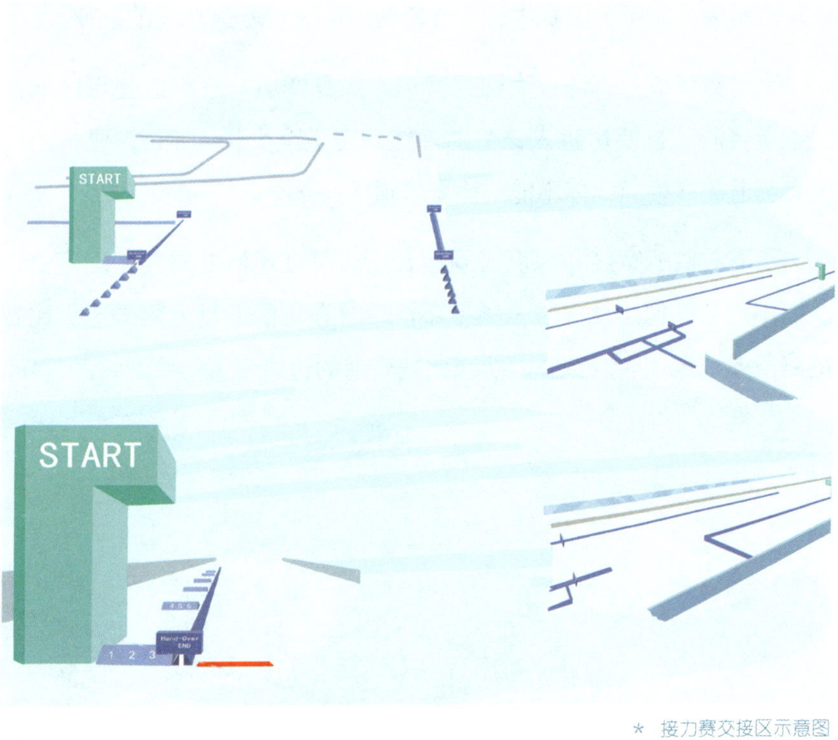

＊ 接力赛交接区示意图

* 赛道

赛道是用于比赛的线路，是运动员进行较量的战场，由连续不断变化的平地、上坡和下坡路段组成。冬季两项比赛不允许有特别长而艰难的上坡、危险的下坡和毫无变化的平地。组委会在设计和设置赛道的时候一般也不会改变赛道的方向，以免影响参赛选手的滑雪节奏。

比赛赛道的高度不得超过海拔 1800m，经压雪机整理后的雪道，至少要达到 6m 宽。在陡坡地段，雪道要达到 8m 宽。在桥梁、山口等狭窄地段，最窄不得小于 4m，最长不超过 50m。赛道的实际长度不得小于比赛规定长度的 2%，不得大于规定长度的 5%。从赛道的中心开始测量。在所有比赛中，上坡路段不得超过赛道总长的 25%。

除比赛赛道外，还设有热身赛道。热身赛道一般靠近起点区域，便于参赛队从打蜡房进入该雪道。热身赛道至少长 400m，要与正式比赛赛道标准相同，但不能是比赛赛道的一部分。

赛道雪槽的宽度和深度必须适合所有符合规格的雪鞋和固定器，从而不产生任何边侧摩擦。雪槽不能设置在可能危及或阻碍选手比赛的路段或地点。训练日期间，要在比赛赛道的边缘设置传统滑雪的雪槽。

＊ 比赛赛道

知识窗

问：你知道赛道标识的不同颜色分别代表什么吗？

答：不同颜色标识代表不同长度的赛道。1km 的赛道用紫色表示，1.5km 的赛道用橙色表示，2km 的赛道用红色表示，2.5km 的赛道用绿色表示，3km 的赛道用黄色表示，3.3km 的赛道用蓝色表示，4km 的赛道用棕色表示。赛道交会处要用各相应赛道的颜色标示。

* 赛道标识

·比赛器材·

冬季两项的比赛器材指的是参赛选手在参加比赛时或进行正式与非正式训练时穿戴和携带的装备。比赛器材包括滑雪板、滑雪杖、固定器、滑雪鞋、步枪、子弹和弹匣、比赛服装，以及附属器材（如手套、雪镜、御寒耳罩、枪袋、雪板夹等）。

冬季两项参赛选手所使用的器材需要工作人员进行认真检查。在赛前要对器材进行初检，确保没有问题存在，若临时决定更换器材，则需要重新进行检查。比赛结束后需进行复检。任何未经 IBU 批准的器材，都不得在 IBU 赛事中使用。

* 滑雪板

冬季两项运动员所用的是自由式滑雪板，所以滑雪板短而坚硬，滑雪板尖端的弧度也较小。比赛中的滑雪板最短长度为参赛运动员身高减去 4cm，最长长度没有限制，但以合适自身为宜。宽度方面，主要测量固定装置下面的滑雪板中部，最小宽度为 40mm，最大宽度没有限制，板尖的最小宽度为 30mm。尾端要求在未负重平放时，板尾距平面不得超过 3cm。一副滑雪板不包括固定装置不得少于 750g。

整个滑雪板板面既可以是光滑的，也可在滑雪板底面纵向划出一定的槽沟。除控制的槽沟外，滑行表面整体必须为平面，上边可有鳞状或阶梯状的花纹用于帮助爬坡。

* 滑雪板

* 滑雪杖

滑雪杖主要用来保持平衡、支撑身体和控制方向，包括杖杆、杖尖、杖柄、握带等部分，一般由木料、竹、合金铝或玻璃钢制成。

滑雪杖长度固定，不可伸缩或折叠，最长不高于参赛选手身高，测量时应把杖尖放在滑雪板的固定器上进行测量。自由式技术滑雪杖的长度为使用者身高的 90%，比赛中对滑雪杖的重量没有限制。

* 滑雪杖

* 固定器

用于连接滑雪板和滑雪鞋的专用部件叫固定器，又叫脱离器。现代的固定器对运动员的人身安全起着至关重要的保护作用，当运动员摔倒时能自动让雪鞋与滑雪板脱落。越野滑雪的固定器仅固定滑雪鞋的前部，后部不固定，滑雪鞋可以上下蹬踏。

* 固定器

* 滑雪鞋

滑雪鞋的鞋帮应该高出踝骨，以形成一定的支撑，同时要保证踝关节能自如地活动，以确保运动员任何时候都能以最佳姿势站在雪板上。

* 滑雪鞋

* 步枪、子弹和弹匣

冬季两项所使用的步枪为国际标准 5.6mm 小口径运动步枪，子弹只能使用 5.6mm 口径步枪子弹。子弹飞行的初速度不得超过 360m/s。

步枪不能为自动或半自动式设计，备用子弹不得装在枪膛内。步枪应有一条枪吊带及携带装具，弹匣内不能装入超过 5 发子弹。不过，接力赛中，可以在弹匣或特制的快速退弹装置中装入 3 发备用子弹。弹匣可置于下护木或枪托携带。

* 步枪分解图

知识窗

你知道吗，在冬季两项的比赛中，子弹重量不得超过 2.75g，也不得低于 2.55g，必须由同一种材料——铅或类似的软金属，如铅合金制成。目前国内各专业队使用的基本都是从德国或意大利进口的专业运动步枪。这些枪除了弹匣和子弹外，包括所有附件时步枪的最小重量一般不小于 3.5kg。

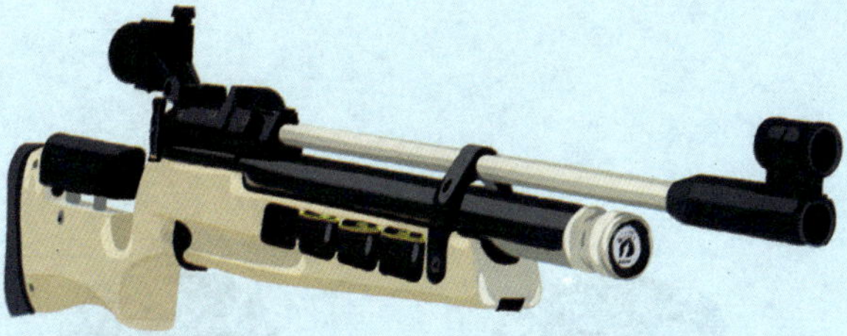

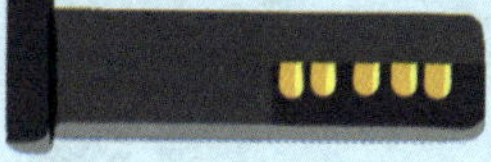

＊ 步枪、弹夹和子弹

* 比赛服装

冬季两项的比赛服装最重要的指标是保暖，同时还要保证灵活，兼顾透气、轻便、舒适，所以最好不使用棉质面料，而以一些羊毛、丝绸、合成纤维、莱卡合成的面料为宜。

衣服填料只允许在比赛服内侧填充，总厚度在未受挤压状态下不能超过 6mm， 但比赛服后背与步枪接触的位置除外。参赛选手还需要单独准备一件保暖外套，在训练结束或比赛后使用。

* 比赛服装

* 附属器材

冬季两项比赛或者训练的附属器材一般包括滑雪蜡、雪镜、手套、帽子、枪袋、雪板夹等。

滑雪蜡

滑雪蜡主要分为两种：一种是滑行蜡，用于竞技滑雪，提高滑雪速度和防止雪板粘雪；另一种是防滑蜡，主要用于越野滑雪，防止雪板脱滑，从而提高运动成绩。

滑雪蜡对滑行速度影响很大。一般 2~3℃的变化就要更换雪蜡，一块竞赛级别的滑雪板需要涂上 6~10 层滑雪蜡。据说，打蜡师的工作能够帮助运动员提高 5% 的成绩。如果天气不好，运动员的雪板打上了合适的蜡能让运动员的成绩提高 10% 左右。

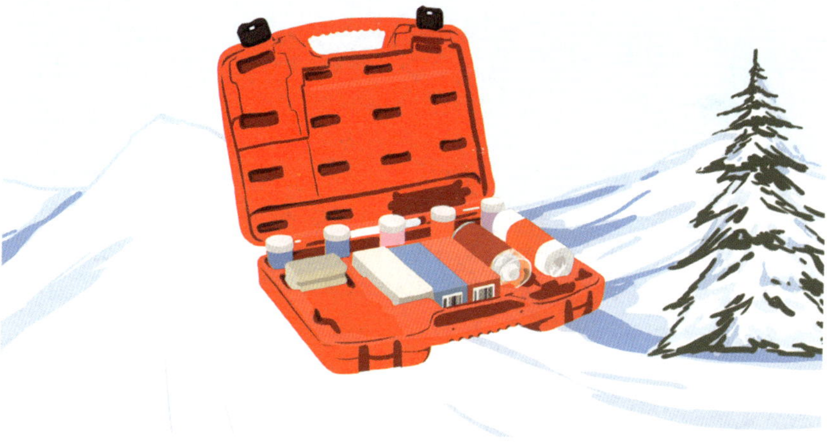

* 滑雪蜡

雪镜

雪镜是必不可少的器材之一，主要作用是防止紫外线对眼睛的灼伤及滑行中冷风对眼睛的刺激，此外还起到防雾和防霜的作用。

* 雪镜

知识窗

戴眼镜的滑雪者应选择镜框厚一点的、由软塑料制成的滑雪镜，以便能将近视镜全部罩住，又能防止跌倒后滑雪镜对脸部造成伤害。

手套及帽子

使用滑雪杖使得有必要选择能够保暖防寒的滑雪手套，而且要柔软、耐磨、防割伤。材质以天然皮革和合成材料为主，外层面料一定要防水。另外，为减轻冷风对脸部的刺激，还可选择佩戴雪帽，同时也能起到为头部保暖的作用。

枪袋

枪袋的用途是保护和方便选手携带比赛用枪。枪袋上留有15cm×15cm 的开口，可以明显地看到枪栓。

雪板夹

雪板夹是用于固定雪板的绑带。选手在参加比赛前或比赛后一般会选择用雪板夹将两个雪板固定在一起，以便于携带。

* 手套、帽子

* 枪袋

* 雪板夹

第三章

冬季两项的项目设置与规则

冬季两项比赛中，运动员身着滑雪装备，携带枪支，沿标记的滑道方向滑完预定的全程。每滑行一段距离进行一次射击，最先到达终点者获胜。

·项目设置·

* 竞赛设置

2022 年北京冬奥会将沿用以往冬季两项的项目设置，设有：短距离赛、追逐赛、集体出发赛、个人赛、接力赛、混合接力赛。除混合接力外，每一个竞赛项目均单独设有男子和女子比赛。

男子项目

短距离赛——10km 个人赛——20km

追逐赛——12.5km 集体出发赛——15km

接力赛——4×7.5km

女子项目

短距离赛——7.5km 个人赛——15km

追逐赛——10km 集体出发赛——12.5km

接力赛——4×6km

混合项目

混合接力——女子 2×6km + 男子 2×7.5km

·竞赛规则·

* 短距离赛

短距离赛中，参赛运动员按照出发顺序依次单个出发，出发间隔为 30 秒，滑行中共进行 2 轮射击，每轮 5 发子弹，射击顺序为卧姿、立姿。最终比赛成绩由参赛运动员从出发到结束所使用的时间决定，用时最短者即胜出。

按照规定，未射中目标靶时，须在 150m 长的惩罚赛道滑行一圈。加罚这一圈的时间大约为 20 秒。在所有运动员比赛结束后，根据个人所用的时间来最终确定比赛名次。

在冬奥会的赛场上短距离赛包括男子 10km、女子 7.5km，均采用同样的出发方式。

报名、抽签和出发

根据 IBU 规则，短距离赛必须在报名截止前以书面形式进行报名。报名时,各国家和地区协会要确保参赛选手比赛时能到场并参加比赛。

抽签有人工和计算机随机两种方式，一般在比赛开始前的 24 小时内进行。

在 IBU 所有比赛中通常设立 4 个出发组，抽签时先从各领队分配好的抽签组中随机抽取参赛选手姓名，再抽取出发号码，由此来确定每位参赛选手的出发顺序。抽签将分别按 1 组、2 组、3 组、4 组的顺序单独进行。不过，冬奥组委特别规定，当前世界杯个人总积分排名前 15 名的选手，可被放入任意抽签组。在 4 个抽签组的任何一组中，各国家和地区协会的选手都不能超过 3 名，包括当前的世界冠军或冬奥会冠军。

没有排名或在世界杯个人总积分排名 80 名之外的选手，将被放在第 2、3、4 抽签组。

* 短距离赛

* 个人赛

个人赛是冬季两项的经典比赛，也是历史最久远的比赛。参赛运动员按照出发顺序依次单个出发，出发间隔为 30 秒。滑行中共进行 4 轮射击，每轮 5 发子弹，射击顺序为卧姿、立姿、卧姿、立姿。

在个人赛中，每当一个目标靶未被击中，便会在选手滑行时间的最后成绩上增加 1 分钟。

报名、抽签和出发

IBU 所有赛事的个人赛报名必须在报名截止前完成，通常在抽签前 2 个小时内以书面形式提交。报名时，各国家和地区协会要确保参赛选手能在场并参加比赛。

个人赛的抽签方式和短距离赛的抽签方式相同。

个人赛出发形式和短距离赛出发形式相同。

* 追逐赛

追逐赛按已经举行的短距离赛、个人赛或者集体出发赛作为资格赛，具体以哪项比赛为资格赛须在邀请函中确认。获得资格的选手按照在资格赛中的名次依次出发，第一个通过的选手即获胜。

滑行中共进行 4 轮射击，每轮 5 发子弹，射击顺序为 2 次卧姿、2 次立姿。未射中目标靶时，须在 150m 长的惩罚赛道滑行一圈。追逐赛中，如果落后的选手被领先的选手扣圈， 那么落后的选手必须立即靠边并停止比赛。

报名、抽签和出发

追逐赛无须另外报名，所有在资格赛中取得资格的选手自动视为已经报名。需要注意的是，取得资格但因故不能参赛的选手，名单需尽早向竞赛办公室提交。

追逐赛不进行另外抽签。参赛选手所分配的出发号码和时间均依据资格赛的成绩确定，取前 60 名。第 1 名将第一个出发，号码为 1，第 2 名第二个出发，号码为 2，以此类推。

在追逐赛中没有标准的出发间隔时间。参赛选手将按照出发顺序表所列出的具体时间，按排名依次出发。该时间是根据选手落后于资格赛冠军的时间所定（若资格赛为短距离赛或集体出发赛，间隔时间为落后的实际时间；若资格赛为个人赛，间隔时间为落后的实际时间的一半。按最接近的整秒计算）。参赛选手必须在出发前 2 分钟到达出发区，按顺序在各自出发道排成一列，并在出发道开始定位。如果有多名选手落后于第一名时间超过 4 分钟，他们将在各自出发道集体同时出发。

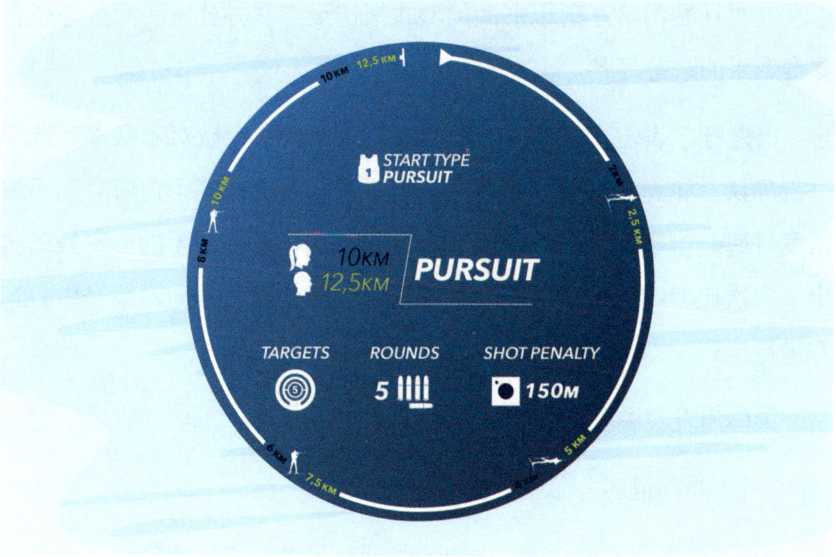

* 追逐赛

* 集体出发赛

集体出发赛参赛人数为 30 人，当出发信号枪响起时，参赛选手在各自出发区前同时出发，最先到达终点者即获胜。滑行中共进行 4 轮射击，每轮 5 发子弹，射击顺序与追逐赛顺序一致，为 2 次卧姿、2 次立姿。未射中目标靶时，每脱靶一次，须在 150m 长的惩罚赛道滑行一圈。

报名、抽签和出发

集体出发赛不需要报名，参赛选手根据当前世界杯总积分和冬奥会成绩来确定。已经取得参赛资格并参加集体出发比赛的选手，其名单最晚需在赛前 2 小时以书面的形式报送至竞赛办公室。而且必须有参赛选手的亲笔签名。

出发顺序表需在赛前 2 小时内确定。由各队领队对本队参赛选手进行确认，如无有效的排名可以利用，可以随机抽签确定所有选手的出发号码。参赛选手数不能多于有效靶位数。每位选手的出发号码决定了本次比赛中该选手的出发位置。选手面向出发方向，编号由右到左进行排列。

集体出发赛参赛选手确定方式：

（1）当前世界杯总积分排名前 15 名。

（2）排名不在这 15 名之内的奖牌获得者，将按他们在冬奥会上个人赛、短距离赛和追逐赛中获取的积分排名顺序来确定。

集体出发赛出发号码分配方式：

（1）在奥运会个人比赛中第一个获得金牌的选手排在第 1 号出发，第二个获得金牌的选手排在第 2 号出发，第三个获得金牌的选手排在第 3 号出发。

（2）个人比赛的银牌获得者按照以上顺序排在 4—6 号出发。

（3）个人比赛的铜牌获得者按照以上顺序排在 7—9 号出发。

（4）剩余选手按当前世界杯积分进行排名，排在最前的选手从第 10 号开始出发，以此类推。

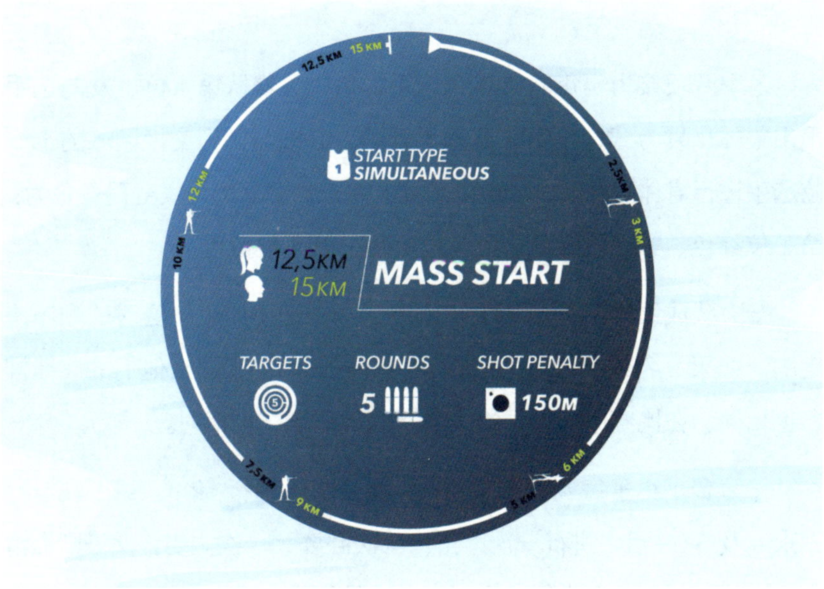

* 集体出发赛

知识窗

集体出发比赛中，每个国家或地区协会最多只能有4名选手参赛。但如果一个协会有多于4个奖牌获得者，那么该协会所有奖牌获得者都可以出发。如果落后的选手被领先的选手扣圈，那么落后的选手必须立即靠边并停止比赛。

* 接力赛

冬季两项接力赛每队共 4 名选手，每个参赛队第 1 位出发的选手采用集体出发方式，从第 2 位选手开始，必须与回到交换区域的上一位选手进行身体接触后，才可以出发。同一参赛队的出发号码颜色为：第 1 位红色、第 2 位绿色、第 3 位黄色、第 4 位蓝色。

接力队成绩排名是由各个队伍最后一位选手结束比赛时的顺序决定的。如果 2 名或 2 名以上的选手比赛时间相同，那么他们的成绩排名也相同。在比赛中，相同的排名所获得的积分也相同。

接力赛是男子每人滑行 7.5km，女子每人滑行 6km。男子在滑行 2.5km 及 5km 后各进行一次射击，一次卧姿、一次立姿；女子则在滑行 2km 及 4km 后各进行一次射击，也是先卧姿后立姿。

每个队员每轮射击 5 发子弹，如果有靶子没有击中，则用 3 发备用弹进行补射，直至射中所有的 5 个靶子或射完 8 发子弹。如果备用弹仍未射中目标靶，则与短距离赛一样，须在 150m 长的惩罚赛道滑行一圈。值得注意的是，补射时应单发手动装弹，不可以从弹匣中直接装弹。

报名、抽签和出发

在所有 IBU 赛事中，参加接力或混合接力的队伍，需根据上一年度各队所属协会的国家杯积分来确定，排名前 30 的协会可参加比赛。需在赛前 2 小时内进行报名。

在冬奥会赛事中，接力赛不抽签，出发号码的分配根据国家或地区协会当前的世界杯接力积分排名而定，而混合接力按照当前赛季混合接力积分排名，积分第一名的队为 1 号，积分第二名的队为 2 号，以此类推。如果一支队伍缺席或号码空缺，排名其后的队伍，号码按顺序前移。参赛选手面向出发方向，从右至左按顺序标号，1 号在最右道，前排最大号码在最左道。第 2 排最小号码在前排 1 号之后，下一个相邻的号码排在 2 号之后，依次按蛇形排列。

接力赛出发枪声响起后，每个队伍的第一名选手同时出发，随后的其他选手在交接区等待，交接后出发。

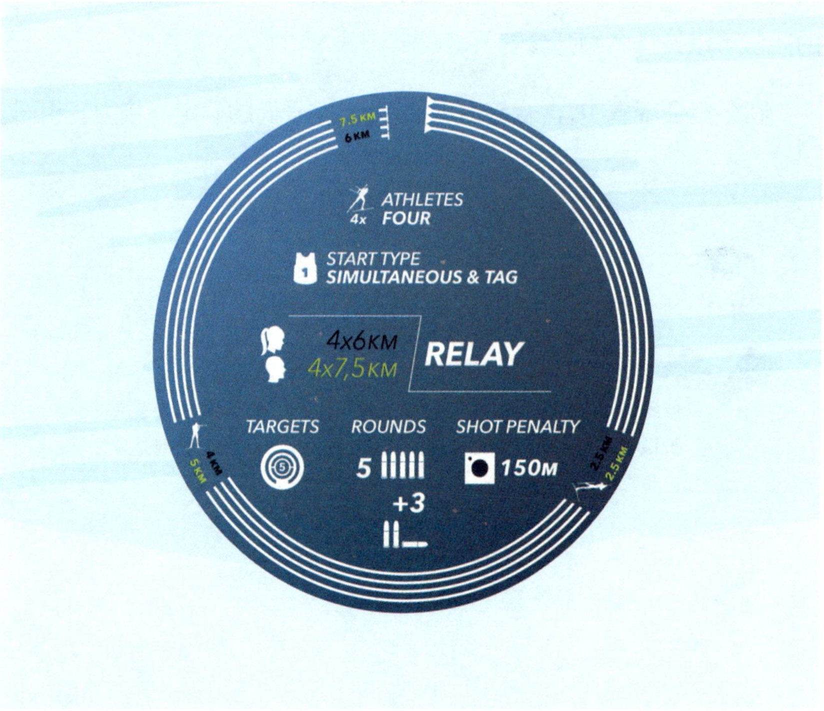

* 接力赛

* 混合接力

冬奥会上，冬季两项混合接力由 2 名女选手及 2 名男选手组成，2 名女选手各滑行 6km，2 名男选手各滑行 7.5km，各自进行 2 次射击。各队的第一位选手同时出发，出发顺序为：前 12km 为女子选手，后 15km 为男子选手。比赛方式与接力赛一致。

报名、抽签和出发

混合接力赛以国家或地区协会当前女子和男子的国家杯积分总和排名为依据，最多有 30 支队伍参赛，一个国家或地区协会只允许一支队伍参加。在排名前 30 的队伍中，如有没参赛的队伍，排名靠后的队伍可以按排名顺延参赛。

在冬奥会赛事中，混合接力不抽签，出发号码的确定与接力赛相同。

知识窗

在冬奥会、世锦赛、世界青 / 少年锦标赛、世界杯和欧锦公开赛的追逐、集体出发和接力比赛中，如果终点摄像机数据分析无法判定 2 名或 2 名以上选手到达的顺序，即判定为并列。

第四章

冬季两项的冬奥人物故事

冬季两项在竞赛中对运动员的体力和耐力有着较高的要求，同时因为加入了射击，所以这项竞赛对运动员来说充满了挑战。他们在每一次的训练和和比赛中都要付出很多的艰辛。

· 于淑梅 ·

* 从 0 到 1

曾经有人断言，由于人种、饮食结构的不同，以及雪场等条件的限制，冬季冰雪项目对于中国人来说，永远都无法与欧美抗衡。的确中国在很长时间内冬季两项项目的纪录都是“0”，而打破这项空白的就是解放军雪上训练大队滑雪运动员于淑梅。2001 年 3 月 18 日，于淑梅在挪威举行的冬季两项世界杯中获得世界冠军，这也是自 1958 年设置该雪上项目以来，亚洲人所取得的第一个世界冠军。

于淑梅，1975 年 11 月出生在辽宁大连庄河，1992 年她从家乡走到沈阳军区雪上训练大队开始训练。从周一到周日，她的时间每天都被安排得很满，早饭前 10km 跑加上器械训练，上午和下午交叉安排 20~30km 滑轮训练或 80km 自行车训练，晚上射击训练或研究技术。这就是于淑梅入伍后的生活训练常态。

每年的雪季，也就是 10 月底到次年的 3 月底，是训练的关键期。于淑梅随队进入原始森林的冬训基地开始冬训，这也是被运动员称为锻造奖杯和奖牌的“炼狱期”。1994 年冬训的一天，她像以往一样进行着练习，天气的突然变化，让她的双脚在快接近终点时逐渐失去了知觉，脱鞋后发现她的趾甲竟然全部被冻成了灰白色，处理后脚趾稍有知觉，但是触碰的疼痛让她无法忍受。有经验的教练知道如果不迅

＊ 于淑梅（一）

速使脚趾恢复供血，后果不堪设想，几乎将宣判运动生涯的终止。虽然进行了充分的治疗，但不到半个月的时间 8 个脚趾甲还是先后脱落了。为了于淑梅的身体健康，领导和教练研究决定暂停滑雪训练。但她坚决不同意，仍然强忍着疼痛继续训练。这种经历激励和磨砺着作为军人的她，她迸发出誓为祖国摘金夺银的壮志雄心。

罗曼·罗兰有句名言：伟大的背后都是苦难。凭借着坚忍不拔和不懈奋斗的精神，于淑梅的竞技水平得到了不断提高。1996 年第三届亚洲冬季运动会上，她取得越野滑雪女子 4×5km 接力赛的金牌、女子 10km 自由赛银牌，冬季两项女子 4×7.5km 接力赛冠军、女子 7.5km 短距离赛和女子 15km 个人赛铜牌，创下 2 金、1 银、2 铜的战绩。

* 于淑梅（二）

载誉而归的她，面临的却是右脚无名趾的切除手术，那次的冻伤还是给她留下了隐患。然而运动仍在继续，1998 年日本长野冬奥会，于淑梅第一次亮相冬奥会赛场，创造了女子 7.5km 短距离第 5 名、接力第 7 名、15km 个人赛第 9 名的优异战绩。

1999 年第四届亚洲冬季运动会上，于淑梅又获得 7.5km 短距离赛金牌、15km 集体出发赛金牌、接力赛银牌。

2000年2月22日，于淑梅在挪威奥斯陆举行的冬季两项世锦赛上，夺得了女子15km个人赛银牌。世锦赛奖牌获得者名单上，第一次有了中国人的名字，于淑梅成为第一位登上冬季两项世锦赛领奖台的中国选手。

2001年3月18日，在国际冬季两项联盟的世界杯总决赛上，在奥斯陆，她在12.5km集体出发赛上为中国夺得冬季两项第一个世界冠军。

2002年盐湖城冬奥会上，于淑梅共参加了女子4个项目的比赛，取得女子15km个人赛第46名、7.5km短距离赛第20名、10km追逐赛第44名，以及女子4×7.5km接力赛第13名的战绩。

2003年第五届亚洲冬季运动会上，她获得女子4×7.5km接力赛冠军。

在不断的努力及拼搏的过程中，于淑梅不仅证明了自己，也为祖国在冬季两项运动中做出了突破性的贡献，让我国实现了在该项目上“0”的突破。

·刘显英·

＊ 奉献的青春

刘显英，1977 年 7 月出生于吉林集安，1992 年 3 月进入八一滑雪队，1994 年入选国家冬季两项队，是我国知名的冬季两项兼越野滑雪运动员。

＊ 刘显英（一）

＊ 非凡战绩

1997 年，刘显英在日本举行的世界杯分站赛上取得了接力第 3 名的成绩；2000 年，在首届夏季冬季两项锦标赛上夺得了滑轮射击 15km 的金牌；2003 年 2 月，在第五届亚洲冬季运动会上夺得 1 枚金牌；2004 年 2 月，在首届亚洲冬季两项锦标赛上摘取 1 枚金牌。

2005 年世界杯冬季两项赛德国站，刘显英在女子 10km 追逐赛中夺得亚军。同年 3 月，冬季两项世界锦标赛在奥地利的霍赫菲尔岑举行，在女子 10km 追逐赛中，刘显英获得了该项目的银牌。这枚银牌是继于淑梅 2000 年夺得挪威世锦赛银牌之后，中国选手获得的第 2 枚世锦赛奖牌。

2007 年在长春举办了第六届亚洲冬季运动会，在这届亚冬会上中国冬季两项队包揽了所有 4 个冬季两项女子项目的金牌。其中刘显英凭借其出色的射击技术，一举夺得冬季两项女子 7.5km 短距离赛冠军和 15km 个人赛冠军。而在冬季两项女子 4×6km 接力赛中，由孔颖超、董雪、殷俏和刘显英组成的中国女子接力队第一个抵达终点并获得冠军。此外，刘显英还在冬季两项女子 10km 追逐赛中获得亚军。刘显英以 3 块金牌，成为该届亚冬会的多金王。

还有一点值得骄傲，在这届亚冬会冬季两项女子 7.5km 短距离比赛中，我国选手包揽了前 3 名。此前在第五届亚冬会上这个项目的金牌被日本选手田中珠美赢得，刘显英屈居第 2 名。而这次田中珠美仅获得第 4 名，在大家的共同努力下，中国队终于扬眉吐气。

＊ 刘显英（二）

＊ 遗憾的一战

人生难免有起有落，对刘显英来说，可能最为遗憾的就是 2007 年德国世界杯的那一场比赛了。比赛进行到最后 100m 冲刺的时候，刘显英因为失误摔倒。这一摔，一直保持着较好优势的刘显英与第 1 名失之交臂，最终以第 2 名的成绩站在了领奖台上，仅仅落后第一名 0.1 秒！

＊ 冬奥雪中的记忆

1998 年，刘显英获得了参加长野冬奥会的资格，在这次比赛中，由于淑梅、孙日波、刘金凤、刘显英组成的接力队伍在女子 4×7.5km 接力赛中获得第 7 名。当时共有来自不同国家的 17 支队伍参赛。

2002 年盐湖城冬奥会上，在 69 名完成 15km 个人赛的运动员中，刘显英获得第 17 名；在 74 名完成 7.5km 短距离赛的运动员中，刘显英获得第 42 名。

2006 年都灵冬奥会，刘显英在 12.5km 集体出发赛中获得第 7 名，这是中国选手在都灵冬奥会冬季两项比赛中取得的最好成绩。她还在 7.5km 短距离赛中获得第 11 名，当时完成比赛的运动员有 83 名；在 10km 追逐赛中获得第 9 名，当时完成比赛的运动员有 41 名。由孔颖超、刘显英、孙日波、殷俏组成的中国队在女子 4×6km 接力赛中获得第 9 名。

2010 年温哥华冬奥会，是刘显英征战的第 4 届冬奥会。在这届冬奥会上，她获得 7.5km 短距离赛第 57 名，12.5km 追逐赛第 30 名，15km 个人赛第 20 名。由王春丽、刘显英、孔颖超、宋朝卿组成的中国队，获得了女子 4×6km 接力赛第 9 名。

以上所获得的成绩，虽然没有打破于淑梅创造的冬奥会第 5 名的纪录，但毫无疑问，刘显英是继于淑梅之后中国队在该项目上的领军人物。

“每一次比赛我都尽力了，所以没有什么遗憾。”刘显英认为，只要付出就值得。她多次征战冬奥会，缔造了自己的传奇。如今，成为北京冬奥组委会委员的她，虽然改换了角色，但依然为中国的冬季两项运动贡献着自己的力量。

·比约恩达伦·

* 雪上天王

奥勒·埃纳尔·比约恩达伦（Ole Einar Bjoerndalen），1974 年 1 月 27 日出生在挪威的德拉门，是挪威著名的滑雪运动员，曾被誉为“雪上天王”。他从 1994 年挪威利勒哈默尔冬奥会开始连续参加了 6 届冬季奥运会。直至 2014 年索契冬奥会，他在冬奥会冬季两项比赛中获得了 8 金、4 银、1 铜共 13 枚奖牌，是迄今为止在冬奥会历史上获得奖牌最多的选手。2014 年 2 月 20 日，比约恩达伦被选为国际奥委会运动委员会委员。

* 比约恩达伦（一）

* 无人企及的成就

1994 年，20 岁的比约恩达伦在自己的家乡利勒哈默尔冬奥会首次亮相，并获得冬季两项 20km 个人追逐赛第 36 名、短距离赛第 28 名、男子接力赛第 7 名的成绩。第一次冬奥会经历使他树立了信心。

1998 年日本长野冬奥会上，他赢得了短距离赛的冠军，这也是他的第一个冬奥会冠军头衔。2002 年的美国盐湖城冬奥会，比约恩达伦达到了职业生涯的巅峰，他包揽了这一届冬奥会冬季两项的所有 4 个项目的金牌：在 20km 个人赛中，他摆脱了射击两次脱靶后的不利局面，首先夺得一金；接着，他在 10km 短距离赛和 12.5km 追逐赛中又连夺 2 金；最后，他又和挪威队其他队员一起夺得了 4×7.5km 接力项目的冠军。也就是在这一年，他获得了挪威“最佳运动员”称号。

此时荣誉满身的他没想到，他很快就会遭遇职业生涯上的“滑铁

* 比约恩达伦（二）

＊ 比约恩达伦（三）

卢”，2006 年都灵冬奥会上他没有拿到金牌，仅获得个人赛和追逐赛的 2 块银牌和集体出发赛的 1 块铜牌。永远渴望金牌的他在 2010 年温哥华冬奥会上将奖牌数增加到 11 块，在 20km 个人赛中获得 1 枚银牌，男子接力赛中获得 1 枚金牌。因在赛场上的精彩表现，他被人们戏称为“食人族”。

2014 年索契冬奥会上，他向世人展示了“食人族”的饥饿。在这届冬奥会上冬季两项混合接力赛首次亮相，他凭借在短距离赛中的出色表现赢得了第 7 枚冬奥会金牌。不过，这也是他传奇职业生涯的最后一块金牌。13 块奥运会奖牌使他超越了有史以来最伟大的越野滑雪运动员比约恩·戴利。

比约恩达伦不仅在冬奥会上有亮眼的成绩，在世锦赛上的成绩也是耀眼夺目。他共参加了 23 届世锦赛，获得 45 枚奖牌，其中金牌 20 枚、银牌 14 枚、铜牌 11 枚。

2018 年 4 月，比约恩达伦宣布退役，告别他坚持了 25 年的项目。迄今为止，比约恩达伦在冬季两项这项运动上的成就依然无人企及，他赢得了最多的冬奥会奖牌、世界杯比赛和世界冠军，为冬季两项运动做出了巨大贡献。

成绩的背后都是辛苦的付出，比约恩达伦的卓越成就以及稳定长久的竞技状态，很大程度上归功于他无与伦比的专业水平。他以精心而严苛的训练制度，将对自己潜能的开发推向了前所未有的极限，他的训练方法提高了新一代冬季两项运动员的门槛，也开启了一个全新的训练模式。例如，他是第一个与私人射击教练和运动心理学家合作的人。

当许多人可能已经沉醉于头上的桂冠时，他却依然大胆重塑自己，尤其是在 36 岁的时候，他在温哥华比赛之前还改进了自己的射击风格。刻苦训练，不断超越，这就是比约恩达伦的运动精神。

·达里娅·多姆拉切娃·

＊ 白俄罗斯冬季两项女王

在 2014 年索契冬奥会之前，白俄罗斯总共只获得过一枚冬奥会金牌，但达里娅·多姆拉切娃（Darya Domracheva）的出现，打破了这一僵局。白俄罗斯在冬奥赛场上的奖牌数量随之开始增加，她也因此成为白俄罗斯最优秀的运动员之一。鉴于她对白俄罗斯做出的贡献，总统卢卡申科向她颁授了白俄罗斯的最高荣誉——“白俄英雄”奖章，在历史上仅 10 人拥有过这个殊荣。她被誉为“白俄罗斯冬季两项女王”。

＊ 达里娅·多姆拉切娃（一）

达里娅·多姆拉切娃，1986 年 8 月 3 日出生在白俄罗斯明斯克。4 岁时她跟随家人搬到了西伯利亚的尼亚甘，此地距离世界冬季两项运动的圣地汉蒂 - 曼西斯克很近。受到环境的影响，她 6 岁的时候就学会了滑雪，并开始刻苦练习。2005 年，达里娅在少年世界锦标赛上崭露头角，获得了短距离赛和追逐赛的冠军。2006 年她完成了世界杯首次亮相，并在 2008—2009 赛季赢得了滑雪运动的多项冠军，进入到了优秀运动员的行列。

“我想成为奥运冠军，我将努力工作来实现这一目标。”这庄严的宣誓，激励着达里娅不断进取，创造自己的奥运传奇。

她曾连续参加过 3 届冬奥会，获得过 4 金、1 银、1 铜共 6 枚奖牌。它们分别为：

2010 年温哥华冬奥会女子 15km 个人赛铜牌。

2014 年索契冬奥会冬季两项女子项目的 3 枚金牌。

2018 年平昌冬奥会女子 4×6km 接力赛金牌，女子 12.5km 集体出发赛银牌。

在 9 个赛季世界杯赛事中，达里娅·多姆拉切娃有 8 次世界锦标赛经历，曾经 81 次登上个人领奖台，共获得 34 场胜利，赢得了 2 块金牌，奖牌总数为 7 块。

2015 年，由于身体长期处于高强度疲劳状态，达里娅患上了单核细胞增多症，该病的主要症状含有疲劳、发烧和长时间的身体疼痛，这使得她很难从日常的训练中恢复过来。她介绍说，该病“最主要的治疗方法就是休息”。为了尽早康复，她经过多次考虑，做

* 达里娅·多姆拉切娃（二）

出了一个决定，全面退出 2015—2016 赛季。因为在上个赛季结束时，她拿到了总积分第一的成绩，所以她在休养期间，仍渴望着新赛季的到来。

为了可以早日回到赛场，达里娅开始了康复训练，最开始她的计划是减轻参赛密度，跳过一部分比赛，为新赛季做好准备。然而在训练中，身体告诉她，她的病症并不是那么容易治愈的。经过长时间的努力和治疗，达里娅再次回归赛场，并在 2018 年平昌冬奥会上一举拿下女子项目比赛的 1 金 1 银。

比赛结束不久后，也就是 2018 年 6 月 26 日，达里娅在明斯克召开新闻发布会，正式宣布退役。“我试图在抚养孩子和继续运动生涯之间找到一个允许的妥协。不幸的是，我找不到最佳解决方案。这是一个艰难的决定，但我正在完成我的运动生涯。我想我在这项伟大运动中的经历将是难以忘怀的。”

第五章 冬季两项的欣赏点与观赛礼仪

冬季两项运动是越野滑雪和射击比赛的结合，所以具有很高的观赏性，但也存在一定的危险性，需要观众保持安静并听从指挥。

·比赛欣赏点·

* 学会欣赏

冬季两项是越野滑雪和射击相结合的一项运动，大家在观看比赛时，既可以欣赏到运动员在越野滑雪中彼此追逐滑行的精彩竞赛场面，又可以欣赏到参赛选手在射击中的那份沉着和冷静。因为项目的特殊性，根据比赛规则，射击脱靶会对选手罚时和罚圈，所以比赛中充满了很多的不确定性，每一个环节都至关重要，稍有疏忽即有可能就会处于落后地位。由此可见，冬季两项运动的奇妙之处在于，即便是遥遥领先的选手也未必能取得最终的冠军。

* 观看比赛

* 一动一静

冬季两项是在茫茫野外的越野雪道中进行的，运动员不仅需要有充沛的体能，还需要在多个时间段冲刺后，对目标进行精确的射击。一动一静，动静结合，这不仅是一项体育竞赛运动，也是一种模拟的生存游戏。

* 体能和稳定性于一体

“更高、更快、更强”作为奥运会的口号激励了一批又一批运动员。而在冬季两项这一将体能和稳定性融于一体的冰雪运动中，“更高、更快、更强”则体现得淋漓尽致。从之前的以提高滑行速度为主，到后来的重点提高射击命中率,再到今天两项专业技术全面均衡发展，冬季两项运动水平不断提高，加上将射击项目融入滑雪项目，也吸引了更多观众的眼球。

* 心跳的节奏

经过长距离的雪上滑行后，运动员的心率往往能高达 180 次 / 分，而无论进入哪一种射击状态，都需要有平缓的心率。所以，选手在进入靶场后如何控制心跳，使心率降至 120 次 / 分以下，进入较好的射击状态，也成了比赛的关键。

·观赛礼仪·

* 文明观赛

冬季两项运动因加入了射击部分，所以比赛时存在一定的危险性。现场观众需要遵守纪律，听从现场指挥人员安排，在安全护栏外观看。为了避免影响参赛选手，观众不得进入场内。当运动员进入靶场区域，准备射击时，需要大家保持安静，给运动员提供最佳的射击环境，防止影响运动员的注意力。

观看比赛时，应提前或准时入场。进入赛场后，应将手机关闭或设置为静音模式，接打电话应离开赛场。如需拍摄的观众，请注意询问工作人员，将摄像等相关器材安置在不影响比赛的位置上，尽量避免使用闪光灯。观众还需要遵守各项规定，做到以下注意事项：不大声喧哗，不随意走动，不吸烟，不吃带响声的食物，不损坏公共设施，不乱扔废弃物，比赛结束后有序离场。

* 注意事项

附录　跟我学

（中英文对照）

中文	英文
冬季两项	Biathlon
国际冬季两项联盟	International Biathlon Union
国际现代五项联盟	International Modern Pentathlon Union
国际现代五项和冬季两项联盟	International Modern Pentathlon and Biathlon Union
国际军事体育理事会	International Military Sports Council
个人赛	Individual Competitions
短距离赛	Sprint Competitions
集体出发赛	Mass Start Competitions
追逐比赛	Pursuit Competitions
接力比赛	Relay Competitions
男女混合接力赛	Mixed Relay Competitions
步枪	Rifles
子弹	Ammunition
弹匣	Magazine
枪袋	Rifle Bags
枪架	Rifle Racks
起点区	Start Zone

续表

中文	英文
终点区	Finish Zone
处罚圈	The Penalty Loop
接力赛交接区	Relay Hand-Over Zone
靶场	Shooting Range
靶位区	The Shooting Ramp
靶道	Shooting Lanes
射击垫	Shooting Mats
靶子	Targets
校枪	Rifle Zeroing
卧姿射击 / 站姿射击	Prone Position / Standing Position
风向旗	Wind Flags
超越和让路	Passing and Giving Way
套圈	Overlapping
处罚	Penalties
罚时	Time Penalty
口头警告	Verbal Reprimand
书面警告	Written Reprimand
登记、报名、抽签	Registration, Entry and Draw
出发号码	Start Numbers
雪板测试	Ski Testing

青少年冬奥知识普及丛书

冰上之舟

雪车

徐大鹏◎主编 张旭东◎副主编

新世界出版社
NEW WORLD PRESS

图书在版编目（CIP）数据

冰上之舟：雪车 / 徐大鹏主编 . -- 北京：新世界出版社，2021.5

（青少年冬奥知识普及丛书）

ISBN 978-7-5104-6986-2

Ⅰ . ①冰… Ⅱ . ①徐… Ⅲ . ①雪上运动—青少年读物 Ⅳ . ① G863-49

中国版本图书馆 CIP 数据核字 (2019) 第 284261 号

冰上之舟　雪车

主　　编：徐大鹏
责任编辑：王峻峰
责任印制：王宝根
出　　版：新世界出版社
网　　址：http://www.nwp.com.cn
社　　址：北京西城区百万庄大街 24 号（100037）
发 行 部：(010)6899 5968（电话） (010)6899 0635（电话）
总 编 室：(010)6899 5424（电话） (010)6832 6679（传真）
版 权 部：+8610 6899 6306（电话） nwpcd@sina.com（电邮）
印　　刷：小森印刷（北京）有限公司
经　　销：新华书店
开　　本：880mm × 1230mm 1/32　　尺寸：145mm × 210mm
字　　数：75 千字　　印张：3.125
版　　次：2021 年 5 月第 1 版 2021 年 5 月第 1 次印刷
书　　号：ISBN 978-7-5104-6986-2
定　　价：398.00 元（全 15 册）

—北京2022年—

《青少年冬奥知识普及丛书》编委会名单

青少年冬奥知识普及丛书
（分册名录）

1.《冰上之箭——速度滑冰》

2.《冰上极速——短道速滑》

3.《冰上芭蕾——花样滑冰》

4.《勇敢者游戏——冰球》

5.《冰上象棋——冰壶》

6.《雪上马拉松——越野滑雪》

7.《空中飞鹰——跳台滑雪》

8.《全能高手——北欧两项》

9.《雪山飞人——高山滑雪》

10.《雪中舞蹈——自由式滑雪》

11.《雪上冲浪——单板滑雪》

12.《雪地猎人——冬季两项》

13.《冰上之舟——雪车》

14.《冰中鱼雷——钢架雪车》

15.《雪中跑车——雪橇》

总序

随着2018年平昌冬奥会的圆满落幕，北京接过了冬奥会的会旗，标志着冬奥会正式进入了“北京时间”。北京将成为世界上第一个既举办过夏季奥运会，又举办冬季奥运会的“双奥”城市。

2022年北京冬奥会是我国重要历史节点的重大标志性活动，是展现国家形象、促进国家发展、振奋民族精神的重要契机。我们要深入学习贯彻习近平同志关于筹办北京冬奥会和发展冰雪运动的重要指示精神，全力做好冬奥会各项筹办工作，特别是做好冬奥会备战工作，加快冰雪运动的普及，实现冰雪运动跨越式发展。为做好北京冬奥会筹办工作，广泛传播奥林匹克文化、弘扬奥林匹克精神，2018年1月30日，教育部、国家体育总局会同北京冬奥组委共同制订了《北京2022年冬奥会和冬残奥会中小学生奥林匹克

教育计划》。该计划提出将奥林匹克教育纳入学校常规教育教学工作、开展冬季奥林匹克教育文化活动、开展冬季奥林匹克交流活动、组织冬季奥林匹克教育课程资源研发等主要工作任务。作为加强奥林匹克教育传播和推动冰雪运动开展的重要措施，北京市教委在 2019 年推出了“奥林匹克教育成果创编及展示”系列项目，将由北京市教委主编、首都体育学院统筹完成的《青少年冬奥知识普及丛书》呈现给广大青少年朋友。

本套丛书从冬季奥林匹克运动项目入手，结合青少年身心特点，以图文并茂的方式介绍 2022 年北京冬奥会的 7 个大项 15 个分项内容，邀请了包括王春露、刘秋宏、满丹丹等在内的知名世界冠军、亚洲冠军及冬季运动项目专家参与编写。本套丛书每本各分五章，从项目起源与发展、比赛场地与器材、项目设置与规则、冬奥人物故事和观赛礼仪等方面进行讲述，旨在推动北京市中小学奥林匹克教育的发展和冰雪运动的普及，促进中小学生奥林匹克知识的学习和实践，强化中小学生参加体育锻炼的习惯,营造全社会关心关注冬奥会的良好氛围，引导民众感受冰雪运动的美丽、激情和感动。

特别鸣谢北京市教育委员会、首都体育学院领导以及广大冰雪运动专家给予的鼎力支持与帮助。由于编写时间及编者能力有限，书中有不当之处，敬请谅解。希望广大青少年读者通过阅读本套丛书，能够感受冬季奥林匹克运动项目的魅力，了解冬季运动项目知识。

Beijing's taking over the flag of 2022 Olympic Winter Games at the closing ceremony of Pyeongchang 2018 Olympic and Paralympic Winter Games marks that the Olympic Winter Games is officially entering "Beijing time", and Beijing is set to become the first city in the world to have hosted both the summer and winter Olympic Games.

The Beijing 2022 Olympic and Paralympic Winter Games, a significant landmark event in the important historic time of China, is an important opportunity to show national image, promote national development and inspire national spirit. Thus, it is a must to thoroughly study and implement the spirit of President Xi Jinping's important instructions for the preparation of the Games and the development of winter sports, and try our best to make well-organized arrangements for the Olympic Winter Games, especially the preparation for sports competitions, so as to accelerate the popularization of winter sports and achieve leapfrog development of winter sports. In order to make a good preparation for the Games, widely spread Olympic culture and carry forward Olympic spirit, the Ministry of Education of China, General Administration of Sport of China and Beijing Organising Committee for the 2022 Olympic and Paralympic Winter Games jointly issued *The Olympic Education Plan for Primary and Secondary School Students of Beijing 2022 Olympic and Paralympic Winter Games* on January 30, 2018, in which several main tasks are tabled as follows: incorporating Olympic education into regular schooling, carrying out educational and cultural activities for Winter Olympics,

conducting exchange activities for Winter Olympics, and organizing research and development of Winter Olympics educational curriculum resources. As an important measure for enhancing Olympic education and promoting the development of winter sports, Beijing Municipal Education Commission launched a series of projects of “the Creation, Adaptation and Exhibition of Olympic Education Achievements” in 2019, and the *Winter Olympic Knowledge for Teenagers* prepared by Beijing Municipal Education Commission with the coordination of Capital University of Physical Education and Sports will be presented.

Based on the Olympic winter sports and considering the physical and mental characteristics of teenagers, this series of illustrated books introduces 15 sports disciplines of the 2022 Winter Olympics which are categorized into 7 main categories. This series of books are compiled by Wang Chunlu, Liu Qiuhong, Man Dandan and other famous world champions, Asian champions and experts in winter sports. Each book of the series introduces one sport from five perspectives, which are the origin and development, venues and equipment, events and rules, stories of Winter Olympic athletes and spectator's etiquette respectively. It aims to promote the Olympic education for elementary and secondary students in Beijing, popularize winter sports, facilitate the learning of Olympic knowledge and develop a good habit of taking part in physical exercises. Furthermore, it also aims to help create a sound atmosphere where the whole society cares for and pays attention to the Olympic Winter Games, and lead people to enjoy the amazing, moving and exciting beauty of winter sports.

Special thanks go to the leaders of Beijing Municipal Education Commission and Capital University of Physical Education and Sports and the experts in winter sports who presented their great support and assistance. Please accept a sincere apology for any deficiency of these books due to limited time for preparation and limited ability of the authors. It is hoped that teenage readers could enjoy the charm of Winter Olympic sports and know more about winter sports through this series of books.

分序

雪车项目历史悠久，在第一届冬奥会上就成为正式的比赛项目，但进入中国较晚，因此很多人都会把这项运动与雪橇和钢架雪车混淆。雪车的速度可以说是冬季运动所有项目中最快的，它也一直被认为是冬奥会最惊险刺激的项目之一。

雪车比赛分为单人座雪车、双人座雪车和四人座雪车。比赛开始后，参赛选手通过快速奔跑并推动雪车至起点后跃入车中，沿着人工冰道向下滑行。因其车身形状像一艘小船，所以雪车也被称作“冰上之舟”。

这本《冰上之舟——雪车》科普读物，以专业视角和大众语言介绍了雪车的起源与发展、运动场地与器材、项目设置与规则、冬奥人物故事和观赛礼仪等，并配以近百幅精美图片，让读者身临其境般地感受雪车带来的惊艳、感动和激情。

Bobsleigh has a long history and made its debut at the first Olympic Winter Games. But in China, people often confuse it with skeleton or luge because it is not popular here. Bobsleigh has always been regarded as one of the most exciting and dangerous events at the Olympic Winter Games for its highest speed.

There will be four bobsleigh events at the Beijing 2022 Olympic Winter Games: 2-men bobsleigh, 4-man bobsleigh, women's monobob and 2-women bobsleigh. When the game starts, riders run alongside the sled, pushing it to achieve maximum velocity. As it arrives at the start line, the riders jump in, sliding down the artificial iced tracks. The specific designed sled is shaped like a small boat, hence bobsleigh is also called the "boat on ice".

From professional perspectives, this popular science book *Boat on Ice – Bobsleigh* introduces the general knowledge about bobsleigh in common words, including the origin and development, venues and equipment, events and rules, stories of Winter Olympians and spectator's etiquette. Supported by nearly one hundred illustrations, the book would bring an immersive experience to readers while making them feel the amazing, moving and exciting beauty of bobsleigh.

目录

第一章

雪车的起源与发展

雪车也被称为『有舵雪橇』，有着悠久的发展历史，经历了车体、橇刃、操控装置、刹车装置的各项改变，最终演变为现在的冬奥项目之一。

·雪车的起源与发展·

* 项目起源

雪车最早起源于瑞士，是从雪橇运动发展而来的。在 18 世纪 80 年代，两名来自美国名叫惠内和蔡尔兹的人创造了一种有舵雪橇，这种有舵雪橇是用一块木板将两个无舵雪橇钉在一起而形成的，在此基础上他们还发明了一种全新的玩法，并成功举办了一场新式比赛，雪车运动也由此而诞生。

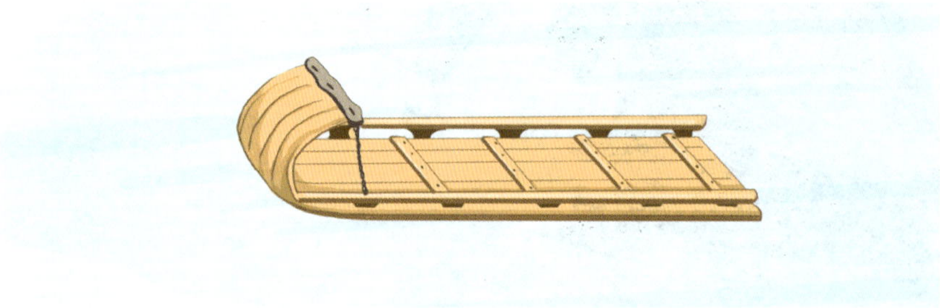

* 平底雪橇

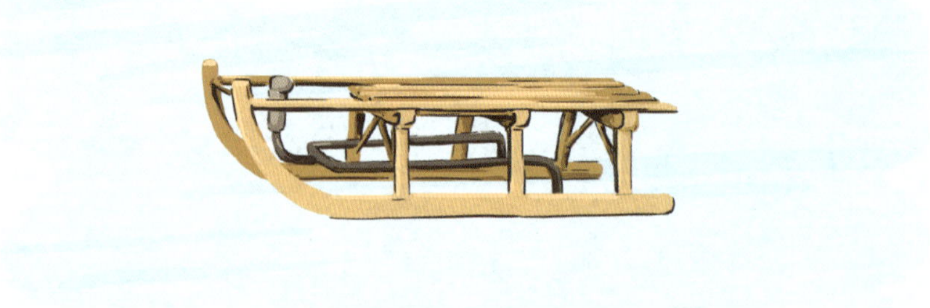

* 早期雪橇

＊ 项目发展

1872年，约翰内斯·巴德鲁特在英国朋友富兰克林·亚当的建议下，开始在瑞士圣莫里茨修建世界上第一条有舵雪橇滑道——克雷斯塔雪橇滑道。当时修建的滑道长度为185m，在后来的比赛中，选手们发现这条滑道的长度实在是太短，进行比赛并不方便。于是在1884年，由梅杰·罗伯逊和几位英国人提供规划和建议，巴德鲁特的库尔姆酒店出钱出力，请当地的工程师和工人重新设计改造了克雷斯塔雪橇滑道，世界上第一条专业的天然雪橇赛道由此诞生。

1885年2月，克雷斯塔雪橇滑道刚建好，圣莫里茨就在这里举办了第一届国际雪橇比赛，这次比赛吸引了无数的观众到场观看。英国选手查尔斯·奥斯丁在这场比赛中赢得了冠军。

1888年，瑞士的马蒂斯研制出装有操纵舵的长雪橇。

1890年，雪车爱好者们又制成了装有金属舵板和制动刹车的雪橇，它被称为有舵雪橇。

1897年，圣莫里茨建立了世界上第一个有舵雪橇俱乐部。

1898年，四人座有舵雪橇在克雷斯塔问世。

1903年，第一条人工雪车线路在圣莫里茨建成。

1924年，雪车项目在首届冬奥会（夏蒙尼冬奥会）上作为正式比赛项目出现。

知识窗

克雷斯塔雪橇滑道

克雷斯塔雪橇滑道也称为奥林匹克雪橇滑道，它由天然雪建造而成，是迄今为止世界上唯一的一条天然雪车雪橇赛道。这条赛道使用之初，一切还在探索中，还没有较多的防护措施。由于雪车在赛道上滑行的速度越来越快，常常有运动员滑出赛道，发生危险，因此人们就在陡坡上修建了几个弯道，以减缓滑行的速度。此外，人们在赛道两侧也加了防护栏，减少了意外的发生。

克雷斯塔雪橇滑道全长 1722m，共有 19 个转弯处，垂直落差为 130m，滑行时速可达 135km。这条世界上最古老的雪橇滑道直到今天仍在使用，每年的 12 月末到第二年的 3 月初，圣莫里茨都会在这条滑道上举办国内国际雪车和钢架雪车锦标赛，至今已有 130 多年的历史。

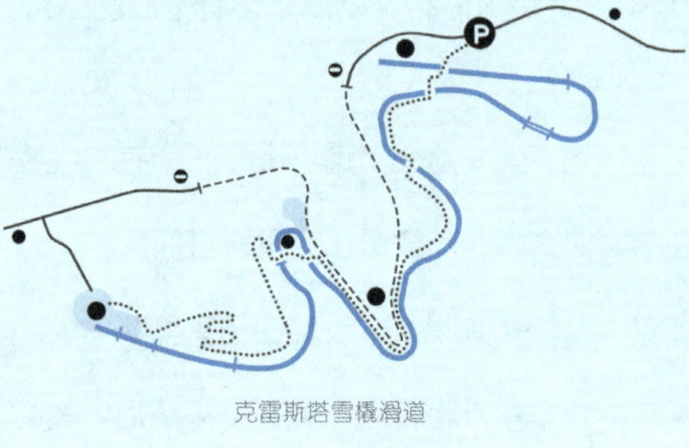

克雷斯塔雪橇滑道

* 冬奥历史回顾

在最初的雪车比赛中，一个队伍需要有 5 名选手参赛，且规定男子 3 人，女子 2 人。20 世纪初，雪车比赛的规则进行了大规模的改动，人数由最初的 5 人减少为 4 人，且不允许女性选手参加。1924 年，第 1 届法国夏蒙尼冬季奥运会举行，雪车男子四人座项目成功入围，成为冬奥会的正式比赛项目。1932 年，在第 3 届普莱西德湖冬季奥运会上，雪车比赛增加了一个新项目——男子双人座比赛。在之后的很长一段时间里，女子还是不被允许参加这一项比赛，直到 2002 年美国盐湖城冬奥会上才有了女子双人座项目。

知识窗

雪车运动在世界上的主要赛事有：

（1）冬季奥运会，每 4 年举办一次，由国际奥委会组织举行，遵从国际雪车联合会（IBSF）的运动员排名和竞赛规则。

（2）锦标赛，包括世界锦标赛、洲际锦标赛、残疾人世界锦标赛、夏季推车世界锦标赛，由国际雪车联合会组织举行。

（3）国际雪车联合会授权赛事，包括世界杯赛、洲际杯赛、欧洲杯及北美洲杯赛、残疾人世界杯赛、青年赛、夏季推车赛等。

（4）测试赛和训练赛。当一条新的赛道建成后，在承办世界大赛前要给运动员足够的体验和训练时间，因此该赛道会组织承办一系列测试赛和训练赛。一般每名运动员比赛前将得到至少 40 次滑行训练的机会。

* 1914 年五人雪车

* 国际雪车联合会

国际雪车联合会成立于 1923 年 11 月，最初名为国际有舵雪橇和平底雪橇联合会（FIBT），是冬季项目国际单项体育联合会总会成员。当时仅有英国、法国、瑞士、加拿大和美国几个成员国，成立大会在法国巴黎举行。在创立初期，雪橇项目也包含其中，直到 1957 年雪橇项目被单独分出，成立了国际雪橇联合会（FIL）。

随着雪车运动的开展，2015 年国际有舵雪橇和平底雪橇联合会改名为国际雪车联合会。协会发展至今已有 69 个成员，官方语言为英语和德语，总部设在意大利米兰。

* 国际雪车联合会会标

* 雪车霸主——德国队

德国队在冰雪项目上长期占据着统治地位，在1998年长野冬奥会、2002年盐湖城冬奥会、2006年都灵冬奥会上都占据奖牌榜首。其在雪车四人座项目上的优势更是明显，德国雪车队曾在1994—2006年间连续在冬奥会上获得冠军。虽然在2010年温哥华冬奥会与2014年索契冬奥会上分别败于美国队和拉脱维亚队，但在2018年韩国平昌冬奥会上德国队又重新夺得了该项的金牌。

在雪车这项运动中，德国队的实力一直不容小觑。在世界范围内，国际雪车联合会认证的标准赛道共有16条，其中德国就拥有4条，便利的场地条件为德国队多年占据雪车项目的霸主地位提供了保障。另外，德国因为地理位置得天独厚，冰雪运动有着良好的群众基础，冰雪竞技人才储备较为充裕，而发达的工业科技水平也为运动器材的改进和创新提供了技术支持，结合先进的运动训练理念和管理方法，促使德国成为雪车项目中的王者。

* 2010温哥华冬奥会纪念币

·雪车在中国的发展·

受竞赛场地和技术条件等客观因素限制，在2018年平昌冬奥会前，中国雪车选手从未出现在冬奥会雪车项目的赛场上。直到2015年北京成功申办2022年冬奥会后，中国雪车队才正式组建。2018年平昌冬奥会上，中国选手首次出现在雪车男子双人座和男子四人座2个小项的比赛场上。

在男子双人座雪车比赛中，中国雪车队的李纯健、王思栋和金坚、申可这两对组合首次亮相于冬奥赛场；在男子四人座雪车比赛中，以邵奕俊为舵手，搭档李纯健、王思栋、史昊和王超（替补）的男子四人雪车组合也完成了他们在冬奥赛场上的首秀。

虽然在平昌冬奥会雪车男子双人座决赛上，中国队的两对组合在完成第3轮比赛后均被淘汰，无缘晋级，但中国雪车队由此迈出了在冬奥历史上的第一步。

* 中国男子雪车队

第二章 雪车的场地与器材

雪车比赛所用赛道与雪橇、钢架雪车相同，并与钢架雪车共用一个起点。赛道分为天然赛道和人工赛道两种。选手装备包括：头盔、手套、钉鞋、比赛服等。

· 竞赛场地 ·

* 比赛场地

雪车国际比赛标准的赛道是用钢筋混凝土建造的，是具有一定坡度的凹槽型滑道。为防止雪车滑出赛道，两侧筑有保护墙，侧墙上沿距离冰面的最小高度为 50cm，墙体内铺设制冷管道，比赛时滑道及两侧的护墙均需浇水制冰，赛道全程通过电脑实时控温。

雪车比赛所用赛道与雪橇和钢架雪车相同，并与钢架雪车共用一个起点。比赛线路长度为 1200~1650m，全程设有 15~20 个弯道，弯道的半径不得小于 20m，滑道的平均坡度为 4°~8° ，起点与终点的高度差为 100~150m。

目前全世界已建有国际雪车联合会认证的雪车标准赛道 16 条，其中有 10 条分布在欧洲，北美洲建设有 4 条，亚洲的日本和韩国各有 1 条。

为筹备 2022 年冬奥会，中国正在北京延庆修建世界上第 17 条雪车比赛赛道。而之前的 16 条赛道中，有一些赛道已经废弃不再使用。

下面我们就来详细为大家介绍一下各国赛道的具体情况。

1. 圣莫里茨赛道

位于瑞士，是世界上最古老的雪车赛道，先后于 1928 年和 1948 年两次承办冬奥会雪车项目的比赛，直至 2013 年这里曾先后举办过 23 次世界锦标赛。这条赛道是冰雪运动的发源地之一，也是早期世界大赛的重要承办地。总长度 1962m；起始高度 1852m，完成高度 1738m；最大梯度 15.00%，平均梯度 8.00%；垂直下降 130.00m，弯道数量 19 个。

* 圣莫里茨赛道简图

2. 普莱西德湖赛道

位于美国，于1932年建成，其历史悠久，仅晚于瑞士的圣莫里茨赛道，先后于1932年和1980年两次承办冬奥会，直至2012年累计举办过10次世界锦标赛，可以说见证了美国此项运动的崛起和发展。总长度1680m，比赛长度1455m；最大梯度20.00%，平均梯度9.00%；垂直下降128.00m，弯道数量20个。

* 普莱西德湖赛道简图

3. 因斯布鲁克赛道

位于奥地利，于 1935 年建成，是历史上的元老级赛道，先后于 1964 年和 1976 年两次承办冬奥会，并于 2012 年举办了青年冬奥会，截至 2017 年共举办过 7 次世界锦标赛。总长度 1478m，雪橇赛道 1207m，钢架雪车赛道 1218m；起始高度 1124m，完成高度 1006m；最大梯度 18.00%，平均梯度 9.00%；垂直下降 124.00m，弯道数量 14 个（减速拉伸 15 个）。

* 因斯布鲁克赛道简图

4. 奥伯霍夫赛道

位于德国，1973 年建成，分别于 1973 年、1985 年和 2008 年举办过世界锦标赛。总长度 1354.5m，比赛长度 1069.7m；起始高度 830m，完成高度 735m；最大梯度 36.40%，平均梯度 9.20%；垂直下降 95.00m，弯道数量 15 个。

* 奥伯霍夫赛道简图

5. 拉普拉涅赛道

位于法国的阿尔贝维尔，建成于1990年，并于1992年承办冬奥会。总长度1707.5m，比赛长度1507.5m；起始高度1684m，完成高度1559m；最大梯度14.00%，平均梯度8.00%；垂直下降124.00m，弯道数量19个。

* 拉普拉涅赛道简图

6. 锡古尔达赛道

位于拉脱维亚，建成于 1986 年。总长度 1420m，比赛长度 1200m；起始高度 1170m，完成高度 1080m；最大梯度 9.00%，平均梯度 8.00%；垂直下降 99.00m，弯道数量 16 个。

* 锡古尔达赛道简图

7. 国王湖赛道

位于德国，是世界上最古老的人造冰赛道。始建于 1959 年，当时将国王湖的冰切割成块后砌成滑道，每次累计要使用 1 万多块冰块。1960 年扩大规模，可以满足四人座比赛条件。2010 年进一步重建后，已经成为世界上最先进的赛道之一。在这里，先后于 1986 年、2004 年、2011 年和 2017 年举办过世界锦标赛。总长度 1675.4m，比赛长度 1251.2m；起始高度 730m，完成高度 630m；最大梯度 20.00%，平均梯度 9.00%；垂直下降 120.00m，弯道数量 16 个。

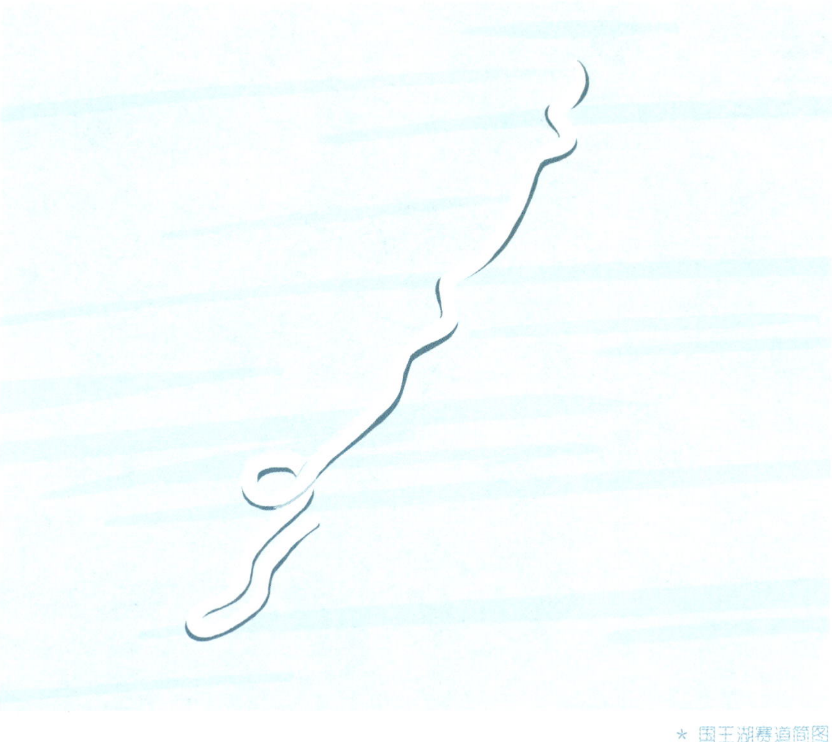

* 国王湖赛道简图

8. 卡尔加里赛道

位于加拿大，始建于 1986 年，是世界上第一个设计有交叉口的赛道，于 1988 年承办冬奥会，2005 年举办了雪橇世界锦标赛。总长度 1494m；起始高度 1251m，完成高度 1130m；最大梯度 15.00%，平均梯度 8.00%；垂直下降 121.00m，弯道数量 19 个。

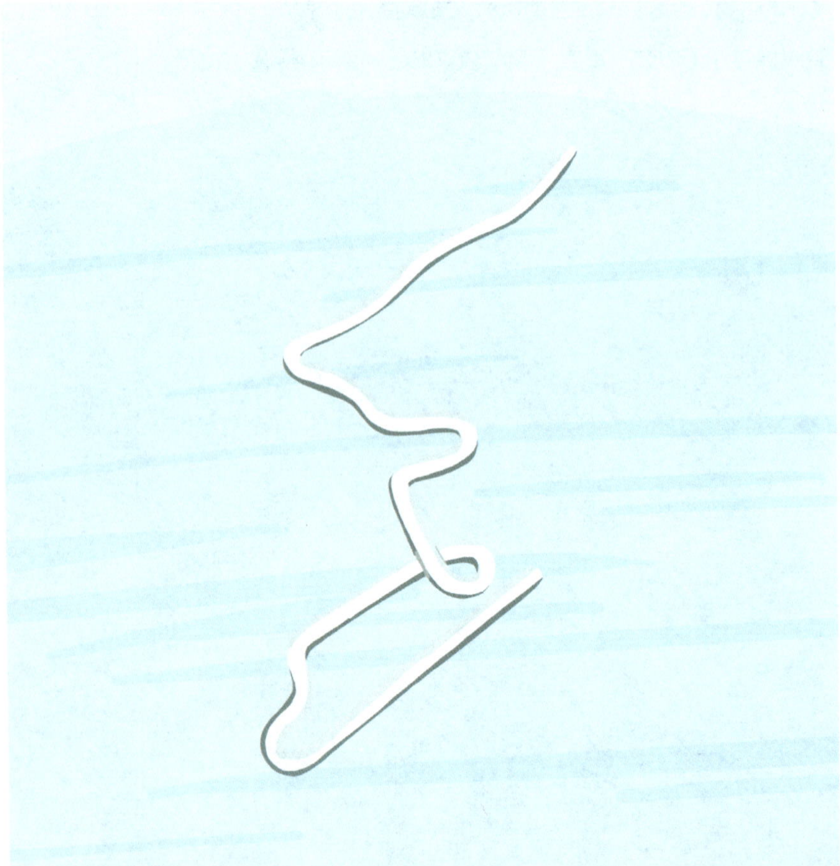

* 卡尔加里赛道简图

9. 利勒哈默尔赛道

位于挪威，是世界上纬度最北的比赛场地，1994 年建成并承办冬奥会，2016 年承办青年冬奥会。总长度 1710m，比赛长度 1365m；最大梯度 15.00%，平均梯度 8.00%；垂直下降 114.00m，弯道数量 16 个。

* 利勒哈默尔赛道简图

10. 阿尔滕贝格赛道

位于德国，修建于1983年至1987年，曾经是最具挑战性的赛道之一，1991年至2008年5次举办世界锦标赛。总长度1413m；起始高度785m，完成高度660m；最大梯度15.00%，平均梯度8.66%；垂直下降122.22m，弯道数量17个。

* 阿尔滕贝格赛道简图

11. 温特贝格赛道

位于德国，1977 年建成，从 2005 年至 2014 年经过不断扩建和改建，目前已经成为非常先进的世界级赛道。同时它也是除国王湖、奥伯霍夫、拉普拉湿外第四条人造冰赛道。总长度 1330m，比赛长度 1609m；起始高度 760m，完成高度 665m；最大梯度 15.00%，平均梯度 9.00%；垂直下降 110.00m，弯道数量 15 个。

* 温特贝格赛道简图

12. 长野赛道

位于日本，建于1996年，1998年承办冬奥会，是亚洲第一条人造冰赛道，于2003年举办了世界锦标赛。总长度1700m，比赛长度1360m；起始高度1028m，完成高度922m；最大梯度15.00%，平均梯度7.00%；垂直下降112.00m，弯道数量15个。

* 长野赛道简图

13. 帕克城赛道

位于美国犹他州，建于 1996 年，1998 年申办冬奥会没有成功，于 2002 年成功举办冬奥会。总长度 1570m，比赛长度 1335m；起始高度 2232m，完成高度 2128m；最大梯度 15.00%，平均梯度 8.00%；垂直下降 104.00m，弯道数量 15 个。

* 帕克城赛道简图

14. 惠斯勒赛道

位于加拿大，2008 年建成，于 2010 年承办冬奥会。惠斯勒还举办了 2 场 IBSF 世界杯赛事、4 场 NAC 赛事、4 场 ICC 赛事，并举办了 2019 年 IBSF 世界锦标赛。总长度 1700m，比赛长度 1450.40m；起始高度 935m，完成高度 802m；最大梯度 20.00%，平均梯度 9.00%；垂直下降 148.00m，弯道数量 16 个。被誉为世界上最快的赛道。

* 惠斯勒赛道简图

15. 索契赛道

位于俄罗斯，建于 2012 年，2014 年承办冬奥会。总长度 1814m，比赛长度 1500m；起始高度 836m，完成高度 704m；最大梯度 22.00%，平均梯度 20.00%；垂直下降 124.00m，弯道数量 17 个。索契赛道是世界上最好的和最现代化的赛道之一，先进的创新技术为其提供了精确和恒定的冰面温度控制。

* 索契赛道简图

16. 平昌赛道

位于韩国，2018 年建成并承办冬奥会。总长度 1659m，比赛长度 1376m；起始高度 930m，完成高度 850m；最大梯度 25.00%，平均梯度 9.48%；垂直下降 117.00m，弯道数量 16 个。

* 平昌赛道简图

17. 延庆赛道

为筹办 2022 年北京冬奥会，北京延庆赛区正在建设中国的第一条雪车赛道。这条赛道也经过了国际雪车联合会的认证，即将成为世界上第 17 条可供国际大赛比赛的雪车赛道，将承办 2022 年北京冬奥会雪车、雪橇和钢架雪车 3 项比赛。

这条赛道也将成为亚洲唯一的回旋弯赛道。赛道长度 1935m，竞赛长度 1600m；垂直落差 127m，设置了 16 个弯道；最高设计时速 134.4km；共设置 5 个赛道出发区；总观众席位数 7500 席。赛道采用氨直接蒸发制冷系统，充分体现了绿色奥运、科技奥运的理念。

* 2022 年北京冬奥会延庆赛道效果图

·比赛器材·

雪车分为单人雪车、双人雪车和四人雪车，是由参赛选手推动雪车助跑至起点后跃入车中，沿着人工冰道向下滑行的一项比赛运动。车身由金属材料制成，设计为流线型，因其形状像一艘小船，因此雪车也被称作为“雪地之舟”。

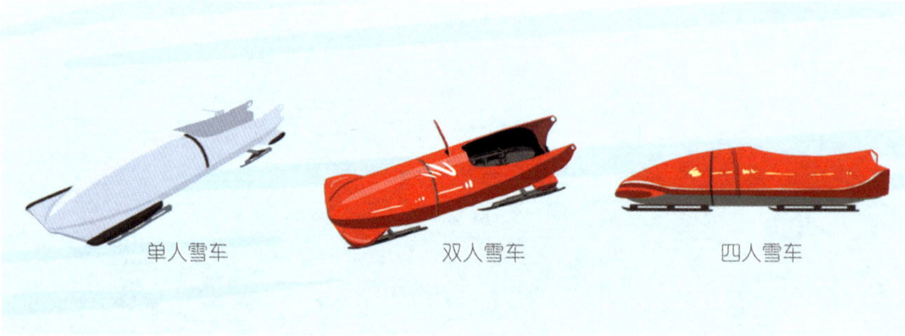

* 雪车

* 雪车

比赛用的雪车，由车身、把手和滑行装置组成。

车身：雪车的车身或通风罩由玻璃纤维和钢铁等高科技材料制成，外形为流线型设计，车身后部敞开，便于队员跃入乘坐。

把手：雪车装有 3 个把手，一个位于雪车前方，两个位于雪车两侧，是用来控制和推动雪车的装置，除后部外都可以伸缩。

滑行装置：雪车底部拥有两对独立的钢质滑行装置，车底前部是一对可调整方向的橇刃，向上与车体内部方向盘相连接，车底后部为一对固定平行橇刃。雪车的车尾装有制动器，供制动员刹车使用。

在雪车比赛中，所有参赛车辆的橇刃必须由国际雪车联合会授权使用的钢材制造。舵手和推手的推把必须能够缩回，以避免在高速下滑中与滑道碰撞产生危险。车体表面不得涂抹任何减少风阻的润滑液体，也不能有任何橡胶或与橡胶相似的能够起到缓冲作用的材料。

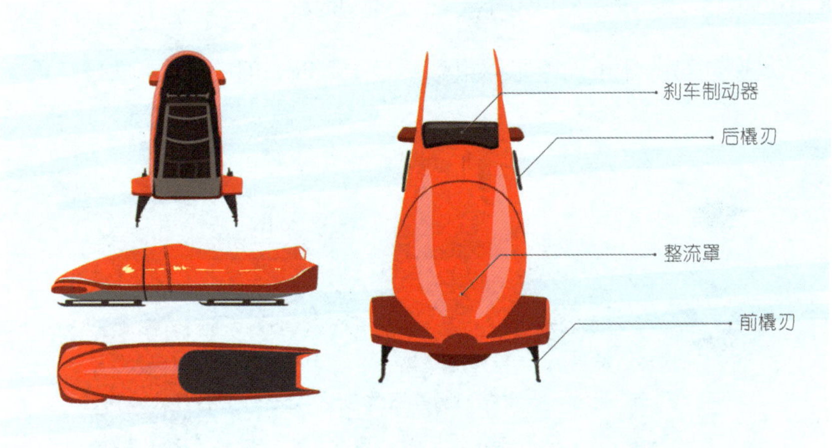

* 雪车部位分析图

知识窗

比赛期间，仲裁在比赛开始前会对雪车橇刃的温度和材质进行检查，滑行结束后还会对器材及运动员进行称重。获得奖牌的运动员以及仲裁随机抽取的雪车将进行进一步的检查。

国际雪车联合会对于雪车车体的长度和重量都有严格的规定：

※ 双人座雪车长度不超过 3.20m，宽度不超过 0.67m，橇刃宽度为 8mm，雪车重量不得低于 170kg，男子总重量（包括雪车、运动员和其他设备）不得超过 390kg，女子总重量不超过 330kg。

※ 四人座雪车长度不超过 3.80m，宽度不超过 0.67m，橇刃宽度为 12mm，雪车重量不得低于 210kg，总重量不得超过 630kg。

※ 女子单人雪车长度不超过 2.80m，橇刃宽度为 8mm，雪车重量不得低于 162kg，总重量不得超过 247kg。

当运动员的体重加上车体重量不足上限时，可以给雪车携带配重。

知识窗

雪车在加速推入赛道后，其下滑的速度受到自身所受重力、空气阻力和冰道摩擦力 3 项因素共同作用和影响。因此，如何减少空气阻力是雪车研发改进的主要努力方向。科技的发展、对流体力学研究的不断深入，都充分体现在当今比赛所使用的雪车的研发制造之中，流线型的玻璃纤维头部和合金制成的车身都在高科技的风洞中经过反复试验才打造而成。

* 比赛服装

无论是在训练还是正式的雪车比赛中，运动员都需身着专业训练服或比赛服上场。

运动员穿着的紧身服装无论是外部还是内部都禁止有空气动力学附着物，例如增加导流装置等。服装必须是纺织物，表面不得涂抹有利于减少风阻的覆盖物。为保证安全，比赛服装内可以插入护肩、护肘等保护性的垫片。

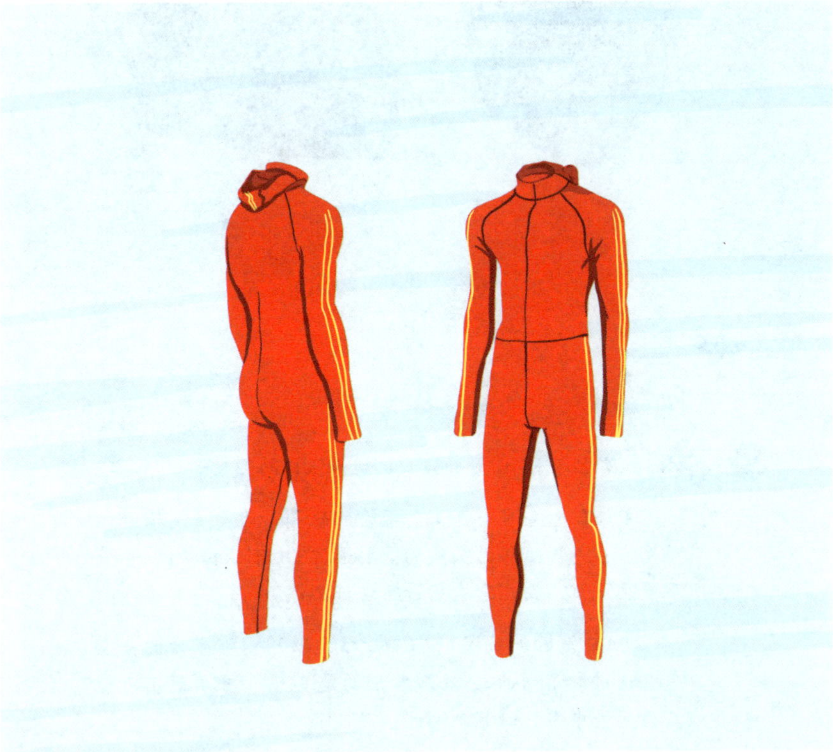

* 雪车运动员比赛服

* 比赛头盔

雪车运动员所使用的头盔与钢架雪车运动员所使用的一样，必须是全脸覆盖型的头盔，头盔表面不得装置可以减少风阻的空气动力学设备。头盔的安全等级要达到 DOT、ECE 等安全等级认证标准。

* 雪车运动员头盔

知识窗

DOT 与 ECE 是头盔安全规格认证的标志。

DOT 是美国头盔安全规格的代号，为美国运输部的缩写，在美国贩售的头盔均需要通过 DOT 认证。DOT 采取自主认证，由厂家自行进行认证测试。

ECE 是欧洲头盔的安全规格，欧洲国家生产的头盔都会通过 ECE 认证，比较特别的是 ECE 目前并没有包含其他安检中常见的穿刺测试。

* 钉鞋

钉鞋采用优质橡胶、布、合金等材料制成，最大的特点是鞋底有合金钉，有良好的防滑性能，适合各种场地的跑步选手使用。雪车运动员的钉鞋与田径短跑运动员的钉鞋类似，前脚掌部位密布鞋钉。不同之处是雪车运动员的鞋钉为刷型并均匀分布于鞋底前脚掌部位，鞋钉不得长于 5mm，直径小于 1.5mm，数量不少于 250 枚。

* 雪车专用钉鞋

* 手套

雪车的手套和我们平时用的手套不太一样，由厚实的斜纹、拉伸性材料制成，除了起到保暖的作用外，还能更好地保护运动员的手部不受伤害。另外，在比赛的时候选手需要全程紧握推手，所以手套的防滑也很重要。

* 雪车专用手套

* 计时设备

雪车项目是冬奥会比赛中速度最快的运动，运动员以秒的千分位争夺冠军，这导致比赛最终结果几乎无法以肉眼来判断，而只能借助科学技术进行精确测量。创造奥林匹克运动历史的比赛记录也离不开计时技术的支持。

1896 年首届雅典夏季奥运会所使用的计时器精确度为 0.2 秒，虽只有 30 分钟的计时能力，但足以应付除马拉松项目外的大部分项目，减少了肉眼判定引起的争议。比赛依靠机械秒表计时，有一条“麦布里奇线”与机械秒表相连，只有被冲过终点的冠军运动员奋力撞断，秒表才会停止，再由计时人员记录下时间进行排名。

* 机械秒表

1912 年，第 5 届斯德哥尔摩夏季奥运会上首次使用电子计时器和终点摄影装置，用摄像机拍摄运动员撞线瞬间的画面来弥补人工手动计时的缺点，但摄像机与计时器无法同步，比赛的胜负还是依靠肉眼判断。

1948 年第 14 届伦敦夏季奥运会上，光电管首次运用于终点摄影装置。计时设备发出的光线与计时装置连接，在参赛选手穿越终点线的一瞬间，阻挡光线的照射，计时立刻随之停止。这项光电子眼计时技术也被俗称为“魔眼”。

* 摄影计时

光电子眼计时技术的所有功能都由电子控制，在当时，精确度已达到将近千分之一秒，超越了之前的所有计时设备。从此，在奥运会比赛场上，机器开始逐步替代人工从事更精准的计时工作。

1952 年，第 15 届赫尔辛基夏季奥运会上，石英电子计时技术与终点摄影技术进行结合，首次出现了石英电子计时器，其将时钟增加至狭缝摄影机上，用以自动进行记录，精确度达到百分之一秒。

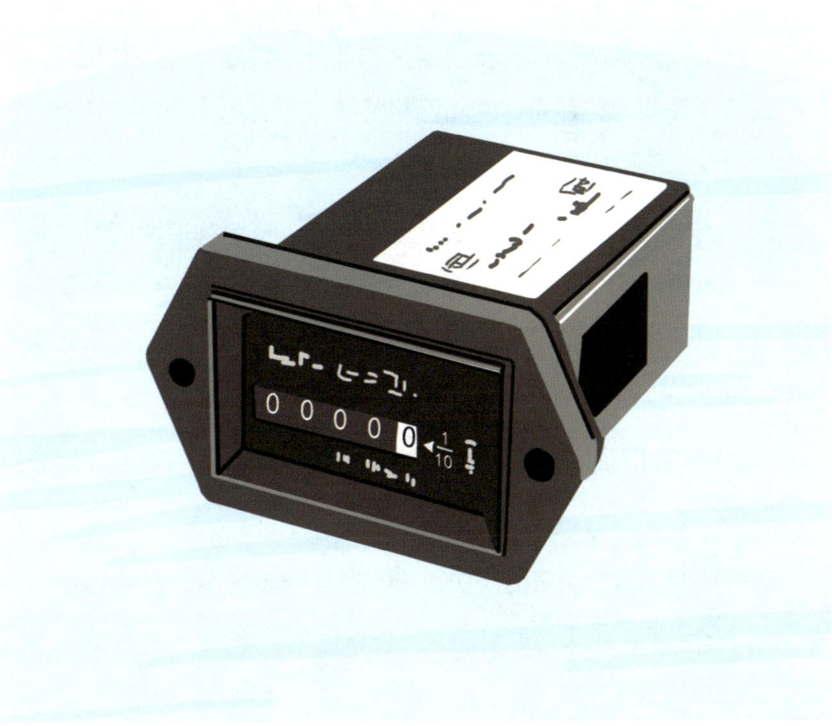

* 石英电子计时器

1972 年，第 20 届慕尼黑夏季奥运会上，出现了精度高达千分之一秒的电子计时器。该计时器技术先进，可自动控制计时，同时其出色的信息处理技术也代表着“跑表、皮尺”人工计时时代的终结。

1976 年第 21 届蒙特利尔夏季奥运会上，电子计分板首次用于实时显示比赛成绩，可以同时显示时间、分数等信息，计时器不再是单纯的计时装备。

1992 年阿尔贝维尔冬季奥运会上，电子终点摄影技术首次实现同计时系统完全结合，观众可以通过电子计分板观看比赛的实时播报。

1992 年第 25 届巴塞罗那夏季奥运会上出现了“全能运动操作系统”，它可以满足一切项目计时测速和计分的需要。这个系统具备先进的快速录像能力，还可以利用网络将分布于赛场上的电子计时器、光电测距仪、自动记分装置等融合在一起。

1996 年第 26 届亚特兰大夏季奥运会上，短跑跑道两侧设立了能够迅速测定每位选手速度和加速度的激光仪，还在终点位置装了高速摄像机，以记录选手们最后冲刺撞线的镜头。自行车和马拉松比赛也使用了电子感应器。

2000 年第 27 届悉尼夏季奥运会上，计时器首次通过互联网公布实时赛况。

量子计时器首次亮相于 2012 年伦敦夏季奥运会，其精准度已达到千万分之一秒，是奥运会计时技术的又一大突破。

* 激光仪与计时光栅

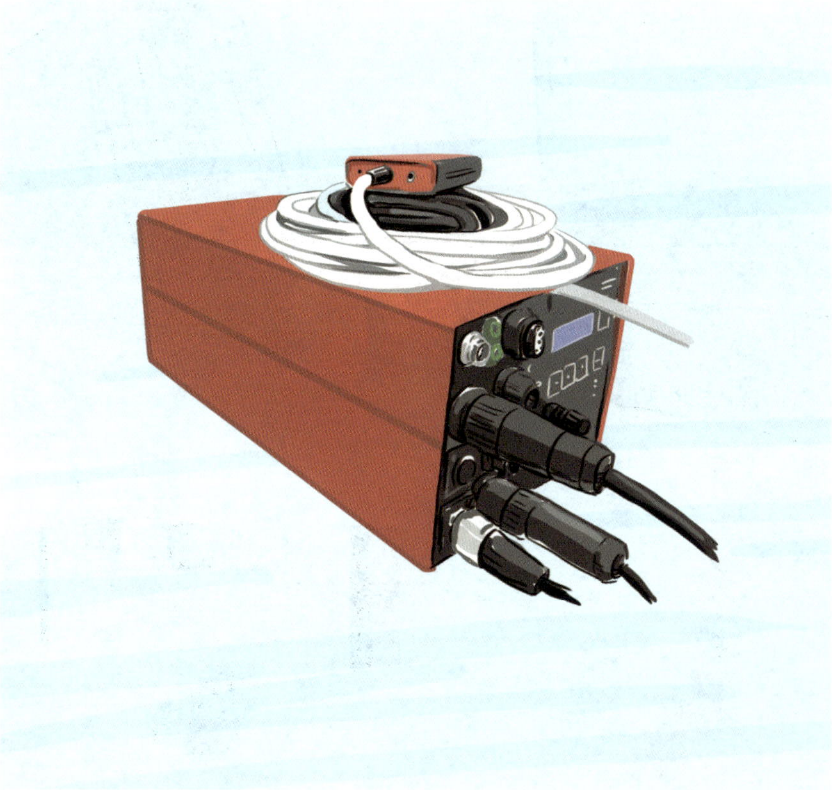

* 量子计时器

在 2014 年索契冬季奥运会上，计时团队沿赛道设置多对激光电子眼，用于测量并记录起始时间、中途时间、完赛时间，以及每位参赛选手加速冲过终点线时的最大速度。在这届冬奥会上，全新研发的欧米茄计时器首次亮相，使电视观众可以即时获得比赛过程中的重要数据。

第三章 雪车的项目设置与规则

雪车比赛是参赛选手通过快速奔跑并推动雪车至起点后跃入车中，沿着人工冰道向下滑行的一项比赛。在2022年北京冬奥会中，雪车设有4个项目的比赛。

· 项目设置 ·

2022 年北京冬奥会的雪车比赛分为男子四人座、男子双人座、女子双人座和女子单人座共 4 个比赛项目，其中女子单人座比赛为北京冬奥会的新增小项。

每个小项要进行 4 轮比赛，赛期 2 天，每天进行 2 轮比赛。第 1 轮的出发顺序由抽签决定，从第 2 轮起，出发顺序由前 1 轮的比赛结果决定，成绩最差的先出发，接着依次排列。

在 4 轮比赛完成后，会将四轮的滑行中到达终点的时间进行累积，得到最终的成绩，时间越短，则排名越高。若出现相同的时间，则会以 4 轮比赛中完成比赛的最快时间来进行排名。

知识窗

雪车运动员是由舵手、推手和制动员组成的。舵手是全队的战术制定者，使用雪车内侧的操舵索来驾驶。推手在出发的时候起到奋力推雪车前进的作用。制动员则在通过终点线后拉闸刹车，让雪车停下来。

* 四人参赛选手位置分布

·比赛规则·

* 男子四人座

雪车男子四人座比赛在 1924 年第 1 届法国夏蒙尼冬季奥运会上就被采纳为正式比赛项目。在雪车四人座比赛中，参赛成员由舵手、第一推手、第二推手和制动员组成。比赛开始后，运动员推车助跑来使雪车获得较好的加速。舵手的固定推车把手是靠近雪车车体最前面的把手；位于舵手同侧后面的运动员是第一推车手，他的推车把手在雪车舱体左侧稍后的位置；第二推手的推车把手位于舵手身后的对侧位置；最后面的制动员则双手握住雪车车体后面敞开的两端来使雪车加速。

推车阶段要求所有队员全力加速推车，最后一名制动员要注意平衡两侧运动员的推力，使雪车直线向前加速移动。在所有队员全部进入车内后，全队开始沿滑道加速下滑。

* 男子四人座雪车比赛

知识窗

雪车比赛速度会受到三个因素影响：一是重量，二是空气阻力，三是摩擦力。在空气阻力和摩擦系数不变的情况下，选手与雪车组合最重的会占有极大的优势。

最初的雪车比赛规则并不完善，没有对选手的体重作出任何限制。因此就有人巧妙地利用了这一规则漏洞。在1952年的挪威奥斯陆冬奥会上，德国派出了由4个胖人组成的一支雪车队，他们的体重加起来甚至超过了450kg，结果如愿以偿地拿到了这届冬奥会雪车项目的冠军。后来，冬奥会对雪车比赛的总重量进行了限制，规定四人座雪车项目运动员（含装备）与雪车重量相加不得超过630kg，弥补了这一规则漏洞。

* 男子双人座

在 1932 年第 3 届美国普莱希德湖冬季奥运会上，男子双人座雪车比赛正式列入冬奥会的比赛项目。但由于第二次世界大战的原因，这个小项曾多次被取消，直到 2012 年在奥地利因斯布鲁克举办的世界青年奥林匹克运动会上这个小项才得以重新回归。

男子双人座雪车比赛要求 2 名运动员参赛，参赛成员由舵手和制动员组成。位于雪车后面的制动员主要负责起跑阶段的推车加速和通过终点时的刹车制动，而雪车前面的舵手不仅要在起跑阶段负责加速，而且在起跑结束跳入车内后还要承担起驾驶雪车转弯的重任。

两名运动员必须配合默契，起跑阶段都要拥有强有力的爆发加速能力。当两人先后跳入车内进入下滑阶段后，雪车后面的制动员要能够根据下滑的弯道随时调整身体重心配合舵手的转弯，还要俯身尽可能减少自己的风阻；前面的舵手则要胆大心细，熟悉赛道的每一个转弯，根据下滑的速度随时调整方向舵来适应滑道的曲度变化，减少碰撞带来的阻力。

* 男子双人座雪车比赛

* 女子双人座

雪车运动的历史上最初是有女子参加的，后来由于这项运动的危险性极高便禁止了女性运动员参加。但随着滑道、雪车和保护装备的改进，女子参与雪车运动的呼声越来越高。国际雪车联合会第一次举行的女子双人座雪车比赛是在 1998 年，接着在 2000 年女子双人座雪车比赛成为世界锦标赛的正式比赛项目，2002 年第 19 届美国盐湖城冬季奥运会上，女子双人座雪车项目成为正式的冬奥会比赛项目。

* 女子双人座雪车比赛

* 女子单人座

单人座雪车在国际雪车联合会承办的青年运动会和残疾人运动会中最常出现，此外，每年夏季都会举办陆地推车赛，其中也能看到女子单人座雪车比赛。2018 年 7 月，国际奥委会将女子单人座雪车比赛项目列入冬季奥运会的正式比赛项目，该项目将出现在 2022 年第 24 届中国北京冬季奥运会上。

在 2018—2019 赛季，国际雪车联合会就已经将女子单人座雪车比赛列入了欧洲系列比赛之中。除欧洲外，来自美国和加拿大等共 14 个国家的运动员都参与其中，他们为了争取参加北京冬奥会的资格而进行积极的准备。

作为个人项目，单人座雪车对运动员的综合能力要求更高。在起跑推车加速阶段，相对于两人座雪车，车体重量并未改变多少，但只有一个人奋力推车加速，这不仅要求运动员有极强的爆发能力，还对运动员保持雪车在出发槽内直线前进的能力提出了更高要求。当进入跳入车内滑行阶段，就考验运动员人车合一的驾驶能力了。由于是单人座，雪车内的座位相对靠后，操控前刃转向的距离长，运动员要时刻注意将雪车的重心与滑道的中心保持一致，成绩的好坏完全是个人能力的展现。

* 女子单人座雪车比赛

·动作与技术·

* 推车技术

在雪车训练和比赛中推车前进的起动技术是项目的制胜关键。运动员在推车技术上的差异可以影响到雪车前进的速度，主要表现在单手推车和双手推车上面，这两种推车技术各有其自身特点。

单手推车技术是一种主流的推车技术，运动员在单手推车时身体更加灵活，蹬伸更加充分，从而可以获得更大的加速度。在每一场比赛中推车加速技术较好的选手基本上都采用这种技术，但稳定性较差。

双手推车是雪车推车的传统技术，与单手推车相比更加稳定，不容易失误。但因为双手推车要求运动员脊柱向前弯曲，会制约推车的前进速度。推车加速技术较差的运动员多采用这种技术。

知识窗

出发前，雪车的橇刃进入槽沟，确保车体不会侧向打滑。出发信号发出 60s 之内，运动员可以手推雪车奔跑启动获得初始速度，推行距离约为 50m。之后运动员逐一跳入车体中（四人座雪车按照舵手、第一推手、第二推手、制动员的顺序；双人座雪车则按照舵手、制动员的顺序），并快速收起把手，呈坐姿滑行。

* 推车动作

* 起跳动作

起跳动作的要点包括起跳角度、起跳高度、起跳速度和起跳姿势，它是运动员从推车阶段向滑行阶段过渡的一项关键技术动作。在推车阶段，运动员的推动速度会影响起跳动作，推动速度越快，起跳效率越低。运动员起跳上车后还会导致雪车的前进速度变慢，较好的起跳可以使运动员在跃入雪车的同时尽量减小雪车损失的速度。

* 单人座起跳动作

* 双人座起跳动作

* 四人座起跳动作

* 滑行技术

良好的滑行技术主要取决于运动员的技术水平、雪车的类型和运动员的身体素质，其中技术水平是影响比赛成绩的决定性因素。在一条标准的赛道上，运动员要经历十多个形态不同的弯道，因此良好的弯道滑行技术对运动员的成绩至关重要。

雪车项目在通常情况下的转弯动作为：

※ 膝转向，通过一侧膝对雪车框架施加压力，可以造成整个雪车重量分布的不对称。

※ 肩转向，由于膝关节的发力，造成对侧肩的紧张，起到更好的支撑作用。

※ 肩与膝转向，在进行较大角度的转弯时，肩与膝要同时发力，例如左肩与左膝进行收缩，可以使雪车向左转向。

雪车整个滑行过程持续约 75s，速度可达 130km/h。到达终点时选手必须在座位上，否则成绩无效。通过终点后，制动员要立即采取刹车措施，防止雪车因速度过快而冲出赛道终端。

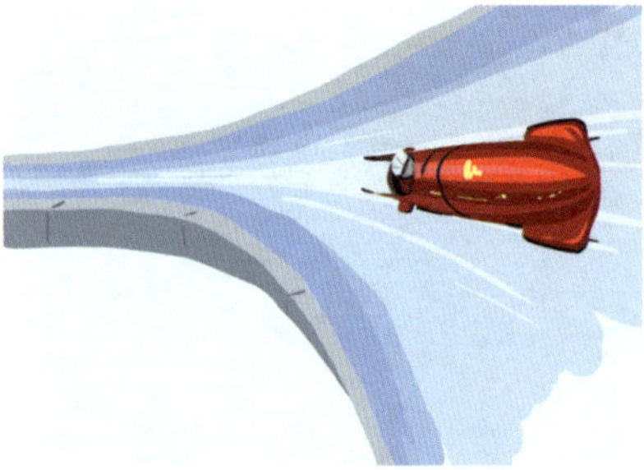

* 滑行动作

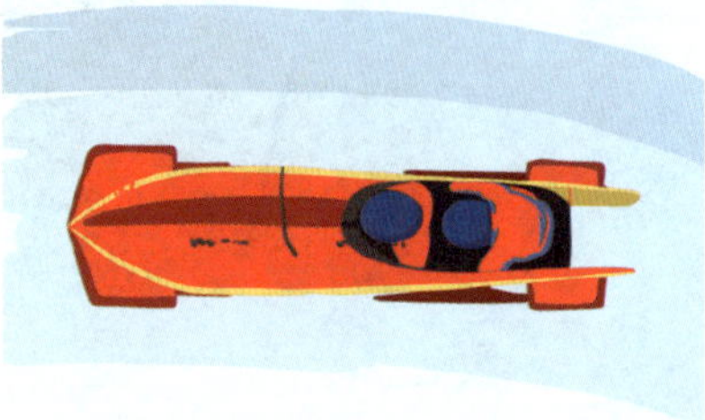

* 转弯动作

第四章

雪车的冬奥人物故事

雪车一直被认为是最刺激的冬季项目之一，并且一直吸引着全世界的运动员。在现代体育竞技场上，这些运动员谱写了一段段激励人心的传奇故事。

· 邵奕俊 ·

* 南方城市的雪车选手

从首届冬奥会开始，雪车比赛就成为冬奥会的正式项目，并一直存在。因其有很强的专业性，需要的配套设施也很多，所以传入中国的时间较晚。而在欧美国家该项目的发展则十分迅猛。2015 年，北京冬奥会申办成功，为了迎接 2022 年的体育盛宴，中国雪车队开始正式组建。而提到中国的雪车项目，一个名字便不能不被提及，那就是中国第一代雪车运动员邵奕俊。

* 邵奕俊

2015 年，国家雪橇队、钢架雪车队、雪车队先后成立。为了培养专业的参赛选手，尽快追赶上雪车强国的脚步，中国雪车队根据雪车项目的竞赛特点，从田径、举重等竞技项目运动员中进行跨界选拔，年仅 22 岁的邵奕俊从 60 位候选人中脱颖而出，从此成为中国雪车队的一员。

邵奕俊出生于上海，身材壮硕，身高 1.9m、体重 105kg 的他很清楚自己的发展方向，因此在最初选择成为运动员的时候，他毫不犹豫地选择了铅球这项运动，并以极大的优势进入了上海田径队，跟随前铅球名将隋新梅进行学习。2015 年中国雪车队在全国范围内进行“跨界选材”，他的教练隋新梅觉得身材高大的邵奕俊身体条件十分符合要求，就帮他报了名，邵奕俊也抱着试试看的态度参与了海选，没想到竟然成功入选。从小在南方城市长大的他很少见到雪，对于冰雪运动一直不太了解的他就这样正式改项成为一名雪车运动员。

知识窗

问：为什么田径选手更容易转项冬季项目？

答：田径运动员，特别是短跑或跨栏运动员，他们的爆发力强、体能充沛、柔韧性也好，正好符合雪车项目的选才需求。雪车比赛的最终成绩取决于舵手的天赋和整支队伍的现场发挥，而其中最重要的是运动员起跑时的推车速度。通过开始 50m 左右的冲刺，获得的微小优势会在终点处得以扩大，直接影响最终的滑行成绩。

＊ 邵奕俊在赛场上

＊ 从恐惧到享受

在雪车训练开始之前，邵奕俊几乎没有参与过任何刺激类的活动。拥有驾驶执照的他连车都没有开过几次。另外，因为恐高他连过山车都不敢坐。100 多米的赛道落差和超越火车的行驶速度让邵奕俊感受到了深深的恐惧，他曾一度想到过放弃，但最终还是坚持了下来。

“既来之则安之，既然已经成为雪车运动员，我就应全力以赴。”邵奕俊心里想着。这也成为邵奕俊可以坚持雪车运动的理由之一。

在最开始进行雪车训练的时候，邵奕俊在四人雪车队伍中主要负责刹车，也就是雪车中制动员的位置。随着在赛道上不断地碰撞，一次次地尝试，他的胆量也渐渐大了起来。邵奕俊觉得自己可以试试舵手的位置。于是，这个连开车技术都不太娴熟的南方小伙，就这样在雪车赛道上开起了冰上“汽车”。

因为雪车的滑行速度很快，所以很多人把雪车称作“雪上 F1”，而舵手就是一支队伍的灵魂和核心。在近 2000m 长的赛道上，推进阶段主要靠队员们 4 个人的共同努力，而后面的滑行阶段就主要依靠舵手掌舵。从雪车制动员到如今中国首个四人座雪车队伍的舵手，邵奕俊经历了不少的磕磕绊绊，在一次滑行中甚至还撞成了脑震荡。但越是困难，邵奕俊就越是不想放弃。

从恐高到如今可以面不改色地在赛道上滑行，邵奕俊已经告别了恐惧，开始热爱和享受着驾驶雪车给他带来的快感。他已从一位稚嫩的运动员成长为可以担当大任的雪车先行者。

* 承载厚望

我国在雪车运动中的经验不足，也没有专业的教练员进行指导。为了中国雪车运动的发展，中国雪车队开始聘请外教，德国人马努埃尔·马哈特就此成为雪车队的主教练。

在主教练看来，作为中国雪车队第一批运动员之一的邵奕俊，身体素质很适合雪车这一运动。“他拥有优秀的体能和爆发力，灵巧的身手也为他提供了优势，只要多加练习滑雪的技术，就一定会有所成就。”主教练评价道。

听了主教练的评价和指导，邵奕俊暗下决心一定要在雪车项目上为祖国争光。所以除了平时刻苦训练外，他每次去国外训练和比赛的时候都会买一些雪车相关的书籍，并仔细研读。为了克服在赛道弯道处所产生的离心力，邵奕俊还专门学习了物理知识。从邵奕俊开始练习雪车到 2018 年平昌冬奥会之间的 3 年里，他记录的雪车训练笔记足足有 3 大本。

邵奕俊和雪车队的每一位队员都承载着中国对冬奥会雪车项目的期望。在雪车赛道上，他和其他队员都经历过伤痛，他们带着祖国人民的厚望一步步地走向 2018 年平昌冬奥会。

* 展望北京冬奥

作为跨项的雪车运动员，邵奕俊拥有着突出的优势。铅球锻炼了他强壮的身体，而雪车磨炼了他坚强的意志。

2017 年 10 月，中国在加拿大举办第一届全国雪车锦标赛暨平昌冬奥会测试赛。邵奕俊参加了男子双人比赛，并通过与队友的合作，拿到了冠军。随后，美国开始举办北美杯奥运积分赛，为了赢得 2018 年平昌冬奥会的参赛名额，中国雪车队向这场积分赛发起了挑战。在邵奕俊及队友的努力下，中国顺利取得了 3 个参赛名额，其中以邵奕俊为舵手的男子四人雪车队还曾 6 次登上领奖台。经历了 3 年的辛苦付出，中国雪车项目终于走向了国际赛场，填补了中国雪车历史上的空白。

对于冬奥会而言，中国雪车队队员都是新面孔。这是中国第一次参加冬奥会的雪车项目。虽然在众多世界级选手面前邵奕俊的表现并不算突出，但作为雪车舵手来说，他不仅是上海的骄傲，更是中国的骄傲。因此在平昌冬奥会中国体育代表团成立大会上，邵奕俊被选为中国运动员的代表。

虽然中国队在平昌冬奥会雪车项目中的排名并不高，但已经有了中国雪车队，有了像邵奕俊这样的一大批优秀的运动员，所以我们相信平昌冬奥会仅仅是中国雪车项目的一个起点。我们期待在 2022 年北京冬奥会上，中国能够有更多像邵奕俊这样的优秀运动员站在雪车项目的赛场上，在雪车项目上实现更大的突破。

·劳琳·威廉姆斯·

* 短跑天才

冬奥会中的雪车和钢架雪车项目，因为它们的特殊性，特别适合田径运动员参加。这两项运动对选手的要求并不算太高，除了运动员的基本素质外，田径选手的爆发力和柔韧性都可以在雪车运动中加分不少，因此不少田径短跑选手在退役之后会选择投入到雪车的项目中来。在这些转项的运动员中，来自美国的黑人姑娘劳琳·威廉姆斯（Lauryn Williams）是最为著名的一个。

* 劳琳·威廉姆斯（一）

1983 年出生的劳琳·威廉姆斯在少年时期就展现出了速度上的天赋，在高中时，她打破了学校 100m、200m、4×100m 接力和跳远等多个项目的纪录。

2002 年，不满 19 岁的威廉姆斯作为美国短跑选手在世界青年锦标赛上收获了 1 金 1 银，成为田径赛场上最闪耀的新星。在 2004 年雅典夏季奥运会上，威廉姆斯首次进入奥运会，并在女子 100m 短跑比赛中以 10 秒 96 的个人最佳成绩拿到银牌，仅仅落后于冠军 0.03 秒。

* 劳琳·威廉姆斯（二）

之后，威廉姆斯长期出现在各大世界比赛中的领奖台上。在 2005 年和 2007 年两届世界锦标赛上，她在女子 100m 和 4×100m 接力项目上收获了 3 金 1 银，成为田径女子短跑中的顶级高手。

2008 年北京奥运会女子田径 100m 短跑比赛中，威廉姆斯在半决赛以第 4 名的成绩晋级决赛。在接下来的比赛里，她的对手牙买加队队员表现出色，包揽了该项目的全部奖牌，而威廉姆斯以 11 秒 03 的成绩获得了第 4 名。随后在 4×100m 接力赛中，威廉姆斯在交接时出现失误，美国队也随之被取消成绩，最终无缘决赛。

在 2012 年伦敦，威廉姆斯第 3 次走上夏季奥运会的赛场。当时已经 29 岁的她没能取得个人赛的参赛资格，只能作为接力赛的一员征战自己的第 3 次奥运。在接力赛的预赛上威廉姆斯担任最后一棒，美国队以 41 秒 64 创下了赛季最好成绩。在决赛时，她所在的美国队以 40 秒 82 的成绩打破了民主德国队保持了 27 年的世界纪录，获得了这场比赛的金牌，威廉姆斯也实现了她在奥运会田径比赛上的金牌梦。

* 冬奥新方向

实现金牌梦的威廉姆斯因为伤病的困扰在 2013 年夏天从田径赛场上退役，可是她依旧对体育竞技运动念念不忘。在她最迷茫的时候，同为田径名将的洛洛·琼斯建议她像自己一样在冬季奥运会上去尝试雪车项目。威廉姆斯听取了琼斯的建议，踏上了去往卡尔加里的雪车训练之路，找到了自己运动生涯的新方向。在投身雪车项目后没过多久，她就在卡尔加里的锦标赛上拿到了第 3 名。

威廉姆斯将她在田径赛场上的优势充分地发挥了出来，训练不到 6 个月，她就获得了一个世界杯分站赛的冠军，并在 2014 年 1 月以美国雪车运动员的身份得到了 2014 年索契冬奥会的比赛资格。

＊ 创造历史

威廉姆斯与好友琼斯这两位来自美国的女子田径世界冠军共同入选了 2014 年索契冬奥会的雪车队名单。由于劳琳·威廉姆斯在伦敦奥运会上与队友获得了女子 4×100m 接力金牌，她被美国媒体评为“有可能成为历史上第 2 位能获得夏季和冬季奥运会金牌的选手”。

在 2014 年索契冬奥会上，这位田径女飞人参加了雪车女子双人比赛。在这场比赛中，她以制动员的身份出战，并且与队友配合默契。四轮比赛中的前两轮她们的速度远远超越了其他选手，其中第一轮还以 57 秒 26 的成绩创造了赛道记录。但可惜的是，在四轮比赛结束后，威廉姆斯组合以仅仅 0.1 秒的差距落后于加拿大组合，最终和金牌擦肩而过。

虽然威廉姆斯没有成为历史上第 2 位获得夏季和冬季奥运会金牌的选手，但她并没有错过历史。这枚雪车项目的银牌让威廉姆斯成为世界上第 5 位同时拥有夏季和冬季奥运会奖牌的运动员，在奥运会的历史上记下了荣耀的一笔。

·塞恩·阿迪贡·

* 从田径冠军到雪车选手

冬奥会向来都是冰雪国家的主场，而非洲大部分国家都属于热带地区，在这些国家开展冬季运动必定要经历重重磨难。然而，非洲众多国家却一直保持着对冬奥会的向往,尼日利亚就是其中的代表之一。尼日利亚属于非洲的热带地区，那里的居民甚至都没有见过雪，这导致冬奥会大多数的冰雪项目在这里无法开展，自然也很难培养出优秀的冬季项目运动员。虽然国内的设施条件苛刻，但对于这些冬季专项运动员来说，能够代表国家参与冬奥会就是莫大的成就。

* 塞恩·阿迪贡（一）

* 塞恩·阿迪贡（二）

2018 年平昌冬奥会，非洲国家更加积极地参与冰雪运动的比赛，这一届非洲的参赛国家超越往年，共 8 个国家 12 名运动员，其中尼日利亚和厄立特里亚就是首次参加冬奥会的国家。

塞恩·阿迪贡，1987 年 1 月出生于美国伊利诺伊州芝加哥市，拥有美国和尼日利亚双重国籍，父母都是尼日利亚人，她还是著名 NBA 球星奥拉朱旺的外甥女。出生于运动世家的阿迪贡从小运动天赋过人，是一名狂热的篮球和田径爱好者，主攻的项目是短跑和跨栏。

阿迪贡从小生活在美国，但她一直以尼日利亚运动员的身份在赛场上奋斗。2009—2012 年，阿迪贡专攻百米跨栏的比赛，并取得了良好的成绩，拿到了这一项目的三届尼日利亚全国冠军和两届非洲大陆冠军，蜚声世界，媒体称她为“非洲最会跨栏的女人”。2012 年伦敦夏季奥运会，阿迪贡作为尼日利亚唯一的百米跨栏选手出战。但很可惜，因为伤病，她的成绩并不理想。赛后，阿迪贡选择了退役。

两年后，索契冬奥会举办，阿迪贡在电视机前欣赏比赛的盛况。就这样，惊险刺激的雪车项目闯入了她的眼中，随即，她萌生了代表尼日利亚参加冬奥会雪车项目的想法。这一想法并不是一时的心血来潮，经过两年的训练，阿迪贡成功跨项，代表美国队参加了 2016 年的雪车世界杯。

* 从零开始，挑战平昌

为了参加雪车比赛，阿迪贡在2015年到美国达拉斯参加雪车培训，之后代表美国参与雪车比赛。但是，深深热爱尼日利亚这个国家的阿迪贡，更希望的是代表尼日利亚出战冬奥会的雪车比赛。抱着这样的想法，阿迪贡离开了美国雪车队，开始组建一个自己的雪车队，于是她召集了同样是田径运动员的奥梅奥加和奥温梅里，尼日利亚雪车队就此诞生。

雪车队组建了，但是还有许多问题没有解决，尤其是非洲的气候环境。阿迪贡和队友们无法在非洲训练，不得不考虑前往其他国家。

于是，阿迪贡再次前往美国，在美国的休斯敦建立了训练的基地。可是，问题总是接踵而来，雪车队的队员们很难适应这里的天气，不断积累的账单也让她们举步维艰，其中高昂的训练花费是她们需要面对的最大问题。

一架普通的专业雪车价钱就要 17 万美元，在这笔巨大的开支外，装备、教练、比赛样样都需要不少的花销。队伍刚刚组建时，尼日利亚雪车队根本没有足够的钱去买一台雪车，于是阿迪贡她们就拿木头和金属废料自己制作了一辆“雪车”。随着花销越来越大，阿迪贡只能在网上发起众筹。她们为这片没有雪的大陆上带来了雪车这项运动，众人纷纷被打动，经过 14 个月的众筹，她们的训练资金终于足够了。

2017 年，为了赢得 2018 年平昌冬奥会的参赛资格，阿迪贡带领着尼日利亚雪车队参加了雪车世界杯的比赛。经过 7 场比赛，她们的排名保持在前 40 名，达到了参与冬奥的最低标准。随后，阿迪贡开始积极备战。

冬奥会开始之前，这支来自尼日利亚的雪车队伍备受瞩目，而一手组建这支队伍的阿迪贡更是吸引了不少媒体的采访。在平昌冬奥会开幕式上，拥有突出贡献的阿迪贡被选为尼日利亚代表团的旗手，近百年的冬奥历史终于迎来了来自非洲的雪车队。虽然阿迪贡带领的尼日利亚雪车队没有登上平昌冬奥会的领奖台，但她们取得了历史性的突破，实现了多年以来的梦想，已经足够令人钦佩。

* 尼日利亚的榜样

平昌冬奥会上，尼日利亚共有 3 名运动员参赛，分别是阿迪贡、奥梅奥加、阿戴博。其中，阿迪贡和奥梅奥加参加了女子双人雪车比赛，阿戴博参加的是女子钢架雪车的比赛。阿戴博曾是专业的三级跳运动员，此前已经退役了 9 年，而她再度踏上国际比赛赛场的原因有很大一部分是受到了偶像的影响，她的偶像就是阿迪贡。

为了追逐进军冬奥会的梦想，阿戴博一直没有放弃。她在 2017 年参与了尼日利亚钢架雪车的选拔，在几个月的时间里快速掌握了钢架雪车运动的技术要领，并成功参加了足够的比赛，拿到了 2018 年平昌冬奥会的参赛资格。在平昌冬奥会的开幕式上，阿戴博和她的偶像一起代表尼日利亚完成了在冬奥会上的首次亮相，尼日利亚在这场冬奥会上也同时实现了雪车与钢架雪车的两项突破。

阿迪贡精神鼓舞了一大批非洲大陆的运动员，相信在 2022 年北京冬奥会上，会有更多的非洲国家前来参与这次盛会，书写冰雪运动的历史。

·爱德华·伊根·

* 跨界大神

在国际上，跨界冬季及夏季奥运会的运动员并不在少数。截至2018年平昌冬奥会，共有138名运动员既参加了夏季奥运会又参加了冬季奥运会。在这些运动员中，在夏季奥运会和冬季奥运会上都夺得奖牌的人不算太多却也并不稀少，但在夏季奥运会和冬季奥运会上都夺得金牌的运动员迄今为止却只有一人，他就是美国的传奇跨界大神——爱德华·伊根。

* 爱德华·伊根（一）

在奥林匹克运动会的历史上，伊根是独一无二的。1920 年，比利时安特卫普举行第 7 届夏季奥运会，在拳击比赛上，美国派出了一名业余的拳击选手，他就是伊根。23 岁的伊根打败了众多选手，成功代表美国赢得了男子次重量级拳击赛的冠军。而在 1932 年，伊根来到了普莱西德湖冬奥会雪车比赛的赛场。在男子四人雪车比赛中，伊根与队友顺利完成比赛，再度拿下一块金牌，从此成为唯一在夏、冬两季奥运会上均获金牌的运动员。

* 天赋异禀

爱德华·伊根，1897 年 4 月出生于美国丹佛，生活在一个贫困的农民家庭里。父亲在他很小的时候就因为一场意外去世，这个家庭生

* 爱德华·伊根（二）

* 爱德华 · 伊根纪念邮票

活的重担全部压在了他母亲的身上。伊根从小就很懂事，很小的时候就会帮助母亲劳作来减轻家里的负担。这样的童年经历也造就了他坚忍不拔的精神品质。

渐渐长大的伊根展现出了他过人的体育天赋，他也对体育运动产生了极大的兴趣，但家境并不允许他投入到体育事业上。为了贴补家计，伊根选择了努力读书，并且考到了哈佛法律学院，然后又到了耶鲁大学继续攻读法律专业，最后又前往牛津大学进修，而且成绩十分优异。经过这三座世界顶尖学府的教育，毕业之后的伊根成了一位受人尊敬的律师。

在文化方面的突出并不意味着伊根已经放弃了体育运动，相反，在求学期间，他还参与了不少比赛。1919 年，22 岁的伊根在一场重量级业余拳击锦标赛中拿到了冠军，并在之后拿到了次年安特卫普奥运会拳击比赛的资格。随后，伊根开始在奥运会上大展拳脚，成功击败了所有的对手，拿到了他人生中第一枚奥运会金牌。

之后，伊根回到牛津大学继续学习法律，并继续把拳击当作自己的第二份职业。不久，欧洲业余拳击锦标赛发来邀请，伊根延续了之前的辉煌，再次拿到了第一，成为这一比赛的第一位美国籍冠军。

1924 年，伊根来到巴黎参加第 8 届夏季奥运会。这一次，他没能取得良好的成绩。此后，伊根走下拳击的赛场，专心完成他在牛津大学的学业。

* 无上荣耀

学业完成后，伊根成为一名优秀的律师，但他的冠军之路还没有走完。已经离开拳击比赛的伊根并不满足，他想再挑战一回奥运比赛。机缘巧合之下，伊根看到了雪车，被雪车比赛深深吸引的伊根决定在冬奥会的赛场上一展身手。

1932 年，伊根在与队友磨合了三个星期后，终于来到普莱西德湖冬奥会男子四人雪车比赛的现场。伊根作为第一推手首次站在冬奥会的舞台上。比赛结束时，人们惊喜地发现，伊根的队伍是最快的。这也就表明，他成为当时奥运会历史上唯一一位在夏季奥运会和冬季奥运会上都夺取金牌的运动员。阔别 12 年，伊根再次迎来了辉煌。

虽然普莱西德湖冬奥会因为种种因素的影响，参赛国家及运动员数量并不多，但能在短短三周的训练后就超越其他选手，站在最高领奖台上，伊根的运动天赋可见一斑。

* 前无古人，后无来者

普莱西德湖冬奥会后，已经获得无上荣耀的伊根正式告别了奥运会的赛场，继续以律师的身份生活。第二次世界大战爆发后，伊根应征入伍，加入了美国陆军参战，最后带着上校军衔退役。1967 年 6 月，这位奥运英雄在纽约病逝，结束了他传奇的一生。

从 1932 年伊根创下历史后至今，80 多年的奥运历史中再没有像他这样在夏、冬奥会上都取得金牌的运动员了。他是每一位奥运选手的偶像，其一生创造的成就无时无刻不在激励着众多运动选手。

第五章

雪车的欣赏点与观赛礼仪

风驰电掣般的高速行驶是雪车的最大看点。这项融合了速度与激情的运动，虽然危险性相对较高，但在首届冬奥会上就占据了一席之地。

·比赛欣赏点·

* 学会欣赏

世界上每一条雪车赛道都是不同的，或直，或弯，可增速，可减速。因此，每一次使用新赛道的雪车比赛都是一次全新的视觉盛宴。雪车比赛的最高时速可达到 160km，这也意味着在比赛过程中随时都有危险存在。运动员驾驶着样式丰富的雪车，在雪道上高速行驶，融合了速度与激情，极富观赏性。

* 观看比赛（一）

·观赛礼仪·

* 观赛场地

雪车项目比赛条件较为特殊，场地的建造选址往往要依据山体地形，所以比赛的场地都在室外，一般都位于城市的远郊位置。去现场观看雪车比赛，交通就成了大家首先要解决的问题。观众要提前了解路线，采用合理的交通工具，一般建议采用公共交通前往。注意比赛开始的时间，提前出发，中间换乘和接驳车辆的时间也要充分考虑进去。

雪车比赛的特点是赛道长，回转多，赛道按照地势山形而建。为了方便现场观众观看比赛，设计有指定的观赛区域。一般分为座席和站席，座席一般设在起点、终点和赛道的大拐弯处，而站席则一般设在赛道的直线赛段，以满足观众近距离体验雪车风驰电掣的感觉。前往现场观赛的观众务必要凭票在志愿者的引导下到相应的位置观看，随意走动甚至越界到其他观众区域都是不可取的。

* 注意事项

入场须知：因观赛人员较多，所以大家需要提前出发，留出充裕时间办理入场手续，按顺序入场，并携带有效证件以确保人、票、证一致。大型赛事一般都会启用最严格的安全检查级别，程序会相对复杂和繁琐，观众要耐心配合安检工作人员检查，禁止携带各种易燃、

* 比赛场地

易爆危险品，以及对于公共安全有潜在威胁的物品。

观赛须知：进入到滑道附近观看雪车比赛有一定的危险性，因为雪车比赛会发生一些无法预见的危险，有可能发生冲出赛道的事故，甚至会导致观众的财产损失或人身伤亡。现场观赛的观众对此要有一定的认知和心理准备，尤其是选择在赛道旁近距离观赛的站席观众。未满 16 周岁的未成年人应凭票与监护人一同观看。与未成年人同行的成人观众应承担充分的注意及监护责任。

知识产权：比赛的音像知识产权归国际奥委会和国际雪车联合会所有，观众个人电子设备如照相机、手机和其他移动通信设备可以携带入场，其记录存储的任何有关视听资料只能用于个人娱乐等非商业用途。不得将影像、视频、数据信息等用于广告、公开展示、商业营利，特别禁止在网络、电台、电视媒体上使用。违反这一规定，可能会被追究法律责任。

* 文明观赛

观赛期间按照划定区域入座，不要随意走动，不要大声喧哗，不乱扔垃圾，不踩踏座椅，听从现场工作人员指挥，做到文明观赛。严禁向赛道内投掷任何物品，这种行为会给参赛运动员带来极大的危险。进入场地后，手机要关闭或调至振动状态，如有事可在比赛告一段落时，走出现场接打电话。拍照不要使用闪光灯，在运动员精神高度集中高速滑过弯道时，闪光灯会造成运动员的目眩，危害极大。

* 观看比赛（二）

附录 跟我学

（中英文对照）

中文	英文
雪车	Bobsleigh
钢架雪车	Skeleton
雪橇	Luge
国际雪车联合会（IBSF）	International Bobsleigh & Skeleton Federation
国际雪橇联合会（FIL）	International Luge Federation
奥林匹克冬季运动会	Olympic Winter Games
锦标赛	Championships
残疾人世界锦标赛	Para World Championships
夏季世界推车锦标赛	Summer Push World Championships
大洲锦标赛	Continental Championships
欧洲锦标赛	European Championships
欧洲杯	Europe Cup
世界杯	World Cup
北美洲杯	North American Cup
洲际杯	Intercontinental Cup
男子两座赛	2-man Bobsleigh
男子四座赛	4-man Bobsleigh

续表

中文	英文
女子两座赛	2-woman Bobsleigh
女子单人赛	Women’s Monobob
舵手，领航员	Pilots
赛道，滑道	Track
赛季	Competition season
仲裁	Jury
仲裁主席	Jury President
技术代表	Technical Delegate
裁判长	Race Director
保险	Insurance
兴奋剂控制	Doping Control
排名	Rank List
参赛配额	Quota
赛前练习	Official Training
出发平台	Start Block
出发槽	Start Grooves
抽签	Draw
比赛轮次	Race Heat
四轮比赛制	4-Heat Races
两轮比赛制	2-Heat Races

续表

中文	英文
出发顺序	Starting Order
赛道内徒步	Track Walks
雪车车体	Sled
橇刃	Runners
参考橇刃	Reference Runners
脚踏和扶手	Foot Rest and Hand Hold
刷状鞋钉	Brush-Form Spikes
全脸覆盖头盔	Full-Face Helmet
推手	Push Man
重力加速度	Gravity Acceleration
刹车	Brakes
保险杠	Bumper
整流罩	Cowling
罚款	Fine
取消比赛资格	Disqualified (DSQ)
未能出发	Did Not Start (DNS)
未能完成比赛	Did Not Finish (DNF)
申述费	Protest Fee
竞赛医疗	Race Medical
国际裁判执裁许可证	International July License

续表

中文	英文
砂纸（用来打磨橇刃）	Abrasive
电子测量设备 （包括测温、测速和测重）	Electronic Measuring Devices
测量橇刃直径的设备	Gauge
IBSF 执委会	IBSF Executive Committee
IBSF 常委会	IBSF Congress
反兴奋剂	Anti-Doping
运动员	Athletes
赞助商	Sponsor
志愿者	Volunteer
工作人员	Staff
媒体中心	Media Center

青少年冬奥知识普及丛书

雪中跑车

雪橇

文世林◎主编　王金英◎副主编

新世界出版社
NEW WORLD PRESS

图书在版编目（CIP）数据

雪中跑车：雪橇 / 文世林主编．-- 北京：新世界出版社，2021.5
（青少年冬奥知识普及丛书）
ISBN 978-7-5104-6986-2

Ⅰ．①雪… Ⅱ．①文… Ⅲ．①雪橇运动—青少年读物
Ⅳ．① G863.2-49

中国版本图书馆 CIP 数据核字 (2019) 第 284252 号

雪中跑车　雪橇

主　　编：文世林
责任编辑：王峻峰
责任印制：王宝根
出　　版：新世界出版社
网　　址：http://www.nwp.com.cn
社　　址：北京西城区百万庄大街 24 号（100037）
发 行 部：(010)6899 5968（电话）　(010)6899 0635（电话）
总 编 室：(010)6899 5424（电话）　(010)6832 6679（传真）
版 权 部：+8610 6899 6306（电话）　nwpcd@sina.com（电邮）
印　　刷：小森印刷（北京）有限公司
经　　销：新华书店
开　　本：880mm × 1230mm 1/32　　尺寸：145mm × 210mm
字　　数：69 千字　　印张：2.875
版　　次：2021 年 5 月第 1 版　2021 年 5 月第 1 次印刷
书　　号：ISBN 978-7-5104-6986-2
定　　价：398.00 元（全 15 册）

—北京2022年—

《青少年冬奥知识普及丛书》
编委会名单

青少年冬奥知识普及丛书
（分册名录）

1.《冰上之箭——速度滑冰》

2.《冰上极速——短道速滑》

3.《冰上芭蕾——花样滑冰》

4.《勇敢者游戏——冰球》

5.《冰上象棋——冰壶》

6.《雪上马拉松——越野滑雪》

7.《空中飞鹰——跳台滑雪》

8.《全能高手——北欧两项》

9.《雪山飞人——高山滑雪》

10.《雪中舞蹈——自由式滑雪》

11.《雪上冲浪——单板滑雪》

12.《雪地猎人——冬季两项》

13.《冰上之舟——雪车》

14.《冰中鱼雷——钢架雪车》

15.《雪中跑车——雪橇》

总序

随着 2018 年平昌冬奥会的圆满落幕，北京接过了冬奥会的会旗，标志着冬奥会正式进入了“北京时间”。北京将成为世界上第一个既举办过夏季奥运会，又举办冬季奥运会的“双奥”城市。

2022 年北京冬奥会是我国重要历史节点的重大标志性活动，是展现国家形象、促进国家发展、振奋民族精神的重要契机。我们要深入学习贯彻习近平同志关于筹办北京冬奥会和发展冰雪运动的重要指示精神，全力做好冬奥会各项筹办工作，特别是做好冬奥会备战工作，加快冰雪运动的普及，实现冰雪运动跨越式发展。为做好北京冬奥会筹办工作，广泛传播奥林匹克文化、弘扬奥林匹克精神，2018 年 1 月 30 日，教育部、国家体育总局会同北京冬奥组委共同制订了《北京 2022 年冬奥会和冬残奥会中小学生奥林匹克教育计划》。该计划提出将奥林匹克教育纳入学校常规教育教学工作、开展冬季奥林匹克教育文化活动、开展冬季奥林匹克交流活动、组织冬季奥林匹克教育课程资源研发等主要工作任务。作为加强奥林匹克教育传播和推动冰雪运动开展的重要措施，北京市教委在2019年推出了“奥林匹克教育成果创编及展示”系列项目，将由北京市教委主编、首都体育学院统筹完成的《青少年冬奥知识普及丛书》呈现给广大青少年朋友。

本套丛书从冬季奥林匹克运动项目入手，结合青少年身心特点，以图文并茂的方式介绍2022年北京冬奥会的7个大项15个分项内容，邀请了包括王春露、刘秋宏、满丹丹等在内的知名世界冠军、亚洲冠军及冬季运动项目专家参与编写。本套丛书每本各分五章，从项目起源与发展、比赛场地与器材、项目设置与规则、冬奥人物故事和观赛礼仪等方面进行讲述，旨在推动北京市中小学奥林匹克教育的发展和冰雪运动的普及，促进中小学生奥林匹克知识的学习和实践，强化中小学生参加体育锻炼的习惯，营造全社会关心关注冬奥会的良好氛围，引导民众感受冰雪运动的美丽、激情和感动。

特别鸣谢北京市教育委员会、首都体育学院领导以及广大冰雪运动专家给予的鼎力支持与帮助。由于编写时间及编者能力有限，书中有不当之处，敬请谅解。希望广大青少年读者通过阅读本套丛书，能够感受冬季奥林匹克运动项目的魅力，了解冬季运动项目知识。

Beijing's taking over the flag of 2022 Olympic Winter Games at the closing ceremony of Pyeongchang 2018 Olympic and Paralympic Winter Games marks that the Olympic Winter Games is officially entering "Beijing time", and Beijing is set to become the first city in the world to have hosted both the summer and winter Olympic Games.

The Beijing 2022 Olympic and Paralympic Winter Games, a significant landmark event in the important historic time of China, is an important opportunity to show national image, promote national development and inspire national spirit. Thus, it is a must to thoroughly study and implement the spirit of President Xi Jinping's important instructions for the preparation of the Games and the development of winter sports, and try our best to make well-organized arrangements for the Olympic Winter Games, especially the preparation for sports competitions, so as to accelerate the popularization of winter sports and achieve leapfrog development of winter sports. In order to make a good preparation for the Games, widely spread Olympic culture and carry forward Olympic spirit, the Ministry of Education of China, General Administration of Sport of China and Beijing Organising Committee for the 2022 Olympic and Paralympic Winter Games jointly issued *The Olympic Education Plan for Primary and Secondary School Students of Beijing 2022 Olympic and Paralympic Winter Games* on January 30, 2018, in which several main tasks are tabled as follows: incorporating Olympic education into regular schooling, carrying out educational and cultural activities for Winter Olympics,

conducting exchange activities for Winter Olympics, and organizing research and development of Winter Olympics educational curriculum resources. As an important measure for enhancing Olympic education and promoting the development of winter sports, Beijing Municipal Education Commission launched a series of projects of "the Creation, Adaptation and Exhibition of Olympic Education Achievements" in 2019, and the *Winter Olympic Knowledge for Teenagers* prepared by Beijing Municipal Education Commission with the coordination of Capital University of Physical Education and Sports will be presented.

Based on the Olympic winter sports and considering the physical and mental characteristics of teenagers, this series of illustrated books introduces 15 sports disciplines of the 2022 Winter Olympics which are categorized into 7 main categories. This series of books are compiled by Wang Chunlu, Liu Qiuhong, Man Dandan and other famous world champions, Asian champions and experts in winter sports. Each book of the series introduces one sport from five perspectives, which are the origin and development, venues and equipment, events and rules, stories of Winter Olympic athletes and spectator's etiquette respectively. It aims to promote the Olympic education for elementary and secondary students in Beijing, popularize winter sports, facilitate the learning of Olympic knowledge and develop a good habit of taking part in physical exercises. Furthermore, it also aims to help create a sound atmosphere where the whole society cares for and pays attention to the Olympic Winter Games, and lead people to enjoy the amazing, moving and exciting beauty of winter sports.

Special thanks go to the leaders of Beijing Municipal Education Commission and Capital University of Physical Education and Sports and the experts in winter sports who presented their great support and assistance. Please accept a sincere apology for any deficiency of these books due to limited time for preparation and limited ability of the authors. It is hoped that teenage readers could enjoy the charm of Winter Olympic sports and know more about winter sports through this series of books.

分序

雪橇，在冬奥会中的准确说法为无舵雪橇，也称平底雪橇、运动雪橇或短雪橇。因起源于北欧，还被大家称为北欧冰橇。雪橇虽然具有悠久的历史，但成为冬奥会比赛项目的时间并不长，进入中国则更晚，因此很多人都会把它与雪车混淆。作为现代竞技运动的冬奥会雪橇，与休闲雪橇也大不相同。

冬奥会中的无舵雪橇是一种高速滑降运动。运动员坐在雪橇上面，双手借助出发手柄，使雪橇向前运动，并在行驶过程中平躺在雪橇上，用脚作为引导沿冰面滑道向下滑行，从而完成整个比赛。

这本《雪中跑车——雪橇》科普读物，以专业视角和大众语言介绍了雪橇的起源与发展、场地与器材、项目设置与规则、冬奥人物故事和观赛礼仪等，并配以近百幅精美图片，从而让读者身临其境般地感受雪橇运动所带来的惊艳、感动和激情。

Luge, originated in Northern Europe, has a long history. In spite of its popularity, luge wasn't added to the Olympic Winter Games until the 1964 Games in Innsbruck. In China, few people know about this sport, therefore many people confuse it with bobsleigh. As a modern competitive sport, luge is quite different from the recreational sled.

Luge is one of the sledding sport at the Olympic Winter Games. In the competition, athletes lie on their backs on a tiny sled with their feet stretched out in front of them, and slide down an icy track at a high speed.

From professional perspectives, this popular science book *Sports Car on Snow – Luge* introduces the general knowledge about luge in common words, including the origin and development, venues and equipment, events and rules, stories of Winter Olympians and spectator's etiquette. Supported by nearly one hundred illustrations, the book would bring an immersive experience to readers while making them feel the amazing, moving and exciting beauty of luge.

目录

第一章

雪橇的起源与发展

雪橇是世界上最早的冰上滑行运动器械，因起源于北欧，也被称作北欧冰橇。

· 雪橇的起源与发展 ·

* 雪橇的起源

雪橇，即无舵雪橇，因起源于北欧，所以又被称为北欧冰橇。作为勇敢者的运动，无舵雪橇具有十分悠久的历史。据记载，早在 1480 年，挪威就已出现雪橇。到了 18 世纪，俄国的圣彼得堡已经将雪橇运动作为冬季的一种户外游戏，当时在莫斯科就经常有人在人造的冰坡上玩这种游戏。同一时期，美国新罕布什尔州的柏林在贝尔维宫附近建造了专业的雪橇滑道。

* 挪威皇家宫殿

虽然这项运动存在的时间较长，但真正兴起却是在 19 世纪 80 年代。1879 年，瑞士的达沃斯建造了世界上第一条专业的无舵雪橇赛道，1883 年 2 月，瑞士在达沃斯举办了世界上第一次无舵雪橇赛。

这次国际比赛在达沃斯北部沃尔夫冈和克洛斯特斯之间的天然滑道上进行，线路总长度为 4000m。这次比赛共吸引了来自瑞士、美国、英国、德国、奥地利、荷兰、瑞典 7 个国家的 21 名运动员参赛。

在这次比赛中，奥地利的大学生乔治·罗伯逊和克洛斯特斯的邮递员彼得·明施以 9 分 15 秒的成绩同时到达终点，并列冠军。当时所用的雪橇十分简陋，只有一个框架和两根滑木。第一次国际无舵雪橇赛结束后，无舵雪橇运动在瑞士、奥地利、德国、意大利以及美国等欧美国家迅速盛行。

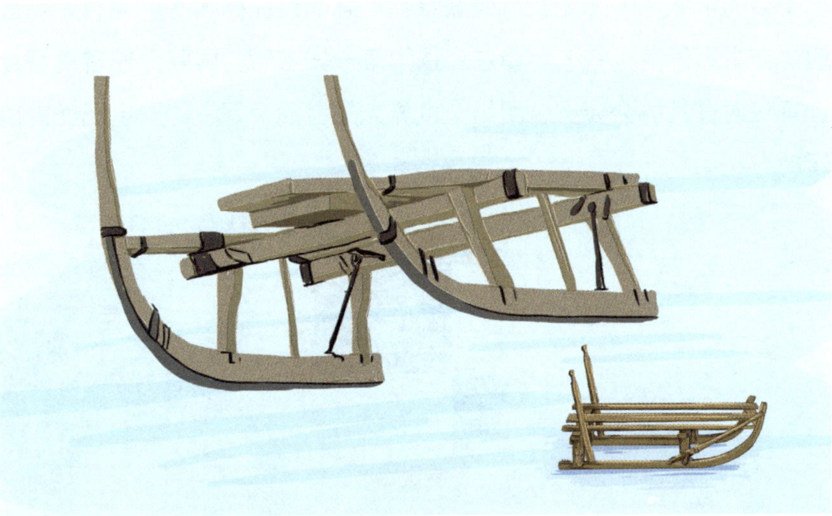

* 早期的雪橇

* 雪橇运动的发展

1887 年，来自瑞士的机械专家马蒂斯 (Mattis) 设计制作了世界上第一个用于比赛的冰橇。随后在 1889 年，世界上第一个无舵雪橇俱乐部在德国创立。

1913 年，奥地利、德国和瑞士创建了国际雪橇联合会。1923 年，国际有舵雪橇和平底雪橇联合会（FIBT）在法国巴黎创立，无舵雪橇作为其中的一个组成部分，加入了这个组织。

1954 年，国际无舵雪橇会议在瑞士达沃斯镇举行。在这次会议上，无舵雪橇决定脱离国际有舵雪橇和平底雪橇联合会，创办独立的国际无舵雪橇组织，并决定从 1955 年开始单独举办世界无舵雪橇锦标赛。1957 年 1 月，无舵雪橇正式从国际有舵雪橇和平底雪橇联合会中独立出来，成为现在的国际无舵雪橇联合会（FIL），并于同年得到国际奥委会的承认。国际无舵雪橇联合会把总部设在德国，奥地利无舵雪橇协会主席伊萨贝特·伊泽尔当选为第一任主席。国际无舵雪橇联合会旨在通过其协会会员，团结全世界无舵雪橇爱好者，发展无舵雪橇运动。

* 国际无舵雪橇联合会徽标

1964 年，无舵雪橇在奥地利因斯布鲁克举办的第 12 届冬奥会上被正式列为冬奥竞赛项目。

1980 年普莱西德湖冬奥会上出现了世界上第一条人工的无舵雪橇赛道。

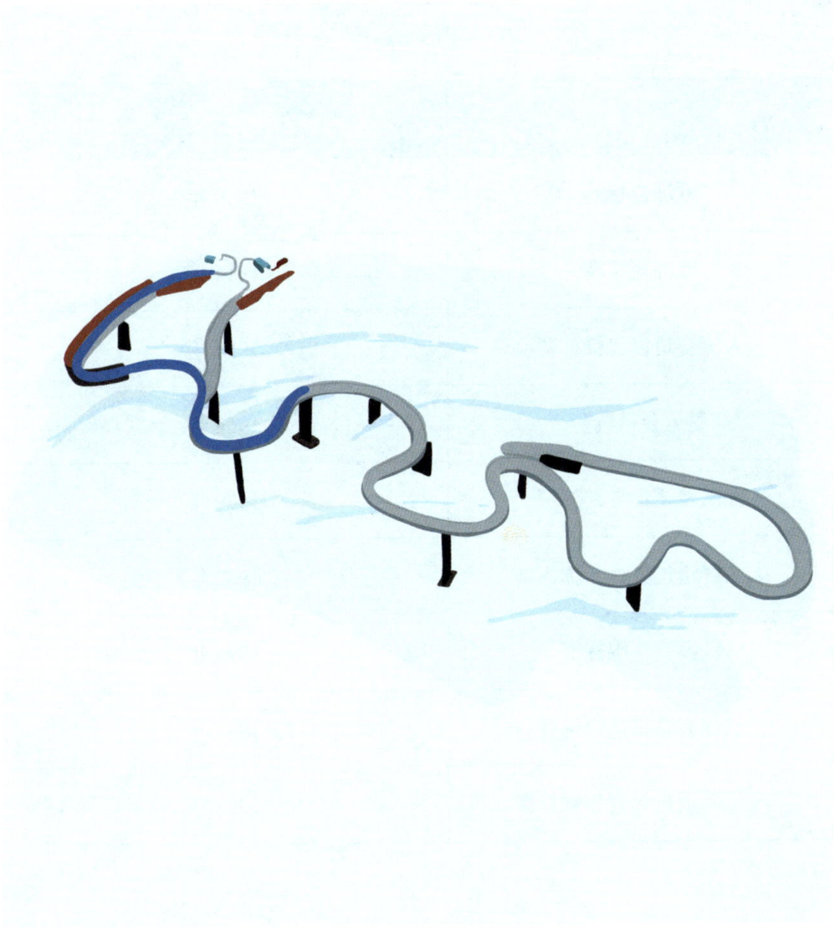

* 世界上第一条人工无舵雪橇赛道

1985 年，为进一步普及无舵雪橇运动，国际无舵雪橇联合会决定从 1987 年开始举办世界天然滑道无舵雪橇锦标赛。到 2003 年，无舵雪橇已发展到世界五大洲 60 多个国家和地区。截至目前已有 48 个国家和地区的雪橇组织加入了国际无舵雪橇联合会。

国际无舵雪橇联合会赛事

主要赛事	开始时间
欧洲锦标赛	1914 年
欧洲冠军赛	1914 年
人工赛道世界锦标赛	1955 年
奥运会雪橇赛	1964 年
天然赛道世界锦标赛	1979 年
人工赛道世界青年锦标赛	1982 年
欧洲青年锦标赛	1995 年
欧洲有角雪橇锦标赛	1995 年
天然赛道世界青年锦标赛	1997 年

知识窗

勇敢者的运动

无舵雪橇这项运动因在比赛中危险系数较高，所以进入冬奥会较晚。与许多极限运动一样，在体验高速运动所带来的刺激与快感的同时，无舵雪橇也存在着很多风险。在各大无舵雪橇比赛中，不少雪橇运动员都因此而受伤，严重的还会导致骨折或脑震荡，致人死亡的极端情形也偶有发生。因此，雪橇运动也被认为是勇敢者的运动。

在冬奥会的比赛项目中，无舵雪橇的危险系数始终位居前列，虽然体育竞技经常伴随各种意外，但总体来说，在比赛中意外去世的例子还是很少的。但在这极少的死亡案例中，无舵雪橇就占了 2 例。

1964 年因斯布鲁克冬奥会开幕前夕，各个国家的参赛选手都开始了紧张的赛前训练，其中英国选手斯凯兹佩斯基却在一次训练中发生意外，不幸身亡。2010 年温哥华冬奥会，同样是赛前练习，格鲁吉亚的雪橇运动员库玛丽塔什维利也不幸发生意外，他被甩出滑道并遭受了致命的撞击，最终失去了生命。

库玛丽塔什维利纪念邮票

知识窗

无舵雪橇强国：德国

如果一个队伍在一个大项目上包揽了所有小项的冠军，那么这支队伍往往会被称作“梦之队”，德国雪橇队就是这样的一支队伍。德国一直是冰雪运动的世界强国。无论男女，德国人在无舵雪橇赛场上都占有绝对的优势。从 1992 年法国阿尔贝维尔冬奥会到 2018 年韩国平昌冬奥会，德国在无舵雪橇比赛中一共夺得了 37 枚奖牌，每届冬奥会的奖牌数量都在 3 枚以上。在 2014 年的索契冬奥会上，德国队更是包揽了无舵雪橇项目的全部 4 枚金牌，在之后的 2018 年平昌冬奥会上，德国队在这个项目上又拿到了 3 金、1 银、2 铜，成为冬奥会无舵雪橇项目的最大赢家。

德国选手

·雪橇在中国的发展·

雪橇项目在我国起步较晚，对很多人来说还比较陌生。中国第一次接触这项运动是在 2015 年北京申办冬奥会成功之后。为准备 2022 年的北京冬奥会，中国雪橇队于 2015 年 9 月正式成立，同时聘请了来自欧洲的沃福冈担任中国雪橇国家队的首任教练。

* 中国无舵雪橇队队员

成立之初，为了在短时间内尽可能地缩小与欧美国家之间的差距，国家体育总局举行了跨项跨界选拔，鼓励田径、竞技等运动员转项，中国雪橇队的队员就这样被选了出来。中国雪橇队分为比赛组和训练组，其中比赛组包括 6 男 5 女，他们代表了国内雪橇项目的最高水平。

中国雪橇队成立后，国内并没有相应的雪橇赛道和训练器材，只能靠租借，训练也只能去其他国家。中国雪橇队成立不足 4 个月，就在 2015 年 12 月的奥地利伊格尔斯站的比赛中首次亮相。虽然中国雪橇队目前只参加过 2018 年的平昌冬奥会，但在 2022 年北京冬奥会的主场上，中国雪橇队的表现还是相当令人期待的。

知识窗

雪橇项目对运动员的身体素质要求非常高，他们必须要有从事过专业运动的经历，且各项体能指标优异。这个项目更适合力量较大、形体高大的运动员。

第二章

雪橇的场地与器材

雪橇项目的竞赛场地分为天然赛道和人工赛道2种，比赛专用雪橇由玻璃纤维、木料或金属制成，分为单人雪橇和双人雪橇。

·竞赛场地·

* 天然赛道和人工赛道

目前世界上有 2 种类型的无舵雪橇赛道，分别为天然赛道和人工赛道。

天然赛道由冰雪堆积而成。赛道的坡度不超过 1.5%（大约 1°），滑行速度高达每小时 80km。如果有足够的雪量，可以很快铺设出一条天然无舵雪橇赛道。

人工赛道主要由冰面构成。赛道更加陡峭，弯道高度倾斜，平均坡度为 8% ~11%（大约 5° ~6°），滑行速度可达每小时 140km 甚至更快。目前世界上共有 24 条人工无舵雪橇赛道。

* 天然赛道

* 冬奥会赛道

冬奥会所使用的赛道一般为人工赛道，这种赛道结构复杂，是以混凝土或木材为基础砌成的 U 形赛道，又称为滑道。滑道内部通常采用人工结冰的方法铺设而成，赛道两边的护墙的高度为 50cm，赛道的宽度为 130~150cm，其内侧全部需要浇冰，以保证整个赛道光滑安全。赛道由 11~18 个弯道构成，弯道的半径为 8m。赛道整体布局包括直道、左右弯道、急转弯、上下坡以及至少一条类似“迷宫”的 S 形曲线弯道（包括 3 条或 4 条连续的弯道且中间没有直道）。

在奥运会无舵雪橇比赛中，女选手在赛道上的起点要比男选手更靠下，男子项目的比赛线路长度为 1000~1350m，女子项目的比赛线路长度为 800~1200m，赛道的平均坡度男女相同，为 4°~10°，起点与终点的高度差为 70~130m。

在无舵雪橇团体接力比赛的终点线上方设有触摸板，触摸板的作用就相当于接力赛跑中的接力棒，赛道和触摸板之间的距离为 98~102cm。

知识窗

在冬奥会比赛中，雪车、钢架雪车和雪橇使用同一个比赛场地，雪车和钢架雪车使用同一出发点，而雪橇根据项目的不同，使用不同的出发点。因为世界上所有的比赛场地都设计得不一样，而且比赛也很容易受到天气影响，所以，在无舵雪橇比赛中，没有普遍认可的世界纪录或奥运会纪录，只有场地纪录和起跑纪录。

* 人工赛道

* 北京冬奥会雪车雪橇中心

2022 年北京冬奥会雪橇项目将在延庆赛区举行，为了这次盛会，北京延庆地区建设成立了国家雪车雪橇中心。该中心将在 2022 年北京冬奥会、冬残奥会赛时承担雪车、钢架雪车、雪橇 3 个项目的全部比赛内容。

国家雪车雪橇中心的赛道全长 1975m，主赛道落差达 121m，最高设计时速 134.4km，堪称北京冬奥会最快赛道。整个赛道共设置 16 个弯道，其中包含一个令人惊叹的 360° 回旋弯道。这将是中国第一条雪橇雪车赛道，世界上第 17 条专业的雪橇雪车赛道，也是全球第一条拥有 360° 回旋弯道的雪橇雪车赛道。

国家雪车雪橇中心有两大特点：

独特的建筑造型。国家雪车雪橇中心的场地设计，宛如一条游龙飞腾于山脊之上，具有浓厚的中国特色。

独特的“山地气候保护系统”。和其他国际赛场不同，国家雪车雪橇中心增加了一个赛道遮阳屋顶。项目团队将其与赛道形状、自然地形和“人工地形”相结合，研发出了一套独特的“山地气候保护系统”，它能有效保护赛道冰面免受各种气候因素影响，避免阳光对运动员的视线影响，确保比赛可以高质量进行，并最大限度降低能源消耗。

* 国家雪车雪橇中心效果图

·比赛器材·

在竞赛中雪橇的操控相当复杂,但相关器材并不多,其中包括雪橇、手套、头盔、比赛服和脚套，它们的设计都考虑了空气动力学、最小摩擦力和最快速度。一般情况下，雪橇运动员会使用一套崭新的器材参加比赛，以减少比赛中因为器材的磨损而产生的不利因素。

* 雪橇

无舵雪橇比赛中用的专用雪橇是由玻璃纤维、木料或金属制成的，质地坚硬，种类繁多，由 2 个橇刃、2 个支撑架、2 个前翘、卧舱和 2 个手柄组成。雪橇没有刹车、方向舵盘和支撑头部的部分，也不能装备制动器，因此比有舵雪橇更难控制。雪橇全长 70~140cm，宽 34~38cm，高 8~20cm。

（1）橇刃

雪橇橇刃是唯一与冰面接触的部分，由金属制成，并且十分锋利，以此来增加滑行速度。

（2）支撑架

支撑架与滑行装置相连，起支撑卧舱的作用，由钢材制成，坚硬耐磨。2 个支撑架内缘的距离不得超过 16 英寸（大约 40.64cm）。

（3）前翘

前翘是雪橇的主要转向装置。弯曲部分由玻璃纤维制成，有一定的弹性，方便转弯和操控。选手用脚向一个滑行装置弯弓处施加压力，便可控制雪橇运动方向。

（4）卧舱

卧舱是选手比赛时乘坐的地方，选手平躺在上方从而完成整个比赛，一般由玻璃纤维制成。

（5）手柄

手柄分布在卧舱两侧，除了用来固定身体，在遇到较大转弯时，还可以用来辅助前翘控制方向。

知识窗

大型比赛中所用的雪橇都是根据选手的身高、体重和比例量身定做的。为减少无舵雪橇和赛道之间的摩擦力，在雪橇比赛前，都需要对雪橇橇刃和钢体部分进行打磨，根据气温、冰温和运动员技术水平调整出合适角度。

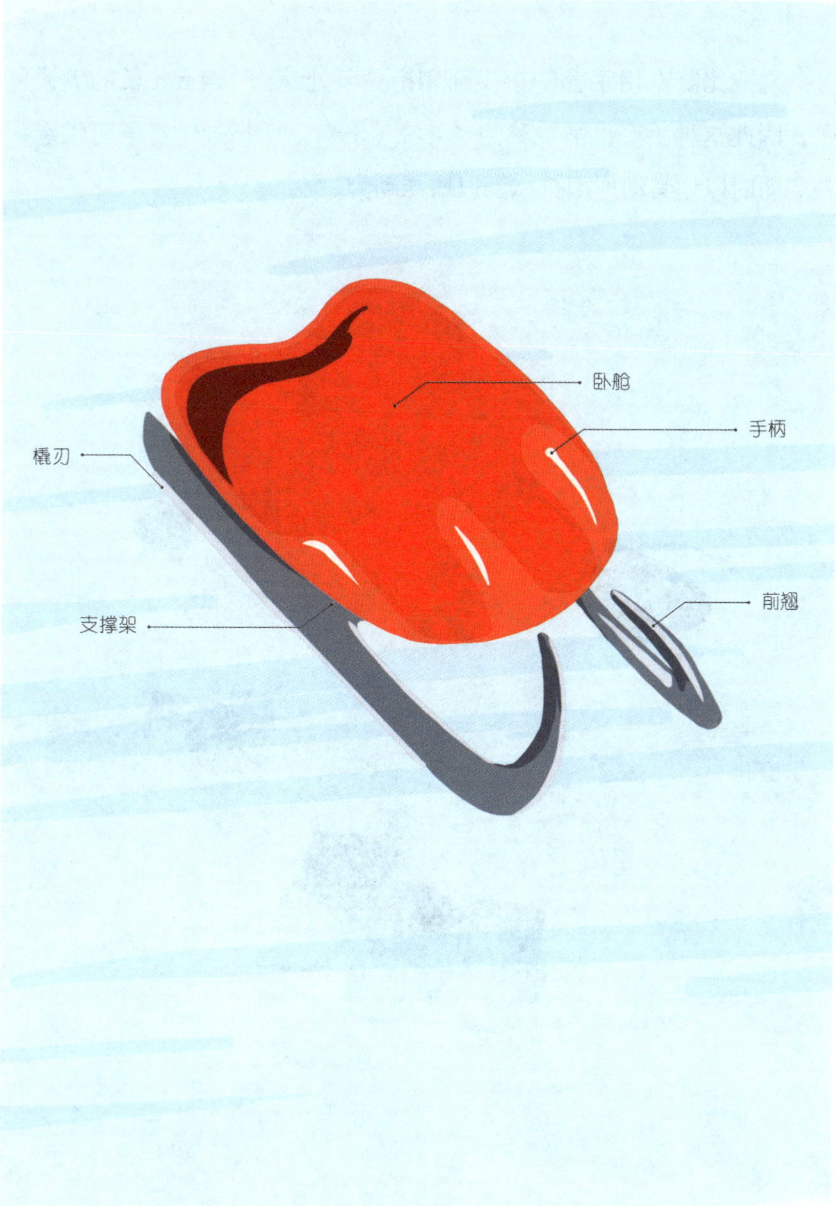

* 雪橇详解

* 手套

雪橇比赛专用手套的指尖部和指关节处镶满了 4mm 长的尖锐钉子，因此这种手套也被戏称为“夺命手套”。手指处的钉子可供选手在启动时以划桨动作拍打冰面以增加动力。

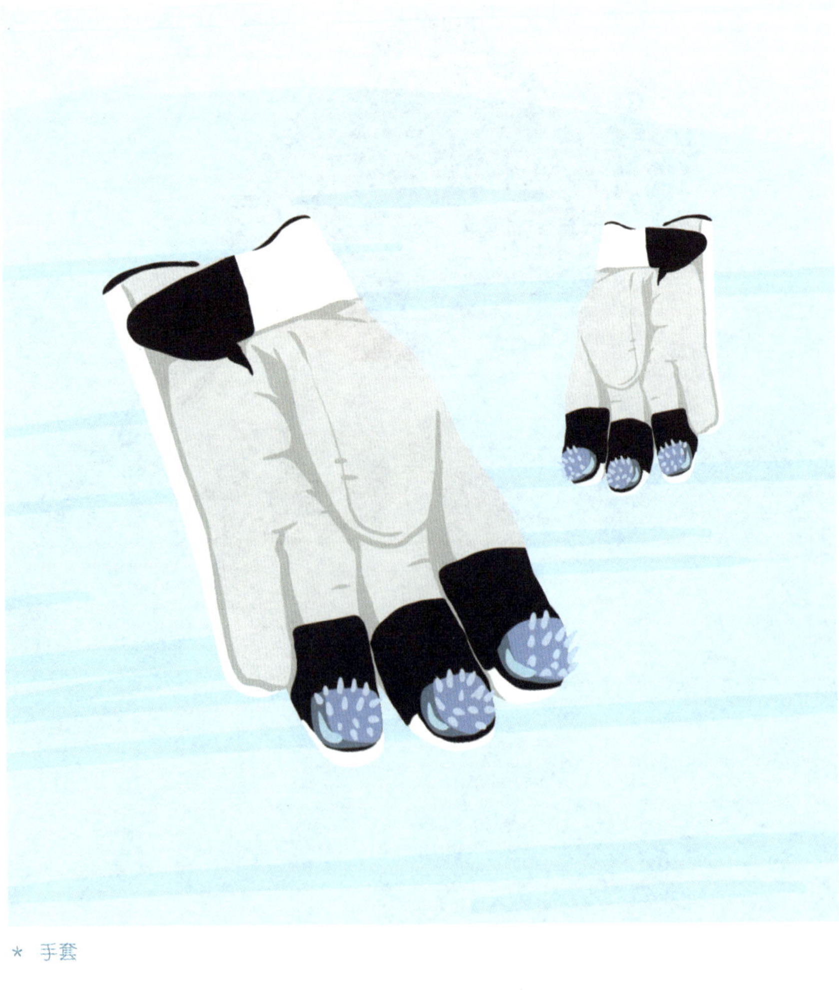

* 手套

＊ 头盔

雪橇比赛的专用头盔由合成材料或玻璃纤维制成，重量很轻，装有一个圆形的透明面罩，向下扩张到选手的下巴，除了起到保护选手整个头部的作用外，还可以减小空气阻力。在目前的国际大赛中，只能使用国际无舵雪橇联合会认证的头盔，不可以使用其他头盔。

＊ 头盔

* 比赛服

运动员所穿的的比赛服也被称为连身服，连身服是用橡胶材质制成的，表面光滑且贴身，比赛中可减少空气给选手带来的阻力。每一次选手都会穿上新连身服来参加比赛，以确保在比赛中不会因连身服随意摆动或飘动而影响发挥。

* 比赛服

* 脚套

雪橇比赛所用的脚套上有特殊拉链，它会把选手的脚拉伸至一个笔直的状态，从而使空气阻力降到最低。在比赛中，脚套中诸如断线之类的瑕疵都会影响到雪橇运动员的发挥，所以对脚套的制作要求也很严格。

* 脚套

知识窗

对很多人来说，雪车、钢架雪车和雪橇这3个项目并不容易区分，其实可以从以下两个方面区分它们：

1. 器材。雪车就像一部敞篷汽车，不仅有底盘，还有方向盘和“车篷”，而钢架雪车和雪橇看起来好像只有底盘。雪橇的头部有两个弯头，方便运动员把脚搭上去，钢架雪车则没有。

2. 运动员姿势。雪橇比赛时运动员仰卧在雪橇上，脚在前、头在后；而钢架雪车则相反，选手俯身趴在雪车上，头在前、脚在后；雪车比赛则是运动员坐到车内滑行。

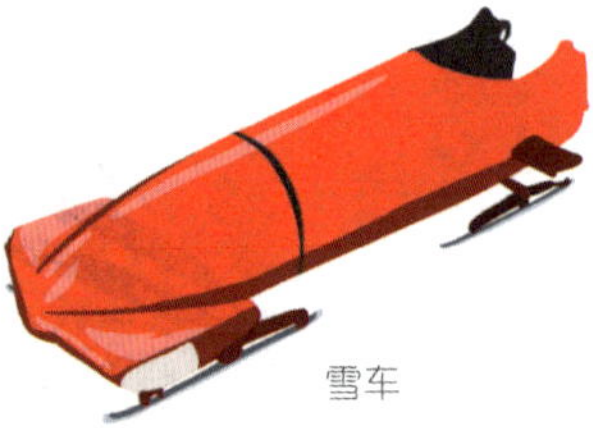

雪车

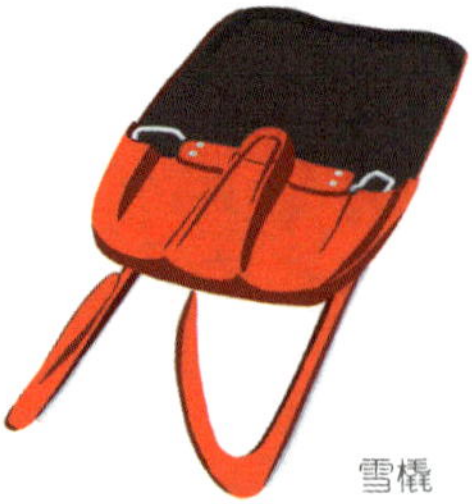

雪橇

钢架雪车

* 计时设备

冬奥会无舵雪橇比赛的计时需要精确到 1/1000 秒，相比之下，人的反应时间一般不少于 1/10 秒，这意味着在无舵雪橇比赛中必须要用专业的仪器和软件来测算比赛的成绩。

无舵雪橇比赛普遍采用光电传感器进行计时。在赛道起点和终点的两端分别装有光束发射器和接收器装置。在起点处，雪橇运动员跨过起点线，阻挡了光束，从而触发计时器；在终点处，运动员以同样的方式触发计时装置，停止计时。

在 1998 年日本长野冬奥会的无舵雪橇比赛中，女子金牌和女子银牌之间的时间差仅为 2/1000 秒，是无舵雪橇比赛史上时间差最小的一次。当时第 1 名和第 2 名之间的细微差距引起了很大的争议，所以从 1998 年冬奥会之后，在每次雪橇比赛之前，都要用带有原子钟的 GPS 卫星对无舵雪橇计时系统进行校准。如果卫星记录的时间和地面系统记录的时间的误差控制在 2/1000 秒内，那么计时系统才可以用于比赛计时。

在 2002 年美国盐湖城冬奥会上，雪橇比赛用红外光束取代了光电管，无线感应器也首次用于远距离滑雪比赛。

* 计时光栅

第三章

雪橇的项目设置与规则

雪橇项目是指选手坐在橇上，双手借助出发手柄，使雪橇向前运动，并在行驶过程中平躺，用脚引导雪橇沿冰面滑道向下滑行，从而完成整个比赛的运动项目。

·项目设置·

在冬奥会的运动项目中，雪橇与滑冰、滑雪、冰壶、冰球、冬季两项、雪车并列，是 7 大项之一。冬奥会无舵雪橇比赛共设男子单人、女子单人、男子双人、团体接力赛 4 个小项。

* 比赛选手

· 竞赛规则 ·

* 竞赛方式

在比赛开始前，参赛选手坐在雪橇上抓住出发手柄前后摆动，为比赛提供初动力。滑出起点后，选手用带有尖锐钉子的手套在冰面上向后滑动，在获得足够的速度后仰面平躺在雪橇上，通过脚或身体的左右轻微摆动控制行驶方向，使雪橇沿着冰道快速进行滑降，从而完成比赛。单人比赛前期的准备时间为 30 秒，双人比赛的准备时间为 45 秒。

* 选手准备

男女单人

在单人无舵雪橇赛事中，每个国家或地区男、女项目各限报 3 人，每名运动员可滑行 4 次。无舵雪橇单人赛一共进行两日，每日进行 2 次滑行，首次出发的顺序以抽签来决定，之后的出发顺序按前一次比赛的最终成绩决定，成绩排名靠后的优先出发。将选手 4 次滑行所用的时间相加，用时最短的获胜。如果比赛总时长相同，则会以其中一次比赛的最快成绩来判定胜负。

★ 男子单人

★ 女子单人

男子双人

在双人无舵雪橇赛事中，每个国家或地区的参赛队伍不得超过 2 个，双人赛只进行 1 天，分 2 次滑行，且节奏很快，在 2 小时之内即可分出胜负。虽然无舵雪橇双人比赛只有 1 天，但是因为每条赛道对于选手来说都是全新的，所以在正式比赛开始前会进行连续 3 天、每天 2 轮的赛道适应训练，让选手寻找合适的路线和关键点。

无舵雪橇双人赛第 1 次比赛的出发顺序用抽签来决定，之后的出发顺序由第 1 次比赛的成绩决定，成绩排名靠后的队伍优先出发。将 2 次滑行所用的时间相加，用时最短的一队获胜，若两队成绩相同，则以其中一次比赛的最快成绩来判定胜负。

知识窗

其实在无舵雪橇双人赛中，2 名运动员的组合可以是一对男女选手、2 名男子选手或 2 名女子选手。因为在雪橇比赛中，体重较重是一个有利条件，所以在之前的雪橇比赛中双人滑通常是 2 名男子选手，久而久之，雪橇双人比赛就只剩下男子队伍了。

* 男子双人

团体接力

无舵雪橇团体接力赛在 2014 年索契冬奥会上首次进入冬奥会，团体接力项目需要在完成男子单人、女子单人和双人项目的比赛后才可以进行。每个国家或地区限报 1 支队伍，由 1 名男子选手、1 名女子选手以及一对双人选手组成，接力赛分 3 轮进行。

比赛终点线上方设有接力弹板，第 1 名选手正常出发，在通过终点前需要坐起拍击弹板，从而开启起点处的出发挡板，随后第 2 名选手出发。测量第一个选手到最后一个选手的整体滑行时间后，用时最短的队伍将获得最终的胜利。

知识窗

在无舵雪橇团体接力赛上，指示灯会用声音或显示不同颜色的方式来提醒参赛选手的滑行位置。当选手到达赛道的第 1 个或第 2 个 1/3 处，指示灯会发出单信号音或者变成红色；当选手到达赛道的第 3 个 1/3 处，指示灯会发出双信号音或者变成黄色。

* 团体接力赛

* 体重规定

在滑冰类项目中，运动员需要保持一个相对较轻的体重，否则会在比赛中产生一些负担，而在雪橇这种比赛中，重量越大，就意味着速度越快。

冬奥会无舵雪橇比赛对参赛选手的体重及所用装备的重量都有严格的规定：男运动员体重须至少为 90kg，女运动员须至少为 75kg；单人无舵雪橇的重量不得超过 20kg，双人无舵雪橇的重量不能超过 22kg，连身服的重量不能超过 4kg。重量关乎成败，对重量的规定也可以保证比赛的相对公平。

但这种规定并不意味着体重不足的运动员不能参加无舵雪橇的比赛，体重低于最低体重的雪橇运动员可以通过增加自身的附加重量来弥补体重缺陷。

知识窗

你知道运动员是如何增加自身附加重量的吗？

其实，当参赛选手负重不够的时候，他们会穿一件配重服，在配重服中放入铅块，以此来提升自己的重量。达到标准后就可以参加比赛了。

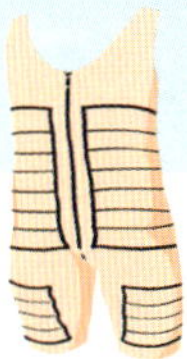

* 配重服

* 犯规

在比赛前，会有技术人员对参赛选手的装备进行检查，如果选手的雪橇装有任何类型的机械制动装置或加热装置，将会被取消比赛资格。

在无舵雪橇比赛期间，除了起点主管、国际无舵雪橇联合会裁判和在团体接力赛中下一个出发的选手之外，不允许其他任何人进入出发区域。

* 出发门

在无舵雪橇比赛的出发位置，如果运动员的脚部或雪橇钢体碰到了出发门，导致出发门提前开启，运动员将被判出发犯规。在团体接力赛中，出发犯规会导致整个团体被取消比赛资格；即使被判定为出发犯规，也必须继续完成比赛。

雪橇运动员在通过终点线前如果丢掉了雪橇，将会被淘汰出局，这意味着，运动员也将失去比赛资格。

·动作与技术·

* 比赛动作

无舵雪橇比赛共分出发、蹬车、滑行和刹车 4 个阶段，每个阶段都非常重要，如果发挥不好，将会影响到比赛的最终成绩。

* 比赛动作

* 比赛动作（续）

＊ 双人出发动作

＊ 单人出发动作

出发阶段

出发阶段是无舵雪橇比赛中最重要的阶段，运动员的爆发力和体能之间的差异可以影响整个比赛的局势。运动员在出发前需要将两腿伸直，两脚置于雪橇前翘两侧，脚尖向内夹住前翘，以此来保持身体平衡和控制雪橇运动的方向。

在出发指令响起和绿色信号灯亮起后，运动员开始准备出发。在几十秒内，运动员首先需要紧紧抓住起点两侧的出发手柄，将身体弯曲，尽量向后靠，带动雪橇前后摆动进行蓄力，然后放开出发手柄通过助栏滑出。

蹬车阶段

运动员通过助栏后，将进入蹬车阶段。运动员利用出发动作将自己推到赛道上，两臂用力向后推撑，接着立刻用戴有钉套的双手划离赛道。在这个阶段中，运动员需要在 3 秒内滑行 6m 左右，以便在进入下一阶段前获得一定的滑行速度。

在蹬车阶段，身体与动作的平衡是很重要的，身体与动作的不平衡会导致运动员每次的滑行轨迹都出现较大差异。

★ 双人蹬车

★ 单人蹬车

滑行阶段

滑行阶段是比赛用时最长的一个阶段。当雪橇靠近下坡时，运动员需要迅速仰卧在雪橇上，双手握住雪橇两侧的手柄进行平衡。在滑行过程中，运动员需要将头微微抬起以确定前进的方向，之后通过转移身体重心及腿部对前翘的控制，操纵雪橇沿赛道快速滑行。

在这个阶段，重力是影响速度的关键因素，通常，运动员的体重越大，产生的速度就越快。而身体也应尽量保持稳定，任何晃动都会使运动员的滑行速度减慢。因此，运动员应尽可能平稳地控制雪橇，减少身体转动，防止雪橇在滑行过程中失去平衡。在抬头观察前方赛道的同时，头也要尽量放低，否则会增加空气阻力，从而延长比赛时间。在双人无舵雪橇赛中，身材较高的运动员躺在上边，位于其同伴两腿之间，这样的姿势也可以最大限度地减少空气阻力。

* 单人滑行动作

* 双人滑行动作

刹车阶段

在雪橇赛道上，运动员前进的最快时速可达到 140km，当运动员与雪橇一起滑过终点线后，这场比赛才算正式结束。完成比赛后，选手需要起身抓住雪橇前面的弯弓并向上提起，同时双脚撑地，用力使雪橇停止滑动。

* 单人刹车动作

* 双人刹车动作

* 雪橇训练

雪橇比赛对运动员的身体条件要求很高，要求其身强体壮，反应敏捷，具备各方面的综合能力。为了保持较好的身体条件，运动员必须每天坚持训练。

在夏季，无舵雪橇运动员通过游泳、力量训练和健美操来锻炼上身肌肉。在冬季，通常是通过实战比赛来进行训练。有时，他们只练习出发动作，以强化力量，提高其敏捷度和技术水平。

当运动员在参加实战比赛和进行出发练习时，教练会用数码相机和摄像机进行拍摄记录，利用专业软件和运动员在先前比赛中的报告来进行分析，并根据雪橇物理学对无舵雪橇进行微小的调整，从而提高每个无舵雪橇运动员的最大速度，并增强其控制能力。例如美国无舵雪橇队在训练的时候，会在赛道上等距离地安装 6 台数码相机，利用其从头至尾记录每个环节和每轮比赛，再用运动分析软件对运动员的滑行动作进行分析。

滑行速度很快往往会导致人和雪橇的失控，所以许多雪橇运动员会花费许多时间进行风洞训练，以寻找一种能最大限度减少空气阻力的理想体位。在风洞训练中，风不断地以 144.8km/h 的速度吹入，此时运动员必须对身体姿势做微小的调整以减少空气阻力。在运动员头上和脚上还会装备专业的监视器，上面可以显示出运动员在滑行中所受到的空气阻力数值，以方便教练和运动员参考。除了风洞训练外，还会借助很多专业的训练器材，如雪车训练健身车。这主要是为了训练运动员的力量和准确度，同时还训练运动员的调节能力。

★ 雪橇训练健身车

知识窗

无舵雪橇这项运动看起来很容易，其实并不简单。完成一次无舵雪橇比赛，既要有过硬的心理素质，又是对体能的一次挑战。因为高速所产生的离心力足够将人甩出赛道。在滑行中，运动员的头部没有支撑，必须一直抬着头才能看见行进的方向，长时间保持这样的姿势很耗费体力。在弯道滑行中，不允许有一点点的失误，否则会影响雪橇的滑行速度，严重的还会因失去平衡而发生危险。

知识窗

风洞，即风洞实验室，是以人工的方式产生并控制气流，用来模拟运动员滑行过程中周围气体的流动情况，并可以测量气流对运动员所产生影响的一种管道状实验设备，是进行空气动力实验常用且有效的工具之一。

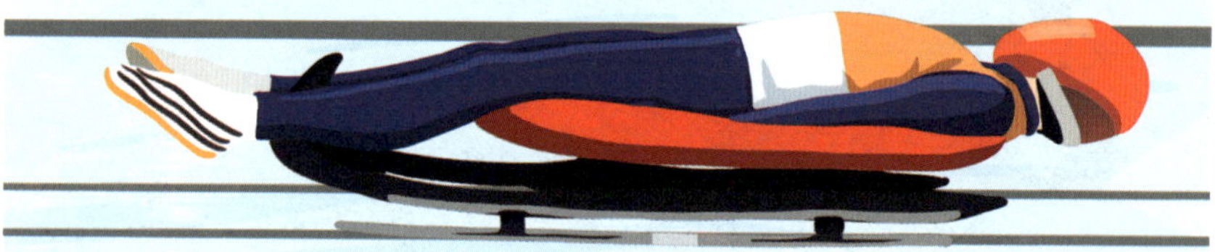

* 风洞训练

* 影响因素

在无舵雪橇滑行过程中，影响运动员滑行速度的因素有很多，其中物理因素占据了很大一部分。在无舵雪橇的比赛中，运动员需要利用惯性将自己推离赛道的起点，利用自身所受重力引导雪橇沿赛道滑行，尽可能地减少与冰面的摩擦力和空气阻力，在赛道转弯处还要克服由于速度过快产生的离心力。

在赛道的起点处，雪橇运动员与无舵雪橇装置处于静止状态。运动员需要以最大的速度起滑，因此，他需要尽可能地去利用惯性推动自己滑下赛道，从而获得一个较好的开始。

在无舵雪橇的滑行阶段，运动员平躺在无舵雪橇上，重力提供下滑加速的动力，由于空气阻力几乎不受重量影响，所以重量越大，由空气阻力导致的加速损失就越小，意味着速度越快。同时，在滑行过程中适当地减少雪橇与冰面的摩擦力有助于运动员加快滑行的速度，因此在比赛前运动员会用砂纸对橇刃进行擦拭。

高速滑行时，空气阻力是运动员在滑行过程中面临的一大问题，当运动员以极快的速度滑行时，空气经过身体时会与运动员的头盔和连身服接触并产生空气阻力。为减少空气阻力，连身服的材质必须光滑贴身，头盔的面盔也需要设计成圆形。空气和雪橇之间的接触也会产生阻力，因此雪橇的外观设计一般是流线型的。雪橇运动员也可以通过保持流线型体位最大限度地减少空气阻力。

无舵雪橇赛中最常发生翻倾的位置是组合弯道，在转弯时，因速度过快而产生的离心力会将雪橇运动员向外拉。为保持速度，雪橇运动员必须精确地平衡离心力和通过赛道时将运动员向下拉的地心引力。这意味着要找到一个“平衡点”并在这个点上保持不动。如果力达到平衡，那么，无舵雪橇就能够顺利地通过每个弯道并重回直道。如果力没有达到平衡，雪橇运动员就必须自己控制，同时逐渐减速。

* 雪橇翻倾

第四章

雪橇的冬奥人物故事

和许多极限运动一样，无舵雪橇运动也充满了危险，虽然雪橇运动是冬奥会的冷门项目之一，但是这项运动依旧用它刺激而又疯狂的特色吸引着众多的参与者，从而也诞生了诸多激励人心的故事。

·阿尔明·佐格勒·

* 意大利雪橇之星

与众多欧美国家不同，在意大利，雪橇是一项地方性运动，并不像高山滑雪和足球那样普及。从 1964 年第 9 届因斯布鲁克冬奥会到 2002 年第 19 届盐湖城冬奥会，意大利的无舵雪橇运动员虽然为意大利赢得了一些奖牌，不过这项运动仍旧未能得到全国性的关注。直到 2002 年盐湖城冬奥会后，这种现象才开始转变，而带来这种转变的人就是阿尔明·佐格勒（Armin Zöggeler）。

* 阿尔明·佐格勒（一）

阿尔明·佐格勒是一名意大利的警察，同时也是意大利的一名无舵雪橇运动员。1974 年 1 月，佐格勒出生在意大利的梅拉诺市，他的家乡经常下雪，所以佐格勒小的时候就经常在家乡的雪坡上与朋友玩雪橇。几年间，佐格勒的雪橇技术逐渐成熟，并开始在人工场地上接受正式的无舵雪橇训练。14 岁的时候，佐格勒夺得了无舵雪橇世界青年锦标赛的冠军。1997 年到 2006 年，他还 5 次在无舵雪橇世界杯中排名第一。

1994 年利勒哈默尔冬奥会，20 岁的佐格勒初次亮相冬奥会的舞台，并获得了男子单人无舵雪橇比赛的铜牌，在之后的 1998 年长野冬奥会上他又获得了男子单人无舵雪橇比赛的银牌。因为当时无舵雪橇在意大利还是小众运动，所以佐格勒并没有因为这两次比赛成绩优异而得到意大利公众的瞩目。

* 阿尔明·佐格勒（二）

对民众来说，金牌才是一个运动员最好的证明。在 2002 年盐湖城冬奥会上,佐格勒第一次获得了男子无舵雪橇单人赛的冬奥会金牌，证明了自己的实力，并一跃成为意大利的名人，众多新闻媒体都开始争相采访他。在佐格勒的带领下，意大利的雪橇运动从 2002 年开始真正走向大众，走向世界。

* 阿尔明·佐格勒（三）

* 卫冕冠军

2006 年，佐格勒的祖国意大利都灵举办了第 20 届冬奥会，受佐格勒的影响，此时雪橇项目已成为意大利的热门项目，意大利还建造了国内第一条永久性的世界级雪橇赛道。

每届奥运会，东道主国家无不希望金牌早点到来，好为举办奥运会的喜悦锦上添花。作为意大利为数不多的冠军，在家门口再次拿到金牌对佐格勒来说已经不再是个人的梦想，更像是一种要求。他在赛前就已经成为大众的焦点，意大利民众的期望也让佐格勒倍感压力。顶着这样的压力，佐格勒第 2 次获得了冬奥会无舵雪橇的金牌，这也是东道主意大利在这次比赛上获得的首枚金牌。

* 不老英雄

从 1964 年第 9 届因斯布鲁克冬奥会到 2018 年第 23 届平昌冬奥会，意大利在冬奥会的无舵雪橇项目上一共夺得了 17 枚奖牌，其中 6 枚都是由阿尔明·佐格勒贡献的。

从 1994 年利勒哈默尔冬奥会到 2014 年索契冬奥会，佐格勒连续参加了 6 届冬奥男子无舵雪橇单人赛，且每次都能拿到奖牌，并在 2002 年盐湖城冬奥会和 2006 年都灵冬奥会上 2 次摘金。他也成为在冬季奥运会和夏季奥运会史上唯一一个在同一项目上连续 6 届获得奖牌的运动员。这项纪录超越了德国雪橇运动员乔治·哈克尔连续 5 届获奖的纪录，佐格勒由此成为无舵雪橇史上最优秀的运动员。

佐格勒用 20 年的时间走过了 6 届冬奥会，在这 20 年的时间里，他始终保持着高超的竞技水平，这与佐格勒沉稳、理性的性格与坚持不懈的努力密不可分。每天，不论发生什么，佐格勒都会用 5 个小时的时间来训练和巩固自己，这位雪地常青树用他的坚持和实力在无舵雪橇项目上书写了一段不老传奇。

* 开幕式旗手的荣誉

对运动员来说，能够在奥运会开幕式上担任国家代表团的旗手是一种无比的荣耀。作为意大利冬季项目传奇的佐格勒在 2010 年温哥华冬奥会上就被选为意大利代表团的旗手,但由于第二天要参加比赛，他放弃了这个荣誉，这成了佐格勒在温哥华冬奥会上的最大遗憾。

2014 年索契冬奥会是佐格勒参加的最后一次冬奥会，这次冬奥会弥补了佐格勒在 2010 年温哥华冬奥会上的遗憾，意大利再次将开幕式代表团旗手的荣耀给了他。这一次佐格勒终于在全世界面前让更多人记住了他。

2014 年 10 月，佐格勒正式宣布退役，带着 6 届冬奥会的奖牌结束了 20 余年的运动生涯。虽然佐格勒的职业生涯结束了，但是他作为榜样，一直激励着意大利的青年运动员。

·乔治·哈克尔·

* 最伟大的雪橇名将

如果对无舵雪橇历史上的运动员进行排名，你会发现乔治·哈克尔（Georg Hackl）一定会位列榜首。哈克尔可以说是冬奥会史上最伟大的无舵雪橇运动员，他是冬奥会无舵雪橇项目上唯一获得男子单人赛三连冠的选手，也是首位连续5届在冬奥运会上夺得单人无舵雪橇奖牌的运动员，更是众多优秀雪橇运动员心中最伟大的偶像。

* 乔治·哈克尔（一）

德国一共拥有 4 座专业的雪橇赛场，无可比拟的训练条件让德国成为雪橇赛道上的头号强国，1966 年出生的哈克尔就生活在这样一个国家。

哈克尔共参加过 6 届冬季奥运会，这位身高 1.72m、体重 79kg 的德国无舵雪橇选手在冬奥会上获得了 3 金、2 银共 5 枚无舵雪橇奖牌。

除了在冬季奥运会上的辉煌外，哈克尔还在 1987 年到 2005 年的世界雪橇锦标赛的无舵雪橇赛事中获得过男子单人赛的 3 枚金牌、7 枚银牌和 1 枚铜牌，同时也在双人赛和团体接力赛中取得了 7 金、3 银、1 铜的好成绩。

* 乔治 · 哈克尔（二）

从 1985 年到 2005 年，哈克尔在无舵雪橇世界杯单人赛上获得过 2 金、7 银、6 铜的傲人成绩，也在双人比赛中得到了 2 枚银牌和 1 枚铜牌。在 1988 年到 2002 年的欧洲雪橇锦标赛的无舵雪橇赛事中，哈克尔和队友在团体赛中夺得了 4 次金牌和 2 次银牌，他还在单人比赛中获得了 2 次金牌、2 次银牌和 1 次铜牌。

* 三冠王的六次冬奥

1988 年，哈克尔入选联邦德国奥运代表团，参加了第 15 届加拿大卡尔加里冬季奥运会，第一次登上了冬季奥运会的舞台。这届冬奥会的无舵雪橇赛事在卡尔加里奥林匹克公园进行，哈克尔报名了男子单人和双人比赛。

1988 年 2 月 14 日到 15 日，经过 4 轮的比赛，哈克尔在男子单人比赛中以 3 分 05 秒 916 的不俗成绩，夺得一枚银牌。19 日，哈克尔又和队友斯特凡・伊尔桑克一起在男子双人比赛中以 1 分 32 秒 298 的成绩获得第 4 名。从卡尔加里冬奥会回来后，哈克尔认识到自己在比赛的起始阶段还存在很多问题，于是他在贝希特斯加登的家附近建了一条起始跑道专门加以训练。

付出终将获得回报。1992 年，法国阿尔贝维尔举行第 16 届冬季奥运会，哈克尔作为德国代表团的一员再次前去参加。在男子单人雪橇比赛中，哈克尔最强劲的对手是两名来自奥地利的选手——马库斯・普罗克和马库斯・施密特。但哈克尔最终以 3 分 02 秒 363 的绝佳成绩战胜了对方，将这一块金牌纳入囊中。

1994年第17届利勒哈默尔冬奥会，哈克尔再次来到了比赛现场，同样是这一项目，哈克尔以3分21秒571的总成绩再次击败了奥地利选手马库斯·普罗克，并击败了雪橇新星阿尔明·佐格勒，夺得冠军。

4年后的长野冬奥会上，哈克尔经过充分的准备，又打败了佐格勒，继续蝉联冠军，而队友延斯·米勒也为德国赢得了一枚铜牌。此次比赛后，哈克尔成为冬奥会雪橇项目上唯一一个三连冠的运动员，同时也是冬奥会历史上第6位在同一项目上实现三连冠的运动员。

之后，已经不算年轻的哈克尔又站在了2002年盐湖城第19届冬奥会的赛场上，拥有非凡成就的他一出现就成为大家的焦点，人们都期望他能够继续创造辉煌。然而遗憾的是，这次哈克尔输给了曾经的

* 乔治·哈克尔（三）

对手佐格勒，获得了银牌，错失了获得四连冠的机会。哈克尔虽然没有再次夺冠，但还是创造了连续 5 年都获得奖牌的纪录。

2006 年，哈克尔已经 40 岁，运动员的黄金年龄已经过去，他也一直伤病缠身。在这一年的都灵冬奥会上，哈克尔仅仅取得了第 7 名的成绩。赛后，哈克尔宣布退出雪橇比赛的舞台，这是他参加的第 6 次冬奥会，也是最后 1 次。

* 为雪橇奉献的青春

哈克尔在无舵雪橇项目上奉献了自己近 20 年的青春，从 1988 年第 15 届卡尔加里冬奥会到 2006 年第 20 届都灵冬奥会，哈克尔连续参加了 6 届冬奥会。此外，哈克尔还在无舵雪橇世界杯赛上获得了 33 枚金牌和 2 次总冠军，他在雪橇项目上的成就也是德国成为雪橇强国的证明。

2012 年，哈克尔因对德国雪橇项目做出的突出贡献而被选进了国际无舵雪橇联合会名人堂。哈克尔虽然已不在无舵雪橇的赛场，但他树立了一个良好的榜样，激励着每一代的新生运动员。

·菲利克斯·罗赫·

* 为冠军而生

德国是雪橇项目的强国，这点毋庸置疑，无论是单人、双人还是接力比赛，德国选手总会在领奖台上占据一席之地。如果说在 2010 年之前德国的无舵雪橇项目是乔治·哈克尔的天下，那么在 2010 年之后菲利克斯·罗赫（Felix Loch）就是德国无舵雪橇的王者。菲利克斯可以说是世界上最好的无舵雪橇运动员之一，他在雪橇赛道上最快的滑行速度甚至超过了每小时 150km，可以说是当今无舵雪橇项目第一人。

* 菲利克斯·罗赫（一）

菲利克斯·罗赫，1989 年 7 月出生于德国的图林根州。他的父亲曾是一名出色的无舵雪橇高手，在 1984 年还曾作为民主德国的代表参加了萨拉热窝冬季奥运会。为了追随父亲的脚步，菲利克斯开始学习这项运动，并深深喜欢上了这项刺激的运动，成为和父亲一样的无舵雪橇运动员。

菲利克斯的职业生涯像其他金牌获得者一样，始终伴随着荣誉，他就像是为冠军而生的。迄今为止，他已经参加了 3 届冬奥会，并在首次参赛的时候就取得了绝佳的成绩，他在冬奥会比赛中共夺得了 2 枚个人赛金牌和 1 枚团体赛金牌。

除了在冬奥会上的成就外，菲利克斯还在 2008 年到 2016 年的世界无舵雪橇锦标赛上获得了几乎所有他参加的比赛的金牌；在 2012 年到 2016 年的欧洲无舵雪橇锦标赛上，菲利克斯获得过 2 次男子单人比赛的金牌和 3 次团体比赛的金牌；在 2006 年到 2008 年的世界青年无舵雪橇锦标赛上，菲利克斯获得过 2 次单人比赛的金牌和 2 次团体比赛的金牌。

* 温哥华与索契的荣耀

2010 年，菲利克斯成为德国奥运代表选手，并跟随代表团参加了这一年的温哥华冬奥会。要说菲利克斯是天才绝不为过，初次登上冬奥会的他，很顺利就拿到了他人生中的第一块奥运金牌。在这场雪橇单人赛中，菲利克斯在 4 轮比赛中都占据领先位置，发挥稳定且出色，他用 3 分 13 秒 085 的成绩轻易战胜了来自世界各地的优秀选手，其

★ 菲利克斯·罗赫（二）

中还包括自己的队友戴维·穆勒和世界级名将阿尔明·佐格勒。取得这场比赛的胜利后，菲利克斯一战成名。为了纪念在这届冬奥会上获胜的冠军们，非洲莫桑比克共和国发行了一套纪念邮票，菲利克斯的身影就被印在了面值 20 梅蒂卡尔的邮票上面。

2014 年，菲利克斯再度为国出战，参加了在俄罗斯索契举行的第 22 届冬奥会。这届冬奥会的无舵雪橇比赛在山崎奥林匹克滑行中心进行。因为在 2010 年冬奥会前夕，来自格鲁吉亚的选手库玛丽塔什维利在练习赛上不幸意外身亡，所以为了吸取教训，主办方对此次比赛的赛道做了更为严谨的安全措施。因此，这条赛道相比以往冬奥会所使用的赛道，坡度减缓了不少。无舵雪橇男子单人赛开始后，上届夺得冠军的菲利克斯成为夺冠的热门选手，他不负众望，再次击败佐格勒和俄罗斯名将，成功卫冕。

在这届冬奥会上，无舵雪橇团体接力赛也首次被加入，菲利克斯作为男子单人组参与了这次比赛。他的队友是女子组的娜塔莉·格森伯格及兄弟组合托比亚斯·温德尔和托比亚斯·阿尔特。比赛结束后，3 组成绩相加为 2 分 45 秒 649，击败了各大强队，排名第一。而菲利克斯作为接力赛的其中一员，也拿到了自己第 1 枚团体接力赛的奖牌。两次首战都赢得了冠军，拥有如此傲人的成绩，菲利克斯在赛后再次引起了广泛关注。

* 平昌遗憾

2018 年平昌冬奥会，菲利克斯对他的第 3 块个人金牌发起冲击，作为两届无舵雪橇单人赛的冠军，菲利克斯可以说是这次冬奥会无舵雪橇比赛冠军的最热门人选。

在率先结束的两轮比赛中，菲利克斯的表现相当精彩。在第 1 轮比赛中菲利克斯发挥出色，以 47 秒 674 的成绩位列第 2；紧接着在第 2 轮比赛中，菲利克斯继续保持高水平发挥，取得了 47 秒 625 的成绩，是第 2 轮用时最短的选手。第 2 轮过后，菲利克斯的总成绩赶超了奥地利选手格兰希尔，排名升至第 1 位。

第 3 轮比赛，菲利克斯以 47 秒 560 的成绩，稳居第 1 名。第 4 轮比赛将决出这一届冬奥会无舵雪橇男子单人比赛的最终排名，出场顺序则是按照之前排名倒序出场，因此菲利克斯排到最后一位。但遗憾的是，在第 4 轮比赛中菲利克斯发挥失误，因出现碰撞而失去了在前 3 轮比赛中建立起来的优势，仅仅以 48 秒 109 的成绩完成比赛，最终只拿到了无舵雪橇男子单人比赛的第 5 名。

2018 年平昌冬奥会成了菲利克斯的遗憾，但一次的失误并不能说明菲利克斯已经走下神坛，作为雪橇项目的佼佼者，菲利克斯依旧是众多雪橇运动员心中最值得尊敬的对手。菲利克斯的职业生涯还没有结束，在未来的漫长岁月里，相信他会在无舵雪橇项目中赢得更多的荣誉。

·席瓦·卡沙万·

* 印度雪橇的代言人

雪橇运动在亚洲的开展速度普遍较慢，其中有很多国家几乎不具备开展冬季运动的自然条件和经济基础。对这些国家的运动选手来说，可以站在冬季运动比赛的舞台上，就是一种巨大的成功，印度无舵雪橇选手席瓦·卡沙万（Shiva Keshavan）就是其中的典型。

* 席瓦·卡沙万（一）

卡沙万出生于喜马偕尔邦的马纳利小城中，他的父亲是印度人，母亲是意大利人，两人都是追求刺激、擅长运动的背包客。卡沙万继承了父母的运动基因和冒险精神，在第一次认识雪橇这项运动的时候，他就被这个项目的刺激性深深吸引了。

在卡沙万 14 岁的时候，一位欧洲的雪橇教练前往印度，期望把冬奥会无舵雪橇运动的影响范围扩展到印度地区。经过重重挑选之后，这名教练选中了卡沙万。由于印度的雪橇项目发展很落后，国内没有可以训练雪橇的赛道，也没有专业的雪橇装备，甚至连雪也没有，于是卡沙万被送去了奥地利，正式开始了他 20 年的职业生涯。

* 席瓦·卡沙万（二）

1998 年，在日本长野，卡沙万作为无舵雪橇选手第一次参加冬奥会，当时他还不满 17 岁，是当时冬奥史上参加无舵雪橇项目最年轻的选手，同时也是印度第一位参加冬奥会的雪橇选手。在这次冬奥会之后，卡沙万成为印度冬季项目的不二代言人。

* “神奇”的印度人

在 2014 年索契冬奥会前的一次场地适应性训练中，卡沙万所使用的雪橇不慎发生侧翻，他和整个雪橇以将近 140km 的时速直接撞到了赛道上。正当大家为他担心的时候，他翻了个身，回到原位，像什么都没发生一样，最终滑过了终点，事后发现他只是腹部受了点轻伤。在目睹了这惊险的一幕之后，大家直呼他是一个“神奇”的印度人。

在这次惊险的训练之后，卡沙万的一段训练视频火遍了雪橇界。在视频中，卡沙万头戴头盔躺在雪橇上沿着危险的喜马拉雅山道飞驰，灵活躲避各种障碍物，还穿越了行驶中的货车，他矫健的身手为大家所叹服。

因为印度没有赛道，卡沙万就将雪橇装上轮子在附近的山道上进行训练，像这样以生命为赌注的训练，他已经习以为常。卡沙万靠着这样的训练滑进了 6 次冬奥会，还多次获得无舵雪橇亚洲锦标赛的冠军，是当之无愧的亚洲男子无舵雪橇第一人。

* 孤单的英雄

卡沙万是冬奥会的元老级选手，从 1998 年长野冬奥会到 2018 年

* 席瓦·卡沙万（三）

平昌冬奥会，他从未缺席过一场冬奥会的比赛，可是在这些比赛的背后，他的冬奥之路却走得并不顺利。

除了训练场地的问题，高昂的费用更是卡沙万参加每一次冬奥会的最大障碍。一套基本款的雪橇要花费 5000 美元左右，他每年 10 万美元的训练费用也需要自己用几个月的时间来拉赞助，食宿与交通费用更是花费不小。尽管卡沙万填补了印度无舵雪橇项目的空白，但是印度奥林匹克协会始终没有给予其资金支持，卡沙万的训练条件和参赛保障一直是个难题。

1998 年参加长野冬奥会时，卡沙万没有获得任何资金援助，他的雪橇是找其他国家的选手借的，比赛服和头盔也是别人赠送的。

2014 年在索契冬奥会上，由于印度奥委会被国际奥委会中止会员资格，卡沙万不得已只能以独立运动员的身份参赛，但此时的他甚至连交通费都付不起，来到赛场后，他还是靠借用韩国选手的雪橇才得以完成比赛。

2018 年平昌冬奥会前，卡沙万还差两场比赛才能获得冬奥会的比赛资格，但是由于资金问题，他连飞机票都买不起。为了能够参赛，他不得不在社交媒体上公开求助政府，经过种种努力才最终得以参加平昌冬奥会。

卡沙万这一路走来困难重重，抛去训练和比赛时所要支付的巨额资金，他也没有教练和适合自己的雪橇，为了这一运动，他与家人有时甚至连温饱都无法保证。很难想象卡沙万是如何顶着压力坚持了 20 年的，这在印度乃至亚洲都是一件了不起的成就。期间，钱财的匮乏和身体的负担不断打压着卡沙万，身边的亲戚朋友都曾劝说他放弃这坎坷的追梦道路，但是卡沙万不愿放弃，因为他热爱这项运动。

2018 年平昌冬奥会，卡沙万被选为印度代表团的旗手，这也为他的职业生涯留下了一份特别的回忆。在这次冬奥会之后，卡沙万离开了无舵雪橇的赛场。

虽然卡沙万 6 次征战冬奥会的成绩并不突出，但是他的影响力却并不比任何雪橇冠军小，众多优秀的运动员都对这位印度雪橇运动员赞誉有加。他的故事也不断在当今体坛被人传颂，从而留下一段佳话。他坚持不懈、追逐梦想的精神也激励了无数为实现理想而努力奋斗的人。

·林格尔兄弟·

* 兄弟齐心

在冬奥会的赛场上，有挑战自我的个人赛，也有强调配合的团体赛。团体赛中有各种组合，其中以兄弟组合最为活跃。作为血脉至亲，他们生活在一起，拥有极高的默契，因而往往能够取得更好的成绩。这些兄弟组合的参与为冬奥会的赛场增添了一道道别样的风景，也为冬奥会的历史增添了不少传奇的色彩。

* 林格尔兄弟（一）

在雪橇项目的男子双人比赛中，这样的兄弟组合有很多，奥地利的雪橇运动员林格尔兄弟就是其中的一对。比赛中，林格尔兄弟心意相通，配合娴熟，这也成为他们在比赛中的一大亮点。林格尔兄弟的年龄仅仅相差 1 岁，安德烈亚斯·林格尔是哥哥，1981 年 5 月出生在奥地利西南部蒂罗尔州的霍尔小镇，第 2 年的 11 月，弟弟沃尔夫冈·林格尔也在这里降生。

奥地利与雪橇强国德国相邻，也是冰雪世界，而林格尔兄弟是奥地利无舵雪橇双人组合中最出色的组合之一。安德烈亚斯·林格尔和沃尔夫冈·林格尔俩兄弟在全世界无舵雪橇双人赛领域都有着较高的声誉。他们一共参加过 4 届冬奥会，除了在首次参加的 2002 年第 19 届盐湖城冬奥会上未能登上领奖台外，他们在之后参加的 3 届冬奥会的无舵雪橇双人赛上拿到了 2 金、1 银共 3 枚奖牌。他们是都灵冬奥会和温哥华冬奥会该项目的冠军，是当之无愧的无舵雪橇强者。

* 打破德国垄断

2002 年，安德烈亚斯·林格尔和沃尔夫冈·林格尔兄弟俩第一次入选奥地利奥运代表团，并参加了在美国西部犹他州的盐湖城举办的第 19 届冬季奥运会。在这次冬奥会上，林格尔兄弟作为一个组合参加了男子无舵雪橇双人比赛，并以 1 分 26 秒 684 的成绩获得了此次比赛的第 8 名，完成了在冬奥会上的首秀。

2006 年都灵冬奥会，林格尔兄弟带着盐湖城冬奥会未能站上领

* 林格尔兄弟（二）

奖台的遗憾再度为祖国披挂上阵。在 2 月 15 日塞萨纳 - 帕里奥体育场进行的无舵雪橇男子双人比赛中，林格尔兄弟以 1 分 34 秒 497 的成绩一举战胜德国及意大利双人组合，赢得了他们人生中的第一块金牌。

2010 年，林格尔兄弟再次携手来到温哥华参加了第 21 届冬奥会。在惠斯勒滑行中心进行的无舵雪橇男子双人赛中，林格尔兄弟首滑就以 41 秒 332 的成绩名列第一，确立了绝对优势。最终以 1 分 22 秒 705 的总成绩击败了拉脱维亚的西茨兄弟组合和德国的帕特里克 · 莱特纳 / 亚历山大 · 雷希组合，再次夺冠，他们也成为温哥华冬奥会无舵雪橇比赛中唯一卫冕成功的选手。林格尔兄弟这次获得的金牌打破了德国在无舵雪橇项目上的垄断地位，提升了奥地利在雪橇项目上的地位，在奥地利雪橇历史上具有跨时代的意义。

* 兄弟组合之间的对决

2014 年第 22 届索契冬奥会，林格尔兄弟第 4 次代表奥地利出征，他们期望在这次冬奥会上再次卫冕冠军，创造三连冠的历史。在索契冬奥会上，林格尔兄弟需要面对德国的托比亚斯兄弟组合和拉脱维亚的塞斯兄弟组合，这两对兄弟组合也是林格尔兄弟夺冠路上最强劲的对手。

在这 3 对兄弟组合间的竞争中，德国托比亚斯兄弟组合获得了金牌，拉脱维亚的塞斯兄弟组合获得了铜牌，林格尔兄弟最终以 1 分 39 秒 455 的成绩完成比赛，遗憾获得银牌。虽然林格尔兄弟未能成功卫冕无舵雪橇双人比赛的冠军，但获得的成绩依旧值得骄傲。在这次比赛中，来自不同国家的 3 对兄弟组合分别夺得了无舵雪橇双人比赛的前 3 名，这场兄弟组合之间的对决也在无舵雪橇史上留下了浓墨重彩的一笔。

* 充满荣耀的职业生涯

在 2014 年索契冬奥会结束后不到 6 个星期，林格尔兄弟宣布退役，结束了他们的无舵雪橇职业竞技生涯。回顾林格尔兄弟参加的 4 届冬奥会比赛，他们的职业生涯充满了传奇色彩。除了上述成绩之外，林格尔兄弟还在 2003 年斯伽尔达世界无舵雪橇锦标赛、2011 年切萨纳世界无舵雪橇锦标赛和 2012 年阿尔滕贝格世界无舵雪橇锦标赛上都获得了无舵雪橇男子双人比赛的金牌。

在无舵雪橇世界杯赛男子双人项目上，林格尔兄弟也多次获得年度总成绩的前 3 名，而且在 2004—2012 年期间，林格尔兄弟的成绩一直在稳步提升。在 2004—2014 年的欧洲无舵雪橇锦标赛上林格尔兄弟还获得过 1 次男子双人比赛的冠军、1 次亚军和 2 次季军，同时也在团体接力赛中为奥地利赢得了 2 枚银牌和 1 枚铜牌。

林格尔兄弟代表了奥地利无舵雪橇双人项目的最高水平，在林格尔兄弟退役之后，奥地利的无舵雪橇项目上涌现了众多优秀的运动员，他们都以林格尔兄弟为榜样，不断进行突破，奥地利也从此成为在雪橇项目上可以与德国比肩的雪橇强国。

第五章

雪橇的欣赏点与观赛礼仪

雪橇作为我国的新生项目，虽然我国在国际赛场上还没取得过较为突出的成绩，但在即将到来的北京冬奥赛场上，我们非常期待选手们的精彩表现。

· 比赛欣赏点 ·

* 学会欣赏

雪橇是一场“疯狂”的体育竞速比赛，而这个项目最为吸引观众的就是一个“快”字。也许在一些人眼中，雪橇并没有什么技术含量，但实际上，这一项目却需要极高的操纵和判断能力，同时也要求运动员有着过硬的体能和心理素质，每一次滑行对运动员来说都是一次挑战。

运动员在赛场上的比赛过程惊险刺激、惊心动魄，比赛成绩不断刷新，这都会对观众形成较大的视觉冲击，给观众的心理带来较大的刺激和满足感。这也是雪橇比赛的看点所在。

* 观看比赛

·观赛礼仪·

* 赛前礼仪

观众应遵守观赛礼仪，配合工作人员在指定区域观赛，严格保持与赛道之间的距离，接受工作人员的安全检查。禁止携带易拉罐、玻璃瓶饮料以及塑料袋等轻质物体进入场地。在赛前应适当了解无舵雪橇比赛的规则，避免因为理解的不同做出影响他人的举动。

* 赛中礼仪

请不要吸烟和吃一些带有浓烈气味的食物，不损坏公共设施，不往赛道内扔杂物，并调低或关闭手机铃声，不可翻越护栏与围挡，从而创造一个更加卫生和安全的赛场环境。

其他诸如因裁判判决和突发事件引起的骚乱、喝倒彩、提前退场等问题也要大家引起注意，积极避免！

* 赛后礼仪

比赛后请注意随手带走自己的垃圾，并尊重不同国家运动员的习俗、信仰，做到不围观、不评论。无论胜负，对所有参赛运动员的精彩表现都应报以热烈的掌声，予以鼓励。

* 有序入场

* 注意事项

附录　跟我学

（中英文对照）

中文	英文
雪橇（无舵雪橇）	Luge
雪车（有舵雪橇）	Bobsleigh
钢架雪车（俯式冰橇）	Skeleton
雪橇轮次	Run
滑行装置	Runner
橇刃	Blade
滑刃	Steel
带尖刺的手套	Gloves with Spikes
触摸板	Touch Pad
人工赛道	Artificial Track
天然赛道	Natural Track
附加配重	Additional Weight
未开始	Did Not Start（DNS）
未完成	Did Not Finish（DNF）
男子单人赛起点（起点 1）	Men's Single Start（Start 1）
女子单人赛起点（起点 2）	Women's Single Start（Start 2）
双人赛起点（起点 3）	Double Start（Start 3）

续表

中文	英文
赛道就绪	Track Is Clear
出发手柄	Start Handle
终点房	Finish House
抓车员	Sled Catcher
号码衫	Number Bib
转动	Pivot
倾斜	Inclination
弯曲	Flexion
场地记录	Track Record（TR）
起跑记录	Start Record（SR）
男子单人（雪橇）	Men's Singles
女子单人（雪橇）	Women's Singles
男子双人（雪橇）	Double Men Pairs
团体接力赛	Team Relay
滑行	Slide
速度	Speed
出发	Depart
国际无舵雪橇联合会	Federation International Luge
锦标赛	Championships

青少年冬奥知识普及丛书

冰中鱼雷
钢架雪车

任江涛◎主编　徐大鹏◎副主编

新世界出版社
NEW WORLD PRESS

图书在版编目（CIP）数据

冰中鱼雷：钢架雪车 / 任江涛主编. -- 北京：新世界出版社，2021.5
（青少年冬奥知识普及丛书）
ISBN 978-7-5104-6986-2

Ⅰ.①冰… Ⅱ.①任… Ⅲ.①雪上运动—青少年读物 Ⅳ.① G863-49

中国版本图书馆 CIP 数据核字 (2019) 第 284262 号

冰中鱼雷　钢架雪车

主　　编：任江涛
责任编辑：王峻峰
责任印制：王宝根
出　　版：新世界出版社
网　　址：http://www.nwp.com.cn
社　　址：北京西城区百万庄大街 24 号（100037）
发 行 部：(010)6899 5968（电话）　(010)6899 0635（电话）
总 编 室：(010)6899 5424（电话）　(010)6832 6679（传真）
版 权 部：+8610 6899 6306（电话）　nwpcd@sina.com（电邮）
印　　刷：小森印刷（北京）有限公司
经　　销：新华书店
开　　本：880mm×1230mm 1/32　　尺寸：145mm×210mm
字　　数：63 千字　　印张：2.625
版　　次：2021 年 5 月第 1 版　2021 年 5 月第 1 次印刷
书　　号：ISBN 978-7-5104-6986-2
定　　价：398.00 元（全 15 册）

—北京2022年—

《青少年冬奥知识普及丛书》
编委会名单

青少年冬奥知识普及丛书
（分册名录）

1.《冰上之箭——速度滑冰》

2.《冰上极速——短道速滑》

3.《冰上芭蕾——花样滑冰》

4.《勇敢者游戏——冰球》

5.《冰上象棋——冰壶》

6.《雪上马拉松——越野滑雪》

7.《空中飞鹰——跳台滑雪》

8.《全能高手——北欧两项》

9.《雪山飞人——高山滑雪》

10.《雪中舞蹈——自由式滑雪》

11.《雪上冲浪——单板滑雪》

12.《雪地猎人——冬季两项》

13.《冰上之舟——雪车》

14.《冰中鱼雷——钢架雪车》

15.《雪中跑车——雪橇》

总序

随着2018年平昌冬奥会的圆满落幕，北京接过了冬奥会的会旗，标志着冬奥会正式进入了“北京时间”。北京将成为世界上第一个既举办过夏季奥运会，又举办冬季奥运会的“双奥”城市。

2022年北京冬奥会是我国重要历史节点的重大标志性活动，是展现国家形象、促进国家发展、振奋民族精神的重要契机。我们要深入学习贯彻习近平同志关于筹办北京冬奥会和发展冰雪运动的重要指示精神，全力做好冬奥会各项筹办工作，特别是做好冬奥会备战工作，加快冰雪运动的普及，实现冰雪运动跨越式发展。为做好北京冬奥会筹办工作，广泛传播奥林匹克文化、弘扬奥林匹克精神，2018年1月30日，教育部、国家体育总局会同北京冬奥组委共同制订了《北京2022年冬奥会和冬残奥会中小学生奥林匹克

教育计划》。该计划提出将奥林匹克教育纳入学校常规教育教学工作、开展冬季奥林匹克教育文化活动、开展冬季奥林匹克交流活动、组织冬季奥林匹克教育课程资源研发等主要工作任务。作为加强奥林匹克教育传播和推动冰雪运动开展的重要措施，北京市教委在2019年推出了“奥林匹克教育成果创编及展示”系列项目，将由北京市教委主编、首都体育学院统筹完成的《青少年冬奥知识普及丛书》呈现给广大青少年朋友。

本套丛书从冬季奥林匹克运动项目入手，结合青少年身心特点，以图文并茂的方式介绍2022年北京冬奥会的7个大项15个分项内容，邀请了包括王春露、刘秋宏、满丹丹等在内的知名世界冠军、亚洲冠军及冬季运动项目专家参与编写。本套丛书每本各分五章，从项目起源与发展、比赛场地与器材、项目设置与规则、冬奥人物故事和观赛礼仪等方面进行讲述，旨在推动北京市中小学奥林匹克教育的发展和冰雪运动的普及，促进中小学生奥林匹克知识的学习和实践，强化中小学生参加体育锻炼的习惯，营造全社会关心关注冬奥会的良好氛围，引导民众感受冰雪运动的美丽、激情和感动。

特别鸣谢北京市教育委员会、首都体育学院领导以及广大冰雪运动专家给予的鼎力支持与帮助。由于编写时间及编者能力有限，书中有不当之处，敬请谅解。希望广大青少年读者通过阅读本套丛书，能够感受冬季奥林匹克运动项目的魅力，了解冬季运动项目知识。

Beijing's taking over the flag of 2022 Olympic Winter Games at the closing ceremony of Pyeongchang 2018 Olympic and Paralympic Winter Games marks that the Olympic Winter Games is officially entering "Beijing time", and Beijing is set to become the first city in the world to have hosted both the summer and winter Olympic Games.

The Beijing 2022 Olympic and Paralympic Winter Games, a significant landmark event in the important historic time of China, is an important opportunity to show national image, promote national development and inspire national spirit. Thus, it is a must to thoroughly study and implement the spirit of President Xi Jinping's important instructions for the preparation of the Games and the development of winter sports, and try our best to make well-organized arrangements for the Olympic Winter Games, especially the preparation for sports competitions, so as to accelerate the popularization of winter sports and achieve leapfrog development of winter sports. In order to make a good preparation for the Games, widely spread Olympic culture and carry forward Olympic spirit, the Ministry of Education of China, General Administration of Sport of China and Beijing Organising Committee for the 2022 Olympic and Paralympic Winter Games jointly issued *The Olympic Education Plan for Primary and Secondary School Students of Beijing 2022 Olympic and Paralympic Winter Games* on January 30, 2018, in which several main tasks are tabled as follows: incorporating Olympic education into regular schooling, carrying out educational and cultural activities for Winter Olympics,

conducting exchange activities for Winter Olympics, and organizing research and development of Winter Olympics educational curriculum resources. As an important measure for enhancing Olympic education and promoting the development of winter sports, Beijing Municipal Education Commission launched a series of projects of "the Creation, Adaptation and Exhibition of Olympic Education Achievements" in 2019, and the *Winter Olympic Knowledge for Teenagers* prepared by Beijing Municipal Education Commission with the coordination of Capital University of Physical Education and Sports will be presented.

Based on the Olympic winter sports and considering the physical and mental characteristics of teenagers, this series of illustrated books introduces 15 sports disciplines of the 2022 Winter Olympics which are categorized into 7 main categories. This series of books are compiled by Wang Chunlu, Liu Qiuhong, Man Dandan and other famous world champions, Asian champions and experts in winter sports. Each book of the series introduces one sport from five perspectives, which are the origin and development, venues and equipment, events and rules, stories of Winter Olympic athletes and spectator's etiquette respectively. It aims to promote the Olympic education for elementary and secondary students in Beijing, popularize winter sports, facilitate the learning of Olympic knowledge and develop a good habit of taking part in physical exercises. Furthermore, it also aims to help create a sound atmosphere where the whole society cares for and pays attention to the Olympic Winter Games, and lead people to enjoy the amazing, moving and exciting beauty of winter sports.

Special thanks go to the leaders of Beijing Municipal Education Commission and Capital University of Physical Education and Sports and the experts in winter sports who presented their great support and assistance. Please accept a sincere apology for any deficiency of these books due to limited time for preparation and limited ability of the authors. It is hoped that teenage readers could enjoy the charm of Winter Olympic sports and know more about winter sports through this series of books.

分序

钢架雪车比赛是冬奥会滑行竞速项目之一，也是冬季项目中最刺激的比赛之一。滑行中最高的时速可达到130km，这么快的速度与比赛的高压，真正考验着运动员的操控技术和心理素质。

钢架雪车比赛中，参赛选手将身体与钢架雪车合二为一，保持头朝前，俯身躺在钢架雪车上，利用肩膀和膝盖来控制方向，在1200m以上的倾斜冰道上滑行，并疾驰驶向终点。在世界锦标赛和冬季奥运会上，选手共进行4轮滑行，计算总体用时后得出最终排名。

这本《冰中鱼雷——钢架雪车》科普读物，以专业视角和大众语言介绍了钢架雪车的起源与发展、场地与器材、项目设置与规则、冬奥人物故事和观赛礼仪等，并配以近百幅精美图片，让读者身临其境般地感受钢架雪车带来的惊艳、感动和激情。

Skeleton is a sliding sport event at the Olympic Winter Games, and it is also one of the most exciting winter sports. The top speed during sliding can be 130km/h. With such high speed and high pressure, the competition is really a challenge to the athlete's technical skills and psychological status.

In the skeleton racing, the player rides a small sled and slides down a frozen track over 1200m while lying on the stomach with the head first. They use their shoulders and knees to control the direction. At the World Championships and the Olympic Winter Games, the athletes slide 4 heats, and the final ranking is calculated by the overall time.

From professional perspectives, this popular science book *Torpedo in Ice – Skeleton* introduces the general knowledge about skeleton in common words, including the origin and development, venues and equipment, events and rules, stories of Winter Olympians and spectator's etiquette. Supported by nearly one hundred illustrations, the book would bring an immersive experience to readers while making them feel the amazing, moving and exciting beauty of skeleton.

目录

第一章

钢架雪车的起源与发展

钢架雪车，又被称作无舵雪车，是从雪车的基础上延伸出来的一种竞赛项目，起源于北美印第安人冬天使用的长雪橇。

·钢架雪车的起源·

钢架雪车（skeleton），又称无舵雪车、俯式冰橇，是在传统雪车的基础上延伸出来的一种运动项目，起源于19世纪瑞士山区的小城圣莫里茨。早期源于北美印第安人在冬季搬运行李时使用的平底长雪橇toboggan。

* 北美印第安人

* 平底长雪橇 toboggan

1882 年，当时的中欧还对滑雪运动所知甚少，英国士兵在瑞士的达沃斯和克洛斯特斯之间修建了一条雪橇滑道。这条滑道在设计上与北美流行的雪橇滑道相似，但那些滑道都只能进行直线滑降。英国人在这条滑道中加入了一些弯道，使得挑战性和观赏性都大大增加。

1884 年，距离这条滑道约 30km 的冰雪小城圣莫里茨，著名的克雷斯塔雪橇滑道改造完成，钢架雪车运动也随着此地各种雪橇比赛的兴起而渐渐形成。

1892 年，英国人蔡尔德制造了一个主要由金属材质构成的新型雪橇 Skele，惊艳了他的朋友们。有人推测，这种雪橇的外形就像是一个人体骨架（skeleton），因此而得名。但另一些人则认为 Skele 这个名字源于挪威语 Kjaelke 的错误英语化。两种解释都可能是正确的，但可以肯定的是，无论叫什么名字，钢架雪车从那时起便开始散发出无穷魅力。

* 骨架雪车

·钢架雪车的发展·

* 国外发展

1905 年，奥地利斯蒂里亚举办了有舵雪橇比赛，其中加入了钢架雪车项目，这是钢架雪车比赛在瑞士以外的首次实践。1906 年，钢架雪车又出现在斯蒂里亚举办的第一届奥地利锦标赛上。1908 年和 1910 年，维也纳也举行了钢架雪车的比赛。

1923 年，国际有舵雪橇和平底雪橇联合会（FIBT）正式成立（现为国际雪车联合会，即 IBSF）。1926 年，在 FIBT 巴黎大会上，国际奥委会宣布雪车和钢架雪车正式成为冬季奥运会比赛项目。同时，这次会议也决定以圣莫里茨提供的钢架雪车比赛规则正式作为国际通用比赛规则。

* 早期比赛选手

1928 年，在圣莫里茨冬奥会上，美国人詹尼森·希顿赢得了钢架雪车第一枚奥运金牌。同时，他的弟弟约翰获得银牌。可随后，因危险性较高、事故频发等原因，钢架雪车这一项目在冬奥会中被取消。

1948 年，圣莫里茨再度举办冬奥会，钢架雪车又被列为比赛项目。来自 5 个国家的 13 名运动员参加了钢架雪车的比赛，其中意大利选手尼诺·比比亚在经过 6 轮比赛后获得冠军。不过，之后钢架雪车项目再次离开了冬奥会赛场。

* 尼诺·比比亚

1969 年，在德国的国王湖建成了世界上第一个人工制冷的雪车和雪橇赛道，无论天气条件如何，都可以进行练习和比赛。赛道的改进为钢架雪车运动员不断挑战自我、创造优异成绩提供了保障。

随着这项运动越来越受欢迎，运动员为获得优异成绩，也越来越热衷于对钢架雪车的改造和提升。为此，1970 年， IBSF 通过了一系列规则，对钢架雪车的大小、重量、制造材料等进行了明确的规定，以确保在比赛中的统一性和公平性。

* 国王湖风光

自 1986 年以来，IBSF 国际钢架雪车学校的培训全面展开。新成立的钢架雪车委员会也推出了团结计划，以促进新成员运动水平的提升。IBSF 还制定了一些特别的训练计划，以鼓励会员国改善运动员的训练条件。1987 年，IBSF 执行委员会重新制定了世界锦标赛的配位标准。此外，卡尔加里、阿尔贝维尔和利勒哈默尔的新赛道也为运动员练习钢架雪车提供了更多选择。

1992 年，有 20 个国家参加世界杯系列赛。一年后，这一数字增加到了 23 个。1994 年，IBSF 成员扩大为 25 个。截至今天，已有来自 6 大洲的 69 个会员开始参与和推广钢架雪车运动。

2002 年，在缺席 54 年后，钢架雪车终于在美国盐湖城重返冬奥会赛场，还增设了女子组的比赛。此后，该项目在 2006 年意大利都灵、2010 年加拿大温哥华、2014 年俄罗斯索契和 2018 年韩国平昌这几届冬奥会上均成为正式的比赛项目。

随着钢架雪车重返奥运赛场，这项运动在世界上的参与热情愈发高涨。欧洲杯和北美杯的赛事场面变得越来越壮观。2007 年，IBSF 增设钢架雪车洲际杯循环赛，为世界各地的钢架雪车运动员提供了更广阔的竞技舞台。

知识窗

你知道吗？在获得过钢架雪车奥运奖牌的国家中，美国保持着9块奖牌的最高纪录。在举办过钢架雪车项目的6届冬奥会中，英国队是唯一每届都斩获奖牌的队伍。

＊ 盐湖城冬奥会主火炬

＊ 火炬

奖牌 正面

奖牌 背面

＊ 2002年盐湖城冬奥会奖牌

* 国内发展

2015 年 9 月 22—25 日，由国家体育总局冬季运动管理中心组织的中国钢架雪车国家队选拔活动在北京延庆举行，2022 年北京冬奥会雪车、雪橇项目举办场地就设在延庆。此次活动选拔出了首批国家钢架雪车队运动员。此次选拔也意味着我国将正式开展钢架雪车项目，

* 参赛选手

从而弥补中国在冬季奥运会上该项目的空缺。此次选拔最终选出男女共 10 名运动员组成国家队，并同时选出约 10 名替补队员。

2015 年 10 月中国钢架雪车国家集训队成立，随后在 11 月 25 日前往出国训练的首站加拿大卡尔加里，之后转训德国国王湖。

2016 年 1 月 15—16 日，钢架雪车国家集训队首次正式参加国际级比赛——欧洲杯第 5 站、第 6 站。在第 5 站比赛中，女队员龙承凤获得第 20 名的成绩；在第 6 站比赛中，男队员耿文强在裁判出现失误导致出发顺序有误的情况下，及时调整状态并顺利完赛，最终获得第 19 名的成绩。龙承凤和耿文强顺利完成滑行并取得积分后，其他参赛队员赵绪博、闫文港、陈梅芳、杨丹霞均顺利完成比赛，获得一次有效比赛成绩。

2016 年 1 月 27—28 日，欧洲杯分站赛在圣莫里茨的赛道举行。这次赛事是欧洲杯赛前的一次邀请赛，很多报名参加欧洲杯的运动员参加了此次角逐。耿文强和闫文港分别以首轮第 4 和第 8 的成绩进入决赛，最终分别获得第 3 名和第 10 名。

* 中国钢架雪车队队员——耿文强

第二章

钢架雪车的场地与器材

钢架雪车比赛所用赛道与雪橇、雪车相同，并与雪车共用一个起点。赛道分为天然赛道和人工赛道两种。选手装备包括头盔、手套、钉鞋、比赛服等。

·钢架雪车的赛道·

* 场地介绍

钢架雪车比赛所用赛道与雪橇、雪车相同，并与雪车共用一个起点。比赛赛道长 1200~1650m，落差 100~150m，平均倾斜度为 4°~8°，曲线半径须大于 20m。赛道设有 14~22 个弯道。全世界目前只有 16 条比赛赛道，北京延庆赛区正在建设第 17 条赛道。

* 延庆赛道效果图

国际比赛标准的赛道是用钢筋混凝土建造的，是具有一定坡度的凹槽型滑道。赛道宽 1.4m，为防止雪车滑出赛道，赛道两侧筑有保护墙。墙体内侧高 1.4m，外侧则高 2~7m。墙体内铺设制冷管道，比赛前滑道及两侧的护墙均需浇水制冰，比赛全程通过电脑控制实时温度。

* 凹槽型滑道

·钢架雪车·

* 材质

钢架雪车最初是用金属制作的，现在多由玻璃纤维和金属制成。预赛阶段的两轮比赛必须使用同一辆钢架雪车，如果在比赛中钢架雪车损毁，选手在报准后可使用备用钢架雪车。

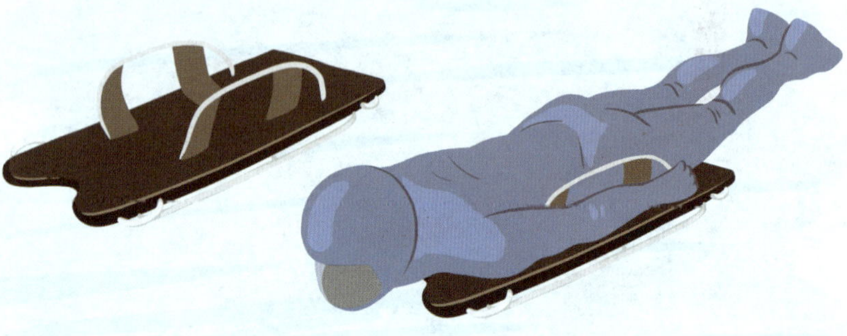

* 载人钢架雪车

* 规格

钢架雪车长为 80~120cm，高为 8~20cm。男子项目所用的钢架雪车重量不得超过 45kg，钢架雪车和选手的总重量不超过 120kg。女子项目所用的钢架雪车不得超过 38kg，钢架雪车和选手的总重量不超过 102kg。钢架雪车上可添加重物，以达到允许的最大重量限制，但选手身上不得放置任何重物。

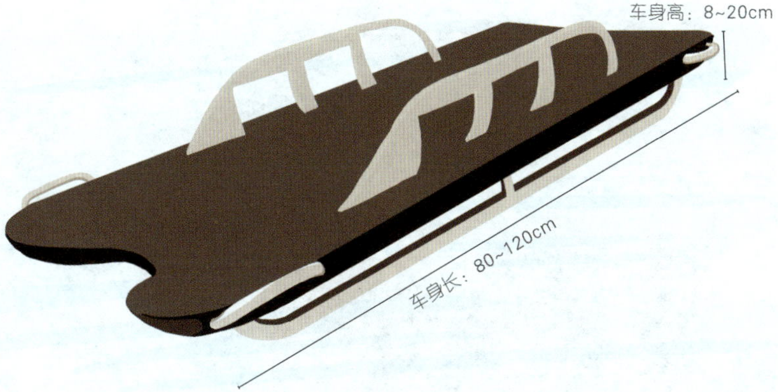

* 钢架雪车规格

* 构造

钢架雪车前后有两个软垫充当减震器，用来保护选手不受滑道壁撞击。两侧各有一个把手，包裹着柔软的材料，选手用它来助推和在运动中调整滑行姿势。钢架雪车与地面相接触的部分称为橇刃，根据规则，橇刃上面不能涂装可加热增速的材料或装置。比赛开始前，钢架雪车被送往起点检查，到比赛时其温度与送去时的温度相差不得大于 4℃。

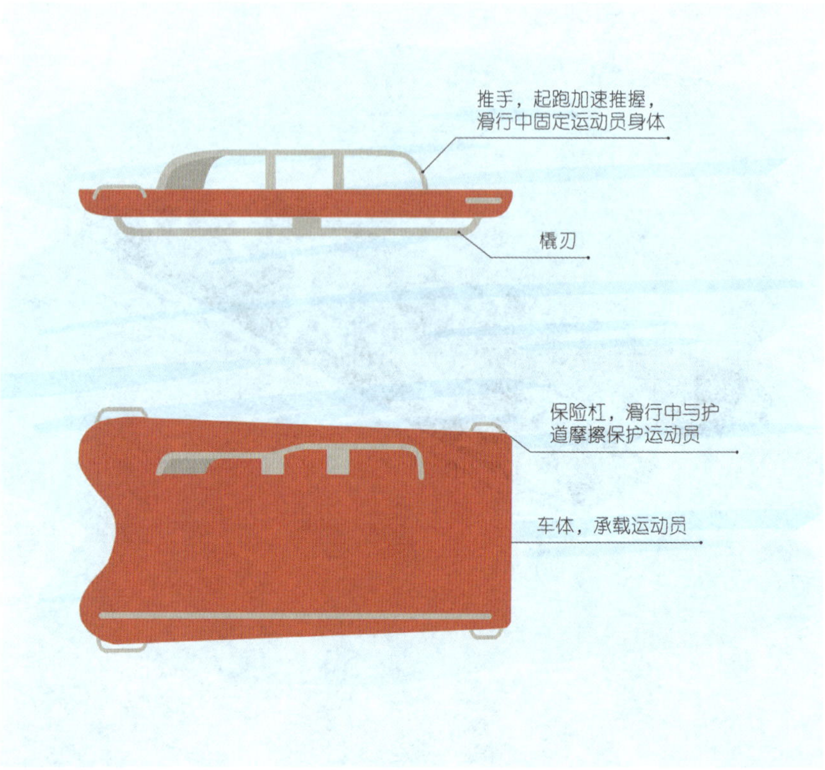

* 钢架雪车构造

·竞赛器材·

* 比赛头盔

钢架雪车需要用到的最炫酷的装备就是头盔了。头盔的颜色不受限制，所以各个参赛选手的头盔颜色多种多样，个性十足。不过钢架雪车所用的头盔与一般的头盔不同。钢架雪车头盔为全封闭式，由玻璃纤维制成，主要用于保护头面部，它还有一部分用来保护下巴。

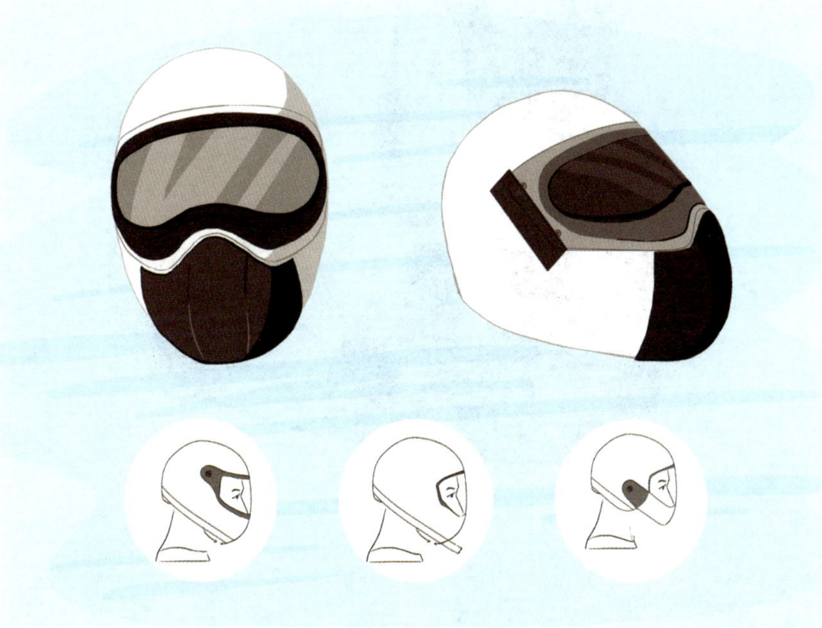

* 比赛头盔及详解

＊ 比赛手套

钢架雪车的手套与我们平时的手套不同，由厚实的斜纹、拉伸性材料制成，除了起到保暖的作用外，还能更好地保护运动员的手部。另外，在比赛的时候选手需要全程紧握推手，所以防滑也很重要。

＊ 钢架雪车手套

* 比赛服

比赛服为连体服，是根据空气动力学设计的紧身套装，由橡胶制成。比赛服肘部、膝部具有特殊构造，不仅能起到保护作用，还不会影响到选手在比赛时的正常发挥。

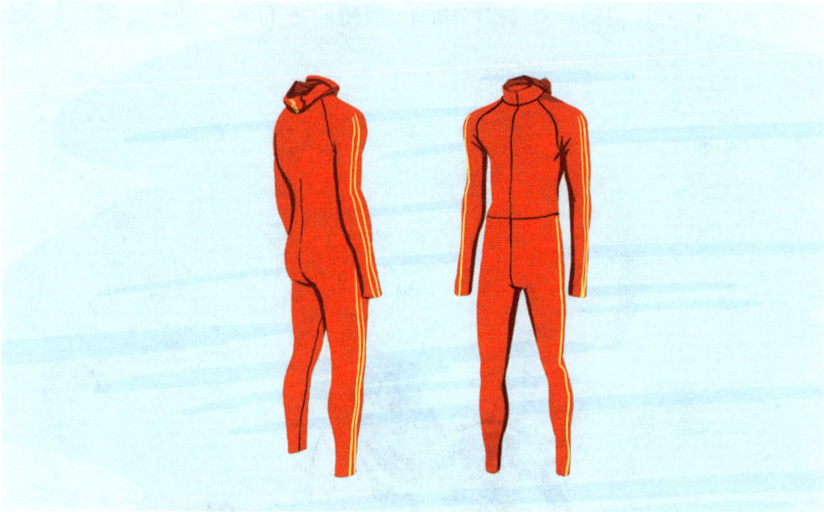

* 比赛服

知识窗

你知道吗？因为钢架雪车项目危险性特别高，所以无法成为大众运动得到普及，但也正因为这样，这个项目的观赏性是极高的。如果没有受过专业训练，大家可不要轻易尝试。

* 雪靴

在钢架雪车比赛中起跑非常重要，要想跑得快，一双好的战靴是必不可少的，运动员脚上穿的叫作雪靴。前行在光滑的冰面上，雪靴上还得装配有专门的靴钉。选手的雪靴最多可以有 8 支长钉，靴钉长度不得超过 7cm。靴钉直径要小于 1.5cm，目的是保证雪靴与冰面充分接触，保证运动员在比赛开始后的推橇阶段有较快的初速度。

* 雪靴

第三章

钢架雪车的项目设置与规则

钢架雪车是滑行竞速比赛项目之一，它是滑行项目中唯一仅含有男、女单人比赛的项目。世界锦标赛和冬季奥运会上，选手共进行 4 轮滑行，计算总体用时后得出最终排名。

·项目设置·

* 竞赛设置

钢架雪车比赛包括男子个人赛和女子个人赛。国际雪车联合会规定参赛队员必须为注册在籍运动员，年龄须满 13 周岁，而未满 18 周岁的运动员必须获得其监护人同意。奥运会和世锦赛的参赛席位由国际雪车联合会的国际排名决定。

* 参赛选手

·竞赛规则·

* 男子项目

当参赛队员所属国家或地区在世界排名前30位中占有3席或超过3席时，则获得3个参赛席位，排名在30位以后的选手则没有机会参赛；在排名前50位中占有2席或超过2席时，则获得2个参赛席位，排名在50位以后的选手则没有机会参赛；在排名前60位中占有1席或超过1席时，则获得1个参赛席位，排名在60位以后的选手则没有机会参赛；没有进入前60位的国家或地区，各拥有1个参赛席位。

* 女子项目

当参赛队员所属国家或地区在世界排名前25位中占有3席或超过3席时，则获得3个参赛席位，排名在25位以后的选手则没有机会参赛；在排名前35位中占有2席或超过2席时，则获得2个参赛席位，排名在35位以后的选手没有机会参赛；在排名前45位中占有1席或超过1席时，则获得1个席位，排名在45位以后的选手则没有机会参赛；没有进入前45位的国家或地区，各拥有1个参赛席位。

* 项目展示

* 雪车称重

赛会期间，裁判员会随时对运动员及钢架雪车进行称重，但称重必须在滑行前 45 分钟内完成。如果第一次称重不合格，该队可以有 5 分钟时间在裁判员的监督下清理雪车上的积雪和冰屑，然后再进行一次称重。

* 赛前器材称重

* 测量温度

测量温度在钢架雪车比赛中比较重要。比赛当天裁判员要随时测量赛场气温、赛道冰面温度、参考橇刃温度。运动员参赛的钢架雪车橇刃测量温度最高不得超过参考橇刃测量温度 4℃，例如：参考橇刃测量为 -14℃，则参赛雪车橇刃温度不能高于 -10℃。如果参赛雪车橇刃第一次测量温度超过参考橇刃 4℃，裁判则立刻对参考橇刃进行测量，然后对参赛橇刃进行测量，两者比较后，如果参赛橇刃温度仍超出参考橇刃 4℃，该队将被立即取消比赛资格。测试过程中运动员不得用冰雪给橇刃降温。对气温、冰温和参考橇刃温度的测量结果应随时记录在公告板上。为公平起见，参赛队伍也配发同样的测温设备。

* 赛前器材温度测量

* 出发顺序

钢架雪车的比赛，依据国际雪车联合会的比赛要求可分为 4 轮制和 2 轮制比赛。如遇不可抗力因素，也可减少比赛的数量。但原则上，冬奥会和世界锦标赛为 4 轮制比赛。而洲际锦标赛、世界青年锦标赛及国际雪车联合会的所有其他官方比赛为 2 轮制比赛。参加抽签的所有运动员必须至少完成一轮滑行才算有效。2 轮制比赛的出发顺序：第 1 轮比赛按照抽签顺序；第 2 轮比赛根据第 1 轮比赛成绩排位，前 20 名晋级，从第 20 名到第 1 名排序。4 轮制比赛的出发顺序：第 1 轮比赛按照抽签顺序；第 2 轮比赛根据第 1 轮比赛成绩排位，从第 20 名到第 1 名、第 21 名到最后一名排序；第 3 轮比赛根据前 2 轮比赛成绩排位，从第 1 名到最后一名排序；第 4 轮比赛根据前 3 轮比赛成绩排位，前 20 名晋级，从第 20 名到第 1 名排序。出发信号灯亮起之后，选手必须在 30 秒内完成出发动作。出发时选手将雪车向前推进，加速之后迅速登上雪车完成比赛。出发动作必须由选手自行完成，中途允许掉落雪车，但通过终点时，选手必须在雪车上才算完成比赛。

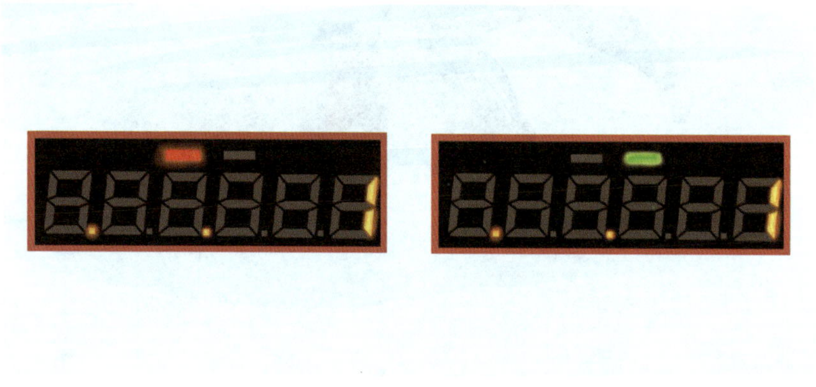

* 信号灯

* 姿势要求

钢架雪车比赛与雪橇比赛所用的赛道相同，但是在起点位置、起跑姿势、车上姿势、滑行速度、终点姿势等方面均有很大区别。在比赛时，钢架雪车为助跑起跑，比赛姿势为身体俯卧、头在前、脚在后、腹部紧贴于车身。而雪橇的橇上姿势是身体平躺、头在后、脚在前。相比之下，钢架雪车的危险系数会更高。而到达终点时的姿势依然是俯卧式，腹部不能离开车体，才算最终完成比赛。

* 助跑

* 上车前姿势

* 滑行中

* 终点刹车

* 技术特点

钢架雪车的滑行过程中，需要用肩膀和膝盖来控制方向。滑行转弯时，压力接近于自身所受重力的 4 倍，平均时速可达到 100km。在曲线、直线、马蹄形（Ω）滑道上保持加速滑行，比赛中需滑行绕过 14~22 个弯道是该项赛事的特点。由于是争分夺秒的比赛，因此在滑行中不能减慢滑行速度。

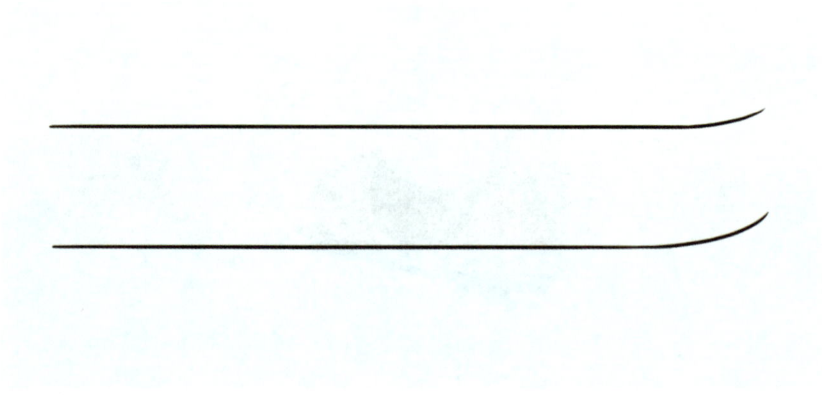

* 直线赛道

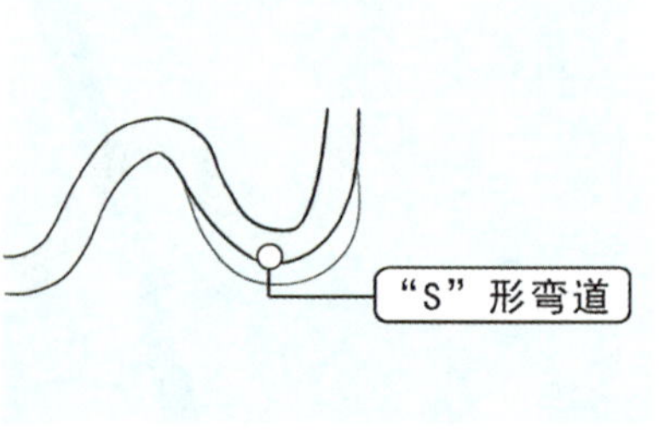

* “S”形弯道 曲线赛道

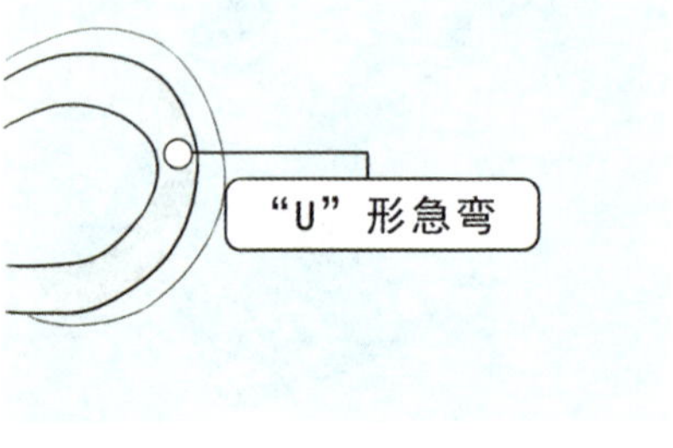

* “U”形急弯 马蹄形赛道

* 比赛出发

出发信号灯亮起后，比赛即开始计时，运动员将钢架雪车一侧橇刃安放在 2 条出发槽中的任意 1 条内，在起点处从静止状态将钢架雪车推离，沿着出发槽奔跑加速，运动员必须在出发信号灯亮起后的 30 秒内完成加速。当加速完成后，将单手推车变为双手支撑钢架雪车推手，以俯卧的姿势迅速跃上钢架雪车开始滑行并完成比赛。

* 出发槽

* 出发动作详解

知识窗

你知道吗？钢架雪车通常以 0.01s 为记录单位，在比赛的时候运动员的成绩都非常接近，任何不合理的动作都可能导致名次下降。再加上高速滑行，非常考验选手在比赛过程中的技术水平及心理素质。

＊ 比赛中

所有轮次的比赛必须由同一名运动员操作同一辆钢架雪车来完成，只有当钢架雪车发生碰撞事故或造成无法立即修复的损伤时，经过裁判员的批准才可以更换钢架雪车。高速滑行中，运动员两臂必须放置在钢架雪车的推手外侧，通过控制双腿和身体的重心来完成转弯，还要尽量保持在滑道的中间区域滑行。若钢架雪车在转弯时位置过高，护坡将对钢架雪车产生强大的向心力，从而造成速度减慢。若滑行位置过低，钢架雪车的侧面保险杠则很容易与滑道护坡发生摩擦，甚至产生撞击，这也会导致雪车降速。在世界大赛中，两队的胜负往往取决于百分之一秒的差距。

＊ 评分制度

钢架雪车成绩排名是根据运动员在比赛中所用的时长来决定的。而用电子计时的方式记录选手在赛道上滑行的总时间，更为精确也更为公平。钢架雪车目前所使用的计时设备为电子计时光栅，它们分别设立在赛道的起点和终点处。在世界锦标赛和冬季奥运会上，选手共进行 4 轮滑行，计算总体用时后得出最终排名。用时最短的选手获胜。

* 计时光栅

知识窗

你知道吗？在每次比赛的间歇时间，每个队都会有专门的人员负责保养和清理钢架雪车。橇刃的保养和打磨所使用的砂纸等材料必须是国际雪车联合会所认可的品牌。国际雪车联合会在每个赛季初，都会公布打磨砂纸的品牌和种类。雪车保养人员的养护行为也要接受比赛裁判的监督。

第四章 钢架雪车的冬奥人物故事

钢架雪车在我国虽然起步较晚，但随着中国钢架雪车队的成立，有一大批优秀的运动员加入到了这个队伍中来，使得我国这个项目的发展充满了希望。

·耿文强·

* 中国钢架雪车的先行者

在 2018 年平昌冬奥会上，男子钢架雪车选手就像射出的子弹，在无数镜头中一闪而过，留下了惊呼和赞叹。他们以高达 120km 的时速在近 1.4km 长的蜿蜒赛道中飞速滑行，克服离心力带来的不适，保持俯卧、头朝前的姿态，在 50 秒左右的时间里下降了 116m（约 40 层楼高）。

* 耿文强（一）

耿文强就是这30名勇者中的一员，4次滑行用时3分24秒65，位列第13名，与来自东道主的冠军尹诚彬仅有4.10秒的差距。

单刀赴会的耿文强首次参赛就取得了不错的成绩，创造了中国钢架雪车新的历史。对国人来说，钢架雪车太陌生，太遥远。面对媒体，耿文强谦虚地说："我在起跑阶段还需要多多努力，技术动作需要多多熟练，再给我一两年时间巩固动作，成绩还会有提升。"

半路出家的耿文强第一次参加冬奥会就拿到了第13名，这给他增强了信心。从2015年零基础入队，到2015—2016年雪季在德国国王湖第一次参加国际比赛，再到2017年11月获得世界杯美国普莱西德湖站第7名，进而获得中国队钢架雪车第一个冬奥会参赛资格，耿文强转项之后的每一步都走得特别扎实。

耿文强是中国钢架雪车的先行者，他的出现让这个离我们很遥远的项目在中国一次次被提及。一串串前进的脚印，让中国钢架雪车队不再是"陪玩"的配角。

* 进入国家钢架雪车队

1995年出生的耿文强是土生土长的内蒙古人。他2006年开始练习跳远，师从奈曼体校王海青教练。5年后就被内蒙古田径队挑走，开始进行专业训练，从此正式走上田径之路。

2014年，耿文强考入内蒙古民族大学体育学院运动训练专业。2015年，在内蒙古自治区第十届大学生运动会上，他在男子甲组超级

* 耿文强（二）

组跳远决赛中以 7.39m 的优异成绩打破了内蒙古自治区大运会跳远纪录，荣获冠军。也就是在这一年，耿文强正式加入国家钢架雪车队。

* 默默耕耘

2019 年 7 月，耿文强已经练习钢架雪车 4 年。而 4 年前，20 岁的他还是一名田径跳远运动员，身材高挑，弹跳出色，但对于钢架雪车却是从未听闻。

刚开始练习滑行时，需要掌握走直线。耿文强回忆时五味杂陈：“当时真的太难了，怎么都走不好，直线都不行，别说弯道了。”他一度对自己产生了怀疑，觉得自己永远也做不好了。

学习钢架雪车是个熟能生巧的过程。耿文强坚信一分耕耘一分收获，他只能用努力去寻找感觉，10 次，20 次……每天不断重复着同样的事情，适应速度。这种练习持续了近一个月，随着训练次数的增加，恐惧感才逐渐褪去，而紧张却始终伴随着他。

2016 年 1 月底对于耿文强来说是一个新的起点。在瑞士圣莫里茨举行的国际邀请赛中，仅接受训练 2 个多月的他斩获铜牌。而其他参赛选手都比耿文强训练年限长很多，这为他注入了强大的信心。从那站开始，他的脑海中浮现出一个想法，“我有能力为我的祖国和我自己参加一次冬奥会”。虽然耿文强看起来不善言辞，但他是一个很有想法的人。“努力成为更好的自己，别让梦想只是梦想。”他会经常写下一些这样的话来激励自己。

默默耕耘的耿文强，终于等来了机会。在 2018 年平昌冬奥会上，他身披五星旗战袍首次出现在冬奥会的舞台上，并获得第 13 名。那一刻他高喊：“我终于实现了自己的目标。”这段经历，让他认识到了自身的不足，当然，也让他对 2022 年北京冬奥会有了更多的期待。

小时候的耿文强曾与 4 名小伙伴用自制的雪具，一同在冰面上滑冰玩耍，这张照片他始终留存着。他未曾料想到，长大后会再次与冰雪结缘，会在钢架雪车项目上勇往直前，会在奥运赛场上大显身手。与钢架雪车共度的这 1400 多个日日夜夜，耿文强用恐惧、成长、喜欢、离不开这几个词概括。他坦言:“训练很累,经历过伤病、挫折、低谷后,恐惧就像老朋友一样，稍不留神就会涌上心头。”

* 与钢架雪车共筑梦

在世界上最快的赛道加拿大惠斯勒赛道，耿文强曾经历过胆战心惊的一刻。当时速达到 146km 时，在最后一个弯道压力过大，他没办法抬头。“我看不到前方，头皮发麻，无法预判前方未知状况，一片茫然。”耿文强回忆起这些依然心有余悸。他无法克服心理障碍，还要继续滑行，阴影在夏训前期始终挥之不去。这种状态被教练团队看了出来，教练告诉他：“英雄就应该承受这些，当你有一天做好、做成功了，才有资格回想那些往事。”

这些话让耿文强毕生难忘，深埋心底。“生活在这个年代，是很幸福的。”说这话的时候，他头顶上高挂着“为祖国争光，为民族争气”横幅，眼神紧盯正前方高悬的五星红旗，而下面写着：增强使命感、责任感、荣誉感，打造能征善战、作风优良的国家队。

如今，钢架雪车队管理更严格，学习训练课程更多样化，科研和心理等方面的后勤保障有了显著提升。夏训期间的一系列爱国主题教育活动，令耿文强感慨颇深，他更坚定了心无旁骛的训练意志和只争朝夕的信念。“夏训到现在有了一些提高，我也很相信我们的团队。”最初内心焦急的耿文强,后来主动跟教练进行了沟通,迅速调整好心情,踏实沉淀自己。

训练前的沙坑跑跳热身，他总是第一个完成，每次都干净利落。几个回合的负重推车与 30m 冲刺跑后，队友喝水休息时，他会坐在垫子上或在窗台边拉伸肌肉。一上午的训练课结束，耿文强总是最后一个离开田径场的人。放松肌肉，换鞋，喝几口水，之后，他背着双肩包起身朝大门走去，随手轻关玻璃门。在去往食堂的路上，24 岁的耿文强突然感叹起这 4 年的经历，自己并非喜欢刺激才转项钢架雪车，而是怀揣着一定要做成一番事业的信念；也感叹时光如梭，距离北京冬奥会真的越来越近了，时间紧迫。

“人一定要有梦想，没有目标地训练肯定不行。我从不后悔来到这里，这就是我说喜欢它的原因。” 耿文强眼神坚毅地说。

关于梦想，耿文强从未向外界透露过。他只说，没实现前追梦人的脚步就不能停歇，这个梦想会一直伴随着他的钢架雪车生涯，与他、与钢架雪车队走到最后。

·张培萌·

* 战胜内心的恐惧

耿文强“吃螃蟹”的经历，促使张培萌在告别短跑生涯后，也大胆决定加入中国钢架雪车队，尝试跨界。“我想去做一件伟大的事情”，这是张培萌的壮志雄心，也是他的赤子之心。

* 张培萌（中）

2018 年 1 月 31 日，张培萌在个人社交平台上这么说：

“今天，我正式加盟中国国家雪车队，备战 2022 年北京冬奥会。北京是奥运史上第一个既举办过夏季奥林匹克运动会又将举办冬季奥林匹克运动会的城市，而我很荣幸能够成为中国第一个参加夏、冬两季奥运会的运动员。从夏季项目跨界转到冬季项目对我来讲是一个不小的挑战，但同时也意味着新的开始。很感谢清华大学、国家体育总局冬季运动管理中心的领导对我的信任，也谢谢一直以来支持我、爱护我的观众。我一定会刻苦训练、精心备战，期待能在 2022 年冬奥会上，在我的家乡北京，取得优异的成绩，为中国代表团添金夺银。”

张培萌出身于北京一个运动员家庭，父亲张成是二十世纪七八十年代中国最出色的撑竿跳高运动员，母亲也是跳高运动员。张培萌和苏炳添是中国短跑的百米双雄，在莫斯科世锦赛男子百米半决赛中，张培萌跑出了 10 秒整的成绩，创造了新的全国纪录。2015 年北京世锦赛，在男子 4×100 米决赛中，张培萌和莫有雪、谢震业、苏炳添代表中国队以 38.01 秒摘银，创造了亚洲历史。

对于张培萌决定投身钢架雪车，最初全家是非常反对的。张培萌已经拥有的伤病再加上该项目比较大的危险性,使他的母亲顾虑重重。不过，作为一位来自北京的运动员，张培萌想为家乡争光添彩的热切希望，最终还是打动了家人。

＊ 最终的抉择

张培萌转练冰雪，很多人第一反应是他会不会是因为一时冲动。但其实做出这样的决定，张培萌足足用了一年的时间。

直到现在他还在努力回忆，究竟是什么原因，刺激了他萌生转练冰雪项目的念头，至今无解。他只知道，其实自己并不想这么早就退役，但是身体已经无法再应对百米短跑的强度了。到底有什么项目可以与百米短跑相结合呢？也许就是这个原因让他开始有了转练冰雪项目的想法。

其实雪车、雪橇的项目对他来说，并不完全陌生。从小喜欢追逐速度的他，曾在电视上看到过这项比赛的直播。“只不过太冷门了，两三年才能看到一次。虽然只是看过，但是我真的非常喜欢。因为刺激、速度快的项目我都喜欢，我喜欢赛车、摩托车，也许这些都有一定相通的地方吧！”张培萌兴致勃勃地说道。

除此之外，张培萌还很喜欢滑雪，如果不是身高不符和基础不行，他绝对会选择单板滑雪这个项目。在北京每年冬天，只要有时间他就会去滑雪，刚接触单板滑雪没多久的他很快就学会了换刃这样的动作，而且能够从高级道滑下来。只不过，别人滑单板都喜欢玩花样，他却只追求速度。

有一次在北京体育大学，中国雪车队正在那里训练，而队里的体能教练恰巧是张培萌大学时的导师。他就跑去说了关于自己转练钢架雪车的想法。导师给他详细地分析了项目的特点，并认为张培萌的身体情况的确很适合转练这个项目，因为这个项目需要一段助跑，而助跑的情况会直接影响到进入赛道的速度。

在 2015 年的时候，国内知名体育媒体人房学峰就曾经写过一篇文章，叫作《怎样让张培萌的身价超过宁泽涛》，他也是国内最早提出田径运动员在退役之后适合练习雪车、雪橇观点的专家。因为在国外，已经有过很多先例，不少现役的雪车、雪橇选手都是从田径项目中转型的。其实张培萌当时也看到过这篇文章，只是那个时候他觉得这事情离自己太远。没想到在三年之后，自己就要付诸实践了。

其实张培萌最早想要转的项目是双人雪车，在他看来，这个项目很刺激，也很有意思。但是他在咨询了一些这个项目上比较专业的教练后，转变了想法。因为想要从事双人雪车这项运动，首先需要增重。双人雪车本身就很重，想更好地完成前面的助跑，就必须要有力量。在从事这项运动之前他必须要增重到 100~110kg 才可以。而他现在的体重还不到 80kg，并且他一直都要求自己保持好身材，完全无法接受这样的要求。“增重 20~30kg，相当于一个小孩儿的重量了，我觉得我有点接受不了。”他笑称，要是自己真的增重成功，估计要得脂肪肝了。后来，在专业教练的建议下，他毅然决定改练钢架雪车这个项目。

张培萌在翻看这个项目的历史资料和视频时说，“感觉的确很刺激”。“当人整个趴在冰车上之后，几乎就像一道闪电一样划过赛道，140 迈呢！”对速度极其敏感的张培萌，用了汽车的术语来形容钢架雪车的速度。他轻描淡写地形容着这个项目，说之前选择的双人雪车就是“铁包肉”，而现在选择的钢架雪车就是“肉包铁”，而且“大头朝下”。他说这话的时候，就像是一个孩子说换一个游戏玩玩的样子。

＊ 张培萌

如果大家去翻看过去关于这个项目的视频，就会觉得刺激得令人心惊。因为存在一定危险，所以这个项目反复进入冬奥会又反复被取消，直到 2002 年才再次进入冬奥会。即便如此，2010 年温哥华冬奥会格鲁吉亚无舵雪橇选手在开幕式开始前几个小时，在训练中出现意外，不治身亡，成为那届冬奥会最悲惨的一幕。

其实张培萌早就看过关于雪车、雪橇项目出现意外的集锦，存在的危险他也很清楚。直到现在，他其实都还没有说服父母接受自己转项的事情。他妈妈曾经开玩笑说：“如果要转练冰雪项目，那就去练冰壶吧！”“其实从小很多事情都是我自己做决定，父母说什么也改变不了我，我还是想按照自己的想法继续做下去。”张培萌这样说道。

“这个项目虽然危险，但是生还率也并没有低到一半的份上，所以这件事更大的意义是对自己人生的挑战。毕竟作为专业的运动员，我参加过夏季奥运会，如果我积分能够达到要求，可以去参加 2022 年北京冬奥会的话，那么我就是第一个同时在自己家乡参加过夏季和冬季奥运会的中国运动员了。除此之外，总局一直也在号召跨界、跨项目选材，如果自己能够在退役之后响应这个号召，就能够起到一个表率作用。另外，在自己工作转到清华大学之后，能用另一种身份重回赛场，也是为学校争得荣誉的最好机会。”

·闫文港·

* 冠军的心

当我们在网上搜索“闫文港”的时候，显示的消息多会有“创历史”的字样。这是因为在欧洲杯国王湖站的比赛中，这个名不见经传的小伙子以 51 秒 27 的成绩力挫劲敌，拿到中国钢架雪车历史上首个欧洲杯冠军。

* 闫文港（后排中）

闫文港 1997 年出生于天津，与耿文强一样也属于转项运动员，有 7 年练习跳远的经历。他拥有着出色的爆发力，这也是钢架雪车起跑必需的身体素质。刚开始练习钢架雪车的时候，闫文港是咬着牙挺过来的，背后的艰难只有自己知道。因为动作陌生，他全身被撞得瘀青是常事，纵然腰酸背痛伤痕累累，他每天的出操及橇上训练却从未间断过。

“所有的苦自己受着，所有的累自己扛着，付出才可能有回报。”这是他的信念。日复一日的坚持，闫文港渐渐适应了这个项目，“身体变强了，人才会自信”。

* 问鼎欧洲杯雪车项目

2018—2019 年国际雪车联合大赛欧洲杯国王湖站，在钢架雪车项目比赛中，我国选手闫文港与陈文浩出战。在第一天的比赛里，闫文港也许是因为天气或是紧张，在第一轮就出现了严重的失误，从而影响到了最后的成绩，仅获得首日比赛的第 7 名。因为比赛的特殊性，在这个项目上获得前 6 名的选手均有奖牌。闫文港非常可惜地和奖牌失之交臂！

随后闫文港调整了自己的心态，慢慢地熟悉了赛道的情况，进入状态继续第二天的比赛。这场可以载入历史的比赛共有 34 名选手参加，在第一轮的时候，闫文港的出发成绩是 4 秒 75，在随后的每一个弯道中，他的速度都保持得非常快，状态也很好，每一个转弯，每一个加速的动作，都仿佛和赛道融合在一起，最终他以 51 秒 58 的完美成绩完成了这一轮的比赛，排在第 3 名，顺利进入下一轮。

在接下来的比赛中，闫文港状态越来越好，对赛道的情况也更加熟悉，他的出发成绩是 4 秒 68，相比于第一轮的出发成绩提高了 0.07 秒。在接下来的几个弯道里，闫文港以超高的技术通过了几个难点区，以 51 秒 27 的成绩通过终点完成这一轮。第二轮结束后，闫文港以总成绩 1 分 42 秒 85 夺得了冠军！

至此，闫文港在钢架雪车这个项目上书写了一篇新的历史，这枚金牌也是我国在这个项目上宝贵的第 2 枚金牌！而钢架雪车的第 1 枚金牌，由我国选手耿文强在加拿大惠斯勒站摘得。不过，因为北美赛区不可以有世界排名前 15 名的选手参加比赛，所以闫文港获得的这个冠军含金量更高，这是一场代表实力与技术的比赛，具有令人震撼的说服力，也间接反映出我国在钢架雪车这个项目上的进步。

从耿文强拿到冠军，到闫文港征服国王湖站，从无到有，从弱到强，中国钢架雪车的成绩在很短的一段时间内不断被刷新。

客观来说，北美站的赛事级别相对较低，但国王湖站拥有德国历史上建造最早的赛道，以技术难度高而闻名，并且比赛集结了欧洲所有的高手。以往，国王湖的比赛均由德国高手包揽前 6 名。而闫文港打破了德国人的垄断，并向世界宣告：中国钢架雪车今非昔比，我们有实力，更有信心。

* 横空出世的新星

闫文港在征服了德国国王湖这个本土选手称霸的赛道，一举夺得中国钢架雪车历史上首枚欧洲杯金牌后，吸引了大量媒体的采访。

* 闫文港在比赛中

“我当时不知道是怎样的情况，滑完第 1 次自己进入了前 3 名，只想着要保住前 3 的名次。当滑完第 2 次知道自己拿金牌的时候，脑子有点懵。那一刻，真的是特别开心！”闫文港说着，又兴奋了起来。

站在领奖台上看着五星红旗慢慢升起，耳边响起的国歌让闫文港真正明白了自己这一赛季的努力到底是为了什么。

从 2015 年入队以来，闫文港身体中的能量仿佛一直在蛰伏，静静等待着爆发的最佳时机。从上赛季起，教练给了他很多参赛的机会。之前闫文港参加了两站世界杯赛，但成绩很不理想，其中一站有 31 名运动员参加，而闫文港排在最后一位。这个成绩让闫文港一度处于自责的状态，同时他也开始暗下决心。

闫文港说："去年教练给了我很多机会，但我没有把握住一次，一次都没有。我当时想这绝对是我个人的问题。所以我必须做出改变，改变自己。"

钢架雪车速度很快，因此，克服恐惧是必须迈出的第一步。尤其是在翻车、受伤之后，再去进行下一次训练时恐惧感会更强。闫文港说支撑他的是想要为国争光的信念，"当处于竞技状态时，害怕是一种无用的情绪"。

除了更加刻苦的训练，心态的调整对闫文港的影响更大。他说："以前我是一个非常暴躁的人，遇事不冷静，非常冲动。我也曾经和教练发生冲突。如今的我头脑更加清晰，更加理智，会思考什么是对的，什么是错的。在平时训练的时候头脑变得清醒，知道自己该做什么。"

"想要成功的话，首先要自己做好准备。等时机到来的时候就一定可以凸显。"闫文港坚定地说。

·吉姆·谢亚·

* 盐湖城冬奥会冠军

2002 年盐湖城冬奥会的开幕式上，代表运动员进行宣誓的是钢架雪车运动员吉姆·谢亚。他来自一个有着冬奥历史的体育世家，是家里参加奥运会的第三代运动员。

* 吉姆·谢亚（一）

★ 吉姆·谢亚（二）

他的祖父杰克·谢亚是美国家喻户晓的冬奥英雄。在 1932 年美国普莱西德湖冬奥会上，吉姆的祖父就曾代表运动员宣誓，并在该届比赛中夺得了 500m 和 1500m 速度滑冰的冠军。他的父亲詹姆士喜欢滑雪，曾经代表美国参加了 1964 年奥地利因斯布鲁克冬奥会越野滑雪和北欧两项的比赛。不幸的是，就在盐湖城冬奥会开赛前夕，91 岁高龄的杰克·谢亚在一次交通事故中罹难，没能看到自己的孙子夺得奥运金牌的瞬间。吉姆为了纪念爷爷，在比赛中将爷爷的照片装到了头盔里，让爷爷一同感受比赛和夺冠瞬间。吉姆的父亲詹姆士来到了现场，并在看台上见证了儿子夺冠的情景。

* 吉姆·谢亚（三）

在某种程度上，盐湖城冬奥会的钢架雪车项目是因为吉姆·谢亚才设立的。1999 年，吉姆·谢亚在德国举行的钢架雪车世界锦标赛中获得冠军，这激发了他的冬奥会金牌梦想。在他的大力游说下，美国盐湖城冬奥会组委会向国际奥委会申请在 2002 年盐湖城冬奥会上设立钢架雪车项目。正是由于吉姆·谢亚和美国奥组委的不懈努力，钢架雪车项目在 54 年之后得以重返冬奥会赛场。钢架雪车是美国的传统优势项目，美国队在该项目上一直保持领先，曾在两届冬奥会上共取得 1 金 2 银的佳绩。在盐湖城，吉姆·谢亚不负众望，为美国队在该项目上延续了辉煌。

在盐湖城冬奥会的钢架雪车比赛项目上，吉姆·谢亚和瑞士的格雷戈都是冠军的有力争夺者，预赛成绩不相上下。但作为东道主，本土作战的吉姆·谢亚更增添了一份自信。由于正确的战术、丰富的经验、精湛的技术、稳定的心理，吉姆·谢亚两轮的成绩相加排名第一。他的父亲詹姆士热泪盈眶，激动地和吉姆·谢亚的教练抱成一团。冲线后的吉姆·谢亚从头盔里拿出了祖父老杰克的照片，激动地大声呼喊着。赛后，他跑到父亲身边，父子俩紧紧拥抱在一起。

“我的头盔里有一张照片，是我祖父葬礼上留下来的。”吉姆·谢亚说，“我还有一块他在 1921 年赢得的小奖牌，可能是他当年在速滑项目上获得的奖牌。今天在这里，在开幕式上，我绝对感觉到了他。他在去天堂之前还有一些未竟的事业，现在他可以安心了。”

·马丁斯·杜库尔斯·

* 拉脱维亚的“雪车家族”

在冬奥会的赛场上，来自各个国家和地区的参赛选手中，我们经常可以看到父子、兄弟姐妹齐上阵的场景。在拉脱维亚代表团中，就有高山滑雪项目的克里斯塔普斯兄弟、雪橇项目的安德里斯和尤里斯兄弟等。而在钢架雪车的项目中，更是杜库尔斯父子齐上阵。

老杜库尔斯曾经是拉脱维亚钢架雪车国家队的教练，在他早年的影响之下，他的两个儿子，托马斯·杜库尔斯和马丁斯·杜库尔斯，很早就与这个项目结下不解之缘。而最值得一提的就是他的小儿子，拉脱维亚名将马丁斯·杜库尔斯。

* 马丁斯·杜库尔斯（一）

＊ 马丁斯·杜库尔斯（二）

＊ 天才选手

马丁斯·杜库尔斯于 1984 年 3 月 31 日出生在拉脱维亚首都里加。

1998 年，不到 15 岁的马丁斯就开始了钢架雪车的训练，此时比他年长 2 岁的哥哥托马斯也在父亲的劝说下开始了这个项目的训练。马丁斯说："我当时其实很想去打冰球，也喜欢赛车和赛马，但父亲告诉我应该去练习钢架雪车，最后我还是听从了他的建议。"正是因为这个决定，从此，拉脱维亚又多了一位钢架雪车的天才选手。

马丁斯在介绍他哥哥的时候说："哥哥其实和我一样，我们都很喜欢冰球，也很喜欢足球。他也十分优秀，比我进入国家队更早，而我比他晚一年时间。""我至今还记得自己第一次趴上钢架雪车的情形，那种感觉太奇妙了。"

* 马丁斯·杜库尔斯（三）

钢架雪车作为欧美国家的传统优势项目，有着悠久的历史。在这个项目上，托马斯和马丁斯兄弟俩都表现出了非凡的才能，但相对而言，弟弟马丁斯显得更有天分。

从 2002 年盐湖城冬奥会开始，哥哥托马斯就开始参加比赛，除 2006 年冬奥会因伤病未参加外，从温哥华、索契再到平昌，他无一缺席，但获得的成绩并不是特别理想。

在世界杯 2009—2010 赛季，马丁斯共收获 4 金 1 银 2 铜，获得总成绩第 1 名。在 2010 年温哥华冬奥会他又一举夺得钢架雪车男子比赛的银牌。至此，他在钢架雪车上的统治时代开始了。在之后连续 8 个赛季的世界杯中，马丁斯都获得了年度总成绩的第 1 名，甚至在其中的一个赛季获得了 9 站世界杯赛中的 8 站冠军，成绩让人惊叹。

在 2010—2018 年的欧锦赛上，马丁斯创造了该项目的 9 连冠奇迹，成为当之无愧的钢架雪车世界第一人。在世锦赛上，马丁斯亦是表现优异，他在 2011 年和 2012 年均获得冠军，更是在 2015 年、2016 年和 2017 年获得三连冠，成为世界上第一位世锦赛三连冠的钢架雪车选手。他还 5 次被评为拉脱维亚年度最佳运动员，并获得了高级别的三星勋章。

虽然马丁斯在各大世界比赛中拿到很多冠军，但在奥运会上却一直没有拿到金牌。继温哥华冬奥会获得银牌之后，2014 年索契冬奥会时他被大家公认为夺冠热门，但在这次比赛中马丁斯发挥失利，再度屈居亚军。让人意外的是，获得冠军的俄罗斯选手亚历山大・特雷亚科夫因为兴奋剂事件被取消冠军头衔，由马丁斯补获冠军。马丁斯这枚金牌，也成为拉脱维亚历史上获得的第一块冬奥会金牌。

在 2018 年平昌冬奥会钢架雪车男子项目比赛中，来自韩国的名将尹诚彬凭借着出色的表现，夺得金牌，俄罗斯选手和英国选手分别获得第 2、3 名。作为钢架雪车项目上最近 8 年来的霸主，马丁斯・杜库尔斯只获得第 4 名，再次与奖牌无缘，而他的哥哥托马斯获得了第 5 名。

作为钢架雪车项目的世界级名将，马丁斯已经过了而立之年，但此时在冰雪赛场上我们依然可以看到他的身影，也希望在今后的比赛中可以看到他更为精彩的表现。

第五章 钢架雪车的欣赏点与观赛礼仪

钢架雪车作为一项极为刺激的运动，有着震撼人心的观赏体验。同时，其在发展过程中所积淀的文化内涵，也体现出了冬季项目的体育精神。

· 比赛欣赏点 ·

* 学会欣赏

钢架雪车是一项真正考验运动员操控技术和心理素质的比赛项目，它的危险性与特殊性决定了参赛选手将在高压下进行比赛。作为一项对视觉感官有着强烈冲击的冰雪运动项目，它有着极强的观赏体验。每当看到选手在高速滑行中利用身体姿势来操纵雪车，并疾驰驶向终点，观众都不禁会发出欢呼和惊叹。

* 比赛中的选手

＊ 观看比赛（一）

＊ 观看比赛（二）

·观赛礼仪·

＊ 观赛须知

钢架雪车对赛道的标准要求很高，通常会建设在远离市区的大山中，分为天然赛道和人工赛道两种。去现场观赛的观众应提前规划交通路线，采用合理的交通工具，一般建议乘坐公共交通工具前往。

比赛的观众席多设在出发点、弯道处、半山腰大回转弯道处或终点，因为钢架雪车的滑行速度很快，而在这些区域钢架雪车的速度会有所减慢，更便于大家观看比赛。

＊ 入场须知

因观赛人员较多，所以大家需要留出充裕的时间办理入场手续，按顺序入场，并携带有效证件，确保人、票、证一致。大型赛事一般都会启用最严格的安全检查措施，程序会相对复杂和繁琐，观众要耐心配合安检工作人员检查，禁止携带各种易燃、易爆危险品，以及对公共安全有潜在威胁的物品。

＊ 注意事项

座位设置有站席和座席。因为是近距离观赛，所以观众进入到滑道附近观看比赛一定要注意，钢架雪车比赛会发生一些无法预料的危险，有可能发生冲出赛道的事故，甚至会导致观众的财产损失或人身伤亡。现场观赛的观众要有一定的认知和心理准备，尤其是选择在赛道旁近距离观赛的站席观众。16 周岁以下的未成年人应凭票与监护人一同观看。

* 注意事项

附录　跟我学

（中英文对照）

中文	英文
钢架雪车	Skeleton
男子钢架雪车	Men's Skeleton
女子钢架雪车	Women's Skeleton
滑行执照	E-License
赛季	Season Calendar
国际雪车联合会	International Bobsleigh and Skeleton Federation
中国雪车联合会	Chinese Bobsleigh and Skeleton Association
滑行	Sliding
推车出发	Push
侧滑	Skid
波	Wave
压力	Pressure
离心力	Centrifugal Force
翻转	Roll
早 / 中 / 晚入	Early/Middle/Late Entrance
绕弯	Wrap
入 / 出弯	Entrance/Exit

续表

中文	英文
向上 / 下发力	Steer Up/Down
空气动力学	Aerodynamics
挤压发力	Squeeze
橇头角度指向弯道顶 / 底端入	Angle In/Away
平行入弯	Parallel In
模拟滑行	Visualization
参赛席位	Quota
风洞试验	Wind Tunnel Test
雪橇	Sled
橇刃	Runner
鞍	Saddle
头盔	Helmet
钉鞋	Spike
连体服	Speed Suit
手套	Gloves
面罩	Visor
冰爪	Ice Walker/Icer
鞋套	Shoes Cover
刃套	Runner Cover/Runner Guard
橇套	Sled Cover

续表

中文	英文
砂纸	Sandy Paper
配重	Weight
碳纤维底板	Carbon Fiber Pan
光电计时设备	Electronic Timing System
护具	Padding
赛道	Track
出发板	Block
出发冰槽	Groove/Spur
弯道	Curve/Corner
冰屋	Ice House
陆地推车道	Rail Push Track
保险	Insurance
排名	Rank List
抽签	Draw
比赛轮次	Race Heat
出发顺序	Starting Order
重力加速度	Gravity Acceleration
罚款	Fine
取消比赛资格	Disqualified（DSQ）
未能出发	Did Not Start（DNS）

续表

中文	英文
未能完成比赛	Did Not Finish（DNF）
申述费	Protest Fee
竞赛医疗	Race Medical
国际裁判执裁许可证	International Jury License
测量橇刃直径的设备	Gauge
奥林匹克冬季运动会	Olympic Winter Games
锦标赛	Championships
残疾人世界锦标赛	Para World Championships
大洲锦标赛	Continental Championships
欧洲锦标赛	European Championships
欧洲杯	Europe Cup
世界杯	World Cup
北美洲杯	North American Cup
洲际杯	Intercontinental Cup
裁判员	Jury
技术代表	Technical Delegate
颁奖仪式	Awards Ceremony
清洁橇刃	Runner Cleaning
橇刃半径	Runner Radius
比赛号码	Start Number

续表

中文	英文
官方许可训练	Official Training
无效练习（发生事故未能完成）	Invalid Training
比赛休息日	Travel Day
急救车	Emergency Ambulance
医疗救助	Medical Aid
医疗医生	Medical Doctor
测量橇刃温度	Measurment of Runner Temperature
技术检查	Technical Inspections
俯卧	Lying on the Stomach
头朝前	Headfirst
费用	Costs
组委会	Organising Committee

青少年冬奥知识普及丛书

雪山飞人

高山滑雪

曹淼孙◎主编　王金英◎副主编

新世界出版社
NEW WORLD PRESS

图书在版编目（C I P）数据

雪山飞人：高山滑雪 / 曹淼孙主编. -- 北京：新世界出版社，2021.5
（青少年冬奥知识普及丛书）
ISBN 978-7-5104-6986-2

Ⅰ. ①雪… Ⅱ. ①曹… Ⅲ. ①高山滑雪—青少年读物 Ⅳ. ① G863.11-49

中国版本图书馆 CIP 数据核字 (2019) 第 284263 号

雪山飞人　高山滑雪

主　　编：曹淼孙
责任编辑：王峻峰
责任印制：王宝根
出　　版：新世界出版社
网　　址：http://www.nwp.com.cn
社　　址：北京西城区百万庄大街 24 号（100037）
发 行 部：(010)6899 5968（电话）　(010)6899 0635（电话）
总 编 室：(010)6899 5424（电话）　(010)6832 6679（传真）
版 权 部：+8610 6899 6306（电话）　nwpcd@sina.com（电邮）
印　　刷：小森印刷（北京）有限公司
经　　销：新华书店
开　　本：880mm × 1230mm 1/32　　尺寸：145mm × 210mm
字　　数：63 千字　　印张：2.625
版　　次：2021 年 5 月第 1 版　2021 年 5 月第 1 次印刷
书　　号：ISBN 978-7-5104-6986-2
定　　价：398.00 元（全 15 册）

—北京2022年—

《青少年冬奥知识普及丛书》
编委会名单

青少年冬奥知识普及丛书
（分册名录）

1.《冰上之箭——速度滑冰》

2.《冰上极速——短道速滑》

3.《冰上芭蕾——花样滑冰》

4.《勇敢者游戏——冰球》

5.《冰上象棋——冰壶》

6.《雪上马拉松——越野滑雪》

7.《空中飞鹰——跳台滑雪》

8.《全能高手——北欧两项》

9.《雪山飞人——高山滑雪》

10.《雪中舞蹈——自由式滑雪》

11.《雪上冲浪——单板滑雪》

12.《雪地猎人——冬季两项》

13.《冰上之舟——雪车》

14.《冰中鱼雷——钢架雪车》

15.《雪中跑车——雪橇》

总序

随着2018年平昌冬奥会的圆满落幕，北京接过了冬奥会的会旗，标志着冬奥会正式进入了“北京时间”。北京将成为世界上第一个既举办过夏季奥运会，又举办冬季奥运会的“双奥”城市。

2022年北京冬奥会是我国重要历史节点的重大标志性活动，是展现国家形象、促进国家发展、振奋民族精神的重要契机。我们要深入学习贯彻习近平同志关于筹办北京冬奥会和发展冰雪运动的重要指示精神，全力做好冬奥会各项筹办工作，特别是做好冬奥会备战工作，加快冰雪运动的普及，实现冰雪运动跨越式发展。为做好北京冬奥会筹办工作，广泛传播奥林匹克文化、弘扬奥林匹克精神，2018年1月30日，教育部、国家体育总局会同北京冬奥组委共同制订了《北京2022年冬奥会和冬残奥会中小学生奥林匹克

教育计划》。该计划提出将奥林匹克教育纳入学校常规教育教学工作、开展冬季奥林匹克教育文化活动、开展冬季奥林匹克交流活动、组织冬季奥林匹克教育课程资源研发等主要工作任务。作为加强奥林匹克教育传播和推动冰雪运动开展的重要措施，北京市教委在2019年推出了“奥林匹克教育成果创编及展示”系列项目，将由北京市教委主编、首都体育学院统筹完成的《青少年冬奥知识普及丛书》呈现给广大青少年朋友。

本套丛书从冬季奥林匹克运动项目入手，结合青少年身心特点，以图文并茂的方式介绍2022年北京冬奥会的7个大项15个分项内容，邀请了包括王春露、刘秋宏、满丹丹等在内的知名世界冠军、亚洲冠军及冬季运动项目专家参与编写。本套丛书每本各分五章，从项目起源与发展、比赛场地与器材、项目设置与规则、冬奥人物故事和观赛礼仪等方面进行讲述，旨在推动北京市中小学奥林匹克教育的发展和冰雪运动的普及，促进中小学生奥林匹克知识的学习和实践，强化中小学生参加体育锻炼的习惯，营造全社会关心关注冬奥会的良好氛围，引导民众感受冰雪运动的美丽、激情和感动。

特别鸣谢北京市教育委员会、首都体育学院领导以及广大冰雪运动专家给予的鼎力支持与帮助。由于编写时间及编者能力有限，书中有不当之处，敬请谅解。希望广大青少年读者通过阅读本套丛书，能够感受冬季奥林匹克运动项目的魅力，了解冬季运动项目知识。

Beijing's taking over the flag of 2022 Olympic Winter Games at the closing ceremony of Pyeongchang 2018 Olympic and Paralympic Winter Games marks that the Olympic Winter Games is officially entering "Beijing time", and Beijing is set to become the first city in the world to have hosted both the summer and winter Olympic Games.

The Beijing 2022 Olympic and Paralympic Winter Games, a significant landmark event in the important historic time of China, is an important opportunity to show national image, promote national development and inspire national spirit. Thus, it is a must to thoroughly study and implement the spirit of President Xi Jinping's important instructions for the preparation of the Games and the development of winter sports, and try our best to make well-organized arrangements for the Olympic Winter Games, especially the preparation for sports competitions, so as to accelerate the popularization of winter sports and achieve leapfrog development of winter sports. In order to make a good preparation for the Games, widely spread Olympic culture and carry forward Olympic spirit, the Ministry of Education of China, General Administration of Sport of China and Beijing Organising Committee for the 2022 Olympic and Paralympic Winter Games jointly issued *The Olympic Education Plan for Primary and Secondary School Students of Beijing 2022 Olympic and Paralympic Winter Games* on January 30, 2018, in which several main tasks are tabled as follows: incorporating Olympic education into regular schooling, carrying out educational and cultural activities for Winter Olympics,

conducting exchange activities for Winter Olympics, and organizing research and development of Winter Olympics educational curriculum resources. As an important measure for enhancing Olympic education and promoting the development of winter sports, Beijing Municipal Education Commission launched a series of projects of "the Creation, Adaptation and Exhibition of Olympic Education Achievements" in 2019, and the *Winter Olympic Knowledge for Teenagers* prepared by Beijing Municipal Education Commission with the coordination of Capital University of Physical Education and Sports will be presented.

Based on the Olympic winter sports and considering the physical and mental characteristics of teenagers, this series of illustrated books introduces 15 sports disciplines of the 2022 Winter Olympics which are categorized into 7 main categories. This series of books are compiled by Wang Chunlu, Liu Qiuhong, Man Dandan and other famous world champions, Asian champions and experts in winter sports. Each book of the series introduces one sport from five perspectives, which are the origin and development, venues and equipment, events and rules, stories of Winter Olympic athletes and spectator's etiquette respectively. It aims to promote the Olympic education for elementary and secondary students in Beijing, popularize winter sports, facilitate the learning of Olympic knowledge and develop a good habit of taking part in physical exercises. Furthermore, it also aims to help create a sound atmosphere where the whole society cares for and pays attention to the Olympic Winter Games, and lead people to enjoy the amazing, moving and exciting beauty of winter sports.

Special thanks go to the leaders of Beijing Municipal Education Commission and Capital University of Physical Education and Sports and the experts in winter sports who presented their great support and assistance. Please accept a sincere apology for any deficiency of these books due to limited time for preparation and limited ability of the authors. It is hoped that teenage readers could enjoy the charm of Winter Olympic sports and know more about winter sports through this series of books.

分序

高山滑雪是在大自然中的山坡上进行的雪上运动，具有鲜明的自然属性。高山滑雪是滑雪运动的象征与精华，是大众滑雪的主项。

在2022年北京冬奥会上，高山滑雪共设有11个小项，其中男子、女子各5个小项，即滑降、回转、大回转、超级大回转和全能，还有1个混合项目团体赛。

这本《雪山飞人——高山滑雪》科普读物，以专业视角和大众语言介绍了高山滑雪的起源与发展、场地与装备、项目设置与规则、冬奥人物故事和观赛礼仪等，并配以近百幅精美图片，让读者身临其境般地感受高山滑雪带来的惊艳、感动和激情。

Alpine skiing is a snow sport on mountain slopes, which has distinct natural attributes. It is the symbol and essence of skiing, and the major event of mass skiing.

At present, alpine skiing at the Olympic Winter Games includes 11 events – 5 disciplines for men and women: downhill, slalom, giant slalom, super giant slalom (super-G), and super combined (downhill and slalom), plus a mixed team parallel.

From professional perspectives, this popular science book *Flying over Snow Mountain – Alpine Skiing* introduces the general knowledge about alpine skiing in common words, including the origin and development, venues and equipment, events and rules, stories of Winter Olympians and spectator's etiquette. Supported by nearly one hundred illustrations, the book would bring an immersive experience to readers while making them feel the amazing, moving and exciting beauty of alpine skiing.

目录

第一章 高山滑雪的起源与发展

高山滑雪起源于阿尔卑斯山地域，故又称阿尔卑斯滑雪。高山滑雪是在越野滑雪基础上逐步形成的，是特定的地理环境产生的特定的滑雪运动。

·高山滑雪的起源·

高山滑雪起源于欧洲阿尔卑斯山脉附近的一些气候严寒的国家，如瑞士、奥地利等，故高山滑雪又称阿尔卑斯滑雪。特定的地理环境产生特定的求生方式，经常变成冰天雪地的北欧至少在 5000 多年前就已经开始通过滑雪追逐猎物了。随着时代的发展，原始的滑雪狩猎逐渐演变成为一种交通方式，从而在欧洲流行开来，还诞生了越野滑雪这一竞技运动。随着滑雪运动更广范围的普及，欧洲人不满足于只在平地上进行雪野角逐，他们的兴趣从平地越野速滑转向地形复杂的高山丛林间，高山滑雪由此诞生。

* 早期滑雪狩猎的人们

·高山滑雪的发展·

* 国际发展历程

高山滑雪是在越野滑雪基础上逐步形成的。1850 年挪威的泰勒马克郡出现了改变方向和停止滑行的旋转动作。1868 年挪威滑雪运动奠基人诺德海姆等人在奥斯陆滑雪大会上表演了侧滑和 S 形快速降下技术。1890 年奥地利的茨达尔斯基发明了适合阿尔卑斯山地区特点的短滑雪板及滑行技术，1905 年他在维也纳南部的利林费尔德进行了高山滑雪史上第一次回转障碍降下表演。1907 年英国创立阿尔卑斯滑雪俱

* 高山滑雪

乐部，这是世界上第一个高山滑雪组织。国际滑雪联合会于 1930 年正式认可快速降下比赛，1931 年起举办世界高山滑雪锦标赛。高山滑雪项目立足奥运会是从 1936 年开始的，当时只有男女快速降下和回转障碍降下两项。从 1952 年开始，高山滑雪才固定为 3 个比赛项目：大回转障碍降下、回转障碍降下和快速降下。其线路的长度、高度差，以及检查门数都是不固定的，后来逐渐发展到 11 个竞赛项目。

* 国内发展历程

受天气、气候和环境的制约，高山滑雪在我国发展缓慢。20 世纪初，东北一些城市的滑雪爱好者开始从事高山滑雪运动。新中国成立以后，于 1951 年在吉林省吉林市举办了我国第一次滑雪比赛，从此高山滑雪运动才真正步入了健康发展的轨道。1980 年 2 月，第 13 届冬季奥运会在美国普莱西德湖（Lake Placid）举行，中国首次派选手参加了滑雪等 18 个单项比赛。但队员水平与当时世界先进水平相比，差距悬殊，所有参赛项目，均未有选手进入前 6 名。

1984 年 2 月，第 14 届冬季奥运会在南斯拉夫萨拉热窝（Sarajevo）举行，中国派选手参加了高山滑雪等 26 个单项比赛。在高山滑雪女子回转比赛中，我国选手金雪飞和王桂珍分别取得了第 19 名和第 20 名的成绩。

* 金雪飞

1988 年在加拿大卡尔加里（Calgary）举行的第 15 届冬季奥运会和 1992 年在法国阿尔贝维尔（Albertville）举行的第 16 届冬季奥运会上，各项比赛我国均派出了代表队参加，除了短道速滑获得 500 米项目的银牌之外，包括高山滑雪在内的其他项目，成绩依然没有太大的突破。而在之后参加的第 17 届和第 18 届冬季奥运会上，虽然参赛项目的成绩整体都有了大幅度的提高，但离冠军之巅，还有着遥远的距离。

1994 年，第 4 届亚洲青少年高山滑雪比赛在黑龙江省亚布力镇顺利举行，这次赛事的举办，标志着我国开始具备举办世界级高山滑雪赛事的能力和水平。在随后的几年中，随着对高山滑雪项目的不断深入研究，这项运动及相关赛事在我国也开始逐渐展开。

2010 年和 2014 年，第 21 届和第 22 届冬季奥运会分别在加拿大的温哥华（Vancouver）与俄罗斯的索契（Sochi）举行。在这两届冬奥会上，我国均派出了 2 名选手参加高山滑雪项目的比赛，但比赛成绩依旧不太理想。到 2018 年第 23 届韩国平昌（PyeongChang）冬季奥运会，中国依然派出两名运动员出战，以此来锻炼、提高队伍，并积累在国际大赛上的比赛经验。

为了备战 2022 年北京冬季奥运会，中国于 2016 年 6 月组建了高山滑雪国家队，共有 13 名队员，6 男 7 女，主要来自于吉林、黑龙江地区，并聘请了来自于斯洛文尼亚的外籍教练保罗执教。

高山滑雪项目一直以来在我国都属于小众项目，参加人员少，后备人才不足。之前参加历届冬季奥运会高山滑雪项目的两个名额，均是国际雪联按区域平均分配的。中国高山滑雪项目要想实现冬奥会奖牌的突破，还有很长一段路要走。随着北京冬奥会的临近，中国已经积累了丰富的举办高山滑雪赛事的经验，且具备了举办世界级别的高山滑雪赛事的能力和水平。

第二章

高山滑雪的场地与装备

高山滑雪是运动员脚踏滑雪板，手持滑雪杖，从大自然雪山的山坡由上向下滑行的雪上运动项目，具有鲜明的自然属性。

·竞赛场地·

冬奥会高山滑雪场地属于竞技滑雪场地，依据高山滑雪比赛项目的不同，可以分为滑降、回转、大回转、超级大回转等不同的线路。

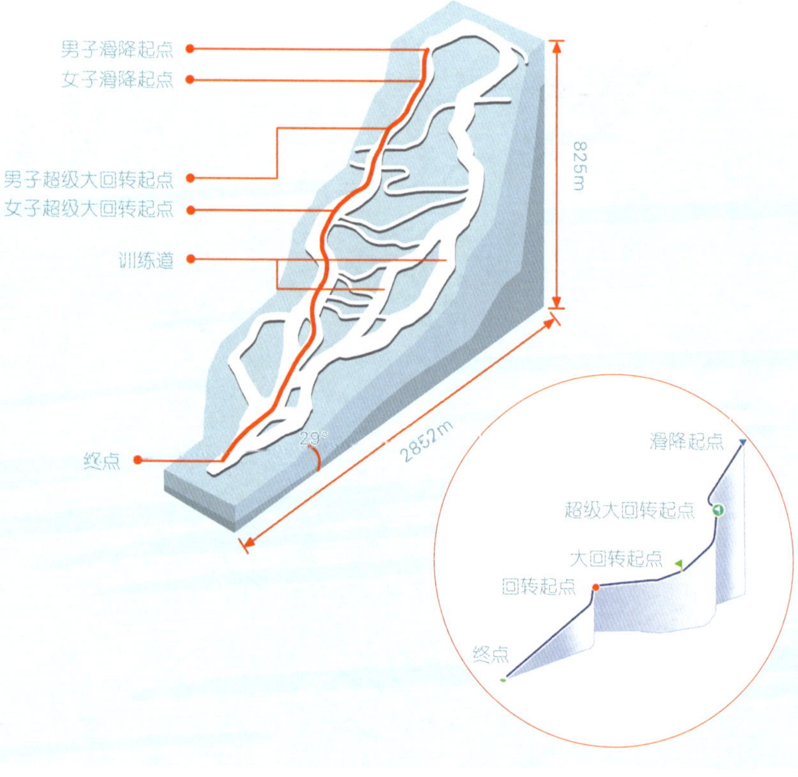

* 场地示意图

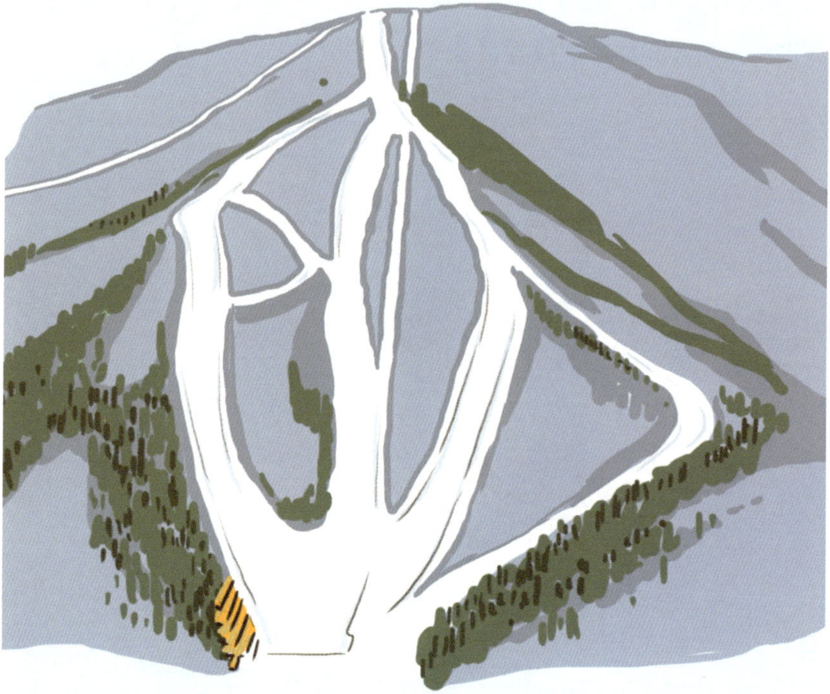

* 平昌冬奥会龙坪高山滑雪中心

* 滑降场地

在滑降比赛中，赛道的长度在 2000m 以上，宽度不得小于 30m，坡度为平均 20° 。男子比赛起点与终点的高度差为 800~1100m，女子比赛起点与终点的高度差为 450~800m。赛道中设置有旗门，旗门表明了比赛的线路，比赛选手须从旗门中滑过。滑降比赛线路上，每个旗门由 4 根旗门杆和 2 面旗门布组成，旗门的宽度为 4~8m ，上下两个旗门的间距一般为 30m。在某些地段必须设置旗门，如危险地段、坡度转换地段和颠簸地段等。

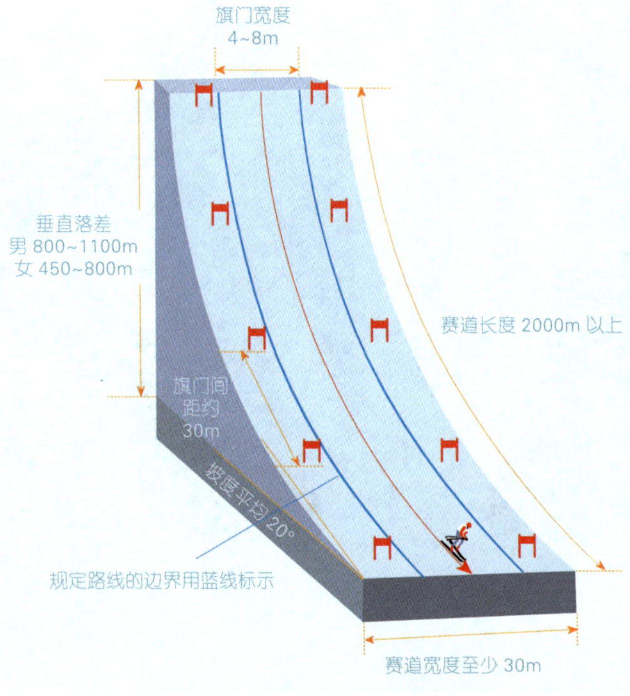

* 滑降场地

* 回转场地

回转比赛的场地一般都建在雪地的山坡上，急陡坡大于 30°，赛道宽度不得小于 40m。男子比赛赛道长度为 600~700m，起点与终点的高度差为 180~220m，旗门数量为 55~75 个。女子比赛赛道长度为 400~500m，起点与终点的高度差为 140~180m，旗门数量为 45~60 个。每个旗门由两面旗和两根旗杆组成，旗门宽度为 4~6m，上下两个连续门的旗门杆间距不得小于 0.75m。红、蓝旗门要交替插设。旗门设置应包含开口旗门（水平横向旗门）、闭口旗门（垂直方向旗门）及 3~4 个旗门组，每个旗门组由 1~4 个旗门组成，有蛇形门、螺旋门、三角门以及菱形门等。

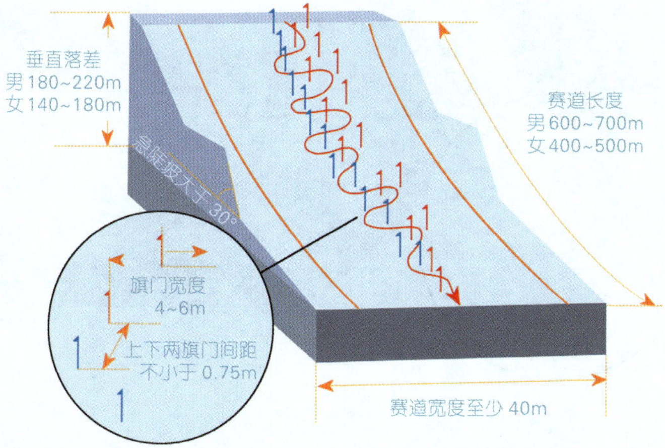

* 回转场地

* 大回转场地

大回转比赛场地为多坡赛道并呈波浪形，坡度为 15° ~32°。男子比赛赛道长度为 1500~2000m，起点与终点的高度差为 300~450m；女子比赛赛道长度为 1000m 以上，起点与终点的高度差为 300~400m。赛道宽度不得小于 30m。旗门宽度为 4~8m，上下两个连续门的旗门杆间距不得小于 10m。

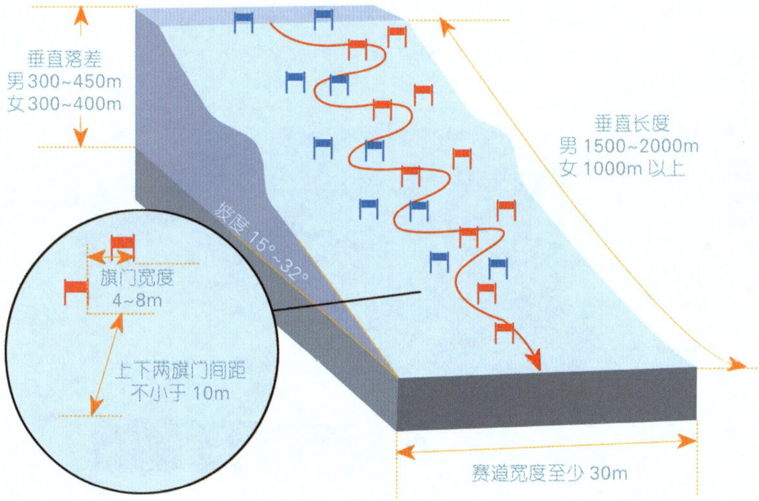

* 大回转场地

＊ 超级大回转场地

超级大回转项目的比赛场地呈波浪型起起伏状。赛道宽度不得小于 30m。男子比赛起点与终点的高度差为 400~650m，女子比赛起点与终点的高度差为 400~600m。旗门由 4 根回转旗门杆和 2 面旗门布组成。开口旗门的宽度不得小于 6m，闭口旗门的宽度为 8~12m。旗门布宽 75cm，高 50cm。旗门布系在两旗门杆之间，其底边距离雪面至少 1m，且能被撕开或扯下。男子比赛中旗门数不得少于 35 个，女子比赛中旗门数不得少于 30 个。旗门应红、蓝两色交替设置。相邻两个旗门的绕行杆间距一般为 25m，不能短于 15m。

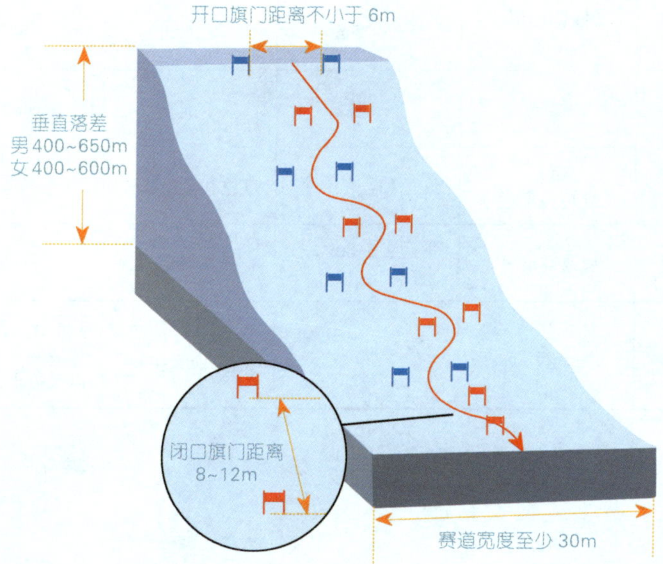

＊ 超级大回转场地

* 赛道详表

赛道		滑降 DH	超级大回转 SG	大回转 GS	回转 SL
垂直落差	男	800~1100m	400~650m	300~450m	180~220m
	女	450~800m	400~600m	300~400m	140~180m
赛道长度		2500~3400m	1700~2200m	1100~1400m	550~650m
赛道宽度		30m	30m	30m	40m

* 旗门详表

旗门	滑降 DH	超级大回转 SG	大回转 GS	回转 SL
转向杆间距	依据地形需要	15~25m	＞ 10m	＞ 0.75m
旗门密度	稀疏	一般	密	很密
旗门颜色	单一（红色或蓝色）	红色和蓝色交替	红色和蓝色交替	红色和蓝色交替
旗门宽度	4~8m	平门：6~8m 直门：8~12m	4~8m	4~6m
旗门组合	无	无	可以有，但一般不设置	3~4 个，有蛇形门、螺旋门、三角门以及菱形门等

·比赛装备·

* 滑雪服

依据功能不同，滑雪服一般可以分为大众滑雪服和竞技滑雪服两大类。大众滑雪服一般为分体式，即由上衣和外裤组成，主要以保暖、实用、舒适、新潮为特点。竞技滑雪服一般为连体式，即连体套衫，主要以轻便、防风、安全为特点。冬奥会高山滑雪项目参赛选手，一般都会选择适合自己体型的竞技滑雪服来完成各项比赛。

* 大众滑雪服

* 竞技滑雪服

* 滑雪头盔

高山滑雪是一项极速竞技项目，属于高危运动。参赛运动员在高速下滑的过程中，一旦发生意外，头部容易遭受撞击而带来生命危险。因此，高山滑雪国际竞赛规则规定，所有运动员和试滑员在官方训练和比赛时必须佩戴符合《国际雪联比赛器材规范》的头盔。滑雪头盔由硬质材料注塑而成，里面填充了类似于颗粒状的泡沫成分，富有弹性，具有保温、抗震、缓冲外力的作用。滑雪头盔外部一般有排气孔，后部一般有固定雪镜带子的卡槽，底部一般有可以调节长短的帽带。参赛运动员可以根据头盔的尺码来选择适合自己头部大小的头盔。

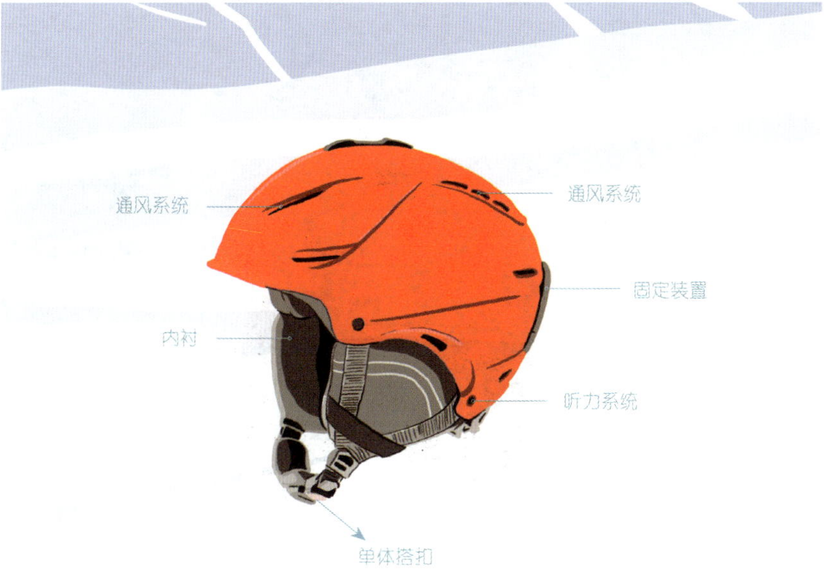

* 滑雪头盔详解

* 滑雪头盔侧面

* 滑雪头盔正面

* 滑雪眼镜

滑雪眼镜主要是用来保护眼睛免于遭受太阳紫外线、雪反射的强光，以及外部寒冷天气带来的刺激和伤害。其种类繁多，镜片材质也各有不同，导致其质量各异。优质的滑雪眼镜镜面涂层，能有效地过滤强光，有助于保持亮度和视野的开阔，保护眼睛免于灼伤。滑雪眼镜的款式也多样，一般以球面镜为主。滑雪爱好者和参赛选手可以根据滑雪眼镜的不同功能，选择适合自己佩戴的眼镜。

* 滑雪眼镜

知识窗

问：你知道如何挑选适合自己的滑雪镜吗？

答：其实挑选滑雪镜很简单，主要注意以下几点。

1. 选择全封闭型滑雪眼镜，有利于防止冷风侵入，保护眼睛。

2. 选择具有防雾功能的镜片，避免冷空气和呼出的热气形成雾化效应，影响视线。

3. 选择涂有防紫外线涂层的镜片，避免紫外线灼伤眼睛。

4. 选择材质软一点的眼镜，避免暴力扭曲时发生断裂。

5. 选择镜框大一点的滑雪镜，能有效罩住并保护双眼。

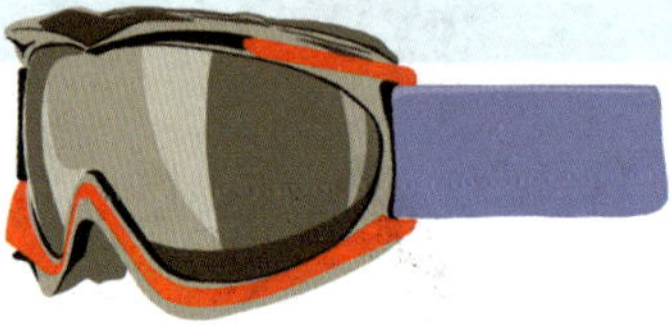

* 滑雪手套

滑雪手套不同于日常穿戴的保暖手套，它是一种滑雪运动专用手套，主要由尼龙布、牛津布、弹性毛巾布等多种材料制成，具有保暖、防水、透气、不沾雪的特点，能有效避免滑雪时手的擦伤或冻伤。依据款式不同，滑雪手套一般分为五指手套和二指手套。从外形上看，五指手套，五指分开，掌心部缝制有耐磨层，腕口有松紧带封口，能有效防止雪进入衣袖和手套内。二指手套，拇指分开，其他四指一体，材质和功能与五指手套没有太大区别。高山滑雪者多选用五指手套，这样更便于操控和持握雪杖。

* 滑雪手套

* 滑雪袜

滑雪袜不同于普通穿戴的袜子，它是长筒袜，主要用来保护雪鞋中的小腿和脚，避免雪鞋摩擦造成伤害。滑雪袜具有保暖、排汗的功能，能增加脚的舒适感，有助于滑行过程中保持脚的干燥。穿戴滑雪袜时，要将里裤抚平，避免褶皱，否则容易硌伤。

* 滑雪袜

* 滑雪板

滑雪板的主要作用是提高滑雪时的滑行速度。早期的滑雪板一般由一层或多层的木板制成。随着科学技术的进步与应用，现在的滑雪板一般由多层的纵横结构组成，包括弹性好、抗扭曲的木材，高分子材料底板，塑料或玻璃纤维复合材料，金属边刃等。

高山滑雪板根据竞技项目分为滑降板、回转板和大回转板。一般来说，滑降板和回转板相对较窄，滑行速度较快，不易控制；大回转板较宽，滑行速度较慢，易于控制。高山滑雪板一般两头宽、中间窄，由板头、板腰和板尾组成。板头宽且薄，两端翘起，能有效防止滑行时板头插进雪里。板腰窄且厚，呈一定弧度，能有效均衡人体重量，减少摩擦，提高滑行速度。板尾宽且薄，呈直线状，有利于滑行时改变方向和速度。

* 滑雪板

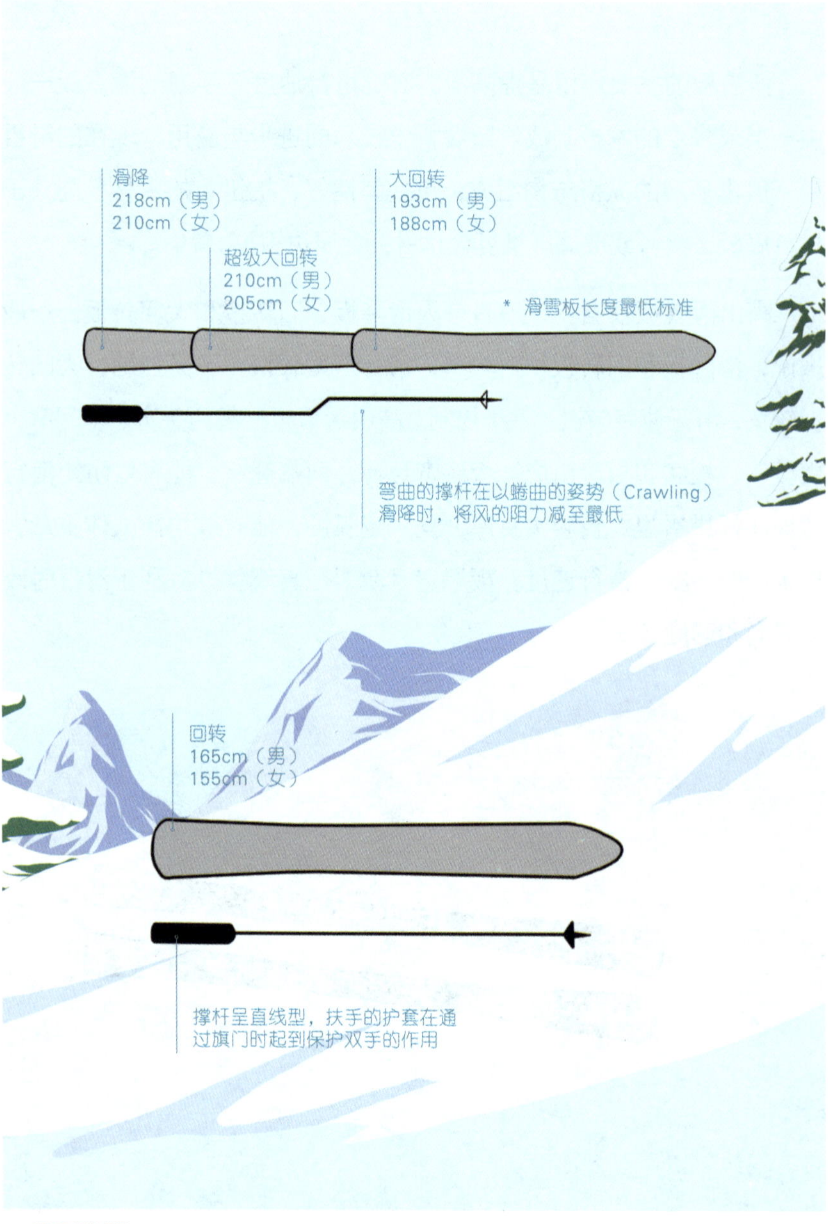
滑降
218cm（男）
210cm（女）
超级大回转
210cm（男）
205cm（女）
大回转
193cm（男）
188cm（女）
* 滑雪板长度最低标准
弯曲的撑杆在以蜷曲的姿势（Crawling）
滑降时，将风的阻力减至最低
回转
165cm（男）
155cm（女）
撑杆呈直线型，扶手的护套在通
过旗门时起到保护双手的作用

* 滑雪板详解

* 滑雪杖

滑雪杖主要用于滑雪时，帮助保持身体平衡，辅助推动和转弯，协助引导变向，支撑身体前进、后退或站立等。高山滑雪杖一般由腕带、手柄、杖体、雪轮和杖尖几部分组成。腕带主要是用来套在手腕上，防止滑雪时脱落。手柄也称握柄，用来持有和握紧雪杖。握柄上裹有塑料皮革，用来增加摩擦系数，防止雪杖滑落。杖体一般由轻铝合金制成，上粗下细。雪轮一般呈圆形或雪花形状，主要用来防止雪杖插入雪面过深。杖尖主要是防止雪杖在雪面撑插时脱滑。

* 滑雪杖

* 滑雪鞋

滑雪鞋一般由坚硬的外靴和柔软的内靴两部分组成。外靴由合成材料制成，从鞋面到鞋底都很坚固，防撞防水。外靴上面有调整雪鞋松紧的卡扣和调节前倾角度的装置。内靴由化纤等柔软、保暖的材料制成，穿着舒适，对脚部具有保暖和防护作用。高山滑雪鞋依据其功能和作用可以分为竞技滑雪鞋和休闲滑雪鞋。竞技滑雪鞋的鞋勒高、卡扣多。鞋勒可打开，外壳较硬。内靴较紧，将脚踝和小腿紧紧裹住，有利于脚和鞋固定成为一个整体。休闲滑雪鞋的鞋勒矮，卡扣少，穿脱较容易。

* 滑雪鞋

* 固定器

固定器一般由金属材质制成，它是将滑雪鞋固定在雪板上的装置。当滑雪者滑行摔倒或遇到紧急情况时，它能自动地将滑雪鞋和雪板分离，防止滑雪者摔倒受伤。固定器由前部、中部和后部三部分组成。前部固定器一般不能移动，直接用螺丝固定在雪板上，主要用来固定雪鞋的前端。中部固定器的垫板主要用于防止雪鞋侧面与雪面摩擦，提高转弯的速度。后部固定器可以沿着雪板前后移动以适应雪鞋的大小，主要用来固定雪鞋的后端。

* 固定器

* 装备详表

装备	滑降 DH	超级大回转 SG	大回转 GS	回转 SL
* 雪板	板长： 218cm（男） 210cm（女） 板腰： ≤ 65mm	板长： 210cm（男） 205cm（女） 板腰： ≤ 65mm	板长： 193cm（男） 188cm（女） 板腰： ≤ 65mm	板长： 165cm（男） 155cm（女） 板腰： ≤ 63mm
雪杖	弯杖	弯杖	弯杖	直杖（带护手）
头盔	全盔	全盔	全盔	全盔和半盔

* 雪板长度均是指最小长度。

第三章 高山滑雪的项目设置与规则

高山滑雪项目最开始只有滑降和回转障碍两项比赛，从1952年开始，固定为三个比赛项目，后来逐渐发展为11个比赛项目。

·项目设置·

北京冬奥会高山滑雪项目分为 11 个小项，包括男女各 5 项以及 1 个混合项目团体赛。男子项目包括滑降、回转、大回转、超级大回转、全能；女子项目同样包括滑降、回转、大回转、超级大回转、全能。

* 动作展示

· 比赛规则 ·

* 滑降

滑降，又称速降，是指参赛运动员在规定线路内，自上而下穿越门形障碍的比赛竞速滑雪项目。

* 滑降（一）

在比赛中，运动员必须用至少一只滑雪板的前端和双脚都通过旗门线，才算正确通过旗门。如场地起点与终点的高度差没有达到比赛规则的要求，可组织两轮滑行比赛，两轮比赛成绩相加后，用时最少的选手获胜。两次滑行比赛必须在同一天完成。

* 回转

回转，又称回转障碍滑雪，是指运动员从高山下滑时，进行连续转弯，并沿着线路顺次穿过门形障碍的竞速滑雪比赛。

* 回转（一）

运动员在高速转弯通过线路上的各种旗门时，需要两脚过门。碰倒旗杆不算犯规，漏门或骑杆过门算犯规，不计成绩。回转比赛的成绩由在两条不同线路上各滑行一次的成绩之和决定。运动员不得分为两组同时在两条线路上进行比赛，如果可能，两次滑行比赛应在同一天进行。两条比赛线路使用的先后顺序由仲裁委员会决定。仲裁委员会有权利将第 2 次滑行运动员的数量减少到第 1 次滑行人数的一半。

* 回转（二）

＊ 大回转

大回转是一项介于滑降和回转之间的竞速滑雪比赛。它既有滑降极速的激情，又具备回转转弯的高超技巧。选手在比赛中共进行两轮滑行，比赛结束后开始计分排名，两次成绩相加用时最少者获胜。

运动员滑行时，碰倒旗杆不算犯规，漏门或骑杆过门算犯规，不计成绩。如果第 1 次滑行犯规，则失去第 2 次滑行的机会。仲裁委员会有权利将第 2 次滑行运动员的数量减少到第 1 次滑行人数的一半。

＊ 大回转

* 超级大回转

超级大回转是最后一个进入冬奥会的高山滑雪项目，首次出现在1988年卡尔加里冬奥会上。它结合了滑降和大回转的竞赛技巧，比赛滑行距离比滑降赛短，但是拐弯较多，旗门也更多。当比赛结束后，用时最少的选手获胜。

* 超级大回转

＊ 全能

冬奥会高山滑雪全能比赛主要指滑降和回转组合项目。只有参加了全能项目中的所有单项比赛，且取得单项成绩的运动员才有机会取得全能比赛资格。全能比赛中各单项的比赛顺序由组织者决定。该顺序必须在竞赛通知以及项目日程表中进行公告。组委会必须在邀请函中说明有资格参加第 2 轮或随后各轮次比赛的运动员数量，仲裁委员会可做变更。在各项比赛或滑行完成后，可公布其单项成绩。当所有项目的比赛或滑行结束后，才能公布正式成绩。全能比赛的成绩是由各单项比赛或轮次的比赛时间相加得出的。

＊ 全能

* 混合团体赛

混合团体赛是使用大回转旗门进行的平行比赛，赛道长度为250~300m，旗门间距比回转长，比大回转短。比赛采取平行赛的方式，分设红色赛道和蓝色赛道并设置相应颜色的旗门，两条赛道全长一致。

在冬奥会高山滑雪团体比赛中，每个团体以国家或地区为单位，每队同性别的选手至少两人，队伍总人数最多为 6 人，上场队伍由 2 名男子、2 名女子组成。共 16 个团体以淘汰赛的方式得出排名。

每场比赛设 4 局，两个团体采用混合全体对抗制，胜一局得 1 分，平一局各得 1 分，最终得分多的团体获得胜利。每局开始时，两队各一名选手分别站在红色赛道和蓝色赛道起始位置，指令员会逐个询问 2 名选手是否准备好，之后便会发出比赛开始的指令，2 名选手同时出发展开竞争，第一个成功到达终点的选手为优胜者。如果 2 名选手都未能完成比赛，滑得最远的选手获胜。如果在 4 局比赛结束时出现平分，如 2:2，则按每个团体中成绩最好的男子和女子的用时进行计算，用时之和较少的团体赢得比赛。

如果在比赛中，参赛选手出现从一条赛道转向另一条赛道、干扰对手（无论是否意外）、没有正确地通过一扇旗门或后退的情况，将取消其比赛资格。

* 混合团体赛

知识窗

你知道吗？在我国还有一群特殊的高山滑雪队员，他们就是残疾人高山滑雪国家队队员。这些队员由来自全国各省的 60 名残疾人滑雪精英组成，他们会参加 2022 年的冬季残疾人奥运会。他们将不畏艰苦，奋力拼搏，为国争光，到时大家千万别忘了为他们加油！

* 残疾人选手

第四章

高山滑雪的冬奥人物故事

高山滑雪是对运动员速度与技术的综合考验，无论在赛场上还是在训练中，每一位从事这项运动的人，都付出了艰辛的努力。

· 林赛 · 沃恩 ·

* 冬奥会第一美女

林赛·沃恩（Lindsey Vonn）是美国著名的高山滑雪运动员，有“冬奥会第一美女”之称。她1984年10月18日出生于美国的明尼苏达州。7岁的时候，她开始接触滑雪。她天资聪颖，天赋过人，学起来很快。13岁时，她随全家搬到了科罗拉多州，开始了更为系统的滑雪训练。她参加了滑降、超级大回转、大回转、回转和全能全部五个高山滑雪项目的训练和比赛，但她的优势项目主要集中在滑降和超级大回转两个项目上。

* 林赛 · 沃恩（一）

1998年，林赛·沃恩14岁，此时的她已经成为世界最优秀的青少年滑雪运动员之一。两年之后，她入选了美国国家队，开始了更为系统和刻苦的训练。功夫不负有心人，2004年1月18日，林赛·沃恩获得高山滑雪世界杯滑降项目第三名的好成绩，首次登上了世界杯领奖台。同年12月3日，在高山滑雪世界杯加拿大路易斯湖分站赛上，林赛·沃恩摘得了滑降项目的金牌，这是她职业生涯获得的第一个世界冠军。两天之后，她又把超级大回转项目的铜牌收入囊中。到了12月21日，在瑞士圣莫里茨分站赛上，林赛·沃恩发挥出色，获得了超级大回转项目第二名的好成绩。

之后，林赛·沃恩在高山滑雪项目上一路高歌猛进。2005年1月6日，在高山滑雪世界杯意大利圣卡泰里娜分站赛上，林赛·沃恩摘得了滑降项目的银牌。1月14日，在意大利科尔蒂纳丹佩佐分站赛上，林赛·沃恩获得了超级大回转项目的银牌。次日，她又摘得了滑降项目的铜牌。2005年12月3日，在高山滑雪世界杯加拿大路易斯湖分站赛上，林赛·沃恩获得了滑降项目的冠军。12月17日，在法国瓦勒迪塞尔分站赛上，林赛·沃恩再次获得滑降项目的冠军。

在接下来的比赛中，林赛·沃恩先后获得了82个高山滑雪世界杯分站赛冠军，摘取了2007—2008和2008—2009两个赛季的世界杯总冠军桂冠。在2009年和2010年，她连续两次获评美国最佳女运动员奖。2010年同时又获得了劳伦斯世界体育奖年度最佳女运动员奖。将近20座水晶球奖揽入怀中，她创造了世界纪录，并成为美国历史上最成功的女子滑雪运动员之一。

然而，林赛·沃恩的夺冠之路并非一帆风顺。2005 年 1 月 30 日，在意大利博尔米奥举行的高山滑雪世锦赛上，林赛·沃恩折戟沉沙，无缘奖牌。2006 年 2 月，在意大利都灵举办的第 20 届冬季奥运会上，她被寄予厚望，成为最大的夺冠热门。但这时，命运却跟她开了一个玩笑。在正式比赛前几天，她在训练时摔倒受伤。尽管她忍着骨盆的伤痛参加了比赛，但依旧名落孙山，无缘奖牌。

“你们只看到了我站到领奖台上的样子，却没有看到我为了比赛经历了很多艰难的岁月。” 一次比赛中，林赛·沃恩不慎失误，右手臂严重骨折，术后被植入了 16 根钢钉。她的父亲心疼地说：“光有极高的天赋是远远不够的，成为冠军有很长的路要走。”然而，林赛·沃恩却拒绝向命运低头，她不希望因为伤病而告别自己喜爱的高山滑雪

* 林赛·沃恩（二）

运动。她想早日回归赛场，因此，她不惜代价，从早到晚呆在健身房进行高强度的康复训练。她经历了常人无法忍受的痛苦，只为让自己变得更加强大。

林赛·沃恩说：“唯一的敌人就是自己。如果我战胜了自己，我就无所畏惧。”幸运女神再次眷顾了这位性格坚毅的冰雪女王。2009 年 2 月 9 日，在法国举行的高山滑雪世锦赛上，林赛·沃恩一举夺得滑降和超级大回转两个项目的金牌。但在开香槟庆祝的时候，她却不小心伤到了自己的右手拇指，差点截肢，落下残疾。

在随后的日子里，伤病一直伴随着林赛·沃恩。2009 年 12 月，在高山滑雪世界杯加拿大路易斯湖分站赛上，她取得了滑降比赛的第一名。但在比赛时，她的膝盖不小心撞到了下巴，舌头差点被咬断，满嘴是血。同年 12 月 28 日，林赛·沃恩在奥地利林茨参加大回转项目比赛时，滑雪板被赛道凸起的雪疙瘩磕碰了一下，她整个人飞出了赛道，重重地摔在了雪地上，左手腕骨又严重受伤。即使饱受伤病困扰，林赛·沃恩却在 2009 赛季斩获了七次世界杯冠军，包揽了全部五站赛事滑降项目的第一名。

2010 年 2 月 12 日前夕，林赛·沃恩全力以赴备战即将在加拿大温哥华举行的第 21 届冬季奥运会时，在奥地利的一次训练中又意外导致右腿胫骨受伤，这使她整整一个星期无法参加训练。她的身心遭受着巨大的痛苦和折磨，但她从未放弃。2 月 17 日，林赛·沃恩站在了冬奥会高山滑雪滑降项目的赛场上。面对着起终点落差 770 米，全长 2939 米，号称世界高山滑雪难度最大的赛道时，她毫不畏惧。发令枪一响，她像一只矫健的雄鹰，急速而下，以 1 分 44 秒 19 的成绩摘得本届冬奥会滑降项目的金牌。林赛·沃恩创造了奇迹，又一次战胜了自己。赛后，面对记者采访，她激动地说：“为了这个冠军，我等了四年，这四年时间里，我一直在为这枚金牌努力着，现在我是最幸福的人。”夺冠后的林赛·沃恩喜极而泣，她说：“伤病的确对我有影响，但我站在场上，就不会考虑其他任何因素，毕竟我要为我的汗水和之前所做的努力负责。” 她也因此获得了 2011 年劳伦斯世界体育奖最佳女运动员奖。

多年来，伤病一直困扰着林赛·沃恩，但她没有轻易放弃，一直在从事着自己喜爱的高山滑雪运动。她获得了 2011—2012 赛季高山

⭑ 林赛 · 沃恩（三）

滑雪世界杯总冠军和2014—2015赛季世界杯总榜第3名。2016年1月,在意大利科尔蒂纳丹佩佐举行的高山滑雪世界杯分站赛上,林赛·沃恩以1分37秒01的成绩获得滑降比赛冠军。2017年12月，在法国瓦勒迪泽尔举行的高山滑雪世界杯分站赛上，林赛·沃恩又以1分04秒86的成绩夺得超级大回转项目的冠军。2018年2月21日，在韩国平昌冬奥会高山滑雪比赛中，林赛·沃恩以1分39秒69的成绩，获得一枚滑降项目的冬奥会铜牌，以35岁的年龄，成为冬奥会该项目年龄最长的奖牌获得者。2019年，林赛·沃恩获评劳伦斯世界体育奖体育精神奖。

由于运动神经受损，林赛·沃恩最终选择了退役，告别了她曾经挚爱的高山滑雪运动。但是，她那不畏艰辛、敢于挑战自我的体育精神，一直鼓舞着来自世界各地的高山滑雪运动爱好者。

·戴安娜·高登·

* 滑雪的勇者

戴安娜·高登（Diana Golden）出生于美国马萨诸塞州，5 岁的时候开始练习滑雪。12 岁那年，她在外面玩雪后准备回家时，突然发现自己的右腿无法再动。被家人送到医院后，经过医生的仔细诊断，她被确诊患了骨癌，并且需要从膝盖以上进行截肢。当听到这个消息的时候，戴安娜·高登想到的第一件事情便是："天哪，骨癌？锯掉右腿？

* 戴安娜·高登（一）

我以后还能滑雪吗？”戴安娜·高登后来回忆道：“当医生回答说可以时，我觉得这其实还不算太坏。”手术后，尽管只剩下一条腿，但她并不气馁。她仍然刻苦练习滑雪，梦想自己有一天可以成为世界级的滑雪选手。这就是她对待生活的态度。对大多数孩子来说，失去一条腿，意味着失去了信心，失去了希望。但是戴安娜·高登却一直很乐观。她常说：“一条腿没了？没事，不就是身体的一部分嘛！”

手术以后，为了可以早日回到滑雪场，戴安娜·高登积极接受恢复治疗。她说：“以前一直滑雪，自己也想坚持下去。在我看来，这没问题。”截肢后，父母带她去见了一位越战老兵。这位老兵也只有一条腿，但滑雪技术却很高超。从此，戴安娜·高登重拾信心，开始了

★ 戴安娜·高登（二）

她单脚滑雪的生涯。与正常的滑雪相比，单脚滑雪并不是件容易的事，因为必须很好地掌握平衡。有一次快速滑下山坡时，她摔倒了，脚上的滑雪板被甩到了七八十米外的山坡上，装有小滑板来帮助平衡的两支雪杖也摔成了碎片，手套、眼镜、帽子和假发也散落得四处都是。

经过长时间的刻苦练习，戴安娜·高登不仅掌握了平衡，还充分发挥了仅有的左腿的作用，终于学会了单腿滑雪，实现了愿望，重新回到了滑雪道上，并且速度比大多数身体健全的人还要快。几年后，戴安娜·高登迎来了她的中学时光，并因为表现出色成为学校滑雪队的一名成员。毕业后，她进入达特茅斯学院继续学习。在那里，她见到了很多优秀的滑雪队员，并学到了很多科学的训练方法。她暗下决

★ 戴安娜·高登（三）

心，一定要迎头赶上，于是跟随达特茅斯滑雪队其他队员一起训练。当他们在操场跑步时，她拄着拐棍跟在后面跑。当大家在看台上跑台阶时，她也跟着单腿跳台阶。戴安娜·高登后来解释说："我必须适应这一切，我是一名运动员，我只有一条腿，这意味着我必须以一种不同的方式完成训练。"

1979 年，17 岁的戴安娜·高登进入了美国残疾人滑雪队。

她第一次参加国际性的滑雪比赛是在 1982 年举行的挪威世界残疾人锦标赛，并且获得了滑降比赛的第 1 名。1986 年，戴安娜·高登荣获了美国贝克奖（该奖专门颁发给那些在国际性滑雪比赛中获得冠军的美国选手）。1987 年，她参加了一次对抗赛，与一些出色的、健

＊ 戴安娜·高登（四）

全的滑雪选手进行比赛，并获得了第10名的好成绩。

戴安娜·高登先后获得美国国家残疾人滑雪赛19枚金牌，世界残疾人滑雪赛10枚金牌。1988年，戴安娜·高登获得了加拿大卡尔加里冬奥会女子残疾人滑雪障碍赛冠军，终于实现了奥林匹克金牌梦。同年，她被美国《滑雪竞赛》杂志评为“年度最佳女滑雪运动员”。

戴安娜·高登的勇气和决心改变了全世界对残疾运动员的看法。人们开始承认他们是坚强的，是有能力的。她说：“每一个人在某些方面都有一些残疾，但重要的是，我们能发挥自身的能力并做些什么。”

可是，命运之神却一直在捉弄她，仍不断和她开着玩笑！在三十岁那年，她被确诊患有乳腺癌，医生给她做了乳腺切除手术。当手术结束苏醒后，戴安娜·高登不断哭泣：“我已经切断了一条腿，为什么老天又要拿走我的双乳？为什么？”然而，她无法对抗命运，只能自己默默地承受着这一切。她说，手术后，她虽然勇敢去泳池游泳，但是在女生浴室内，她始终没有勇气脱下自己的衣服，因为她害怕被嘲笑！她的胸口上只有两块永远抹不掉的伤痕！回家后，她站在镜子前，注视着自己“残缺”的身体，终于想明白了：“我腿上、胸上的伤痕，都是我‘生命的痕迹’！生活让每个人都留下了伤疤，只不过我的伤疤更明显罢了。而且，这些伤疤证明了我没有在生命中退缩！”

1990年，戴安娜·高登宣布退役。她成为一名励志演讲家，向他人讲述自己的经历，鼓舞了无数遭遇不幸的人，带给了他们面对未来的勇气。

·让－克劳德·基利·

* 高山滑雪全能王

让－克劳德·基利（Jean-Claude Killy），1943年8月30日出生于法国，是世界著名的高山滑雪选手。他从15岁开始学习高山滑雪，18岁时第一次赢得了国际比赛的胜利。

* 让－克劳德·基利（一）

1964 年，让 - 克劳德 · 基利首次入选法国国家队，并代表法国赴奥地利因斯布鲁克参加第 9 届冬季奥运会。像许多其他选手一样，第一次参加国际大赛的让 - 克劳德 · 基利成绩并不理想。他参加高山滑雪男子滑降比赛，成绩为 2 分 32 秒 96，仅排名第 42 位；参加高山滑雪男子大回转比赛，成绩为 1 分 48 秒 92，排名第 5 位；参加高山滑雪男子回转比赛时还因故未能完成比赛。第一次参加冬季奥运会，让 - 克劳德 · 基利最终与奖牌无缘，铩羽而归。

但在随后 1966—1967 赛季中，让 - 克劳德 · 基利获得了在波蒂略举行的世界高山滑雪锦标赛男子滑降和全能的两枚金牌。此外，基利还获得了世界杯滑雪赛 4 个分站赛冠军和 2 个总冠军，总共获得了

* 让 - 克劳德 · 基利（二）

世界杯 16 项比赛中的 12 个冠军，如此优异的成绩让他从此走进了大家的视野。

1968 年 2 月，第 10 届冬季奥运会在法国格勒诺布尔市举行。让 - 克劳德 · 基利代表法国队，以东道主的身份再度披挂上阵。法国举国上下都对他寄予了厚望，希望他能将高山滑雪全部 3 个比赛项目的冠军收入囊中。让 - 克劳德 · 基利并没有让大家失望，他在滑降比赛、大回转比赛、回转比赛中分别以 1 分 59 秒 85、3 分 29 秒 28、1 分 39 秒 73 的好成绩夺冠，横扫了第 10 届冬季奥运会高山滑雪男子项目，获得了 3 枚金牌。他也因此成为法国人民心中的英雄，并被大家称为传奇的滑雪天才。

* 让 - 克劳德 · 基利（三）

除了在冬季奥运会上的骄人战绩，让－克劳德·基利在1968年还获得了世界高山滑雪锦标赛男子滑降、回转、大回转和全能4枚金牌。1972年2月3日，几内亚发行了1套“1972年札幌冬季奥林匹克运动会和1968年格勒诺布尔冬季奥林匹克运动会奖牌获得者”的纪念邮票，其中，面值5比塞塔（西班牙及安道尔在2002年欧元流通前所使用的法定货币）邮票上的选手就是让－克劳德·基利。2000年，法国在发行“20世纪回顾(第一组)”纪念邮票时，也将让－克劳德·基利的滑雪英姿印在了其中一枚面值300法郎的邮票上面。或许，这就是对让－克劳德·基利为高山滑雪所做贡献的最高评价。

* 让－克劳德·基利（四）

1995 年，让 - 克劳德 · 基利当选为国际奥委会委员，并荣获了奥林匹克勋章和法国军团勋章。

然而这还不是他的全部成就。他不仅仅是一名高山滑雪运动员，也不仅仅是冬奥冠军，他在商业和体育事业上也取得了巨大成就。他建立了一家国际运动服装公司，还是可口可乐公司的体育顾问，同时担任环法自行车赛的主席（该比赛是世界上最受欢迎的电视体育赛事之一)。于1992年举办的法国阿尔贝维尔冬奥会,他是主要组织者之一。他是国际奥委会最具影响力的成员之一，也是国际奥委会在意大利都灵举办的 2006 年冬季奥运会的联络人。

与此同时,让 - 克劳德·基利几十年来一直是劳力士的品牌代言人。自 20 世纪 60 年代以来劳力士的很多广告都是他拍的。他沉默寡言的性格与劳力士的品牌形象非常接近，于是最终被任命为瑞士钟表制造商的董事会成员。

这就是让 - 克劳德 · 基利，一个永不止步的人。

·希尔斯赫·

希尔斯赫，1989 年 3 月出生于奥地利。他是赛场上的一员老将。截至目前，希尔斯赫已经获得了 68 个世界杯分站赛冠军，8 个世界杯总冠军。小的时候，他就梦想自己成为一名伟大的世界冠军。希尔斯赫说：“我梦想赢得比赛，但那时候我从来不敢梦想奖牌。”

2007 年 12 月 3 日，年仅 18 岁的希尔斯赫首次代表自己的祖国征战高山滑雪世界杯赛事。在 2007—2009 赛季中，希尔斯赫获得了

* 希尔斯赫（一）

3个冠军，并收获6枚青年世界杯奖牌。2010年2月，希尔斯赫参加了在温哥华举行的第21届冬季奥运会。像许多年轻的选手一样，希尔斯赫并没有在自己的第一次冬季奥运会上绽放光彩。他在高山滑雪男子回转项目中获得了第5名，大回转项目中获得了第4名，最终与奖牌擦肩而过，带着遗憾结束了这次冬奥会之旅。

2014年2月，希尔斯赫参加了在俄罗斯索契举行的第22届冬季奥运会。同上届一样，希尔斯赫又参加了高山滑雪男子回转和大回转项目的比赛。最后，在回转项目上，他终于获得了自己首枚冬奥会奖牌——1枚宝贵的银牌。赛后，希尔斯赫表示：“第1轮我就犯了明显的错误，落后前面的选手1.28秒，我知道自己没有退路了，必须放手一搏，比赛就是这样，容不得任何闪失。第二轮我拼尽全力，但还

* 希尔斯赫（二）

* 希尔斯赫（三）

是无法弥补这段差距，不过从第 9 名升至第 2 名，也是一个不错的结果。”在参加的大回转项目上，同上届冬奥会成绩一样，希尔斯赫又获得了第 4 名。

索契冬奥会之后，希尔斯赫一路高歌猛进。在 2017 年 2 月瑞士圣莫里茨举行的世界高山滑雪锦标赛上，希尔斯赫获得了高山滑雪男子回转和大回转 2 枚金牌，并获得了全能比赛的第 2 名。然而，天有不测风云。2017 年 8 月，希尔斯赫在一次训练中，左脚脚踝意外骨折。这对正在备战平昌冬季奥运会的希尔斯赫来说，是一次严峻的考验。但希尔斯赫并没有放弃，他及时调整好心态，抛弃所有杂念，继续备战并参加了 2018 年在韩国平昌举行的第 23 届冬季奥运会，获得了高山滑雪男子全能项目的金牌，这也是他获得的首枚冬奥会金牌。在随后参加的高山滑雪男子大回转比赛中，希尔斯赫再接再厉，一扫两届冬奥会该项目获得第 4 名的低迷，终于站在了大回转项目的最高领奖台上。但在高山滑雪男子回转项目比赛中，希尔斯赫在准备继续向奖牌冲刺的时候却意外出现失误，首轮即被淘汰出局，没能续写辉煌。

在经历了 3 届冬奥会后，希尔斯赫对高山滑雪的热情并没有减退，但此时的他却把金牌看得很淡，他说：“平昌冬奥会后，我认为自己没有义务再去冲击冬奥会金牌，因为每次出现在赛场上的时候，我更多的是享受比赛，享受这项运动给我带来的快乐。”

正如希尔斯赫所言，奥运会有一种能量和光环，也有一种魔力。他说：“我无法预想自己是否会参加 2022 年北京冬奥会，现在看起来还太久远，不过只要喜欢，我就会继续去享受我高山滑雪的职业生涯。”

知识窗

问：截至目前，你知道获得高山滑雪冬奥金牌最多的男选手是谁吗?

答：截至目前，获得高山滑雪冬奥金牌最多的男选手是来自于挪威的安德雷·奥莫特。安德雷·奥莫特，1971年9月2日出生于挪威奥斯陆，他一共参加了五届冬奥会，收获了4金2银2铜，总计8枚奖牌。在高山滑雪项目上，安德雷·奥莫特至今保留着这一无人能及的世界纪录。

安德雷·奥莫特

第五章

高山滑雪的欣赏点与观赛礼仪

高山滑雪将速度与技巧完美地结合，运动员在向下滑行的过程中左右盘旋，并将健美与优雅融为一体。高山滑雪是一项非常值得欣赏的比赛项目，一直深受广大观众的喜爱。

· 比赛欣赏点 ·

* 学会欣赏

冬奥会高山滑雪项目以其优美的雪上滑转和飞速疾驰的雪上速度吸引着众多观众。当我们近距离观看高山滑雪比赛时，不仅可以看到运动员高超的滑雪技能，还可以欣赏到参赛选手在比赛中对自身技术的完美展示。高山滑雪是非常值得观看的一项冬奥竞赛项目。

* 观看比赛

1. 大自然的美妙风景

高山滑雪比赛是在风景美丽的雪山上进行的，皑皑白雪覆盖下的高山，苍松，蓝天，白云和清新的空气，都是大自然赐予人们的宝贵礼物。

* 赛场风景

* 技巧展示 1

2. 运动员的勇敢

运动员的勇敢震撼人心。高山滑雪场地落差大，对于普通观众来讲，站在起点往下看，会感到高度带来的恐惧。而运动员则一跃而下，像一颗流星快速坠落，他们勇敢地挑战大自然，让人心潮澎湃。

* 技巧展示 2

3. 运动员高超的滑技

运动员需要非常好的平衡能力。在回转比赛中，过旗门杆时身体距离杆越近越好，运动员身体重心需要不停转换，尽力做到恰到好处地擦杆而过。

4. 速度与激情

高山滑雪是充满速度与激情的视觉盛宴。运动员从雪山的顶端飞速滑下，那身后扬起的飞雪，使观众赏心悦目。当运动员冲过终点，以一个潇洒的侧转身停止时，“横刀立马”的英姿让人叫绝。

* 技巧展示 3

·观赛礼仪·

* 赛前礼仪

赛前进入观赛场地时，要注意配合工作人员的指引，接受身体和随身携带物品的安全检查。禁止携带违禁物品进入比赛场地，禁止携带宠物入场观看比赛。衣着大方整洁，言谈举止得体。听从工作人员安排，从观看比赛规定的入口，排队有序地进入场地。按门票规定的区域就座观看比赛。禁止翻越安全护栏或围挡。

* 赛中礼仪

观看比赛过程中，要注意听从赛场工作人员指挥。禁止在比赛场地吸烟或吃东西。禁止使用闪光灯进行拍照。对比赛过程中的精彩瞬间，要及时报以掌声和鼓励。对一些动作失误的运动员，不要起哄、喝倒彩。理性对待比赛过程中出现的一些争议判罚，禁止辱骂和围攻裁判。禁止向比赛场地投掷异物，禁止出现干扰运动员正常比赛的任何不当行为。

* 赛后礼仪

比赛结束后，不要着急离场。颁奖仪式进行过程中，不要随意来回走动或提前退场。对获奖的运动员要报以热烈的掌声。奏国歌、升国旗时，要保持安静和庄重。颁奖仪式结束后，听从工作人员引导，有秩序地退出场地。爱护场地内公共设施，不随意践踏场地设施，不恶意毁坏安全护栏。禁止乱扔杂物，随身带走身边的垃圾，保持比赛场地的干净和整洁。

附录　跟我学

（中英文对照）

中文	英文
高山滑雪	Alpine Skiing
雪道	Trail/Course
初级雪道	Preliminary Trail/Course
中级雪道	Intermediate Trail/Course
高级雪道	Advanced Trail/Course
绿道	Green Trail/Course
蓝道	Blue Trail/Course
黑道	Black Trail/Course
滑雪道停止区	Stop Skiing Area
滑雪场	Skiing Resort
吊椅缆车	Chairlift
缆车	Cableway
造雪机	Snow Maker
压雪机	Snow Groomer
滑雪板	Ski
雪杖	Ski Pole
固定器	Binding

续表

中文	英文
滑雪服	Skiwear
雪鞋	Ski Boots
滑雪镜	Ski Goggles
头盔	Helmet
手套	Gloves
滑降	Downhill
回转	Slalom
大回转	Giant Slalom
超级大回转	Super Giant Slalom
全能	Super Combined
立刃	Edging
犁式转弯	Snowplough Turn
半犁式转弯	Stem Turn
卡宾式转弯	Carving Turn
平行转弯	Parallel Turn
踏步式转弯	Step Turn
线路视察	Course Inspection
试滑员	Forerunner
领队会议	Captain Meeting
竞赛办公室	Race Office

青少年冬奥知识普及丛书

冰上之箭
速度滑冰

王金英◎主编　文世林◎副主编

新世界出版社
NEW WORLD PRESS

图书在版编目（C I P）数据

冰上之箭：速度滑冰 / 王金英主编 . -- 北京：新世界出版社，2021.5
（青少年冬奥知识普及丛书）
ISBN 978-7-5104-6986-2

Ⅰ . ①冰… Ⅱ . ①王… Ⅲ . ①速度滑冰－青少年读物 Ⅳ . ① G862.1-49

中国版本图书馆 CIP 数据核字 (2019) 第 284251 号

冰上之箭　速度滑冰

主　　编：王金英
责任编辑：王峻峰
责任印制：王宝根
出　　版：新世界出版社
网　　址：http://www.nwp.com.cn
社　　址：北京西城区百万庄大街 24 号（100037）
发 行 部：(010)6899 5968（电话）　(010)6899 0635（电话）
总 编 室：(010)6899 5424（电话）　(010)6832 6679（传真）
版 权 部：+8610 6899 6306（电话）　nwpcd@sina.com（电邮）
印　　刷：小森印刷（北京）有限公司
经　　销：新华书店
开　　本：880mm × 1230mm 1/32　　尺寸：145mm × 210mm
字　　数：69 千字　　印张：2.875
版　　次：2021 年 5 月第 1 版　2021 年 5 月第 1 次印刷
书　　号：ISBN 978-7-5104-6986-2
定　　价：398.00 元（全 15 册）

—北京2022年—

《青少年冬奥知识普及丛书》编委会名单

青少年冬奥知识普及丛书
（分册名录）

1.**《冰上之箭——速度滑冰》**

2.《冰上极速——短道速滑》

3.《冰上芭蕾——花样滑冰》

4.《勇敢者游戏——冰球》

5.《冰上象棋——冰壶》

6.《雪上马拉松——越野滑雪》

7.《空中飞鹰——跳台滑雪》

8.《全能高手——北欧两项》

9.《雪山飞人——高山滑雪》

10.《雪中舞蹈——自由式滑雪》

11.《雪上冲浪——单板滑雪》

12.《雪地猎人——冬季两项》

13.《冰上之舟——雪车》

14.《冰中鱼雷——钢架雪车》

15.《雪中跑车——雪橇》

总序

随着2018年平昌冬奥会的圆满落幕，北京接过了冬奥会的会旗，标志着冬奥会正式进入了“北京时间”。北京将成为世界上第一个既举办过夏季奥运会，又举办冬季奥运会的“双奥”城市。

2022年北京冬奥会是我国重要历史节点的重大标志性活动，是展现国家形象、促进国家发展、振奋民族精神的重要契机。我们要深入学习贯彻习近平同志关于筹办北京冬奥会和发展冰雪运动的重要指示精神，全力做好冬奥会各项筹办工作，特别是做好冬奥会备战工作，加快冰雪运动的普及，实现冰雪运动跨越式发展。为做好北京冬奥会筹办工作，广泛传播奥林匹克文化、弘扬奥林匹克精神，2018年1月30日，教育部、国家体育总局会同北京冬奥组委共同制订了《北京2022年冬奥会和冬残奥会中小学生奥林匹克

教育计划》。该计划提出将奥林匹克教育纳入学校常规教育教学工作、开展冬季奥林匹克教育文化活动、开展冬季奥林匹克交流活动、组织冬季奥林匹克教育课程资源研发等主要工作任务。作为加强奥林匹克教育传播和推动冰雪运动开展的重要措施，北京市教委在2019年推出了“奥林匹克教育成果创编及展示”系列项目，将由北京市教委主编、首都体育学院统筹完成的《青少年冬奥知识普及丛书》呈现给广大青少年朋友。

本套丛书从冬季奥林匹克运动项目入手，结合青少年身心特点，以图文并茂的方式介绍2022年北京冬奥会的7个大项15个分项内容，邀请了包括王春露、刘秋宏、满丹丹等在内的知名世界冠军、亚洲冠军及冬季运动项目专家参与编写。本套丛书每本各分五章，从项目起源与发展、比赛场地与器材、项目设置与规则、冬奥人物故事和观赛礼仪等方面进行讲述，旨在推动北京市中小学奥林匹克教育的发展和冰雪运动的普及，促进中小学生奥林匹克知识的学习和实践，强化中小学生参加体育锻炼的习惯，营造全社会关心关注冬奥会的良好氛围，引导民众感受冰雪运动的美丽、激情和感动。

特别鸣谢北京市教育委员会、首都体育学院领导以及广大冰雪运动专家给予的鼎力支持与帮助。由于编写时间及编者能力有限，书中有不当之处，敬请谅解。希望广大青少年读者通过阅读本套丛书，能够感受冬季奥林匹克运动项目的魅力，了解冬季运动项目知识。

Beijing's taking over the flag of 2022 Olympic Winter Games at the closing ceremony of Pyeongchang 2018 Olympic and Paralympic Winter Games marks that the Olympic Winter Games is officially entering "Beijing time", and Beijing is set to become the first city in the world to have hosted both the summer and winter Olympic Games.

The Beijing 2022 Olympic and Paralympic Winter Games, a significant landmark event in the important historic time of China, is an important opportunity to show national image, promote national development and inspire national spirit. Thus, it is a must to thoroughly study and implement the spirit of President Xi Jinping's important instructions for the preparation of the Games and the development of winter sports, and try our best to make well-organized arrangements for the Olympic Winter Games, especially the preparation for sports competitions, so as to accelerate the popularization of winter sports and achieve leapfrog development of winter sports. In order to make a good preparation for the Games, widely spread Olympic culture and carry forward Olympic spirit, the Ministry of Education of China, General Administration of Sport of China and Beijing Organising Committee for the 2022 Olympic and Paralympic Winter Games jointly issued *The Olympic Education Plan for Primary and Secondary School Students of Beijing 2022 Olympic and Paralympic Winter Games* on January 30, 2018, in which several main tasks are tabled as follows: incorporating Olympic education into regular schooling, carrying out educational and cultural activities for Winter Olympics,

conducting exchange activities for Winter Olympics, and organizing research and development of Winter Olympics educational curriculum resources. As an important measure for enhancing Olympic education and promoting the development of winter sports, Beijing Municipal Education Commission launched a series of projects of "the Creation, Adaptation and Exhibition of Olympic Education Achievements" in 2019, and the *Winter Olympic Knowledge for Teenagers* prepared by Beijing Municipal Education Commission with the coordination of Capital University of Physical Education and Sports will be presented.

Based on the Olympic winter sports and considering the physical and mental characteristics of teenagers, this series of illustrated books introduces 15 sports disciplines of the 2022 Winter Olympics which are categorized into 7 main categories. This series of books are compiled by Wang Chunlu, Liu Qiuhong, Man Dandan and other famous world champions, Asian champions and experts in winter sports. Each book of the series introduces one sport from five perspectives, which are the origin and development, venues and equipment, events and rules, stories of Winter Olympic athletes and spectator's etiquette respectively. It aims to promote the Olympic education for elementary and secondary students in Beijing, popularize winter sports, facilitate the learning of Olympic knowledge and develop a good habit of taking part in physical exercises. Furthermore, it also aims to help create a sound atmosphere where the whole society cares for and pays attention to the Olympic Winter Games, and lead people to enjoy the amazing, moving and exciting beauty of winter sports.

Special thanks go to the leaders of Beijing Municipal Education Commission and Capital University of Physical Education and Sports and the experts in winter sports who presented their great support and assistance. Please accept a sincere apology for any deficiency of these books due to limited time for preparation and limited ability of the authors. It is hoped that teenage readers could enjoy the charm of Winter Olympic sports and know more about winter sports through this series of books.

分序

在冬奥会众多冰上项目中，速度滑冰的历史最为悠久。丰富多彩的竞技方式、颇具特色的得分方法以及风驰电掣的速滑选手，使速度滑冰成为冬奥会上一道亮丽的风景。

速度滑冰是一项在冰上比赛滑行速度的体育运动。在2022年北京冬奥会上，速度滑冰设有男、女500m、1000m、1500m短距离赛，男子5000m、10000m和女子3000m、5000m长距离赛，以及男、女团体追逐赛和集体出发赛共14个小项。

这本《冰上之箭——速度滑冰》科普读物，以专业视角和大众语言介绍了速度滑冰的起源与发展、运动场地与装备、项目设置与规则、冬奥人物故事和观赛礼仪等，并配以近百幅精美图片，让读者身临其境般地感受速度滑冰带来的惊艳、感动和激情。

Speed Skating has the longest history among all the ice-sports at Olympic Winter Games. Relying on the variety forms of competing, special ways of scoring, and talented speed skaters, speed skating has become a beautiful scene at the Olympic Winter Games.

Speed skating is a competitive form of ice skating in which the competitors race each other in travelling a certain distance on skates. At the 2022 Beijing Olympic Winter Games, there are 14 events – 5 disciplines for men and women: short distances of 500m, 1000m and 1500m races, mass start and team pursuit, plus long distances of 5000m and 10000m races for men and 3000m and 5000m races for women.

From professional perspectives, this popular science book *Arrow on Ice – Speed Skating* introduces the general knowledge about speed skating in common words, including the origin and development, venues and equipment, events and rules, stories of Winter Olympians and spectator's etiquette. Supported by nearly one hundred illustrations, the book would bring an immersive experience to readers while making them feel the amazing, moving and exciting beauty of speed skating.

目录

第一章

速度滑冰的起源与发展

速度滑冰简称速滑，俗称『大道』，源自北欧，是滑冰运动中历史最为悠久的一个项目，1924 年首届冬奥会上即被正式列为冬奥会比赛项目。

·速度滑冰的起源与发展·

* 项目的起源与发展

据记载，最早的滑冰活动距今已有 800 多年的历史。古代生活在寒冷极地的人们，在冬季冰封的江河湖泊中，以滑冰作为交通运输的主要手段。经过漫长的岁月，人们渐渐对滑冰有了新的认识，滑冰除了作为一种游戏和交通工具外，也逐渐演化成为一项竞赛运动。

* 早期速滑选手

在16世纪的荷兰，人们在冰冻的河面上举行了一次滑行比赛，这种比赛形式到17世纪时，逐渐演变成为一种体育竞赛。1772年，第一本关于滑冰的书在英国正式出版。1870年，在英国的达鲍斯冰场，第一次建立起观众席和乐队演奏席。随着世界各种滑冰俱乐部的相继出现，各种比赛也在欧洲和美洲的许多国家开展起来。

* 比赛现场进行演奏的荷兰乐队

到了19世纪末，随着该项目的不断发展，速度滑冰的国际性赛事也开始出现。1885年，在德国汉堡举行了首次国际速滑比赛。1889年，在荷兰阿姆斯特丹举行了世界冠军赛，这也是第一次按照新规则举行的国际比赛，参加此次比赛的共有来自荷兰、挪威等13个国家的运动员。赛事结束后，由参赛国共同商定，以后每年将举办一次世界性比赛。1892年国际滑冰联盟正式成立，至此，代表着速滑项目逐渐步入正轨。同时国际滑联规定，每年将举办一次世界男子速滑锦标赛。1893年第1届世界男子速滑锦标赛顺利举行。1924年第1届冬季奥运会开幕，在此次冬奥会上首次将男子速滑列入比赛项目。1936年第1届世界女子速滑锦标赛顺利举行。1960年冬奥会增加了

* 1940年在芝加哥加菲尔德公园进行的少年组速滑比赛

女子速滑比赛项目。随着各种赛事的增加，国际速滑运动也得到快速发展。

在 20 世纪 50 年代之前，来自挪威和芬兰的选手一直在该项目上称雄，世称“北欧派”。

到了 20 世纪 50 年代，苏联速滑运动迅速崛起，在第 7—9 届冬季奥运会上苏联以金牌数量的绝对优势占据了速滑项目的主导地位。

进入 60 年代，挪威、瑞典和苏联的运动员在速滑的项目上开始互争短长，此时该项目的发展已经进入到一个全新鼎盛时期。到 1980 年，第 13 届冬季奥运会举办，标志着现代速度滑冰项目的确立。

* 第 13 届冬奥会参赛选手

* 从娱乐活动到专业项目

20 世纪之前，滑冰运动主要作为一项娱乐性活动。俱乐部的成员们身着盛装，衣冠楚楚地在众人羡慕的目光下，彬彬有礼地表演着自己的节目，滑行着当时很时髦的“吊葡萄”“直立旋转”等动作，并在冰面上划出自己的名字或漂亮的画作。虽然滑冰带有一定的危险性，但滑冰的魅力还是吸引了越来越多的人。20 世纪之后，速度滑冰、花样滑冰和冰球运动等都成为独立的项目，并且冰上运动的各种技术要求越来越高，内容也越来越丰富。

* 20 世纪滑冰爱好者

* 滑冰工具的发展

据记载，最早的冰鞋出现于 10 世纪，由马骨制成。因骨上有残留的油脂，所以摩擦力较小。这种冰鞋当时在芬兰的南部地区十分盛行，滑行速度丝毫不次于现代冰鞋。

到 13 世纪中期，荷兰开始使用钉在木板上的铁制冰刀，并将它绑在鞋上用于冰面滑行。17 世纪后，人们对铁制冰刀又做了改进，发明了管式铁制冰刀，使速滑装备有了进一步的发展。

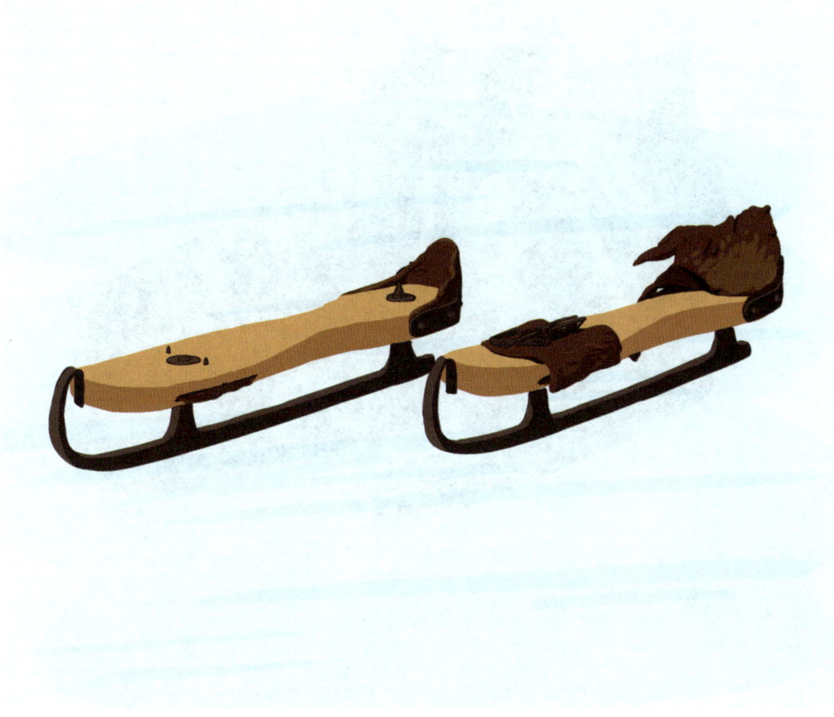

* 木质冰鞋

随着科技的发展和不断的改进，冰刀逐渐演变为冰刀鞋。作为荷兰的一个“秘密武器”，荷兰还为此专门申请了专利。这种冰刀鞋的一头可以脱开，每次蹬地的时候，鞋底和冰刀之间就会发出一次咔嗒的撞击声，因此又被称为“Clap”。荷兰人从 20 世纪 80 年代开始就一直使用这种冰刀鞋进行比赛。除此之外，他们的其他滑冰装备也一直位于世界前列。

* 早期冰刀鞋

·速度滑冰在中国的起源与发展·

* 冰上"国俗"

中国滑冰历史悠久，据记载，滑冰早在宋代就已出现，并以一种冬天的休闲游戏活跃在民间。元代以后，这种游戏更为盛行，发展规模也越来越大。到明代，有了关于"冰床""冰擦"的记载。至清朝乾隆年间，设"技勇冰鞋营"，并有着一套完整的管理制度和训练方法，管理机构被称为"冰处"。据《清文献通考》记载："每年十月，各族选善走冰者二百名，内务府预备冰鞋、行头等项，每到冬至后，皇帝到瀛台等处看表演冰嬉。"在当时，冰上活动成为我国北方冬季的一项主要运动，被视为"国俗"，并盛行全国。

* 冰嬉表演

* 群众性冰上运动

19 世纪末，欧洲的滑冰运动传入中国，速滑运动逐渐成为北方人民所喜爱的冬季运动项目。1935 年，在北京曾举行过一次滑冰比赛。1942 年 2 月，在延安举行了冰上运动会，当时的比赛项目有男女 100m 速滑及其他表演项目。

中华人民共和国成立后，参加速滑运动的人数逐年增多，特别是哈尔滨、长春、齐齐哈尔、吉林等城市的群众性冰上运动开展活跃。1953 年 2 月，在哈尔滨市举行了第一届全国冰上运动会，共有 6 个单位参加了这次比赛，创造了中国第一批速滑纪录。1955 年，在哈尔滨市举行了第二届全国冰上运动会，共有 72 人次打破了全国纪录。1959 年，在吉林市和哈尔滨市举行了第一届全国冬季运动会。

* 国际比赛的舞台

随着我国速滑运动的普及和快速发展，在国际赛场上也开始出现中国选手的身影。在 1959—1992 年，我国众多优秀的运动员经过不懈努力,在国际赛场上发挥出色并取得了优异的成绩,为祖国增光添彩,并为我国的速滑运动做出了巨大的贡献。

1959 年，中国速滑运动员王金玉，在苏联阿拉木图举办的六国国际邀请赛中，获得了男子全能冠军，并在速滑 5000m 比赛中战胜了世界纪录保持者——来自苏联的运动员希尔科夫。同年，在第 53 届世界男子速滑锦标赛中，杨菊成以 42 秒 04 的成绩取得速滑 500m 比赛第 2 名。

1961 年，在世界女子速滑锦标赛上，刘凤荣获得全能第 4 名；在世界男子速滑锦标赛中，王金玉获得全能第 8 名。王金玉还在同年举办的九国国际邀请赛中获得全能冠军。

1962 年，在莫斯科举行的世界速滑锦标赛中，王金玉和罗致焕分别获得男子全能比赛的第 5 名和第 6 名，在随后的男子速滑 1500m 比赛中王金玉获得第 3 名，在女子全能比赛中刘凤荣获得第 4 名。

1963 年，在世界速滑锦标赛中，王金玉和罗致焕均打破世界男子全能纪录，在随后的男子速滑 1500m 比赛中罗致焕以 2 分 09 秒 02 的成绩获得金牌，并创造该项锦标赛纪录。我国选手王淑媛获得女子速滑 1000m 的第 2 名和女子全能的第 6 名。

* 中国选手王金玉

1975 年，在挪威举行的世界速滑锦标赛中，赵伟昌以 40 秒 93 的成绩获得男子速滑 500m 的第 2 名。

1979 年，在第四届全国冬季运动会速滑比赛中，有 32 人分别 60 次打破 14 项男女成年、少年比赛的全国纪录。

1992 年 2 月，在阿尔贝维尔冬奥会上叶乔波滑出了 40 秒 51 的优异成绩，赢得了中国在冬奥会历史上的第一枚银牌，实现了我国冬季奥运会项目奖牌零的突破。

* 1992 年冬奥会叶乔波荣获女子速滑项目银牌

第二章 速度滑冰的场地与装备

速度滑冰是一项在400m赛道上，较量滑行速度的冰上体育运动，竞赛场地为全封闭式，所以场内温度相对较低，选手所使用的主要装备为冰鞋。

·竞赛场地·

* 比赛场地

速度滑冰的比赛场地分为大跑道速滑和室内短跑道速滑。冬奥会的速度滑冰比赛必须在符合国际滑联标准的 400m 场地举办，由人工制冷而成，是由 2 条直道连接 2 条半圆弯道组成的封闭式跑道。场地具备内外 2 条比赛跑道，跑道周长不长于 400m，不短于 333.33m，直线跑道长为 111.98m，内跑道弯道半径不得小于 25m，亦不得大于 26m，外跑道弯道半径为 30m，跑道最宽 5m，最窄 4m。在比赛跑道内侧还应有 1 条宽度不小于 4m 的练习道，在场地外围应设有宽度不小于 2m 的走廊。

* 比赛场地

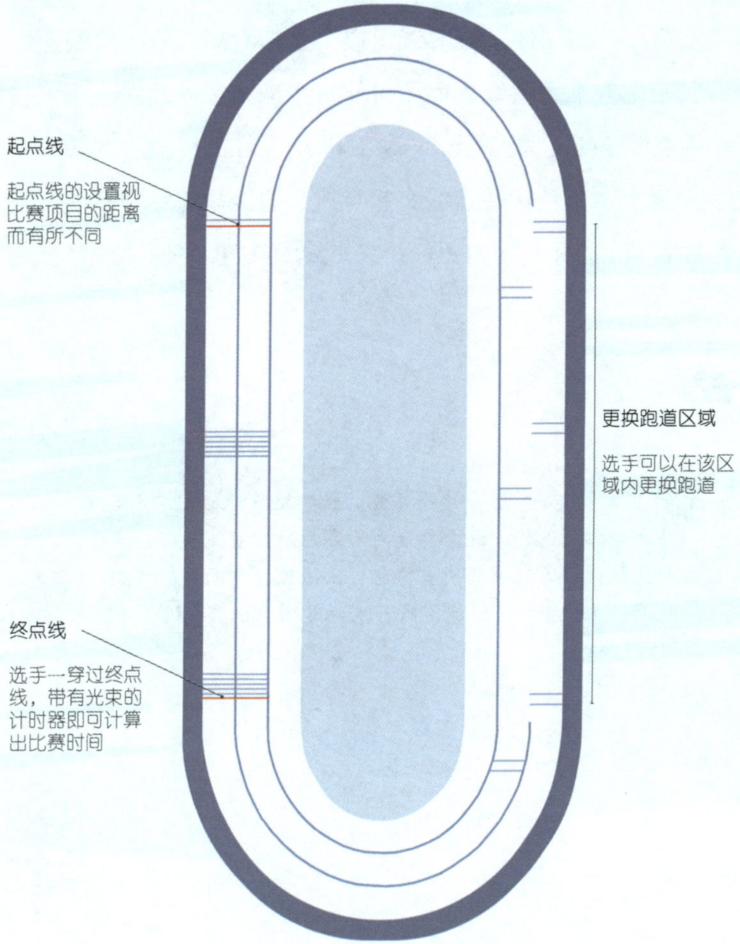

周长为 400 米的速度滑冰跑道

* 速滑场地结构详解图

速度滑冰场地的终点设置在直道一侧的末端，而另一侧直道为换道区。如果跑道为南北方向，终点应设在西南角，东边直线跑道为换道区。跑道分界线应用宽 10cm、高 5cm 的严密整齐的雪砌成，为的是选手在滑行中，如果触及分界线可以清楚地看出划痕。除换道区无雪线外，其余均应堆砌雪线，但不可使雪线冻结在冰面上。在无雪的情况下，可将宽 5cm、长 10cm、高不超过 5cm 的橡皮、木块或其他合适的物质涂上协调色代替雪线。起点线、边线、起跑预备线、终点线前 5m 每隔 1m 的标线均为蓝色，终点线为红色，线宽均为 5cm。

知识窗

你知道吗？当今速滑比赛的世界纪录，几乎都是在高原冰场上创造的。这主要是因为高原地区空气稀薄，运动阻力较小，运动员所受重力也会因海拔升高而略微减小。这对“争分夺秒”的速滑项目来说起到了很重要的作用。

· 比赛装备 ·

* 冰刀

速度滑冰所使用的冰刀俗称“跛拉板”，只有一个固定点，由刀刃、刀身管、前小刀托、前大刀托、前托盘、后刀托和后托盘等部分组成。现代高级速滑刀所使用的刀刃，多由优质高碳钢制成，其他部分则由轻合金制成。

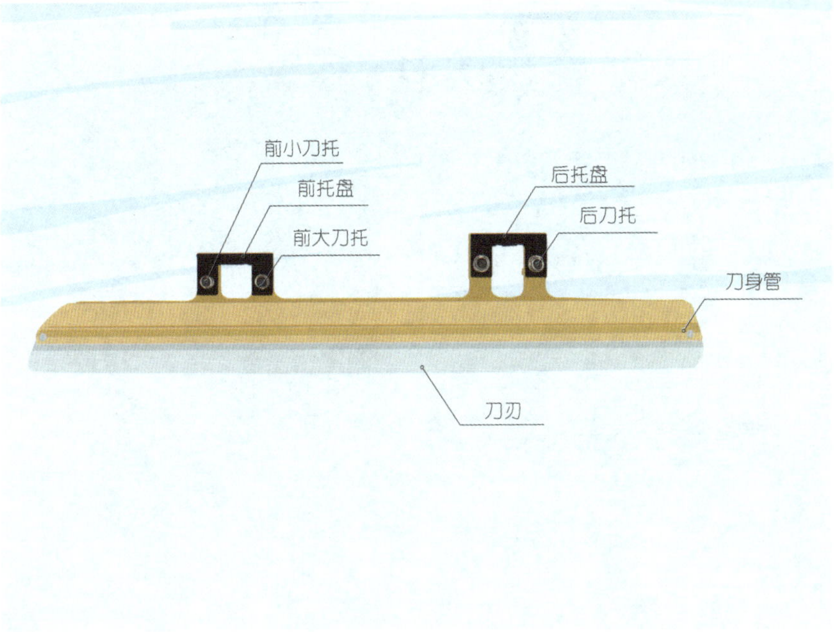

* 冰刀分解图

速滑刀的整体特点是：刀身长且较平，没有弧度且前后突出；刀刃薄且平滑，刀腿低，稳定性好，可保持良好的直线滑行。通常来说，刀尖比鞋尖要长 8~9cm，刀跟比鞋跟长 5~6cm，适用于大跑道长距离滑行。

集体出发项目比赛中，对冰刀的要求为：冰刀的前缘和后缘必须打磨成圆形，其圆弧半径为 1cm，大概为人民币 5 角硬币大小。

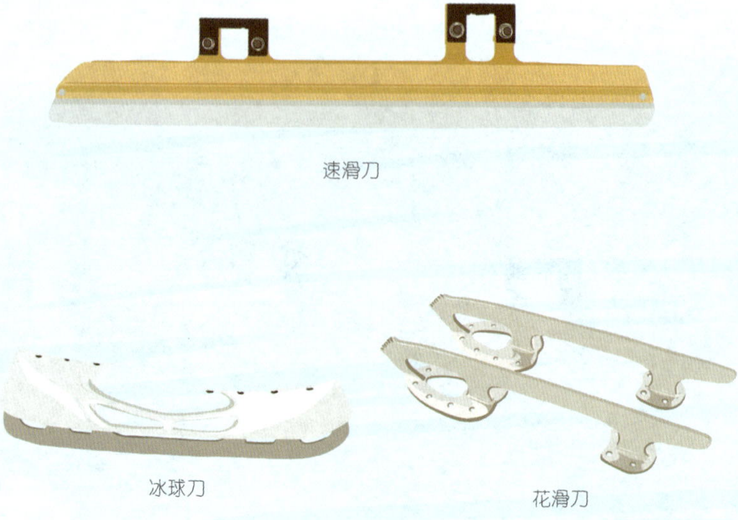

* 不同项目冰刀对比

知识窗

传统的冰刀刀管，被业内人士称为死托刀，刀体是固定的一个整体。

而克莱普（Clap）新式冰刀则别具一格，被称为脱位冰刀，这种冰刀只有前点与冰鞋固定连接，后点与冰鞋不固定，从而延长了蹬冰距离，优化了动作结构，提高了滑行速度。

* 克莱普冰刀

* 冰鞋

速度滑冰所使用的冰鞋是用优质厚牛皮缝制而成的，为半高腰瘦长形，鞋跟部较为坚硬，主要用来包围和固定脚跟，用螺钉或铆钉将冰刀固定在鞋底。

在滑跑中，因为两只冰刀的刀刃使用的程度不同，弯道滑跑时运动员的身体会向左倾倒，所以两脚冰刀与鞋固定的位置也不同。一般右脚冰刀将冰刀尖装于右脚大脚趾正下方，冰刀后跟位于鞋跟的正中间。左脚冰刀将冰刀尖装于左脚大脚趾与二脚趾中间，冰刀后跟位于鞋跟中间。

* 速度滑冰冰鞋

通常情况下，冰鞋的尺码最好与冰刀的尺码匹配或比其小一号，这样冰鞋穿在脚上才会感到舒适、贴脚，更有助于比赛。

目前市面上的冰鞋大多数都是由玻璃纤维或碳纤维材料制成的，非专业速度滑冰爱好者大多会选择碳纤维的冰鞋，而专业的速度滑冰运动员在比赛和训练过程中为了保证足部的舒适度和良好的运动效果，基本上都会选择手工定制的脚型鞋。

知识窗

玻璃纤维与碳纤维冰鞋到底有什么不同呢?

玻璃纤维的冰鞋相对较软，硬度较差，对踝关节的支撑和保护不够，长时间使用后，形态容易改变且不能恢复，但价格相对便宜。而碳纤维材质的冰鞋硬度较大，在常温状态或寒冷环境下不易变形，但是价格相对较高。

＊ 滑冰服装

现代速度滑冰的比赛服是以泳装紧贴身体从而减小滑冰时空气阻力的原理制作出的滑冰服。在比赛中，速滑运动员需要穿尼龙紧身连体服（衣、裤、帽、袜、手套连在一起）进行比赛。

因为尼龙材质保温效果不好，所以在温度较低的天气条件下，运动员需要在比赛服里穿贴身的棉毛内衣，男运动员还要穿三角裤衩或护身。天气奇寒时还要在膝、胸等部位垫上防风纸或其他物品。做准备活动时，冰鞋要套上保温较好的鞋套，以防脚被冻伤。练习时要穿保暖服，裤子两侧缝上拉链，以利穿脱。

比赛服应符合运动员的自然形体，不允许由于设计或结构上的装饰或者附加装置而引起形体差异，但允许比赛服上附着高不超过0.5cm，宽不超过 2.5cm 的条带。

知识窗

速度滑冰运动员穿的连体服科技含量非常高，需要经过风洞测试，具有轻便、紧身、阻力小、动作灵活等特点。

速滑服依靠自身的弹性和完美剪裁能有效帮助肌肉收缩、血液回流，并且能降低肌肉的震动和维持肌肉的排列，为肌肉提供了更加集中的支撑性和稳定性。

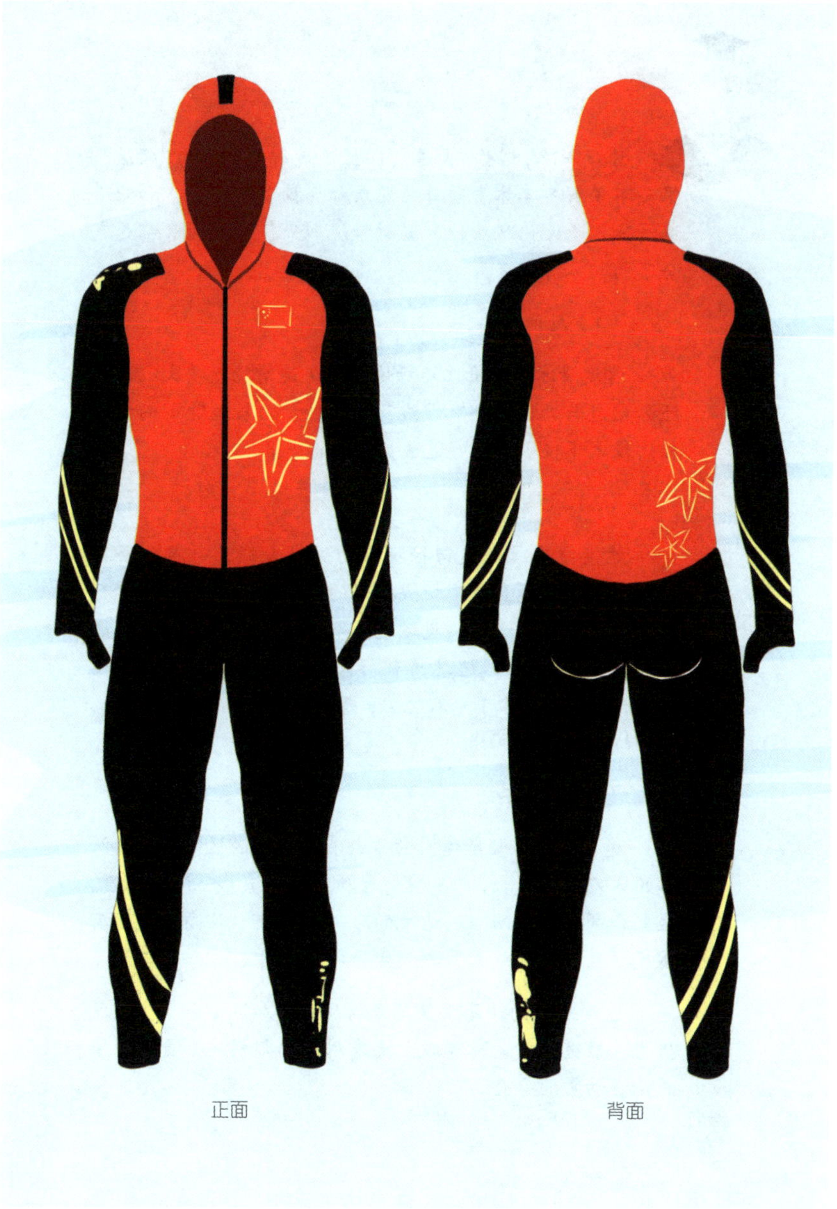

* 比赛连体服

知识窗

速度滑冰，俗称“大道”，而短道速滑则被称为“短道”。很多不了解冬季体育项目的观众都会搞混速度滑冰和短道速滑，但是无论从场地、器材和规则来说，这两者都是完全不同的体育项目。

（1）场地不同

速度滑冰的标准比赛场地比短道速滑场地要大，而且还分内道与外道，拥有雪线及换道区。而短道速滑的场地相比较之下较小，在弯道区拥有标志点。

（2）风格不同

速度滑冰就像是田径场上的百米大战，每人一条跑道，是人类挑战自我、挑战极限的比拼，是一项比赛滑行速度的冰上体育运动，奥运冠军们在赛场上的最快速度能够超过 60km/h。短道速滑就好比环法自行车比赛，是团队配合的较量，除了个人能力，想要取胜还需和队友配合，依靠战术。

（3）装备不同

速度滑冰与短道速滑的冰鞋有很明显的区别，速度滑冰的冰刀刀体很长，刀刃窄，整体像一条直线，没有弧度，冰鞋鞋帮较矮。而短道速滑的冰刀一般较短且高，底部有弧度，刀跟必须是圆弧形，且必须完全固定。

速度滑冰的比赛服是尼龙材质，更加注重于减少空气阻力。短道速滑的比赛服主要采用防切割材质，更加注重的是运动员的安全。

（4）比赛形式不同

速度滑冰选手被分成两人一组，道次安排和出发顺序由抽签决定。同组的 2 名选手在发令枪响后，绕着冰道逆时针滑行，率先到达终点的获胜。而短道速滑预赛一般由 4 名运动员在一条起跑线上同时起跑出发，一般获得前两名的选手进入下一轮比赛，而之后的比赛站位则由上一场比赛的成绩决定，排名第一则站一道，以此类推，需要经过预赛、复赛、半决赛、决赛，决赛第 1 名就是冠军。

知识窗

问：为什么短道选手可以改大道，但大道选手改短道很难？

答：大道是速度的比拼，只要滑得快就可以。而短道更多的是选手之间技术的较量，除了绝对速度的比拼外，还有路线控制、战术等需要考虑。大道是直线＋半圆的赛道，短道是椭圆，所以短道转大道在弯道加速上有优势，并且不需要担心身后有人干扰的问题。大道转短道除了有绝对速度优势，没有其他太明显的优势。

赛中选手

第三章 速度滑冰的项目设置与规则

速度滑冰是一项在特定距离内以时间来决定胜负的冰上竞技体育项目，技术与战术的安排尤为重要，合理分配体力才能够取得最终的胜利。

·项目设置·

* 竞赛设置

速度滑冰在冬奥会的比赛中，共设有 14 个小项，分别为男、女 500m、1000m、1500m（短距离赛），男子 5000m、女子 3000m、男子 10000m、女子 5000m（长距离赛）以及男、女团体追逐和集体出发，共计产生 14 枚金牌。

知识窗

很多人会奇怪，为什么速度滑冰和短道速滑在同样距离的比赛中成绩却有着很大的不同呢？

那是因为两个项目除了在竞赛方式上的差别外，两者场地也不太一样。速度滑冰以直道为主，主要比拼的就是速度。而短道速滑弯道居多，更注重弯道技巧，速度太快容易摔倒。

· 竞赛规则 ·

* 比赛方式

1. 个人赛

在男子或女子个人赛的比赛中，每组由 2 名运动员参加比赛，赛道分为内外 2 道，赛道选择由抽签决定。每滑行一圈到达换道区时双方需要交换赛道，即内道起跑的运动员须换到外道滑跑，外道运动员则须换到内道，根据滑行成绩排列名次，用时少的一方获胜。

换道时，为了避免运动员发生冲撞，外道选手拥有换道优先权，如选手在换道时发生冲撞，则判定内道选手失去比赛资格。速度滑冰个人赛中，主要比拼的是运动员的起跑速度、爆发力和衔接滑行技术的应用。

* 个人赛

2. 团体追逐赛

在男子或女子团体追逐比赛中，共有8支队伍参加，赛制为淘汰赛。具体分组由预选赛的成绩决定，例如：第1名 vs 第8名，第2名 vs 第7名，第3名 vs 第6名，第4名 vs 第5名。随后按照淘汰赛的排名再次分组进行比赛，直至产生冠军。

在两支队伍进行比赛时，每支队伍由3名选手组成，运动员使用同一条赛道，双方从相对的滑道上同时出发，起点均在直道，但两队需相距200m。

男子比赛需要滑行8圈，女子比赛需要滑行6圈，由第3名运动员最后通过终点的时间决出胜负，用时最短的队伍获胜。如不足3人完成比赛，则被视为未完成比赛，取消该队伍的比赛成绩。

* 团体追逐赛

3. 集体出发赛

男子或女子集体出发项目分为半决赛和决赛，半决赛的编排基于报名运动员 SOQC（奥林匹克资格专门分类）的排名。同一个国家或地区中，排名靠后的运动员与排名最好的运动员不得分配在同一个半决赛组中。每个半决赛的前 8 名运动员进入集体出发决赛，并依据半决赛的成绩获得决赛头盔号码。

比赛开始后，每一场比赛都有 12~18 名运动员同时出发竞技，无内外道之分，并在起跑线处站立，按照顺序依次排开，每排最多为 6 人，间隔距离不得少于 1m。出发位置由抽签和种子选手顺序决定。出发后第一圈只能跟随 1 号选手进行滑行，等到再次鸣枪时才可加速超越。

集体出发赛中选手的成绩是由积分决定的，积分由途中冲刺和终点冲刺两部分组成，所有冲刺积分的总和，将决定参赛选手的最终成绩和最后排名。

项目要求选手在 400m 的冰面上滑行 16 圈，共计 6400m。在比赛过程中，除终点冲刺外，途中冲刺共设有 3 个计分点，分别在第 4 圈、第 8 圈和第 12 圈。每个计分点的前 3 名将分别获得 5 分、3 分和 1 分的积分，最终冲过终点的前 3 名将获得 60 分、40 分和 20 分的积分，积分最高的前 3 名选手将分别获得金、银、铜牌，其他选手则按照比赛完成的时间依次进行排名。

* 集体出发比赛

* 冲刺

知识窗

在集体出发项目比赛中，如果参赛选手没有完成比赛，其途中冲刺的积分将会失效，不能用于最终排名。如果在冲刺中发生违反比赛规则的情况，参赛选手将被取消资格，并失去本次的冲刺积分，也不能获得终点冲刺的积分。如果多名选手冲刺积分相同，将由到达终点的先后顺序确定选手的名次。没有获得冲刺积分的选手，将根据其到达终点的顺序确定其名次。而没有完成比赛的选手将根据放弃比赛时所完成的圈数确定名次。

* 犯规

在比赛中，按照相关规定参赛选手可超越对手，但不可犯规，如故意推挤对手、偷跑、滑出跑道等，这些动作都将会被取消比赛资格。而在接力赛中，因每队有 4 位选手，除不可故意推挤对手、偷跑、滑出跑道外，还不可出现违规超越、无故减速、超越接棒区等行为，如有违反也将会被取消比赛资格。

* 推挤

* 滑出跑道

在起跑前，听到“各就各位”口令后，运动员要在起跑线与预备线之间静止站好，“预备”口令下达后，参赛选手需立即做好起跑姿势，在鸣枪前需保持静止，不得随意活动，听到起跑枪响后应立即起跑，如没有按照相关要求执行，都将会被判定犯规。

* 起跑

在团体追逐赛中，如同组内 1 名或 2 名运动员有意识放慢完成起跑姿势，该组运动员会被确认为犯规。运动员在“预备”口令下达后，在鸣枪之前脱离起跑姿势，可视为犯规。每组选手允许 1 次抢跑，如果连续 2 次抢跑将被取消比赛资格。比赛中如果用信号灯来指示犯规的话，白灯表示第一次犯规，而红灯则表示取消比赛资格。

在个人赛里，为保证两人的滑行总距离相同，内道起跑的运动员，滑行到换道区时应换到外道滑跑，而外道运动员要换到内道滑跑。在换道区争道时，出内弯道的运动员要主动让道。而在弯道滑跑中，冰刀不准切入雪线。运动员如果有滑出自己跑道、交换区没有换道、换道时干扰对手的行为，都将会被取消比赛资格。

* 赛中换道

在团体追逐比赛与集体出发赛上，2 名以上运动员在同一条跑道滑跑时，后面的运动员必须与前面的运动员相距 5m 以上，在不影响前面选手正常滑跑的情况下，才可以超越。只有当运动员的冰刀触及终点线，才算到达终点。

·技术动作·

* 起跑技术

起跑是滑跑的开始，它的作用是使运动员在最短的时间内摆脱静止状态，从而获得滑跑的最佳速度。

起跑技术由四部分构成，即预备姿势、起动、疾跑、衔接。

* 起跑技术组图

1. 预备姿势

目前，国内外速度滑冰比赛中，起跑预备姿势按站立姿势可分为两种，分别为正面起跑法和侧面起跑法。而具体又可分为：外八字起跑法、蛙式起跑法（又称蹲踞式起跑法）、两刀平行式起跑法和“点冰式”起跑法等。在 2015 年之前，根据国际滑联相关规定允许运动员采用“点冰式”起跑姿势，但由于“点冰式”起跑需将刀尖以一定角度切入冰面，会对冰面造成损坏，有一定安全隐患，因此从 2015 年开始，规则进行了相应修改，禁止运动员采用“点冰式”起跑，改为规定运动员双脚冰刀在起跑前不得离开冰面。

两刀平行式起跑预备姿势　　点冰式起跑预备姿势

* 预备姿势

* 外八字起跑

* 正面蛙式起跑

* 两刀平行式起跑

* “点冰式”起跑

2. 起动

在速度滑冰中起动尤为关键，作为起跑的第一步，起动的状态也决定着起跑的好坏。在使用侧面起跑法的时候，第一步为先出无力脚，而正面起跑法则是先出有力脚。主要技术要点是尽力使冰刀外转，用内刃踏、切冰面使身体保持最佳的倾斜度。

* 起动姿势

3. 疾跑

疾跑技术是起跑技术的重点，疾跑技术完成的好坏，直接关系到起跑能不能以最少的体力、最短的距离、最少的时间，获得最佳的速度。疾跑在速度达到顶峰时改为滑行，一般距离在 30-40m 时最佳。共分为 3 个阶段，即起速阶段、加速阶段和最大速阶段。而疾跑的方法又分为 3 种，分别为切跑式疾跑法、滑跑式疾跑法和扭滑式疾跑法。

* 切跑式疾跑法

* 滑跑式疾跑法

* 扭滑式疾跑法

4. 衔接

所谓衔接技术就是疾跑后采用 2~3 个单步，利用惯性速度，把在疾跑中已获得的最大速度转移到正常滑跑中的动作技术。

衔接技术的目的：① 把疾跑段的速度以不减速的方式转移到正常滑跑中去；② 在疾跑后做短暂休息时，为正常滑跑提前做准备；③ 完成身体姿势的转移。

* 衔接动作

＊ 滑行技术

应用速度滑冰的合理技术可以帮助运动员以最快的速度完成规定的距离。获得较快的滑行速度和保持速度的能力，是鉴别滑行技术合理程度的主要标识。合理的技术动作要求运动员：上体前倾、身体呈流线型、两腿深屈、双足交替进行单足支撑蹬冰和双足支撑蹬冰 3 个阶段进行循环。各动作要求结构严谨，协调自如，节奏自然流畅。运动员要有较高的平衡能力和较强的腿部力量，才能做出合理的技术动作。

＊ 滑冰姿势分解图

1. 技术姿势

滑行的正确姿势为：双脚呈外八字着冰，双腿微曲站稳，侧蹬冰，身体始终按脚着冰的一侧进行移动。转弯动作以左转弯为例：在滑行中左转弯时，身体向着圆心，右手在前，左手在后。左脚为重心脚，右脚做侧蹬冰，随后右脚从左脚的前上方踩过，迅速将重心切换至右脚，左脚向右侧推出并离开地面。

* 技术姿势

而滑跑动作是指在滑行中双脚轮流做蹬冰动作，当双脚同时滑行或蹬冰脚抬离冰面后，另一只脚仍继续向前自由滑行的一种组合技术。

2. 直道滑行

直道滑行是速滑的基本技术。正确的滑行姿势为：上体充分放松前倾，自然团身与冰面平行或略高于臂部，腿部深屈，膝关节呈 90°~110°角，踝关节成 50°~70°角，两臂放松，力求接近流线型，头微抬起，目视前方 10~20m。滑行姿势根据个人形态、素质特点、滑行距离、冰场条件、天气情况等会略有不同。

* 直道滑行

直道滑行，关键要掌握适宜的蹬冰时间。当冰刀切入冰面，获得牢固支点后，即同时用最大力度开始蹬冰，应在两腿交接的刹那间完成。为了利用体重蹬冰，倾倒时体重应牢牢地压在支撑腿上，不要过早交接。收腿动作要利用蹬冰后的弹力立即放松后腿，并积极靠拢支撑腿，不可有停顿和后引的动作，下刀时应注意膝关节领先，且与前进方向一致，向前快速提拉，做到轻巧着冰。

3. 弯道滑行

弯道滑行的基本姿势与直道滑行大致相同，但由于弯道滑行有向心力的作用，所以与直道的动作又有一些不同。在弯道滑行中，身体始终向左倾倒，用左脚外刃与右脚内刃进行蹬冰，而滑行中的惯性滑行阶段却很短，右脚尤为短暂，所以在短距离滑行中几乎不存在惯性滑行阶段。其主要动作要求为：进弯道时右脚最后一步要进入直道和弯道交接处，左腿紧贴右脚下刀，指向切线方向，着冰时脚尖开始逐渐顺送，用外刃紧贴冰面，左肩与新的切线方向一致，身体不可随意摆动。在蹬冰后立即收腿放松，积极向支撑腿方向提拉，膝关节应在前方，形成前弓角度。在收腿的过程中应促使身体向左倾倒，两腿保持边蹬边收的形式。上体纵轴与浮脚着冰的方向保持一致。

* 弯道滑行

4. 摆臂动作

摆臂动作主要用于短中距离的滑行，合理的摆臂可以起到协调、加大蹬冰力量的作用。目前，在长距离滑行中采用单摆臂滑行的人较多，因为这样摆臂用力程度较小，可保持体力，但摆动方向需要与滑行方向一致。而在短中距离滑行中无论采用双摆臂还是单摆臂，都要用力，特别要注意向侧前摆动的速度和力量。

* 摆臂动作

* 冲刺技术

冲刺是最后一段临近终点时用全力向前冲，为提高成绩所采用的合理动作，共分为 2 个阶段：一是冲刺滑跑段；二是箭步冲刺动作。

因为到达终点的判定是以冰刀触及终点线为准的，所以箭步冲刺作为冲刺的最后一步，会给运动员一个向前的推力，使其比正常滑步要更早到达终点。

* 箭步冲刺动作

* 停止技术

1. 内八字停止法（又称犁状停止法）

停止时，上体稍前倾，两腿微屈，两膝向里并拢，用双脚内刃压冰，随后上体向后坐，将重心下降，两刀随着向前滑进逐渐分开，将用力点放在冰刀的后半部。用力的程度越大，停下来的速度就越快。这种方法多在中高速滑跑停止时使用。

* 内八字停止法

2. 刀尖停止法

使用刀尖停止法时，需要用一条腿进行支撑，另一条腿成后拉状态，后拉腿的冰刀尖垂直于冰面，用刀尖在冰面上做滑压动作，使滑行慢慢地停止下来。在高速滑跑中，因为这种停止方法效果并不太理想，所以选手很少使用。

* 刀尖停止法

3. 刀跟停止法

刀跟停止法是用一条腿进行支撑滑进，而另一条腿伸直位于支撑腿的侧前方，冰刀与伸直的小腿成垂直状，用刀跟正刃压划冰面，同时支撑腿微屈，将重心降低，随后停止下来。这种停止法适于低速滑行中使用，高速滑行时，这种方法使用较少，因为在滑行速度过快时使用有可能会发生意外。

* 刀跟停止法

4. 内外刃停止法

在使用内外刃停止法时，应将两腿并拢，两刀平行向左（右）转体 90°，同时将身体后坐，上体前倾，身体向左（右）倾倒，用右刀内刃、左刀外刃或左刀内刃、右刀外刃逐渐用力压切冰面，使滑行停止。这种停止法一般在高速滑跑中使用较多。

* 内外刃停止法

5. 右脚外刃停止法

在滑行中，身体呈直立姿势，用右脚正刃支撑，左腿抬离冰面，自然放松位于右腿侧面，此时身体与右脚冰刀同时快速向右转动，直体后坐，身体向右侧倾倒，用右刀的外刃做压滑动作，即可停止下来。

这种停止法相对比较难以掌握，但也有它的优点，因为在速滑中，两支冰刀的内外刃，只有右刀的外刃在正式滑跑中是不使用的。所以在用右刀的外刃做停止动作时，既发挥了右刀外刃的作用，又减少了其他 3 个刀刃的磨损。

* 右脚外刃停止法

第四章

速度滑冰的冬奥人物故事

在速度滑冰的冬奥赛场上，有着这样一批优秀的运动员，他们为了自己的梦想，为了国家的荣誉而征战，他们带着疲惫的身躯，忍受着伤痛的折磨，谱写了一段段比赛传奇。

·张　虹·

* 中国速滑的领头羊

对中国的冰雪运动来说，速度滑冰是中国最早冲进世界体育赛事前列的项目之一，是值得我国骄傲的一个项目。而谈及速度滑冰，则不能不提及中国速度滑冰运动员——张虹。

* 张虹（一）

张虹是我国体育界跨项成功的典范，在外界对张虹的认知中，她除了是“冬奥冠军”“申冬奥大使”“国际奥委会运动员委员会委员”外，还是一个“身高不合适的短道速滑运动员”。

* 跨项成功的典范

1988 年 4 月 12 日，张虹出生于黑龙江省哈尔滨市。1995 年，7 岁的张虹由于身体较弱，父母希望她通过滑冰来增强体质，便带她到楼下公园的滑冰场里报了名。这是张虹第一次开始接触滑冰项目。没想到的是，她在滑冰项目中拥有极高的天赋。张虹最初练习的是短道速滑项目，在青少年短道速滑比赛中她的成绩一直名列前茅。因为表现优异，在 2000 年，12 的张虹以短道速滑运动员的身份选入了哈尔滨市队，并在众多短道速滑比赛中取得了良好的成绩。但因为她身材高挑，并不适合短道速滑项目，因此一直没有入选国家队，直到 2007 年第十一届全国冬季运动会开始，张虹的运动生涯才发生转变。

为了备战冬运会，张虹每天都要进行超负荷的训练，急剧增加的训练量和急速下降的体重使得张虹的身体出现了严重的问题，有 8 项身体指标低于正常人。面对身体的损伤，张虹必须在退役与转项之间做出选择。2008 年 1 月，张虹作为一名短道速滑选手参加了第十一届全国冬季运动会。随后，张虹正式转项，开始练习速度滑冰。

在专业队练习短道速滑 8 年，20 岁才转项速度滑冰，这对张虹来说其实并不容易。新的训练规则、新的器材、新的教练、新的团队和

* 张虹（二）

新的比赛方式对张虹来说都是不小的挑战。当然，之前的短道训练在体能和弯道技术方面给予了她不小的帮助，她将短道速滑的优点带进了速度滑冰，并使其成为她的优势。

* 一鸣惊人的“中国虹”

转项6年后的张虹参加了2014年索契冬奥会，她在赛前一直不被看好，人们的关注点都在夺冠热门韩国选手李相花身上。但体育竞技是用实力说话的，在此届冬奥会速度滑冰1000m的比赛中，张虹以1分14秒02的成绩获得了冠军，拿下了中国速度滑冰冬奥会首金，改写了我国该项在冬奥会的历史,开启了中国速度滑冰史上新的篇章。从此，她以速度滑冰运动员的身份开始扬名天下。

因张虹在索契冬奥会上的出色表现,她被很多人称作为“中国虹”。冬奥冠军带来的不仅仅是荣誉，更多的是责任，因为无论什么体育项目都需要榜样来带领。作为冬奥会金牌获得者，张虹的名气和烦恼也与日俱增，甚至对未来感到些许迷茫。她花了一年的时间休整养伤，但这期间一直未曾放下训练。2015年2月，张虹成为北京申冬奥形象大使。之后她在速度滑冰世界杯卡尔加里站500m第2次比赛中夺得冠军，交出了令人满意的复出答卷。在之后的速度滑冰世界杯盐湖城站比赛中她又2次夺得500m冠军，连续3次击败了韩国“短距离女王”李相花。

* 跨过坎坷，走向平坦

自2014年索契冬奥会后，张虹曾经一度处于低谷期。长期的超负荷训练及身体的损伤，让张虹曾经的膝伤变得更加严重。在备战平昌冬奥会期间，张虹饱受伤病折磨，膝伤不断发作，膝关节的积液让她的每个动作都变得困难重重。教练的临时变更也对张虹的训练计划和状态调整产生了一定影响，并严重影响了比赛。

在平昌冬奥会的赛场上，张虹的成绩并不理想，没能延续 4 年前在索契的辉煌，她甚至险些未能完成速滑 1000m 的比赛。张虹表示“不想总是用伤病给自己找借口”，但年龄的增长和伤病的困扰使得她无法继续坚持。无法再次站在领奖台上注视着国旗冉冉升起，或许是张虹的最大遗憾。但在大家眼中，她已经尽力做到了最好。2018 年 2 月 19 日，张虹通过个人的社交媒体账号宣布退役，结束了自己 22 年的职业生涯。

退役后的张虹虽然不再是运动员的身份，但她与中国体育的缘分并未就此结束。2018 年 2 月，由国际奥委会主席提名，张虹成功当选国际奥委会运动员委员会委员，任期 8 年。2019 年 1 月，张虹任中国奥委会执委。

回顾张虹的运动生涯，一路走来，从短道速滑转项到速度滑冰，从人生的顶点步入低谷，又迈上新的征程。她虽有一身的伤病，但还是成功步入国际舞台。我们相信作为奥委会委员的张虹，会在未来为祖国的体育事业发展做出更多的贡献。

·叶乔波·

* 中国精神的代表人物

从 1980 年至今 40 年的时间里，中国已经参加了 11 届冬奥会。回顾中国冰雪项目的发展历程，一个响亮的名字不得不被提及，她就是叶乔波。众所周知，她是中国首枚冬奥会奖牌的获得者，也是第一位夺得速度滑冰世界杯冠军的中国运动员。

* 叶乔波（一）

叶乔波，1964 年出生于吉林省长春市，家中兄妹四人，她排行第二，因哥哥患有先天性疾病，所以叶乔波从小就担负起了长女的责任。因成绩优秀，长相可爱，她也深得老师和同学们的喜爱。文化程度不高的父母对叶乔波给予了厚望，希望她日后能进大学读书，并学业有成。小学三年级时，学校的体育老师发现叶乔波柔韧性与爆发力十分优秀，在体育方面有着惊人的天赋，便推荐她到业余体校练习滑冰。起初，叶乔波的父亲并不同意，他认为叶乔波应该努力学习文化知识，不要像自己一样为了体育限制了未来的发展。后来老师几次登门拜访，终于说服了叶乔波的父亲。

来到体校后，叶乔波的生活过得十分辛苦。白天除了在学校正常上课外，下午 4 点放学后还要赶到体校进行为时 4 个小时的训练。大家都知道，练习速度滑冰所需要的饮食、服装、用具需要不少费用，而此时叶乔波的父母不仅要负担一家六口人的生活，还要负责她训练所需要的各种开支，使得这个并不富裕的家庭，生活过得十分困难。父母为了叶乔波的训练，更是吃了不少的苦。

1976 年，年仅 12 岁的叶乔波入选八一速滑队。进入八一队后，叶乔波开始了更为专业的训练。当时没有室内冰场，训练只能在结冰的湖面或江面上进行，俗称“滑野冰”，其实这种训练危险性极高。叶乔波每天要乘车半小时才能到达训练地点，外面刮着 5~6 级寒风，最低气温达零下 30 多度，经常是到了地方手脚就已经被冻得没了知觉，但还是要马上进行训练。在这样的冰道上，叶乔波一滑就是近 20 年。常年超负荷训练所累积的伤病一直困扰着她，她的左腿膝关节内外侧副韧带严重拉伤，膝前十字交叉韧带撕裂，使得她左腿比右腿整整粗

* 叶乔波（二）

了2.5cm。此时的她每天要承受7~10小时的康复训练，外加4小时按摩。

功夫不负有心人，付出总会得到回报。1979—1994年，叶乔波在国内外速滑重大比赛中共夺得奖牌133枚，她被中央军委授予了“体坛尖兵”荣誉称号。她以坚强的毅力、科学的态度，战胜重重困难，在冰坛运动生涯中屡创佳绩，成为国人心中的英雄。

* 高光时刻

自1974年叶乔波开始训练速度滑冰至退役，她的职业运动生涯就如同故事书一样精彩。

10 岁开始练习滑冰，12 岁时入选八一速滑队，13 岁时正式入伍，成为中国人民解放军冰上训练基地速滑运动员。16 岁时获得了全国冠军赛青年组的亚军，之后又获得了全国青年赛的全能冠军。18 岁时在全国速滑达标赛上为八一队首次夺得了 2 枚金牌、2 枚银牌和 1 枚铜牌，并多次打破全国纪录。19 岁时加入中国共产党，并于 2 年后入选国家集训队。

1990 年 26 岁的叶乔波在第七届全国冬季运动会上获得 4 枚金牌。1991 年在世界速度滑冰锦标赛上首次夺得 500m 短道速滑世界冠军，成为中国人民解放军第一个速滑世界冠军。1992 年在第 16 届阿尔贝维尔冬奥会 1000m 和 500m 比赛中获得 2 枚银牌，实现了我国冬季项目在冬奥会上零的突破。同年 3 月，在挪威举行的世界短距离速滑锦标赛上，又获得女子 1000m 速滑冠军，并夺得女子全能世界冠军，成为中国和亚洲第一个短距离速滑全能世界冠军。

从 1992 年 11 月至 1993 年春季赛事结束，她先后参加世界杯系列赛、世界女子锦标赛和世界短距离锦标赛，共获得 14 枚金牌，其中包括全部女子 500m 比赛的速滑金牌，创造了世界冰坛的“大满贯”战绩。

* 乔波精神

1992 年叶乔波被查出半月板断裂，这种伤病会影响膝关节，严重的还会导致腿部不能正常行动，这对于速度滑冰运动员来说是致命的，同时她还患有慢性骨膜炎、脂肪垫劳损、内外侧韧带损伤等多种疾病。

但为了国家的荣誉，叶乔波带伤远赴 6 个国家参加了 8 场世界级大赛。1993 年，叶乔波接受了膝部手术并获得成功。但在还没有完全康复的情况下，她就进入到备战 1994 年挪威利勒哈默尔冬奥会的训练中。在高强度的训练下叶乔波旧伤复发，其中髌骨半脱位，左膝无法发力。此时，专家建议叶乔波退出冬奥会，不要拿自己的生命开玩笑。然而，叶乔波知道这将是自己最后一次参加冬奥会了，绝不能因为膝伤而放弃。

在利勒哈默尔冬奥会的冰场上，队医用绷带死死地固定住了叶乔波的膝盖，用外力强制性地尽量让髌骨复位。在速度滑冰 1000m 的比赛中，叶乔波硬生生地拼来了一块铜牌！比赛结束后，叶乔波坐着轮椅回到了国内。

在赛后的手术中医生发现，她左膝盖的两侧韧带和髌骨早已断裂，腔内有 8 块游离的碎骨，骨骼的相交处呈锯齿状。也就是说，每一次哪怕再微弱的屈膝动作，都会给叶乔波带来难以忍受的剧痛！“乔波精神”自此被广泛宣传，成为“中国精神”的形象代表。叶乔波“冰上尖刀”的美誉，给国人在速滑项目上留下了难以磨灭的记忆，“乔波精神”更是激励了一代青年人。

1994 年叶乔波宣布退役，为了完成父母先前对她的期望，仅有小学 4 年级文化基础的她，先是用 6 年时间攻读完清华大学的工商管理硕士，随后又进入中央党校攻读经济学博士，并拿到博士学位。此后她一直从事着与奥运相关的工作，为我国的冰雪体育事业做出了巨大的贡献。

·李相花·

* 冰上女王

韩国在冬奥会上获得的大多数奖牌，都来自于短道速滑这个项目。在大家印象中，韩国排名第一的冬季运动项目也是短道速滑。随着世界速度滑冰的发展，韩国希望在速度滑冰项目上也能取得优异的成绩。此时，作为韩国速度滑冰领军人物的李相花无疑就肩负起了这项使命。

* 李相花（一）

李相花，1989年2月25日出生于韩国首尔，是世界女子速度滑冰短距离的代表人物之一，至今仍以36秒36的成绩，保持着女子速滑500m的世界纪录。李相花在小学一年级的时候，被当地的一名速滑教练发现，随后，她与哥哥李相俊便一起走上了冰场。但速度滑冰是一个耗资不小的运动项目，而以当时李相花家里的经济条件，根本无法同时支付两个孩子的训练费用。于是，为了全力支持妹妹的训练，哥哥李相俊主动放弃了滑冰。自此，李相花的每次比赛都背负着哥哥对她的期望。

2003年，14岁的李相花开始参加国际比赛。一年后，她在美国明尼苏达州罗斯维尔举行的世界青少年速滑锦标赛上首次亮相便一鸣惊人，显示了极强的速滑天赋。作为最年轻的参赛选手，李相花在女子500m的比赛中获得了第3名。2005年李相花在德国因泽尔举行的世界单项速滑锦标赛上又获得女子500m的铜牌。2006年，李相花创造了女子速度滑冰500m的世界青年纪录。同年，又在都灵冬奥会的速度滑冰女子500m赛场上取得第5名，她自此被誉为“希望之星”。

* 打破速滑魔咒

2010年2月17日，在温哥华冬奥会女子500m速度滑冰决赛场上，李相花与世界纪录保持者德国选手沃尔夫、中国速度滑冰新星王北星等名将开始了激烈的角逐。最终，李相花以76秒09的滑行成绩夺得冠军，这也是自1948年韩国参加冬季奥运会以来，首次有韩国人站在女子速度滑冰的冠军领奖台上。李相花从此成为韩国人民心中的巾帼英雄，开启了属于李相花的速度滑冰时代。

2013 年 1 月 21 日，李相花在加拿大卡尔加里举行的世界杯分站赛 500 米第二轮比赛中，以 36 秒 80 的成绩冲过终点线，打破了我国选手于静创下的 36 秒 94 的世界纪录。同年 11 月 9 日—17 日，在速度滑冰世界杯的赛场上,李相花又连续三次刷新自己创下的世界纪录。

在速滑界中有个魔咒：创造了世界纪录的选手在冬奥会上将不会再获得金牌。而李相花以她强而有力的技术，在 2014 年索契冬奥会上打破了这一魔咒，这也是她留给大家印象最为深刻的事情。

索契冬奥会前，李相花遭遇了严重的膝伤，这对于一名速度滑冰运动员来说无疑是致命的。为了不辜负哥哥、家人乃至国家的期待，她选择了保守治疗。随后在索契冬奥会赛场上她成功卫冕女子 500m 的冠军，她也因此成为冬奥会历史上首位在速度滑冰项目中成功卫冕的亚洲运动员。

* 泪水与坚持

作为连续两届冬奥会金牌得主，李相花曾不止一次公开表示想在“家门口”实现三连冠的渴望。为了在速滑 500m 中实现三连冠，李相花还放弃了速滑 1000m 的比赛。不过竞技运动总是充满变数，不到比赛结束谁都无法预料比赛结果，在 2018 年平昌冬奥会中，有着韩国“速滑女王”之称的李相花，虽然占据主场优势，但最终还是在比赛中出现失误，以 0.39 秒的差距惜败于日本名将小平奈绪，同时自己保持的冬奥会纪录也被对手打破。比赛结束时这名 29 岁的韩国老将当场落泪，一方面是欣慰自己能够坚持完成比赛并夺得亚军，另一方面则遗憾自己未能实现在家门口夺冠的梦想。

＊ 李相花（二）

对速度滑冰选手来说，膝伤是最大的敌人。平昌冬奥会之后，饱受膝伤困扰的李相花并未参加 2018—2019 赛季的速滑比赛。期间她虽然一直在进行康复训练，但仍然未能达到令人满意的状态，膝盖的伤势让她难以继续速度滑冰的职业生涯。2019 年 5 月 16 日，李相花正式宣布退役。此时，距 2022 年北京冬奥会的举办剩下整整 1000 天。选择在这样一个日子退役，一是为了以最好的面貌结束自己的运动生涯，二是希望大家能够记住她作为“冰上女王”的最佳状态。

其实，李相花已无须在赛场上证明自己，因为她已经为国家赢得了许多至上荣誉，成为韩国速滑项目中的传奇。即便在平昌冬奥会卫冕失败，李相花依然是韩国冬季项目历史上最伟大的运动员之一。

·小平奈绪·

* 冠军之路

速度滑冰是日本冬季运动中的金牌项目，来自日本女队的选手小平奈绪，就是诸多优秀运动员中较为出色的一位。小平奈绪在各大比赛中冠军拿到手软，是世界著名的速滑选手。不过，在声名鹊起时，小平奈绪已经是 30 出头的年纪，而这个年纪已不是体育竞技的黄金时期了，因此许多人都说她是一位大器晚成的选手。

* 小平奈绪（一）

小平奈绪，1986 年 5 月出生于日本。因其身材小巧，所以在滑冰时受到的阻力也相对较少，这使得她在速滑比赛中拥有一定的先天优势。在 2010—2014 年，小平奈绪的名气并不是很高。为了能够得到更大的提升，小平奈绪被派到荷兰进行训练和学习。在速滑强国荷兰接受培训的 2 年，小平奈绪的成绩可以说是突飞猛进。在接受培训的第一年，小平奈绪在世界杯 500m 速滑项目比赛中第一次拿下金牌。当她从荷兰特训归来后，在该项目中的影响也渐渐大了起来。2016 年回到日本后，她开始在世界大赛中狂揽奖牌，也因此一跃成为平昌冬奥会金牌有力的竞争人选。

2017 年 12 月，31 岁的老将小平奈绪在速度滑冰世界杯女子 1000m 项目中摘得金牌，并打破了世界纪录。此前，她还以惊人的状态在世界杯速度滑冰 500m 项目中斩获 15 连胜。小平奈绪的出色发挥使她成为平昌冬奥会中速度滑冰女子项目的夺冠热门之一。随后，32 岁的小平奈绪出征 2018 年平昌冬奥会，获得速度滑冰女子 1000m 亚军，并在速度滑冰女子 500m 比赛中，以 36 秒 94 的成绩夺得冠军，还创造了冬奥会纪录，这块金牌也是日本女子速度滑冰历史上的首枚冬奥会金牌。

* 是朋友也是对手

体育竞技与友情是无国界之分的，小平奈绪就是在速度滑冰比赛中结识了她一生的挚友——韩国名将李相花。她们在赛场上“针锋相对”，在赛场下却亲密无间，彼此之间的深厚友谊被人们高度赞扬，并被称为奥林匹克精神的典范。

速度滑冰比赛中，选手没有身体接触，取胜的关键主要依靠速度，比拼的是运动员自身的实力，不存在太多身体上激烈的对抗。这样的比赛特性，为小平奈绪与李相花这两位选手之间建立跨越国籍的友谊奠定了基础。作为日韩两国速度滑冰的领军人物，她们的竞争必定无法避免。在 2010 年温哥华冬奥会和 2014 年索契冬奥会上，韩国名将李相花连续两次夺得女子 500m 比赛的金牌，她的愿望就是在 2018

* 小平奈绪（二）

年平昌冬奥会的主场上实现三连冠。然而从荷兰特训回来的小平奈绪成了她最有力的竞争对手。最终小平奈绪在平昌冬奥会上击败李相花赢得了女子 500m 速度滑冰的金牌，而李相花以 0.39 秒的差距屈居第 2 名，与三连冠无缘。

比赛结束后，李相花当即泪洒赛场，而第一个走上前安慰她的正是小平奈绪。作为对手也是朋友的小平奈绪给了当时泪流满面的李相花一个大大的拥抱，她们随后又举起了韩国和日本的国旗绕场滑行。两人的举动在当时和赛后都受到了粉丝们的高度赞扬，被人们称作伟大运动员的典范。为此，2018 年平昌冬奥会遗产委员会为这两位选手颁发“韩日友好奖”。目前，老对手李相花已经退役，只剩下小平奈绪这一枝独秀。两人曾经相约一起征战北京 2022 年冬奥会的愿望也无法实现了。

* 不败传说

小平奈绪自从荷兰外训归来后，就如同“开挂”一般横扫速度滑冰 500m 项目的各大赛事，从 2016 年 11 月至 2019 年 2 月世界单项速度滑冰锦标赛开赛前，在这 2 年多的时间里，小平奈绪在速度滑冰女子 500m 的比赛中一直处于不败，并在 2017—2018 赛季创造了新的 1000m 世界纪录，被公认为速度滑冰的天才和短距离速度滑冰项目的绝对霸主。在 2018—2019 赛季，国际滑联速滑世界杯荷兰海伦芬站女子 500m A 组比赛中，小平奈绪以 37 秒 171 夺冠，并打破了韩国名将李相花保持的原 37 秒 59 的场地纪录。

在 2019 年 2 月的世界单项速度滑冰锦标赛上，小平奈绪在奥地利名将赫尔佐格的“主场”中不幸落败，国内外大赛 37 场连胜的不败纪录就此被打破。但不久后，在国际滑联速度滑冰世界杯美国盐湖城站上，小平奈绪一雪前耻，赢得了女子 500m 第 1 次与第 2 次比赛的冠军，创造了 2018—2019 赛季世界杯女子 500m 比赛的不败纪录，再次证明了自己“短距离速滑女王”的实力。在 2018—2019 赛季，国际滑联速度滑冰世界杯日本苫小牧站，小平奈绪在女子 500m 比赛中以 38 秒 03 的成绩获得冠军，实现三连冠。在 11 场比赛中，小平奈绪共出战 8 次，而且都保持不败，但缺席的 3 场比赛也让她损失了不少积分，最终以 600 分的年度总积分获得亚军。

小平奈绪共参加过 3 届冬奥会和多次世界杯的比赛，每一次基本上都在刷新自己的赛季最佳和比赛的场地纪录。长期处于该项目王者地位的她，相信在未来的比赛中也一定会带给我们更多的惊喜。

第五章 速度滑冰的欣赏点与观赛礼仪

速度滑冰比赛，不仅仅是参赛选手彼此之间的竞争，更是与时间的一场比拼，选手之间的胜负往往就在短短零点几秒内，其中耐力与战术的合理运用更是该项目的一大看点。

·比赛欣赏点·

* 学会欣赏

速度滑冰比赛分为短距离赛和长距离赛。在短距离赛中，观众可以欣赏到选手们惊人的爆发力与速度的对决。而在长距离赛中，观众则可以欣赏到选手们耐力与战术的比拼，这是长距离赛的最大看点。除此之外，速度滑冰中以积分取胜的集体出发项目，因其独特的比赛形式，也让竞赛变得独具娱乐性。

* 观看比赛

· 观赛礼仪 ·

* 文明观赛

1. 比赛前

在比赛开始前，观众应在配合工作人员完成安检后，有序入场，并尽快坐到观众席上等待比赛开始，对号入座。观众请勿挡住通道或在场内大声喧哗。不得携带宠物，易拉罐、玻璃瓶饮料，刀具，烟花等易爆品，以及其他危险物品入场。

2. 比赛中

观众在观看比赛的过程中，可以拍照摄像，但是不能使用闪光灯。需将手机调为静音模式，不能大声接打电话，以免干扰运动员比赛。比赛过程中请尽量不要随意走动，以免影响其他观众观看。为了表示对运动员的尊重，不能发出嘘声或嘲笑来干扰比赛的正常进行。

3. 比赛后

在比赛结束后，无论比赛排名如何，都应为在赛场上辛苦付出的运动员报以热烈的掌声。离场时需安静有序，并携带好随身物品和垃圾，确保场内干净卫生，展现文明观众的风采，为后续入场观看比赛的观众提供良好的视听体验。请不要拥挤在运动员离场的位置，以免对场内秩序造成影响。

* 注意事项

附录　跟我学
（中英文对照）

中文	英文
速度滑冰	Speed Skating
国家速滑馆	National Speed Skating Oval
“冰丝带”	“Ice Ribbon”
内道	Inner Lane
外道	Outer Lane
终点直道	Finishing Straight
换道区	Crossing Area
弯道	Curve/Corner
起点线	Starting Line
终点线	Finishing Line
预备线	Pre-Start Line
教练员区	Coaches’ Area
小项	Events
距离	Distances
竞赛	Race/Competition
团体追逐	Team Pursuit
集体出发	Mass Start

续表

中文	英文
标志块	Blocks
锥体	Cone
成绩大屏	Scoreboard/Screen
转播大屏	Videoboard
浇冰车	Ice Resurfacing Machine
保护垫	Safety Padding / Protection Mats
出发顺序或分组表	Start List
发令设备	Starting Equipment
各就位	Go to the Start
预备	Ready
下蹲过缓	Going Down Too Slow
触线	Crossing the Line
不稳	Not Stable
重新起跑	New Start
计时系统	Timekeeping System
电子记圈器	Electronic Lap Counter
秒表	Digital Electronic Watch/ Digital Stop Watch
教练员准备区	Coaches' Preparation Area
检录区	Check In/Out Point
裁判长工作台	Referee Desk

青少年冬奥知识普及丛书

冰上极速

短道速滑

王金英◎主编　刘秋宏◎副主编

新世界出版社
NEW WORLD PRESS

图书在版编目（CIP）数据

冰上极速：短道速滑 / 王金英主编. -- 北京：新世界出版社，2021.5

（青少年冬奥知识普及丛书）

ISBN 978-7-5104-6986-2

Ⅰ. ①冰… Ⅱ. ①王… Ⅲ. ①短跑道速度滑冰—青少年读物 Ⅳ. ① G862.1-49

中国版本图书馆 CIP 数据核字 (2019) 第 284268 号

冰上极速　短道速滑

主　　编：王金英
责任编辑：王峻峰
责任印制：王宝根
出　　版：新世界出版社
网　　址：http://www.nwp.com.cn
社　　址：北京西城区百万庄大街 24 号（100037）
发 行 部：(010)6899 5968（电话）　(010)6899 0635（电话）
总 编 室：(010)6899 5424（电话）　(010)6832 6679（传真）
版 权 部：+8610 6899 6306（电话）　nwpcd@sina.com（电邮）
印　　刷：小森印刷（北京）有限公司
经　　销：新华书店
开　　本：880mm × 1230mm 1/32　　尺寸：145mm × 210mm
字　　数：81 千字　　印张：3.375
版　　次：2021 年 5 月第 1 版　2021 年 5 月第 1 次印刷
书　　号：ISBN 978-7-5104-6986-2
定　　价：398.00 元（全 15 册）

—北京2022年—

《青少年冬奥知识普及丛书》
编委会名单

青少年冬奥知识普及丛书
（分册名录）

1.《冰上之箭——速度滑冰》

2.《冰上极速——短道速滑》

3.《冰上芭蕾——花样滑冰》

4.《勇敢者游戏——冰球》

5.《冰上象棋——冰壶》

6.《雪上马拉松——越野滑雪》

7.《空中飞鹰——跳台滑雪》

8.《全能高手——北欧两项》

9.《雪山飞人——高山滑雪》

10.《雪中舞蹈——自由式滑雪》

11.《雪上冲浪——单板滑雪》

12.《雪地猎人——冬季两项》

13.《冰上之舟——雪车》

14.《冰中鱼雷——钢架雪车》

15.《雪中跑车——雪橇》

总序

随着2018年平昌冬奥会的圆满落幕，北京接过了冬奥会的会旗，标志着冬奥会正式进入了“北京时间”。北京将成为世界上第一个既举办过夏季奥运会，又举办冬季奥运会的“双奥”城市。

2022年北京冬奥会是我国重要历史节点的重大标志性活动，是展现国家形象、促进国家发展、振奋民族精神的重要契机。我们要深入学习贯彻习近平同志关于筹办北京冬奥会和发展冰雪运动的重要指示精神，全力做好冬奥会各项筹办工作，特别是做好冬奥会备战工作，加快冰雪运动的普及，实现冰雪运动跨越式发展。为做好北京冬奥会筹办工作，广泛传播奥林匹克文化、弘扬奥林匹克精神，2018年1月30日，教育部、国家体育总局会同北京冬奥组委共同制订了《北京2022年冬奥会和冬残奥会中小学生奥林匹克

教育计划》。该计划提出将奥林匹克教育纳入学校常规教育教学工作、开展冬季奥林匹克教育文化活动、开展冬季奥林匹克交流活动、组织冬季奥林匹克教育课程资源研发等主要工作任务。作为加强奥林匹克教育传播和推动冰雪运动开展的重要措施，北京市教委在2019年推出了“奥林匹克教育成果创编及展示”系列项目，将由北京市教委主编、首都体育学院统筹完成的《青少年冬奥知识普及丛书》呈现给广大青少年朋友。

本套丛书从冬季奥林匹克运动项目入手，结合青少年身心特点，以图文并茂的方式介绍2022年北京冬奥会的7个大项15个分项内容，邀请了包括王春露、刘秋宏、满丹丹等在内的知名世界冠军、亚洲冠军及冬季运动项目专家参与编写。本套丛书每本各分五章，从项目起源与发展、比赛场地与器材、项目设置与规则、冬奥人物故事和观赛礼仪等方面进行讲述，旨在推动北京市中小学奥林匹克教育的发展和冰雪运动的普及，促进中小学生奥林匹克知识的学习和实践，强化中小学生参加体育锻炼的习惯，营造全社会关心关注冬奥会的良好氛围，引导民众感受冰雪运动的美丽、激情和感动。

特别鸣谢北京市教育委员会、首都体育学院领导以及广大冰雪运动专家给予的鼎力支持与帮助。由于编写时间及编者能力有限，书中有不当之处，敬请谅解。希望广大青少年读者通过阅读本套丛书，能够感受冬季奥林匹克运动项目的魅力，了解冬季运动项目知识。

Beijing's taking over the flag of 2022 Olympic Winter Games at the closing ceremony of Pyeongchang 2018 Olympic and Paralympic Winter Games marks that the Olympic Winter Games is officially entering "Beijing time", and Beijing is set to become the first city in the world to have hosted both the summer and winter Olympic Games.

The Beijing 2022 Olympic and Paralympic Winter Games, a significant landmark event in the important historic time of China, is an important opportunity to show national image, promote national development and inspire national spirit. Thus, it is a must to thoroughly study and implement the spirit of President Xi Jinping's important instructions for the preparation of the Games and the development of winter sports, and try our best to make well-organized arrangements for the Olympic Winter Games, especially the preparation for sports competitions, so as to accelerate the popularization of winter sports and achieve leapfrog development of winter sports. In order to make a good preparation for the Games, widely spread Olympic culture and carry forward Olympic spirit, the Ministry of Education of China, General Administration of Sport of China and Beijing Organising Committee for the 2022 Olympic and Paralympic Winter Games jointly issued *The Olympic Education Plan for Primary and Secondary School Students of Beijing 2022 Olympic and Paralympic Winter Games* on January 30, 2018, in which several main tasks are tabled as follows: incorporating Olympic education into regular schooling, carrying out educational and cultural activities for Winter Olympics,

conducting exchange activities for Winter Olympics, and organizing research and development of Winter Olympics educational curriculum resources. As an important measure for enhancing Olympic education and promoting the development of winter sports, Beijing Municipal Education Commission launched a series of projects of "the Creation, Adaptation and Exhibition of Olympic Education Achievements" in 2019, and the *Winter Olympic Knowledge for Teenagers* prepared by Beijing Municipal Education Commission with the coordination of Capital University of Physical Education and Sports will be presented.

Based on the Olympic winter sports and considering the physical and mental characteristics of teenagers, this series of illustrated books introduces 15 sports disciplines of the 2022 Winter Olympics which are categorized into 7 main categories. This series of books are compiled by Wang Chunlu, Liu Qiuhong, Man Dandan and other famous world champions, Asian champions and experts in winter sports. Each book of the series introduces one sport from five perspectives, which are the origin and development, venues and equipment, events and rules, stories of Winter Olympic athletes and spectator's etiquette respectively. It aims to promote the Olympic education for elementary and secondary students in Beijing, popularize winter sports, facilitate the learning of Olympic knowledge and develop a good habit of taking part in physical exercises. Furthermore, it also aims to help create a sound atmosphere where the whole society cares for and pays attention to the Olympic Winter Games, and lead people to enjoy the amazing, moving and exciting beauty of winter sports.

Special thanks go to the leaders of Beijing Municipal Education Commission and Capital University of Physical Education and Sports and the experts in winter sports who presented their great support and assistance. Please accept a sincere apology for any deficiency of these books due to limited time for preparation and limited ability of the authors. It is hoped that teenage readers could enjoy the charm of Winter Olympic sports and know more about winter sports through this series of books.

分序

短道速滑全称为短跑道速度滑冰，起源于20世纪初的加拿大和美国，由在室内进行的速度滑冰比赛演变而来。由于室内场地较小，赛道较短，短道速滑因此得名。

短道速滑的比赛场地大小为30m×60m，跑道每圈的长度为111.12m。在2022年北京冬奥会上，短道速滑项目下设男子500m、1000m、1500m单人和女子500m、1000m、1500m单人，男子5000m接力和女子3000m接力，以及混合团体接力共9个小项。

这本《冰上极速——短道速滑》科普读物，以专业视角和大众语言介绍了短道速滑的起源与发展、运动场地与装备、项目设置与规则、冬奥人物故事和观赛礼仪等，并配以近百幅精美图片，让读者身临其境般地感受短道速滑带来的惊艳、感动和激情。

Short track speed skating originated in Canada and the United States at the beginning of 20th century. As it uses an indoor shorter track than the conventional 400m track, it is often called short track.

Short track speed skating takes place on an oval ice track with a length of 111.12 metres and the rink itself is 60 metres long by 30 metres wide. It includes 9 events at the 2022 Beijing Olympic Winter Games – 3 disciplines for men and women: 500m, 1000m and 1500m, plus 5000m team relay for men, 3000m team relay for women and a mixed team relay.

From professional perspectives, this popular science book *Speed on Ice – Short Track Speed Skating* introduces the general knowledge about short track speed skating in common words, including the origin and development, venues and equipment, events and rules, stories of Winter Olympians and spectator's etiquette. Supported by nearly one hundred illustrations, the book would bring an immersive experience to readers while making them feel the amazing, moving and exciting beauty of short track speed skating.

目录

第一章 短道速滑的起源与发展

短道速滑，全称为短跑道速度滑冰，起源于20世纪初的加拿大和美国，是从速度滑冰比赛项目中发展出来的一个冬奥竞赛项目。

·短道速滑的起源与发展·

* 项目起源

在 19 世纪 80 年代，加拿大的冰球运动开始盛行，为了摆脱寒冷天气的束缚，一些城市相继出现了室内冰场。一些速度滑冰爱好者由于缺乏 400m 的标准赛道，也逐渐开始进入这些室内冰场进行练习。随后，加拿大多个城市开始出现自发性的室内速度滑冰比赛。不过，要想在这些比较短的赛道上赢得速滑比赛面临新的挑战，比如弯道更急、直道更短，这就催生了新技巧的诞生。

1905 年，加拿大首次举办了室内速度滑冰集体出发公开赛。次年，加拿大和美国联合举办了室内速度滑冰的国际比赛。由于室内速度滑冰跑道较短，所以也叫短跑道速度滑冰，简称短道速滑。这两次比赛的举办，标志着短道速滑的诞生。

* 早期业余冰球爱好者

* 项目发展

随着项目的不断发展，短道速滑越来越受滑冰爱好者的喜爱，在北美地区掀起了一阵风潮。从 1921 年起，加拿大和美国的联合比赛每年都会举办一次。与此同时，这项运动传到了欧洲，并渐渐风行。1948 年，英国国家滑冰协会在伦敦组织了一次苏格兰和英格兰的短道速滑对抗赛。从这时开始，短道速滑比赛在欧洲逐渐开展起来。

1967 年，国际滑冰联盟宣布短道速滑为正式运动项目，并制定了第一份短道速滑规则。1969 年，在第 33 届国际滑冰联盟代表大会上，加拿大向与会代表散发了《短道速滑规则手册》，规则的确立对短道速滑项目的发展有着决定性的意义。1975 年，国际滑冰联盟成立了短跑道速度滑冰技术委员会，并决定从次年开始，定期举办国际短道速滑比赛。

* 短道速滑规则手册

1976 年，在美国伊利诺伊州的尚佩恩首次举行了国际短道速滑比赛。也就是在这个时期，短道速滑遇到了有关赛道规定的一些问题，即道宽、道长以及弯道的半径数值等。在北美，冰球场地实行的是小场地，冰面较短且窄，尺寸为 56m × 26m。而在欧洲，冰球场地普遍采用的是大场地，尺寸为 60m × 30m。这两种不同规格的冰场，无论是对冰球比赛还是对短道速滑比赛来说都是一个重要问题。

在 1967 年首次制定的短道速滑规则中，规定了赛道的长度为每圈 125m。1977 年的规则将赛道长度改为了每圈 110m，到 1980 年将赛道长度改为了每圈 111.12m，并一直沿用至今。

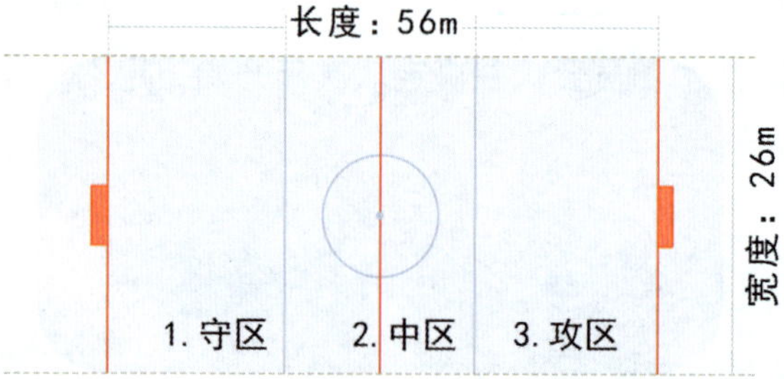

* 小场地

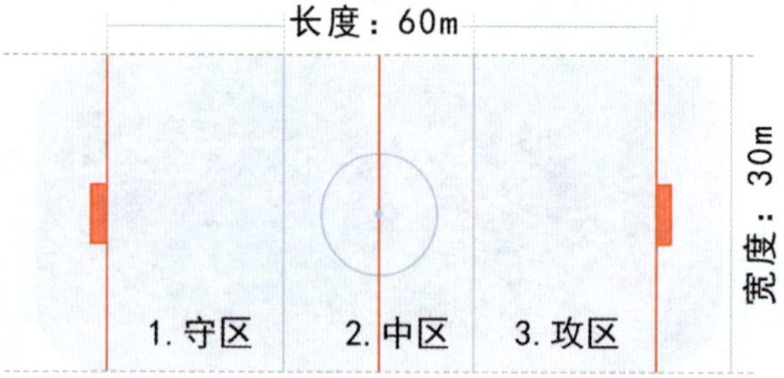

* 大场地

* 第一届世界短道速滑锦标赛

1969—1979 年，短道速滑项目经过了 10 年的实践和发展，在竞赛的形式、内容和推广程度等方面都获得了突破性的进展。随着这项运动的普及和参与群体的不断壮大，1981 年，国际滑冰联盟决定开始举办世界短道速滑锦标赛。随后，第一届世界短道速滑锦标赛在法国默东举行。

＊ 奥运历史

1988 年，在卡尔加里冬奥会上，短道速滑作为表演项目，第一次登上了冬奥会的舞台，当时该项目共设有 10 个小项。随着短道速滑表演赛的转播，这项运动在各个国家被迅速推广发展起来。1992 年阿尔贝维尔冬奥会上，短道速滑正式成为冬奥会的比赛项目。而这时的短道速滑项目，还只设有男、女个人赛和男、女接力赛 4 个项目，即男子 1000m、女子 500m 和男子接力、女子接力。

1994 年，在利勒哈默尔冬奥会上，短道速滑的比赛项目增加到了 6 个小项，即男子 500m、女子 500m、男子 1000m、女子 1000m 和男子接力、女子接力。在 2002 年盐湖城冬奥会上，短道速滑的项目再一次增加 2 项，即男子 1500m、女子 1500m。

在 2022 年北京冬奥会上，短道速滑还将增加混合团体接力项目，形成共 9 个小项的比赛。

·短道速滑在中国的发展·

＊ 早期发展

1981 年 9 月，日本短道速滑讲学团来到我国进行讲学。随着讲学的不断深入及我国对该项目的逐渐了解，在我国黑龙江省和吉林省的一些城市，很多业余体校都设立了短道速滑班，短道速滑由此在我国迅速开展起来。一大批优秀的速度滑冰运动员也纷纷加入到短道速滑队伍中来，为我国短道速滑的发展奠定了基础。

＊ 短道速滑讲学

1982年，为推动短道速滑运动的可持续发展，国家体委于北京首都体育馆举行了一次全国短道速滑测验赛，这次测验赛的顺利举行，使得短道速滑运动迅速得到普及。为了更好地推广这项运动，国家体委决定从1983年开始，定期举办全国短道速滑赛，每年举办一次。

1983年2月，首届全国短道速滑赛在黑龙江省牡丹江市举行，参赛队伍共14个，运动员人数为82人。这个时期的短道速滑选手，由于都来自速度滑冰项目，接受速度滑冰训练时间较长，所以很多技术动作都有速度滑冰的痕迹，特别是对短道速滑的超越技术还没有完全掌握，因此成绩普遍提升得比较缓慢。

1983年10月，为了进一步加快短道速滑的发展，黑龙江省体委派出了由8名运动员组成的短道速滑队赴日本进行了为期一个月的学习，并参加了在京都举行的日本第36届都道府县短道速滑对抗赛，这也是我国短道速滑队第一次正式参加国际性的比赛。

1986年7月，全国冰雪训练工作会议在河北省秦皇岛市顺利召开。对我国短道速滑的发展来说，这次会议有着决定性的意义。这次会议决定将短道速滑项目作为我国冰雪运动的突破口，并提出了“冲出亚洲，走向世界”的响亮口号。从这时开始，国家体委在管理和投入等方面均采取了一系列措施，我国短道速滑也由此进入了一个全新的历史时期。

* 发展中期

进入 20 世纪 90 年代，中国的短道速滑项目发展迅速。在 1991 年世界锦标赛中，我国选手夺得了女子 500m 的金牌和铜牌，女子全能、女子 1000m 的铜牌及女子团体赛的银牌。接着在 1992 年第 16 届冬奥会上，又赢得女子 500m 银牌。

1991—1995 年，我国选手在冬奥会和世锦赛中共获得 23 枚奖牌，其中在冬奥会中获得 2 枚银牌，在世锦赛中获得 5 枚金牌、8 枚银牌和 8 枚铜牌，并在此期间 6 次打破世界纪录。中国女子短道速滑的崛起，彻底打破了世界女子短道速滑的格局，也使得中国在该项目上进入到世界领先行列，从而形成了加拿大、中国和韩国三足鼎立的局面。

* 三足鼎立形势

* 中国短道速滑选手——杨扬

1996—2001 年，中国短道速滑运动员共获得冬奥会奖牌 6 枚，分别为 5 银、1 铜；获得世锦赛奖牌 72 枚，分别为 38 金、18 银、16 铜，占到了这个时期世锦赛奖牌总数的 57.1%，当然，这其中也涵盖了团体锦标赛。特别是在 1999—2001 年，中国女队蝉联 3 届世界杯全能总冠军和 1000m、1500m 单项年度冠军，并 2 次获得 500m 单项年度冠军，中国也因此连续 3 年获得国家总积分第 1 名。

随着杨阳、杨扬、王春露、李佳军、冯凯、安玉龙等新一代年轻运动员的成熟，中国的短道速滑项目也步入到了一个全新的阶段。

* 后期发展

20 世纪末至 21 世纪初是我国短道速滑较为辉煌的时期。在 2002 年第 19 届盐湖城冬奥会上，我国选手杨扬以 44.187 秒和 1 分 36.391 秒的成绩登上女子 500m 和 1000m 最高领奖台，实现了中国在冬奥会上金牌“零”的突破，也为中国短道速滑谱写了辉煌的一页。这次所取得的成绩,极大地鼓舞和推动了我国短道速滑运动的普及和发展。为保持我国短道速滑的优势，从 2002 年开始，国家体育总局冬季运动管理中心进一步加强了对后备队伍的培养和建设。

2006 年冬奥会结束后，我国女子短道速滑队顺利地完成了新老队员的交替。新队员开始在国际赛场上崭露头角，从而迎来了我国女子短道速滑发展史上的第 2 个高峰，并为在下一届冬奥会上再创佳绩奠定了基础。

经过不懈的努力，中国短道速滑队在冬季奥运会、世界锦标赛、世界杯总排名上，成绩不断提升，先后有 23 位优秀运动员，30 次打破了世界纪录，并获得了 140 多个世界冠军。中国短道速滑队员们在历届冬奥会上取得了 7 金、10 银、7 铜的优异成绩，为中国的体育事业做出了突出的贡献。

* 奖 牌

男子项目世界纪录

项目	男子500米	男子1000米	男子1500米	男子3000米	男子5000米接力
选手	武大靖	黄大宪	克奈格特	卢珍圭	塞尔斯基、克鲁格、Thomas Hong、Keith Carroll
国家和地区	中国	韩国	荷兰	韩国	美国
破纪录地点	盐湖城	盐湖城	盐湖城	华沙	上海
时间	2018-11-12	2016-11-12	2016-11-13	2011-03-19	2017-11-12
成绩	39秒505	1分20秒875	2分07秒943	4分31秒891	6分29秒052

女子项目世界纪录

项目	女子500米	女子1000米	女子1500米	女子3000米	女子3000米接力
选手	艾莉丝·克里斯蒂	沈锡希	崔敏静	郑恩珠	舒尔廷、特莫斯、范鲁伊文、范科克霍夫
国家和地区	英国	韩国	韩国	韩国	荷兰
破纪录地点	盐湖城	卡尔加里	盐湖城	哈尔滨	平昌
时间	2016-11-13	2012-10-21	2016-11-12	2008-03-15	2018-02-20
成绩	42秒335	1分26秒661	2分14秒354	4分46秒983	4分03秒471

第二章 短道速滑的场地与装备

短道速滑是在圆周较小的椭圆形赛道上进行的一项冰上竞速运动。它是一项充满激情、刺激、危险和悬念的比赛，对场地与装备有着严格的要求。

· 比赛场地 ·

短道速滑场地通常设置在 60m × 30m 的冰球场内，标准跑道为椭圆形，周长为 111.12m。不同项目对应不同的滑行圈数。在比赛中，500m 要滑行 4 圈半，1000m 要滑行 9 圈，1500m 是 13 圈半，3000m 是 27 圈，而 5000m 则要滑行整整 45 圈。

直道宽度的设定为不少于 7m，长度为 28.85m。弯道半径为 8m，弯道弧顶与板墙的距离不得少于 4m，弯道弧度应均匀对称，从

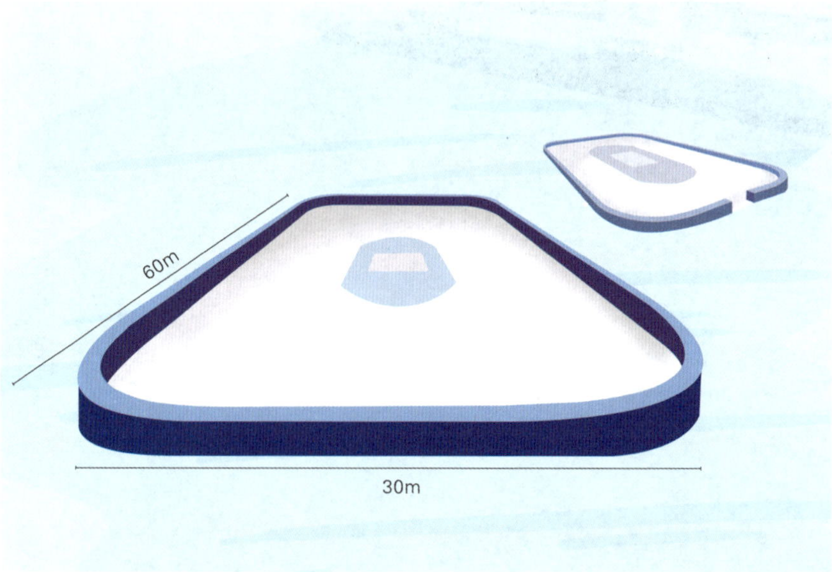

* 比赛场地

一条直道的终端到另一条直道的起点呈匀称的弧线。为了保持冰面的质量，除标准跑道外，还设有另外 4 条跑道，每条跑道向标准跑道的任一方移动 1~2m，所有跑道均使用一条终点线。在 500m 半决赛和决赛中，只能使用中间的 3 条跑道。

起跑线和终点线与直道成直角，为彩色线，线宽不得超过 2cm。起跑线从板墙开始，长度相当于直道的实际宽度。终点线从板墙开始，长度相当于直道的实际宽度加 1.5m。在起跑线上从跑道内侧 50cm 起，每隔 1.3m 用直径 2cm 的圆点标记起跑位置。起跑线内侧设置 1 个红色起跑标志点，直道区没有标志点，可任意滑行。在每条弯道设置 7 个黑色标志块，作为标志点，主要起到分割作用。运动员不得滑入标志点内部场地。

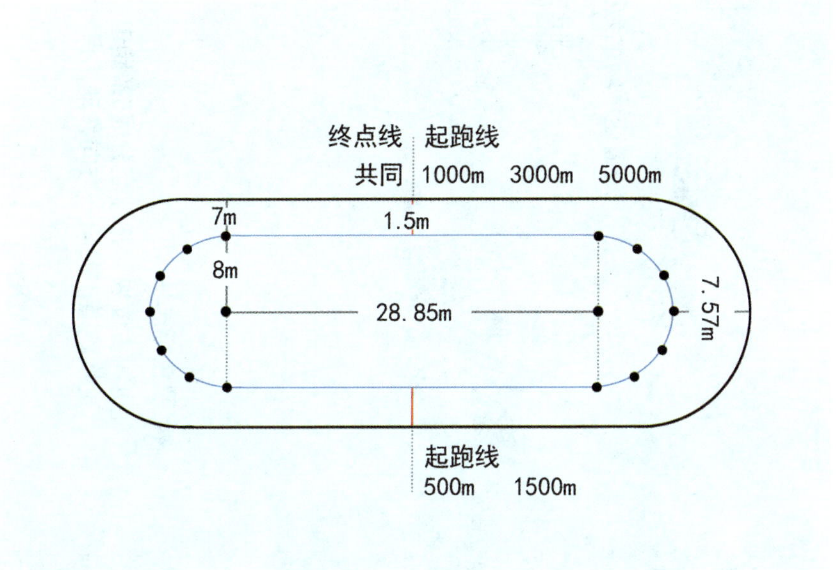

* 场地详图

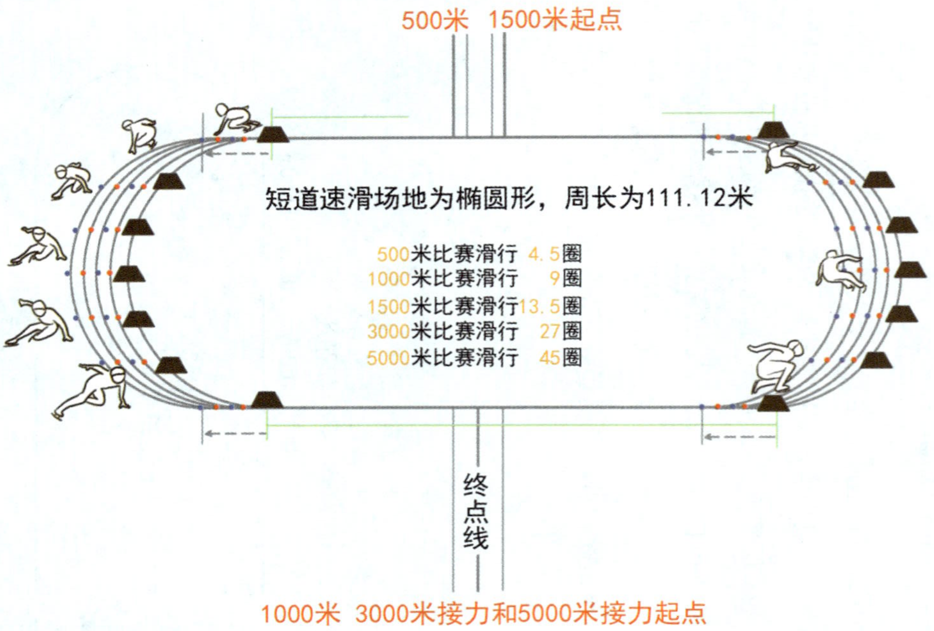

▲ 黑色标志块

也叫占位块，把冰场分成5条跑道，每组比赛后，弯道管理员移动标志块，更换跑道，向同一方向移动，保持每圈长度不变。

* 场地详图

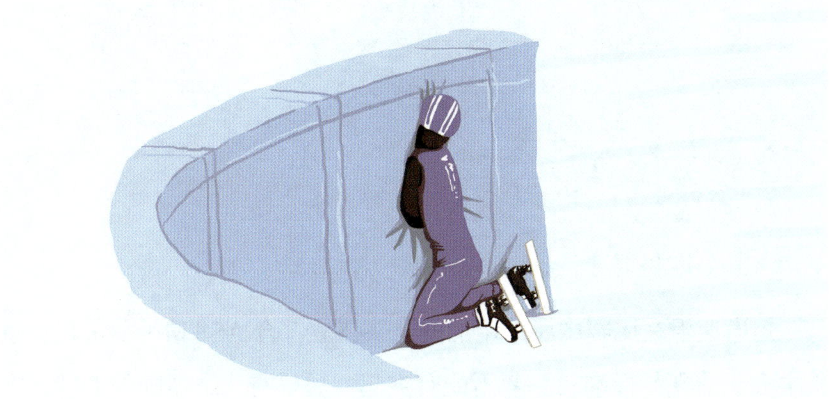

* 防护垫

根据相关规则，短道速滑比赛场地必须用防护垫遮住板墙，防护垫应与板墙同高，面料必须采用防水防切割材料。所有防护垫必须相互紧密连接并固定在板墙上，垫子凭借其自身重量置于冰面上。防护垫的厚度为 20.32cm，每块的长度不得少于 2.13m。冬奥会冰场防护垫装置必须是可自然移动的，可在运动员发生碰撞时起到缓冲的作用。

知识窗

你知道吗？在冬奥会比赛时短道速滑和花样滑冰用的是同一块场地，是由冰球场改造而成的。场内的冰面由去离子后，没有杂质、没有气泡的纯净水冻结而成。短道速滑比赛场地的冰面厚度为 3~4cm，而花样滑冰比赛场地的冰面厚度为 5cm 左右。在比赛时，根据不同的项目改变冰面厚度，然后将场地周围的防护垫替换为各自专用的比赛板墙就可以了。

· 比赛装备 ·

* 头盔及头盔罩

短道速滑在比赛中所使用的安全头盔应符合 ASTM（美国材料试验学会）的现行标准。头盔不能有突起，需要有一个规则的形状。在比赛时，必须佩戴由主办方提供的标有号码的头盔，号码位于头盔的两侧，颜色必须清晰，且对比鲜明。

在全能赛中，每项比赛结束后，决赛分领先的运动员，需佩戴由组委会统一提供的有特殊颜色的头盔罩，头盔罩上印有参赛选手的编码。如参赛选手排名出现并列，则由国际滑冰联盟所规定的全能排名办法，由排名高的选手佩戴。接力赛时各队要佩戴不同颜色的头盔罩，头盔罩的颜色为红、黄、蓝、绿，应与记圈板显示的各队颜色相同。

知识窗

你知道吗？凡是在国际滑冰联盟各会员协会正式注册的短道速滑运动员，都拥有属于自己的头盔号码，这个号码是固定的，很多运动员会用一辈子。

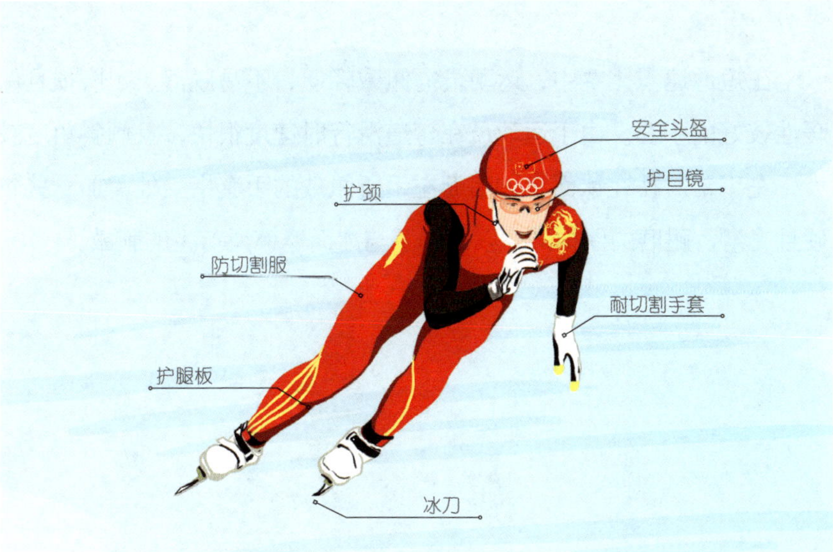

* 装备详解

* 头盔及头盔罩

* 手套

在短道速滑比赛中，运动员需佩戴轻便、不易脱落、耐磨损且保暖性较好的手套。由于运动员在弯道滑行时速度很快，且倾斜角度较大，左手常常扶在冰面上，因而左手所佩戴的手套指尖处需加一些较硬且光滑、耐磨的保护层，以缓解手与冰面摩擦所产生的刺激。

* 手套

* 护颈、护膝和护腿

护颈、护膝和护腿的作用，主要是在比赛中保护运动员的颈部、膝部和腿部，使其不受或少受伤害。为减轻运动员装备的重量，一般会将护腿和护膝与比赛服结合在一起，从而使护具更加轻便、美观和实用。

* 护 颈

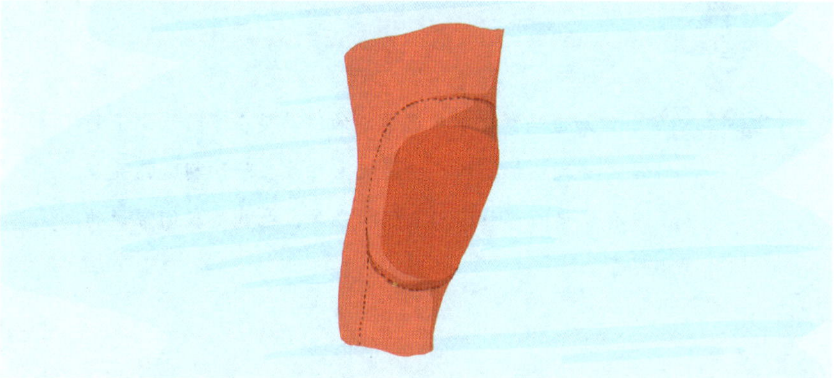

* 护腿和护膝

* 防切割连体服

短道速滑比赛中，运动员所穿的连体服也是比赛的一大特色。目前国际滑冰联盟和各国、各地区滑冰协会举办的赛事，要求参赛单位所有的运动员（个人和集体项目），都必须统一着装，并在比赛服双腿小腿的外侧用相应的文字或标志注明运动员所在队伍，队名可用全称也可用缩写，但所标注文字的高度不得小于 10cm。比赛服和热身服的上面，还可以标明参赛选手的名字。

由于短道速滑比赛异常激烈，且速度过快，运动员在弯道处失误滑倒时，很可能导致冰刀与身体接触而造成严重划伤，甚至伤及动脉。为了防止意外的发生，比赛规定运动员必须穿着用具有防切割功能的材料制作的服装进行比赛。防切割连体服是用一种特殊纤维与其他材料混纺制成的，这种特殊纤维是制作防弹背心用的特种材料，因此防切割连体服堪比防弹衣，可以最大限度避免运动员在比赛中被划伤。

知识窗

你知道吗？参加短道速滑的运动员在穿防切割服的时候需要放置护腿板，护腿板主要放在防切割服膝关节下带有软垫的部位，用来保护胫骨，也就是我们常说的小腿骨。

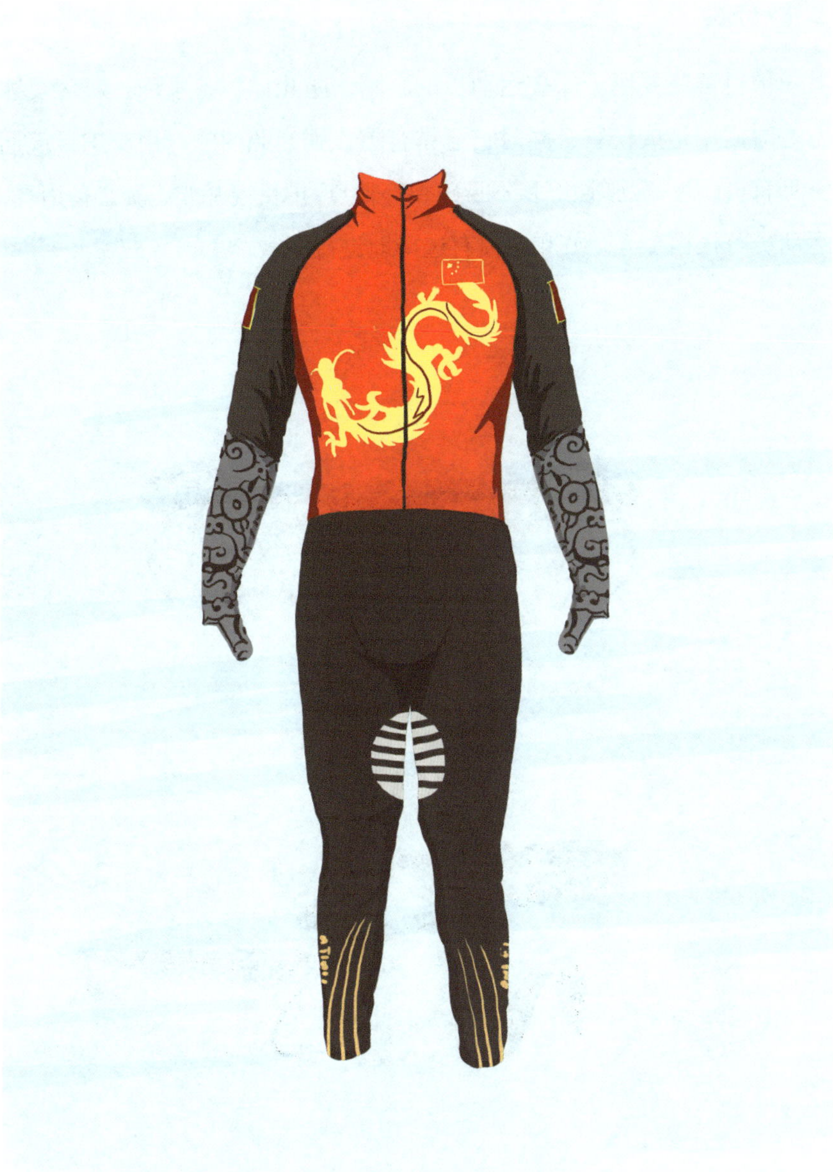

＊ 短道速滑连体服

＊ 护目镜

护目镜主要用于保护运动员的眼睛，防止冰沫、水珠、灰尘及冰刀等对眼睛造成伤害，同时它还具有防止强光照射的作用。护目镜通常具有透明度高、弹性好和不易碎裂等特点。护目镜并非比赛必备用具，运动员可根据个人爱好和习惯有选择地进行佩戴。

＊ 护目镜

* 冰鞋

冰鞋是短道速滑运动员必备的器械之一。由于弯道半径小、倾斜角度大、滑行速度快等，运动员在高速滑行中有时会发生支撑不稳、身体失去平衡的情况，从而导致出现摔倒、碰撞等现象。因此，一般要求选择鞋帮较硬、鞋口稍高的冰鞋，以起到保护踝关节的作用，也可使脚和冰鞋更加贴合。

目前生产的冰鞋，一般采用碳纤维材料制作鞋底及鞋帮的支撑部分，用皮革材料制作鞋里及鞋面。冰鞋在性能方面要具有穿脱方便快捷、支撑部分牢固、便于调整冰刀位置、防潮湿、防鞋带散乱以及穿着舒适不伤脚等特点。

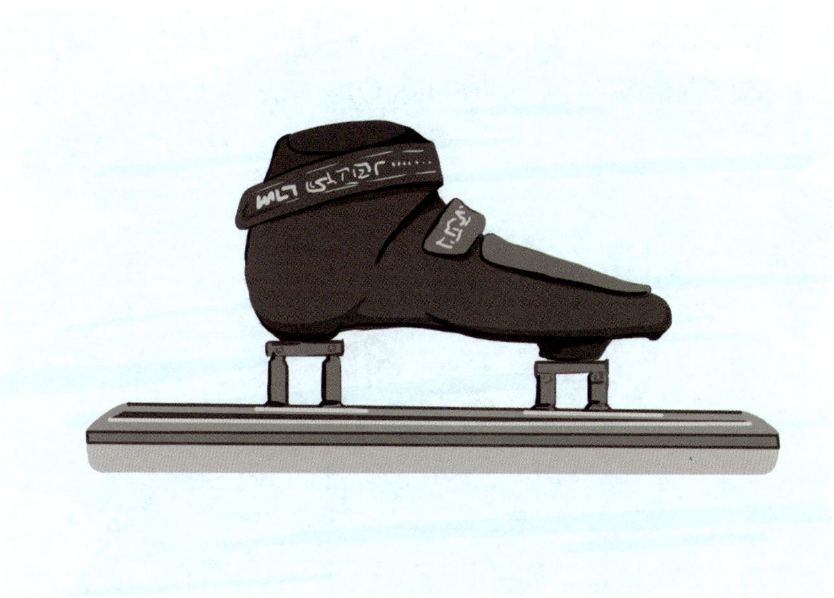

* 冰 鞋

＊ 冰刀

与速度滑冰冰刀相比，短道速滑冰刀的特点是刀身较短、较高，刀刃底部有弧度，且刀管为封闭式，刀跟部为圆弧形，最小半径为10mm。刀管有两点需固定在冰鞋上，且无移动部分。

较高的刀身为的是参赛选手在滑行中，在冰刀倾斜度很大时，也不会因冰鞋接触冰面而出现失误。刀刃底部的弧度与冰面接触面积很小，主要是便于在弯道处滑弧线前行。

短道速滑冰刀常用的长度为 16.5 英寸、17 英寸、17.5 英寸和 18 英寸（1 英寸 =2.54cm）。通常选手在选择冰刀长度的时候，会根据自身的水平和能力，选择适合自己的长度。一般来讲身材高大，力量较强的男性运动员会选择较长的冰刀；而身材矮小、滑行能力较弱的运动员，会选择较短的冰刀，因为这样更有利于控制滑行。例如：我国著名短道速滑选手武大靖所使用的冰刀就有 18 英寸，约 45.7cm。

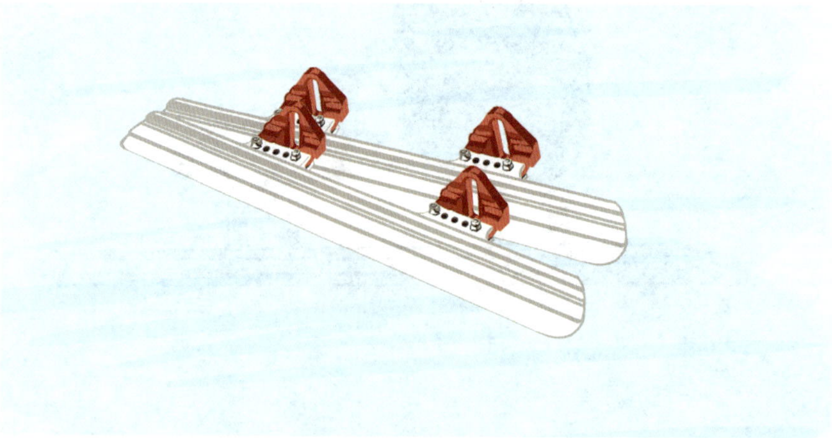

＊ 冰 刀

第三章 短道速滑的项目设置与规则

在短道速滑比赛中，胜负往往在一瞬间，这是一场速度与头脑的竞争。所以，运动员在比赛中不仅要遵守规则，更要考虑速度，讲究战术。

·项目设置·

* 赛事设置

1. 全国性比赛

目前我国短道速滑全国性比赛主要有全运会、全国冬季运动会、全国冠军赛、全国锦标赛、全国青年锦标赛、全国少年锦标赛以及全国联赛等。

2. 国际性比赛

短道速滑国际性比赛目前主要有奥林匹克冬季运动会、世界锦标赛、世界团体锦标赛、世界青年锦标赛、世界杯赛、欧洲锦标赛、亚洲冬季运动会、亚洲锦标赛、世界大学生冬季运动会等。

* 参赛选手

* 比赛项目、赛制与规则

1. 常规比赛项目

目前短道速滑的比赛项目共设有 14 个小项，分别为：

男子追逐比赛、全能、500m、1000m、1500m、3000m、5000m 接力。

女子追逐比赛、全能、500m、1000m、1500m、3000m、3000m 接力。

在 2022 年北京举办的冬奥会上，还新增加了混合团体接力赛。

* 男子项目

* 女子项目

* 混合项目

2. 赛程

短道速滑比赛采用淘汰制，以预赛、复赛、半决赛、决赛的比赛方式进行。只有每场比赛获得前 2 名的选手才可以进入下一轮比赛。首先是小组预赛，前 2 名进入下一轮，即复赛。以此类推，复赛中每个小组的前 2 名进入半决赛，半决赛中每个小组的前 2 名进入决赛。

一般情况下，500m、1000m 等短距离比赛 4 名选手同时出发；1500m 以上的长距离比赛 6~8 名选手同时出发。预赛的站位通过抽签来决定，之后的比赛按照上一轮比赛的成绩确定站位，成绩好的站内道。

由于赛道较短，且多位选手同时滑行，因此允许一定程度上的身体接触，但是推挤其他选手或阻碍其他选手前进的行为将被视为犯规，具体为脱离跑道、降低速度、冲撞等，违规的选手将被取消竞赛资格，无法进入下一轮比赛。

知识窗

扣圈规则：在短道速滑的比赛中，如果一名选手被另一名选手超越一圈，即为被扣圈。此时，被超越的选手可以继续比赛，但应在跑道外侧滑跑，不能妨碍其他运动员；当被扣两圈时，应退出该组竞赛，除非当时有一名或多名运动员正在非常接近他的位置。运动员按此规定退出该组比赛将被视为未滑完。如果裁判长根据自己的判断，认为运动员是由于自身不可抗拒的原因而未能滑完全程，则可宣布该运动员完成比赛，但不给予计时。

3. 犯规

在短道速滑比赛中，判定犯规是一件极其复杂的事，由于比赛时运动员的速度十分快，优秀运动员的滑行速度甚至可以达到每小时50km，所以，很多时候裁判都需要观看慢动作回放才能给予判定。一般来说，故意用身体的任何部位阻挡、推拉、撞击其他运动员，都会被认为是犯规。

短道速滑均按逆时针方向滑行，无论何时都允许超越，直到运动员滑行到并排时，如被超越者没有做不正当动作，则任何障碍和碰撞引起的犯规均由超越者负责；如被超越者因阻挡而随意改变滑行路线，或做出其他不正当的动作，则由此引起的犯规由被超越者负责。

* 犯规动作

4. 比赛中违反滑行规则的具体行为

缩短距离：指的是参赛选手，以一只或两只冰刀，滑行到跑道标志块所标示区域的弯道左侧的一种行为。

* 缩短距离

碰撞：故意用身体任何部位推拉、撞击、阻挡其他运动员；在跑道上不合理地横向滑行，或用任何方式干扰其他运动员，导致身体接触。

＊ 碰 撞

援助：运动员在比赛中应作为个体独立滑行，而在竞赛中给予或接受体力援助的行为即为援助，但不包括在接力比赛中同一队参赛选手推队员的行为。

＊ 援助

* 危险动作

危险动作：在比赛中故意踢、碰其他运动员的冰刀，以及在终点冲刺时将冰刀竖起或将整个身体摔过终点线等行为，均被视为危险动作。

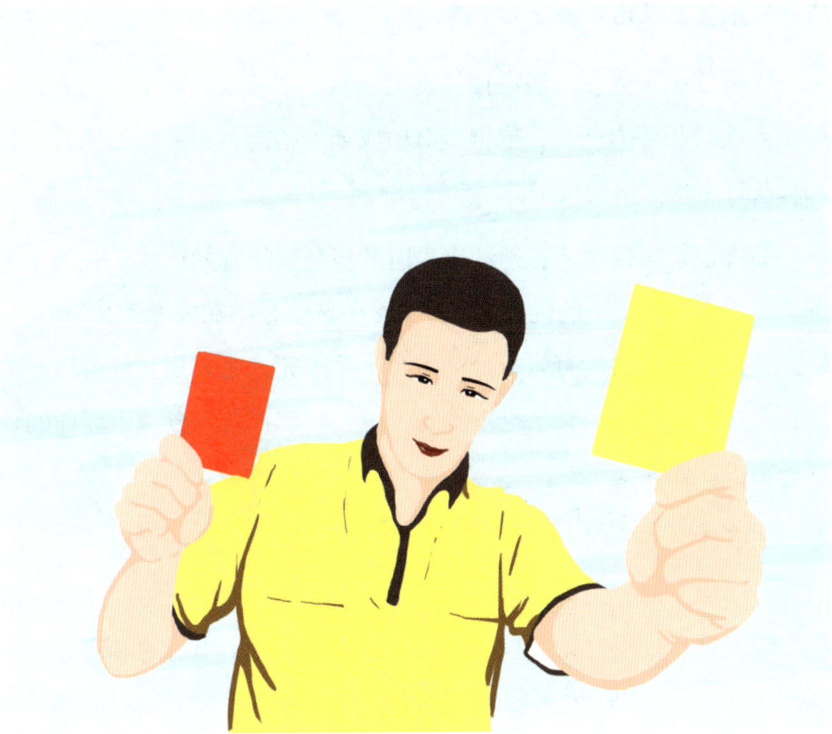

* 黄牌、红牌

黄牌：比赛期间，无论是在冰场上还是在冰场外，当裁判长认定某运动员的犯规或行为是故意的、不道德的、不安全的并可能导致严重后果时，应向该运动员出示黄牌。

红牌：比赛期间，无论是在冰场上还是在冰场外，当裁判长认定某运动员的犯规或行为是故意的、极为不道德的、极为危险并可能或已经造成严重后果时，应向该运动员出示红牌。

5. 抽签及队伍编排

比赛的出发顺序一般由抽签确定。第 1 个单项的第 1 轮比赛，包括个人项目和接力项目，根据当时相应项目的排名由编排记录长、裁判长及技术代表协商确定。

编排记录长依据所有运动员当时的积分编排其站位。积分第 1 的选手，排在内道第 1 的位置。积分第 2 的选手，排在内道第 2 的位置，以此类推，直至将所有有积分的参赛选手排完为止。没有获得积分的选手，将由编排记录长依据抽签给予排列，排在有积分选手后面的预赛各组中，直到排完为止。

在各轮次编排时，当某组中有来自同一单位的运动员时，应在段内进行串组，即先向下串一组；如不可能，可向上串一组；如仍不可能，经裁判长批准后，可在排名之后的赛道串组，串组的参赛选手不能排在同一组；如仍不可能，该运动员应在原来的组继续参加比赛。

各项目的首轮分组完成后，各组的出发顺序由编排记录长抽签决定。各单项第 1 轮比赛的道次站位由编排记录长代为抽签决定。在随后的轮次中则不再抽签决定站位，而是由运动员在前一轮比赛中滑出的时间来决定站位。上一轮中滑行时间最短的运动员被安排在最里侧的滑道，其余选手按此方法类推。参赛选手如在前一轮次比赛中没有获得成绩，或有 2 名及以上选手成绩相同，则参赛选手的本轮站位，将由在这个项目中任何组次的最好成绩来决定。首先按照运动员的成绩分配他们的站位，如果没有成绩，则抽签决定其站位。

* 分项规则

1. 个人赛

在个人赛中，参赛选手沿逆时针方向进行滑跑，即跑道的内侧在参赛选手的左侧。在比赛时，参赛选手在任何时候都允许被超越。但在平行滑跑时，如果被超越者没有不当行为，任何阻挡或碰撞均由超越者负责。当选手的刀尖触及终点线后，即被视为完成比赛。

* 个人赛

2. 男子追逐赛、女子追逐赛

参赛选手在赛前需要进行编组，各组出发顺序由抽签决定。每组设 2 人，每人滑行 7 圈，没有战术配合，也没有身体接触，比赛全部结束后按成绩排列名次，用时最少者获胜。

* 男子追逐赛、女子追逐赛

3. 男子接力赛、女子接力赛

男子接力赛为 5000m 接力，滑行 45 圈；女子接力赛为 3000m 接力，滑行 27 圈。每场比赛，每队有 4 名选手参加比赛，同队队员必须着装一致，不执行本规则的选手，将被逐出比赛。如参赛队伍是由来自不同会员协会的选手组成，采用简易识别方式即可。

在比赛中，交接采用接触方式进行，如参赛选手未被同队队员接替，他将仍处于比赛中。除最后两圈外，参赛选手可在任何时候被接替。最后两圈只能由一名选手完成，在最后三圈时将鸣枪给参赛选手示意。但如果参赛选手在最后两圈滑行时不慎摔倒，该选手可被接替。而且同队选手只要滑上跑道，就必须完成交接。参赛选手在交接前进入跑道，或在交接后退出跑道都要符合相关规定。其他各队非比赛队员，必须远离比赛队员所滑行的赛道。弯道和直道区域均有标志块进行标记，只有进行交接时，运动员才能离开这个区域。交接要在不干扰其他队的参赛选手滑行的情况下进行。在交接过程中，不允许改变路线，交接要直接向前且不得阻挡其他队的参赛选手，否则也将被视为犯规。

* 接力赛

知识窗

在短道速滑的比赛项目中，还有一项竞赛为全能赛，该项目只在世锦赛中存在，在奥运会的比赛中该项目并不存在。全能赛属于积分比赛，每个单项冠军可以得到34分，亚军可以得到21分，季军可以得到13分，名次越靠后的选手积分越少。

4. 混合团体接力

混合团体接力是北京 2022 年冬奥会的新增比赛小项，最多有 12 支接力队参赛。比赛时，每队由两男两女四名队员组成，女运动员滑前两棒，男运动员滑后两棒。混合团体接力要求运动员共滑行 2000m，滑行 18 圈。第一轮交接每个选手滑行两圈半，第二轮交接每个选手滑行两圈，同性别选手可以在两个轮次里滑行不同的棒次，但男女选手之间不可交换棒次。在竞赛轮次方面，混合团体接力设有预赛、半决赛和决赛，不同轮次每队可派出不同的选手参赛，但总参赛人数上限为 4 男 4 女。

* 混合团体接力

·滑行动作与竞赛技术·

* 滑行动作

1. 滑行基本动作

滑行基本姿势对于发挥技术和战术、保持滑行动作的稳定性、减小前进阻力、增大推进力等都起着重要的作用，因此滑行基本姿势的设计与选择必须考虑减小阻力和增大动力两个因素。

短道速滑在直道滑跑中的基本动作是由两脚交替蹬冰和滑行构成的周期性动作，一个动作周期由 2 个滑步组成。一个滑步包括 2 个时期、3 个阶段、6 个动作。6 个动作为：自由滑行、单支撑蹬冰、双支撑蹬冰、收腿、摆腿、冰刀着冰。滑行中，左（右）脚的前 3 个动作与右（左）脚的后 3 个动作相对应，从而构成了直道滑行中两腿的动作与手臂摆动协调一致的运动结构系统。

动作要领为：上体放松，略收腹，含胸，两臂贴近上体，两手握于背后。上体前倾与冰面成 10° ~30°，膝关节弯曲，大小腿之间的角度为 90° ~110°，小腿向前倾向冰面，踝关节与冰面角度为 50° ~75°，身体重心位于冰刀中后部。两腿靠拢，两脚平行，两刀平刃支撑。

（1）自由滑行动作

支撑腿应保持鼻、膝、脚尖三点成一线；两肩和臀部平稳并保持与冰面平行；身体重心位于冰刀中后部上方，选手面向滑行方向。分界时机是由蹬冰腿的冰刀离开冰面一瞬间起，然后横向移动身体重心，使支撑腿的冰刀由平刃转变为内刃。

★ 自由滑行动作

（2）单支撑蹬冰动作

浮腿向前摆动，重心偏离支撑点，冰刀由平刃改为内刃压冰。同时需要选手保持正确的蹬冰角度，身体重心平行移动。在蹬冰过程中身体重心应始终控制在蹬冰腿上，形成牢固的支撑点，髋关节、膝盖、踝关节依次伸展，沿着与冰刀刀刃垂直的方向用力蹬冰。分界时机是从支撑腿开始横向移动身体重心，到浮腿冰刀开始着冰一瞬间结束。

* 单支撑蹬冰动作

（3）双支撑蹬冰动作

双支撑蹬冰动作是产生最大速度的阶段。在做这个动作的时候，应随着身体重心的移动，逐渐缩小蹬冰的角度，浮腿做着冰动作，同时蹬冰腿应快速展开并向侧面推蹬。此时重心应置于冰刀中部，使大部分体重落在蹬冰腿上并开始加速侧蹬。选手这时应保持两肩放松、平稳并与冰面平行；踝关节快速伸展并做富有弹性动作的蹬冰。分界时机是从浮腿冰刀开始着冰的那一刻起，到蹬冰腿冰刀蹬离冰面结束。

* 双支撑蹬冰动作

（4）收腿动作

在收腿时，应借助于蹬冰结束的反弹力使冰刀迅速抬离冰面，大腿向内收回，使两腿靠拢，冰刀垂直于冰面，浮腿充分放松。分界时机是从蹬冰腿蹬冰结束后，冰刀抬离冰面，蹬冰腿转为浮腿并收腿后开始，到浮腿收至身体重心下方内侧后停止。

* 收腿动作

（5）摆腿动作

在做摆腿动作时，首先让摆动腿的膝关节向前领先，然后用大腿带动小腿，向身体重心移动的方向，即前侧方积极摆动，此时臀部放松，大腿向前移至胸下，摆动腿膝部下放，并迅速向支撑腿靠拢，完成着冰。分界时机是浮腿从后方的正中间摆向身体重心移动的方向起，到冰刀开始着冰的那一刻停止。

＊ 摆腿动作

（6）冰刀着冰动作

在冰刀着冰时，臀部应保持放松，大腿前抬于胸下，膝关节与前进方向一致，并尽量靠近支撑腿，冰刀刀尖略微抬起，冰刀的中后部位尽可能地朝着直道滑行的方向着冰。分界时机是从浮脚冰刀开始着冰那一刻起，到完全承接身体重量为止。

* 冰刀着冰动作

（7）摆臂动作

摆臂动作可分为单摆臂与双摆臂。一般情况下，中、长距离和弯道滑行多采用单摆臂，以保持滑行的节奏和速度；双摆臂多用于起跑、短距离和终点冲刺，目的在于提高滑行速度。

具体为：两臂以肩关节为轴，伴随肘关节的屈伸完成摆臂动作。手臂贴近身体自然前后摆动，手掌作半握拳状，前摆至颌下，下垂点在浮脚冰刀着冰点的外侧，后摆至与躯干平行。摆臂可调整身体平衡，增强蹬冰力量，提高滑跑频率，有利于使身体协调地运动，并达到合理运用战术等目的。

* 单摆臂

* 双摆臂

（8）全身配合

全身配合主要是两腿以及手臂与腿之间动作的配合。两腿之间的动作配合按一个单步可分为 2 个时期、3 个阶段、6 个动作，依次协调循环，即自由滑行与收腿动作相对应、单支撑蹬冰与摆腿动作相对应、双支撑蹬冰与冰刀着冰动作相对应，两腿交替完成直道滑跑动作。手臂与腿的动作配合，主要是蹬冰腿同侧手臂向侧前摆动，异侧手臂向侧后摆动，配合下肢蹬冰、自由滑行、收腿、摆腿及冰刀着冰动作，构成完整的直道滑行动作。

* 全身配合

蹬冰动作开始后上体横向移动，并展开髋关节，同时发力要快，且积极主动。重心移动时身体纵轴线与滑行方向平行，手臂摆动的节奏与蹬冰动作节奏协调一致，动作节奏的变化须先慢后快，两腿动作要连贯流畅。单支撑蹬冰动作与摆腿动作、双支撑蹬冰动作与冰刀着冰动作的协调配合是蹬冰阶段的核心。全身配合技术在滑跑过程中对动作之间的连接、协调、促进和带动有着重要作用。同时，全身配合技术的完善也有利于能量的节省和战术的合理运用。

2. 弯道滑行基本动作

在弯道滑行时，上体应放松，团身收腹，支撑腿髋关节、膝盖、踝关节保持弯曲。身体成流线型向左（圆心内）倾斜，蹬冰角为30°~40°，两肩及臀部始终保持平行稳定状态，右臂前后摆动，左臂自然下垂，手指轻触冰面，身体重心控制在冰刀的中部。

（1）左腿单支撑蹬冰动作

当左腿单支撑蹬冰的时候，需沿弧线边蹬冰边滑行，并保持两肩和臀部平行状态的左倾姿势。身体重心控制在冰刀的中部，在蹬冰展腿时，顺序是先展开髋关节并压膝，然后加速展膝向侧前方推蹬。

分界时机是从右脚冰刀离开冰面起，到右腿摆动后重新开始着冰那一瞬间为止。

（2）右腿摆腿动作

右腿摆动时，冰刀需贴近冰面，并保持低位摆动收回。摆腿与蹬冰动作需要协调、同步、流畅、放松。

分界时机是从右腿蹬冰结束后抬离冰面起，到右腿加速摆动经左腿前交叉后，冰刀开始着冰的那一瞬间为止。

* 左腿单支撑蹬冰动作　右腿摆腿动作

* 左腿双支撑蹬冰动作 右脚冰刀着冰动作

（3）左腿双支撑蹬冰动作

体重需控制在蹬冰腿上,并随重心移动缩小蹬冰角,加快展腿动作,使其在结束蹬冰时达到最快速度。再用冰刀外刃紧紧咬住冰面，并最大限度地将腿伸直。

分界时机是从右脚冰刀开始着冰那一瞬间起，到左脚冰刀结束蹬冰离开冰面后为止。

（4）右脚冰刀着冰动作

右脚冰刀着冰时，需沿弯道滑行，并沿着切线方向着冰，着冰脚应尽量靠近支撑脚冰刀。

分界时机是从右脚冰刀内刃开始着冰那一瞬间起，到该腿支撑承接全部身体重量后，左腿蹬冰结束，冰刀离开冰面后为止。

＊ 右腿单支撑蹬冰动作　左腿摆腿动作

（5）右腿单支撑蹬冰动作

右腿单支撑蹬冰时，应两肩和臀部平行，并保持向左倾斜姿势，用冰刀内刃咬住冰面，用冰刀中部向侧前方沿着弯道的弧线方向进行推蹬。

分界时机是从左脚冰刀离开冰面起，到左腿摆动后重新开始着冰那一瞬间为止。

（6）左腿摆腿动作

左腿摆腿时，膝盖与髋关节同时弯曲，并用大腿带动小腿进行摆动，膝关节领先后加速摆收浮腿。

分界时机是从左腿结束蹬冰后冰刀蹬离冰面开始，到冰刀开始着冰那一瞬间为止。

* 右腿双支撑蹬冰动作 左脚冰刀着冰动作

（7）右腿双支撑蹬冰动作

右腿双支撑蹬冰动作，是在右腿单支撑蹬冰的基础上继续沿弧线边蹬冰边滑行，身体重心控制在冰刀中部，右腿冰刀用外刃咬住冰面，并最大限度地将腿伸展。

分界时机是从左脚冰刀开始着冰的那一瞬间起，到右腿蹬冰结束，冰刀离开冰面为止。

（8）左脚冰刀着冰动作

左脚冰刀着冰时，应将左腿前送到位，并展膝、屈踝、将刀尖抬起。左脚冰刀外刃沿切线方向用冰刀的后部着冰，冰刀略向前冲，迅速与蹬冰动作同步协调。

分界时机是从左脚冰刀外刃开始着冰那一瞬间起，到左脚冰刀完全承接体重，右腿蹬冰结束，冰刀离开冰面为止。

（9）弯道摆臂动作

右臂的摆动幅度与直道摆动基本相同，摆动的方向可稍向侧面倾斜，并以肘关节的屈伸动作为主、肩关节屈伸动作为辅，配合蹬冰动作前后摆动，左臂贴近身体小幅度前后摆动。弯道滑行时摆臂动作多以单摆臂为主。

其作用在于：调节身体平衡，加强蹬冰力量，有利于滑行过程中使整个身体保持协调、平稳状态。同时，摆臂对战术的发挥也起到积极的作用。

* 弯道摆臂动作

（10）全身配合技术

全身配合技术动作在弯道滑行过程中起着相互连接、相互协调的作用，极有利于滑行过程中能量的节省，还可以促进各环节之间技术的发挥和合理运用。弯道全身配合由两腿之间以及手臂与腿的动作配合构成。

* 弯道全身配合

* 竞赛技术

1. “V”字形起跑

“V”字形起跑的基本姿势为，选手面朝滑跑方向，身体弯曲下蹲，两臂自然弯曲下垂，两脚冰刀成“V”字形，左脚冰刀应与起跑线垂直，右脚冰刀与左脚冰刀成小于 90°姿势。

* “V”字形起跑

2. 非点冰式起跑

当听到“各就位”口令时，刀身与起跑线夹角约为 45°，冰刀平刃放在冰面上，刀跟抬起保持稳定不动，后脚用冰刀平刃或内刃置于冰面，两刀开角为 90° ~120°，后脚冰刀牢固咬住冰面，上体直立，两臂自然下垂，目视前方，身体重量大部落于后腿之上。

当听到预备口令后，立即降低身体重心并向前移，前膝蹲曲角度约为 90°，后膝约为 110°，前手臂肘关节弯曲成 90°，并置于膝关节前，双手成半握拳状，后手臂肘关节弯曲成 90° ~110°，向后举起与肩齐平或略高于肩。

* 非点冰式起跑

3. 起跑后的疾跑

当听到起跑口令时，后脚应立即用力蹬冰，并将前脚抬离冰面，刀尖外转与起跑线平行向前迈出。与此同时需注意步幅不可过大，然后用冰刀内刃着冰，同时迅速展体，面向滑跑方向，并将髋部前送。随着起跑步数的增多，出刀角度逐步缩小，逐渐过渡到正常滑行。

* 技术动作组图

4. 终点冲刺技术

终点冲刺是全程滑跑中最后的一段。由于短道速滑项目具有瞬间决出比赛胜负的特点，特别是当今高水平运动员竞技水平十分接近，因而终点冲刺技术就显得尤为重要。在终点冲刺时，不仅要保持速度，更重要的是要提高速度。因此，终点冲刺通常采用双摆臂滑跑，以缩短惯性滑行时间、加快节奏、提高步伐频率，从而获得更有力的蹬冰加速度。

在接近终点的滑行过程中，将身体重心放在有利于克制对手一侧的腿上，异侧腿迅速前伸，力求保持身体平衡冲过终点。

* 冲刺技术动作

5. 接力技术

接力前技术：接替者要根据被接替者滑行的速度和所处位置，在跑道场地的内侧起动滑行。当滑行速度达到或超过被接替者时，接替者在预定接力区域前的出弯道处，从第 5、6 或第 6、7 标志块之间滑入跑道，出弯道后借助前冲的惯性做好接触前的蹲曲姿势，双脚支撑自由滑行。

被接替者在接力前，除完成正常的滑行外，还要时刻注意接替者滑行速度的变化、滑行路线以及场上情况。当接替者进入跑道后，被接替者要对其做追逐滑行，在接近接替者时，停止蹬冰动作，两脚开立与肩同宽，上体抬起，两臂前伸，做好接触与推送。

* 接力推送 1

* 接力推送 2

接力中技术：接替者应保持适宜的流线型蹲曲姿势，两臂靠近躯干，双手扶于大腿或膝关节，两腿靠近，两刀平行，双脚适度打开站立，身体重心落于冰刀的后半部。将头抬起，目视前方，等待被接替者的推动，并做好起动滑行的准备。

被接替者以双手对准并触碰接力者的臀部，做好屈膝、屈臂并向后缓冲。当达到最有利的关节角度时（即贴近自己胸部的状态），将身体重心前移，自下而上地相继发力，双脚冰刀外展开，用力蹬冰的同时伸臂、甩腕，完成爆发式的推送动作，将接替者推出。

＊ 接力推送 3

接力后技术：当接替者被推送后，接替者应借助由被接替者推力产生的惯性速度，占据有利位置开始向前起速滑行。

被接替者在完成推送动作后，身体重心落在双脚冰刀上，保持平衡向前自由滑行。但需注意的是，不可突然变线或停止，以免妨碍其他参赛选手的滑行。

6. 超越技术

空间区域超越：双摆臂，步幅长而宽，随时保持加速的起动状态。如对手超越时，可扩大身体的空间区域，使后面靠近的选手无法超越，而在远处的选手因为受场地和体力的限制则往往很难超越。

速度差超越：速度差超越分为两种，一种为超越者利用自身速度优势，利用步伐差超越其他选手，另一种为超越者利用与对手相反的滑步进行超越。为了保证超越成功，超越者往往需要在出弯道时调整滑步并提前加速。

入弯道内侧超越：因被超越者的滑行路线离第一个标志点较远，所以造成了内侧的空隙。此时，超越者可安全地从入弯道内侧完成超越。但在超越时，需注意动作的规范性、安全性，并留有一定的空间，避免强行超越。还有，此超越方法稍不注意，极易发生犯规。

入弯道外侧超越：领先的选手在滑行中，因为紧贴着弯道标志点，所以往往会出现速度的调整，超越者应在直道的最后几步开始加速，当要入弯道或刚入弯道时，用几个短促而有力的交叉压步从入弯道外侧进行超越。

* 入弯道内侧超越

* 入弯道外侧超越

* 弯道弧顶内侧超越

弯道弧顶内侧超越：此方法对运动员的技术稳定性要求比较高，主要是利用领先者由于速度快、倾斜角度大、身体重心不稳定等因素而减慢速度，找准时机灵活、安全地从弯道弧顶内侧完成超越。

* 出弯道内侧超越

出弯道内侧超越：由于领先者入弯道时紧贴着标志点，且加速滑行，所以在出弯道时的一瞬间会远离标志点，并在内侧出现空隙，此时超越者可安全地从出弯道内侧完成超越。

出弯道外侧超越：出弯道外侧超越前，首先要有足够的心理、体力以及技术准备。在直道滑行时开始加速，沿着弯道外侧滑行，当达到最大速度时在外侧安全完成超越。此方法对技术要求较高，选手需经受良好的训练，具备较高的竞技能力。

* 竞赛战术

在短道速滑比赛中，依据项目特点以及竞赛规则，为了赢得比赛而采用一系列的个人或者集体行动的手段统称为短道速滑战术。这项运动并非单纯以速度决胜，而是以名次来决定胜负。运动员除了本身需要有良好的身体素质及高超的滑跑技术外，还需要准确了解比赛中时时刻刻产生的变化，采用合适的战术，为自己的比赛增添助力。

领先滑行：指的是参赛选手为达到战术目的，在起跑和滑跑的过程中，快速启动，抢占领先位置，摆脱对手，根据战术计划或场上变化保持领先位置。这种战术在短中距离赛中比较常见。领滑时不受其他滑行者在精神上、技术上的干扰，有利于创造最佳运动成绩。但领滑时由于空气阻力较大，与尾随者相比，领滑的选手更容易较早出现疲劳，因此需根据比赛的具体情况来实施。

变速滑行：同队或 2 名以上队员参加同一组比赛，一名队员采用多次变速滑行的方式来滑行，从而让队友获得更好成绩的一种战术。这样做虽然十分消耗自身体力，但同样也迫使对手消耗了体力，从而给队友创造了更多机会。

一挡一过：同队或 2 名以上队员参加同一组比赛，一名队员在前方挡住对手滑行路线，另一名队员由侧面超越的一种战术手段。

* 领先滑行

* 变速滑行

* 一挡一过

* 尾随滑行

尾随滑行：在滑行过程中，参赛选手为达到战术目的，在对手的背后尾随滑行，以保存体力并寻找战机，以此来战胜对手的一种战术。这种方法虽然有利于节省体力，但不利于获得比赛中阶段性的主动权。

知识窗

你知道吗？除了以上的技术动作和比赛战术以外，想要赢得一场比赛，还有很多的技巧和战术。

（1）抢位：在比赛过程中，抢占有利位置，干扰对手正常滑行或破坏其战术而实施的一种战术。

（2）交替领滑：为提高全程滑跑速度或合理分配体力，同伴之间采用相互领滑一定距离的方式，构成交替领滑，以此来保存实力并占据主动而采取的一种战术配合。

（3）梯形编队滑行：若干名同伴保持梯形的队形滑行（前后横向半错位），挡住对手超越路线。在后外侧滑行的同伴可根据对手情况与同伴调整位置，以保持有利位置。

（4）起跑拖后：为达到战术目的，战术发动者在起跑过程中，有意识地晚起动或慢起动，造成起跑自然拖后的一种战术。

第四章 短道速滑的冬奥人物故事

在短道速滑的冬奥赛场上，参赛选手用激情和毅力感染着每一位现场观众，每位参赛选手的背后都有着属于自己的故事。

·武大靖·

“努力”二字从来不只是说说而已的。一个人能否取得成功，就在于他能否对一件事情持之以恒，能否付出与常人相比更多的努力。武大靖的成功之路并不是一帆风顺的，热爱滑冰的他，从业余队晋升到了专业队，又从一个陪练升到了主力。已经成为中国短道速滑王牌的武大靖，他的成功和逆袭正是源自他的坚持、付出，以及不懈的努力。

* 从陪练到冠军的励志之路

1994 年 7 月，武大靖出生于黑龙江省佳木斯市。武大靖少年时期，也正是中国短道速滑名将李佳军、杨扬等人的辉煌时代。在当时，很多人都被短道速滑这个项目深深吸引，这其中也包括了武大靖。为了支持儿子的梦想，武大靖的父母将他送到了佳木斯市业余短道速滑队。从此，武大靖开始了他传奇的短道速滑生涯。

进入业余队后的武大靖对短道速滑这个项目充满了热情。刚开始的时候，因为武大靖的技术水平还比较差，而他训练的时间大多又都在凌晨，于是，在每天早上的三四点钟，武大靖都早早地起床，去室外零下 30 多度的冰场进行训练。每一次长时间的练习过后，他的手脚都会被冻得僵硬，脚也经常被冰鞋磨破，但他依旧坚持着，从未想过退缩。

13 岁那一年，武大靖独自一人离开哈尔滨前往南京训练，这一次外出训练成为他人生路上的一个转折点。由于个人的努力以及出色的表现，武大靖被国家队的教练选中，随后被纳入国家短道速滑队。刚到国家队的时候，武大靖主要负责给女队的主力当陪练。在这里有许多与他同龄的女孩，并且水平都很高，他的速度甚至比不上女队的队员，而这一切也深深地刺激着好胜的武大靖。此时的他知道，如果想要成为主力，就必须付出比别人更多的努力。

* 武大靖（一）

* 武大靖（二）

2012 年，国家队的主力队员都去国外参加比赛了，留在北京的武大靖利用这段时间刻苦训练，并和助理教练一起打磨技术。随着不断的努力和反复的练习，武大靖的成绩得到了大幅度提升，他也逐步开始踏入国际赛场。转眼到了 2014 年，索契冬奥会正式开幕，武大靖作为短道速滑的选手代表中国出征，并顺利地拿到了 500m 比赛的亚军。此后，武大靖长期活跃在国际赛场上，并不断取得好成绩。由于他滑行的速度非常快，因此还被大家冠以了“冲刺之王”的称号。在 2018 年平昌冬奥会上，武大靖更是以打破世界纪录的方式获得 500m 比赛的冠军，震惊了全世界。

＊　纪录就是用来被打破的

在平昌冬奥会前，武大靖所打破的这项纪录已经连续被保持了近6年，当这项纪录被打破时，全国上下都沸腾了起来。不仅如此，在这届冬奥会上，武大靖甚至在同一天内，2次刷新了这项纪录，武大靖一战成名。

平昌冬奥会结束后，武大靖依旧保持着很好的状态，在短道速滑世界杯美国盐湖城站男子500m争夺赛中，他再次打破了自己保持的纪录。在一年内3次打破500m世界纪录，这样的成绩引发了大家的热议，而武大靖也由此成为中国短道速滑界新一代的领军人物。

其实，在平昌冬奥会上，武大靖的冠军之路走得并不顺利，甚至可以说是异常艰辛，在1500m比赛中武大靖曾摔出赛道，在1000m比赛中被判犯规，在500m比赛中又被判抢跑。正是在这样精神极度紧张，且高压的状态下，武大靖顶住压力，以惊人的速度超越所有选手，最后以39秒584的成绩打破了世界纪录，强势夺冠，为中国赢得了平昌冬奥会首枚也是唯一的一枚金牌，实现了中国男子短道速滑选手在冬奥会上金牌“零”的突破。

任何的成功都不是偶然的，武大靖在背后所付出的努力是我们难以想象的。正是因为武大靖的努力和直面困难、坚韧不屈的性格，才使他收获了属于他的荣耀。

·李 琰·

* 短道速滑的风云人物

体育竞技是辛苦的，也是残酷的。在赛场上，每一位选手都吸引着万千目光，接受着众多粉丝的追捧。在这些运动员光鲜亮丽的外表下，他们付出了许多不为人知的艰辛，他们背后也有许多人在默默付出。而站在中国短道速滑运动员背后的身影中，有一个人我们不得不提及，那就是中国短道速滑队主教练、中国滑冰协会主席——李琰。

* 李琰（一）

* 神龙腾飞

在中国的体育赛事中，有三位女教练被人们所熟知，她们分别是女排总教练郎平、跳水领队周继红以及短道速滑教练李琰，人们将她们并称为“中国体坛的三大铁娘子”。其中，短道速滑教练李琰被人称为“短道教母”，因为她开创并改变了中国短道速滑的历史。

李琰，1966 年出生，从小就生活在黑龙江省牡丹江市，因此很喜欢冰雪运动。12 岁时，李琰进入少年体校开始了专业的训练，随后成绩优异的她被选入牡丹江体工队学习短道速滑。1987 年，李琰成功进入国家集训队，开始在国际赛场上一展风采。同年，李琰代表中国参加短道速滑的世界锦标赛，获得了第 15 名的成绩，并获得了 1988 年加拿大卡尔加里冬奥会的比赛资格。在卡尔加里冬奥会的赛场上，短道速滑只是作为表演项目第一次亮相。李琰在表演赛上的出色发挥，使她获得了 1 金、2 铜的优异成绩，同时还打破了 1000m 和 1500m 比赛的世界纪录。在赛后，加拿大组委会拿出了一张以李琰为主角的宣传画，上面醒目地写着四个大字——神龙腾飞，这张宣传画在一夜之间挂满了大街小巷。

1992 年，阿尔贝维尔冬奥会拉开帷幕，此时短道速滑已经正式成为冬奥会的比赛项目。李琰在这次比赛中获得了短道速滑女子 500m 的银牌，这也是我国第一次在冬奥会上夺得该项目的奖牌。

在同年的短道速滑世锦赛上，李琰夺得了 500m 和 1000m 的金牌，以及 1 枚女子全能银牌，这也是中国女子短道速滑队在这次女子全能赛上取得的最好成绩。

＊ 冰上的铁娘子

对于大部分人而言，每当谈及李琰，首先想到的是奥运冠军、短道速滑的代表，但对于中国短道速滑队来说，李琰是无可替代的人物。

1984年，在一次比赛中，李琰发生意外，左腿膝关节肌肉全部断裂，这对于一个短道速滑运动员来说可谓是致命的。然而伤口还未完全愈合，她就开始了康复训练。每天早上五点，她都早早出现在操场，用单脚跳跃的方式做着训练，在不懈的努力下，她终于在一年后奇迹般地重返冰场。

1988年，李琰代表中国短道速滑队第一次参加冬奥会。当时在中国还买不到专业的短道速滑冰鞋，所以她只能使用其他项目的冰鞋进行练习，而她的双脚也经常被磨得出血不止。就是在这样的艰难岁月中，李琰不断磨炼着自己，而她的付出也最终得到了回报。

＊ 教练生涯

1992年，世界短道速滑锦标赛结束后不久，李琰宣布退役，同时在中国短道速滑集训队中担任起了助理教练，并随队参加了1994年的挪威利勒哈默尔冬奥会。随后李琰慢慢地淡出了大家的视野，来到东北财经大学国际金融专业，开始了为期四年的大学生活。

1999年一次偶然的机会，李琰受到邀请去斯洛伐克队执教短道速滑，出于对该项目的热爱，她毫不犹豫地答应了。没过多久，由她训练的斯洛伐克队就在欧锦赛上取得了优异的成绩，李琰还带领他们拿到了2002年盐湖城冬奥会的参赛资格。在斯洛伐克队的任职期满后，

＊ 李琰（二）

李琰又接到奥地利国家短道速滑队的聘请。很快，李琰就将处在低谷期的奥地利短道速滑队拉上了正轨。2003 年，李琰前往美国执教，由她所训练的男女两队成绩都有所提高，美国的天才选手阿波罗更是深深地折服在她的教导下。

2006 年都灵冬奥会结束后，李琰拒绝了美国短道速滑队的挽留，毅然选择回国担任短道速滑国家队的总教练。在她执教期间，涌现出了一大批短道速滑的新秀，她带领他们出现在了各大国际赛场上。2007 年 1 月，由李琰率领的中国短道速滑队在亚冬会赛场上，共摘得 4 枚金牌，与当时的韩国队不相上下。2007—2008 赛季，李琰带领中国短道速滑队继续着属于他们的传奇，其中王濛三破纪录，小将周洋战胜韩国名将陈善有夺得女子 1500m 金牌，并打破世界纪录。2008—2009 赛季，李琰带领的中国女队再现惊人战绩，王濛又两次打破世界纪录，而且女子接力赛中我国选手包揽 4 站世界杯金牌，并打破世界纪录。2010 年温哥华冬奥会，李琰所带领的中国女子短道速滑队取得了历史性的突破，在此次冬奥会的比赛中，我国包揽了女子项目的全部金牌。2014 年，李琰作为中国队主教练带队征战索契冬奥会，在这届冬奥会上，中国队在所有男女 8 个项目中均闯入决赛，最终为我国获得 2 金、3 银、1 铜的优异成绩。

在这个外表瘦弱的女子身上，坚强和勇敢就像是一面旗帜矗立在那里。在赛场上她创造了无数的奇迹，而退役后她又用自己的专业技能，为国家培养出一位又一位杰出的运动人才，为我国的冰雪事业做出了突出的贡献，并带领着中国短道速滑队继续前行。

· 马尔泰斯 ·

* 天才选手

瓦莱里 · 马尔泰斯 (Valérie Maltais)，出生于 1990 年 7 月 4 日，是来自加拿大魁北克省的一名女子短道速滑运动员，同时她也是加拿大短道速滑队的一员，是加拿大名将，曾获得过 6 枚世界冠军奖牌。一直以来，马尔泰斯就是中国女子短道速滑队的劲敌。她最初由花样滑冰出道，后转战短道速滑，目前已转战速度滑冰，是滑冰运动中的一位全能选手。

* 马尔泰斯（一）

★ 马尔泰斯（二）

马尔泰斯 6 岁开始学习滑冰，年少的她几乎擅长所有的冰上项目。作为一个小姑娘，她最开始练习的是花样滑冰，但她的母亲看过她的训练和比赛后，觉得这个项目并不是太适合她。每当站在冰场上的时候，她总是从冰场的一端疯狂地滑行到另外一端，她更多的是享受速度所带来的激情。于是，她的母亲建议她改行练习短道速滑。她听到这个消息的时候，委屈得哭了。

经过一段时间的调整和练习，马尔泰斯在短道速滑的比赛中开始崭露头角，并在 2012 年获得了加拿大短道速滑年度最佳女运动员的称号。此后，马尔泰斯参加了温哥华、索契以及平昌三届冬奥会的短道速滑比赛，并在 2014 年索契冬奥会上获得了短道速滑 3000m 接力的银牌。

就在 2018 年平昌冬奥会的前夕，马尔泰斯肯定了自己未来发展的方向不仅仅是短道速滑，速度滑冰将会成为她未来主要的项目。当时的马尔泰斯暗下决心，如果转型无法实现，她将选择退役。后来她用行动证明了自己的实力。2019 年，已经转型一年的马尔泰斯不仅取得了奥运会速度滑冰项目的参赛资格，而且还首次以速度滑冰选手的身份登台亮相，并取得了较为优异的成绩。

马尔泰斯在短道速滑方面有着极强的天赋与实力。在 2012—2013 赛季女子 1000m 资格赛中，马尔泰斯战胜了中国选手王濛，并在之后的比赛中以 1 分 27 秒 653 的成绩刷新了女子 1000m 的世界纪录，还在接下来的女子 3000m 个人赛中获得了冠军。在 2014 年索契冬奥会短道速滑女子 1000m 预赛中，马尔泰斯打破了中国选手周洋保持的奥运纪录，成为短道速滑女子 4 个项目中唯一非中国的奥运纪录保持者。由此可以看出，她的实力是有目共睹的，她绝不是因为短道速滑项目成绩的原因才转型速度滑冰项目的。

从运动员职业生涯的角度来说，马尔泰斯已经不再算新生代选手了，但对于她的人生，一切都将是崭新的。在她的职业生涯中，她一次次改变着自己，不断挑战着自己。我们期待她可以完成对自己的挑战，也期待她在崭新的生活中能够一次又一次书写自己的美丽人生。

·阿波罗·安东·奥诺·

* 短道速滑的“太阳神”

在短道速滑比赛项目中有一位来自美国的选手阿波罗·安东·奥诺 (Apolo Anton Ohno)。他因帅气时尚的外形、高超的滑行技巧以及与太阳神同名等，被大家称为美国短道速滑界的“太阳神”。在美国短道速滑历史上，阿波罗的成绩可以说是空前的。作为一名短道速滑界的名将，他为美国短道速滑做出了巨大的贡献。

* 阿波罗·安东·奥诺

* 短道速滑的天才

1982 年 5 月 22 日，阿波罗・安东・奥诺出生于美国的西雅图。在他 1 岁的时候父母离异，阿波罗从此就跟父亲一起生活。在阿波罗很小的时候父亲就带他去学习滑冰，从此阿波罗对这项运动产生了浓厚的兴趣，这也开启了他短道速滑的传奇之路。

阿波罗在 13 岁时正式开始练习短道速滑。14 岁时在经过了短短 6 个月的训练后，他就获得了第一个全美锦标赛总冠军。在 2001 年世锦赛上，阿波罗包揽了所有距离项目的冠军和总成绩冠军，成为美国短道速滑的传奇。

* 美国短道速滑的冬奥传奇

在 2000—2001 赛季的比赛中，阿波罗跻身世界上最优秀的短道速滑运动员行列，并获得了冬奥会决赛的参赛资格，接着在 2002 年盐湖城冬奥会上，他夺得了短道速滑项目 1500m 的金牌和 1000m 的银牌，他人生中第一次获得奥运金牌。

2006 年都灵冬奥会顺利拉开帷幕。在此届冬奥会上，经过中国教练李琰的指导，阿波罗克服了伤病的影响，在他不擅长的 500m 比赛中，一开始就占据了有利位置，并出乎意料地把优势保持到了最后，打败了韩国名将安贤洙，拿到了金牌。他还摘得了 1000m 和接力赛的铜牌。这样的成绩，更加证明了阿波罗在短道速滑项目上的天赋与实力。

然而这还远没有结束，在 2010 年温哥华冬奥会上，阿波罗再次以他出色的表现，拿到了男子 1500m 的银牌、男子 1000m 和男子 5000m 接力比赛的铜牌。

＊ 成功也需要小智慧

阿波罗能够有今天的成就，不仅依靠他在短道速滑方面的天赋，而且与其聪明的头脑和出色的分析能力分不开。

在 2002 年盐湖城冬奥会 1000m 比赛中，在最后一个弯道，选手之间发生了碰撞，前 4 名选手全部摔倒在地，幸运的澳大利亚选手因此夺得了第 1 名。此时的阿波罗迅速起身继续比赛，最终获得了该项目的第 2 名。

2010 年温哥华冬奥会，原本位列第一的阿波罗在终点线前发生失误，不慎倒地。就这样，他错失了冠军。随后，阿波罗想到在短道速滑比赛中是按照运动员的冰刀是否超过终点线来判断是否完成比赛的，于是他迅速将脚伸过了终点线，最终得到了第 3 名的成绩，从而弥补了自己的过失。

2010 年温哥华冬奥会后，这位美国的天才短道速滑运动员带着在冬奥赛场上获得的 8 枚奖牌，荣耀地宣布退役，结束了他在短道速滑项目的职业生涯。2016 年他入选了名人堂。

阿波罗是短道速滑的天才，也是唯一一个可以在该项目上与韩国和加拿大选手抗衡的美国选手。正是由于他的出现，才形成了短道速滑男子项目韩、加、美三足鼎立的局面。

第五章

短道速滑的欣赏点与观赛礼仪

短道速滑是以速度决胜的比赛项目，对运动员的爆发力有很高的要求，其比赛场面刺激且充满激情，是不容错过的竞赛观赏项目之一。

·比赛欣赏点·

短道速滑是一项充满激情与危险的比赛。作为一个以速度决胜的竞赛项目，十分考验参赛选手的爆发力。他们在互相追逐和比拼中，既要考虑速度，又要考虑动作技术和战术。在竞赛中，选手的速度很快，前后名次相差甚至在千分之一秒内。在这种情况下，每位参赛选手都要承受很大的压力。一场比赛只要还未结束，结果就是一个未知数。因此，这是一项大家都不容错过的冬奥竞赛观赏项目。

· 观赛礼仪 ·

* 文明观赛

1. 比赛前

因为短道速滑的比赛是在室内进行，所以观众应在开赛前入场，着装应整洁、大方，不能太过随意。入场前，应积极配合工作人员进行安检，并提前准备好相关证件及票据。入场后，应尽快对号入座等待比赛开始。禁止携带宠物，易拉罐、玻璃瓶饮料，刀具，烟花等易爆品以及其他危险物品入场。

* 安检

* 着装整洁

2. 比赛中

（1）短道速滑比赛因观赛时间较长，且冰场温度较低，所以大家可以自备外套或毯子进行御寒，同时也可以携带少许食物或在自动贩卖机购买食物。

（2）在比赛开始后介绍裁判时，大家应给予每位裁判员热烈的掌声。当现场播报比赛运动员登场时，也应给予参赛选手热烈的掌声，随后尽快安静下来观赏比赛。

（3）在比赛进行中请勿向场内投掷物品或突然举起横幅、标语等，以免分散参赛选手的注意力。尽量不要随意走动，以免挡住观众通道和影响其他人观看比赛。情况紧急时可在比赛间隙离场。

（4）在观看比赛时，应关闭手机铃声，爱护场内公共设施。禁止在场内吸烟、喝酒、随意丢弃垃圾、大声喧哗、使用闪光灯。

3. 比赛后

（1）比赛结束后，当获奖运动员走上领奖台合影或绕行冰场向观众致意时，应给予热烈的掌声。

（2）当升国旗、奏国歌时，应全体肃立，行注目礼。做到不喧哗、不左顾右盼、不低头弯腰、不在场内走动等。

（3）当获奖选手来自中国时，可一起跟唱国歌。

（4）当比赛结束离场时，应带好随身物品和垃圾，安静有序离场，确保场内干净卫生，给后续入场观赛的观众们提供良好的视听环境。不要拥挤在运动员离场的位置，以免对场内秩序造成影响。

禁止通电话

禁止走动

禁止闪光灯

禁止吃带声响的食物

附录　跟我学

（中英文对照）

中文	英文
短道速滑	Short Track Speed Skating
晋级	Qualify
无成绩	No Time
直道	Straight Way
弯道	Curve or Corner
起点线	Starting Line
终点线	Finishing Line
预备线	Pre-Start Line
运动员休息区	Athletes Lounge
教练员区	Coaches' Area
训练区	Training Area
换道区	Crossing Area
裁判长	Referee
副裁判长	Deputy Referee
发令员	Starter
换道区裁判员	Crossing Judge
弯道裁判员	Corner Judge

续表

中文	英文
助理裁判长	Assistant Referee
终点线裁判员	Finishing Line Judge
终点直道裁判员	Finishing Straight Judge
国内技术官员主管	Chief of National Technical Officials
技术官员	National Technical Officials
电子设备	Electronic Equipment
终点摄像计时系统	Photo-Finish System
起跑程序	Starting Procedure
竞赛信息处	Competition Information Desk
运动员更衣室	Athletes Changing Room
力量房	Gym/Weight Room
热身区	Warm-up Area
集体出发	Mass Start
预赛	Preliminaries
四分之一决赛	Quarter-finals
半决赛	Semi-finals
决赛	Final
未出发	Did Not Start
未完成	Did Not Finish
取消资格	Disqualified

续表

中文	英文
比赛成绩	Results of the Competition
浇冰车	Ice Resurfacing Machine
标志带	Arm Band
标志块	Puck
保护垫	Safety Padding
发令枪	Starting Gun
超越	Overtaking
碰撞	Collision
伴滑	Pacemaking
起跑犯规	Foul Start
弯道缩短距离犯规	Shortcut Distance in the Corner
赛场	Field of Play
跑道	Ice Track

青少年冬奥知识普及丛书

冰上芭蕾

花样滑冰

陈丹◎主编　李开颖◎副主编

新世界出版社
NEW WORLD PRESS

图书在版编目（CIP）数据

冰上芭蕾：花样滑冰 / 陈丹主编 . -- 北京：新世界出版社，2021.5
（青少年冬奥知识普及丛书）
ISBN 978-7-5104-6986-2

Ⅰ . ①冰… Ⅱ . ①陈… Ⅲ . ①花样滑冰—青少年读物
Ⅳ . ① G862.2-49

中国版本图书馆 CIP 数据核字 (2019) 第 284271 号

冰上芭蕾　花样滑冰

主　　编：陈　丹
责任编辑：王峻峰
责任印制：王宝根
出　　版：新世界出版社
网　　址：http://www.nwp.com.cn
社　　址：北京西城区百万庄大街 24 号（100037）
发 行 部：(010)6899 5968（电话）　(010)6899 0635（电话）
总 编 室：(010)6899 5424（电话）　(010)6832 6679（传真）
版 权 部：+8610 6899 6306（电话）　nwpcd@sina.com（电邮）
印　　刷：小森印刷（北京）有限公司
经　　销：新华书店
开　　本：880mm × 1230mm 1/32　　尺寸：145mm × 210mm
字　　数：75 千字　　印张：3.125
版　　次：2021 年 5 月第 1 版　2021 年 5 月第 1 次印刷
书　　号：ISBN 978-7-5104-6986-2
定　　价：398.00 元（全 15 册）

—北京2022年—

《青少年冬奥知识普及丛书》编委会名单

青少年冬奥知识普及丛书
（分册名录）

1.《冰上之箭——速度滑冰》

2.《冰上极速——短道速滑》

3.《冰上芭蕾——花样滑冰》

4.《勇敢者游戏——冰球》

5.《冰上象棋——冰壶》

6.《雪上马拉松——越野滑雪》

7.《空中飞鹰——跳台滑雪》

8.《全能高手——北欧两项》

9.《雪山飞人——高山滑雪》

10.《雪中舞蹈——自由式滑雪》

11.《雪上冲浪——单板滑雪》

12.《雪地猎人——冬季两项》

13.《冰上之舟——雪车》

14.《冰中鱼雷——钢架雪车》

15.《雪中跑车——雪橇》

总序

随着2018年平昌冬奥会的圆满落幕，北京接过了冬奥会的会旗，标志着冬奥会正式进入了“北京时间”。北京将成为世界上第一个既举办过夏季奥运会，又举办冬季奥运会的“双奥”城市。

2022年北京冬奥会是我国重要历史节点的重大标志性活动，是展现国家形象、促进国家发展、振奋民族精神的重要契机。我们要深入学习贯彻习近平同志关于筹办北京冬奥会和发展冰雪运动的重要指示精神，全力做好冬奥会各项筹办工作，特别是做好冬奥会备战工作，加快冰雪运动的普及，实现冰雪运动跨越式发展。为做好北京冬奥会筹办工作，广泛传播奥林匹克文化、弘扬奥林匹克精神，2018年1月30日，教育部、国家体育总局会同北京冬奥组委共同制订了《北京2022年冬奥会和冬残奥会中小学生奥林匹克

教育计划》。该计划提出将奥林匹克教育纳入学校常规教育教学工作、开展冬季奥林匹克教育文化活动、开展冬季奥林匹克交流活动、组织冬季奥林匹克教育课程资源研发等主要工作任务。作为加强奥林匹克教育传播和推动冰雪运动开展的重要措施，北京市教委在2019年推出了“奥林匹克教育成果创编及展示”系列项目，将由北京市教委主编、首都体育学院统筹完成的《青少年冬奥知识普及丛书》呈现给广大青少年朋友。

本套丛书从冬季奥林匹克运动项目入手，结合青少年身心特点，以图文并茂的方式介绍2022年北京冬奥会的7个大项15个分项内容，邀请了包括王春露、刘秋宏、满丹丹等在内的知名世界冠军、亚洲冠军及冬季运动项目专家参与编写。本套丛书每本各分五章，从项目起源与发展、比赛场地与器材、项目设置与规则、冬奥人物故事和观赛礼仪等方面进行讲述，旨在推动北京市中小学奥林匹克教育的发展和冰雪运动的普及，促进中小学生奥林匹克知识的学习和实践，强化中小学生参加体育锻炼的习惯，营造全社会关心关注冬奥会的良好氛围，引导民众感受冰雪运动的美丽、激情和感动。

特别鸣谢北京市教育委员会、首都体育学院领导以及广大冰雪运动专家给予的鼎力支持与帮助。由于编写时间及编者能力有限，书中有不当之处，敬请谅解。希望广大青少年读者通过阅读本套丛书，能够感受冬季奥林匹克运动项目的魅力，了解冬季运动项目知识。

Beijing's taking over the flag of 2022 Olympic Winter Games at the closing ceremony of Pyeongchang 2018 Olympic and Paralympic Winter Games marks that the Olympic Winter Games is officially entering "Beijing time", and Beijing is set to become the first city in the world to have hosted both the summer and winter Olympic Games.

The Beijing 2022 Olympic and Paralympic Winter Games, a significant landmark event in the important historic time of China, is an important opportunity to show national image, promote national development and inspire national spirit. Thus, it is a must to thoroughly study and implement the spirit of President Xi Jinping's important instructions for the preparation of the Games and the development of winter sports, and try our best to make well-organized arrangements for the Olympic Winter Games, especially the preparation for sports competitions, so as to accelerate the popularization of winter sports and achieve leapfrog development of winter sports. In order to make a good preparation for the Games, widely spread Olympic culture and carry forward Olympic spirit, the Ministry of Education of China, General Administration of Sport of China and Beijing Organising Committee for the 2022 Olympic and Paralympic Winter Games jointly issued *The Olympic Education Plan for Primary and Secondary School Students of Beijing 2022 Olympic and Paralympic Winter Games* on January 30, 2018, in which several main tasks are tabled as follows: incorporating Olympic education into regular schooling, carrying out educational and cultural activities for Winter Olympics,

conducting exchange activities for Winter Olympics, and organizing research and development of Winter Olympics educational curriculum resources. As an important measure for enhancing Olympic education and promoting the development of winter sports, Beijing Municipal Education Commission launched a series of projects of "the Creation, Adaptation and Exhibition of Olympic Education Achievements" in 2019, and the *Winter Olympic Knowledge for Teenagers* prepared by Beijing Municipal Education Commission with the coordination of Capital University of Physical Education and Sports will be presented.

Based on the Olympic winter sports and considering the physical and mental characteristics of teenagers, this series of illustrated books introduces 15 sports disciplines of the 2022 Winter Olympics which are categorized into 7 main categories. This series of books are compiled by Wang Chunlu, Liu Qiuhong, Man Dandan and other famous world champions, Asian champions and experts in winter sports. Each book of the series introduces one sport from five perspectives, which are the origin and development, venues and equipment, events and rules, stories of Winter Olympic athletes and spectator's etiquette respectively. It aims to promote the Olympic education for elementary and secondary students in Beijing, popularize winter sports, facilitate the learning of Olympic knowledge and develop a good habit of taking part in physical exercises. Furthermore, it also aims to help create a sound atmosphere where the whole society cares for and pays attention to the Olympic Winter Games, and lead people to enjoy the amazing, moving and exciting beauty of winter sports.

Special thanks go to the leaders of Beijing Municipal Education Commission and Capital University of Physical Education and Sports and the experts in winter sports who presented their great support and assistance. Please accept a sincere apology for any deficiency of these books due to limited time for preparation and limited ability of the authors. It is hoped that teenage readers could enjoy the charm of Winter Olympic sports and know more about winter sports through this series of books.

分序

花样滑冰起源于18世纪的英国，后在德国、美国、加拿大等欧美国家迅速开展。1924年首届冬奥会上，花样滑冰被列为正式比赛项目。北京冬奥会上花样滑冰将分为男子单人滑、女子单人滑、双人滑、冰上舞蹈、团体赛5个小项。

花样滑冰是技巧性与艺术性相结合的一个冰上运动项目，在优美的音乐声中，运动员在冰面上滑出各种图案、表演各种技巧和舞蹈动作，裁判员根据动作表现评分，决定名次。花样滑冰又被称为“冰上芭蕾”，运动员动作优雅、配合默契，是观赏性最高的体育比赛项目。

这本《冰上芭蕾——花样滑冰》科普读物，以专业视角和大众语言介绍了花样滑冰运动的起源与发展、运动场地与器材、比赛设置与规则、冬奥人物故事和观赛礼仪等，并配以近百幅精美图片，让读者身临其境般地感受花样滑冰带来的惊艳、感动和激情。

Figure skating originated in Britain during 18th century, and then quickly developed in European and American countries such as Germany, the United States and Canada. It made its Olympic debut at the 1924 Winter Games. There will be 5 figure skating events at the Beijing Olympic Winter Games: women's single skating, men's single skating, pair skating, ice dance and team event.

Figure skating, sport combined technical skills and arts in which ice skaters, singly or in pairs, perform freestyle movements in a graceful manner. Judges determine the grade based on the value of movements. Figure skating is also known as "Ballet on Ice". With the music, elegant movements and harmonious cooperation between partners, it is the most enjoyable winter sport event.

From professional perspectives, this popular science book *Ballet on Ice – Figure Skating* introduces the general knowledge about figure skating in common words, including the origin and development, venues and equipment, events and rules, stories of Winter Olympians and spectator's etiquette. Supported by nearly one hundred illustrations, the book would bring an immersive experience to readers while making them feel the amazing, moving and exciting beauty of figure skating.

目录

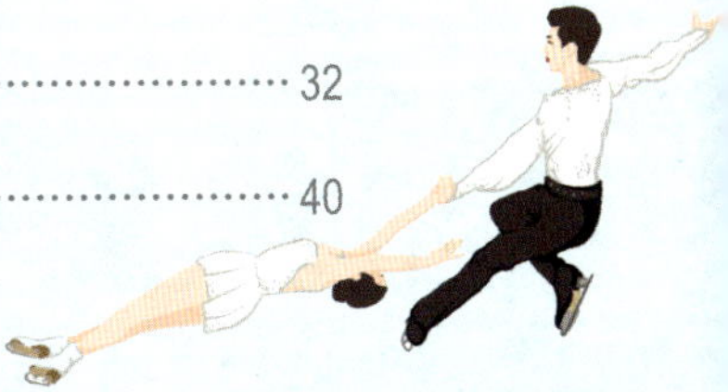

第一章

花样滑冰的起源与发展

花样滑冰是运动员穿着冰刀在冰面上随着音乐表演一系列规定和自选动作的冰上竞赛项目，是一种公认极具舞台表现力和艺术色彩的体育项目。

·花样滑冰的起源·

* 冰上飞翔的荷兰人

滑冰最早起源于荷兰。13 世纪时期，一种在木板上镶嵌铁制冰刀的滑冰工具出现在荷兰。大约 300 年后，这种冰刀才被苏格兰人发明的全铁制冰刀代替。

1683 年，英国在伦敦泰晤士河举行了一次盛大的马戏表演，荷兰船夫表演了精湛的滑冰技艺，给英国国王和观众留下了深刻的印象。从此，花样滑冰在英国上层社会迅速兴起。

* 早期马戏团的荷兰人

* 世界上第一家滑冰俱乐部

1742 年，苏格兰诞生了世界上第一个滑冰俱乐部——爱丁堡滑冰俱乐部。这家俱乐部是当时英国贵族社交消遣的场所，而当时的滑冰也是英国贵族之间社交的一种工具。

这家俱乐部在吸收滑冰会员时，要求通过一种奇特的考试：应考者先用一只脚滑一个圆形，再依次跳过放在冰上的三顶大礼帽，这实际是现代花样滑冰的萌芽。

* 维多利亚时期的英国贵族

* 世界上第一本滑冰教科书

1772 年，英国皇家炮兵中尉罗伯特·约翰逊（Robert Johnson）出版了一本书籍《论滑冰》，这是世界上第一部有关花样滑冰的著作。但那时的花样滑冰仍是英国贵族之间社交的一种工具，功能与交谊舞类似，古板又正式，和现代花样滑冰相去甚远。

* 英国皇家炮兵中尉

* 从英国到全世界

十九世纪维多利亚时代的英国，处于其最鼎盛的时期，经济、文化空前繁荣，影响遍及全世界，是名副其实的“日不落帝国”。在英国贵族之间流行的花样滑冰，也在这个时期随着英国的其他文化，一起流传到德国、意大利、奥地利、俄罗斯、美国、加拿大等国家。

俄罗斯、美国、加拿大等国由于纬度高、冬季长、冰雪覆盖时间久，冰上项目运动有良好的群众基础，因此，花样滑冰发展很快。尤其是美国，其花样滑冰发展异常迅猛，1849 年成立了菲拉狄菲亚俱乐部，并在其后十年当中，很快涌现出一批优秀的运动员。这些运动员纷纷去英国交流学习，又把美式的风格带到了英国。

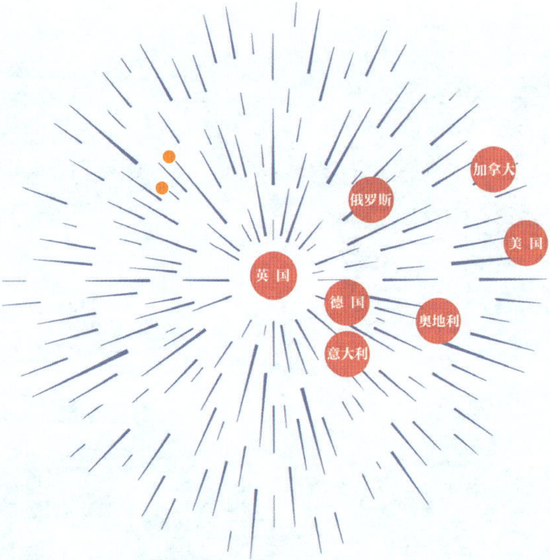

* 花样滑冰的推广与发展

* 花样滑冰国际比赛的诞生

1863 年美国芭蕾舞表演艺术家杰克逊·海因斯（Jackson Haines）将滑冰运动与舞蹈艺术融为一体，在欧洲巡回表演，丰富了花样滑冰的内容和形式。1868 年美国的丹尼尔·梅伊（Daniel Mey）和乔治·梅伊（George Mey）首次表演双人滑，这是世界上有记载的最早的花样滑冰表演。1872 年奥地利首次举办花样滑冰比赛。1887 年，在俄国的彼得堡举行了首次花样滑冰国际比赛。

1892 年国际滑冰联盟（ISU）成立，并制定了国际滑联宪章和竞赛规则。1908 年，花样滑冰被纳入了第 4 届奥运会。当时花样滑冰的比赛项目有男子单人、女子单人以及双人滑。20 世纪 30 年代初花样滑冰的新成员——冰上舞蹈在英国出现。

* 国际滑冰联合会总部——瑞士小镇达沃斯

* 现代花样滑冰之王

美国滑冰之王杰克逊·海因斯，在花样滑冰的历史上可以算得上一位功不可没的人物，对花样滑冰做出了巨大贡献。

海因斯对花样滑冰做出的巨大贡献主要有两项：一是他发明了用螺钉将冰刀镶在冰鞋上，这种新冰鞋是近代花样滑冰鞋的雏形；二是他将音乐和花样滑冰结合起来，为花样滑冰奠定了基础。

1868 年，他举行了欧洲花样滑冰巡演，将音乐舞蹈融入其中，使花样滑冰的结构和元素越来越丰富，让观众更容易接受和欣赏这项冰上运动，使得这项运动迅速地在欧洲和北美流行起来。因为有了音乐、舞蹈、芭蕾等艺术元素，这项运动得到了“冰上芭蕾”的称号。

* 杰克逊·海因斯

* 消失的节目

1892 年 7 月 23 日，在荷兰召开了各国花样滑冰协会和俱乐部的代表大会，当时参会的有荷兰、英国、瑞典、匈牙利、德国等花样滑冰比较流行和发达的国家。这几个国家在一起制定了比较完善的花样滑冰规则，确定了规定图形的比赛内容，成立了国际滑冰联盟。

规定图形的规则是不允许跳跃，要求选手们在冰面上完成规定图案的滑行。下图中这些形态各异、结构对称的图案，很多人会以为是画家在冰面上留下的作品，其实这些图案都是花样滑冰前辈们利用冰刀在冰面上滑行留下的痕迹。

到了 20 世纪八九十年代，规定图形比赛由于观赏性不高，观众的互动参与感不强，电视转播收视率降低，受到了越来越多的质疑，于是规定图形比赛在 1990 年正式退出了花样滑冰的舞台。

规定图形比赛在历史上最后一次出现在 1990 年世界锦标赛上，最后表演完成规定图形比赛的选手是来自南斯拉夫的齐梅·西加，当执的裁判员为她示分后都流下了眼泪。

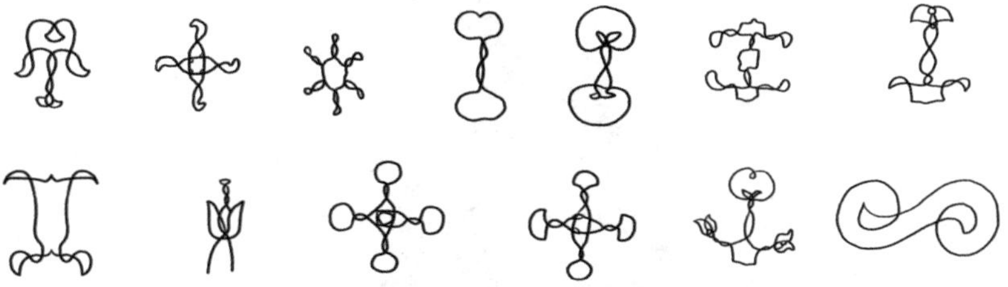

* 花样滑冰图形

* 评分制度

花样滑冰的评分制度是每个技术动作都有自己的基础分值，一套节目结束后，技术组裁判确认选手所完成动作的名称及难度级别，裁判组为每个动作的质量和节目内容给予评价，最后去掉一个最高分和最低分得出的平均分数，即为运动员获得的最终分数。国际滑冰联盟每年会根据上一赛季比赛中出现的问题，对比赛规则和动作认定进行细化调整。

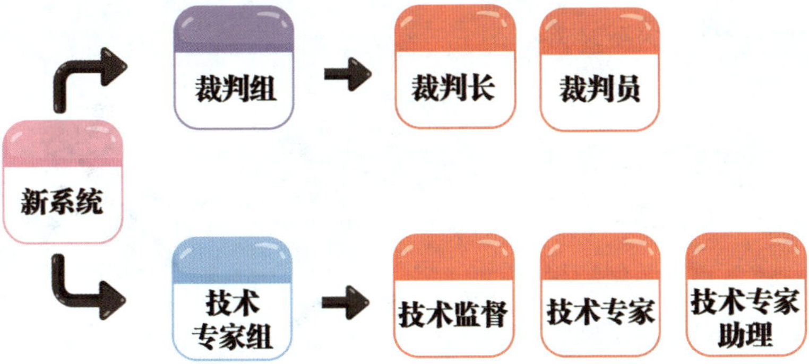

* 裁判评分系统

· 花样滑冰在中国的发展 ·

＊ 中国古代的“冰嬉”

中国古代称花样滑冰为“冰嬉”。“冰嬉”在中国有悠久的历史，在《宋史》中已经有关于“冰嬉”的记载，之后历朝“冰嬉”都有发展。在清代，“冰嬉”发展到了巅峰，1746 年清乾隆年间，在我国画家沈源的一幅《冰嬉赋图》中，出现大帽子、金鸡独立、哪吒探海等花样滑冰动作。清末，慈禧在北京北海观赏的花样滑冰表演中，又出现了双飞燕、蝶恋花等双人动作。

清代贵族宝竹坡的诗篇《冰嬉》，淋漓尽致、绘声绘色地描写出了花样滑冰的技术姿态：

① 左足未往右足进，
② 指前踵后相送迎。
③ 凌虚取势斜燕轻，
④ 飘然而行陡然止。

＊ 冰嬉

四句诗描述的动作与现代花样滑冰动作中的侧蹬冰、前后滑行、燕式平衡、急停动作几乎一致，实为今日花样滑冰之雏形。

* 花样滑冰的技术姿态

* 花样滑冰传入中国

20世纪30年代，现代西方的花样滑冰才传入中国，但那时从事花样滑冰的人寥寥无几。1942年冬，在延安的延河上举行了红军冰上运动会，有人表演了花样滑冰的规定图形和自由滑动作。

1949年中华人民共和国成立之后，花样滑冰运动得到了真正的发展,在我国北方的一些城市逐渐开展起来,我国花样滑冰队伍迅速成长。

1980年2月，我国首次参加了在美国普莱西德湖举行的第13届冬奥会，同年3月又第一次派队参加了在德国多特蒙得举行的世界花样滑冰锦标赛。1984年，我国又派出一对选手峦波和姚滨参加了第14届冬奥会，开辟了我国花样滑冰走向世界的先河。

* 我国早期的花样滑冰比赛

第二章

花样滑冰的场地与器材

花样滑冰是集艺术舞蹈、体操技巧、滑冰技巧于一体，具有高度的艺术表现力、创造力、感染力的高难度体育竞技项目。所以对比赛的场地和器材也有着严格的标准及要求。

·竞赛场地·

* 冰场面积

花样滑冰比赛的标准场地宽 26~30m，长 56~60m，在欧美进行比赛时会和冰球、短道速滑共用一块场地，所以只有在世锦赛和奥运会比赛时才要求冰场宽 30m，长 60m。目前国内外很多大型的体育馆，可以既是篮球比赛场也是花样滑冰的比赛场，现代化的制冰设备可以让比赛馆在短短一周的时间内完成制冷，实现场地互换。

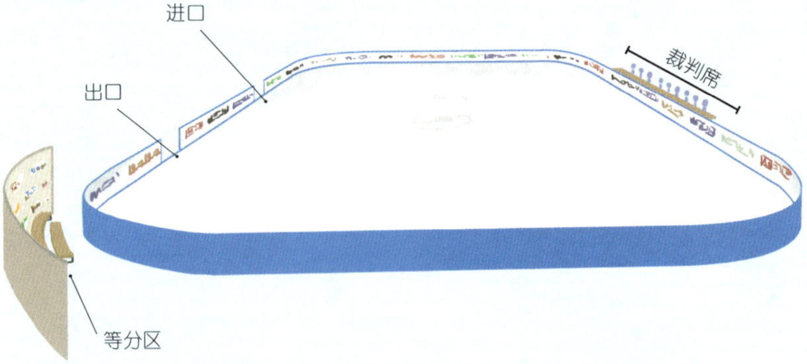

* 比赛场地示意图

* 冰场温度

冰面温度为 -3.5 ~ -4℃，虽然花样滑冰和冰球、短道速滑共用一块场地，但是不同的项目对冰面温度要求不同，花样滑冰冰面温度要高于短道速滑和冰球，这样冰面不会过硬，对运动员完成点冰和用刃起跳的动作有帮助，同时当运动员落冰时，可以在一定程度上起到缓冲的作用。

* 冰的厚度

花样滑冰冰面的厚度为 4.6 ~ 6cm，厚度也是要比短道速滑和冰球项目的要求高一些。因为会有很多点冰起跳的动作，这个厚度正好可以承载运动员做点冰起跳时所需要的厚度。如果冰面过薄，当运动员做点冰动作时容易穿破冰面，对冰刀造成损坏。

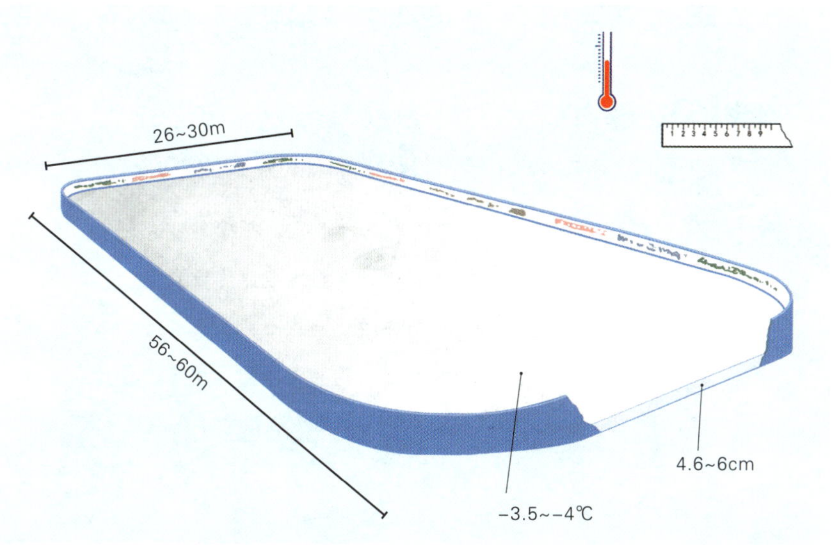

* 比赛场地规格

* 等分区

等分区，是花样滑冰运动员在比赛中最熟悉的一个区域。比赛结束后到成绩公布之间的这个阶段，选手会与教练、编导或领队在这里等待成绩。因此承载了太多的欢笑与泪水，所以有一个特别浪漫的名字 Kiss & Cry Area。这个英文字面的意思就是，在等分区有的选手得到好的成绩就很高兴，有的选手表现不好就很悲伤。这个区域是很好展现运动员个性的区域，从比赛节目结束到最终成绩公布，运动员要在这里等候 2 分钟左右的时间，此时运动员的形象和言行举止都会通过摄影机转播到大屏幕上,所以这个地方也是赞助商最喜欢的环节。如果大家留意可以发现，每当运动员结束比赛坐在这里时，会立即穿上带有赞助商标志的队服，不要小看这简单的举动，目的是帮赞助商进行广告宣传。

知识窗

问：能让冰面保持光滑洁白的秘密武器是什么？

答：就是牛奶，我们日常喝的牛奶。有时为了达到冰面颜色和光滑度的要求，很多比赛会在制冰阶段采用牛奶浇冰，但是青少年朋友千万不要以为这个冰面成了天然的冰棍，可以刨下一块直接吃了，因为制冰的材质里还有其他的化学成分，所以在滑冰的时候千万别偷吃冰块哦！

* 等分区

· 比赛器材 ·

* 冰鞋

最早使用的冰刀材质是木制，后来发展为骨制冰刀，大约在 1250 年左右，在荷兰出现了钢制冰刀，荷兰语中的“Schaats”一词随着这项运动传播到其他国家，演变成为对“滑冰”的特指。现代花样滑冰的冰鞋分很多层级，高水平选手普遍穿的都是脚型定制款，可以根据运动员对鞋硬度、重量、高度等的喜好来定制，使运动员和鞋更好地合二为一，从而满足高水平技术动作的需要。一般男子穿黑色冰鞋，女子穿白色或肤色冰鞋。

* 木质冰鞋

＊ 骨质冰鞋

鞋帮

为了更好地支撑运动员的踝关节，保证跳跃技术难度的完成，一般单人滑和双人滑的鞋帮高于冰舞的鞋帮，而冰舞运动员更多的是做步法和滑行技术，所以为了更好地完成滑行技术，保证踝部的灵活性，冰舞的鞋帮会矮些。

刀刃

花样滑冰鞋的冰刀必须刀刃锐利，冰刀宽度为 4mm 左右，冰刀的形状和宽度允许不同。刀身下面有半圆弧形的浅槽，两侧有锋锐的刀刃，我们称之为外刃和内刃。穿上冰鞋时距离身体中心点近的一侧为内刃，反之为外刃。正确的滑行用刃，可以有效地提高滑行速度和滑行质量。

＊ 早期冰鞋

＊ 现代冰鞋

刀齿

单双人的冰刀刀齿较大，一般都是 5 个刀齿，以便于用刀齿来完成前起跳和点冰起跳类型动作，刀齿大小也可以根据运动员的喜好来定制。冰舞冰刀的刀齿小，以便运动员在做滑行技术时不上刀齿，保持滑行的流畅性，并且冰刀后部的长度比单双人的冰刀短，方便在冰面上做转体和步法类动作，与舞伴合作时不会碰撞冰刀。

材质

目前运动员普遍使用的冰刀为钢结构和碳纤维结构两种。钢结构的相对结实耐用，能够承受住专业运动员每天高强度的训练，寿命比较长。碳纤维材质自重轻，在做高难度技术时可以帮助运动员减轻负重。

知识窗

问：现在如果你是个花滑小白，该如何选择冰鞋呢？

答：市面上销售的冰鞋，种类很多，不同品牌都有自己的技术特点。如果你是名初学者，在选择冰鞋时要适合你的技术水平和年龄，不宜选择鞋帮过硬、刀齿过大的冰刀。一双合适的冰鞋可以帮助你迅速适应滑冰并且掌握滑行技巧。

正确扎鞋带，不宜过紧，也不宜过松，将踝关节固定为宜

* 比赛服饰

在花样滑冰比赛中比赛服是非常重要的元素，它承载着选手想要展现的动作和情感，是反映艺术表演的唯一辅助因素，需要与背景音乐相配合，反映音乐编排的内容与意境，通过服装为表演锦上添花。虽然花样滑冰是一项偏艺术的难美类体育运动，但服装不能过于花哨，不能太戏剧化，要适合体育运动需要，男子必须穿裤子，女子可以穿裙子和连体服，但是比赛服一定要遮盖身体的 50%，不能过分裸露。如果裁判员认为服装裸露或过分戏剧化，当整个裁判组投票超过 50% 时，将会处以额外的扣分。

* 比赛服饰

第三章

花样滑冰的项目规则与技术

花样滑冰由男子单人滑、女子单人滑、双人滑及冰上舞蹈四个小项组成。每一个项目都有不同的动作技巧和要求。下边为大家介绍一下这些项目的规则和技术动作。

·项目设置·

* 首届冬奥会

在冬奥会没有出现以前，花样滑冰的比赛是与夏季奥运会一起进行的。1924 年 1 月 25 日至 2 月 4 日在法国夏蒙尼举行“国际冬季体育运动周”活动，活动结束两年后，被国际奥委会正式确认为第一届冬季奥运会。花样滑冰是首届冬奥会的比赛项目，因此也进入了大家的视野，成为冬奥赛场上最受欢迎的比赛之一。

* 首届冬奥会比赛

* 男子单人滑

比赛节目包括：短节目

自由滑

项目特征：由一名男选手独自参加比赛

动作内容包括：跳跃、旋转、步法和自由滑动作

* 男子单人滑

* 女子单人滑

比赛节目包括：短节目

自由滑

项目特征：由一名女选手独自参加比赛

动作内容包括：跳跃、旋转、步法和自由滑动作

* 女子单人滑

* 双人滑

比赛节目包括：短节目

自由滑

项目特征：由一男一女组成一对选手参加比赛

动作内容包括：托举、捻转托举、抛跳、螺旋线、双人跳、双人旋转、步法和自由滑动作

* 双人滑

* 冰上舞蹈

比赛节目包括：韵律舞

自由舞

项目特征：由一男一女组成一对选手参赛

动作内容包括：韵律舞规定的音乐韵律、规定舞蹈图案、舞蹈托举、舞蹈旋转、步法和自由滑动作

* 冰上舞蹈

* 团体赛

女单 + 男单 + 双人滑 + 冰舞 = 团体赛

团体赛是在 2014 年俄罗斯索契冬奥会时加入的竞赛小项，该项比赛是上一赛季世锦赛团体排名前 10 名的国家和地区才有资格参加的竞赛项目。

* 团体赛

知识窗

问：我国的花样滑冰水平是不是很高啊？

答：当然了，由于中国在花样滑冰项目的整体水平靠前，我国自 2014 年索契冬奥会起，一直都获得了参加团体赛的资格。

* 队列滑（非奥运会项目）

比赛节目包括：短节目

自由滑

项目特征：参赛选手人数共计 20 人，其中 4 人为替补，上场比赛人数为 16 人， 男子选手也可以参赛

动作内容包括：有规定的图案、组托举、队列旋转、双人动作、简单的跳跃、步法和自由滑动作

* 队列滑

知识窗

问：冰上舞蹈和双人滑很相似，都是一男一女一对选手完成比赛，如何区分这两个项目呢？

答：从技术层面上，冰舞比赛没有跳跃、抛跳、捻转等动作，但是会有一些托举动作，不过这些托举与双人滑的托举大有不同。首先，冰舞的托举动作男伴的手臂不能高于头部完全伸直；其次，托举女伴的高度不能高于男伴的肩部。

从艺术层面上，冰上舞蹈的韵律舞更接近陆地的国标舞，自由舞的美感更像一对舞者。

从这两个角度去观察，就能更好地区分这两个比赛项目。

冰上舞蹈

·竞赛规则·

* 赛前抽签

赛前抽签在花样滑冰比赛中是一件非常传统而具有仪式感的活动，国际顶级赛事的赛前抽签活动，运动员都会身着正装出席。抽签分组也会根据运动员世界积分排名进行，积分少的选手会在前几组进行抽签，积分多的选手会在后几组进行抽签。

知识窗

问：什么是赛前抽签啊?

答：选手们都希望获得第一名，但是谁也不希望抽到第一个比赛的签。在抽签过程中如果哪位选手抽到了 No.1 就会得到热烈的掌声以资鼓励，因为第一滑的选手是裁判员执裁比赛的起分标准，相对分数会有所保留。

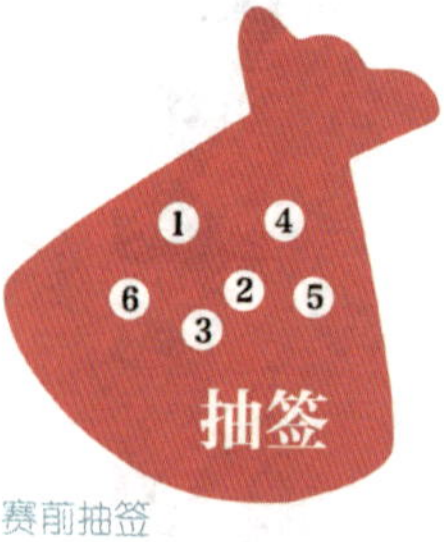

* 赛前抽签

* 竞赛分组

正规的花样滑冰赛事对分组是有严格的规定的，单人滑每组选手最多 6 人，双人滑每组 4 对选手，冰舞每组 5 对选手。每组人数尽量均衡，但当人数不对等时，最后一组将是人数多的那组。

知识窗

问：这是北京 2022 冬奥会花样滑冰比赛，你作为比赛的竞赛官员，如何为下面的运动员进行分组呢？

答：就像是这样。

比赛人数或对数	单人滑分组	双人滑分组（每组最多 4 对）
13	4+4+5	3+3+3+4
14	4+5+5	3+3+4+4
15	5+5+5	3+4+4+4
16	5+5+6	4+4+4+4

* 赛前热身

每项比赛在开始前都会有让运动员冰上热身的时间，但是根据每个项目不同，时间也有所不同。

单人滑每组热身 6 分钟。

双人滑每组热身 6 分钟。

冰上舞蹈每组热身 5 分钟。

热身开始后，比赛宣告员会介绍该组比赛的出场顺序，同时也会介绍该热身组每一位运动员的个人情况，如年龄、爱好、来自哪里、最好成绩，有的时候如果正巧那天是某位运动员的生日，宣告员也会热情地告诉观众并送去祝福。总之，别看是短暂的 6 分钟，这里面的信息量还是很大的。在热身练习时，选手普遍不会把所有动作都做一遍，时间的原因他们会先采取滑行快速热身，然后对节目中不太有把握的动作进行练习。当热身还有最后一分钟时，宣告员会提醒运动员，以便选手调整节奏，准备离场。

* 赛前热身

* 比赛得分

比赛得分由技术水平分和节目内容分构成。技术组负责认定运动员所完成技术动作的种类和难度级别，确定动作的基础分；裁判组根据动作完成的质量给出技术动作完成分和节目内容分。然后，计算机自动去掉一个最高分和一个最低分后，计算 9 个裁判给出每个动作的平均分数，这个平均值和基础分相加，得到的就是这个技术动作的总分。

节目内容分由裁判组针对节目的艺术表现打分，包括滑行技术、动作连接、节目完成、构成和音乐表达 5 个方面。

* 得分牌

* 单人滑

短节目：运动员自选音乐，在 2 分 40 秒 ±10 秒的规定时间内，完成一套由跳跃、旋转、步法等规定动作编排而成的节目，裁判员根据运动员的表现给出技术分和节目内容分。

自由滑：运动员自选音乐，在 4 分钟 ±10 秒的规定时间内，完成一整套由跳跃、旋转、步法以及各种连接编排均衡的节目。

* 单人滑

* 双人滑

由一男一女组合参赛。由短节目和自由滑两个项目组成。两个项目总分之和为最终比赛成绩。

双人短节目：运动员自选音乐，在 2 分 40 秒 ±10 秒的规定时间内完成抛跳、捻转托举、托举、旋转、螺旋线、步法等规定动作编排构成的节目。

双人自由滑：运动员自选音乐，在 4 分钟 ±10 秒内完成一套均衡的自由滑，包括双人滑的托举、捻转托举、螺旋线、跳跃、旋转、步法等自由滑动作编排构成的节目。

* 双人滑

* 冰上舞蹈

由一男一女组合参赛。比赛按韵律舞和自由舞的顺序进行。

韵律舞：运动员按照规定要求的音乐风格和节奏选择音乐，在规定的 2 分 50 秒 ±10 秒内完成规定图案舞的部分和自编舞蹈部分。

自由舞：运动员自选音乐，在规定的 4 分钟 ±10 秒内完成由各种步法和托举、小跳、旋转、姿态以及握法等规定的动作组成的自编舞蹈。

* 冰上舞蹈

知识窗

问：选手们比赛时间是固定的吗？如果超时了怎么办？

答：花样滑冰每个小项中都对选手的比赛时间有明确的要求，如果在比赛中少于或超出比赛规定的时间，裁判长会给予扣分处罚。每加或减 5 秒扣一分。

* 团体赛

团体比赛是每个参赛国家或地区在四个小项上分别选派男女各一名和各一对选手进行比赛，并按各小项该国运动员名次积分之和决定团体比赛的成绩。由男子单人滑、女子单人滑、双人滑、冰上舞蹈四个项目组成,将四个项目的参赛运动员成绩进行相加,得出最终总成绩。四个项目的竞赛规则与单项比赛相同。

·技术动作·

* 动作技术介绍

如果这本书你已经看到这里了，证明你即将由花滑小白迈入专业冰迷。那接下来将介绍一些跳跃技术，这些内容将帮助你在观看比赛时更有成就感，让你能准确地说出运动员所做的动作是什么，当你陪着家人观看比赛时就可以骄傲地成为他们的私人解说。

在花样滑冰中最重要的组成部分就是跳跃，花样滑冰一共有 6 种起跳方式。

按照起跳方式划分：用刃起跳和点冰起跳。其中，用刃起跳的是阿克谢尔跳、沙霍夫跳、鲁普跳，点冰起跳的是点冰鲁普跳、拉兹跳、菲利普跳。

接下来将详细地介绍每一个跳跃的由来和跳跃的轨迹。

阿克谢尔跳（A）

阿克谢尔跳是在华尔兹跳的基础上演变而来的，由于它向前起跳，向后落冰，实际转体一周半。这个跳跃是由挪威选手阿克谢尔·堡森在1882年发明的，后以他名字命名。目前世界最高难度是阿克谢尔三周跳。

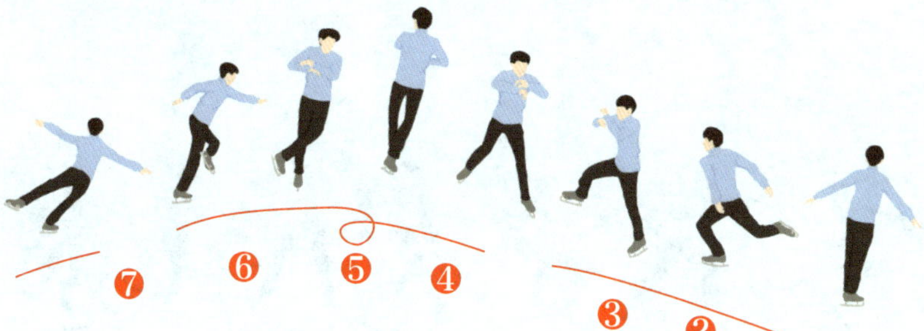

* 阿克谢尔跳

沙霍夫跳（S）

沙霍夫跳是由后内刃起跳，经过空中转体后，以后外刃落冰的跳跃。它的跳跃轨迹与步法中的结环类似，因此也称之为“后内结环跳”。该跳跃是瑞典选手尤瑞克·沙霍夫在 1909 年发明的，并以此命名。经过多年技术演变，目前世界级选手可以做到沙霍夫四周跳。

* 沙霍夫跳

鲁普跳（Lo）

鲁普跳是从后外刃起跳，经过空中转体后，以后外刃落冰的跳跃。它的跳跃轨迹与步法中的结环步类似，因此又称之为“后外结环跳”。该跳跃是德国选手沃纳·瑞塔博哥在1880年发明的，目前可以做到四周跳。

* 鲁普跳

点冰鲁普跳（T）

点冰鲁普跳是指在起跳阶段一只腿利用后外刃滑行，另外一只腿点冰协助起跳。其跳跃轨迹属于3字类跳跃。由于后外刃起跳，又称之为“后外点冰跳”。该跳最早由美国选手波鲁克·麦佩斯在1920年发明，目前最高难度为四周跳。

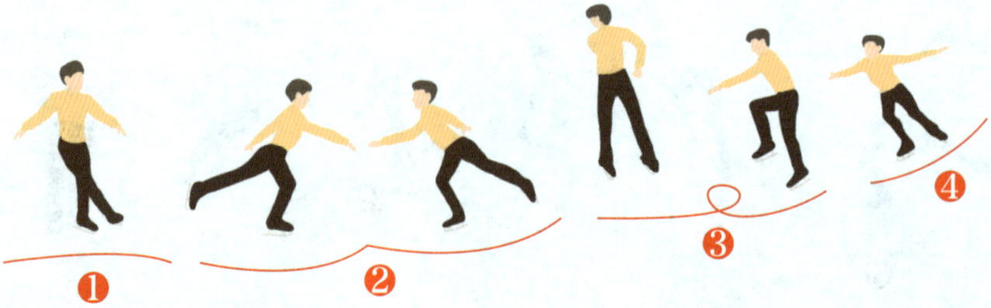

* 点冰鲁普跳

拉兹跳（Lz）

拉兹跳，是一只脚从一个长后外刃滑进，另外一只脚点冰起跳，它的跳跃轨迹与步法中的外勾步相同，因此又称之为“勾手跳”。由于该跳跃的滑进为顺时针方向，与起跳后的转体方向相反，因此是所有六种跳跃动作中难度最高的跳跃。该动作是由奥地利选手阿鲁斯·拉兹在 1913 年的一次比赛中发明的，目前最高难度为四周跳。

* 拉兹跳

菲利普跳（F）

菲利普跳起跳方式为一只脚用后内刃滑行，另外一只脚点冰起跳，由于该动作用后内刃起跳，因而又称之为“后内点冰跳”，目前最多可以做到四周跳。

* 菲利普跳

知识窗

你知道吗？你所看到的运动员在比赛时轻松自如地完成高难度跳跃，但其实每一个动作背后，他们都经历了上千次的跌倒失败。

美国著名花样滑冰女子单人滑运动员关颖珊曾在自传中提到，她通过学习花样滑冰运动获得的最珍贵的启示就是“从哪里跌倒，就一定要从哪里站起来”。关颖珊凭借这种意志品质，创造了她运动生涯的辉煌。

＊ 旋转基本姿势识别

旋转一共有三种基本姿势，分别是直立、燕式、蹲踞姿势，所有旋转的种类和姿态变化都基于这三种基本姿势进行改变。

直立：要求旋转腿伸直，上体可以进行变化。

蹲踞：蹲踞角度小于 90 度，上体和浮腿可以有变化。

燕式：浮腿膝关节高于髋关节，上体和浮腿可以有变化。

＊ 直立姿势

* 蹲踞姿势

* 燕式姿势

第四章

花样滑冰的冬奥人物故事

在我们的生活中有许许多多的故事，在奥运的赛场上同样也有很多的感动，下边将为大家讲述冬奥人物的故事。

·申雪和赵宏博·

* 破茧成蝶

申雪和赵宏博的双人滑组合，在中国花滑史上有着里程碑式的意义，两人的职业生涯也几乎是中国花滑发展的缩影。从 1992 年首度牵手开始，两人携手三度摘得世界花样滑冰锦标赛冠军头衔，六度获得世界花样滑冰大奖赛总决赛桂冠。1998 年长野和 2002 年盐湖城，申雪、赵宏博屡屡改写中国双人滑在冬奥会上的最好成绩。

* 中雪、赵宏博（一）

* 初出茅庐

1996 年在加拿大埃德蒙顿举行的世界花样滑冰锦标赛上，一对年轻的黑头发、黑眼睛、黄皮肤的亚洲双人滑选手，吸引了人们的目光。他们滑行速度快，动作难度高，冰上技术精确，加上东方人特有的表演风格和气质，令在场的观众耳目一新。当他们结束了一套近乎完美的自由滑表演后，现场观众再也按捺不住激动的心情，全场起立，爆发出了长时间、雷鸣般的掌声，观众席上布满了 6.0 的示分牌，场面极为壮观。虽然他们当时只获得了总分第 15 名，可是却给人们留下了极其深刻的印象。

法国花样滑冰协会主席伽吉亚先生评论说：他们在不远的将来一定会成为世界冠军！这一对中国双人滑选手就是来自中国的申雪和赵宏博。

几年过去了，伽吉亚先生的预言变成了现实。这对“冰上情侣”真的成了世界顶尖水平的运动员，成为真正的世界冠军，一次又一次站在世界最高的领奖台上。在2003年的世界花样滑冰大奖赛总决赛中，他们再次以完美的表演诠释了花样滑冰的美丽和优雅，以一套新编《胡桃夹子》站在世界花样滑冰双人滑的巅峰。

荣誉和鲜花背后的申雪和赵宏博其实经历了极为刻苦的训练和漫长的等待才走到今天。1992 年 6 月的一天，教练姚滨把申雪和赵宏博搭配在一起，两人开始了双人滑的训练。在四个月后的全国锦标赛上申雪和赵宏博一举夺得了冠军，从此开始踏上争夺国际各种比赛金牌的道路。

* 申雪、赵宏博（二）

* 世锦赛获奖牌

1999 年的世锦赛上，申雪和赵宏博夺得了双人滑的银牌，在 2000 年和 2001 年分别获得银牌和铜牌。这并不是因为两人的水平仍在原地踏步，两人的技术动作难度都达到了相当高的水平，已经具备了冲击金牌的实力。但是，表演缺乏艺术表现力使申雪和赵宏博每每与金牌失之交臂。

* 2002 年世锦赛夺冠

夺金失败并没有让申雪和赵宏博气馁，他们一直没有放弃过努力。针对艺术表现力的问题，中国花样滑冰队专门为两人聘请了美国专家。2001 至 2002 年的新赛季，申雪和赵宏博表演了倾注了教练姚滨、国外专家以及他们本人的智慧和心血的《图兰朵》，用一个冰上或柔美或刚毅，或激进或缠绵的身体语言讲述了一个古老的故事，一个发生在中国公主图兰朵和鞑靼国王子卡拉夫之间动人的爱情故事。申雪和赵宏博更是用惊人的胆略和毅力，经过几个月艰苦顽强的磨炼，初步掌握了世界上从来没人能完成的动作——沙霍夫四周抛跳。2002 年盐湖城冬奥会上，申雪和赵宏博在双人滑节目中创造了世界上首次使用四周抛跳的历史，尽管他们最终只获得了铜牌，但是他们也为中国双人滑在冬奥会夺得了首枚奖牌。随后，他们带着疲倦的身体来到日本长野参加世锦赛，一鼓作气，夺得了他们个人运动生涯的第一个世界冠军。

* 2003 年大奖赛总决赛夺冠

2003 年的新赛季对于申雪和赵宏博而言，又是一个新的起点。在 2003 年的世界花样滑冰大奖赛中，申雪和赵宏博告别了给他们带来巨大荣誉的成名之作《图兰朵》，在教练的帮助下，仅用几个月的时间排练了新编《胡桃夹子》。尽管在加拿大站的首演中，申雪摔落冰面，两人仅获得银牌，但是在随后的中国站比赛中，申雪和赵宏博为观众展示了这套近乎完美的新编，夺得中国大奖赛的冠军。在2003年于美国华盛顿举行的花样滑冰大奖赛总决赛中，申雪和赵宏博再携《胡桃夹子》出现在赛场上，申雪身着一身洁白的裙装面露纯真，赵宏博身着红黑对襟服装扮演着英俊的王子。伴随着柴可夫斯基的名曲《胡桃夹子》，他们以完美的表演和无懈可击的抛跳、托举赢得了全场观众的阵阵喝彩，也赢得了裁判的最高分。整套动作表演期间，观众自发的长时间掌声竟然达到了8次。两人默契的表演、和谐的动作和舒展的姿态在洁白的冰面上将《胡桃夹子》这个神话故事演绎得淋漓尽致而又美轮美奂。最终，两人以高出第二名托特米安妮娜和马列宁近20分的高分夺冠。

申雪和赵宏博夺冠道路一路走来不容易，完美和优雅背后是艰辛的付出，美丽且充满激情的表演背后却是最残酷的磨炼。

* 首次收获冬奥会花样滑冰金牌

自从北京时间2010年2月13日温哥华冬奥会开幕以来，中国选手已经先后在冬季两项、短道速滑、越野滑雪、速度滑冰和花样滑冰的比赛中亮相，在2月16日的双人滑自由滑比赛中，凭借申雪和赵宏博与庞清和佟健的出色表现，中国队收获了开赛以来的首枚奖牌，并且一下子就是一金一银入账。

1980年，美国普莱西德湖迎来了冬奥会圣火。中国队派选手参加了花样滑冰的比赛，这也是中国选手首次站在冬奥会花滑比赛赛场。经过十多年的努力，在 1994 年的挪威利勒哈默尔冬奥会上，女单名将陈露摘得铜牌，这也是中国队夺得的首枚冬奥会花样滑冰奖牌。四年后的日本长野，陈露再次收获铜牌，没能改写历史。2002 年在盐湖城，申雪和赵宏博在第二次奥运会之旅中，站上了领奖台，收获了一枚铜牌。随后 2006 年在都灵，中国花滑虽然进一步取得突破，摘得一银一铜，但金牌仍然是所有中国花滑人心中的梦想。

2010 年的温哥华冬奥会，申雪和赵宏博的金牌圆了中国花样滑冰 30 年的梦想。

* 实现世界四大赛的大满贯

作为姚滨着力打造的中国第一对花样滑冰双人滑选手，申雪和赵宏博在 1998—1999 赛季首登大奖赛总决赛冠军的领奖台。同年，他们又在四大洲花样滑冰锦标赛上加冕。在 2002 年冬奥会之后的世锦赛上，申雪和赵宏博如愿夺得了金牌。随后，他们要征服的高地只剩下一个，那就是冬奥会。

在温哥华，申雪和赵宏博终于凭借出色发挥夺得了金牌，在获得了第 13 个世界冠军的同时，也实现了世界四大赛事的大满贯。

* 首次打破俄冬奥会双人滑金牌垄断

在 1908—1960 年间的奥运会上，花样滑冰双人滑的金牌被欧美选手轮番占据。而在 1964—2006 年的奥运会上，这一项目的金牌更是被俄罗斯选手所垄断。申雪和赵宏博的夺冠成功打破了欧美国家在该项目的金牌垄断，尤其是击碎了俄长达 42 年的统治。

* 1924 年以来最年长的冬奥会双人滑冠军

在出征温哥华冬奥会的中国代表团中，37 岁的赵宏博是最年长的选手。如果再加上申雪的 32 岁，这对组合的年龄之和接近 70 岁。事实上，在冬奥会花样滑冰双人滑的冠军中，申雪和赵宏博也是年龄最大的组合。

·陈　露·

2015 年初春的上海，花样滑冰世锦赛第一次来到了中国。光洁如镜的冰面上，中国首位花滑世界冠军、“冰上蝴蝶”陈露翩翩起舞，一下子将赛场的观众带回到了 20 年前。在 1995 年英国伯明翰世锦赛上，陈露首次为中国夺得花滑世锦赛女单冠军。当站在冠军的领奖台上时，她手捧着鲜花甜蜜地笑了。当时她笑得很美，仿佛每一根神经都在笑。与此同时，陈露的两行眼泪也顺着脸颊流了下来。或许是沉浸在胜利的喜悦中，或许是不忍将泪水拭去。无论怎样，成功伴随着泪水，泪水伴随着成功，记录着陈露十几年来生命的轨迹。

* 陈　露（一）

* 陈 露（二）

* “当年我就是国家队”

一早就是注定的。

1976 年冬天，冰球前队长与乒乓球女将组成的体育世家迎来了第三个女儿。陈露还记得第一次上冰的情景：“两个姐姐驾着我，两圈之后就能走了。”那种驰骋带来的眩晕、凉风拂过脸庞的畅快让小陈露着了迷，“后来每天都让爸爸跟邻居家借冰鞋”。

家门口的露天冰场成了她最爱去的地方，哪怕轮到这群业余孩子们上冰时已是半夜 12 点之后。“每天两点起床，爸妈一说‘训练啦’，我一下子就起来了。”如果用电影语言来还原，镜头里这个已经会两种三周跳的小姑娘，倏地一下，帽子飞了出去；为了不让脖套被鼻子的呵气冻住，一定要过一小会儿把它转一圈儿；而画外音可以是跟小伙伴们骑着自行车，后座上长竹子做的画圆器“噔噔噔噔”拖地的动静……

“真是冷啊！但只要是发自内心的喜欢，就不会觉得这是苦的。”除了这些现在被陈露点评为“好玩儿”的小故事，最让她难忘的还有家人的付出。为了减缓刀刃的损耗速度，陈爸爸每天都要用油石棍磨冰刀足足三小时，“真的是铁杵磨成针，最开始是圆的，后来磨得比小手指都细”。

很快陈露就滑出了名堂，爱跳舞的她在考军艺和继续滑冰之间毅然地选择了后者，更成了中国花样滑冰队成立之初唯一的一位正式队员，“当年是‘两道一单’，‘两道’是大道和短道，还有一个单人滑，当年我就是国家队”。

正是这根“独苗”，为祖国实现了一次次零的突破。陈露先是于1990年的世青赛上斩获女单铜牌；1994年，18岁的陈露又在利勒哈默尔冬奥会上获得季军；一年后，伴随着电影《末代皇帝》的配乐，陈露力压美国名将关颖珊等登上伯明翰世锦赛的最高领奖台，而中国花样滑冰女子单人滑世界冠军的殊荣至今仍只属于她一人。

* 每天都走在悬崖边上

国外冰迷们亲切地喊她“Lulu”，国内各种报道里更喜欢称之为“冰上蝴蝶”，难忘其在1998年长野冬奥会上随《梁祝》起舞的动人画面。而台上台下，陈露都在演绎着“破茧成蝶”的故事。

问鼎世锦赛后，陈露却陷入了困境。一度退出大奖赛、挥别合作15载的恩师李明珠；1997年更是跌至最低谷，当年世锦赛仅列25位的她无缘直接获得奥运会席位……“那是人生最黑暗的一段日子。从身体机能来看是最鼎盛的时候，是外界的干扰造成了运动成绩的直线下滑，自信心摔得粉碎，重拾自信的过程非常艰难。一想到训练和比赛，就会止不住地大哭，情绪的波动非常大。每天都在随时崩溃的边缘，像是在悬崖边上行走，好像一失足就会摔得粉身碎骨。”镜子里有两个“陈露”，在拉锯着、对抗着。

“你知道自己可以，但不知道是否能坚持下去。天天跟自己对话，你还要继续吗？你能行吗？”好在仿佛是与生俱来的，陈露的内心马上就会有另一个声音毫不犹豫地告诉她，“我可以！我一定行！”

于是，当一曲终了，通过落选赛第一名踏上长野冬奥会舞台的陈露久久地跪于冰面，早已泪流满面。“跟蝴蝶的整个过程非常相似，我也是从那之后，对破茧成蝶这句话有了更深的感悟。”凭借这枚宝贵的铜牌，她成为亚洲第一位蝉联两届冬奥会奖牌的女子单人滑运动员！

那一刻，她不仅是在重现那段传奇的东方故事，更是真实在演绎属于自己的蜕变。“冰上蝴蝶”用这样的方式，动情地完成了职业生涯的谢幕演出。

· 普鲁申科与马顿 ·

也许有些人生来就该在一起。不知道该怎么形容，姑且称他们为“珠联璧合”吧，普鲁申科和马顿就是这样的。从普鲁申科这一方看，似乎他并不需要结识马顿就已经很辉煌了。

* 冰上飞舞

1996 年，年仅 14 岁的普鲁申科便夺得了世青赛冠军。

1998 年，普鲁申科正式出战成人组，相继赢得欧洲花样滑冰锦标赛的银牌与世界花样滑冰锦标赛的铜牌。

* 普鲁申科（一）

1998 年奥运会后到 2002 年奥运会的四年奥运周期，普鲁申科一共出场主要比赛 35 次，在 23 场中获得金牌。

2002 年，普鲁申科在盐湖城冬奥会输给了亚古丁，获得银牌。

2002 年奥运会后到 2006 年奥运会的四年奥运周期，普鲁申科参加国际国内大型比赛 27 次，24 次获得金牌。

一直到 2006 年退役前，他横扫了整个冰场。

然而，普鲁申科依然会被人们所诟病，只因为他的技术太强了。凭借天才的跳跃能力和极强的柔韧性，他在 14 岁时便学会了第一个四周跳。后来他第一个完成了女运动员才能完成的贝尔曼旋转，并将它作为了自己的招牌动作 。

而正因为拥有如此亮眼的跳跃，让人总觉得普鲁申科距离冰上的王者好像还差了一点什么。幸运的是，他遇到了马顿。

* 珠联璧合

两个人是在 2003 年相识的。在这之前，马顿就已经是马顿了。他是匈牙利一流的小提琴手，一名从 4 岁便开始学琴的天才提琴手。20 岁之前，他就已经是古典乐界的翘楚，曾经多次在重要的场合或是大演奏厅演出，已经与柏林爱乐这样著名的乐团合作了。21 岁的时候，他还得到了蒙特利尔国际音乐比赛的金提琴奖。匈牙利政府为此颁发给他一把“斯特拉提瓦里名琴”。

与普鲁申科的相识，对马顿来说也同样是个契机。借助与普鲁申科的合作，马顿把他的音乐送进了更为广阔的领域，也为更多的人所认识和欣赏。

从此，马顿成为匈牙利为数不多的世界级的小提琴音乐家。

在很多冰迷的眼中，两人合作的巅峰是 2006 年的《教父》。凭借这套节目，普鲁申科以绝对优势获得了都灵冬奥会的冠军。站在冠军领奖台上的普鲁申科从容而淡定，因为他已经超出第二名 30 分了。他就是冰上真正的王。反而站在亚军领奖台上的兰比尔激动得流下了热泪。

当时流行着这样一句话：只要普鲁申科不摔三次，那金牌就不可能是别人的。

而帮助普鲁申科以绝对优势夺冠的配乐，便是马顿做的。

《教父》并非马顿的原创，而是根据美国电影《教父》的主题音乐改编而成。但是这样的一曲《教父》却并不是对于电影的简单重现，而是马顿为普鲁申科量身定做的。这一版的《教父》，不是马龙·白兰度的《教父》，而是普鲁申科所独有的《教父》。因为普鲁申科在这一套动作里表达着他独有的情绪，展现着他独有的风格。而这不属于其他任何人，甚至也并不属于那部电影。

电视评论员这样解说普鲁申科的表演："现场观众的狂热足以将冰雪融成岩浆，作曲家马顿为《教父》谱写的每一个重音都在触动着人们亢奋的神经，一个四周跳，两个三周半跳（3A）和 4 个三周跳，普鲁申科用华丽的演出传达着专属于俄罗斯人的苍凉和霸气。这不是 24 格的电影，普鲁申科穿越了马龙·白兰度和阿尔·帕西诺。"

有疯狂，有霸气，有嚣张，还有一种莫名的苍凉。普鲁申科为《教父》赋予了他自己的东西。据说，在奥运会比赛前，普鲁申科经历了严重的伤病，又承担了巨大的压力。而就在比赛进行的同时，他的母亲重病，在医院里等待着手术。种种个人的经历，都被他寄托在了这套《教父》里，他将《教父》赋予了自己独有的风格，更赋予了他独特的魅力。

而帮助普鲁申科实现这一点的，正是经由马顿改编后的音乐。据说马顿在编曲时先看了普鲁申科在冰面上的动作，才决定采用怎样的音乐。说不好是普鲁申科的动作给予马顿灵感，还是马顿的音乐释放了普鲁申科的潜能。这摆脱了电影原声束缚的音乐，确实给予普鲁申科自由发挥的空间，也让普鲁申科攀上了更高一级的巅峰。在他的整套动作里，不再只有炫技式的旋转和跳跃，而是融入了更多精神层面的探索。他不再凭借高超的技巧来打动人，而是用他的舞蹈，他的步点，他的情绪感染着全场所有的人。在那一刻，他不是在竞技，而就是一位舞者，一位被称为“普皇”的冰上舞者。

* 《尼金斯基礼赞》——永恒的经典

当然，在众多普迷的心里，最震撼的还要数那套《尼金斯基礼赞》。

这是普鲁申科与马顿的第一次正式合作。

斯瓦拉夫·尼金斯基是俄罗斯的舞蹈家，在国际舞台上享有盛名。他打破了因循已久的古典芭蕾模式，推翻了古典芭蕾的美学，因而被称为“舞蹈之神”。

而普鲁申科的这一套《尼金斯基礼赞》便是献给他的。

在俄锦赛上，10 名裁判无一例外地为这套《尼金斯基礼赞》打出了艺术分 6.0 满分的高分。这是史无前例的高分，也是普迷们后来津津乐道的奇迹般的 6.0。

有人甚至称这套节目已经超越了花样滑冰运动，成为一件珍贵的艺术品。

而《尼金斯基礼赞》，普鲁申科跳了整整一年，除了为他在俄锦赛上取得惊人的艺术分满分外，还为他赢得了各种荣誉。然而，最让人们喜欢并且怀念的，恐怕要属世锦赛那次非常意外的“折戟”。因为在那场比赛里几乎囊括了所有能够成为经典的元素。

依然是马顿做的编曲。当第一个音符响起来的时候，从普鲁申科的第一个动作开始，人们便从他的身上看到了尼金斯基的影子。而当主旋律悠然而起的时候，普鲁申科如同被尼金斯基附体一般在冰上起舞，甚至有人惊呼他就是尼金斯基的转世。

不错，普鲁申科有着深厚的芭蕾舞功底。然而远远不止如此，马顿的编曲，让普鲁申科展现了他在舞蹈上的巨大魅力。这套节目不同以往，并不注重力量和跳跃技巧上的炫耀，整套动作都显得格外的柔美。

尤其在那阴郁、婉转、优美的主旋律的伴奏下，普鲁申科向人们展现了他最为细腻、优美、抒情的一面。每一个舞步，每一个的旋转，甚至每一个抬手，都是那样的撩动人心。

人们总会说普鲁申科不懂得如何融入音乐，然而这一次却不同了。他和音乐完全融为了一体。他不仅把自己，也把全场的所有人带离了

* 普鲁申科（二）

比赛，带离了竞技。他带领着人们进入到了一个截然不同的另外的世界：一个属于芭蕾舞的世界，一个属于花滑的世界，一个属于普鲁申科的世界。人们在那个世界里沉迷，陶醉，流连忘返着。

然而，特别突然的，他在冰面上摔倒了。摔得非常意外。他没有在跳跃或者高难动作上摔倒，而是在最普通的滑行中，在光滑平坦的冰面上突然摔倒了。摔得异常诡异，也异常狼狈。

有人将他的这一摔称作“上帝之摔”。好在这一摔并没有让他丢了金牌。裁判们仍然被他的表演征服了，给他打出了接近满分的高分。

虽然这样的一摔反而使这次表演被人们时常回味，但普鲁申科显然对自己的表现很不满意。好在，还有赛后的 gala（答谢演出）。而在 gala 上，全然放松的普鲁申科拿出了他最好的状态。

马顿也赶来了，为好友亲自助战。他们两个人就好像雄赳赳的战士，奔赴着各自的赛场。

在冰面上，普鲁申科自由地起舞着，做着各种旋转和跳跃，弥补着正式比赛中的遗憾。而这一次，他没有再摔，反而戏谑地做了一个假摔的动作。他自己也露出了笑颜，和观众们分享着在冰上起舞的快乐。

而马顿也拿出了自己的利器——那把“斯特拉提瓦里名琴”。在场边，马顿用这把传奇的小提琴拉起了《尼金斯基礼赞》的旋律。出色的技巧，美妙的旋律，外加乐曲的感染力，让听者的心也和着小提琴的乐音跌宕起伏。

在那一刻，一位伟大的小提琴演奏家和一位伟大的花样滑冰运动员奇妙地融为了一体。他们向尼金斯基这位伟大的芭蕾舞艺术家致以最崇高的敬意，也为花样滑冰献出了自己的礼赞。

普鲁申科和马顿，一个花样滑冰运动员，一个小提琴手，就好像两条平行的直线，似乎没有任何的交集。然而凭借对于艺术的无限热情和热爱，以及绝佳的天赋，两个人走到了一起，并且碰撞出最为绚丽的火花。

人们始终都无法忘记，在《托斯卡》的 MV 里，两个人站在电梯里的相视一笑，还有那一笑之中的默契。真要感谢那样的默契，既成就了普鲁申科，也成就了马顿，更成就了《教父》《爱情探戈》《尼金斯基礼赞》等在花滑历史上供冰迷们久久回味的一个又一个经典。

·索尼娅·海妮·

＊ 冰上皇后

索尼娅·海妮是挪威籍女子花样滑冰运动员和电影明星。她创造性地首先抛开了长裙，把芭蕾技巧融入滑冰，从 15 岁起她获得三次花样滑冰女子奥运冠军（1928 年、1932 年、1936 年），十次世锦赛冠军（1927—1936 年）和六次欧洲冠军（1931—1936 年）。这项纪录至今未被打破。在结束了竞技体育生涯后，海妮成为一名电影演员，并成为当时好莱坞的三大台柱之一，在她演艺生涯的高峰，她是好莱坞薪酬最高的明星之一。她也是美国著名的“海妮假日”冰上芭蕾舞团（今“冰上假日”）的创始人。

作为一名花样滑冰运动员，索尼娅·海妮三次夺得奥运冠军，十次夺得世锦赛冠军，无数的荣誉和纪录使她成为后人心中无法企及的高峰。作为一名革新者，海妮彻底改变了花样滑冰，把芭蕾舞、舞蹈教练、浇冰机这样的新事物引入了这项运动，使竞技体育和艺术完美地结合在一起。作为一名实业家，她向世人展示了花样滑冰的独特魅力和商业价值，创立了花样滑冰商业化运作模式，使无数运动员从中受益。她是花样滑冰界第一位有影响力的明星。从此，花样滑冰不仅仅是一项运动也是力图过上更好生活的一种方式，花样滑冰运动员依靠参加大奖赛和各种表演赛，获取丰厚的收入，并把这笔费用用于比

* 索尼娅·海妮

赛、训练、生活，这种商业化运作的鼻祖正是海妮。直到 70 多年后的今天，当我们观看花样滑冰比赛的时候，无论比赛的内容还是形式，无论花样滑冰本身还是场外影响，我们都能发现海妮的身影。

1924 年，法国夏蒙尼，第一届冬奥会花样滑冰女子单人滑比赛正在进行，可全场观众和裁判的注意力却都集中在场外练习区，在那里一名身材娇小的挪威少女正在进行准备活动。这名选手没有显赫的战绩，没有倾国倾城的容貌，可是却吸引了全场的目光，这是为什么？是因为她的裙子竟然还不到膝盖！要知道在观念保守的 20 世纪 20 年代，女子当众露腿是不被社会道德所允许的，那时女选手都穿长裙比赛，因此无法做出高难度的动作。而这名挪威少女摆脱了长裙的束缚轻松优雅地完成了比赛，可她惊天动地之举只能使她得到最后一名。这名敢冒天下之大不韪的少女就是日后在世锦赛上“十连冠”的索尼娅·海妮。

＊ 为运动而生

1912 年，海妮出生于挪威的奥斯陆。除了滑冰之外，在网球、游泳、滑雪等运动中，海妮也是佼佼者，是真正为运动而生的天才。有人曾断言，如果海妮没有从事花样滑冰，那她在任意别的体育项目中也能成为世界冠军。

海妮 6 岁时开始练习滑冰，10 岁就夺得挪威全国冠军。12 岁第一次参加了冬奥会，也就是 1924 年的法国夏蒙尼冬奥会，虽然她只得到了最后一名，但此后许多运动员都开始穿着短裙比赛，使得女子比赛中高难度的动作层出不穷，花样滑冰女子比赛变得前所未有过的紧张、激烈，引人入胜。而这只是海妮进行花样滑冰改革的诸多创举中的一项。

在学习滑冰的同时，海妮也一直学习芭蕾舞，因此她便把芭蕾舞的舞步和动作编排到表演中。现在看来也许没有什么，可海妮却是历史上第一个这么做的人。凭借从小熏陶出的艺术感、独特的舞步编排和高难度的技术动作，海妮在 1927 年夺得了个人第一个世锦赛冠军。而在接下来的三届冬奥会中，无人能撼动海妮在“冰坛霸主”的地位。她优美的表演、独特的风格、鲜明的个性，开创了一个崭新的时代。

1928 年第 2 届冬奥会上，伴随着柴可夫斯基芭蕾舞剧《天鹅湖》中的乐曲，海妮翩翩起舞，将花样造型、跳跃、旋转等各种技巧与乐曲融为一体，梦幻般的舞姿与醉人的音乐交织在一起，使全场的观众为之倾倒，无可争议地获得了金牌。当时海妮年仅 15 岁 10 个月，是历史上最年轻的花样滑冰奥运冠军。这个纪录保持了 70 年，直到

1998 年长野冬奥会上被美国的利平斯基打破，她夺冠时比海妮仅仅小两个月。在 1932 年普莱西德湖冬奥会上，组委会竟应“海妮迷”们的要求，特意把海妮的比赛从晚上改在白天进行，以便人们拍摄她的优美舞姿。海妮以一套行云流水般无懈可击的表演，赢得了所有裁判和观众的心，蝉联了冬奥会女单冠军。4 年后，在德国，海妮再次创造历史，第三次赢得了奥运冠军，这个纪录至今无人能及。此时海妮达到了事业的巅峰，无论是在奥斯陆还是纽约，只要海妮出现，就有无数疯狂的冰迷追随其后，以至于海妮每次表演都要出动大量警察维持秩序。

* 退出冰坛

在 1936 年冬奥会结束后，海妮宣布退出冰坛，转而在好莱坞开创自己的新事业。海妮说她要取得弗雷德·阿斯泰尔（美国银幕上的著名舞王）那样的地位。而她说到也做到了。

不久后她出演一部冰雪剧并大获成功，连同她自己制作的节目竟获得了上千万美元的收益。海妮是她祖国的骄傲，挪威国王哈康七世在她每次演出前均会拍去致意的电报，她亦为欧洲各国王室做过多次精彩表演。这位毫不做作的演员彻底革新了花样滑冰运动并创造了我们今天熟知的“冰雪剧”和“冰上舞蹈”。她最著名的剧目《垂死的天鹅》使她赢得了“冰上巴甫洛娃”的美誉。

海妮的演出打动了达里尔·F.扎努克，由此她与 20 世纪福克斯公司签了 5 年的拍片合同，此后海妮出演了 15 部影片，其中最受欢迎的是《阳光溪谷小夜曲》(旧译《琼瑶仙境》),与之合作的有约翰·佩恩、林恩·巴里以及姿容秀丽的格莱恩·米勒·奥契斯特拉。著名影星泰隆·鲍华在《薄冰》(旧译《银色舞台》)、《第二小提琴》(旧译《珠光宝气》)中与她搭档，而其他许多明星也像“名人录”似的出现在她的影片中……1936 年，她以非常出色的影片《凤舞银冰》一跃而为 20 世纪 30 年代好莱坞的重要明星；1938 年，她所主演的影片已位列十大卖座片中;到 1939年,她便成了继克拉克·盖博和秀兰·邓波儿之后，第三位最受公众欢迎的电影明星！她所拍大都为黑白片，只有 1944 年的《那是件乐事》是彩色片。她影片的制作成本在 20 世纪 30 年代晚期达到 3600 万美元，这是当时前所未闻的天文数字！

索尼娅·海妮喜欢好莱坞，而好莱坞也钟爱她。她举办壮观的舞会，还曾骑着大象出场。白色是她最喜欢的颜色，大部分时间总见她身着缀有钻石的白色礼服，她相信那会给她带来好运。贝弗利山的家中陈列着她所获的勋章和奖杯,其中也有挪威国王哈康七世授予的“十字军骑士”勋章。海妮从不吝啬金钱和时间，在纳粹统治挪威时期她慷慨资助秘密抵抗组织，也为慈善机构捐助大量物资，还在 1945 年组织了为期八周的国际巡回医疗服务。

海妮小姐有时被称作“成熟的秀兰·邓波儿”，是因为她具有同样生气勃勃的特质；她也被称作“铁蝴蝶”，则又由于她那精明的商业意识。然而尽管她抱负远大，却从未失去乐观开朗的天性……

第五章

花样滑冰的欣赏点与观赛礼仪

2022年的冬天，第22届冬奥会将在我们的首都北京举行。届时到现场观看的朋友们在给运动员加油的时候一定要注意礼仪，才能给运动员更多的鼓励与支持。

·比赛欣赏点·

* 精彩娴熟的滑冰技术

花样滑冰要求运动员在冰面上一边滑动，一边做出各种动作。运动员在冰面上时而快速滑动，时而急停，时而旋转跳跃，这种熟练的滑冰技术是一大看点。

* 舞蹈与音乐的完美结合

花样滑冰是优美的音乐和舞蹈结合的艺术表演，运动员在音乐的伴奏下做出动作。比赛中运动员对乐曲的选择以及音乐与动作展示是否完美结合，是比赛的最大看点。

* 绝妙的配合

花样滑冰中的双人滑，是两个人的配合表演，两个人的配合是否协调、流畅、优美是比赛的一大看点。特别是男运动员和女运动员共同完成的托举以及抛跳动作，需要两人技术高超，且配合默契。这些高难度和有些惊险的动作，都是花样滑冰吸引观众的亮点。

·观赛礼仪·

花样滑冰的观赛礼仪门道可多了，从这些细节上就能看出你是不是真正的冰迷。

* 请为当场执裁的官员——鼓掌

花样滑冰的传统，在每场单项比赛开始前，都会对当场参与执裁的官员进行介绍，这些裁判来自世界各国，他们都有很丰富的执裁经历，作为北京 2022 冬奥会的东道主，请在此时给予这些远道而来的客人热烈的掌声，让他们感受到作为礼仪之邦的热情。

* 鼓掌欢迎

* 赛前鼓励——条幅

如果你是一个冰迷，在看比赛时你一定不会忘记为自己喜欢的选手设计制作支持他们的条幅，很多专业的冰迷会非常用心地把他所支持的选手的比赛造型设计在条幅中，每场比赛前会提前到达组委会指定区域把条幅挂起来。这一点日本和韩国冰迷做得比较专业，但是随着我国选手运动成绩的提高,花样滑冰项目在中国的关注度不断上升，近几年在赛场上经常会看到属于中国选手的条幅。

* 加油条幅

* 赛前鼓掌——加油

当比赛即将开始，比赛宣告员宣布运动员入场比赛时，观众们会给予掌声和尖叫声鼓励，随着运动员摆好开始动作，观众就要保持安静了。运动员需要一个安静的环境进入比赛状态，为接下来的表演进行准备。

* 赛前加油

* 赛中鼓掌——鼓励

当运动员在完成每一个技术难度动作时，你都可以给以掌声鼓励，当然也有运动员的表演不尽如人意，连连出现失败，这时你也可以鼓掌支持，给予他们继续完成比赛的力量和信念。由于花样滑冰在音乐的伴奏下完成比赛，很多选手在动作与音乐的配合上设计得非常巧妙，动作符合音乐的节奏感，这时你也不要吝惜你的掌声，请跟着音乐节拍一起鼓掌，参与到节目中，会有不一样的体会。

* 赛中鼓励

* 赛后鼓掌——致谢

当运动员表演完整套节目后，请你为运动员的表演鼓掌致谢，如果你觉得他滑得特别完美，那么就请起立为他鼓掌，这对运动员来说是最高的奖赏。

* 赛后致谢

* 不能使用闪光灯

很多人都喜欢看花样滑冰，特别是这项运动能在洁白的冰面上呈现出美轮美奂的效果，在观看比赛的过程中总想拍照抓住这美丽动人的瞬间。但是很多人不知道有这样一个小小的举动会对运动员的身体和成绩造成伤害，那就是开闪光灯。如果运动员在高速运动的技术动作中被闪光灯闪了一下，很容易从动作中跌倒，导致受伤，也因为受到了闪光灯的干扰，可能会导致技术动作的失败。所以在观看花样滑冰的比赛中切勿使用闪光灯。

* 禁止使用闪光灯

* 停住脚步

如果你真的有什么不得已的原因需要中途离场，请在当前进行比赛的运动员节目表演结束后离开，千万不要在运动员节目表演过程中站立走动，这样一方面影响了运动员的专注度，另一方面也没有尊重正在努力比赛的运动员。

* 请勿随意走动

＊ 礼物

在运动员表演结束后，你可以将送给运动员的礼物和鲜花妥善包装好，抛进冰面，这也是支持你喜欢的运动员的一种方式，可爱的小冰童会滑进冰场替你拾起礼物送给运动员。很多超级冰迷会送给喜欢的运动员特定的礼物。

比如我国的双人滑名将隋文静和韩聪，冰迷称韩聪为“葱桶”，所以每次他们比赛完，冰面上就会出现大葱的毛绒玩具。

这种向运动员抛礼物的环节，是花样滑冰项目特有的传统，也是冰迷最直接表达爱的方式。

＊ 礼　物

* 返场掌声——互动

赛后表演是花样滑冰项目特有的传统，每项比赛获奖的选手和东道主选手都将参与赛后表演，运动员在表演中没有了比赛中紧张竞争的气氛，放松自如地享受与观众的互动，沉浸在自己的演出中，更像是冰上舞台剧。当所有选手表演完请不要离开，他们正等待着你们的掌声，这也是观众们的福利，可以看到所有获奖选手同时出现在冰面上，同做一个技术动作，也是选手与观众互动最好的一个环节。

* 赛后滑冰表演

知识窗

通过花样滑冰，来自不同国家、不同肤色的人们相聚在一起，在赛场上选手们努力超越自己，获得佳绩。在场下，他们友爱互助，展示各自国家的传统文化。大家都喜欢称这个集体为 Figure Skating Family。

附录　跟我学
（中英文对照）

中文	英文
阿克谢尔	Axel
点冰鲁普	Toe Loop
沙霍夫	Salchow
鲁普	Loop
菲利普	Flip
拉兹	Lutz
旋转	Spin
直立旋转	Upright Spin
蹲踞旋转	Sit Spin
燕式旋转	Camel Spin
弓身旋转	Layback Spin
换足转	Change Foot Spin
换足直立转	Change Upright Spin
换足蹲转	Change Sit Spin
换足燕式转	Change Camel Spin
跳接转	Fly Spin
跳接直立转	Fly Upright Spin

续表

中文	英文
跳接蹲转	Fly Sit Spin
跳接燕式转	Fly Camel Spin
联合转	Combination Spin
换足联合转	Change Foot Combination
接续步	Step Sequence
编排步法	Choreographic Step Sequence
托举	Lift
点冰拉索	Group 5 Toe Lift
步法拉索	Group 5 Step Lift
后起拉索	Group 5 Backward Lift
阿克谢尔拉索	Group 5 Axel Lift
反向拉索	Group 5 Reverse Lift
捻转	Twist Lift
抛跳	Throw Jump
抛点冰鲁普一周	Throw Single Toe Loop
抛沙霍夫一周	Throw Single Salchow
抛鲁普一周	Throw Single Loop
抛菲利普 / 拉兹一周	Throw Single Flip/Lutz
抛跳阿克谢尔一周	Throw Single Axel
抛点冰鲁普两周	Throw Double Toe Loop

续表

中文	英文
抛沙霍夫两周	Throw Double Salchow
抛鲁普两周	Throw Double Loop
抛菲利普 / 拉兹两周	Throw Double Flip/Lutz
抛跳阿克谢尔两周	Throw Double Axel
抛点冰鲁普三周	Throw Triple Toe Loop
抛沙霍夫三周	Throw Triple Salchow
抛鲁普三周	Throw Triple Loop
抛菲利普 / 拉兹三周	Throw Triple Flip/Lutz
抛跳阿克谢尔三周	Throw Triple Axel
抛点冰鲁普四周	Throw Quadruple Toe Loop
抛沙霍夫四周	Throw Quadruple Salchow
抛鲁普四周	Throw Quadruple Loop
抛菲利普 / 拉兹四周	Throw Quadruple Flip/Lutz
螺旋线	Death Spiral
前内刃螺旋线	Death Spiral Forward Inside
后内刃螺旋线	Death Spiral Backward Inside
前外刃螺旋线	Death Spiral Forward Outside
后外刃螺旋线	Death Spiral Backward Outside
规尺动作	Pivot Figure
双人转	Pair Spin

续表

中文	英文
双人联合旋转	Pair Spin Combination
原地托举	Stationary Lift
直线托举	Straight Line Lift
弧线托举	Curve Lift
旋转托举	Rotational Lift
编排托举	Choreographic Dance Lift
编排旋转	Choreographic Spinning Movement
序列捻转步	Sequential Twizzle
同步捻转步	Synchronized Twizzle
编排捻转步	Choreographic Twizzling Movement
单足接续步	One Foot Step Sequence
编排接续步	Choreographic Character Step Sequence
衍生接续步	Pattern Dance Type Sequence
斜线步	Diagonal Step Sequence
中线步	Midline Step Sequence
圆形步	Circular Step Sequence
蛇形步	Serpentine Step Sequence

青少年冬奥知识普及丛书

勇敢者游戏

冰球

王春露◎主编　庞念亮◎副主编

新世界出版社
NEW WORLD PRESS

图书在版编目（CIP）数据

勇敢者游戏：冰球 / 王春露主编．-- 北京：新世界出版社，2021.5
（青少年冬奥知识普及丛书）
ISBN 978-7-5104-6986-2

Ⅰ．①勇… Ⅱ．①王… Ⅲ．①冰球运动－青少年读物 Ⅳ．① G862.3-49

中国版本图书馆 CIP 数据核字 (2019) 第 284265 号

勇敢者游戏　冰球

主　　编：王春露
责任编辑：王峻峰
责任印制：王宝根
出　　版：新世界出版社
网　　址：http://www.nwp.com.cn
社　　址：北京西城区百万庄大街 24 号（100037）
发 行 部：(010)6899 5968（电话）　(010)6899 0635（电话）
总 编 室：(010)6899 5424（电话）　(010)6832 6679（传真）
版 权 部：+8610 6899 6306（电话）　nwpcd@sina.com（电邮）
印　　刷：小森印刷（北京）有限公司
经　　销：新华书店
开　　本：880mm × 1230mm 1/32　　尺寸：145mm × 210mm
字　　数：75 千字　　印张：3.125
版　　次：2021 年 5 月第 1 版　2021 年 5 月第 1 次印刷
书　　号：ISBN 978-7-5104-6986-2
定　　价：398.00 元（全 15 册）

—北京2022年—

《青少年冬奥知识普及丛书》编委会名单

青少年冬奥知识普及丛书
（分册名录）

1.《冰上之箭——速度滑冰》

2.《冰上极速——短道速滑》

3.《冰上芭蕾——花样滑冰》

4.《勇敢者游戏——冰球》

5.《冰上象棋——冰壶》

6.《雪上马拉松——越野滑雪》

7.《空中飞鹰——跳台滑雪》

8.《全能高手——北欧两项》

9.《雪山飞人——高山滑雪》

10.《雪中舞蹈——自由式滑雪》

11.《雪上冲浪——单板滑雪》

12.《雪地猎人——冬季两项》

13.《冰上之舟——雪车》

14.《冰中鱼雷——钢架雪车》

15.《雪中跑车——雪橇》

总序

随着2018年平昌冬奥会的圆满落幕，北京接过了冬奥会的会旗，标志着冬奥会正式进入了“北京时间”。北京将成为世界上第一个既举办过夏季奥运会，又举办冬季奥运会的“双奥”城市。

2022年北京冬奥会是我国重要历史节点的重大标志性活动，是展现国家形象、促进国家发展、振奋民族精神的重要契机。我们要深入学习贯彻习近平同志关于筹办北京冬奥会和发展冰雪运动的重要指示精神，全力做好冬奥会各项筹办工作，特别是做好冬奥会备战工作，加快冰雪运动的普及，实现冰雪运动跨越式发展。为做好北京冬奥会筹办工作，广泛传播奥林匹克文化、弘扬奥林匹克精神，2018年1月30日，教育部、国家体育总局会同北京冬奥组委共同制订了《北京2022年冬奥会和冬残奥会中小学生奥林匹克

教育计划》。该计划提出将奥林匹克教育纳入学校常规教育教学工作、开展冬季奥林匹克教育文化活动、开展冬季奥林匹克交流活动、组织冬季奥林匹克教育课程资源研发等主要工作任务。作为加强奥林匹克教育传播和推动冰雪运动开展的重要措施，北京市教委在 2019 年推出了“奥林匹克教育成果创编及展示”系列项目，将由北京市教委主编、首都体育学院统筹完成的《青少年冬奥知识普及丛书》呈现给广大青少年朋友。

本套丛书从冬季奥林匹克运动项目入手，结合青少年身心特点，以图文并茂的方式介绍 2022 年北京冬奥会的 7 个大项 15 个分项内容，邀请了包括王春露、刘秋宏、满丹丹等在内的知名世界冠军、亚洲冠军及冬季运动项目专家参与编写。本套丛书每本各分五章，从项目起源与发展、比赛场地与器材、项目设置与规则、冬奥人物故事和观赛礼仪等方面进行讲述，旨在推动北京市中小学奥林匹克教育的发展和冰雪运动的普及，促进中小学生奥林匹克知识的学习和实践，强化中小学生参加体育锻炼的习惯，营造全社会关心关注冬奥会的良好氛围，引导民众感受冰雪运动的美丽、激情和感动。

特别鸣谢北京市教育委员会、首都体育学院领导以及广大冰雪运动专家给予的鼎力支持与帮助。由于编写时间及编者能力有限，书中有不当之处，敬请谅解。希望广大青少年读者通过阅读本套丛书，能够感受冬季奥林匹克运动项目的魅力，了解冬季运动项目知识。

Beijing's taking over the flag of 2022 Olympic Winter Games at the closing ceremony of Pyeongchang 2018 Olympic and Paralympic Winter Games marks that the Olympic Winter Games is officially entering "Beijing time", and Beijing is set to become the first city in the world to have hosted both the summer and winter Olympic Games.

The Beijing 2022 Olympic and Paralympic Winter Games, a significant landmark event in the important historic time of China, is an important opportunity to show national image, promote national development and inspire national spirit. Thus, it is a must to thoroughly study and implement the spirit of President Xi Jinping's important instructions for the preparation of the Games and the development of winter sports, and try our best to make well-organized arrangements for the Olympic Winter Games, especially the preparation for sports competitions, so as to accelerate the popularization of winter sports and achieve leapfrog development of winter sports. In order to make a good preparation for the Games, widely spread Olympic culture and carry forward Olympic spirit, the Ministry of Education of China, General Administration of Sport of China and Beijing Organising Committee for the 2022 Olympic and Paralympic Winter Games jointly issued *The Olympic Education Plan for Primary and Secondary School Students of Beijing 2022 Olympic and Paralympic Winter Games* on January 30, 2018, in which several main tasks are tabled as follows: incorporating Olympic education into regular schooling, carrying out educational and cultural activities for Winter Olympics,

conducting exchange activities for Winter Olympics, and organizing research and development of Winter Olympics educational curriculum resources. As an important measure for enhancing Olympic education and promoting the development of winter sports, Beijing Municipal Education Commission launched a series of projects of "the Creation, Adaptation and Exhibition of Olympic Education Achievements" in 2019, and the *Winter Olympic Knowledge for Teenagers* prepared by Beijing Municipal Education Commission with the coordination of Capital University of Physical Education and Sports will be presented.

Based on the Olympic winter sports and considering the physical and mental characteristics of teenagers, this series of illustrated books introduces 15 sports disciplines of the 2022 Winter Olympics which are categorized into 7 main categories. This series of books are compiled by Wang Chunlu, Liu Qiuhong, Man Dandan and other famous world champions, Asian champions and experts in winter sports. Each book of the series introduces one sport from five perspectives, which are the origin and development, venues and equipment, events and rules, stories of Winter Olympic athletes and spectator's etiquette respectively. It aims to promote the Olympic education for elementary and secondary students in Beijing, popularize winter sports, facilitate the learning of Olympic knowledge and develop a good habit of taking part in physical exercises. Furthermore, it also aims to help create a sound atmosphere where the whole society cares for and pays attention to the Olympic Winter Games, and lead people to enjoy the amazing, moving and exciting beauty of winter sports.

Special thanks go to the leaders of Beijing Municipal Education Commission and Capital University of Physical Education and Sports and the experts in winter sports who presented their great support and assistance. Please accept a sincere apology for any deficiency of these books due to limited time for preparation and limited ability of the authors. It is hoped that teenage readers could enjoy the charm of Winter Olympic sports and know more about winter sports through this series of books.

分序

令人热血沸腾的比赛氛围，快速激烈的冲撞拼抢，加上多变的滑冰技艺和敏捷娴熟的曲棍球技巧，形成了一场场快节奏的对抗竞赛。这就是吸引了全世界目光的冬奥会传统项目——冰球。

冰球，也称为“冰上曲棍球”，是一项对抗十分激烈的冬季运动项目。冬奥会的冰球项目共分为男子组和女子组 2 个小项，比赛时每队上场 6 人，包括前锋 3 人、后卫 2 人、守门员 1 人。运动员以冰球杆为工具，将球击入对方球门，进球多的队伍获胜。

这本《勇敢者游戏——冰球》科普读物，以专业视角和大众语言介绍了冰球的起源与发展、运动场地与装备、项目设置与规则、冬奥人物故事和观赛礼仪等，并配以近百幅精美图片，让读者身临其境般地感受冰球带来的惊艳、感动和激情。

PREFACE

Exciting atmosphere, fast and fierce rushing and fighting, unpredictable skating moves and adroit hockey skills, all this are involved in a fast, fluid and exciting team sport. This is the traditional Olympic Winter event that has attracted the attention of the world – ice hockey.

Ice hockey is a full body contact winter sport. There are two ice hockey events in the Olympic Winter Games: men's and women's games. During the game, each team has 6 players, including 3 forwards, 2 defenders, and 1 goaltender. Players use ice hockey sticks as tools to hit the ball into the opponent's net, and the team with more goals wins.

From professional perspectives, this popular science book *A Game for the Brave – Ice Hockey* introduces the general knowledge about ice hockey in common words, including the origin and development, venues and equipment, events and rules, stories of Winter Olympians and spectator's etiquette. Supported by nearly one hundred illustrations, the book would bring an immersive experience to readers while making them feel the amazing, moving and exciting beauty of ice hockey.

目录

第一章

冰球的起源与发展

冰上运动一直以多种形式存在，冰球运动便是从这些项目中逐渐演变而来，在不断的发展中形成了自己的特点，成为冬季奥运会正式比赛项目之一。

·冰球的起源与发展·

* 项目起源

早在 200 多年前，加拿大金斯顿（Kingston）地区在冬天就流行一种冰上活动。许多年轻人将钢片嵌在木板上，再把木板捆系在鞋上，做成溜冰的冰鞋。一群人穿着自制的冰鞋，手里都拿着一根木杆，在冰封的河流或湖面上滑行，追逐击打一个圆木块或鹅卵石。这便是现代冰球运动的起源。人们创造出这种游戏，首先是出于爱玩的天性，其次也是为了享受在冰上飞驰打球所带来的快乐。

* 早期加拿大冰球海报

* 1912 年波士顿竞技场举办比赛

* 第一场正式冰球赛

早期的冰球运动各方面都十分简陋，既没有专门的器材装备，也没有固定的冰场尺寸，更别说对参赛人数和裁判员的要求。1875 年 3 月，加拿大蒙特利尔的维多利亚冰场举办了第一次正式冰球赛，比赛在麦克吉尔大学的两支队伍间进行。当时，每支球队有 30 名队员在场上。赛后，麦克吉尔大学成立了冰球俱乐部。1879 年，这所大学的罗伯逊和史密斯两人，共同制定了比赛规则，规定每队上场比赛人数为 9 人。后来，场上参赛人数改为每队 6 人。随着冰场、球杆与冰鞋等设施装备的不断改进，现代冰球运动也就逐渐形成了。

* 从加拿大到北美

冰球运动被发明出来之后，受到越来越多加拿大人的欢迎，并出现了专门打冰球比赛赚钱的专业运动员，随着球队的增多和比赛的盛行，又逐渐出现了专门的冰球赛事组织。而美国的金融家和纺织实业家马尔科姆·格林·切斯，在学生时代将冰球引入美国的大学，并开展了冰球比赛。所以，他被称为美国的冰球之父。一些冰球俱乐部也相继成立了职业冰球队，加入到了加拿大的职业比赛。

19 世纪六七十年代，欧洲与美国率先开始了第二次工业革命。随着火车、汽车、电报、电话等一系列交通、通信工具的发明和推广，跨区域的冰球比赛迅速在北美与欧洲流行起来。

* 马尔科姆·格林·切斯

＊ 冰球运动在欧洲的发展

冰球运动在传入美国的时候，同时传到了欧洲。1908 年，比利时、英国、法国、瑞士等国的代表，在巴黎成立了国际冰球联盟，开始组织各类国际冰球竞赛。后来，加拿大、美国、德国等国家也加入了这个国际组织。冰球运动在欧洲得到了快速的发展，并成为冬奥会重要的比赛项目。1920 年的夏季奥运会上，男子冰球首次被列为比赛项目。1924 年的首届冬季奥运会上，冰球运动成为正式的比赛项目。1998 年的长野冬奥会上，女子冰球项目正式被划入冬奥项目。欧洲的俄罗斯、捷克、芬兰、瑞典和斯洛伐克，一直是传统的冰球强国。近些年来，瑞士与德国的冰球也获得快速的发展，不仅国内流行度高，国际竞赛水平也有了极大的提高。

知识窗

关于冰球运动的起源有很多说法，有人说它是源自北美印第安人的一种击球游戏。也有人说，它是起源于欧洲人在田野里用木棍和小球玩耍的游戏。不过大部分人还是认为冰球运动起源于加拿大。

* 北美冰球联盟和斯坦利杯

北美冰球联盟（National Hockey League），是一个由北美冰球队伍所组成的职业运动联盟，它的简称为 NHL，在 1917 年刚成立时只有 5 个成员俱乐部，现在已经有 31 个职业俱乐部，而其中的 24 支位于美国，剩余的 7 支则位于加拿大。

该联盟管理的北美职业冰球联赛，是全世界最高层级的职业冰球比赛。每个赛季分为常规赛与季后赛。常规赛中，每支球队要打主客场共 82 场比赛，积分最高的球队被授予“总统奖”。常规赛成绩优异的 16 支球队进入季后赛，最后一轮获胜的球队获得“斯坦利”冠军杯。

知识窗

NHL 历史最悠久的六支队伍被称为“原始六队”，分别是：多伦多枫叶、蒙特利尔加拿大人、波士顿棕熊、纽约游骑兵、芝加哥黑鹰和底特律红翼。NHL 在这六支球队的编制下整整存在了 25 年。时至今日，这六支球队互为宿敌，其间的历史恩怨一直传承到现在，他们的对决也总会吸引无数人的目光。

NHL 北美职业冰球联赛是全世界水平最高的职业冰球联赛，也是世界优秀冰球运动员十分向往的平台。尽管大部分俱乐部都在美国，但大多数的球员是加拿大籍，其余的球员多来自美国和欧洲。NHL 的影响也越来越大，和 NBA 之于世界篮球相似，NHL 的奖杯斯坦利杯也成为具有传奇色彩的荣誉。

知识窗

每年 NHL 季后赛，16 支球队的绝大部分球员，都会开始留胡须，任由自己的胡子疯长，直到自己的球队被淘汰，或者夺取斯坦利冠军杯为止。因为冰球运动员们似乎认为，季后赛留胡须可以为球队带来好运，所以近些年来冠军队的合影中，基本上都是胡须满面的球员。

1893年，加拿大总督弗雷德里克·斯坦利勋爵购得一个银杯，作为对当时加拿大冰球比赛中最顶尖冰球队的奖励，后来这个银杯就以他的名字命名为斯坦利杯。1894年3月22日，蒙特利尔队在众人面前击败渥太华队，赢得了第一个斯坦利杯挑战赛。从此，各冰球队开始了对斯坦利杯激烈的争夺，有时奖杯在一年内就被挑战了3次。

冠军球队的每一名成员都可以分别拥有斯坦利杯一天。而得到奖杯的队员都会用食物把奖杯装满，以这种特有的传统方式来进行庆祝。最常见的一些食物包括：谷物、肉丸、鸡翅、肉饼和冰淇淋。

其实，斯坦利杯并不完美。上面的雕刻有20多处错误，包括把波士顿“Boston”拼错成“Bqstqn”，把多伦多枫叶“Leafs”拼错成“Leaes”等。

但即使是这样，1910年的时候，该奖杯依然成为职业冰球霸权的象征。在1917年，北美冰球联盟成立并接管了斯坦利杯。

知识窗

1924年蒙特利尔队的队员在赢得斯坦利杯后，他们把奖杯放在汽车后备厢里，驱车前往他们举办的胜利派对。走到半路的时候，汽车轮胎突然没气了，他们就把奖杯取出来更换备用轮胎。换完轮胎之后，他们竟然把奖杯忘得一干二净，于是斯坦利杯就这样被扔在了雪堆里。直到晚上的时候，他们才想起了这件事，赶忙回来寻找奖杯。幸运的是，它还在雪地里好好待着！

* 斯坦利奖杯演变史

* 大陆冰球联赛

大陆冰球联赛（KHL），前身为俄罗斯冰球超级联赛，是亚欧大陆最大的职业冰球赛事，在赛事规模和水平上仅次于北美职业冰球联赛。除了俄罗斯冰球俱乐部外，还吸纳了来自中国、哈萨克斯坦、白俄罗斯、拉脱维亚、斯洛伐克、克罗地亚、芬兰等国家的冰球俱乐部参赛。大陆冰球联赛分为常规赛和季后赛，季后赛冠军为当年大陆冰球联赛总冠军，获得加加林杯（Gagarin Cup），常规赛冠军则获得大陆杯（Continental Cup）。

* 国际冰球联合会

国际冰球联合会（IIHF），最初称为国际冰球联盟。作为国际性的单项体育联合会，它由各国和各地区的冰球协会组成，目前共有 76 个会员协会，总部位于瑞士的苏黎世。它的主要职责是在世界范围内管理、发展和组织冰球活动。

* 世界冰球锦标赛

世界冰球锦标赛由国际冰球联合会主办，每年举行一次。它的前身是从 1910 年至 1932 年举办的欧洲冰球锦标赛。目前，世界冰球锦标赛分为 5 个组别：女子成人组，女子 U18 组；男子成人组，男子 U20 组，男子 U18 组。在每个组别下面，相应有不同等级；各会员的代表队，依照冰球竞技实力参加相应组别的比赛。

* 冬季奥运会冰球赛

参加冬奥会冰球赛的球队，主要通过冬奥会前两年的世锦赛名次来决定。

冰球世锦赛的男子成人组的第 1~9 名球队，自动获得参加冬奥会的冰球比赛资格；剩下的 3 个名额，将由世界排名第 10~33 名的球队，通过预选赛进行争夺。

冰球世锦赛的女子成人组的第 1~7 名球队，自动获得参加冬奥会的冰球比赛资格；剩下的 3 个名额，将由世界排名第 8~25 名的球队，通过预选赛进行争夺。

知识窗

你知道吗？

每逢奥运年，世界锦标赛的顶级组比赛和奥运会比赛都会合二为一，最后获胜的球队会成为世锦赛与奥运会的双料冠军。

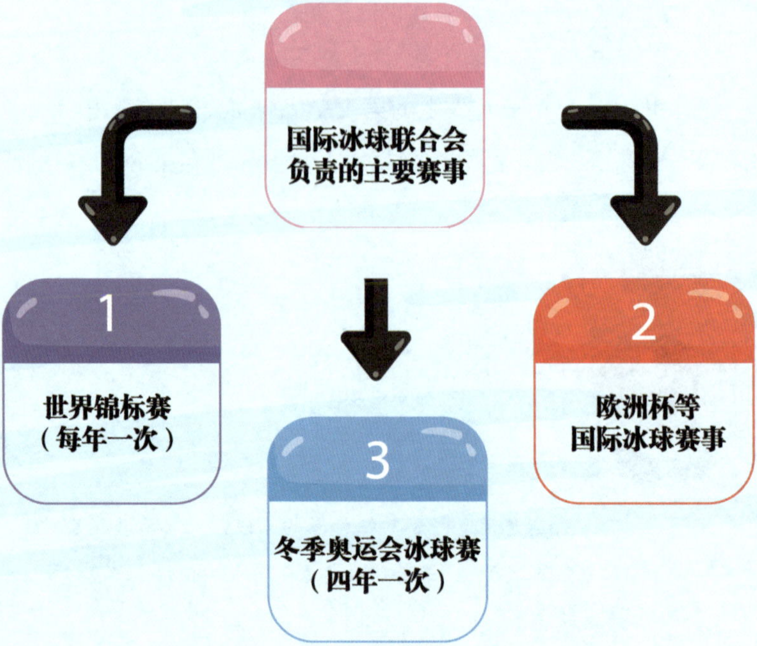
国际冰球联合会
负责的主要赛事
1
世界锦标赛
（每年一次）
2
欧洲杯等
国际冰球赛事
3
冬季奥运会冰球赛
（四年一次）

* 冰球比赛开球

* 男子冰球比赛

·冰球在中国的起源与发展·

* 清朝末期传入

清朝末期，我国一些沿海城市被迫开辟为通商口岸，许多外国传教士、官员、商人与军人等纷纷来到中国。他们逐步将冰球、网球、体操等休闲娱乐活动传入中国，并通过城市与学校等途径，使其在中国大地上传播开来。

1890年，天津英租界内修建了一些网球、足球、棒球等运动的场地。在冬天，他们在场地上浇水成冰，穿上冰刀鞋进行滑冰与冰球比赛活动。在天津与北京的外国人还成立了冰球俱乐部，并在每年的冬季联合举办京津城际冰球赛。后来，在北方的哈尔滨、沈阳、大连等城市的外国人，也在冬天开始修建冰球场地，用于开展冰球运动。

1925年初，华北地区的其他一些学校如燕京大学、清华大学、辅仁大学、南开中学等，也相继开始组建并训练冰球队，展开校际比赛。天津南开大学成立了“白熊”冰球队，还曾战胜过俄国人的冰球队。1932年的北平五校联合冰球锦标赛上，清华大学以3胜1平的成绩夺得冠军。

* 新中国成立后

新中国成立后，冰球运动得到了快速的发展。1981 年 3 月，世界男子冰球锦标赛 C 组比赛在北京首都体育馆举行，总共有 8 支冰球队参加了本次比赛，包括奥地利队、丹麦队、匈牙利队、法国队、保加利亚队、英国队、朝鲜队，以及东道主中国队。

这是我国首次承办如此规模的世界级冰球赛事。经过紧张激烈的比赛，中国队 6 胜 1 负，历史性地获得亚军，并携手获得冠军的奥地利队一起晋级世界冰球锦标赛 B 组。这是我国在国际冰球赛场上的第一次重大胜利。这次成功晋级的比赛，在我国掀起了一股“冰球热”。

* 我国早期冰球比赛

全国许多地方开始支持冰球队建设，国内的冰球运动再度迎来了一个快速的发展时期。20 世纪 80 年代，全国男子冰球甲级联赛最多时曾有 17 支地方队参加，女子冰球队也有 9 支。在当时，中国冰球队在亚洲的排名稳居第一，在国际赛场上也处于中上游。

* 20 世纪 90 年代至今

20 世纪 90 年代中后期，由于地方政府与单位削减对冰球队的支持，优秀冰球人才流失严重，后备人才也供给不足，因此国家队的竞技实力也开始持续下滑。我国在世界冰球锦标赛与亚洲冬季运动会上的成绩也极不乐观，远远落后于日本、韩国和哈萨克斯坦。

2015 年我国申奥成功后，政府颁布政策并投入资金推动“3 亿人参与冰雪运动”，中国冰球协会也深化改革推动冰球运动的普及与提高。我国冰球运动从此迎来了重要的发展机遇。

* 支持祖国冰球发展的海外力量

海外华侨王嘉廉，怀着“为中国冰球事业做些贡献”的爱国之心，为中国冰球运动的发展做出了切实的行动。王嘉廉是美国著名的华人企业家、慈善家。他不仅在软件与电视产业等方面经营有道，对于体育和慈善事业也投入了极大的精力。

2000 年，王嘉廉先生与合伙人一起收购了纽约岛人冰球俱乐部。在持续改善俱乐部经营情况、提高球队在北美职业冰球联赛中的竞技表现后，他开始将目标转向祖国，希望为中国冰球的发展做一些贡献。

他认为要振兴中国冰球，就要尽量多地培养高素质的冰球后备人才，要从少年儿童抓起，让更多的孩子参与冰球，从而对冰球感兴趣。正是他这种回报故土、热心冰球事业的情怀，才开启了“王嘉廉中国冰球希望工程”的公益事业。

2004 年 8 月，美国纽约岛人冰球俱乐部在哈尔滨设立办事处，用于推动中国青少年冰球的发展。2005 年，中国冰球协会和岛人冰球俱乐部共同推出了“王嘉廉中国冰球希望工程”，以支持青少年冰球运动的发展。岛人冰球俱乐部首批捐赠 300 套青少年冰球装备，并派遣了 3 名美籍教练员执教中国国家女子冰球队。在当时，中国冰球正处于经费紧张、器材短缺的困难时期，这项举措极大地激发了冰球运动员与教练员们的训练热情。

2005 年以来，王嘉廉冰球希望学校已在全国的 6 个省市发展了 36 所。通过给学校冰球队提供冰球器材装备、发放冰球青训教材、培

* 岛人冰球俱乐部标志

训青少年冰球教练员、赞助支持球队参与国内外各种比赛的方式，这个希望工程至今还持续发力。

王嘉廉先后创设了“希望杯”“王嘉廉杯”与“灯塔杯”等国际少年冰球赛事，资助中国的冰球学校组队与美国、芬兰、俄罗斯等冰球强国的少年球队进行比赛。据统计，由“王嘉廉中国冰球希望工程”组织的出国交流比赛，总计达 20 余次，累计近 1000 人次。

王嘉廉曾经说道：“我们的共同目标，就是促进冰球运动的发展，而中国冰球希望工程就是良好的开端。对于中国冰球我寄予厚望、充满信心，相信会有那么一天，中国冰球运动员将在北美冰球联赛中亮相，他们将成为中国人的骄傲。我要看到中国人脸上绽放的笑容，我要为中国诞生优秀的职业冰球运动员而自豪，对此我充满信心。”

* 王嘉廉

第二章

冰球的场地与装备

冰球是对抗性较强的集体冰上运动项目，场地和装备都与其他项目有着明显的不同。在观看比赛前，我们若对此有所了解，不仅能够丰富冰球比赛知识，还可以提升观赛的乐趣。

·竞赛场地·

* 冰球场

冰球场是用于冰球运动训练与比赛的场地，整体近似长方形，四角为圆弧，四周有“界墙”，里面是冰面。冰球场可以建造在户外，也可设置在室内，依据气候与资金投入而定。

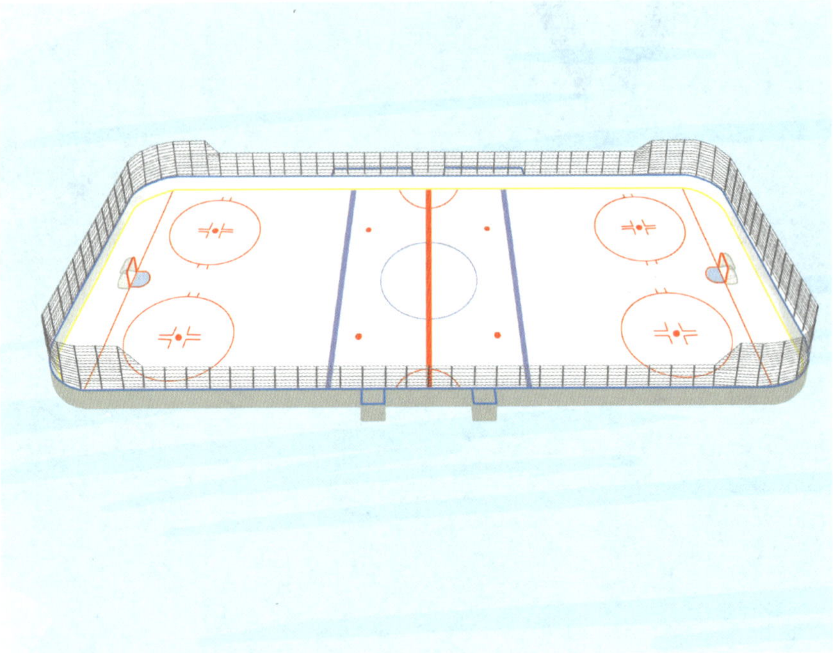

* 冰球场

＊ 球场规格

1. 球场规格

标准冰球场地的最大规格为长 61m、宽 30m，四角圆弧半径 8.5m；最小规格为长 56m、宽 26m，四角圆弧半径 7~8.5m。国际冰球联合会的比赛场标准尺寸为长 60m、宽 30m。而 NHL 的标准尺寸则是长 60.92m、宽 25.91m。

2. 界墙

在冰球场地四周，用高 1.15~1.22m 的木质或可塑材料制成牢固的界墙。国际冰球联合会标准界墙尺寸是从冰面算起高 1.07m。

3. 球门线

在冰场两端，各距端墙 4m，横贯冰场并延伸到边线界墙，画出宽 5cm 的两条平行红线为球门线。两个球门固定在球门线的中央。

4. 球场分区

球场中有两条 30cm 宽的蓝线横贯整个冰场，并垂直延伸到边线界墙，从而将两条球门线之间的区域分成 3 部分：自己球门一侧为守区，中间为中区，对方球门一侧为攻区。

5. 中线和开球点

在冰场中间，有一条 30cm 宽的红线平行于两条蓝线，横贯冰场并垂直延伸到边线界墙，这条红线称为中线。中线中间，有一个直径为 30cm 的蓝点，即开球点。

6. 争球点和争球圈

在中区和两端区域，还有 8 个直径为 60cm 的争球点和 5 个半径为 4.5m 的争球圈。

7. 冰球门

冰球门宽 1.83m，高 1.22m，球门内最深处不大于 1m，不小于 60cm。

8. 球门区

每个球门前均设有一个球门区。区内的冰面为浅蓝色，球门内的冰面为白色。球门区是为守门员设定的专门区域，任何球员在此区域内接触守门员，都会受到判罚；若射门得分时有同队球员出现在球门区内，则得分无效。

9. 座席

在冰场一侧的界墙外，设有分开的、供比赛队使用的队员席，对面边线界墙外则分别设有裁判席和受罚席。

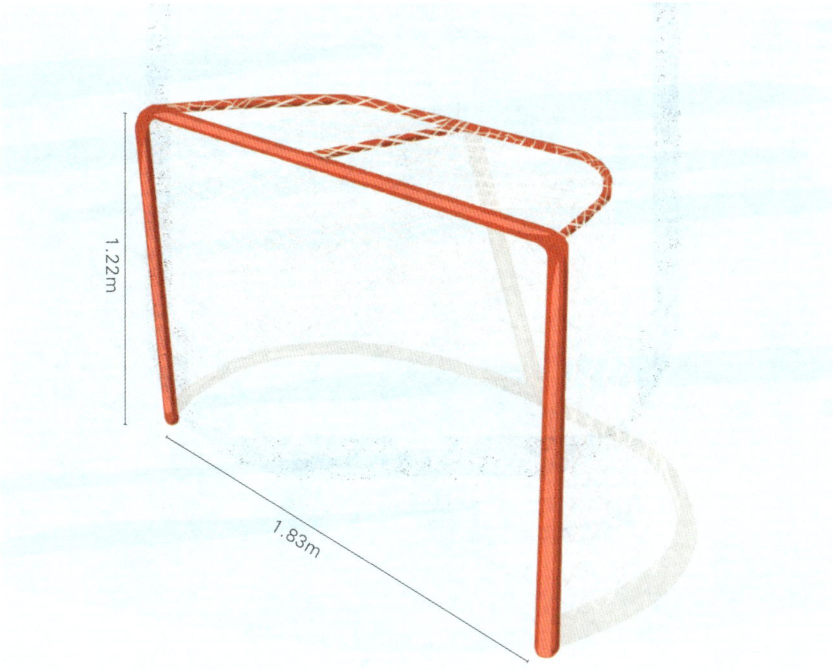

* 冰球门

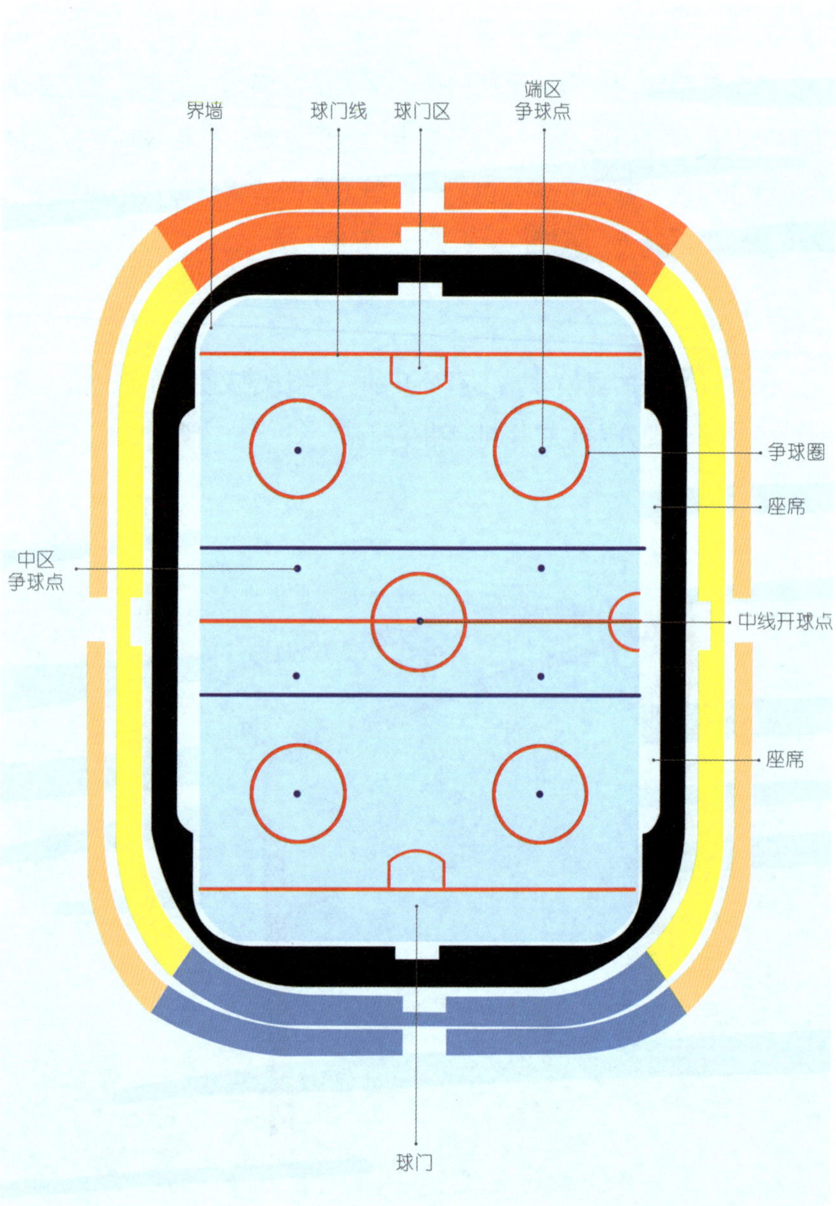

* 球场介绍

·冰球装备·

冰球装备，是运动员参加冰球训练或比赛必须穿着或携带的设备。一般而言，装备可以分为球员装备和守门员装备。

＊ 球员装备

球员的装备包括冰球杆、冰球鞋、护具和队服等物品。因冰球杆较长，所以除冰球杆外，其他物品均会放在一个较大的冰球包里面。在比赛中，球员除了手套、头盔、冰刀外，其他护具必须完全穿在队服里面。装备必须符合安全标准并且只能用于保护球员，而不能用于增强或提高比赛能力，或对其他参赛选手造成伤害。

＊ 球员装备介绍

* 冰球杆

冰球杆

冰球杆必须由木头或其他经国际冰联批准的材料制成。杆柄从根部到端部最长为 163cm ，杆刃从根部至端部最长为 32cm 。主要用于击打和控制冰球。

冰球鞋

冰球鞋由 4 个部分组成，即鞋身、刀刃、刀托和鞋带。鞋身必须适合球员的脚，不能过大或者过长；刀刃始终置于刀托内，不能像花样刀那样存在锯齿。

* 冰球鞋

知识窗

合适的冰球鞋应当比平时的休闲鞋、运动鞋小约0.5~1码，脚趾不能触碰鞋头，同时，脚跟与鞋跟之间的距离不要超过0.65cm。生长期的孩子的尺码选择最好往上浮动0.5码左右，切记不要过大。过大的尺码会导致踝关节的稳定性较差，从而出现水泡、滑行能力降低等状况。

护具

为了保证球员的安全，护具应包括头盔、护胸、护腿、护肘、冰球防摔短裤、护裆、冰球手套等。

头盔：一种用于保护头部及面部的装备，分为全面罩（18 岁以下必戴）、半面罩和无面罩等。好头盔要兼顾保护功能、便携性和舒适性。

* 头盔

＊ 护胸、护腿、护肘

护胸：主要起到保护胸部和肩部的作用。好的护胸应该具备重量轻、透气性好等特点。

护腿：膝盖是球员摔倒后首先着地的部位，它和肘部一样比较容易受伤，所以要使用护腿进行保护。护腿主要用于保护膝盖和小腿骨，防止比赛中受到伤害。护腿中也有加入气垫与乳胶等。

护肘：肘部是身体最脆弱的部位，所以要用护肘进行保护。护肘的外部包裹着坚硬的外壳，内部则装有柔软的海绵。

冰球防摔短裤：主要用来保护臀部及大腿不被飞来的冰球所击伤，减缓身体碰撞或摔伤，具有坚硬、重量轻、透气好的特点。

护裆：因为冰球被击打后的速度和力量都非常大，很容易给场上的参赛选手造成伤害，所以，作为最重要的护具之一，护裆必须要有坚硬的外壳，以保证选手的安全。

* 冰球防摔短裤

* 护裆

冰球手套：手套是冰球护具中不可缺少的物品，起到保护手指及手掌的作用。每一副手套都要具有透气好、防水、舒适等特点。现在的手套不仅性能更加优良，色彩也搭配得非常炫酷。

* 冰球手套

冰球包

在比赛的时候，除了装备之外，还有水杯、毛巾、速干衣、摩擦带等很多小件物品。为了方便选手携带，所以特意为冰球装备设计了专业的冰球包。

* 冰球包

* 守门员装备

守门员的位置是独特且十分具有挑战性的，有时候在比赛中的作用远超半支球队。他们的装备与普通球员的装备在类型上、重量上有很大的区别，护腿、球杆等的面积大很多，以增加他们阻截冰球的机会，从而在门前防守住自己的球门不被进球，并对他们提供额外的保护。守门员穿戴的装备重量高达近 10 公斤。

* 守门员装备介绍

* 守门员装备 1

守门员头盔：用于保护头部及面部的装备。好的头盔要契合头型与脸部，穿戴舒适，而且有强力的保护功能，要能承受住高速飞来的冰球。

护喉与护颈：守门员必须佩戴的保护脖颈的装备。

守门员球杆：与普通冰球杆相比有大而宽的杆刃，主要用于阻挡飞射来的冰球。守门员也可以用它来击打冰球。

* 守门员装备 2

挡板：这是套在手上的一种长方形的挡球板。穿戴时，保护大拇指和手腕的护垫必须紧系在挡球手套上,并紧贴大拇指和手腕的轮廓。

抓手：主要用于阻挡、抓握飞来的冰球，或在冰面上对冰球进行按压停球。

★ 守门员装备 3

胸部和臂部护具：保护前胸、后背、肩部、大臂、肘部和前臂的安全。

守门员短裤：与球员的防摔短裤不同，具有强度更大的保护大腿与臀部的衬垫。

* 守门员装备 4

守门员护裆：用于保护裆部与骨盆。

守门员护腿：用于保护腿部。

守门员冰鞋：在鞋的四周包有特殊加厚的硬皮革，以抗球击打、保护脚部。与球员的冰鞋相比，守门员冰鞋的刀身矮而平，刃更薄、刃的角度小，易于滑行，刀刃与刀托有多处连接以防漏球。

第三章

冰球的项目设置与规则

冰球项目是两队运动员足蹬冰刀，手持球杆，在设有界墙的冰场上争夺用橡胶制成的扁圆球，以击入对方球门得分为目标，从而赢得胜利的一种竞赛。

· 项目设置 ·

冰球运动是一项以冰球杆和冰刀为工具，在冰面上进行相互对抗的集体性竞赛项目，其对抗十分激烈。冬奥会的冰球项目分为男子组和女子组 2 个小项。

* 男子项目

男子冰球在 1920 年首次出现在夏季奥运会赛场，后来该届奥运会冰球赛被追认为首届世界冰球锦标赛。到了 1924 年的夏蒙尼冬奥会，冰球被正式划入冬季奥运项目。冬奥会男子冰球每队报名 22 名球员、2 名守门员以及 1 名替补守门员，比赛时每队场上运动员等于或少于 6 人。

* 男子冰球球员

* 女子项目

女子冰球项目相对男子冰球起步较晚，直到 1998 年长野冬奥会才被划入冬奥项目。冬奥会女子冰球每队报名 20 名球员、2 名守门员，以及 1 名替补守门员。

* 女子冰球球员

· 竞赛规则 ·

* 选拔与分组

2022 年北京冬奥会冰球参赛球队选拔办法和分组情况与往届有所不同。

中国作为东道主，冰球男队和冰球女队自动获得冬奥会参赛资格。

2019 年冰球世锦赛男子成人组第 1~8 名的球队，包括加拿大队、俄罗斯队、瑞典队、芬兰队、捷克队、美国队、德国队和瑞士队，自动获得冬奥会参赛资格；剩下的 3 个名额，将由其他球队通过预选赛进行争夺。

2019 年冰球世锦赛女子成人组第 1~6 名的球队，包括美国队、加拿大队、芬兰队、俄罗斯队、瑞士队和日本队，自动获得参加冬奥会的冰球比赛资格；剩下的 3 个名额，将由其他球队通过预选赛进行争夺。

北京冬奥会冰球男子比赛将分为 A、B、C 三组进行，女子比赛将分为 A、B 两组进行，分组情况如下：

男子冰球

A 组：加拿大、美国、德国、中国

B 组：俄罗斯、捷克、瑞士、待定

C 组：芬兰、瑞典、待定、待定

女子冰球

A 组：美国、加拿大、芬兰、俄罗斯、瑞士

B 组：中国、日本、待定、待定、待定

* 球员分布

冰球比赛在同一组别的两支队伍之间进行。每队的队员一般在 17 到 23 人之间。比赛的时候，可以上场 6 人，包括 3 名前锋、2 名后卫和 1 名守门员。

* 球员分布

* 比赛时间

每场冰球比赛的时间为 60 分钟，分为 3 局，每局 20 分钟，局间休息 15 分钟。如果常规时间内双方战平，则进入加时赛。加时赛不限时间，采用“金球制胜”原则，即在加时赛中率先进球的一方为获胜方。

比赛时间		
总时间	60 分钟	
第一局	20 分钟	局间休息 15 分钟
第二局	20 分钟	局间休息 15 分钟
第三局	20 分钟	局间休息 15 分钟
加时赛	“金球制胜”	

＊ 进球得分

参赛球员用冰球杆将冰球射入对方球门，冰球完整地越过球门线，即得1分。一般情况下，在常规比赛时间内获胜方积3分，负者积0分。两队战成平局时，两队各积1分。加时赛中获胜者再积2分，负者积0分。

＊ 进球得分

* 比赛换人

由于冰球运动员的滑行速度非常快，而且规则开放，冲撞激烈，因而体力消耗很大，通常一名球员在场上拼杀 30 秒至 120 秒就会被换下来休息。而且换人可以随时进行，也没有次数限制，只要下场的球员脱离冰面和比赛区，替换的球员即可上场。

冰球运动员在比赛中如果犯规，就会受到相应程度的处罚，如小罚、队小罚、大罚、违例、严重违例、停赛等。受罚队员需要待在受罚席内，守门员被判小罚由场上其他队员代替受罚。比赛中，经常出现场上双方人数不对等的情况。

* 比赛换人

* 裁判

冰球裁判分为场外裁判与场内裁判，他们受裁判长的领导。比赛场地外面，有一个场外裁判组，主要由计时员 1 名、记罚员 2 名、监门员 2 名、记录员 3 名以及宣告员 1 名组成。他们做各种比赛数据记录与宣布，配合场内裁判完成工作。

冰球比赛场内一般有 3~4 名裁判员，穿着冰球鞋和球员一样滑行。他们均穿黑白条上衣、黑色裤子，其中一名双臂佩戴红袖章的裁判为主裁判员，他主要负责处罚犯规的队员，判断进球得分与否，管理全部比赛。另外两名裁判称为边线裁判员，主要负责协助主裁判员，判定“越位”“死球”等情况，并负责除开球以外的一切争球判罚。

* 裁判员服饰

* 犯规和处罚

冰球运动员滑行速度极快，手中又有冰球杆，活动空间受场地限制，场上极易出现不文明甚至危险的情况。此时，裁判员有责任适时出面进行调解和制止。

一般来说，球员在比赛中出现非法冲撞、高杆打人、杆刃戳人、横杆推人，包括勾、抱、绊、顶、踢人，无球干扰，板墙挤贴，干扰裁判等，都会遭到处罚。裁判员将根据犯规的性质与程度，分别给予小罚、大罚、罚任意球等处罚，严重者将被判罚为严重违例或者取消比赛资格。

小罚：犯规球员将被罚离场，在受罚席进行 2 分钟处罚，且在处罚时间内该队不得增补球员。

队小罚：犯规队选出一名场上球员，离开赛场，在受罚席进行 2 分钟处罚，且在处罚时间内该队不得增补球员。

大罚：犯规队员离场，并由队友替他到受罚席进行 5 分钟的处罚，且在处罚时间内该队不得增补球员。

违反纪律：犯规队员离场，到受罚席进行 10 分钟的处罚，该队可立即增补球员上场。

停赛：被取消比赛资格。犯规队员离场到更衣室，被取消该场及下一场的比赛资格；该队过 5 分钟后，方可增补场上球员。

罚任意球：未犯规队的一名球员，在没有任何人干扰的情况下，从中心点开始单独进行一次攻门，有些类似足球比赛中的点球。

* 危险动作

* 场上犯规

＊ 任意球

＊ 比赛越位

攻方进攻时，球在越过攻方半场蓝线的瞬间，有攻方球员先于球越过蓝线，即构成“越位”。判定队员是否越位的根据，为队员的冰刀是否完全越过蓝线，冰刀踩在蓝线上不构成越位。越位判罚后，双方在靠近越位位置附近的蓝线争球点上进行争球。

越位示例 1：抢球队员运球通过攻区蓝线的瞬间，本方有其他队员先于冰球越过蓝线进入攻区，视为越位。

越位示例 2：传球队员在中区传球，接球队员先于球越过攻区蓝线，视为越位。如果球先于球员过蓝线，则不算越位。

＊ 越位示例 1

＊ 越位示例 2

＊ 暂缓越位

攻方无球队员越过对方蓝线进入攻区，但本方控球队员运球时球还未越过对方蓝线，则处于暂缓越位位置。边线裁判举左手示意有队员处于越位位置，并高喊“越位”（OFF SIDE），提示有人处于越位位置。此时如果处于越位位置的所有队员迅速滑跑出攻区，即可解除暂缓越位，也不构成越位。

（1）进攻队员向前传球，处于攻区的所有队员立即滑出攻区，即不构成越位。

（2）进攻队员向攻区内传球，处于攻区的本方队员若立即滑出攻区蓝线再进入，则不构成越位。

* 暂缓越位示意

＊ 死球

足球比赛中，防守球员有“大脚解围”之说，即将球远远地踢出本队的防守区域，以化解危机。但是在冰球比赛中，“大臂解围”很可能要算违例。

冰球比赛中，如果防守方没有把球带过红线，在自己的半场把球直接打过对方球门线（即越过红线进入底板区），那么裁判就要吹哨停止比赛，把球带回防守方禁区内的争球区，重新争球，这就是“死球”，或叫“解围违例”。很多解说将其称为“底板球”。在奥运会和国际比赛中，通常情况下球只要打到对方端区，裁判即可吹判“死球”。

＊ 非死球

在以下情况中，若防守方队员在球没有越过中线之前把球打到对方底板区内，可以不判罚死球违例：

（1）一方受罚后场上队员少于对方，则允许从己方半场将球打出后直接越过对方球门线。

（2）争球时，争球队员直接将球打成死球。

（3）球传出后，直接经过对方球门区再进入底板区。

（4）防守方把球朝对方打出后，对方球员在本方半场内有可能触到球，但故意不接而造成的死球。

* 裁判的手势

当裁判员发现场上有犯规行为时，首先单臂上举伸直并鸣哨。指明犯规队员，然后清楚地做出相应犯规的手势，让队员和观众知晓。然后到记录席报告时，再向场外记录做一次手势，即算完成。了解裁判的手势可以帮助我们更好地参与和欣赏比赛，下面就为大家简单介绍一下裁判员手势。

1. 暂停

2. 手传球

3. 进攻球员进入球门区

4. 队员换人

5. 进球得分

6. 违例和严重违例

7. 停赛

8. 犯规缓刑

9. 向界墙猛烈撞击

10. 杆柄杵人

11. 加速冲撞

12. 背后冲撞

13. 冲撞头部或颈部

14. 扑倒绊人

15. 横杆推阻

16. 肘顶人

17. 延误比赛

18. 高杆

19. 抱人

20. 干扰

21. 膝顶人

22. 握球杆

23. 粗暴打架

24. 勾人

25. 用杆击打

26. 好球

27. 杆刃刺人

28. 绊人

29. 任意球

30. 非法撞人（女子）

31. 死球（边裁）

32. 越位（边裁）

33. 越位缓吹（边裁）

34. 场上多人（边裁）

第四章 冰球的冬奥人物故事

如果说体育赛场是和平年代的战场，运动员就是这个战场上叱咤风云的英雄。他们挑战人类极限，以自身实力赢得荣誉、鲜花和掌声，以此来展现奥林匹克的竞技精神。

· 考妮 · 斯科菲尔德 ·

* 冰球巨星

第 64 届北美职业冰球联盟全明星赛，于 2019 年 1 月 27 日在哥斯达黎加的首都圣何塞鲨鱼主场 SAP 中心球馆打响。在快速滑行技巧赛上，来自美国的选手考妮 · 斯科菲尔德（Kendall Coyne Schofield）创造了历史，滑出了 14 秒 346 的好成绩，而这个成绩与男子选手不相上下。考妮 · 斯科菲尔德现效力于美国国家女子冰球联盟（NWHL）明尼苏达白帽队，是美国冰球国家队主力选手。她也是首位参与北美职业冰球联盟全明星技能挑战赛（展示赛）的女性选手。

* 考妮 · 斯科菲尔德（一）

* 当梦想照进现实

这项成绩对考妮·斯科菲尔德个人而言意义非凡，是梦想照进现实的时刻。赛后，她在美国社交网络推特（Twitter）上表示："我创造了历史，打破了障碍。能够成为第一位参加北美职业冰球联盟全明星赛的女子球员对我来说是巨大的荣誉，我迫不及待地想知道未来会发生什么！"

这位速度极快的左前锋，在 2016 年曾代表东北大学参加美国大学女子冰球比赛，以 50 个进球 84 分的成绩荣获最佳球员，并被授予帕蒂卡兹麦尔（Patty Kazmaier）纪念奖。在 2017 年，她又在密歇根的普利茅茨赢得了第 5 个国际冰联女子冰球世锦赛的冠军，以 5 个进球 12 个得分的成绩获得了得分王后的荣耀。作为美国国家女子冰球队的主力，她还获得了 2018 年平昌冬奥会冰球赛的金牌。至此，考妮·斯科菲尔德发现自己的生活被完全改变了，而在改变自己的同时她也改变了很多的人。有的女孩因为考妮而说道"我想成为奥运冠军"或"我想去打冰球"，也有人说"因为你，我知道了要去如何追逐自己的梦想"。考妮·斯科菲尔德认为这才是她获得冬奥会金牌后带来的最大回报。

有很多人问：女冰球运动员那么多，为何她能够脱颖而出？考妮·斯科菲尔德也常常问自己这个问题。她不认为冬奥会金牌就是自己的最高成就，所以她依然在为更高的目标不断努力奋斗，而奋斗的动力就是可以代表祖国出战的无上荣誉。作为一名职业运动员，在自己的职业生涯里，不断取得成绩，自己的影响力随着荣誉而不断扩大；反过来，这种影响力又回馈给了运动本身，人人都在为争取荣誉而变得努力，使自己变得更好。

考妮·斯科菲尔德不仅在冰场上表现得非常出色，对改善女子冰球与女子竞技体育更是抱有着极大的热情。她虽然身材娇小，但却精力充沛。在伊利诺伊州参加完《吉米·法伦今夜秀》（美国脱口秀节目）之后，她还在《美国忍者勇士》（一档美国体育娱乐节目）上出现，并且在芝加哥的棒球赛上用冰球杆打出一击。她更是被载入了芝加哥体育名人堂，并成为荣获斯坦·米基塔（Stan Mikita，北美职业冰球联盟芝加哥黑鹰队传奇运动员）终生成就奖的第一位女性。2018 年 7 月，考妮·斯科菲尔德与美国橄榄球联盟洛杉矶电光队的球员迈克尔·斯科菲尔德（Michael Schofield）结婚。

＊ 偶像的力量

作为一名体育界偶像明星，考妮·斯科菲尔德其实也有欣赏和崇拜的对象。不可否认，优秀的冰球前辈就是很好的学习榜样。芝加哥黑鹰队的主力球员帕特里克·凯恩（Patrick Kane）就是给她留下深刻印象的一位球员。她曾偶然见过对方夏天在冰上进行一对一训练的场景，那种刻苦和拼搏的过程让她极为触动，而对方在比赛时的表现也令她十分钦佩。不过，要说起对她影响最大的，当属带领美国队获得 1998 年奥运会冰球金牌的队长卡米·加纳特（Cammi Granato）。当时年仅 7 岁的考妮·斯科菲尔德参加了卡米·加纳特的冰球训练营，并在那里结识了她在国家队现在的搭档希拉里·奈特（Hilary Knight）。这次的训练营之行对考妮·斯科菲尔德影响巨大，可以说完全改变了她的人生。在这之前，冰球运动虽然一直在美国很火爆，但对于一个 7 岁小女孩来说，她的眼界只限于斯坦利杯，而在训练营里她才第一次看到那么多女孩子一起打冰球，并结识了教练卡米·加纳特。

回忆起过往，考妮·斯科菲尔德依然记得昔日自己下的决心：“我不在乎工作有多么辛苦，会付出多少，会损失什么，我一定要开始我自己的女子训练营。我只是想给女孩子们聚在一起享受运动的机会，我要尽可能地和她们相处在一起！”她坚信，这对于女子冰球运动极为重要！如今，她已成立了自己的冰球训练营，实现了自己的梦想。在她的训练营里有 100 多名女孩子，一起训练，一起比赛，相互学习，相互激励。这种传承正是卡米·加纳特曾经教给她的，而她也正在用实际行动把这种精神力量继续传递下去。

* 坚持信念，勇于拼搏

在作为一名优秀冰球运动的同时，考妮·斯科菲尔德还是一位不折不扣的学霸，她毕业于波士顿的东北大学，获得传播学学士学位，随后，又继续攻读了该校的硕士学位。在大家看来她无论在学业还是事业上都是一帆风顺的，但只有她自己知道，这中间曾面临多少压力、挫折和选择。考妮·斯科菲尔德最早练习的是女孩子们更为热衷的花样滑冰，而后来她发现自己并不喜欢也不太适合这项运动。恰巧当时哥哥正在芝加哥南部一个冰球俱乐部里打球，受到哥哥的影响她开始学习冰球，但这一选择并不容易，遭到很多人的反对，幸好得到了父亲的支持，她的愿望才得以实现。最初，考妮·斯科菲尔德是不被看好的，因为她的身体条件并不出众，身高只有 1.57m、体重只有 57kg 的身材显得格外娇小。众所周知，冰球运动对抗性很强，即使对于女子冰球来说，先天的身体条件也是一项重要的选拔指标。经过坚持不懈的努力、夜以继日地训练，考妮·斯科菲尔德让所有人认识到身高并不是绝对因素，即使是小个子，也同样可以取得很好的成绩。在每一场球赛中考妮·斯科菲尔德都打得特别认真，她珍惜每场比赛，她的努力也得到了同行的尊重和认可。

考妮·斯科菲尔德跟随美国女子国家队参加过两届冬奥会，2014年在索契冬奥会获得银牌，2018 年在平昌冬奥会夺得金牌。世锦赛历史上，考妮跟随美国队 6 次登顶（2011 年、2013 年、2015 年、2016 年、2017 年和 2019 年），并在 2012 年获得银牌。

* 考妮·斯科菲尔德（二）

＊ 工作与生活

作为职业冰球运动员，在工作中考妮·斯科菲尔德接触最多的是教练和搭档。不同的搭档会带来不同的感受，但她们的共同点是技能卓越、天赋出众，而教练组总能把具有不同特点的运动员很好地调配到一起。与教练和搭档们不断磨合、共同成长，这样的交流和进步是弥足珍贵的，也是让考妮·斯科菲尔德分外珍惜的。“你要对教练组有最大的信任与尊敬。他们都是职业人员，他们的安排自有其道理，他们知道如何去做。我们只是遵从他们的指导。”

在比赛之外，新婚丈夫迈克尔·斯科菲尔德也给予了考妮·斯科菲尔德很大的支持。同为职业运动员的迈克尔给予了妻子最大的包容。而能够拥有一个这样的爱人，是旁人难以体会的一种感受。通常在非赛季，他们每天都会在一起进行训练。在赛季中，如果对方没比赛，而自己要训练，迈克尔·斯科菲尔德也总能陪伴在考妮·斯科菲尔德身边。幸运的是，考妮是一个橄榄球迷，也是自己丈夫的粉丝，所以长时间的相处并没有让双方彼此厌烦，反而变得更加亲密。

＊ 享受比赛中的快乐

冰球运动当初在加拿大只是一个娱乐性的运动，传入美国后逐渐向职业化发展，美国还成立了第一个全国性职业冰球联盟。两个国家都有着数量庞大的冰球爱好群体，在比赛中激烈的对抗造成了很多“恩怨”，这也让冰球比赛更加具有观赏性。每当想到这个问题，考妮·斯科菲尔德就会觉得比赛永远都值得期待。

回忆起在全明星赛极速滑行中的比赛，考妮·斯科菲尔德说：“我知道这将是一个重要时刻，这将改变人们对冰球运动的看法，尤其是对女子冰球运动的看法。和男选手共同出现在北美职业冰球联盟全明星赛上是我的荣幸。”“出发前，我还是有些紧张，那一刻真的不可思议，太神奇了，我努力滑行，用尽全部力气，我不想输给男子选手，我全程保持微笑，这是我生平中最酷的时刻之一。”能够打一场精彩的比赛，是一件很棒的事情，这就是考妮·斯科菲尔德对比赛的态度。作为一名职业运动员，考妮·斯科菲尔德已经开始期待2022年的冬奥冰球比赛了。

知识窗

北美一共有两个女子冰球联盟，分别是美国国家女子冰球联盟和加拿大女子冰球联盟（CWHL），其中加拿大女子冰球联盟拥有包括中国昆仑鸿星女队在内的6支球队，还曾被誉为世界上最好的女子冰球联盟。不过在2019年，加拿大女子冰球联盟因为财务问题停摆，目前只有美国国家女子冰球联盟仍在运营。

·韦恩·格雷茨基·

* 冰球大帝

韦恩·格雷茨基（Wayne Gretzky），加拿大的职业冰球明星，他拥有 61 项职业联盟纪录，创造了 894 个进球，成为职业冰球场上最高的个人进球纪录。因为这样难以超越的卓越成就，他被尊称为“冰球大帝”，被认为是当代冰球史上最伟大的运动员。

* 韦恩·格雷茨基（一）

＊ 非凡的预判与耐力

韦恩·格雷茨基出生于1961年，14岁时签约参加职业联赛。曾经率队在北美职业冰球联赛中夺得4次斯坦利杯，个人9次当选联赛最有价值球员，10次获得联赛得分王的头衔，荣获过职业冰球的最高荣誉——哈特杯。他是全球冰球运动的传奇人物，只要有他的比赛，年票都会提前卖掉。

人们普遍认为，冰球运动具有强烈的对抗性，所以在冰场上争抢要求运动员最好人高马大、身强力壮，但格雷茨基却恰恰相反，他身高1.80m、体重80kg，远低于联赛球员的平均水平。可是在比赛中，他却具有制霸全场、碾压对手的能力。人们不禁好奇：这是为什么呢？

从赛场的表现来看，格雷茨基和所有冰球职业高手一样，脚下滑行速度很快，场上控球能力很好，技术超强，但特别的是他仿佛能够迅速预知场上的形势，并准确地判断场上其余11名球员在未来几秒钟内的位置，可以说他诠释了如何用智慧打球。正是这一点使他足以担当起整个队伍的领导角色。凭借非凡的预判力、灵巧的传球技巧、果断的指挥能力，格雷茨基将队友组织起来，在攻防之中完成一次又一次的完美进球，以至于每次观看他的比赛，人们都不免怀疑他是否具有某种超感知的能力。

体育评论员在解说时常常激动地说："他在场上的表现，就像是眼睛在他脑后。"除了他超凡的预判能力以外，他的队友、教练和对手，对他那超乎常人的耐力也都赞叹不已。队友评价道："格雷茨基总是神一般的存在，人们都叫他'伟大的冰球手'。"

* 韦恩·格雷茨基（二）

* 热爱与坚持同样重要

很多人想知道格雷茨基成功的秘诀。关于这一点，他在自传中写道：“从 3 岁开始，我每天就在冰场练习，提升我的体能，乐此不疲。学生时代，除了上学、睡觉和吃饭，我所有的时间都在冰场上。我热爱在场上的每一次滑行、每一次触球的感觉。”他还说：“很多人认为我在场上做出的迅速反应、预知、决断，都是我先天所具备的超感知力，是一种本能反应。这是把我神话了。在很大程度上，看起来的本能反应，都是我和教练合作进行不懈研究和练习的结果。”

格雷茨基的成功离不开他的勤奋与毅力，而他能够做到坚持不懈、持之以恒，正是出于对冰球的热爱。为了热爱的运动，他每天都能投入大量的时间去学习、训练，并乐在其中，如此才具备了神奇的场上表现能力。这样看来，没有谁天生就可以成功，成功的秘诀就在于：你对自己选择的热爱，以及坚持不懈的努力。

·雅罗米尔·雅格尔·

＊ 传奇球星

雅罗米尔·雅格尔（Jaromir Jagr）是一位捷克的传奇球星，被认为是冰球历史上最伟大的前锋。他在自己职业生涯的1733场比赛中，一共收获了766个进球和1155次助攻，共计1921分，是北美职业冰球联赛历史上得分仅次于“冰球大帝”格雷茨基的球员。在他的职业生涯中，从来没有在比赛场上打过架，仅受过联赛的3次处罚：两次是因为高杆，一次是因为从背后推搡对手。由于在赛场上不屈不挠、敢于拼搏、尊重他人的运动精神，他在2016年被授予比尔–马斯特顿奖杯。2019年4月，雅格尔随同捷克总统一行人访问中国，在北京观看了中国国家男子冰球集训队训练，雅格尔被中国冰球协会授予“中国冰球推广大使”的称号。

＊ 雅格尔年代

雅罗米尔·雅格尔3岁左右就在自家后院学滑冰，有时候和爸爸一块打陆地冰球。因为喜欢冰球，有时候他一天的射门练习高达500多次。6岁时，他已经为3支不同的小球队打球。他控球能力和射门技术都优于常人，但滑行却不尽如人意。当他听说国家队的球员通过蹲起练习去提升滑行速度时，他就开始每天练习蹲起，不到1年就成为队里滑行最快的球员。

后来，他被选入了捷克国家青年队，参加世界青年锦标赛时就击败过强队加拿大队。为了进一步提高自己，他参加了北美职业冰球联盟的选秀，被匹兹堡企鹅队在第五位选中。20 世纪 90 年代，他和队友组成的攻击线，堪称那个时代北美职业冰球联赛中无人可挡的进攻组合。在 1991 年和 1992 年的两个赛季，他帮助球队拿下了斯坦利杯，并创造了企鹅队的黄金年代，球迷们称之为“雅格尔年代”（Jagr Years）。

★ 雅罗米尔·雅格尔

＊ 布拉格广场上的欢呼

1998年，雅格尔率领捷克国家队参加冬奥会并在决赛中击败了俄罗斯国家队，摘得冬奥会冰球项目金牌。在回国的时候，10万名球迷齐聚在布拉格广场上庆祝英雄的归来。在雅格尔的带领下，捷克冰球达到了一个巅峰时期。

2005年和2010年，他又先后两次帮助捷克队夺得世界冰球锦标赛的桂冠。尤其是2005年在维也纳世锦赛中，他在小组赛中手指骨折，但坚持打完了全部比赛。其硬汉形象令全世界的冰球迷都为之倾倒。他本人也成为冰球史上仅有的25位将冬奥会、世锦赛、斯坦利杯三大冠军集于一身的顶级球员之一。

＊ 这就是职业体育

2013年，雅格尔签约新泽西魔鬼队，不负众望的他在2014年成为球队的得分王。2015年，他转到佛罗里达美洲豹队，将自己的进球数提到全联盟历史第3位。

2018年，46岁的雅格尔在卡尔加里火焰队退役。当别人问及他为什么不再坚持一下，以便超越两位伟大的前辈成为历史第一时，他是这样回答的："两位前辈是如此的伟大，仅仅能够跟他们相提并论，就足够让我感到荣幸。至于纪录的问题，那就是一堆数字。我不会为了强求破掉某个纪录，自私地要球队派我上场。因为我心里清楚，现在我的状态已经难以跟上快速的比赛节奏，我在场上只会拖累球队。所以，我断然不会因为个人的纪录而牺牲集体的利益。这是我在职业生涯中一直要求自己的。虽然我内心也非常遗憾，如今不得不告别赛场，但这就是职业体育。"

·亚历山大·奥维契金·

* 冰球沙皇

亚历山大·奥维契金，当前俄罗斯冰球界的代表人物，北美职业冰球联盟2004年的选秀状元，俄罗斯国家队队长，曾率领俄罗斯国家队获得3次世锦赛的冠军，代表俄罗斯参加了2006、2010和2014年的冬奥会冰球赛。美国球迷对他的昵称是“奥维”或者“伟大的八号”。在中国，亚历山大·奥维契金被球迷亲切地称为“奥八爷”。

* 亚历山大·奥维契金（一）

2004年，亚历山大·奥维契金作为选秀状元加入了北美职业冰球联盟，并效力于“华盛顿首都人”队。整个赛季他打进了52个进球，并送出了54个助攻，他也成为联盟历史上第二个进球超过50个的新秀。在北美职业冰球联盟他获得了8次理查德杯——最多进球选手，1次罗斯杯——得分最多选手，3次哈特杯——联盟最有价值球员，10次入选全明星，是现役球员帽子戏法的纪录保持者——共19个。

2017年奥维契金入选北美职业冰球联盟历史上最伟大的100名球星；12月入选北美职业冰球联盟历史上25名最优冰球员名单。他仅用了880场比赛就拿到了职业1000分，加入了千分俱乐部。

* 我有一个梦想

1985年，亚历山大·奥维契金出生于苏联的莫斯科。他们一家有着深厚的运动传统。母亲曾代表苏联女子篮球国家队征战1976年和1980年奥运会，并拿到金牌；父亲是一个职业足球运动员；大哥赛奇（Sergei）曾经是职业摔跤手。在大哥的影响下，他在2岁的时候就开始接触冰球，并喜欢上了这个项目。

他很小的时候就立志要成为一名优秀的冰球运动员。在大家乘坐电梯上楼的时候，他坚持选择走楼梯。在训练中，他积极热情，刻苦努力，帮助队友。因此，教练和队友对他都十分喜爱。除此之外，他的爆发力、高速滑行能力和精准的射门能力，也让大家十分佩服，很快他就成为球队中最年轻但最出色的球员。2002年亚历山大·奥维契金正式加入俄罗斯男子U18冰球国家队，在世界青年锦标赛的8场比赛中，他拿下了 14 个进球和 4 个助攻，帮助球队顺利获得了金牌。在 2003 年的青年世锦赛中，他再次发挥出色，在 6 场比赛中打入 6 个进球，帮助球队再次获得了冠军。

北美职业冰球联赛是全世界水平最高的职业冰球联赛，每个冰球运动员都十分向往能够早日参加这样的比赛，亚历山大·奥维契金也不例外。为了能够在高级别的赛场上一展身手，他开始自学英语，在这个过程中他不放过任何的学习机会，常常收看大量英文电视、体育节目及英文解说，来提高自己的语言水平。

2018 年，32 岁的亚历山大·奥维契金在北美职业冰球联赛 82 场常规比赛中全勤出战，率领华盛顿首都人队在季后赛中卫冕冠军，并

* 亚历山大·奥维契金（二）

在总决赛中以 4:1 大胜黑马金骑士队，获得了建队 44 年来的第一个总冠军，他个人也获得季后赛最有价值球员的荣誉。同年 7 月，他力压美国男子职业篮球联赛（NBA）的詹姆斯·哈登、美国职业棒球大联盟（MLB）的何塞·艾尔图维和美式橄榄球联盟（NFL）的汤姆·布雷迪，以最佳男运动员的身份入选美国娱乐体育节目电视网（ESPN）年度卓越体育表现奖。值得一提的是，自 2011 年效力于达拉斯小牛队的德克·诺维茨基获得了美国娱乐体育节目电视网最佳男运动员奖后，这一奖项已经连续 7 年都被美国男子职业篮球联赛运动员所获得，而亚历山大·奥维契金不但打破了这一垄断，还成为第 2 位获得该奖项的非美国籍球员。

＊ 辉煌战绩

亚历山大·奥维契金在连续 12 个赛季每赛季至少打入 30 个进球，这在北美职业冰球联盟历史上除了他以外只有 2 个人做到。

他也是第 1 个在单一赛季中获得 4 大荣誉的球员。这 4 大荣誉分别为：阿特·罗斯杯（Art Ross Trophy）、莫里斯·理查德奖杯（Maurice Richard Trophy）、球员评选的杰出球员奖（Lester B. Pearson Award）和哈特纪念奖杯（Hart Memorial Trophy）。

他在出道北美职业冰球联盟的前 5 个赛季均被提名进入全明星队，并 8 次获得赛季最高得分选手。他在 05—06 赛季获得 106 分，成为新手左前锋单赛季得分最多的选手；07—08 赛季攻入 65 个进球，成为左前锋进球最多的选手；08—09 赛季射门 528 次，成为单赛季射门次数最多的左前锋。

第五章

冰球的欣赏点与观赛礼仪

观看冰球比赛时，首先需要了解冰球比赛的基本知识与相关规则。只有这样才能更好地融入其中并获得更好的感官体验，享受冰球比赛带来的视觉冲击。

·比赛欣赏点·

* 学会欣赏

很少有一种运动能够像冰球这样，在比赛中充满了力量、技巧、速度与激情又同时拥有着相对开放的竞赛规则。因为冰球比赛的体力消耗很大，所以没有换人的次数限制，赛场上球员不停地替换，足以让人眼花缭乱。在比赛时，每位运动员在赛场上滑跑如飞，让人目不暇接。比赛中局势的瞬息万变，也给比赛的输赢增加了很多不确定性，这也成为这项比赛的一大亮点。

* 欣赏比赛

因为冰球很小，攻防速度又很快，一瞬间球权就会切换，有时候几乎难以看到冰球，所以在观看比赛时主要观看运动员前进的方向，而不是去看球。而冰球运动员在高速运动下完成高难度的过人、躲避等技巧，正是冰球的特色和魅力所在。

总而言之，对于观众来说，观看冰球比赛时应该少盯球，多盯人，多看裁判手势，多听评论员解说。

知识窗

赛前礼仪

冰球比赛前，两支队伍及裁判员要站在各自的规定区域内，由宣告员进行介绍。当介绍到某个裁判员的时候该裁判员应向观众举手示意。运动员此时则应立正站好，向裁判员行注目礼。介绍完毕之后，选手们会用冰球杆敲击冰面，以示敬意。随后，比赛双方队长滑到主裁判面前，交换队旗和纪念品。结束后，双方队长以及裁判员之间互相握手致意。

知识窗

赛中礼仪

比赛暂停时，队长有权向裁判员询问。询问时应站在裁判区外，语言简练、礼貌，不做任何手势和动作，不进行争执。询问结束后，要立刻滑回队员席，将意见反馈给教练员，然后要立刻回到队员席或上场进行比赛。此外，如果队长或者副队长向裁判员抱怨判罚，无论是在场上还是在替补席，都会受到“违例”的处罚。

知识窗

赛后礼仪

比赛结束后，双方队员要沿蓝线站好，等待领奖、奏国歌、握手，随后按要求退场。

领奖前，应摘下头盔和手套，放下球杆，然后滑到颁奖人面前领奖。双方获奖队员在颁奖结束之后，应友好地相互握手致意。如果是决赛后，颁奖期间会奏响获胜方国歌。此时，运动员要脱下头盔立正，并面向国旗站好，期间不可乱动，不可交头接耳。最后，参赛队伍站成一排向周围观众鞠躬致敬。

· 观赛礼仪 ·

* 观赛礼仪

冰球比赛具有很高的观赏性。但如果没掌握观看技巧，很可能会错过很多精彩的瞬间。如何能成为一名优秀的观众，既能充分欣赏，又能及时为自己支持的球队加油呢？那就需要在比赛前多做准备，观看时遵守礼仪。

* 冰球比赛

＊ 不“瞎看”，不“瞎说”

观看冰球比赛时，首先需要了解冰球比赛的基本知识与相关规则。现场观赛的最大优势就是可以很直观地看到全场，并感受到赛场的浓烈氛围，还可以和大家一起谈论和评说比赛。但是，要确保谈论和评说的正确，以免误导其他观众。

比如，当场上裁判对你支持的球队做了一个判罚，你很想对裁判表示不满，或者因气愤而冲裁判大喊；在喊之前，要确保裁判的判罚真的存在问题，也就是自己要很熟悉裁判规则，否则就会煽动不良情绪，还可能会引起周围观众的不满。

＊ 作文明球迷，作文明观众

如果你是一个专业的冰球迷，你就会知道，穿着自己喜爱的冰球队的队服去观看比赛，其实是很应景的一种行为。如果在比赛开始前你早到一会儿的话，还可以透过围着的玻璃墙近距离看到参赛球队在场上的热身训练。

在冰球比赛过程中，经常有大力击射的冰球撞到玻璃板墙并发出声响。此时不要害怕、不要尖叫，因为玻璃并不会破碎。但你的叫声可能会影响到场上球员的发挥，也会影响到观赛的其他人。如果有球飞出来，那么谁捡到就是谁的幸运了。但是千万别去争抢，以免对别人造成伤害。在观看冰球比赛时允许带一些零食和饮料，比如可乐、雪碧、薯片、爆米花等。但在比赛结束以后要随手清理好身边的垃圾，不可乱扔乱放。

因为观赛场地的温度较低，而正式比赛一般会持续 2~3 个小时，所以大家可以带一块小毛毯或穿着保暖性较好的衣服去观看比赛。

* 这些行为最好不要做

在观看比赛的时候我们要注意自己的言行，学会做一名文明的观赛者。要做到文明观赛我们首先要做到五不要：

（1）在观看比赛时不要大喊大叫去指挥场上球员。因为球员的注意力全部集中在场上局势中，听不到你的喊声。另外观众的视角也与球员在场上的视角不一样。球员们对于怎样处理球，有着自己职业性的判断。

（2）不要在板墙边贴着板墙玻璃或倚着看台围栏看球。因为这样不仅容易让在场上比赛的球员分心，影响到参赛选手的发挥，还会遮挡后面或左右侧观众的视线。

（3）不要过于频繁地使用相机或在观赛中站起来接打电话。因为你的每一次拍摄与通话都会影响到其他人正常观看比赛。

（4）不要在比赛进行时离开座位或因一时激动而从座位上跳起来。因为你的走动不但要让其他人都站起来为你让路，还会遮挡更多人的观赛视线。要知道，关键的时刻，大家的心情都是一样的紧张与忐忑。

（5）不要说脏话，不要与对方球队的球迷发生语言或肢体冲突。在比赛中起哄、乱叫、向场内扔东西、鼓倒掌、喝倒彩等行为，都是不文明的观赛行为。

＊ 表达你的热情

如果出现精彩的比赛场面，不管是主队的还是客队的，我们都应该为对方鼓掌加油，表现出公平和友好。而在受伤倒下的球员站起来的时候，无论是哪支队伍，我们都要用掌声给予支持和鼓励。对于所支持的球队，不管比赛结果如何，我们都应该留下来观看完最后的比赛，除了表示尊重以外，往往冰球比赛在最后 5 分钟的表现也是极为精彩的。

如果对方进球了，我们不要责备自己的守门员。因为守门员经常会因为视角遮蔽、对方多次快速进攻、防守队友失误等原因造成失球。

＊ 观赛禁止事项

附录　跟我学

（中英文对照）

中文	英文
冰球运动	Ice Hockey
冰球运动员	Ice Hockey Player
面罩	Face Mask
头盔	Helmet
护颈 / 脖	Neck Guard/Protector
护胸	Shoulder Pads
护肘	Elbow Pads
手套	Gloves
防摔裤	(Ice Hockey) Pants
护裆	Protective Cup/Jock
护腿	Shin Pads
袜带	Garter Belt
冰球鞋	Skates
冰球鞋带	Laces
冰刀刃	Blade
冰刀套	Blade Cover
冰球	Puck

续表

中文	英文
护齿	Mouth Guard
训练服	Practice Jersey
冰球杆	(Ice Hockey) Stick
杆刃	Stick Blade
护腿袜	(Ice Hockey) Socks
护具包	(Ice Hockey) Bags
冰球场	(Ice Hockey) Rink
冰面标记	Ice Surface Markings
争球圈	Faceoff Circle
争球点	Faceoff Spot
中心争球	Centre Face-Off
中心争球圈	Centre Faceoff Circle
中心争球点	Centre Faceoff Spot
中线	Centre Line
中区	Neutral Zone
攻区	Attacking Zone
守区	Defending Zone
界墙	Boards
球门	Goal
球门区	Goal Crease

续表

中文	英文
受罚席	Penalty Box
队员席	Player Bench
端区	End Zone
端区界墙	End Boards
裁判员	Referee
边线裁判员	Linesman
主教练	Head Coach
助理教练	Assistant Coach
计时记分员	Timekeeper
着队服的球员	Players in Uniform
主力队员	Head Men / Key Player
门将（守门员）	Goalkeeper/Goalie
中锋	Center
左边锋	Left Winger
右边锋	Right Winger
右后卫	Right Defenceman
左后卫	Left Defenceman
记罚员	Penalty Box Attendant
记录员	Scorekeeper
监门员	Goal Judge

续表

中文	英文
争球	Face Off
正滑	Forward Skating
向前运球或传球	Advance the Puck
倒滑压步	Back Cross
倒滑启动	Back Start
倒滑急停	Back Stop
急转	Sharp Turn
侧滑，横滑	Side Slide
压步	Cross Over
倒滑	Backward Skating
大步滑行	Full Stride
长滑步	Long Stride
躲闪	Dodge
双腿滑挡	Two-Leg Slide
单脚急停	One Skate Stop
协助得分	Assisted Point
射门路线	Shooting Lane

青少年冬奥知识普及丛书

冰上象棋

冰壶

王滨江◎主编　黄兴◎副主编

新世界出版社
NEW WORLD PRESS

图书在版编目（CIP）数据

冰上象棋：冰壶 / 王滨江主编 . -- 北京：新世界出版社，2021.5
（青少年冬奥知识普及丛书）
ISBN 978-7-5104-6986-2

Ⅰ . ①冰… Ⅱ . ①王… Ⅲ . ①掷冰壶—青少年读物
Ⅳ . ① G862.6-49

中国版本图书馆 CIP 数据核字 (2019) 第 284249 号

冰上象棋　冰壶

主　　编：王滨江
责任编辑：王峻峰
责任印制：王宝根
出　　版：新世界出版社
网　　址：http://www.nwp.com.cn
社　　址：北京西城区百万庄大街 24 号（100037）
发 行 部：(010)6899 5968（电话）　(010)6899 0635（电话）
总 编 室：(010)6899 5424（电话）　(010)6832 6679（传真）
版 权 部：+8610 6899 6306（电话）　nwpcd@sina.com（电邮）
印　　刷：小森印刷（北京）有限公司
经　　销：新华书店
开　　本：880mm × 1230mm 1/32　　尺寸：145mm × 210mm
字　　数：75 千字　　印张：3.125
版　　次：2021 年 5 月第 1 版　2021 年 5 月第 1 次印刷
书　　号：ISBN 978-7-5104-6986-2
定　　价：398.00 元（全 15 册）

—北京2022年—

《青少年冬奥知识普及丛书》
编委会名单

青少年冬奥知识普及丛书
（分册名录）

1.《冰上之箭——速度滑冰》

2.《冰上极速——短道速滑》

3.《冰上芭蕾——花样滑冰》

4.《勇敢者游戏——冰球》

5.《冰上象棋——冰壶》

6.《雪上马拉松——越野滑雪》

7.《空中飞鹰——跳台滑雪》

8.《全能高手——北欧两项》

9.《雪山飞人——高山滑雪》

10.《雪中舞蹈——自由式滑雪》

11.《雪上冲浪——单板滑雪》

12.《雪地猎人——冬季两项》

13.《冰上之舟——雪车》

14.《冰中鱼雷——钢架雪车》

15.《雪中跑车——雪橇》

总序

随着2018年平昌冬奥会的圆满落幕，北京接过了冬奥会的会旗，标志着冬奥会正式进入了“北京时间”。北京将成为世界上第一个既举办过夏季奥运会，又举办冬季奥运会的“双奥”城市。

2022年北京冬奥会是我国重要历史节点的重大标志性活动，是展现国家形象、促进国家发展、振奋民族精神的重要契机。我们要深入学习贯彻习近平同志关于筹办北京冬奥会和发展冰雪运动的重要指示精神，全力做好冬奥会各项筹办工作，特别是做好冬奥会备战工作，加快冰雪运动的普及，实现冰雪运动跨越式发展。为做好北京冬奥会筹办工作，广泛传播奥林匹克文化、弘扬奥林匹克精神，2018年1月30日，教育部、国家体育总局会同北京冬奥组委共同制订了《北京2022年冬奥会和冬残奥会中小学生奥林匹克

教育计划》。该计划提出将奥林匹克教育纳入学校常规教育教学工作、开展冬季奥林匹克教育文化活动、开展冬季奥林匹克交流活动、组织冬季奥林匹克教育课程资源研发等主要工作任务。作为加强奥林匹克教育传播和推动冰雪运动开展的重要措施，北京市教委在2019年推出了“奥林匹克教育成果创编及展示”系列项目，将由北京市教委主编、首都体育学院统筹完成的《青少年冬奥知识普及丛书》呈现给广大青少年朋友。

本套丛书从冬季奥林匹克运动项目入手，结合青少年身心特点，以图文并茂的方式介绍2022年北京冬奥会的7个大项15个分项内容，邀请了包括王春露、刘秋宏、满丹丹等在内的知名世界冠军、亚洲冠军及冬季运动项目专家参与编写。本套丛书每本各分五章，从项目起源与发展、比赛场地与器材、项目设置与规则、冬奥人物故事和观赛礼仪等方面进行讲述，旨在推动北京市中小学奥林匹克教育的发展和冰雪运动的普及，促进中小学生奥林匹克知识的学习和实践，强化中小学生参加体育锻炼的习惯，营造全社会关心关注冬奥会的良好氛围，引导民众感受冰雪运动的美丽、激情和感动。

特别鸣谢北京市教育委员会、首都体育学院领导以及广大冰雪运动专家给予的鼎力支持与帮助。由于编写时间及编者能力有限，书中有不当之处，敬请谅解。希望广大青少年读者通过阅读本套丛书，能够感受冬季奥林匹克运动项目的魅力，了解冬季运动项目知识。

Beijing's taking over the flag of 2022 Olympic Winter Games at the closing ceremony of Pyeongchang 2018 Olympic and Paralympic Winter Games marks that the Olympic Winter Games is officially entering "Beijing time", and Beijing is set to become the first city in the world to have hosted both the summer and winter Olympic Games.

The Beijing 2022 Olympic and Paralympic Winter Games, a significant landmark event in the important historic time of China, is an important opportunity to show national image, promote national development and inspire national spirit. Thus, it is a must to thoroughly study and implement the spirit of President Xi Jinping's important instructions for the preparation of the Games and the development of winter sports, and try our best to make well-organized arrangements for the Olympic Winter Games, especially the preparation for sports competitions, so as to accelerate the popularization of winter sports and achieve leapfrog development of winter sports. In order to make a good preparation for the Games, widely spread Olympic culture and carry forward Olympic spirit, the Ministry of Education of China, General Administration of Sport of China and Beijing Organising Committee for the 2022 Olympic and Paralympic Winter Games jointly issued *The Olympic Education Plan for Primary and Secondary School Students of Beijing 2022 Olympic and Paralympic Winter Games* on January 30, 2018, in which several main tasks are tabled as follows: incorporating Olympic education into regular schooling, carrying out educational and cultural activities for Winter Olympics,

conducting exchange activities for Winter Olympics, and organizing research and development of Winter Olympics educational curriculum resources. As an important measure for enhancing Olympic education and promoting the development of winter sports, Beijing Municipal Education Commission launched a series of projects of "the Creation, Adaptation and Exhibition of Olympic Education Achievements" in 2019, and the *Winter Olympic Knowledge for Teenagers* prepared by Beijing Municipal Education Commission with the coordination of Capital University of Physical Education and Sports will be presented.

Based on the Olympic winter sports and considering the physical and mental characteristics of teenagers, this series of illustrated books introduces 15 sports disciplines of the 2022 Winter Olympics which are categorized into 7 main categories. This series of books are compiled by Wang Chunlu, Liu Qiuhong, Man Dandan and other famous world champions, Asian champions and experts in winter sports. Each book of the series introduces one sport from five perspectives, which are the origin and development, venues and equipment, events and rules, stories of Winter Olympic athletes and spectator's etiquette respectively. It aims to promote the Olympic education for elementary and secondary students in Beijing, popularize winter sports, facilitate the learning of Olympic knowledge and develop a good habit of taking part in physical exercises. Furthermore, it also aims to help create a sound atmosphere where the whole society cares for and pays attention to the Olympic Winter Games, and lead people to enjoy the amazing, moving and exciting beauty of winter sports.

Special thanks go to the leaders of Beijing Municipal Education Commission and Capital University of Physical Education and Sports and the experts in winter sports who presented their great support and assistance. Please accept a sincere apology for any deficiency of these books due to limited time for preparation and limited ability of the authors. It is hoped that teenage readers could enjoy the charm of Winter Olympic sports and know more about winter sports through this series of books.

小小的赛场上“冰石”互相碰撞，技术与智慧随时会改变比赛局势，甚至还需要一点点的“运气”，这就是历史悠久，被称为冰上“贵族运动”的冰壶项目。

冰壶又称掷冰壶、冰上溜石，是以队为单位在冰上进行的一种投掷性竞赛项目，也是冬奥会比赛项目之一。在 2022 年北京冬奥会上，冰壶项目下设男子冰壶（每队 4 人）、女子冰壶（每队 4 人）、混合双人冰壶（每队男、女各 1 人）3 个小项。

这本《冰上象棋——冰壶》科普读物，以专业视角和大众语言介绍了冰壶的起源与发展、运动场地与器材、项目设置与规则、冬奥人物故事和观赛礼仪等，并配以近百幅精美图片，让读者身临其境般地感受冰壶带来的惊艳、感动和激情。

"Ice stones" collide with each other in the small arena. Technology and wisdom will change the game situation at any time, and even a little bit of "luck" is required. This is the sport event with a long history – curling, which is known as the "noble sport" on ice.

Curling is a team sport in which players deliver stones on a sheet of ice, and it is also one of the sport disciplines in the Olympic Winter Games. There will be 3 curling events at the Beijing 2022 Olympic Winter Games: men's curling (four players of each team), women's curling (four players of each team) and mixed doubles curling (two players of each team, one man and one woman).

From professional perspectives, this popular science book *Chess on Ice – Curling* introduces the general knowledge about curling in common words, including the origin and development, venues and equipment, events and rules, stories of Winter Olympians and spectator's etiquette. Supported by nearly one hundred illustrations, the book would bring an immersive experience to readers while making them feel the amazing, moving and exciting beauty of curling.

目录

第一章

冰壶的起源与发展

冰壶是世界上最绅士的运动之一，距今已经有500多年的历史。作为一项优雅的团体运动项目，它被很多人称为『冰上高尔夫』或『冰上国际象棋』。

· 冰壶的起源 ·

冰壶运动被誉为“冰上高尔夫”或“冰上国际象棋”，是一种有着500多年历史的绅士运动，它是集智慧、娱乐、竞技、团队协作于一体的优雅团体运动项目。

100多年以前，对于冰壶的起源出现了一系列的争论，中外众多专家关于冰壶最早发源地的看法目前分为两派，一派主张欧洲大陆起源说，另一派则主张苏格兰起源说。

因为这两种起源说都有据可循，所以两派之间的争论也从未停止过。

* 早期比赛地——苏格兰城堡

* 欧洲大陆起源说

主张欧洲大陆起源说的学者们认为冰壶运动起源于欧洲大陆，这一主张的主要依据就是画家比特·布鲁格尔流传至今的一些艺术作品。1565 年，比特·布鲁格尔完成了两幅油画——《雪中狩猎》《冬景》。一眼望去，就可以在这两幅油画上发现这么一个共同点：人们在结冰的河堤湖泊上进行冰上游戏。这种冰上游戏形似现代的冰壶运动，都是在冰面上向一个规定的点进行投掷，并随着投掷的物体一起向前滑行。学者们认为这就是欧洲大陆起源说的最有力证据，于是，他们又找到了一些艺术作品来证明这一学说，如 1575 年杰克·格瑞默的《冬天》和 16 世纪末保当斯的雕刻……

* 早期油画作品《雪中狩猎》

* 早期油画作品《冬景》

冰壶运动有一个必备的动作就是擦冰动作，而这些艺术作品中却并未体现。与这一观点对立的学者抓住了这一漏洞，他们认为这些作品所表现的游戏更像是在奥地利民间流行的与冰壶相似的运动：在冰上投一种像木塞子的东西，质量比冰壶轻得多，而且不允许扫冰。这种游戏在奥地利民间曾经盛行一时，并且流传至今。

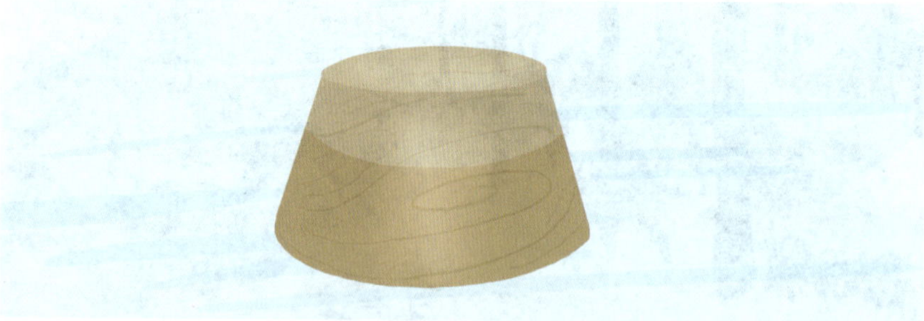

* 传说中的早期冰壶——木塞

* 苏格兰起源说

冰壶起源于欧洲大陆的学说主要以部分艺术创作为根据，而苏格兰起源说则是以实物为根据。根据历史记载，在很久很久以前苏格兰人经常玩一种投掷岩石的游戏，这种游戏是在冬天冰冻的湖泊上进行的，人们喜欢在冰面上投掷岩石，可以是单纯的娱乐，也可以是一场比赛。这种游戏起初对岩石没有具体的规定，随着时代的发展而逐渐有了固定的形状。苏格兰都布莱恩曾发现了一块这样的石头，这块石头创造于 1511 年，被精心打磨过，与现代冰壶一样有一个可供抓握的壶柄。这是目前世界上发现最早的冰壶，也是苏格兰起源说的最有力证据。

* 世界上发现最早的冰壶

苏格兰起源说的证据不仅仅只有世界上最早的冰壶，一些学者认为，苏格兰成立了世界上最早的冰壶俱乐部，又制定了最早的比赛规则，这三个“最早”就可以证明这一学说的准确性。除此之外，苏格兰人有顶尖的制作冰壶的工艺，还有着独一无二的原料开采地，这也是苏格兰起源说的两大根据。

* 冰壶石料的开采

·冰壶的发展·

* 冰壶运动在欧洲

苏格兰对冰壶的热爱堪称世界第一，虽然如今冰壶已经传到了世界上的大部分国家，欧洲各个国家也表现出对冰壶的喜爱，但苏格兰人对冰壶的这份热爱仍然是其他国家不能比拟的。第一个冰壶规则的

* 世界第一家冰壶俱乐部在苏格兰的原址

制定也是在苏格兰。1838 年，苏格兰喀里多尼亚冰壶俱乐部成立，成为冰壶运动的主要机构，并制定了冰壶运动的初步规则。1843 年维多利亚女王因为喜欢这项游戏而将这家冰壶俱乐部命名为皇家苏格兰俱乐部。

19 世纪，国际冰壶运动在欧洲和北美洲出现，但起初仅有男子参赛，这一现象直到 1924 年法国夏蒙尼第一届冬奥会上才有所改变。19 世纪中后期，瑞典、瑞士和挪威成为世界上的冰壶强国，随即德国、意大利、丹麦及奥地利等国家开始发展冰壶运动，并在 20 世纪后成功上位。现在，冰壶运动几乎已经遍布欧洲大陆，且被欧洲大陆的人们所推崇。正因如此，冰壶项目成了欧洲国家的得分强项，在国际冰壶比赛上欧洲国家几乎占据统治地位。

* 1853 年苏格兰佩思郡 Fingask 冰壶俱乐部

＊　冰壶运动在北美

冰壶运动传到北美后，迅速地在加拿大发展起来，并成为加拿大全民生活的一部分，加拿大还于1807年建立了北美第一个冰壶俱乐部——皇家曼垂尔冰壶俱乐部，自此加拿大的冰壶产业逐渐扩大，大街上随处可见冰壶馆。有人曾形容，加拿大最常见的三个建筑物：邮局、银行、冰壶馆。

加拿大的冰壶历史虽然不及苏格兰的时间长，但普及极广，以至于达到了一个令人叹为观止的地步：每年冬天都会有近百万加拿大人去打冰壶，占据了世界上所有参加冰壶运动人数的一半之多。而在加拿大的全民冰壶运动中，只有很少一部分是以参加比赛为生的职业冰壶运动员，更多的是前来休闲娱乐的非专业人士。他们对冰壶的热情只增不减，冰壶比赛是他们最感兴趣的比赛，因此，如果要问加拿大的路人最想去看什么比赛，那肯定是冰壶无疑了。

在加拿大冰壶狂热粉丝的带领下，邻国的美国也逐渐普及了冰壶运动。19世纪30年代，冰壶运动在美国开展起来，并成立了美国冰壶俱乐部，一轮新的冰壶风潮开始在美国兴起。到20世纪50—60年代，美国冰壶运动已经普及到了各大州市，国家和地方冰壶协会也正式成立了。随后，冰壶比赛应运而生，并于1957年在芝加哥举办了第一届美国男子冰壶锦标赛，得到了众多观众的支持。之后，作为绅士运动的冰壶对青少年的吸引开始减小，冰壶所带来的新鲜感渐渐褪去，冰壶运动发展逐渐缓慢，直到冰壶被确认为奥运会的正式比赛项目后，冰壶运动才重新在美国迅速发展起来。

* 美国冰壶队

* 早期冰壶运动

* 冰壶运动在其他国家和地区

冰壶运动进入亚洲的时间较晚，是在 1955 年从加拿大传入日本后流传至其他亚洲国家的。目前，亚洲的冰壶运动还是一项新兴项目，虽然在国际比赛中北欧国家占据了冰壶的统治地位，但亚洲的日本、中国、韩国也拥有可以与之一战的实力。

大洋洲国家也逐渐开展了冰壶运动，以澳大利亚和新西兰为主，致力于争夺世界冰壶锦标赛的席位，与亚洲国家一争高低。

非洲国家因为环境等原因，如今还没有参加国际冰壶的大型比赛，但仍有一些国家已经开展了冰壶运动。

* 冰壶运动在中国

作为“贵族运动”的冰壶，其实是一个很适合亚洲人士的运动。它注重技巧，依靠智慧，没有过多的体能要求，也不会发生直接的身体对抗。但是冰壶运动在中国却发展得并不顺利，自 1993 年中国接触冰壶运动开始到 2009 年冰壶世界锦标赛上中国女子冰壶队夺冠之前，这项运动一直不温不火。

中国冰壶俱乐部的发展相较于欧美国家来说仍然处于初级阶段。场馆数量的有限、设备的昂贵、相关人才的缺少无不例外地成为冰壶运动发展的阻碍。而如今经历了重重的阻碍，冰壶渐渐地进入大众的视线，在短短数年的时间里，经过不懈的追求与努力，中国冰壶运动员在各大赛事中的表现，都证明了中国的冰壶运动已经走进世界前列，相信中国冰壶队会在未来不断进步，赢得更多的成功！

* 中国冰壶协会会标

中国冰壶发展年表

1993 年	我国开始接触冰壶运动
1995 年	正式引进冰壶运动，第一届冰壶讲习班成功举行，冰壶运动第一次进入黑龙江省
2000 年	中国冰壶协会成立
2001 年	哈尔滨市体工队成立我国第一支专业冰壶运动队，我国第一次举办全国冰壶锦标赛
2002 年	我国正式派队参加太平洋青年冰壶锦标赛
2003 年	全国第十届冬季运动会冰壶项目首次成为正式比赛项目
2004 年	我国冰壶运动开始与国际冰壶运动接轨
2005 年	我国女子冰壶队首次参加世锦赛并获得第七名
2007 年	冰壶运动在我国的开展得到国际的认可
2008 年	世界冰壶锦标赛女子冰壶队获得银牌，男子冰壶队排名第四名
2009 年	世界大学生冬季运动会女子冰壶队获得冠军，男子冰壶队获得季军；世界冰壶锦标赛女子冰壶队获得金牌
2010 年	温哥华冬奥会女子冰壶队获得铜牌，男子冰壶队获得第八名
2014 年	索契冬奥会男子冰壶队获得第四名

知识窗

冰壶运动简史

1795 年	第一个冰壶俱乐部在苏格兰创立
1807 年	冰壶运动传入加拿大
1820 年	冰壶运动在美国等地流行，从此作为一项冬季运动在欧洲和北美逐渐开展
20 世纪初	加拿大冰壶爱好者完善比赛规则和方法，并由室外转移到室内
1924 年	冰壶首次在奥运会上亮相
1927 年	加拿大首次举行全国冰壶比赛
1955 年	冰壶传入亚洲地区
1959 年	举办首届世界冰壶锦标赛
1998 年	从长野冬奥会开始，冰壶被列为冬奥会正式比赛项目

* 世界冰壶联合会

1965 年 3 月，为建立一个全球性的管理机构，皇家苏格兰冰壶俱乐部在珀斯召开了一次会议，六个国家（苏格兰、加拿大、美国、瑞典、挪威、瑞士）一致同意组成皇家俱乐部国际委员会，被称为国际冰壶联合会（ICF）。1966 年 3 月，在加拿大温哥华，七个国家（法国加入）对国际冰壶联合会章程草案进行了审议，并在 1966 年 4 月 1 日声明国际冰壶联合会成立。1967 年 3 月在珀斯，章程被批准，并提出了一套国际比赛规则。1991 年，国际冰壶联合会更名为世界冰壶联合会（WCF），并获得了国际奥委会的承认。

* 世界冰壶联合会会标

冰壶在第一届冬奥会即为比赛项目，后退出奥运会。1932 年、1936 年、1988 年和 1992 年冬季奥运会被列为表演项目，1998 年长野冬奥会上恢复为正式比赛项目。

世界冰壶联合会的任务是在国际上作为冰壶运动的代表，促进该运动在世界各国的发展；促进协会会员间的合作与相互了解；团结全世界冰壶爱好者；维护世界冰壶运动的利益；组织冰壶比赛，制定竞赛规则；尊重协会会员的自治。该组织的主要机构有代表大会、执委会、行政委员会。中国于 2002 年加入世界冰壶联合会。

* 现任世界冰壶联合会主席凯特·凯斯尼斯

第二章 冰壶的场地与器材

冰壶运动项目的场地和器材的发展也经历了很多年的变迁，早期着装和所使用的比赛装备经过不断的改良，成为我们现在看到的样子。

·竞赛场地·

＊ 冰场面积

比赛场地称作“冰道”，它经过设计可沿两个方向比赛。冰壶场地长 44.5m、宽 4.75m，左右对称，两边各有一组同心圆，称为大本营（直径 3.66m）。场地上设有挡板线、起踏器、底线、T 线、前掷线、混双摆壶点、边线、中线。

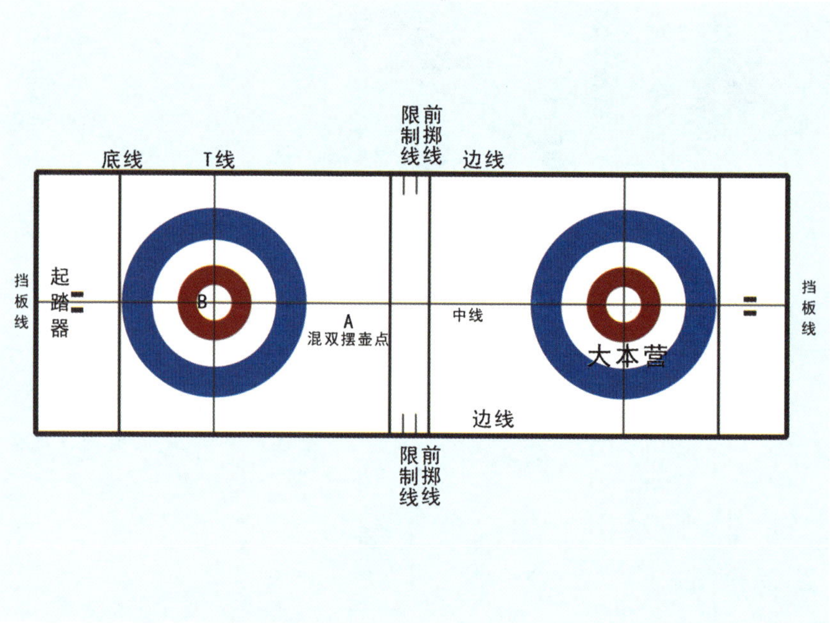

＊ 比赛场地详解

* 冰场温度

与多数冰上项目相比，冰壶运动对场地的要求是极为苛刻的，好的赛道对运动员的发挥是极为重要的。冰壶比赛要求湿度在 50% 以下，冰面温度在 -6℃左右，馆内温度不应超过 12℃。

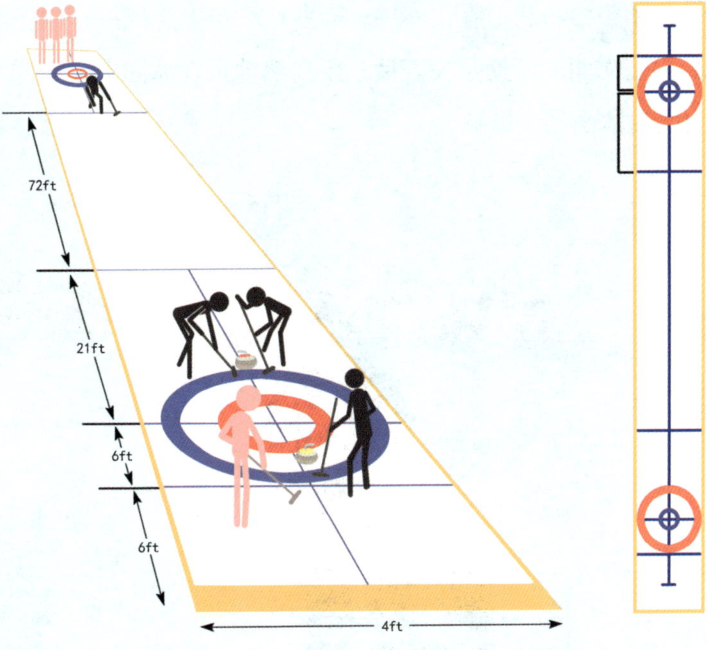

* 比赛场地

* 冰场管理

专业场地的冰场管理人被称为制冰师。制冰师共分为四个级别，全世界只有十几个顶级的制冰师，只有达到了这一级别，才能够为冬奥会等顶级的冰壶大赛制作赛道。制冰师负责管理场地的温度、湿度、冰面的水平度等，每天都需要维护场地，以确保场地达到赛事要求的稳定状态。如果没有这样的条件，就无法达到良好的比赛效果，也不可能有良好的观赏性。

制冰师在管理冰壶场地时，既要不断地修整冰面，又要确保和维护冰壶场地的整洁。有时在比赛中，有些运动员发脾气摔打刷子等低级做法会损伤冰面。即使是投壶后，手自然地按在冰面上，这样一个小动作也会对冰面产生影响。

* 制冰师（一）

* 场地制作

冰壶场地与其他冰上运动场地不同，首先冰壶场地制冰用的水全部采用蒸馏水，以保证冰面的纯净无杂质，否则不仅影响滑度，还容易开裂。其次它的横截面是 U 型的，这并不是制冰师的失误，因为只有这样才可以使冰壶运动员打出完美的弧线球。

修建冰壶赛道，需要先在赛道上冻一层底冰，要冻得均匀，然后再补水喷漆，经过精准测量后用色漆画上标志线，之后再重复补水找平。当平整度达到要求后修出 U 形的弧面，最后撒上微小的冰粒，形成点状麻面，最终形成的冰面厚度大约在 5~6cm。

* 制冰师（二）

知识窗

冰壶场地是麻面的，而不是镜面的。因为比赛前制冰师都要在冰面上撒上一层微小的冰粒，它就是冰壶场地上神奇的小冰点。专业的冰壶场地比一般的滑冰场还要滑。当快速扫冰时，冰粒微微融化就起到了助滑的作用，这样冰壶与冰面的接触面积就有所减小，相互之间的摩擦力也就下降了，冰壶也就可以滑得更远。

* 地板冰壶

地板冰壶又称旱地冰壶，源于冰壶运动，是目前国际上被世界冰壶联合会和国际冰壶学院（ICA）联合认证的一项运动。在基本技术术语和战术应用方面，地板冰壶和冰壶是一致的。在技术规则和竞赛规则方面，两者也是大体相同。相对于冰壶运动只能在冰上进行、入门技术要求高、学习周期长等问题，地板冰壶具有占地面积小、易于学习和掌握、不受季节影响等特点。只要场地平整光滑，室内外均可随时开展学习、训练、比赛。

* 冰壶比赛

·比赛器材·

＊ 冰壶

冰壶为圆壶状，由不含云母的苏格兰天然花岗岩制成，壶身是绿花岗岩，壶底是蓝色微晶花岗岩，这种材质硬度高，吸水性弱，抗撞击，不易碎。冰壶周长不超过 91.44cm，高度不低于 11.43cm，包括手柄和螺钉的重量不超过 19.96kg，不低于 17.24kg。

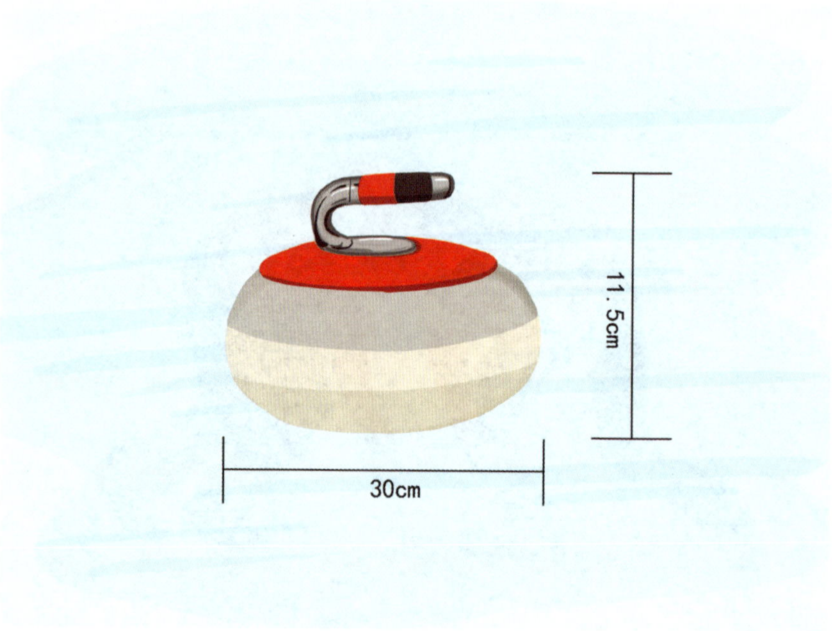

＊ 冰壶

冰壶盖的材质采用 PC 塑料，可选颜色为黄色和红色。根据壶柄的不同分为训练和比赛两种，训练用的冰壶壶柄没有安装感应器，比赛用的冰壶在壶柄上安装了感应器，能够监测运动员手部有没有握着手柄，从而作为判断运动员是否违规的评判方法，所以又被称为“前掷线上的眼睛”，运动员必须在前掷线前松手，否则被视为犯规。

* 普通训练用冰壶

* 奥运会专用壶（感应冰壶）

知识窗

为了减少与冰面的摩擦，制造冰壶需要一种特殊的不含云母的花岗岩，这种不含云母的花岗岩只产自苏格兰的艾尔萨克雷格岛。这种石材由于采用纯粹的花岗岩制成，只有用钻石才能磨成最终的形状。由于制作冰壶的石材十分稀少，冰壶运输费用也很贵，因此冰壶的价格也较为昂贵，一套高级冰壶（16 个）需要 12 万 ~ 13 万元，普通的也要 4 万 ~ 5 万元。为了能够让冰壶接近这种石材的滑涩度，现在的冰壶只在壶底镶嵌一块苏格兰花岗岩，用特制的胶水将其黏合，其余部分均为质地相近的替代石材。

＊ 早期扫冰扫帚

＊ 毛刷

＊ 冰壶刷

冰壶刷是冰壶运动的装备之一。当运动员掷出冰壶后，所掷出线路轨迹并没有达到理想效果的时候，运动员就会扫刷冰面，以此来微微调整冰壶的前进方向，从而达到理想的位置。适当的“扫刷”可以融化冰面表面的一层冰，使冰面转化为薄薄的一层水从而减小对冰壶的摩擦，这样就可以调整冰壶的前进速度。

冰壶运动早期为室外活动，需要使用扫冰扫帚来清理壶体前方的残雪与脏物，因此冰壶刷的历史比较悠久。最早的冰壶刷就是长把扫帚。后来冰壶运动由室外转入到室内，冰壶刷也改进成了毛刷。随着冰壶运动的发展和科学技术水平的提升，这两种冰壶刷已经退出了历史舞台。现在的冰壶运动员使用的冰壶刷为板刷，板刷的刷杆部分由碳纤维制成，刷头部分为高强度复合材质制成，它更加耐用，质量更轻，擦冰效果更好，更加节省体力，因此得到更为广泛的应用。

* 板刷

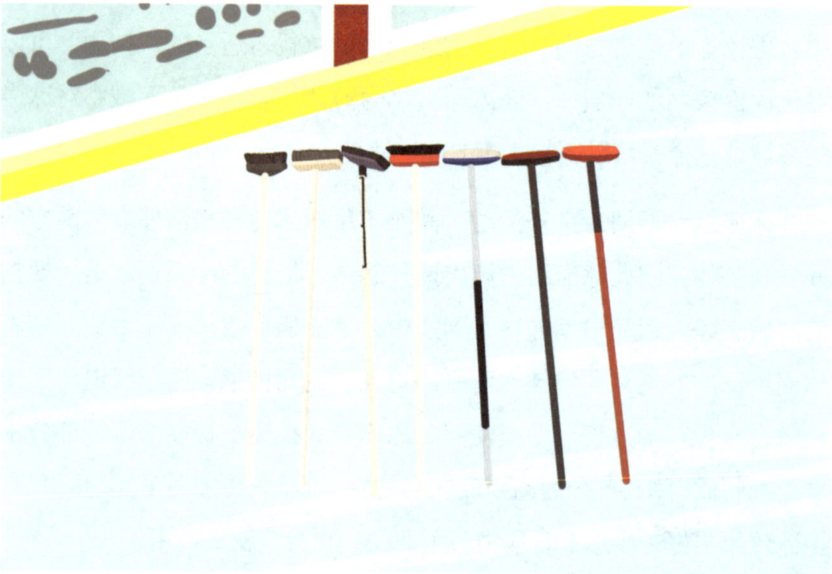

* 各类冰壶刷

* 手套

冰壶手套分为五指手套和全掌棉手套两种。全掌棉手套更侧重保暖，通常都是四垒或女运动员会使用。需要注意的是，运动员在投壶过程中为了避免手套对冰壶及壶柄的影响是不允许佩戴手套的。所以手套主要在刷冰时使用，为的是保护双手和更牢固地握住冰壶刷。为了防滑，手套与刷杆接触的部分都为真皮材质。

* 五指手套

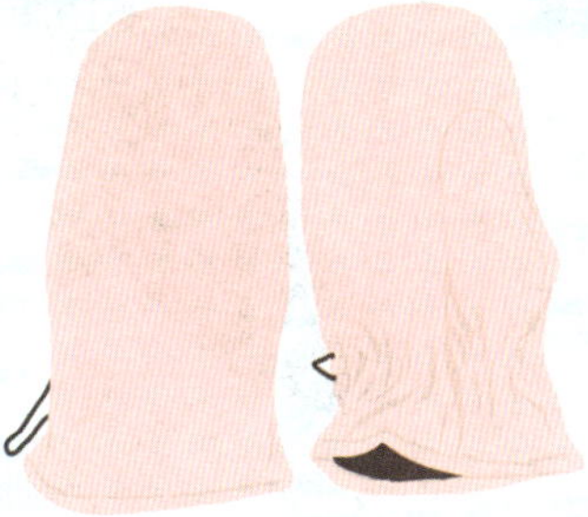

* 全掌棉手套

＊ 冰壶鞋

冰壶鞋是这项运动不可或缺的装备，除了前端颜色外与普通鞋没有什么差别，表面看起来就像一双普通的皮鞋或运动鞋，但是秘密就在它的两只鞋底，它们可是完全不一样的，一只防滑，一只特别滑。其中一只的鞋底为塑料材质，底部有专用滑板，用于在冰面上滑行，即滑行鞋；而另一只的鞋底为橡胶（或其他）材质，表面粗糙，用于与冰面摩擦，给予前进的动力，即蹬冰鞋。专业的冰壶鞋材质为里外双牛皮，滑行鞋鞋底的滑板为特殊材质，并配有稳定凹槽，而蹬冰鞋鞋底有特殊的防磨损处理。

冰壶鞋的特殊设计是为了让冰壶运动员在冰壶赛道上完成蹬冰和滑行的动作。滑行脚还会配备一只防滑鞋套，鞋套不仅能保护鞋底滑行板，而且能增加扫冰时的稳定性。

＊ 冰壶鞋

* 比赛服饰

早期的冰壶运动员穿着非常正式，男士身穿西服、大衣，头戴礼帽，脚穿皮靴；女士也着正装，并且会化淡妆。

* 早期比赛着装

现在的冰壶比赛要求必须有深浅长短 4 套衣服才可以参加比赛，参赛队若分配到浅色手柄冰壶，需穿着浅色衬衣、比赛用夹克衫或毛衣。浅色服装的主色调应为白色或黄色，任何其他颜色的服装必须在比赛至少 8 周前得到批准。若分配到深色手柄冰壶，需穿着深色衬衣、比赛用夹克衫或毛衣，色调应为红色或深色。每个参赛队的所有运动员、教练员在队会、赛前练习或比赛中需统一服装，每件衬衫与夹克衫后背上方要有运动员的姓，名字在参赛队名的下方约腰部的位置，队员或教练若没有穿着合适的服装，将被禁止进入场地和教练席。

* 中国冰壶队参赛服装

* 挪威冰壶队参赛服装

在冰壶的赛场上比赛服装其实也很有看点。其中，挪威冰壶队的服装历来都以大胆著称。在 2010 年温哥华冬奥会上，挪威冰壶队的花裤子首次亮相，在一众黑白灰颜色中脱颖而出，挪威就因为其艳丽的花裤子引发了热议。2014 年索契冬奥会挪威又因以其国旗颜色为底子的裤子而备受大家关注。

* 赛后晚宴着装

冰壶运动延续了早期皇室贵族的传统，在冰壶比赛后会举行一场盛大的晚宴，运动员们会在一起交流经验、沟通战术。晚宴时，运动员们都会换成正装，女士也会化淡妆，或穿上各具自己国家民族风情的服饰，例如中国队会穿唐装或旗袍来参加晚宴。冰壶运动虽然一直在发展和进步，但很多传统一直被保留并且延续至今。

第三章 冰壶的项目设置与规则

冰壶竞赛项目原设有男女两项比赛，比赛的规则基本相同，每场10局，每场有两支球队进行对抗，大约需要3个小时。后增加了混合双人项目。

·项目设置·

* 竞赛设置

自 1998 年开始冰壶被列为冬奥会正式比赛项目，设有男女两项。男女冰壶比赛规则基本相同。每场比赛共进行 8~10 局，每局由两支球队对抗进行，轮流投掷 8 个冰壶（选手在每局可投掷 2 次，1 次投掷 1 个冰壶）。此时，选手随着冰壶一起移动，使用冰壶刷调整冰壶的前进路线及速度。两队共投掷 16 次冰壶后，结束一局比赛。

* 男子冰壶

* 女子冰壶

* 混合双人冰壶

混合双人冰壶是近年来新兴的比赛形式，首届世锦赛比赛于 2015 年在瑞士举行。

2018 年平昌冬奥会冰壶比赛开始新增这一比赛项目。

每场比赛共分为 8 局，加上每队各有 22 分钟的思考时间共需要大概 2 小时，各队由 2 名（男子 1 名、女子 1 名）选手组成，每队每局投掷 5 个冰壶，一位选手投掷第 1 号和第 5 号冰壶，另一位选手投掷第 2 号、第 3 号和第 4 号冰球，第 1 位投掷选手每局都可以更换。共投 10 次冰壶后，可决定这一局的分数并结束这一局比赛。

* 混合双人冰壶

* 轮椅冰壶

轮椅冰壶运动于 20 世纪 90 年代末起源于欧洲，在 2002 年传入北美，在 2006 年被纳入冬季残奥会比赛项目。轮椅冰壶运动现由世界冰壶联合会管理，要求各参赛队必须有一名女性运动员参加。

* 轮椅冰壶

·竞赛规则·

＊ 队伍组建

男子冰壶和女子冰壶每支冰壶队伍由五人构成，分别为一垒手、二垒手、三垒手、四垒手和替补选手。

按照一垒手、二垒手、三垒手、四垒手的顺序，每人投掷 2 支冰壶，双方交替。每队投掷 8 支冰壶，两队总计 16 支冰壶。双方全部投掷完毕，确认比分，本局结束。

一垒手：第一个出场的投手；

二垒手：第二个出场的投手；

三垒手：第三个出场的投手、场上副队长；

四垒手：第四个出场的投手、场上队长；

替补队员：根据比赛规则，每队可以报名 5 人，其中 1 名为替补队员，非正式比赛或者训练则无须替补队员。

第一队

红队先投				
投壶顺序	投壶选手	扫冰选手	指挥选手	替补选手
1 2 3 4	一垒手	二垒手、三垒手	四垒手	
5 6 7 8	二垒手	一垒手、三垒手	四垒手	

第二队

黄队后投				
投壶顺序	投壶选手	扫冰选手	指挥选手	替补选手
1 2 3 4	一垒手	二垒手、三垒手	四垒手	
5 6 7 8	二垒手	一垒手、三垒手	四垒手	

* 冰壶比赛规则

每场比赛由两支球队对抗进行，每队由 5 名球员组成，4 人出场。比赛共进行 8~10 局。以赛前双方掷壶离圆心近者先掷。

两队每名球员均有 2 个冰壶，即有 2 次掷壶机会。两队轮流投掷冰壶，每局结束后两队再交替投掷冰壶，每人分别投掷 2 个冰壶，8 人共 16 壶之后结束。掷壶队员在力求将冰壶滑向圆心的同时，也可

* 冰壶比赛

在主力队员的指挥下用自己的冰壶将对方的冰壶撞出营垒或将场上本方的冰壶撞向营垒圆心。双方轮流后手，比赛时间每队各 73 分钟，每队每场 10 局的比赛思考时间为 38 分钟，每场 8 局的比赛思考时间为 30 分钟（轮椅冰壶为 38 分钟，混双为 22 分钟）。比赛必须在规定时间内完成。最后当双方队员投掷完所有冰壶后，以场地上冰壶距离营垒圆心的远近决定胜负，每石 1 分，积分多的队获胜。如果两支队伍比分相差突出，分数少的队伍可以选择提前认输。

* 投掷冰壶技巧

开局双方各出一人投掷一壶，哪方投掷出的壶与 T 线也就是垂直于赛道的大本营中心线距离较近，哪方就有权选择第一局己方是先手还是后手。第一局的比赛哪一方得分，得分的这方第二局就是先手，但假如说打成 0∶0，那么下一局先后手顺序不变。

每局比赛每队各投掷 8 个冰壶，两队共计 16 个冰壶，双方队员交替投掷冰壶。比如：红队先投掷，红队一垒投掷第一个，然后黄队一垒投掷第一个，红队一垒投掷第二个，然后黄队一垒投掷第二个，红队二垒投掷第一个，然后黄队二垒投掷第一个，以此类推，直至 16 个冰壶都投掷完，开始计算比分。

* 冰壶投掷动作

知识窗

先手、后手：先手就是该局先投掷冰壶的一方，后手就是后投掷冰壶的一方。正常情况下，后手是占有优势的。后手队伍可设法在最后一投获得 2 分以上的分数，或者不得分继续保持下一局后手。而先手队伍就要尽可能地尝试偷分。如果打到 10 局比分是平局的话，就要进行加时赛。

* 投掷有效壶

想要投掷出有效壶，在投掷时，我们必须做到在掷壶端前掷线前出手，并且投掷出的冰壶必须超过比赛端的前掷线。投掷出的冰壶到达近端投壶区 T 线后算作进入投掷状态。投掷出的冰壶未达到掷壶端 T 线，该运动员可以重新投掷。

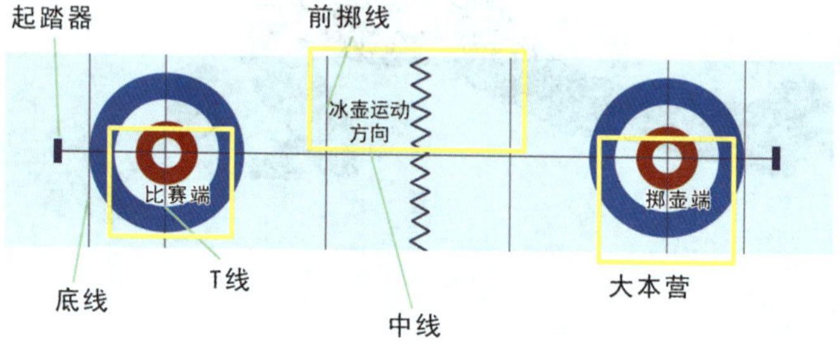

* 投掷规则 1

如果投掷的冰壶碰触底线，或越过底线则视为无效。同样投掷的冰壶碰触到边线也视为无效。无效的冰壶会被拿掉，移至有效区域之外。

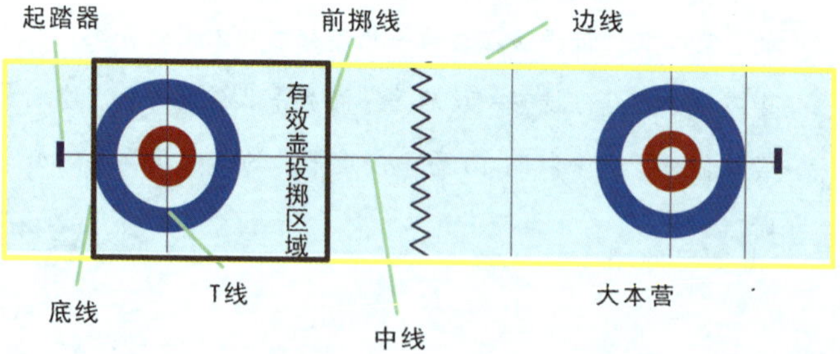

* 投掷规则 2

* 击打要求

比赛端前掷线后与 T 线之前，除了大本营的部分称之为自由防守区。这个区域的壶在第 5 个之前，是不可以被打出底线或者打到边线上的。如果打到了，要将被打的冰壶放回原位，击打它的冰壶将被拿掉。

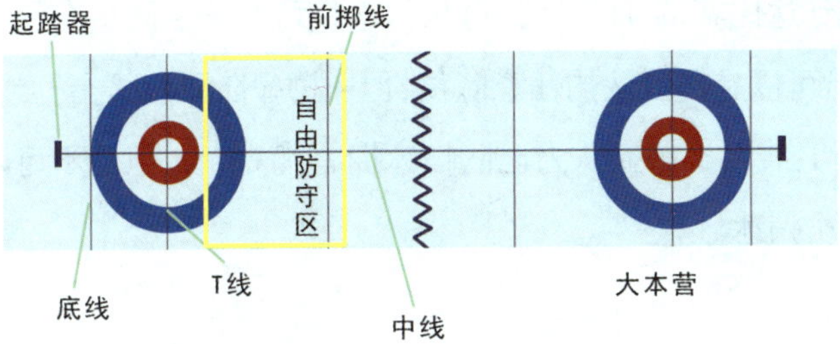

* 击打要求

知识窗

"旋球""击球"是冰壶最基本的两种方式，因此队员的成功率就分为旋球成功率和击球成功率。旋球就是用适当的力量将冰壶旋进大本营内，这非常考验队员的准确性，尤其是对于四垒而言，最后一个球旋进圆心就赢得比赛。

* 扫冰要求

扫冰动作可以在任何方向上进行，同时必须确保在移动的冰壶前没有冰屑和碎渣，并且扫冰动作必须结束于冰壶的任意一侧，注意冰壶开始运动之前禁止扫冰。

投掷出的冰壶在到达比赛端 T 线前可由掷壶队的任意一名或多名队员扫冰。一方投掷出的壶到达比赛端 T 线之前，另一方不可为其扫冰。冰壶到达比赛端 T 线后，每队每次只可有一名队员在任意时间扫冰。该队员可以是掷壶队的任意队员，但非掷壶队只能是指挥或副指挥。冰壶到达 T 线后，掷壶队为己队扫冰拥有优先权，但是不可阻碍或阻止对方队员扫冰。

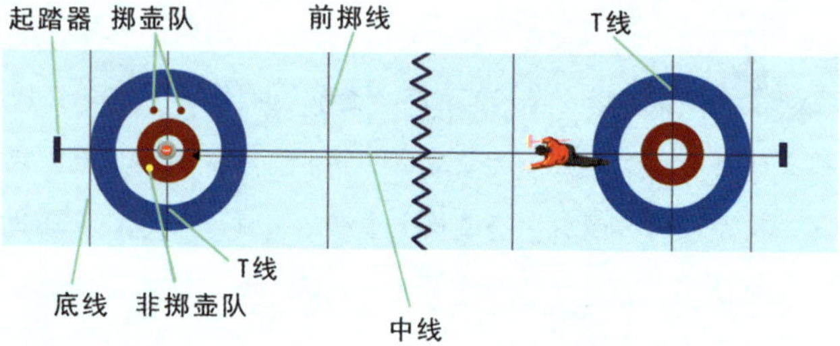

* 扫冰规则

扫冰的目的一是要清除冰上的垃圾,有时,冰上掉落有微小的冰碴、毛发、衣服纤维等，运动中的冰壶遇到这些东西，行进方向将发生明显的改变。扫冰手轻轻地清扫正在行进的冰壶前方，可以让冰面保持清洁。二是通过扫冰可以延长冰壶滑行的距离。当扫冰手预计冰壶不能到达所指定地点的时候，就要扫冰，助力冰壶到达目的地。优秀扫冰手通过扫冰可以延长冰壶滑行 2~3m 的距离。

* 站位要求

为避免拥挤，非掷壶队的四垒和三垒可站在底线后方，四垒也可以站在掷壶队的四垒身后，下一顺位的掷壶员可站在后板附近，其他球员则可站在冰道底端之后或两栏线之间。掷壶队持冰刷的四垒或三垒可站在圆心线后方任意位置。

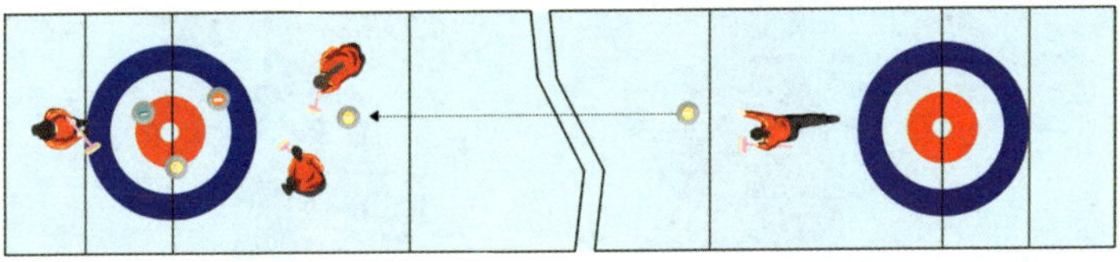

* 选手站位

* 冰壶精神

冰壶是一项讲求技术和传统的运动。一次完美的投壶是非常令人开心的，观看体现出运动精神的历史悠久的传统冰壶赛事也是非常有意义的事。赛前双方队员要握手，跟对手说一声“Good Curling”（做得好）互相鼓励，并且赛后还要再次握手，无论输赢，都表示队与队之间的尊重。冰壶运动员为胜利而参赛，但决不贬低其对手。一名真正的冰壶运动员从不试着去转移对手的注意力，也不阻碍他们发挥出最佳水平，宁可输掉比赛也决不争取不光彩的获胜。冰壶运动员决不故意违反比赛规则，也不会不尊重任何比赛传统。若运动员意识到无意中做了这些事，他们会主动报告自己的违规行为。

* 赛后双方队员握手

· 评分制度 ·

＊ 评分方式

在冰壶场地的两端各画有一个直径为 1.83m 的圆圈被称作大本营，大本营是由四个同心圆组成的。冰壶比赛的双方把冰壶投掷进其中，每一局双方所有冰壶投掷结束后计算比分决定胜负。在移动任何冰壶之前，竞赛双方应对得分情形达成共识。

冰壶是团组对抗的项目。两个对抗组合在投掷完所有冰壶（每组各 8 个，共 16 个）后，距离圆心最近的一方才能得分。

（1）只有距离圆心最近的队才有得分权。

冰壶比赛的得分要看哪一队投掷出的壶距离圆心最近，每一单局只有一方可以得分，所以在每一单局比赛中得分只有几比 0，没有几比几。

（2）以对方距离圆心最近的冰壶为基准，所有比其更靠近圆心位置的冰壶都可以得分。

（3）位于大本营之外的冰壶不能得分。

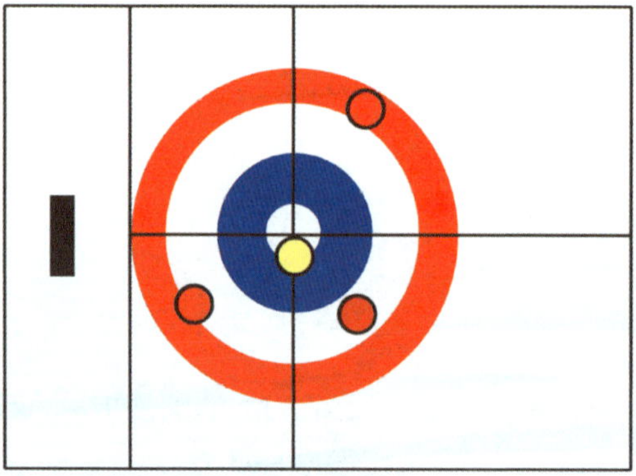

如图所示：黄壶距离圆心最近，只有黄壶才具备得分的权利。即：黄壶得 1 分，红壶得 0 分。

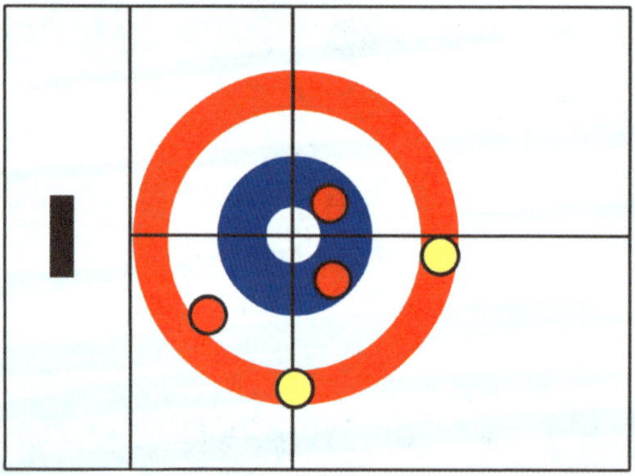

如图所示：靠近圆心位置的是红壶，虽然黄壶也在大本营内，2 只黄壶中较近的黄壶也没有 3 只红壶距离圆心近，所以靠近圆心的 3 只红壶都为有效得分。即：红壶得 3 分，黄壶得 0 分。

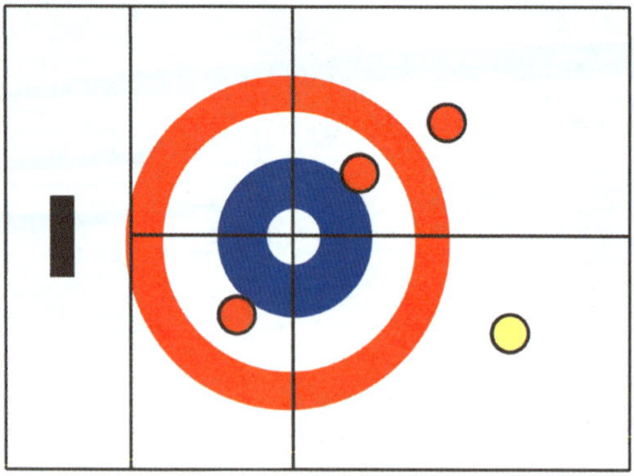

如图所示，红壶有 3 只比黄壶更靠近圆心，但是其中第 3 只红壶却不在大本营内，因此红壶只能得 2 分。即：红壶得 2 分，黄壶得 0 分。

* 评分方式

知识窗

我们在冰壶比赛中经常会看到裁判用一个“大圆规”来测量两个壶谁离大本营圆心更近的画面。通常运动员们会从冰壶的正上方俯视冰壶的边缘是否进入大本营，但如果肉眼无法判断就需要裁判搬上一种测量神器来帮忙了，这种大圆规的半径与大本营半径相等，由此来判断这颗壶是否在大本营内进而得分。

* 参赛选手

第四章

冰壶的冬奥人物故事

在冬奥的赛场上有这么一群人，他们为了祖国的荣誉，为了自己的梦想，拼搏奋斗着，他们是我们心中的奥运英雄，现在就让我们来了解一下冰壶项目最具代表性的人物。

·王冰玉·

* 一片冰心在“玉壶”

在冰壶的赛场上有这么“四朵金花”，她们分别是周妍、岳清爽、柳荫和王冰玉。其中王冰玉就是这支冰壶队的队长，主要负责冰壶比赛中最重要的最后一掷，位置无疑也是最关键的。中国冰壶运动自发展之初，王冰玉的名字就始终与这项运动画上了等号。被冰迷们亲切地称为“冰壶女神”的王冰玉共参加过 3 届冬奥会、10 届世锦赛和 11 次亚太冰壶锦标赛，淡定与从容是她最突出的名片。

* 王冰玉（一）

* 有些事是命中注定的

王冰玉，出生于 1984 年 7 月，就读于哈尔滨体育学院。因为父亲是一名冰壶教练，所以，从小她对冰壶这项运动就不陌生。在上中学时一个偶然的机会，王冰玉无意间尝试了一次冰壶，这一切仿佛就像上天的安排，从此她就深深地爱上了这个项目。从那一刻起，王冰玉便开始了与冰壶这项运动长达 10 余年的缘分。虽然当时她的母亲并不同意女儿选择这样一个辛苦的职业，希望女儿能够继续完成学业，不要因为冰壶运动而耽误了学习，但是王冰玉还是毅然决然地选择成为一名冰壶职业运动员。

有时候真的不能不相信“缘分”二字，就像李娜和网球、姚明和篮球一样，王冰玉似乎命中注定和冰壶是不可分割的。她不仅出生于一个冰上运动世家，还从小生活于“冰城”——哈尔滨，并与冰壶爱好者王冠石相遇相知，这一切似乎也预示着她将注定为冰壶事业做出牺牲，为国家冰壶运动贡献一份力量。

从少不更事到已为人母，王冰玉将自己的青春与岁月融进了中国冰壶的历史。18 年练习冰壶的生涯，陪着中国冰壶登过高峰亦跌落过山谷，痛过，哭过，也笑过，她的挥手告别也许意味着中国冰壶一个时代的结束与另一个时代的开始。

* 2009 年的致命一击

中国人对冰壶运动从陌生到了解，是从 2009 年的一个世界冠军开始的，那是一个美好的时代——王冰玉和团队不仅创造了历史，更成为冰壶热的“领路人”。

2004年，王冰玉所带领的冰壶队拿到了第2年的世锦赛参赛资格，并在这次比赛中取得第7名的成绩。到了2006年，冰壶队排名提升至第5名，2008年成为亚军。艰苦的付出终于在2009年的时候得到了回报，同时也为中国带来了荣光。在2009年世锦赛与加拿大的竞技中，中国女子冰壶队虽然首轮告负，但之后以12连胜的成绩取得了这次比赛的最终胜利，这也是中国队首次获得冰壶世界冠军。这不仅是王冰玉与团队的荣耀，更是中国冰壶历史的辉煌。即使到了今天，一回忆起夺冠的瞬间，她仍满眼泪花。9年的时间，所有的辛苦付出，可能只有她们自己心里明白了。

* “泰山崩于前而面不改色”

王冰玉是国内冰壶运动的“拓荒者”。她和姐妹们经历了中国冰壶最艰苦的时期。在接受采访时，王冰玉回忆自己刚接触冰壶时的场景，“刚开始练习冰壶时，中国还没有专门的冰壶场地，只能在一个冰球场里和很多其他项目一起使用场地。那个时候训练用的并不是专门的冰壶赛道，大本营都需要自己画，往往画完场地就已经过去了好几个小时”。

在平时的生活中，她性格随意、不拘小节。而在比赛中身为队长的她，却拥有着高度的责任感。她在平时自己努力训练的同时，还经常帮助其他队员进行训练。她不仅头脑冷静、心理素质过硬，还经常

* 王冰玉（二）

负责协调队友间的意见，在比赛中统一全队的思想。而在心理与团队合作方面，王冰玉也表现出了她过人的天分。每当队员们在战术的选择上出现分歧的时候，她总是可以很快地调节好大家的情绪，并分析和统一全队的意见。就这样，由她带领的冰壶队越来越优秀，为团队、为中国争得了一次又一次的荣耀。

作为中国女子冰壶队的主力，王冰玉肩负着极大的责任，战术的运用、关键时刻的最后一击都让她备感压力，并承受着心理上的考验。或许，正是强大的心理素质和自信执着的性格特点，才使得她在战胜困难后迎来巨大的成功，就像当初在母亲的反对下她坚定地走上冰壶这条路一样。

* 重披战袍，再燃梦想

体育竞技总是逃不过新老交替的过程，2014 年索契冬奥会收获第 7 名后，曾经的“四朵金花”渐渐淡出赛场。2015 年，王冰玉也开始回归家庭并结婚生子。与此同时，日本、韩国的冰壶水平开始不断提高，中国队甚至连世锦赛的资格都难以触及。就在中国冰壶举步维艰的时候，王冰玉那颗因冰壶而沸腾的心，最终在家庭与冰壶之间做出了选择，她将不满一岁的可爱女儿暂时放在身后，毅然决然地选择了复出，开始担任队长。

然而复出后，不仅每天的训练让她劳累不堪，对家人的思念更让她苦不堪言。在团队中，王冰玉比自己队中最年轻的队员大了将近 12 岁，与新队友之间的磨合在一定程度上加重了王冰玉的辛苦与责任。

作为已经参加过多次奥运会的老将，王冰玉将整个青春都倾撒在了冰壶的赛道上，但是她并不喜欢“奉献青春”这一说法，在她的心中，冰壶是她的梦想，她一生的追求。对于冰壶，王冰玉的情感除了责任更多的是热爱。“我并没有觉得我是为冰壶奉献青春，就像每一个人都有自己值得坚守的工作一样，只不过大家站的位置、角度不同，我很庆幸有这样的一个机会，我很高兴可以为了梦想而奋斗，为自己喜欢的东西去奉献或者燃烧自己的青春。”

* 说再见不说永远

2018 年 11 月 22 日，中国冰壶名将王冰玉通过微博发文，并附有一张她签名的《运动员退役报告》照片，正式宣布退役。在与平时字迹不同的签名中，我们能够感受到她对冰壶事业的依依不舍。但是即便退役了，王冰玉却并没有离她喜欢的冰壶事业很远，作为冰壶运动的领军人物，王冰玉目前已在北京冬奥组委会任职，未来她将以另一种全新身份、在另一个地点继续为中国冰壶和2022年冬奥会做出贡献，为冰雪运动继续服务，做到无愧“冰”心。

整整 18 年的运动生涯，她伴随着中国女子冰壶经历了所有的喜怒哀乐，带领着冰壶队收获了无数的成就。她的青春，大半的时间奉献给了冰壶，做到了真正的不忘初心。身为冰壶老将的她在之后的人生中虽然不会活跃在赛场上，但她仍旧会为她终生所热爱的冰壶贡献自己的一份力量。或许她不再是比赛场上的主角，但她仍旧是中国冰壶的代表。

王冰玉的主要成绩

时间	名次
2004 年	世界冰壶青年锦标赛（B 组）第五名 泛太平洋地区冰壶锦标赛第二名
2005 年	泛太平洋地区冰壶青年锦标赛第一名 世界冰壶青年锦标赛第九名 世界冰壶锦标赛第七名 泛太平洋地区冰壶锦标赛第二名
2006 年	泛太平洋地区冰壶青年锦标赛第一名 世界冰壶锦标赛第五名 泛太平洋地区冰壶锦标赛第一名
2007 年	亚洲冬季奥运会第三名
2008 年	世界冰壶锦标赛第二名
2009 年	世界大学生冬季奥运会第一名 世界冰壶锦标赛第一名
2010 年	温哥华冬奥会第三名 世界冰壶锦标赛第七名
2011 年	世界冰壶锦标赛第三名 泛太平洋地区冰壶锦标赛第一名
2012 年	第十二届全国冬季运动会第一名
2014 年	索契冬奥会第七名
2017 年	亚洲冬季运动会第一名
2018 年	平昌冬奥会第五名

·刘　锐·

* 不到绝境不绝杀

刘锐——中国男子冰壶队队长，生于 1982 年 3 月，沉稳，睿智，对冰壶运动充满无限的热爱。在赛场上的刘锐，属于豪爽型，最为吸引人的就是那一流的击打技术以及稳定的心理素质，而在赛场下的刘锐，心思细腻而又不失幽默。这样一位浑身充满闪光点的“男神”一般的人物，被誉为中国男子冰壶队的“定海神针”。

* 刘　锐（一）

* 一战成名

中国男子冰壶队仿佛很适合“半路出家”的运动员，包括刘锐在内的“冰壶 4 将”之中，就有两位是由速滑转项到了冰壶项目。在 2000 年时，刘锐还是哈尔滨的一名速滑运动员，因为平时成绩不算很好，刘锐才“无奈”转项了冰壶。虽然刘锐在冰壶项目上起步较晚，但他的进步却非常神速。

说起刘锐或许要从 2014 年索契冬奥会讲起，此前的 2008 年，中国男子冰壶曾进入了世界锦标赛的 4 强，但中国男子冰壶的位置依旧很是尴尬，因为在女子冰壶的衬托下，男子冰壶似乎缺少了一些看点。这一现象在索契冬奥会上终于迎来了转变。那一年，中国女子冰壶队无缘领奖台，但中国男子冰壶队却一路高歌猛进，虽然惜败瑞典，没有登上冰壶的领奖台，但许多人都被中国男子冰壶队的风采深深地折服。男子冰壶队创造了其在冬奥会上的最佳战绩，展现了中国冰壶的实力，而作为队长的刘锐也从此真正进入到了大众的视野中，人们还亲切地称他为“方丈”，刘锐这个名字也从此被众人所熟知。

索契冬奥会是刘锐参加的第 2 次冬奥会，他在队伍中的表现可谓相当沉稳，他的击打成功率在 10 支队伍里名列前茅。在对阵英国队的比赛中，他的成功率达到了 88%，是全场最高的，因为他精彩的一投，中国队以大比分赢得了胜利，虽然止步于 4 强，但是他的高超技巧实在可圈可点。

加拿大籍外教在索契冬奥会后对四垒的刘锐给予了高度的评价：“人们会记住他的出色表现，不会只记住他最后的那个失误。”领队李东岩也表示他是四垒中指挥最果断的。

＊ “开挂”的神投手

喜爱冰壶运动的人肯定知道，在每场比赛正式开始之前，参赛的2个队伍需要派四垒先投掷一次冰壶，以决定比赛时的先后顺序。在索契冬奥会上，中国男子冰壶进入4强之前，中国、英国、挪威3队积分相等，按照规则，3个队的排名会依靠投中圆心的准确率来决定。此时，作为四垒的刘锐站了出来，他稳稳地将冰壶投入了圆心，获得了后手权，占据了比赛的优势，同时，进入4强已经是板上钉钉的事了。

这一投并非刘锐的超常发挥，仔细计算，你会发现这已经是他在这一届冬奥会上所投中的第8个圆心，而且他此时还只参与了9场比赛。冰壶比赛中，在计算投中圆心的准确率的时候，会去掉一个最差的成绩，因此，刘锐9次投中圆心的准确率遥遥领先，占据榜首，奠定了这场比赛的胜利局面。中国冰壶队领队李东岩更是对他大加赞扬：“历届世锦赛中，从没有四垒能够做到。上届冬奥会，加拿大四垒创造的0.03cm已让冰壶世界为之惊叹，这一次刘锐的表现更叫世界对中国冰壶刮目相看。”

这场比赛结束后，刘锐被誉为“神投手”，也收获了一大批迷弟迷妹，成为人们心中的“男神”，而他仿佛开挂的比赛表现更是被人津津乐道，自此一战封神。

＊ 绝境逢生，出手不凡

2014年2月10日，索契冬奥会冰壶比赛正式拉开了序幕，各个国家和地区分为男女组各10支队伍进行比赛，决出男女组冠军。这

＊刘 锐（二）

场比赛分为两个部分。首先是循环赛，10 支队伍相互争夺 4 强的席位，胜负场相同时则会进行加赛。接下来是 4 强赛，4 支经过层层选拔的强队通过比赛选出最强的两支队伍争夺最终的冠军。

比赛开始的第一天，中国男子冰壶队迎来了第一个对手——丹麦队。两队的实力相差不大，在之前的冬奥会比赛中，两队分别排名第 8 名和第 9 名，在世锦赛中，两队的名次也都在同一水平，因此，这场比赛的胜负难以预料。在前几局的比赛中，中国队与丹麦队的成绩可谓难分伯仲。到了第 8 局，中国男子冰壶队凭借着刘锐的两次投掷使得丹麦队失误连连，刘锐的精准投掷也增强了队员们的信心。最终，刘锐带领着队伍以 7∶4 的成绩旗开得胜，为索契冬奥会的冰壶比赛开了一个好头。

打败了丹麦队后，中国队迎来了第二个对手——美国队。在比赛一开始，双方就互不相让，尤其是双方的四垒之间更是火花不断。凭借着刘锐的一记精准投掷，中国队拿到了后手优势，但面对美国队的来势汹汹，这场比赛打得十分辛苦。在上半场的比赛中，刘锐顶住了压力，为中国队拿下了上半场的胜利。下半场开始后，中国队接连取胜，逼迫美国队提前认输，再次拿下了比赛的胜利。两连胜的目标就此达成，而主将刘锐的投壶成功率此时已位居前列。随后，尝到胜利甜头的中国队再次战胜瑞士队，取得 3 连胜。

之后，循环赛进入到第 5 轮的争夺，中国队展开与德国队之间的较量。双方你来我往，毫不相让，前9局的得分差异并不大，双方陷入胶着。在第10局时，刘锐的一记打甩仿佛神来之笔，一下子就拿到了3分，就此拉开了两队之间的差距。最终中国队11:7，夺取4连胜。经过这4场比赛，中国队稳稳地位于积分榜的首位。

到了循环赛的最后一轮，中国队的对手是英国队，双方势均力敌。到了第10局，又是刘锐的稳定投壶为中国队的再次胜利奠定了基础。这场比赛结束后，中国队7胜2负，成功进入4强。

至此，刘锐成为男子冰壶队的中坚力量。中国冰壶队的外教曾这样评价他：“不可多得的冰壶天才，特别是他出色的心理素质和比赛气质，放眼世界他都是一流的选手。”

· 詹妮弗 · 琼斯 ·

* 加拿大冰壶队的精灵

说起冰壶，不得不提起加拿大。冰壶虽起源于苏格兰，却盛行于加拿大，在加拿大冰壶馆可以说随处可见。冰壶项目的地位在加拿大仅次于冰球，加拿大就像是一个冰壶王国，每个人都有可能接触到冰壶运动。加拿大在各大比赛中都取得过良好的成绩，名次居于世界前列，不论男队还是女队承包各大赛事的冠军已经成为家常便饭。值得一提的是，在加拿大娱乐明星在人们心里的地位远远不及冰壶明星。而在众多冰壶明星中，被称为加拿大女子冰壶队的“精灵”的詹妮弗·琼斯，便是颇具代表性的一位。

* 詹妮弗 · 琼斯（一）

＊ 冰壶“大魔王”

詹妮弗·琼斯，1974 年出生在一个冰壶运动世家，她的父母都曾经当过冰壶运动员。也许是继承了父母的优良基因，琼斯在小的时候就对冰壶拥有极高的兴趣，且表现出了极高的运动天赋。但是长大后的琼斯没有成为一名职业的冰壶运动员，而是根据自己的专业成为一名法律顾问。不过她并没有放下这份爱好，反而经常在工作之余加以练习，并积极投身于各大比赛中。

詹妮弗·琼斯参与过各种冰壶赛事，而且表现都相当优秀。她在约 30 年的运动生涯中，多次登上冠军奖台。她在世锦赛、冬奥会这样的大型国际性比赛中也数次发挥出色，而且得过 9 次大满贯（冰壶大满贯赛事属于级别较高的一类比赛，只有世界排名较高的队伍才有资格参加）。

冰壶是一个十分注重运动员表现的比赛项目，尤其是一个队伍中的四垒,处在这一位置的选手往往会成为全场的焦点。作为队伍的主将，詹妮弗·琼斯第四垒的位置一直没有改变。

除了是冰壶比赛的老将，詹妮弗·琼斯还是加拿大不可替代的一名冰壶偶像。身为队长兼四垒，她在比赛中起着关键的作用。她的技术过硬，准确度更是准确得吓人，是当之无愧的加拿大冰壶队的核心人物，因此冰壶圈子里也称她为冰壶界的“大魔王”。正因有琼斯这样的冰壶运动员，加拿大队才能在世界大赛中多次夺得冠军，才被公认为世界第一的女子冰壶强队。

＊ 詹妮弗·琼斯（二）

＊ 最伟大的冰壶女运动员

詹妮弗·琼斯是加拿大冰壶史上的一大传奇人物。2019 年，加拿大体育网评选出加拿大 10 名最伟大的冰壶女运动员，詹妮弗·琼斯不负众望地以 176 票排名第一。

而她能够高票当选，有很大一部分就是因为：每当在赛事严峻之时，她总能做出最准确的判断，并利用极精准的技巧，多次使加拿大队在不利的情况下发生逆转，使加拿大队继续保持竞争力，甚至赢得比赛。

在2014年索契冬奥会上，詹妮弗·琼斯瞄准了冬奥会的冠军奖牌，这一年，她的团队创造了足以震惊世界的记录。加拿大队以11∶0的骄傲战绩夺得了冠军，詹妮弗·琼斯也迎来了运动生涯的巅峰。

2018年的世界冰壶锦标赛，身在主场的詹妮弗·琼斯带领世界第一的加拿大冰壶队向平昌冬奥会的冠军瑞典队发起了进攻，两队展开激烈对抗。最终，加拿大队以加局的方式用7∶6的战绩夺得冠军。

* 中国女子冰壶的“宿敌”

关注中国女子冰壶的人们是不能忘记这位伟大的宿敌——詹妮弗·琼斯的。中国冰壶曾有王冰玉，相对的，加拿大冰壶有詹妮弗·琼斯。已经拥有多个国际大赛冠军头衔的琼斯，在王冰玉未退役前一直是中国的主要竞争对手。

2005年冰壶世锦赛开始，王冰玉与詹妮弗·琼斯首次交战。当时，詹妮弗·琼斯所带领的加拿大冰壶队以11∶1的最终成绩战胜王冰玉带领的中国冰壶队，两人的“纠葛”从此展开。时间来到3年后的冰壶世锦赛，这一次，两支队伍又进行了3次竞赛。前两场比赛以中国队的胜利结束，但是在最重要的冠军决赛中，局势再度翻转，加拿大队最终夺得了冠军，中国队遗憾获得亚军。

2009年，詹妮弗·琼斯首次参加冰壶世界杯，已经世界闻名的詹

＊ 詹妮弗 · 琼斯（三）

妮弗 · 琼斯和她的队伍一直是夺冠的热门。中国队与加拿大队在总决赛正式展开 PK，第一次比赛，加拿大队获得了胜利，但在不久后的第二次比赛中，加拿大队败下阵来。总决赛结束后，琼斯仅在这一届比赛中失利两次，她的成绩仍旧居于榜首。

2010 年，詹妮弗 · 琼斯再度与王冰玉相遇，这一次，詹妮弗 · 琼斯的目标也是世锦赛的冠军。在这场比赛的前5局，中国队势如破竹，一路领先。但是作为加拿大队主将的詹妮弗・琼斯在第6局开始发力，她稳稳地一掷，拿下4分，打破了中国队的层层防御，而这一击，也被认为是冰壶史上的一大著名场面。第10局，中国队的王冰玉操作失误，詹妮弗・琼斯趁机精准一投，逆转了不利的局面，最终赢得了比赛。因此，詹妮弗・琼斯这支队伍也成为这一赛事中唯一没有败绩的队伍。盘点两人交手的数据，两人共打过16次比赛，其中詹妮弗・琼斯10胜6负，不难看出她实力的强劲。

如今，与詹妮弗・琼斯年纪相仿或者曾同台竞技的冰壶选手有很多已经选择退役，而作为加拿大王牌之一的冰壶运动员，詹妮弗・琼斯依然在赛场上驰骋。

·凯文·马丁·

* 冰壶史上的传奇

也许当对冰壶不太熟悉的人听到这个名字的时候，会不由地想起那位相同名字的篮球明星，但是对于冰壶爱好者而言，凯文·马丁则是粉丝们心中冰壶四垒史上的传奇。

* 凯文·马丁（一）

如果要给世界男女冰壶史上的运动员做一个成就排名，凯文·马丁必定是名列前茅，甚至可以排名第一。拼搏在赛场上的运动员，无一例外地都想夺得各大比赛的冠军，以此证明自己的能力，而在冰壶的各大赛事中，大满贯是评判运动员能力最有力的证据之一。已经 18 次赢得大满贯的凯文·马丁就是如此，在当时，他是男子获得大满贯最多的选手。因此，2018 年，世界冰壶联合会将凯文·马丁选入了世界冰壶名人堂。而为马丁提名的正是加拿大冰壶理事会主席雷斯比·库茨，他说：“在长达 30 年的高性能比赛生涯中，凯文赢得了所有可以想象到的比赛，并以一种令全世界球迷兴奋的天赋和风格完成了比赛。”

* 王者不败

凯文·马丁从小生活在冰壶运动盛行的加拿大，从他 8 岁就开始学习冰壶，并很快有所成就。长大后，凯文·马丁开始陆续参加冰壶比赛，并逐渐成长为世界上最优秀的冰壶运动员之一。他曾多次代表加拿大获得世锦赛冠军。除此之外，他还是唯一一位保持连续不败的加拿大运动员，在 2008—2009 年期间，他有着赢得 30 场比赛的完美记录。

2008 年，已经是冰壶老将的凯文·马丁在冰壶世锦赛上，毫无悬念地取得了一枚男子冰壶比赛的金牌。同为来自加拿大的冰壶女队选手詹妮弗·琼斯也获得了金牌，他们及其队友为加拿大再次创造了冰壶世锦赛男女双金牌的记录。

* 凯文 · 马丁（二）

2010 年，凯文 · 马丁第 3 次代表加拿大参加冬奥会，在温哥华的赛场上夺得金牌。

作为加拿大男子冰壶队的领军人物，凯文 · 马丁代表着加拿大冰壶的真正水平。身为老将，凯文 · 马丁丝毫不输于年轻人，在赛场上的他反而更具有领袖的霸气。他在赛场上时刻保持着激情，时而诙谐，时而冷静，可以说，只要冰壶比赛有凯文 · 马丁，那他就会成为这场比赛唯一的焦点。

* 等待了 8 年的复仇

2002 年，盐湖城冬奥会开幕。在这一盛大赛事中，凯文·马丁带领着加拿大男子冰壶队向冠军进发。在决赛中，他们与挪威队展开交锋，但却以失败告终，与冠军领奖台失之交臂。4 年后，加拿大冰壶队成功拿到了这一项目的冠军，但遗憾的是，凯文·马丁却并未在这一队伍之中，于是，此时的他就将冠军梦放到了 2010 年温哥华冬奥会上。

* 凯文·马丁（三）

不过，在此之前，凯文·马丁也为自己定下了几个小目标，那就是参加 2008 年和 2009 年的冰壶世锦赛。2008 年，已经 41 岁的马丁终于迎来了人生中的第一个世锦赛冠军。随后，他也为自己争取到了 2010 年温哥华冬奥会的参赛券。

在 2010 年温哥华冬奥会的比赛中，凯文·马丁率领着加拿大队再度与挪威队展开较量，进行着激烈的角逐，这也是此届冬奥会最为精彩的冰壶比赛。在循环赛上，加拿大队取得 9 胜 0 败的傲人战绩，成为 10 支队伍中唯一没有输过的战队，其中还有 5 次让对手不得不提前认输。在淘汰赛中，凯文·马丁所带领的队伍表现依旧强势，在半决赛中战胜了瑞典队。在决赛中，他出色的四垒投掷让队伍最终以 6∶3 赢得了胜利，战胜挪威队，成功地告别了 8 年前失败的遗憾，圆了冬奥赛场上的冠军梦。

* 出色的绝杀者

1985 年，年轻的凯文·马丁赢得了加拿大青年冰壶锦标赛的冠军，并开始走向世界级别的冰壶比赛。在 1986 年的世青赛上，凯文·马丁斩获银牌，出现在了大众的视野。

5 年后，凯文·马丁已经收获了一批冰壶比赛的奖项，例如拉巴特·布赖尔（Labatt Brier）锦标赛的金牌以及世锦赛的银牌等。

1992 年，阿尔贝维尔冬奥会开幕，凯文·马丁随着加拿大队前往赛场参加比赛，但在此次比赛中，他只获得了第 4 名的成绩，离领奖台仅一步之遥，也正是从这时候开始，凯文·马丁产生了赢得冬奥冠军的愿望。

经过他多年的努力和不断的练习，凯文·马丁和他的队友最终站在了冬奥会冠军的领奖台上，也使得他成为加拿大男子冰壶队的灵魂人物。

凯文·马丁的掷壶技巧可谓是十分优秀，尤其是他的旋球打得极其出色，他可以在重重阻拦下将冰壶稳稳地投掷到大本营的圆心。在比赛中，作为四垒的凯文·马丁总会在复杂的局面下逆转局面，使对手无路可走。很多冰壶选手在面对凯文·马丁时会感到压力倍增，同时也期望自己可以像凯文·马丁一样投掷出完美的一击。在多次加拿大冰壶锦标赛中，他都以高超的掷壶技巧赢得了冠军。在 2010 年温哥华冬奥会加拿大与挪威的比赛中，也正是凯文·马丁在第 9 局投掷出了完美的一球，才使挪威队不得不提前认输，同时也证明了他如绝杀者一般的高超技巧。

第五章

冰壶的欣赏点与观赛礼仪

冰壶比赛虽没有激烈的对抗，也不像其他项目那么惊险刺激，但必须在团队的配合下才能完成竞赛。所以观赛的时候，我们欣赏的不只是对抗，更多的是战术与运动员在赛场上拼搏的精神。

· 比赛欣赏点 ·

* 学会欣赏

冰壶是一种绅士运动，它需要同时考虑技术与力量。这一项目不需要身体接触，对运动员的身体素质要求不高，但这并不意味着冰壶是一场无聊的比赛。一般来说，这一项目的焦点并不在运动员的身上，而在冰面上滑行的“壶”身上，冰壶之间的每一次碰撞都有可能改变场地局势，这也是冰壶运动的最佳看点。

* 观看比赛

* 冰壶技术与智慧的较量

很多人都认为冰壶运动是一个简单的投掷石子游戏，并没有太多的技术含量，但投掷冰壶其实并没有想象的容易。冰壶不光是用手握的，还需要手指与手掌间的密切配合。而投掷这一环节，既考验技术，也考验战术，因为战术决定了如何投掷冰壶，而投掷冰壶是否准确，又取决于投掷的技术能力，不同的战术决定不同的投掷方式和力度，不同的战术也决定不同的扫冰方式和速度。高技术含量的投掷、主将的指挥以及良好的扫冰往往能够决定一局比赛的胜负。

比赛过程虽然没有激烈的对抗，但必须在团队配合下进行，当产生突发情况时，也是两队选手进行智慧较量的时刻。选手需要适应场上发生的变化，投掷冰壶的力量、角度以及对现场局势的理解与判断，每一方面对冰壶选手都有很高的要求，往往一个失误就会使场面局势产生逆转。所以冰壶，就是一场智慧与技术的博弈。

* 冰壶投掷

· 观赛礼仪 ·

* 文明观赛

冰壶运动项目，运动员在比赛中会处处表现出绅士的风度。比赛结束时，依照惯例运动员再次与对手和队友握手，随即进入“交冰壶刷”环节。它不是简单地让运动员将冰壶刷放到一起，而是赛后两支球队聚在一起开展社交活动。

作为冰壶运动的观赛者，更应该以绅士风范作为标准，用优雅、文明的观赛礼仪，感受冰壶运动独有的风格。

* 比赛结束

学会欣赏

既看运动员优美的动作，也要看技术的巧妙运用。

既欣赏运动员精湛的技艺,也要发现他们在比赛中的灵感和睿智。

学会赞美

每一次精彩的投壶，每一次出彩的击打，每一次准确的占位，都要送出赞美的掌声。

学会鼓励

看两队运动员精彩的较量比拼，既要看比赛的胜负，也要看发挥的水平。在为胜利的一方鼓掌的同时，也要向失败的一方表达尊重与敬意。

* 比赛欣赏

知识窗

文明观赛小常识

（1）升国旗、奏国歌时要肃立，向国旗行注目礼。

（2）运动员入场时要热情，热烈鼓掌表示尊重与鼓励。

（3）把赛场当作家，爱护环境，不随意丢弃垃圾。

（4）遵守赛场秩序，不要在比赛期间随意走动，以免影响他人观看比赛。

（5）不做干扰运动员比赛的行为，在比赛场内不大声喧哗。

（6）拍照时禁止使用闪光灯，避免影响运动员的比赛。

（7）尊重比赛，要等到比赛、颁奖仪式结束后才可以离开比赛场。

（8）撤离比赛场时，听从安排，防止拥挤、踩踏情况的发生。

附录　跟我学

（中英文对照）

中文	英文
冰壶	Curling Stone
冰壶比赛	Bonspiel
清球	Peel
藏球	Burying a Stone
防卫球	Guard
击打	Takeout
传球	Raise
点线偏小	Narrow
旋转球	Spinner
圆心	Tee
粘球	Freeze
投壶	Delivery
出手（壶）	Release
力量	Weight
弧线	Curl
旋转	Turn
扫冰	Sweeping

续表

中文	英文
大本营	House
起踏器	Hack
站位	Position
一垒手	Lead
二垒手	Second
三垒手	Third
四垒手	Skip
预备队员	Alternate
中区防守	Center Guard
边区防守	Corner Guard
低占位	Tight Guard
高占位	Long Guard
后区壶	Back Guard
贴近	Tight
双击后进营	Double Roll In
击打（打定）	Hit and Stay
击打（打甩）	Hit and Roll
双飞	Double Takeout
传击	Raise Takeout
三飞	Triple Takeout

续表

中文	英文
角度击打	Angle Takeout
进营力量	Draw Weight
底线力量	Back Line Weight
起踏器力量	Hack Weight
比正常击打偏小的力量（可控力量）	Control Weight
清球力量（大力）	Peel Weight
壶体的撞击带	Striking Bank
壶底滑印	Running Edge
手柄	Handle
手柄握法	Grip
滑行	Slide
电子感应器	Eye on the Hog
前掷线违规球	Hogged Stone
蹬冰脚	Hack Foot
滑行脚	Sliding Foot
投壶线路	Delivery Line
不在预定的投球线路上	No Line
（防滑）套	Gripper
世界冰壶联合会	World Curling Federation
加时赛	Extra End

续表

中文	英文
淘汰赛	Tie Break
非常滑的冰面	Keen
瑕疵冰面	Negative
轮椅冰壶	Wheel Chair Curling
投币	Coin Toss
距离圆心近壶	Shot Rock
营内壶	Biter
中线	Center Line
边线	Side Line
底线	Back Line
T 线	Tee-Line
零分局	Blank End
自由防守区规则	Free Guard Zone Rule
前区	Front
罚点球	Last Stone Draw

青少年冬奥知识普及丛书

雪上马拉松

越野滑雪

满丹丹◎主编　王荣波◎副主编

新世界出版社
NEW WORLD PRESS

图书在版编目（CIP）数据

雪上马拉松：越野滑雪 / 满丹丹主编. -- 北京：新世界出版社，2021.5
（青少年冬奥知识普及丛书）
ISBN 978-7-5104-6986-2

Ⅰ.①雪… Ⅱ.①满… Ⅲ.①越野滑雪－青少年读物 Ⅳ.① G863.13-49

中国版本图书馆 CIP 数据核字 (2019) 第 284257 号

雪上马拉松　越野滑雪

主　　编：满丹丹
责任编辑：王峻峰
责任印制：王宝根
出　　版：新世界出版社
网　　址：http://www.nwp.com.cn
社　　址：北京西城区百万庄大街 24 号（100037）
发 行 部：(010)6899 5968（电话）　(010)6899 0635（电话）
总 编 室：(010)6899 5424（电话）　(010)6832 6679（传真）
版 权 部：+8610 6899 6306（电话）nwpcd@sina.com（电邮）
印　　刷：小森印刷（北京）有限公司
经　　销：新华书店
开　　本：880mm × 1230mm 1/32　　尺寸：145mm × 210mm
字　　数：75 千字　　印张：3.125
版　　次：2021 年 5 月第 1 版 2021 年 5 月第 1 次印刷
书　　号：ISBN 978-7-5104-6986-2
定　　价：398.00 元（全 15 册）

—北京2022年—

《青少年冬奥知识普及丛书》
编委会名单

青少年冬奥知识普及丛书

（分册名录）

1.《冰上之箭——速度滑冰》

2.《冰上极速——短道速滑》

3.《冰上芭蕾——花样滑冰》

4.《勇敢者游戏——冰球》

5.《冰上象棋——冰壶》

6.《雪上马拉松——越野滑雪》

7.《空中飞鹰——跳台滑雪》

8.《全能高手——北欧两项》

9.《雪山飞人——高山滑雪》

10.《雪中舞蹈——自由式滑雪》

11.《雪上冲浪——单板滑雪》

12.《雪地猎人——冬季两项》

13.《冰上之舟——雪车》

14.《冰中鱼雷——钢架雪车》

15.《雪中跑车——雪橇》

总序

随着2018年平昌冬奥会的圆满落幕，北京接过了冬奥会的会旗，标志着冬奥会正式进入了“北京时间”。北京将成为世界上第一个既举办过夏季奥运会，又举办冬季奥运会的“双奥”城市。

2022年北京冬奥会是我国重要历史节点的重大标志性活动，是展现国家形象、促进国家发展、振奋民族精神的重要契机。我们要深入学习贯彻习近平同志关于筹办北京冬奥会和发展冰雪运动的重要指示精神，全力做好冬奥会各项筹办工作，特别是做好冬奥会备战工作，加快冰雪运动的普及，实现冰雪运动跨越式发展。为做好北京冬奥会筹办工作，广泛传播奥林匹克文化、弘扬奥林匹克精神，2018年1月30日，教育部、国家体育总局会同北京冬奥组委共同制订了《北京2022年冬奥会和冬残奥会中小学生奥林匹克

conducting exchange activities for Winter Olympics, and organizing research and development of Winter Olympics educational curriculum resources. As an important measure for enhancing Olympic education and promoting the development of winter sports, Beijing Municipal Education Commission launched a series of projects of "the Creation, Adaptation and Exhibition of Olympic Education Achievements" in 2019, and the *Winter Olympic Knowledge for Teenagers* prepared by Beijing Municipal Education Commission with the coordination of Capital University of Physical Education and Sports will be presented.

Based on the Olympic winter sports and considering the physical and mental characteristics of teenagers, this series of illustrated books introduces 15 sports disciplines of the 2022 Winter Olympics which are categorized into 7 main categories. This series of books are compiled by Wang Chunlu, Liu Qiuhong, Man Dandan and other famous world champions, Asian champions and experts in winter sports. Each book of the series introduces one sport from five perspectives, which are the origin and development, venues and equipment, events and rules, stories of Winter Olympic athletes and spectator's etiquette respectively. It aims to promote the Olympic education for elementary and secondary students in Beijing, popularize winter sports, facilitate the learning of Olympic knowledge and develop a good habit of taking part in physical exercises. Furthermore, it also aims to help create a sound atmosphere where the whole society cares for and pays attention to the Olympic Winter Games, and lead people to enjoy the amazing, moving and exciting beauty of winter sports.

Special thanks go to the leaders of Beijing Municipal Education Commission and Capital University of Physical Education and Sports and the experts in winter sports who presented their great support and assistance. Please accept a sincere apology for any deficiency of these books due to limited time for preparation and limited ability of the authors. It is hoped that teenage readers could enjoy the charm of Winter Olympic sports and know more about winter sports through this series of books.

分序

越野滑雪是借助滑雪用具，运用登山、滑降、转弯、滑行等基本技术，滑行于山丘雪原的运动项目。起源于北欧，又称北欧滑雪，是世界运动史上最古老的运动项目之一。

冬奥越野滑雪比赛分为男子项目和女子项目，均设有个人、追逐、团体、接力等分项。竞赛赛道中上坡、下坡和波状起伏路段各约占1/3。运动员按赛前抽签决定顺序并佩戴号码布，需使用经裁判检查并打有标记的滑雪板。

这本《雪上马拉松——越野滑雪》科普读物，以专业视角和大众语言介绍了越野滑雪的起源与发展、运动场地与器材、项目设置与规则、冬奥人物故事和观赛礼仪等，并配以近百幅精美图片，让读者身临其境般地感受越野滑雪带来的惊艳、感动和激情。

Cross-country skiing is a sport that uses ski equipment and basic techniques such as climbing, downhill, turning, and sliding to move across snow-covered terrain. Originated in Northern Europe, also known as Nordic skiing, it is one of the oldest sports in the world sport history.

The cross-country skiing events at the Olympic Winter Games include 15km Classic, 15km+15km Skiathlon, Sprint Free, Team Sprint Classic, 4×10km Relay, 50 km Mass Start Free for men, and 10km Classic, 7.5km+7.5km Skiathlon, Sprint Free, Team Sprint Classic, 4×5km Relay, 30km Mass Start Free for women. The race route involves uphill, downhill and flat land, with each accounting for about 1/3. Athletes are drawn according to the pre-match draw to determine the order and wear number bibs. They must use marked skis that have been checked by the judges.

From professional perspectives, this popular science book *Marathon on Snow Field – Cross-Country Skiing* introduces the general knowledge about cross-country skiing in common words, including the origin and development, venues and equipment, events and rules, stories of Winter Olympians and spectator's etiquette. Supported by nearly one hundred illustrations, the book would bring an immersive experience to readers while making them feel the amazing, moving and exciting beauty of cross-country skiing.

目录

第一章 越野滑雪的起源与发展

越野滑雪是借助滑雪用具，运用登山、滑降、转弯、滑行等基本技术，滑行于山丘雪原的运动项目。起源于北欧，又称北欧滑雪，是世界运动史上最古老的运动项目之一。

·越野滑雪的起源·

* 项目起源

滑雪作为世界上广受欢迎的一类运动，有着悠久的历史。世界上很多地方都发现了不同年代的滑雪用具，关于滑雪的图画、文字记录等。在俄罗斯北部白海附近的一个遗址中，考古人员发现了较为完整的木制雪具，其历史可追溯至公元前 8000 年左右的中石器时代。在挪威和俄罗斯等地，人们均发现了描绘 4000 年前远古居民滑着雪板进行狩猎的岩画。在芬兰的萨拉，出土了世界上最早的沟槽式滑雪板。公元前 4 世纪左右，古希腊的色诺芬在《远征记》中，用文字记录了当时希腊军队跨越亚美尼亚山脉，从波斯撤退时的情况，里面详细记录了雪鞋的有关情况。由此可见，滑雪源于生活，是人类在征服自然、原始狩猎、雪上驰骋的过程中掌握的技能，是人类在寒冷的环境下谋生的手段，并逐渐演变成为一种交通方式。

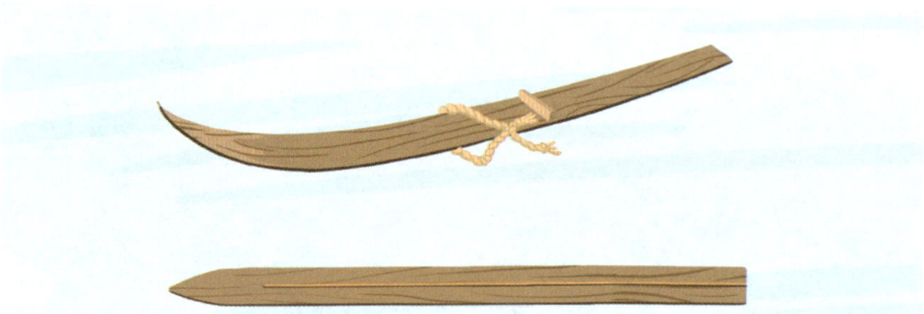

* 沟槽式滑雪板

滑雪在我国也具有悠久的历史。《山海经》是中国书籍中最早记录有关滑雪故事的书籍。书中提到，在钉灵国，人们穿着类似于马蹄的雪鞋在嬉戏。唐朝时，北庭都护府的拔悉弥人会穿着滑雪板在雪原上追逐猎物。元朝时，生活在北方森林中的一些民族会拿着滑雪杖，站在滑雪板上追逐山牛等猎物。明清时期，达斡尔、鄂温克和鄂伦春等北方民族在冬日里都会使用滑雪板出行和狩猎。2005 年，在新疆阿勒泰市,发现了距今1万年的人类滑雪抽象古岩石壁画,这是迄今为止,世界上有关滑雪起源的最早记录。

* 滑雪起源地——阿勒泰

* 新疆阿勒泰地区发现的原始壁画——滑雪猎人

越野滑雪是最古老的滑雪方式，源于人们对雪地旅行的需求。在白雪覆盖的北方，古时的人类为了生存，需要适应严酷的环境，于是就出现了借助滑雪活动，在冬天追逐猎物和收集柴火的情景。此外，当时聚居地很少且分布较广，彼此之间相距甚远，要在冰天雪地的严冬保持联系，滑雪出行就成为人们较好的选择。

现代意义上的越野滑雪起源于北欧的斯堪的纳维亚半岛，故又称北欧滑雪，是世界体育史上最古老的运动项目之一。它是人们借助滑雪用具，运用登山、滑降、转弯、滑行等基本技术，穿梭于山丘雪原的一项运动。首次有记录的滑雪比赛于 1842 年在挪威举行。在 1892 年举办了著名的霍尔门科伦北欧全能赛，其中包含了跳台滑雪和越野滑雪；到了 1901 年，该赛事中出现了一个单独的越野滑雪比赛。滑雪的英文“ski”是挪威语中的一个词，来源于古挪威语中的“skid”，其意为劈开的木头。

* 早期滑雪人物

知识窗

你知道吗？说到越野滑雪的起源，还有一个小故事。据记载，1226 年挪威内战时期，有两名被称为“桦木腿”（腿上绑着桦木树皮，防御严寒）的侦察兵，将两岁的国王哈康四世藏在怀中，在冬季依靠滑雪翻越高山峻岭，摆脱了敌人追击。至今，挪威伯肯贝尼特每年举行“伯肯贝尼伦特”（桦木腿）越野马拉松滑雪赛来纪念这一历史事件。比赛距离为 35 英里（约 56 公里），与当年那两个侦察兵救主所跨越的路程相同。

* 滑雪士兵

·越野滑雪的发展·

* 国外发展

15 世纪到 17 世纪，芬兰、丹麦、瑞典和俄罗斯等国家，在战争中都开始应用滑雪技术。到了 18 世纪，滑雪运动在挪威军队中开始盛行，为了赢得奖品，很多挪威军人都热衷于这项运动。

* 滑雪的挪威军人

19 世纪 50 年代，当使用两根滑雪扦的传统滑雪方式真正确立后，随着顶尖选手成绩的突飞猛进，滑雪运动得到了更快的发展。因为经过改良后的滑雪板科技含量更高，滑行更稳定、更快，选手们的训练也更加科学，可为比赛做好更充足的准备。

19 世纪 60 年代，出现了专门铺设滑道、滑雪道的机器。此前赛道的准备,是由军队动用数百名使用滑雪板的士兵在雪地上反复滑行，将赛道压实。在当时的比赛中，因为只有两条准备好的沟槽可供滑雪，所以滑雪选手只能保证两条腿平行滑动，其他什么也做不了。

不过，就在此时，一位来自芬兰名叫泡利斯通的警察开始尝试只留一条腿在沟槽中，而另一条腿用于推动的方式进行滑行。当然，使用这种方式滑行，一条腿很快就会疲惫，不得不来回换腿。后来这种滑行方式被称为“斯通步”或“半滑冰”。

随着滑雪运动的不断推广和普及,一些滑雪爱好者开始尝试创新。使用新型的铺设滑雪道机器压实滑道后，他们开始尝试各种不同的滑雪方法。后来人们发现，两条腿轮流推动可以前进得更快，可在之前的基础上增加约 10% 的速度。就这样滑冰式滑雪法诞生了。

随着时代的变迁，越野滑雪的生存功能和军事功能逐渐消退，逐渐演变成了一项体育竞技项目，同时也成为一些滑雪爱好者最喜爱的冬季运动。这项运动不但可以使人亲近自然，体会其中所带来的快乐，还可以锻炼一个人的意志力。

1924 年，第一届冬奥会在法国夏蒙尼开幕，在这届冬奥会上越野滑雪男子项目首次亮相，举行了男子 18km 和 50km 的比赛。1936

年加尔施-帕滕基兴冬奥会增加了 4×10km 接力赛。在 1952 年奥斯陆冬奥会上女子越野滑雪第一次出现，当时的比赛长度为 10km，到 1956 年意大利的科蒂纳丹佩佐冬奥会上增设了女子接力比赛。其他的单项分别在 1964 年、1984 年和 1992 年开始增设，比赛长度分别为 5km、20km 和 30km。

随着自由式技术的发展，在 1988 年卡尔加里冬奥会上，比赛中传统式与自由式技术被允许交替使用。1992 年，阿尔贝维尔冬奥会上增设了追逐赛。

* 世界各国参赛选手

* 国内发展

民国时期,我国分别在黑龙江省玉泉镇、吉林省吉林市的北山公园、通化市的江南修建了滑雪场。1943 年 2 月，在吉林市北山滑雪场举行了一场滑雪赛事，来自意大利、德国、日本 3 个国家的选手参加了此次比赛。

新中国成立初期，滑雪一直被当作一项体育运动，没有得到广泛普及。滑雪场均为政府投资建设,主要用于运动员的训练及赛事的举办,一般不对游客开放。

1957 年全国首届滑雪运动会在吉林省通化市举行，共有 8 支代表队 165 名运动员参赛。1959 年我国召开了第一届全国冬季运动会，参加比赛的有吉林、黑龙江、内蒙古、新疆和中国人民解放军共 5 个代表队 122 名运动员。比赛期间还举办了中国第一次滑雪技术训练班，并聘请苏联专家进行讲学，引进了苏联的滑雪技术。此后每年都会举行全国性的滑雪比赛,参赛的运动队数量和运动员人数也在逐年增加。1961 年 2 月，解放军组队参加了在波兰举行的社会主义国家首届友军冬季运动会，这是我国雪上项目首次出国参加世界性比赛。1963 年解放军队又参加了在罗马尼亚举行的社会主义国家友军体协滑雪比赛。通过这些活动，我国教练员、运动员看到了外面的世界，开阔了视野，学到了先进的滑行技术，积累了比赛经验，同时更看到了差距，明确了努力方向和奋斗目标。到 1965 年，滑雪运动在我国迅速展开，参赛队伍均以地、市为单位参加，此阶段的参赛队伍和运动员数量也开始大量增加。

1975 年 2 月，在黑龙江省尚志县（现黑龙江省尚志市）的乌吉密滑雪场举行了全国滑雪运动会。此次共有包括解放军队在内的 10 支代表队参加，参赛的 193 名运动员被划分为成年组和少年组，分别进行了越野滑雪和高山滑雪的比赛。1979 年 2 月在黑龙江省亚布力滑雪场举行第四届全国冬季运动会的滑雪比赛，共有来自解放军、新疆阿勒泰地区、内蒙古呼伦贝尔盟、黑龙江和吉林省的地市 13 支代表队 200 多名运动员参加了比赛。从这一届冬运会开始，我国的滑雪运动，特别是越野滑雪运动迈过了一个新的起点。

1980 年第 13 届冬季奥运会在美国的普莱西德湖举行，中国首次派队出战，共有 28 名运动员分别参加了 5 个项目的比赛，其中有 2 名运动员参加了越野滑雪的比赛。从比赛中可以看出，我们无论是在滑行技术、训练水平、器材还是在比赛经验上同世界先进水平都有较大差距，这也激发了我国雪上项目工作者奋发努力、急起直追的决心和干劲。

1983 年，第五届全国冬季运动会的雪上项目竞赛在黑龙江省亚布力滑雪场举行，此次冬运会的参赛单位在原有基础上，新增加了前卫体协和林业体协代表队，比赛的项目增加了冬季两项、跳台滑雪和自由式项目。滑雪项目参赛人数在 200 人左右。此时，无论是参赛运动员的水平，还是竞赛组织、比赛场地的设置和保障，都达到了一个全新的水平。虽然我国的雪上运动普及程度不高，但在竞技水平上却有了很大的提高。1987 年第六届全国冬运会上，参赛队伍共有 11 个，运动员人数达 573 人，而到 2016 年第十三届全国冬运会，参赛已达 52 个代表团 1388 名运动员。从数据统计中，我们可以看出，无论是赛会的规模还是项目设置以及运动员的技术水平，每届都有着大幅度的提升。

进入 20 世纪 90 年代，随着我国经济发展水平的快速提升，滑雪这项被誉为“贵族运动”的体育项目开始走进大众群体，滑雪场的建设也得到飞速发展。老牌的亚布力滑雪场、北大壶滑雪场、长白山滑雪场和“八一”滑雪场不断完善并升级改造，以适应时代发展的需要。亚布力滑雪场和帽儿山滑雪场还成功地承担了 2009 年第 24 届世界冬季大学生运动会雪上项目的竞赛。近年来滑雪场在东北、内蒙古和新疆地区如雨后春笋般地出现，典型的如长白山的万达滑雪场、吉林市的松花湖滑雪场、内蒙古的牙克石滑雪场及新疆的天山滑雪场等，

它们都具备了承担国内外大型滑雪项目赛事的条件和能力。现在华北地区的滑雪场建设更是飞速发展，甚至连我国江南和云南、贵州地区有高山的地带，也都建起了高规格的滑雪场。2015 年北京成功申办 2022 年冬季奥运会。为了赛事的举办，京、津、冀地区冬奥各项目世界级雪场的规划和建设相继展开，这也标志着我国滑雪场的建设开始进入到世界顶级竞技的行列。

改革开放以来，我国越野滑雪的各支队伍在加强保障和科学训练的同时，也密切了与世界越野滑雪大家庭的交往。在举办国际短距离赛、瓦萨滑雪节、远东杯 FIS 积分赛，参加世界杯赛，请专家讲学，外教

* 滑雪训练（二）

执教国家队，竞赛规则的学习，技术引进等一系列活动的实施和带动下，越野滑雪项目在我国得到了迅速发展。在 1986 年 3 月日本札幌举行的第一届亚洲冬季运动会上，我国选手夺得了奖牌总数第二名的好成绩，我国运动员卢凤梅、宋世纪、唐玉琴、常德珍在 4 × 5km 接力中以 3.3 秒的优势战胜了亚洲强队日本队，夺得冠军，赢得了中国在国际大赛上的第一枚雪上项目金牌。2020 年在 2019—2020 赛季越野滑雪世界杯芬兰拉赫蒂站的比赛中，我国女子运动员池春雪、李馨、马清华、李磊取得 4 × 5km 接力比赛第 8 名，这是我国越野滑雪女队首次进入世界杯该项目前 8 名，是我国冰雪运动史上的一次重大突破。

* 大众滑雪场滑雪

★ 胜利欢呼

知识窗

你知道我国第一个拿到越野滑雪项目奖牌的人是谁吗？

她就是池春雪。池春雪出生于 1998 年。在 2016 年挪威举行的第 2 届冬季青奥会上获得女子 5km 自由式越野滑雪银牌，是中国首次在这个分项上获得“奥运”级别奖牌的人。

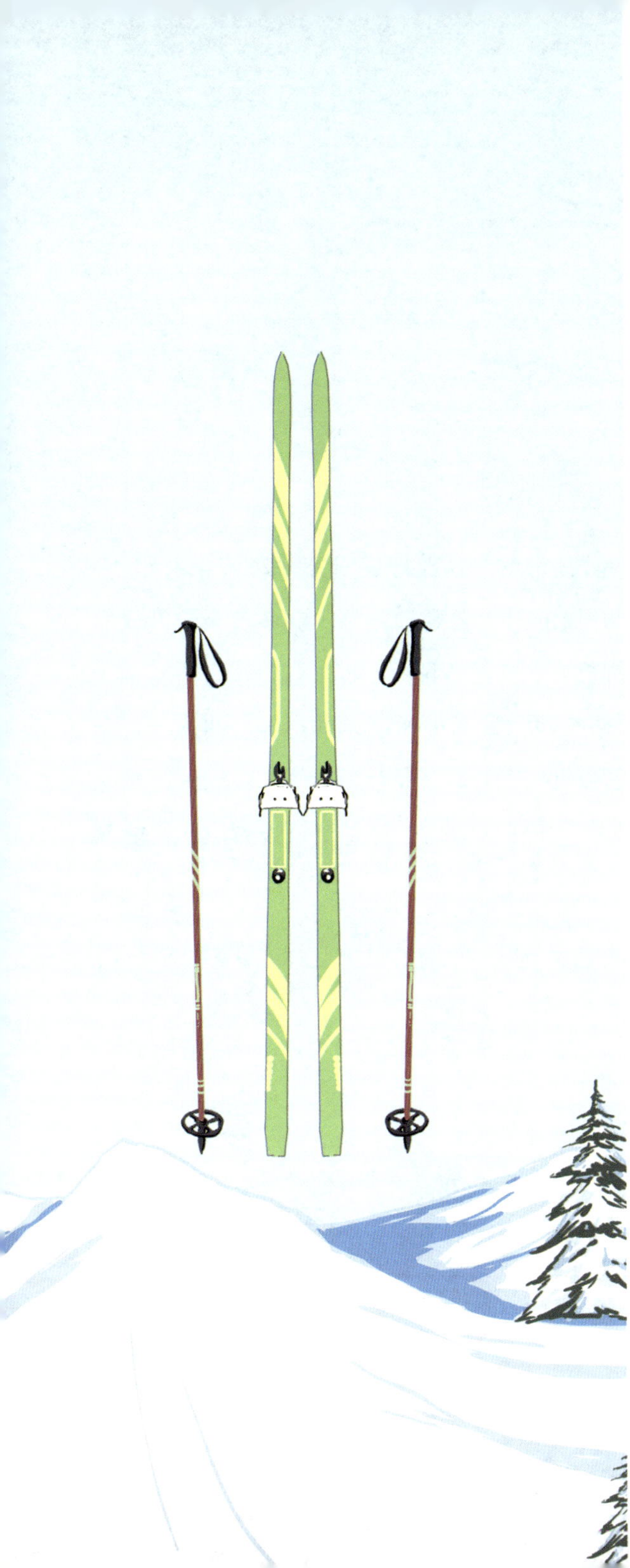

第二章 越野滑雪的场地与器材

越野滑雪赛道与选手所使用的器材，是越野滑雪比赛得以顺利开展的最重条件。在冬奥会比赛中，赛道必须严格按照认证书中所确定的指导说明进行使用。

·越野滑雪赛道·

* 赛道介绍

越野滑雪赛道由上坡路段、波状起伏路段、下坡路段3个部分组成，是越野滑雪比赛得以顺利开展的最重要硬件设施。在冬奥会、世界滑雪锦标赛、世界青年滑雪锦标赛、世界杯和洲际杯的越野滑雪比赛中，赛道的设计和使用必须严格按照认证书中所确定的指导说明进行。赛道设计过程中，不同功能区域的设计应综合考虑，例如：测试区域应设置在竞赛赛道沿线或附近，并标记清晰；热身赛道设置应尽可能靠近竞赛场地等。

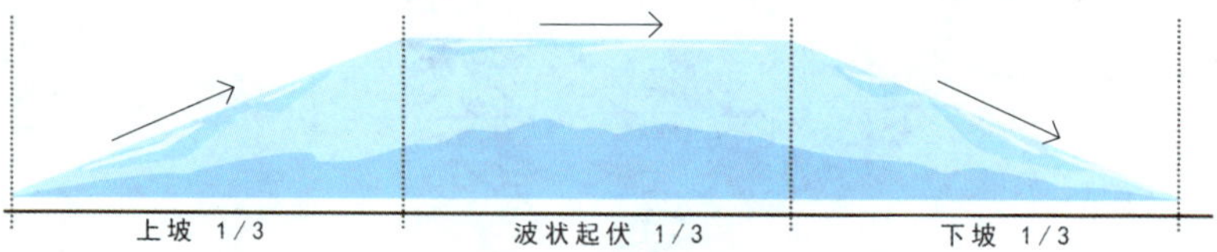

越野滑雪赛道包括：

越野滑雪比赛共分为 3 个路段，每个路段长度分别占整个滑行距离的 1/3。

（1）上坡路段，是指坡度在 9%（1∶11）和 18%（1∶5.5）之间且高度差超过 10m 的路段，以及一些坡度大于 18% 的短爬坡路段。

（2）波状起伏路段，利用短爬坡和下坡等所有地形特征设置而成，高度差为 1~9m。

（3）下坡路段，在比赛中主要用来考验运动员的多种下坡技术。

知识窗

越野滑雪的赛道设计应注意哪些事项呢？

1. 需根据运动员的技能战术和体能水平来设计，难度应与赛事级别相适应。

2. 设计应尽可能自然且不单调，要有波状起伏路段、上坡和下坡部分。

3. 节奏不应被太多急转弯或大坡度爬升破坏。

4. 下坡部分的设计需对运动员有一定的挑战性，且应保证运动员在速度较快的情况下也能滑行。

* 越野滑雪赛道

* 赛道认证

所有越野滑雪比赛都必须在国际雪联认证的赛道上举行。认证需要一定的程序，即按照《国际雪联越野滑雪认证手册》的程序进行。以下为认证中一些重要的信息点及定义和标准。

（1）高度差（HD）是指赛道最低点和最高点之间的高度差。

（2）最大爬坡（MC）指局部高度差（PHD）最大的爬升路段，即最大上坡。在上坡过程中可以设置一段长度不超过 200m 的起伏路段或局部高度差不超过 10m 的下坡路段。

（3）总爬坡（TC）是指赛道中所有爬坡的总和。

为了使大家能够更加直观地了解这些关键信息在不同赛道长度中的相关标准，整理如下表格（表 1、表 2）。

表 1

赛道长度（单圈长度）	最小爬坡（局部高度差）	高度差 HD	最大爬坡 MC	总爬坡 TC
短距离 F	—	最大 50 m	0~30 m	0~60 m
短距离 C	1 个爬坡 > 15 m	最大 50 m	10~40 m	20~60 m
2.5 km	1 个爬坡 > 25 m	最大 50 m	30~50 m	75~105 m
3.3 km	1 个爬坡 > 25 m	最大 65 m	30~65 m	100~140 m
3.75 km	1 个爬坡 > 30 m	最大 80 m	30~80 m	110~160 m
5 km	1 个爬坡 > 30 m	最大 100 m	30~80 m	150~210 m
7.5 km	2 个爬坡 > 30 m	最大 125 m	30~80 m	200~315 m
8.3 km	3 个爬坡 > 30 m	最大 125 m	30~80 m	210~350 m
10 km	3 个爬坡 > 30 m	最大 125 m	30~80 m	250~420 m

表 2

类别	最小赛道宽度			适用项目
	上坡	起伏地形	下坡	
A	3 m	3 m	3 m	间隔出发 C
B	4 m	4 m	4 m	间隔出发 F 接力 C
C	6 m	6 m	6 m	集体出发 C 双追逐 C 部分 追逐 C 接力 F 短距离 C 团体短距离 C
D	9 m	7.5 m	6 m	集体出发 F 双追逐 F 部分 追逐 F 短距离 F 团体短距离 F
E	12 m	9 m	6 m	双追逐 （两种技术在同一赛道举行）

不同级别的赛事对赛道也有不同的要求，对赛道的认证和海拔高度都有一定的规定。

例如，洲际杯或国际雪联级别的赛事，经技术代表批准后，可以使用较低类别的赛道。确定赛道时必须考虑运动员的数量和水平。在冬奥会、世界滑雪锦标赛、世界青年滑雪锦标赛和世界杯中，越野滑雪赛道的最高点海拔不应超过 1800m。对于洲际杯和国际雪联级别的赛事，最大爬坡不低于 25m、最高点海拔超过 1800m 的赛道，也可以通过赛道认证。在冬奥会、世界滑雪锦标赛、世界青年滑雪锦标赛和世界杯中，10km 及以上的间隔出发比赛的单圈长度最短应为 5km。

知识窗

什么样的越野滑雪赛道才可以用于国际赛事呢？

赛道设计修建完成后，除了需要国际雪联的赛道认证外，还需要很多基础建设和准备工作，才可以用于国际赛事的比赛。其中包括赛道压雪、试滑、赛道标记、安全措施、教练区 / 非教练区、补给站、雪地摩托通道等多方面的准备。

* 清理赛道

* 赛道准备

比赛时所使用的赛道需要在冬季到来之前准备好，要确保即使在雪量较少时，也可以开展比赛。赛道上的岩石、石块、树根、树桩、矮树丛及类似的障碍物都应彻底清除。赛道上存在排水问题的部分必须予以修整。在夏季比赛时，赛道的准备工作应达到一定标准，确保在雪道铺设约 30cm 厚的雪后，才可以进行比赛。赛道准备时必须特别注意下坡路段以及弯道倾斜转弯的部分。

准备好的赛道必须确保运动员能够在赛道上畅通无阻地滑行，有赛道横穿的斜坡必须足够宽。赛道的准备还需要注意几个方面：时限、应急保障和禁忌。时限是指赛道和热身雪槽必须在官方训练开始前完全准备好，且赛道标记正确，并放置好公里数指示标牌。应急保障是必须确保所有运动员在同等条件下参加比赛。如果遇到下雪或大风天气，则必须配备足够数量的试滑员或拥有特别装备的巡逻队员，以维持赛道的稳定状态，赛前必须制定出应急保障行动方案。禁忌主要是指不得用任何人为手段来改进雪地滑行。但在特殊情况下，允许使用化学制品来防止雪面软化。

传统赛道根据赛道的长度、宽度和剖面，以及竞赛形式和参赛人数，来决定雪槽的设置数量。接下来就是非常重要的一个环节——设置雪槽。一般情况下，雪槽应沿着赛道的理想滑行线路在赛道的中间部分进行设置；在弯道设置雪槽时，需要保证运动员可以无障碍地在雪槽中进行滑行，如果弯太急，运动员在高速滑行时无法持续停留在雪槽内时，则不应该在这样的弯道处设置雪槽；弯道处的雪槽设置应靠近防护栏，避免运动员在雪槽和赛道边缘之间滑行的可能性。在赛道准备和雪槽设置时，还必须考虑到最佳运动员的比赛情况和可能出现的最高速度。雪槽准备时，必须确保运动员不依托固定器任何部分的侧向制动就可以控制雪板和滑行。从每条雪槽的中间进行测量，两条雪槽之间应相距 17~30cm。即使在雪面很硬或结冰的情况下，雪槽深度也应达到 2~5cm。如果使用两组及以上数量的雪槽，则从每组雪槽中间进行测量，每相邻两组雪槽之间的距离应至少达到 1.2m。

自由技术赛道准备相对比较简单，其中需要注意的地方就是所有赛道的宽度必须达到要求，根据《国际雪联竞赛规则》的规定，赛道宽度设置应符合不同竞赛形式的要求。

* 巡逻员

知识窗

雪槽是越野滑雪传统技术项目专用的滑行通道，参赛选手使用传统滑行技术比赛的时候，运动员滑雪板必须在滑雪槽内滑行。现今比赛传统滑行技术使用的雪槽是由专业的压槽机压制出来的。

* 赛道标记

赛道标记是赛道中非常重要的一点，就好比我们在开车时所看到的指示牌。清晰的赛道标记能保障运动员在比赛过程中不会对滑行方向产生疑惑，保证比赛的顺利进行。在标记过程中需要注意的是，赛道岔口和交叉处必须使用明显的标志牌清楚地标记出来，并且必须在赛道的未使用部分放置围栏或 V 形板。而其他赛道标记物和商业标识只能放置于赛道两侧。

* 索契冬奥会上的赛道标记牌

* 补给站

在越野滑雪比赛中，组委会在终点区域必须设置补给站，为参赛选手服务。而补给站在竞赛赛道上的摆放位置、边界以及具体数量都由仲裁委员会负责决定。

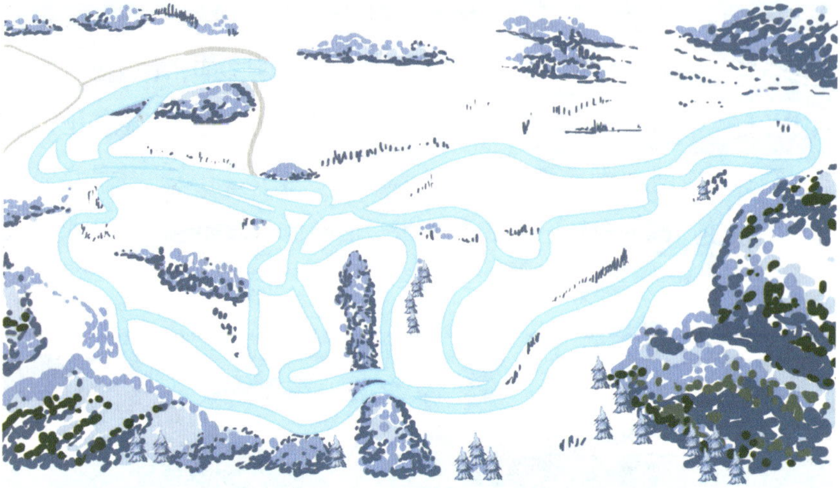

＊ 平昌冬奥会越野滑雪赛道

＊ 训练和赛道查看

在赛事开始前 2 天，赛道可提前开放，给予运动员和随队官员在竞赛条件下进行训练和查看赛道的机会。赛道的开放及关闭由仲裁委员会决定，赛道可部分开放或在某时间段开放。

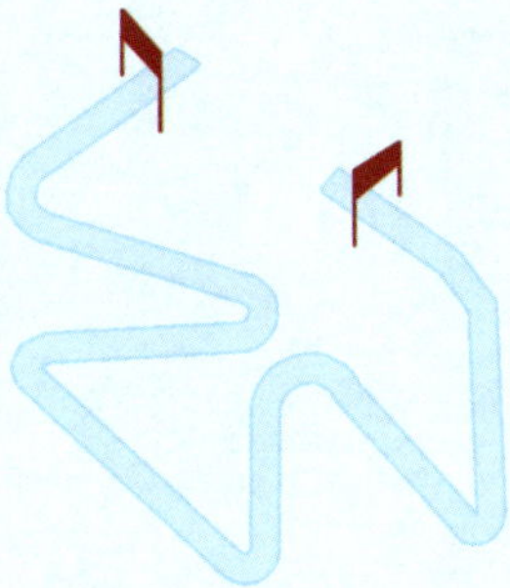

标准赛

分为 10 公里、15 公里、30 公里和 50 公里，可以使用古典式和自由式技巧。

竞速赛

以平昌冬奥会为例，男子短距离赛是 1.4 公里的赛道，女子短距离是 1.25 公里的赛道，前 30 名选手晋级，之后 5 人一组进行 1/4 决赛，随后进行半决赛和决赛。

追逐赛

同一天举行的两场赛事。自由式比赛之后，接着举行的是古典赛。第二场比赛的出场顺序由第一场比赛的结果决定。首先到达终点的选手获得冠军。

接力赛

团体赛，女子为 4X5 公里，男子为 4X10 公里。首先出发的两名选手在古典赛中进行角逐，后两名选手则在自由赛中角逐。

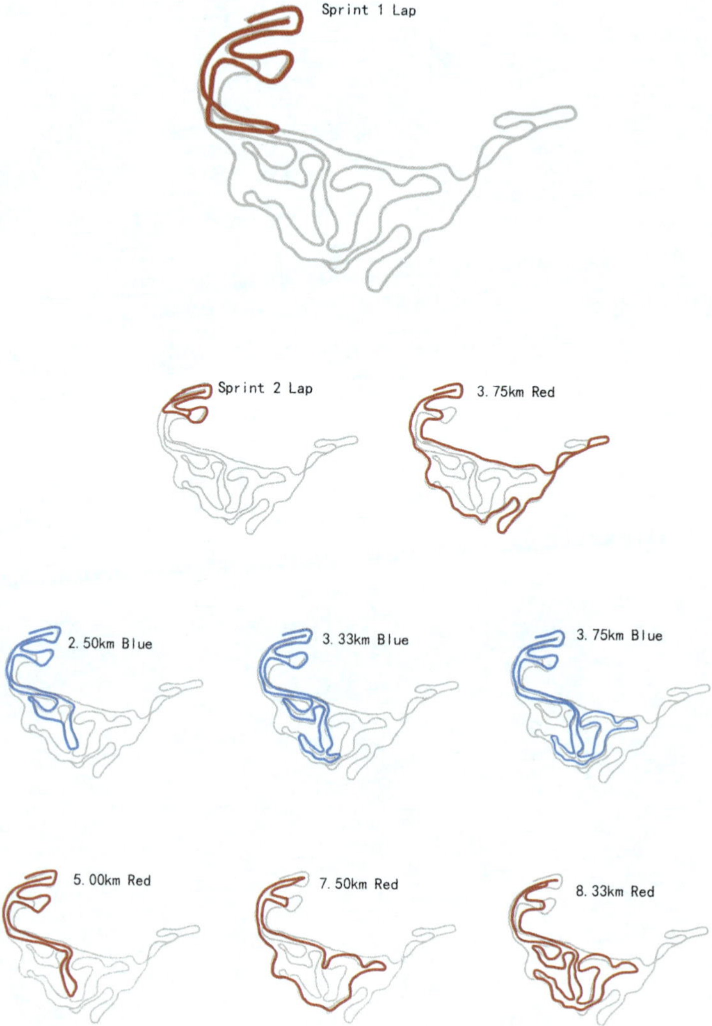
Sprint 1 Lap
Sprint 2 Lap
3.75km Red
2.50km Blue
3.33km Blue
3.75km Blue
5.00km Red
7.50km Red
8.33km Red

·越野滑雪场地·

* 场地介绍

为了更好地组织比赛，在越野滑雪场地内需要对区域进行划分，并在不同的区域内布置不同的设备，以保障比赛的顺利进行。越野滑雪场地由场地区域（起点区、交接区、换板区、终点区）、工作区域、附属设施、通用信息设施等组成。

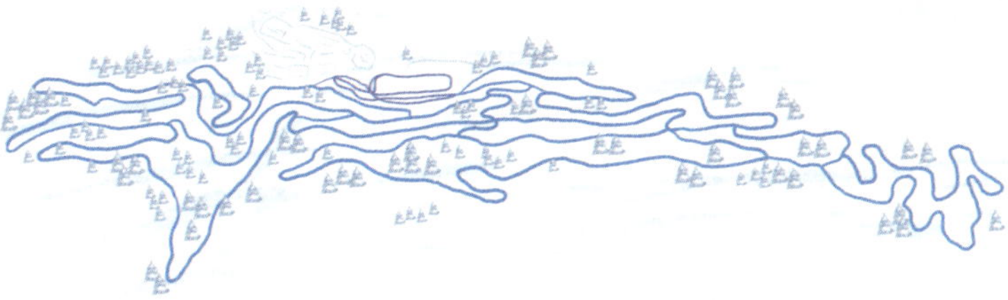

* 北欧中心越野滑雪场地

* 比赛场地

* 场地区域

越野滑雪比赛的场地区域是越野滑雪场地中非常重要的一个区域，是指在越野滑雪场地内精心设计的起点区、终点区等比赛重点区域。在场地安排时也应提供功能区域，必要时可以使用门、围栏和标记区域进行隔离和控制，以达到运动员可以多次通过功能区域的目的。设置过程中还需要充分考虑到可以使运动员、官员、媒体、服务人员和观众很容易地到达各自区域。最重要的前提是必须保障有足够的空间开展所有形式的比赛。

* 起点区

1. 起点区

起点区是指出发门前 50 米的区域，是参赛选手比赛出发的地方。起点区根据不同的竞赛形式被分割为多条滑雪通道，并可以在滑雪道上设置传统雪槽。需根据竞赛形式和场地布局情况来确定滑雪通道的数量、宽度和长度。在每个参赛选手雪槽的右侧或中间还设有号码标记牌。

2. 交接区

在越野滑雪团体赛中，交接区场地应有足够的宽度和长度，且标记清楚。交接区应设置在场地的平坦或平稳上升路段。交接区的长度和宽度，应根据竞赛形式和场地的可用空间进行设置。

3. 换板区

如果比赛中允许更换雪板， 则必须在场地中规划换板区。换板区需分割为多个小区，每位参赛选手需到指定换板区更换，并按其出发号码进行标记。换板出口应设计在不影响其他选手的位置。同时，必须在换板区旁设计通过雪道，以便无须换板的选手可以快速通过。在双追逐比赛中，通往换板区域的赛道宽度必须不低于 4m，换板区出口侧的赛道宽度不低于 6m，其长度为 2~2.5m，宽度为 1.2~1.5m。自由技术装备必须在集体出发之前放在指定的换板区内，换板区内不允许放置其他无关物品。所有装备的更换必须在指定的换板区内由运动员个人完成，不得借助其他任何人的帮助，更换下的装备必须留在换板区内，直至比赛完成。

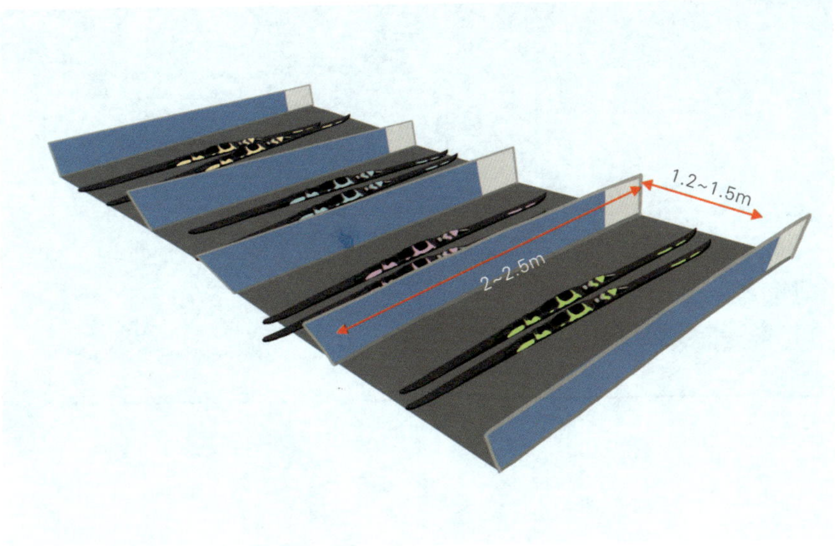

* 换板区（一）

* 换板区（二）

* 终点区

4. 终点区

终点区是指赛道最后50~100m的直道区域。这一区域的滑雪通道，由多条清楚的有色线条进行标记，标记物不得妨碍滑行。

仲裁委员会可以根据竞赛形式和场地布局情况，确定滑雪通道的数量、宽度和长度，一般情况下滑雪通道设置相对较长。终点线必须使用有色线条标记清楚，终点线宽度不得超过10cm，在终点线前的10~15m设有一条控制线，选手在通过控制线前不可脱下雪板。

* 工作区域

工作区域是在场地内为竞赛官员、仲裁委员会成员、教练、媒体和服务人员设定的，主要用于确保他们在工作时不会干扰到比赛的进程，以保障比赛的顺利进行。工作区域需要按照国际雪联的相关规定来设立。比如：计时和计算工作区应设置在建筑物内，视野开阔，可以清楚看到起、终点区。在冬奥会、世界滑雪锦标赛、世界青年滑雪锦标赛、世界杯和洲际杯比赛中，工作区域须设在紧邻场地的位置，以便国际雪联官员和仲裁委员会成员可以清楚地看到场内情况。而医疗办公室须设在场地附近有暖气的房间里。

* 准备区域

冬奥会、世界滑雪锦标赛、世界青年滑雪锦标赛和世界杯中，必须在紧邻场地的地方建立一个受控制的队伍准备区，准备区内需配有打蜡房和供打蜡车停放的空间。打蜡房内应设有暖气，且须使用强力空气交换器保证室内通风。供运动员使用的洗手间必须位于场地附近，以便运动员可以从起点区轻松到达。

* 公告板

公告板是用于发布成绩、气温、雪温以及组委会和仲裁委员会重要信息的地方，应靠近打蜡房和场地。公告板必须发布以下时间点的温度信息：出发前两小时、出发前一小时、出发前半小时、出发时、出发后半小时、出发后一小时。当通知赛事和重要信息时，必须使用扬声器来进行宣告。通知来自国外的运动员、教练员和观众时，必须使用英语。

知识窗

你知道什么是雪板打蜡吗？

在滑雪的时候，滑雪板是需要打蜡的，以保护雪板并增加滑行速度，滑雪板打蜡由专业的打蜡师负责。选手在比赛前都会为雪板打蜡，滑雪蜡和打蜡师是滑雪项目的影子功臣。“只有大腕级运动员才配有个人专属打蜡师”。在越野滑雪运动员的军功章里，打蜡师功不可没。

* 雪板打蜡

· 比赛器材 ·

* 比赛器材

越野滑雪比赛器材是保证参赛选手顺利完成比赛的必要装备，选择适合自己的器材可以使选手在比赛中得到更好的发挥。其中包含有：滑雪板、滑雪杖、滑雪蜡、滑雪服、滑雪鞋、固定器、护目镜、手套、帽子等。

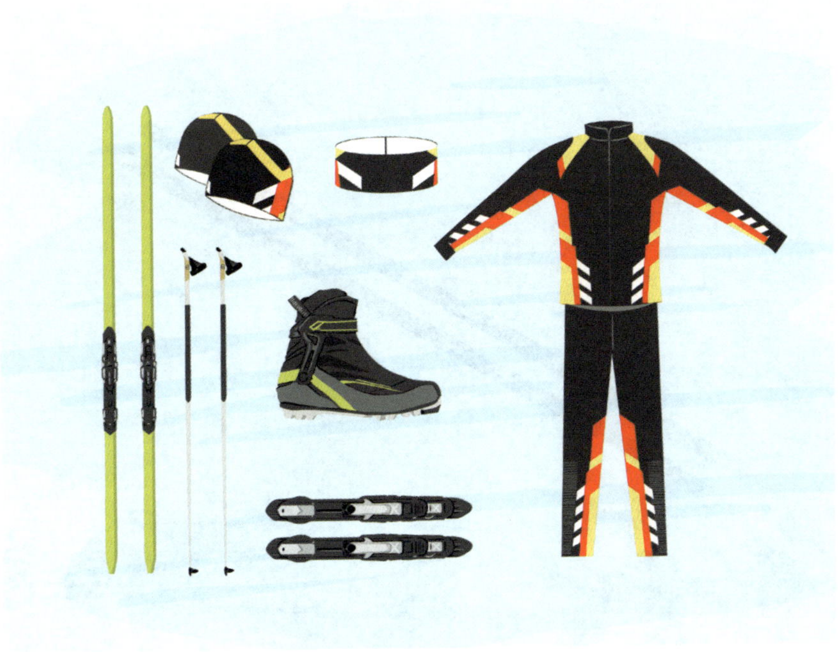

* 器材展示

* 滑雪板

越野滑雪所使用的滑雪板分为自由式技术滑雪板和传统式技术滑雪板，比高山滑雪所使用的雪板要轻，顶端向上弯曲。一般由多层结构组成，主要包括弹性板材、盒型结构、板芯、玻璃纤维复合材料、高分子材料板底、金属边刃等。

自由式技术滑雪板板底非常光滑，从而形成一个较大的涂蜡层，滑行蜡可涂满整个板底。长度的选择标准为在身高基础上增加10~15cm。在选择时还要考虑雪板的张力和体重相适应。

* 自由式技术滑雪板

传统式技术滑雪板具有很明显的弓形弧线，比自由式技术滑雪板稍长。长度的选择标准为在身高基础上增加 30cm，最小长度须比选手的身高短 10cm。板底前 1/3 和后 1/3 使用滑行蜡，中部 1/3 使用防滑蜡。在选择时同样要求雪板的张力和体重相适应。

比赛时，除了为雪板打蜡，帮助滑行外，滑雪板上还需标有相应标记。根据相关规定，为了竞赛的公平，选手从起点到达终点，所用的滑雪板必须带有出发时裁判画上的标记，打上标记是为了预防运动员中途换板。

* 传统式技术滑雪板

知识窗

滑雪板的选择

1. 板芯：板芯主要由不同的木材、玻璃纤维和碳纤维通过不同的排列位置和交错层次组成，并由此产生不同的雪板性能，是决定一块雪板性能最关键的因素。它主要决定了一块板子的重量、弹性和硬度3个主要性能参数。

2. 板面：板面并不是一幅漂亮的图案那么简单，有的品牌采用了防划伤涂层。

3. 板底：主要分2种，一种叫挤压板底，这种板底相对较软，速度自然相对比较慢，但维护和修理比较方便，一般适用于公园板；还有一种叫作烧结板底，这种板底相对较硬，速度很快，但维护和修理相对困难，一般适用于高山板。除了这2种还有很多种混合型板底，从而决定了雪板不同的速度和耐磨程度。

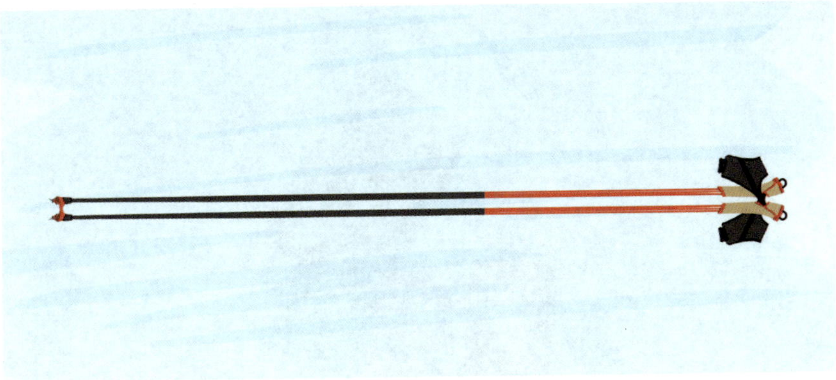

* 滑雪杖

* 滑雪杖

雪杖是滑雪时用来助推前进、控制平衡、引导变向、支撑身体的，一般由木料、竹、合金铝或玻璃钢制成，包括杖杆、杆尖、雪轮、握革等部分。越野滑雪杖的长度也是根据不同的竞赛形式来选择的，一般参照的标准为：传统式技术滑雪杖的长度为使用者身高的 85% 左右，自由式技术滑雪杖的长度为使用者身高的 90% 左右。

知识窗

如何选择合适的滑雪杖？

滑雪杖的选择需要结合越野滑雪技术。在自由式技术中，滑雪杖一般更长、更坚硬，高度应达到滑雪者的下巴或嘴部。在传统式技术中，站立时应保证滑雪杖抵至腋下。

＊ 滑雪蜡

＊ 滑雪蜡

滑雪蜡是一个鲜为人知却科技含量极高的冬奥技术元素，分为滑行蜡和防滑蜡 2 种。正确选择滑雪蜡会极大影响滑行速度。一块越野滑雪板的中间和两头部分需要的滑雪蜡类型不同，通常来说雪板中间要涂上高抓地力的防滑蜡，以保证选手对雪板的控制，增加变速能力；雪板两头需要涂上摩擦力较小的滑行蜡，以增加转弯的灵活性和减少下坡时的阻力。

滑雪蜡的选择取决于气温、湿度、雪况、太阳是否照射等综合气象条件。一般 2~3℃的变化就要更换滑雪蜡，温度越高要求越严。一块竞赛级别的越野滑雪板需要涂上 6~10 层滑雪蜡。有人撰文写过，如果是风和日丽的天气，打蜡师的工作能够帮助越野滑雪运动员提高 5% 的成绩。如果天气不好，运动员的雪板打上了合适的蜡能让运动员的成绩提高 10% 左右。

* 滑雪鞋

滑雪鞋一共分为3种：自由式滑雪鞋、传统式滑雪鞋、双追滑雪鞋。

自由式滑雪鞋：鞋帮应该高出踝骨，以形成一定的支撑，同时要保证踝关节能自如活动，以确保任何时候都能以最佳姿势站在雪板上。

传统式滑雪鞋：在滑传统式技术时，人们通常穿鞋帮较低的鞋。这样既保证了有一定的支撑，同时也能让脚踝有最大的活动范围，从而达到理想的滑雪动作。

双追滑雪鞋：又称“多用鞋”，不受项目技术的限制，适合自由式和传统式两种技术要求。

自由式滑雪鞋　传统式滑雪鞋　双追滑雪鞋

* 滑雪鞋

* 滑雪服

比赛滑雪服装一定要保证身体能自如活动，不能太紧，以有质感、保暖、透气、轻便、舒适为最佳，所有的服装都应该具有高弹性，并应防风、防水良好，易保养，可水洗。

* 滑雪服

＊ 固定器

＊ 固定器

固定器又叫脱离器，是连接滑雪板和滑雪鞋的重要部件，它对运动员的人身安全起着至关重要的保护作用。现代的固定器都具有当运动员摔倒时能自动让雪鞋与滑雪板脱落的功能，以达到保护运动员的目的。越野滑雪的固定器仅固定滑雪鞋的前部，后部不固定，滑雪鞋可以上下蹬踏。

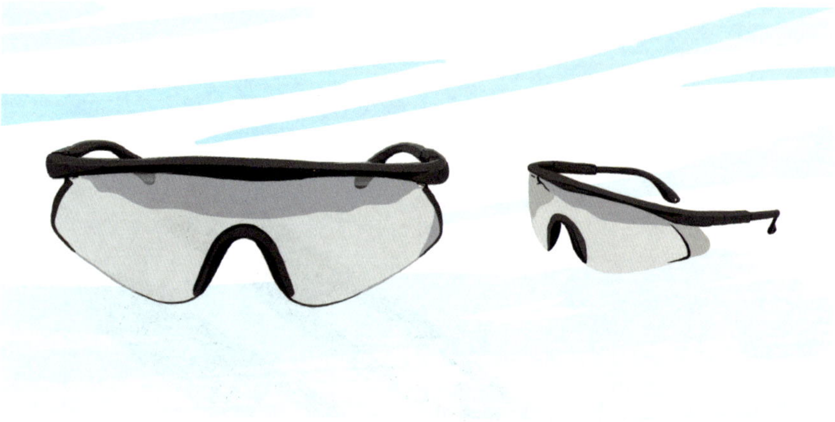

＊ 护目镜

＊ 护目镜

护目镜在比赛中是非常重要的一个装备，一方面用于防止紫外线对眼睛的灼伤及滑行中冷风对眼睛的刺激，另一方面还起到防雾和防霜的作用。

知识窗

戴眼镜的滑雪者如何选择护目镜？

戴眼镜的滑雪者应选择镜框较厚、由软塑料制成的滑雪镜，尽可能佩戴隐形眼镜，或者选配带有矫正镜片的护目镜，这样可防止跌倒后滑雪镜对脸部造成伤害。

＊ 手套、帽子及头巾

＊ 手套、帽子及头巾

越野滑雪需要手撑雪杖进行滑行，这就要求滑雪手套不仅要保暖、防寒，而且要柔软、耐磨、防割伤。滑雪手套一般用天然皮革和合成材料制成，外层面料一定要防水。如果滑行中感觉冷风对脸部的刺激太厉害，可选择戴一个帽子和头巾，再加一个半封闭型雪镜，以有效阻止冷风。

＊ 其他器材

其他器材主要是场地需要的各种维护设备，如压雪车、雪地摩托、铁锹、雪道设置器等，在比赛之中放置在赛场边，用以恶劣天气或线路事故发生时修复赛道。

＊ 压雪机

＊ 雪地摩托

第三章

越野滑雪的项目设置与规则

越野滑雪于 1924 年首次列入冬季奥运会比赛项目。比赛分为男子项目和女子项目，均设有个人、追逐、团队等分项。

·项目设置·

* 项目介绍

国际雪联竞赛规程中规定，冬奥会和世界滑雪锦标赛的竞赛项目包括：间隔出发比赛、集体出发比赛、双追逐比赛、接力比赛、个人短距离比赛和团体短距离比赛共 6 项。每一个竞赛项目分别设有男子和女子比赛，所以冬奥会越野滑雪项目共包含 12 个小项。

* 终点冲刺

* 男子项目

1. 男子项目

间隔出发比赛——男子 15km（传统式技术）

集体出发比赛——男子 50km 集体出发（自由式技术）

双追逐比赛——男子双追逐 15km（传统式技术）+15km（自由式技术）

接力比赛——男子接力 4×10km（2 传统式技术 +2 自由式技术）

个人短距离比赛——男子个人短距离（自由式技术）

团体短距离比赛——男子团体短距离（传统式技术）

* 女子项目

2. 女子项目

间隔出发比赛——女子 10km（传统式技术）

集体出发比赛——女子 30km 集体出发（自由式技术）

双追逐比赛——女子双追逐 7.5km（传统式技术）+7.5km（自由式技术）

接力比赛——女子接力 4 × 5km（2 传统式技术 +2 自由式技术）

个人短距离比赛——女子个人短距离（自由式技术）

团体短距离比赛——女子团体短距离（传统式技术）

＊ 技术展示

＊ 技术特点

很长的一段历史中越野滑雪只使用“传统式”技术，即 2 个滑雪板都要停留在准备好的雪槽里。滑雪者在每个雪板的底部打防滑蜡和滑行蜡，防滑蜡在上坡环节起抓雪作用，滑行蜡助力滑雪者下坡和穿过平坦或起伏的地形。

1982 年国际雪联首次官方 FIS 世界杯赛季期间，来自美国的威廉·科赫推广了“滑冰”技术（被称为“自由式”，与“传统式”相对应）。自由式技术首先为斯堪的纳维亚半岛的长距离滑雪者所使用，他们使用一边的滑雪板在赛道里滑行，使用另一边进行侧滑加速。这种自由式技术要快于传统式，并最终演变为现在常见的非雪槽路线滑行方式。

＊ 传统式技术

＊ 技术要求

1. 传统式技术

传统式技术又称为古典式技术，包括交替式滑行技术（带杖二步交替式、徒手二步交替式）、双臂同时推进式滑行技术、跨一步同时推进式滑行技术、原地踏步转弯式滑行技术、半梨式转弯、双板平行转弯，以及直线滑降、斜线滑降、横向滑降、梨式滑降等。

在滑行过程中，不允许有单脚或双脚蹬冰（即侧蹬）的动作。只要技术正确，滑行时可在预先压好的雪槽里滑行，也可在无雪槽线路上滑行。

* 自由式技术

2. 自由式技术

自由式技术涵盖传统式技术和蹬冰式技术。蹬冰式技术包括徒手蹬冰技术、两步一撑蹬冰技术、一步一撑蹬冰技术等。自由式技术动作没有限制，在雪道上滑行可以随意使用任何技术。

· 竞赛规则 ·

* 间隔出发比赛

间隔出发比赛是指每名运动员在其指定的时间出发，其最终比赛成绩由结束时间和出发时间之差确定。

比赛时必须采用间隔出发程序。间隔出发比赛的间隔时间通常为 30 秒，个人短距离资格赛的间隔时间为 15 秒。可以批准缩短或延长出发间隔时间。出发命令可以通过口头或声音信号发出。运动员双脚必须站立在起点线后面。滑雪杖必须放置在起点线或出发门前。

成绩计时与报名

如果有 2 名或多名运动员滑行所用时间相同，则他们的成绩与排名为并列，出发号码靠前的运动员将排在最前面。

根据《国际雪联竞赛规则》，间隔出发比赛允许使用替补，替补选手的出发位置由仲裁委员会决定，但是也须视具体情况而定。抽签结束后，如因受伤、疾病等无法参加比赛，得到批准后，方可使用替补运动员。在这种情况下，必须有医师出具的证明材料，并最晚在赛前 2 小时汇报仲裁委员会。

如果运动员在热身期间发生意外，在经组委会医疗和安全服务主管证实后，仲裁委员会可以在赛前批准使用替补运动员。如果退出的运动员被抽到接受兴奋剂检查，则其仍须接受检查，且其替补运动员也要接受兴奋剂检查。如果退出的运动员检查结果为阳性，则不允许其使用替补。

* 间隔出发比赛

* 集体出发比赛

集体出发比赛中，所有运动员同时出发，最终成绩由到达终点的先后顺序确定。赛道沿途不应存在任何可能导致拥堵的因素。如果比赛允许更换雪板，需在指定换板区进行，并保证不更换雪板运动员的滑行距离短于更换雪板的运动员。

比赛时必须采用集体出发程序，使用箭头形的出发线组织比赛。运动员之间应按固定的距离间隔分开站立。出发号码通常由抽签决定，偶数号码的运动员位于箭头右侧，奇数号码的运动员位于箭头左侧。1号运动员在中间占据最有利的出发位置，然后是2号运动员，以此类推。号码标记牌应放置在雪槽的右侧或中间。集体出发的出发程序应在出发信号发出前2分钟开始。此时，应向集中在出发道的所有运动员进行出发说明。说明应在运动员按指令站立到其出发位置后停止。随后给出“倒计时1分钟预告”，接着给出“倒计时30秒”的指令。当所有运动员静止不动、准备就绪时，发出出发命令或信号。不允许运动员在出发线后30~50m的标记通道内随意变更滑行雪槽。

成绩计时与报名

通常，集体出发比赛适用套圈规则。在追逐比赛、双追逐比赛、集体出发比赛、团体短距离比赛和接力比赛中，被套圈或被竞赛官员停止比赛的选手或队伍必须放弃比赛。停止比赛的选手或队伍在最终成绩单中的排名（无时间成绩）是依据其在停止比赛前的上一个中途计时点的排名确定的。

根据竞赛规则，集体出发比赛允许使用替补。如果替补运动员的国际雪联积分与被替补运动员积分相同或更高，则替补运动员必须从被替补运动员应在位置出发。如果替补运动员国际雪联积分较低，则其必须从队尾位置出发，被替补运动员的原有出发位置将保持空缺。替补运动员需使用被替补运动员的出发号码。

* 集体出发比赛

* 双追逐比赛

双追逐比赛中，所有运动员也是同时出发，采用集体出发程序，比赛中须有换板区。运动员在第一部分使用传统式技术滑行，之后必须在场地换板区更换雪板，然后在第二部分使用自由式技术继续滑行。

成绩计时与报名

与集体出发比赛一样，通常，双追逐比赛适用套圈规则，根据《国际雪联竞赛规则》允许使用替补。

* 双追逐比赛

* 接力比赛

接力比赛中的接力队伍由 3~4 名参赛选手组成，每名参赛选手只能滑行一个棒次。在冬奥会、世界滑雪锦标赛、世界青年滑雪锦标赛和世界杯赛中，接力队伍是由 4 名选手组成的，前 2 棒选手需在传统式技术赛道上使用传统式技术滑行，后 2 棒选手需在自由式技术赛道上使用自由式技术滑行。

接力比赛必须采用集体出发程序，出发号码通常由抽签决定。每个棒次选手的出发号码应使用不同的颜色进行区分。对于冬奥会、世界滑雪锦标赛和世界杯比赛，第 1 棒号码布颜色为红色，第 2 棒号码布颜色为绿色，第 3 棒号码布颜色为黄色，第 4 棒号码布颜色为蓝色。

成绩计时与报名

当选手通过中途计时线时，获取其滑行的中途成绩，并以其通过的时间点作为下一棒选手的出发时间。接力队伍的比赛总时间，是指从第一名选手出发到最后一名选手通过终点线所用的时间。最后一棒选手通过终点的时间，即为队伍的比赛成绩。通常，接力比赛适用套圈规则。实际参赛选手名单及棒次顺序需要在领队会议召开前 2 小时交给赛事组织方。根据《国际雪联竞赛规则》，允许使用替补。使用替补时不得变更选手的出发棒次顺序，箭形出发网格上队伍的出发位置保持不变。

* 接力比赛

* 个人短距离比赛

个人短距离比赛首先进行资格赛，资格赛采用间隔出发的形式。在资格赛后，合格的选手将进入短距离决赛圈，采用淘汰赛制，即分组淘汰的方式。资格赛和分组决赛使用的赛道应当为同一条赛道。部分赛道的设计必须为直线，且具有足够的宽度和长度，使选手具备超越的可能性。

成绩计时与报名

冬奥会、世界滑雪锦标赛、世界青年滑雪锦标赛和世界杯比赛的短距离资格赛轮次和分组赛轮次，开始和结束的时间应精确到 1/1000 秒，最终成绩应精确到 1/100 秒。资格赛环节必须采用间隔出发程序，间隔出发时间可以是 10 秒、15 秒、20 秒、30 秒。如果资格赛滑行 2 圈赛道，则可以采用间隔分批出发。决赛分为 1/4 决赛、半决赛和总决赛环节，必须使用分组出发程序。根据《国际雪联竞赛规则》，个人短距离比赛允许使用替补。与其他竞赛形式中报名—替补环节不同的是，替补运动员的出发位置由仲裁委员会决定。

＊ 个人短距离

* 团体短距离比赛

团体短距离比赛由 2 名选手接力进行，每名选手轮流滑行 3~6 个棒次。在官方邀请函中必须公布比赛的棒次数和每棒次的滑行距离。

团体短距离比赛必须采用集体出发程序。

部分赛道的设计必须为直线，要具有足够的宽度和长度，使运动员具备超越的可能性。雪板准备区必须靠近交接区。由仲裁委员会决定每队服务人员数量和打蜡台使用事宜。

成绩计时与报名

冬奥会、世界滑雪锦标赛、世界青年滑雪锦标赛和世界杯团体短距离比赛中，半决赛和决赛的开始和结束时间应精确到 1/1000 秒，最终成绩应精确到 1/100 秒。通常，团体短距离比赛适用套圈规则。

实际参加比赛的运动员名单及棒次顺序必须在领队会议召开前 2 小时交给赛事组织方。根据《国际雪联竞赛规则》，允许使用替补。替补运动员的出发位置必须与被替补运动员在队伍中的出发位置相同。队伍内的出发次序不得改变。如果使用替补，则队伍将失去其原定的出发位置，必须从队尾位置出发。在队尾位置的出发棒次顺序与原来出发棒次顺序相同。原定的出发位置保持空缺。

* 团体短距离比赛

知识窗

什么是套圈规则？

套圈，也叫扣圈，就是在集体比赛的时候，比赛中速度较快的参赛选手超越较慢的选手一整圈。而所谓套圈规则，就是如果被套圈，被套圈的选手将会被罚下场，被迫中止比赛。

第四章

越野滑雪的冬奥人物故事

越野滑雪比赛是在野外白雪茫茫的雪道中进行的，参赛选手不仅需要充沛的体能，更需要坚强的意志。这也是对体育精神充分的诠释。

·玛莉·比约根·

＊ 越野滑雪女王

玛莉·比约根，出生于1980年3月，是挪威越野滑雪传奇名将中最典型的代表人物之一。从2002年盐湖城冬季奥运会开始，玛莉·比约根连续参加了5届冬季奥运会，她在冬奥会的历史上获得了8金、4银、3铜一共15枚奖牌，并超越了冬季两项名将比约达伦8金、4银、1铜的成绩，成为冬奥会获得奖牌数量最多的选手。

＊ 玛莉·比约根（一）

2002年盐湖城冬奥会上，22岁的比约根与队友获得了越野滑雪接力赛项目的银牌，她也因此第一次站上了冬奥会的领奖台。这枚银牌成为她冬奥传奇的起点。2006年都灵冬奥会上，比约根在女子10km古典赛中，再次夺得银牌。可在赛后她却流下了泪水。或许，这枚银牌对她来说，还远远不够。

转眼，比约根来到了2010年温哥华冬奥会惠斯勒的赛场上，这也是她参加的第3届冬奥会。在这届冬奥会上，幸运女神终于开始眷顾，在比赛中比约根发挥出色，共夺得3金、1银、1铜5枚奖牌，此届冬奥会也成为她职业生涯的高光时刻。

2014年，比约根34岁，这位名副其实的“老将”在索契冬奥会上续写着属于她的传奇，夺得了15km、30km以及集体出发项目的3枚金牌，此时她的冬奥会奖牌数量已经达到10枚，追平了意大利的贝尔蒙多和俄罗斯选手斯蒙塔妮娜保持的纪录。

岁月的流逝并没有使比约根感到迟暮。在2018年平昌冬奥会上，已经38岁的比约根再次交出了一份令自己满意的答卷。在比赛中她力挫强敌，又一次将2金、1银、2铜共5枚奖牌揽入怀中，追平了自己在2010年温哥华冬奥会上的纪录。

在赢得30km的比赛后接受采访时她说：“当我回首往事，看到我所做的一切时，真是难以置信。我的职业生涯非常精彩。这是我的最后一场比赛，能以这样的方式结束比赛真是太棒了。”值得我们思考和尊敬的是，这样两个成绩出现的时间竟然整整相差了8年。一个运动员的竞技水平和状态能够保持到这种程度，可以想象她在背后付

* 玛莉·比约根（二）

出了多少个日日夜夜，有多少不为人知的故事和刻苦的训练。正是因为有这样优秀的运动员代表，才展现出了人类向极限挑战的坚持，也充分诠释了奥运的精神。

比约根于 2018 年 4 月 6 日在挪威锦标赛上最后一次亮相，并宣布她不再有“为参加下一个赛季拼尽全力的动力”。2018 年平昌冬奥会已成为她冬奥旅程的终点，但她在冬奥赛场上的拼搏精神依然值得我们每个人去尊重。

·克里斯·弗里曼·

* 天才选手

克里斯·弗里曼，1980 年 10 月 14 日出生于美国康科德城，作为获得过 16 次全国冠军和参加过 4 届奥运会的选手，弗里曼是美国最成功的越野滑雪运动员之一。可以说他是该项目中的一位天才选手。

滑雪运动员通常在 30 岁时才能达到运动的巅峰状态，而他在 25 岁时就已经获得了 4 次美国冠军，连续 5 次摘取世界杯冠军，在越野

* 克里斯·弗里曼（一）

滑雪项目中排名世界第一。然而谁又能想到，这样优秀的一名运动员，竟然是一位已经有多年病史的Ⅰ型糖尿病患者。

弗里曼说，在他能说出“滑雪”这个词之前，他的父母就已经是越野滑雪运动员了。5岁时，弗里曼参加了他的第一场滑雪比赛，并与一位私人滑雪教练开始合作。在19岁时，他已经赢得了全国少年比赛，并参加了3次世界少年锦标赛。也正是在这一年，弗里曼“迎来了”人生的第一道坎，他在被美国滑雪队邀请在犹他州的帕克城进行全职训练的同时，被诊断出患有Ⅰ型糖尿病。医生告诉他说，也许以后他将永远都无法从事这项体育运动了。

* 为梦想而努力

“我的梦想动摇了吗？”弗里曼问自己。“我不能就这样停下来，病症不可以使我从雪场走开！”他回答道。为了能够继续梦想，弗里曼走遍了全国与病友进行交流取经，还因此还结识了很多小病友，他们对生活的乐观态度深深感动和影响了他。

为了能够继续参加比赛，根据病情弗里曼开始了有计划性的训练。此时的他一边学习血糖管理，一边保持着严格的训练。弗里曼开始研究食物和胰岛素对血糖的影响，他说：“不害怕的方法就是尽可能多地去了解它。”在训练最为艰苦的时候，弗里曼每天吃5餐。每次的训练和比赛前，弗里曼还会吃一根能量棒，用来帮助他在比赛中恢复体力。每天他还需要注射6~10针胰岛素来稳定病情，睡前还要注射长效胰岛素。即便是这样，弗里曼也从不会把糖尿病当作是比赛失利

★ 克里斯·弗里曼（二）

的借口。因为训练和比赛的需要，弗里曼经常要在不同城市居住和不同的时间来回飞行，所以在之前的诊治中，弗里曼整整花了一年的时间才准确得出胰岛素的用量。经过不懈的努力，弗里曼的付出终于得到了回报，在接下来的比赛中，他共赢得了 15 次全国锦标赛，2 次在世界锦标赛中名列第 4。他战胜了病魔的阻碍，最终实现了自己的梦想。

我们再来看看他的冬奥之旅。2002 年，弗里曼忍着疾病的折磨，踏上了盐湖城冬奥会的赛场，参加了 4 个项目的比赛。2006 年，他又参加了都灵冬奥会 3 个项目的比赛。虽然两届冬奥会他都没能拿奖，但是他都坚持完成了比赛。

到了 2010 年温哥华冬奥会，弗里曼的事迹已成为最鼓舞人心的故事之一。在没有团队资助的情况下，他依然出现在了冬奥会的赛场上，并参加了 3 个项目。虽然表现不尽如人意，其中 50km 集体出发比赛没有完成，但此时的他仍然处于职业的顶峰，他依然是美国 50km 越野滑雪的冠军。在接下来的 2014 年索契冬奥会上，弗里曼继续参加了 3 个项目，均完成了比赛。

他的 4 届冬奥会经历充分证明，一名糖尿病患者完全可以继续从事对有氧耐力要求比较高的项目，这也是弗里曼的执着和坚持的写照，是对体育精神的诠释。正如弗里曼所说：“我对糖尿病的管理有着前所未有的自信。”

教练波登斯特勒这样评价他的弟子：他是一位有竞争力的年轻人，在这个世界上从来没有人在患这么严重的病症下，还可以获得这样出色的成绩。

· 佩特拉 · 玛基迪奇 ·

* 奥运星光

佩特拉·玛基迪奇，1979 年 12 月 22 日出生于斯洛文尼亚共和国的卢布尔雅那，是一名优秀的越野滑雪运动员。她的最佳成绩主要集中在传统式技术个人短距离比赛。在她赢得的 20 个世界杯冠军中，16 个为个人短距离赛冠军。她还是斯洛文尼亚历史上第一位在世界锦标赛上获得奖牌的运动员，也是斯洛文尼亚第一位获得世界杯冠军的运动员，并因此获得了奥林匹克奖章。集各种荣誉于一身的她还有一个令人动容的故事，那就是被人熟知的惠斯勒“铁血”。

* 佩特拉 · 玛基迪奇（一）

从揭幕开始，2010 年温哥华冬奥会就已经天然地被分为 2 个部分——冰天雪地的惠斯勒、郁郁葱葱的温哥华。2010 年 2 月 17 日在惠斯勒，斯洛文尼亚越野滑雪选手玛基迪奇跟其他运动员一样在进行个人短距离的热身赛，但不知道是什么原因，玛基迪奇突然滑出了赛道，滑入了一个 3 米深的河沟，身体重重撞上了石堆，雪杖也被折断。此时的她艰难地从水沟里爬了出来，并推开医疗救护人员，要求回去继续训练。“我当时走不了路，我无法移动，甚至无法呼吸。”玛基迪奇如此描述她当时的情况。但不可思议的是，她仍然可以滑雪。排位赛后她因疼痛倒下，被紧急送往医院接受检查。大概很多人都会怀疑玛基迪奇的话是否有些夸张，但当你得知她的检查结果时，你肯定

* 佩特拉·玛基迪奇（二）

不会再有质疑。检查结果是：4 根肋骨骨折，肺叶萎陷，还伴有气胸。就是在这种身体接近“半残”的情况下，她居然奇迹般地赢下了四分之一决赛、半决赛，最后拿到了铜牌。这是 16 年来斯洛文尼亚获得的第一枚个人冬奥会奖牌，但在赛后的“献花仪式”上，她已经站立不稳。这让其他运动员、工作人员和媒体对她惊人的勇气赞不绝口。她获得的虽是一块铜牌，但却胜似一块镶有钻石的金牌。

赛后两天，斯洛文尼亚总统达尼洛·图尔克授予了她“服务金奖”。2 月 26 日，佩特拉·玛基迪奇和乔安娜·罗切特两位奥运选手获得著名的特里·福克斯奖，其目的是表彰在 2010 年奥运会上以勇气、谦逊和非凡的运动能力感动了世界的奥林匹克人。

发生在玛基迪奇身上的“神奇”故事让我们更深刻感受到让“可能”发生所需要的勇气和毅力。你能想象 4 根肋骨骨折、肺叶萎缩的人还能继续比赛并夺得奖牌吗？玛基迪奇就做到了。这就是体育的无穷魅力——不可预知，一切皆有可能。

玛基迪奇的事迹让我们读懂坚强，而正是因为有了这许许多多充满无限可能的赛场故事，才让运动员经历更多的人生历练，也让“体育”的内涵更加丰富，让奥运会的比赛更加精彩。

·满丹丹·

* 中国越野滑雪领军人物

满丹丹，1989 年 5 月出生于黑龙江省哈尔滨市，中国越野滑雪队前队长，是我国优秀的女子越野滑雪运动员。获得过黑龙江省三八红旗手、十大杰出青年。曾代表中国参加越野滑雪比赛，并多次获得世界冠军。

* 满丹丹（一）

虽然从小生长在东北，冰雪对满丹丹来说并不算稀奇，但她也从没想到过有一天会与越野滑雪结下不解之缘。有一次，还在读小学的她，去附近村落举办的运动会上代替别人参加比赛。她的机灵、好动，以及在运动会上活跃的表现，当时就被一名有心的教练发现。2001 年，她被这名教练推荐去了虎林市体校，开始了越野滑雪生涯。

学习越野滑雪需要从小就开始练习，所以她 12 岁才开始学习已经比较晚了。但是，凭借着对这项运动的热爱及顽强的毅力，满丹丹坚持了下来。每年的冬季她都坚持进行各种雪上的训练，并在其他季节进行体能、力量和轮滑的训练。就这样一步步，她从黑龙江省队走向国家队，最终成为中国女子越野滑雪队运动员并代表中国征战国际赛场。

2008 年 12 月 31 日，对于满丹丹来说，是值得纪念的一天。在 2008/2009 赛季国际雪联越野滑雪中国巡回赛长春站女子短距离赛中，满丹丹发挥出色，获得了自由项目的冠军。在 2017 年日本札幌举行的亚洲冬季运动会上，满丹丹夺得女子 1.4km 个人短距离传统式冠军，这也是我国在此届亚冬会上取得的第 1 枚金牌。“我没怎么想，只是专注于比赛。作为一名退伍军人，我想为我的年轻队友树立一个好榜样，无论结果如何，我都会尽我最大的努力。”赛后满丹丹说道。

作为中国越野滑雪的领军人物，满丹丹此前曾参加过 2006 年、2010 年和 2014 年 3 届冬奥会，职业生涯的最好成绩是 2007 年世界杯上的第 8 名，这也是中国越野滑雪选手在国际赛场上获得的最好成绩。2018 年 4 月 13 日，满丹丹宣布退役，在首都体育学院做了一名冰雪运动方面的老师。

* 满丹丹（二）

她说："我做老师，是想推广越野滑雪这个项目。我现在教课，也是为中国冰雪运动储备人才。"与在赛场上不同的是，满丹丹现在将更多的精力放到了如何教学上。"我觉得这也是为中国冰雪运动培养人才，跟当运动员差不多。"满丹丹在接受记者采访时表示，"希望更多的新人能把我挤下去。"面对即将到来的 2022 年北京冬奥会，她希望能有更多的新人取得更好的成绩，也希望能多举办几次夏季越野滑雪比赛。她还表示："如果国家需要，我将会义不容辞地复出。"

第五章

越野滑雪的欣赏点与观赛礼仪

越野滑雪在冬奥会竞赛项目中时间是最长的，所以非常考验运动员的意志和体能，它是一项完美展现运动员力量、耐力和运动精神的比赛，因此有着很高的观赏性。

· 比赛欣赏点 ·

* 学会欣赏

越野滑雪竞赛用时较长，对体能的消耗也位列冬奥会运动项目榜首。在野外茫茫的白雪中进行比赛，非常考验参赛选手的意志和体能储备。它是一项完美展现运动员力量、耐力和运动精神的冬季竞赛项目，在冬奥会这种世界级的比赛中具有很高的观赏性。

* 观看比赛

1. 欣赏技术

目前越野滑雪分为传统式技术和自由式技术，在冬奥会赛场上两种技术轮流使用，其实二者有很大的区别。在传统式越野滑雪中，两个滑雪板保持与滑行方向平行，滑雪者“跨步”前进，与走路类似。只是在滑雪时，使用雪杖产生推力，通过每次跨步滑行一段距离。自由式技术则更像是滑冰或滚轴溜冰，是通过滑雪板向侧后方施加压力，以获得反作用力，从而向前移动，然后将滑雪板放平向前滑行。

2. 欣赏运动员的意志品质和体育精神

体育比赛的最大魅力在于永恒的竞争。在遵循规则的情况下，公平的、和平的竞争不仅可以真实地反映出参赛选手的实力，还可以体现参赛选手的品质。在运动场上无论是总统还是平民，无论是明星还是士兵，都要站在同一起跑线上，听从同一声号令，没有尊卑之分。比赛的另一个魅力在于不停地追求与超越，它追求着人类的健美、完善、聪慧和愉悦，还追求着人类社会的友谊、和平、公正和进步；在竞赛中，参赛选手一次次地挑战着人类的生理极限，用更快、更高、更强的方式超越着自我。运动员们你追我赶的拼搏精神、勇敢坚毅及刻苦耐劳的优良品质，也是值得我们欣赏的。

3. 欣赏比赛的结果

虽然“重在参与”是人们普遍认可的体育信念，但对比赛结果的欣赏，无疑能让人获得一种满足感与成功感。正是因为比赛结果存在悬念，才使得更多的人可以有耐心看完每场比赛。在每一次即将产生结果的时刻，观众都会情不自禁地屏息无声、陶醉其中，在心中暗暗地为运动员加油。而当运动员以其娴熟优美的姿态越过终点线那一刻，观众会从心底发出一种宽慰的欢呼，获得一种精神上的满足与升华。

而作为一名优秀的观众，要想在越野滑雪比赛中懂得欣赏，就需了解项目的演变历史和发展现状、比赛方法和比赛规则、比赛队员的技术特点和技术风格等。这样才能不断提高自己的欣赏水平，获得高质量的精神享受。

* 比赛中的选手

· 观赛礼仪 ·

* 文明观赛

在观看越野滑雪比赛时，观众应在开赛前提前入场，并在指定区域内观赛，不得出入比赛区，不得翻越护栏，以免干扰运动员比赛。进入赛场后，应自觉关闭手机铃声，不使用带有闪光灯的照相设备，不随意走动，不损坏公共设施，不乱扔废弃物。观看比赛时，应举止得体、行为理智，不大声喧哗，不吸烟，不吃带响声的食物。无论胜负，对所有参赛运动员的精彩表现都应报以热烈的掌声，予以鼓励。比赛结束后，在颁奖过程中升国旗、奏国歌时，观众应肃静起立，对于各国的国旗、国歌，都应同样尊重。离场时，应该保持环境整洁，并将随身垃圾带离。文明的观赛礼仪不仅是个人优良素质的体现，同样也表达了对各参赛选手的尊重。

附录　跟我学

（中英文对照）

中文	英文
国际雪联	International Ski Federation
中国滑雪协会	Chinese Ski Association
世界滑雪锦标赛	World Ski Championships
世界青年滑雪锦标赛	Junior World Ski Championships
洲际杯	Continental Cup
组织委员会	Organising Committee
技术代表	Technical Delegate
助理技术代表	Assistant Technical Delegate
仲裁委员会成员	Jury Members
国际雪联竞赛主任	FIS Race Director
国际雪联竞赛主任助理	FIS Race Director Assistant
国家助理技术代表	National Assistant TD
竞赛长	Chief of Competition
助理竞赛长	Assistant Chief of Competition
竞赛秘书	Competition Secretary
赛道主管	Chief of Course
场地主管	Chief of Stadium

续表

中文	英文
控制和竞赛安全主管	Chief of Control and Competition Security
计时和数据处理主管	Chief of Timing and Data Processing
医疗和救援服务主管	Chief of Medical and Rescue Services
媒体主管	Chief of Media
点名	Roll Call
报名	Entry
抽签	Draw
替补	Substitution
出发号码	Start Numbers
会议记录	Minutes
雪板测试	Ski Testing
传统式技术	Classical Technique
自由式技术	Free Technique
雪板	Ski
雪杖	Poles
雪鞋	Boots
雪镜	Goggles
起点区	Start Zone
终点区	Finish Zone
换板区	Pit Box

续表

中文	英文
交接区	Exchange Zone
间隔出发比赛	Interval Start Competitions
集体出发比赛	Mass Start Competitions
个人短距离比赛	Individual Sprint Competitions
追逐比赛	Pursuit Competitions
双追逐比赛	Skiathlon Competitions
团体短距离比赛	Team Sprint Competitions
国际雪联积分	FIS Points
超越	Overtaking
套圈	Overlapping
处罚	Sanctions
暂停参赛	Competition Suspension
罚时	Time Penalty
口头警告	Verbal Reprimand
书面警告	Written Reprimand
抗议	Protests
申诉	Appeals
取消资格	Disqualification
未出发	Did Not Start
未完成	Did Not Finish

青少年冬奥知识普及丛书

空中飞鹰
跳台滑雪

朱丹◎主编　鹿志海◎副主编

新世界出版社
NEW WORLD PRESS

图书在版编目（CIP）数据

空中飞鹰：跳台滑雪 / 朱丹主编．-- 北京：新世界出版社，2021.5
（青少年冬奥知识普及丛书）
ISBN 978-7-5104-6986-2

Ⅰ．①空… Ⅱ．①朱… Ⅲ．①跳台滑雪—青少年读物 Ⅳ．① G863.12-49

中国版本图书馆 CIP 数据核字 (2019) 第 284255 号

空中飞鹰　跳台滑雪

主　　编：朱　丹
责任编辑：王峻峰
责任印制：王宝根
出　　版：新世界出版社
网　　址：http://www.nwp.com.cn
社　　址：北京西城区百万庄大街 24 号（100037）
发 行 部：(010)6899 5968（电话）　(010)6899 0635（电话）
总 编 室：(010)6899 5424（电话）　(010)6832 6679（传真）
版 权 部：+8610 6899 6306（电话）　nwpcd@sina.com（电邮）
印　　刷：小森印刷（北京）有限公司
经　　销：新华书店
开　　本：880mm × 1230mm 1/32　　尺寸：145mm × 210mm
字　　数：69 千字　　印张：2.875
版　　次：2021 年 5 月第 1 版　2021 年 5 月第 1 次印刷
书　　号：ISBN 978-7-5104-6986-2
定　　价：398.00 元（全 15 册）

—北京2022年—

《青少年冬奥知识普及丛书》编委会名单

青少年冬奥知识普及丛书
（分册名录）

1.《冰上之箭——速度滑冰》

2.《冰上极速——短道速滑》

3.《冰上芭蕾——花样滑冰》

4.《勇敢者游戏——冰球》

5.《冰上象棋——冰壶》

6.《雪上马拉松——越野滑雪》

7.《空中飞鹰——跳台滑雪》

8.《全能高手——北欧两项》

9.《雪山飞人——高山滑雪》

10.《雪中舞蹈——自由式滑雪》

11.《雪上冲浪——单板滑雪》

12.《雪地猎人——冬季两项》

13.《冰上之舟——雪车》

14.《冰中鱼雷——钢架雪车》

15.《雪中跑车——雪橇》

总序

随着2018年平昌冬奥会的圆满落幕，北京接过了冬奥会的会旗，标志着冬奥会正式进入了“北京时间”。北京将成为世界上第一个既举办过夏季奥运会，又举办冬季奥运会的“双奥”城市。

2022年北京冬奥会是我国重要历史节点的重大标志性活动，是展现国家形象、促进国家发展、振奋民族精神的重要契机。我们要深入学习贯彻习近平同志关于筹办北京冬奥会和发展冰雪运动的重要指示精神，全力做好冬奥会各项筹办工作，特别是做好冬奥会备战工作，加快冰雪运动的普及，实现冰雪运动跨越式发展。为做好北京冬奥会筹办工作，广泛传播奥林匹克文化、弘扬奥林匹克精神，2018年1月30日，教育部、国家体育总局会同北京冬奥组委共同制订了《北京2022年冬奥会和冬残奥会中小学生奥林匹克

教育计划》。该计划提出将奥林匹克教育纳入学校常规教育教学工作、开展冬季奥林匹克教育文化活动、开展冬季奥林匹克交流活动、组织冬季奥林匹克教育课程资源研发等主要工作任务。作为加强奥林匹克教育传播和推动冰雪运动开展的重要措施，北京市教委在 2019 年推出了“奥林匹克教育成果创编及展示”系列项目，将由北京市教委主编、首都体育学院统筹完成的《青少年冬奥知识普及丛书》呈现给广大青少年朋友。

本套丛书从冬季奥林匹克运动项目入手，结合青少年身心特点，以图文并茂的方式介绍 2022 年北京冬奥会的 7 个大项 15 个分项内容，邀请了包括王春露、刘秋宏、满丹丹等在内的知名世界冠军、亚洲冠军及冬季运动项目专家参与编写。本套丛书每本各分五章，从项目起源与发展、比赛场地与器材、项目设置与规则、冬奥人物故事和观赛礼仪等方面进行讲述，旨在推动北京市中小学奥林匹克教育的发展和冰雪运动的普及，促进中小学生奥林匹克知识的学习和实践，强化中小学生参加体育锻炼的习惯，营造全社会关心关注冬奥会的良好氛围，引导民众感受冰雪运动的美丽、激情和感动。

特别鸣谢北京市教育委员会、首都体育学院领导以及广大冰雪运动专家给予的鼎力支持与帮助。由于编写时间及编者能力有限，书中有不当之处，敬请谅解。希望广大青少年读者通过阅读本套丛书，能够感受冬季奥林匹克运动项目的魅力，了解冬季运动项目知识。

Beijing's taking over the flag of 2022 Olympic Winter Games at the closing ceremony of Pyeongchang 2018 Olympic and Paralympic Winter Games marks that the Olympic Winter Games is officially entering "Beijing time", and Beijing is set to become the first city in the world to have hosted both the summer and winter Olympic Games.

The Beijing 2022 Olympic and Paralympic Winter Games, a significant landmark event in the important historic time of China, is an important opportunity to show national image, promote national development and inspire national spirit. Thus, it is a must to thoroughly study and implement the spirit of President Xi Jinping's important instructions for the preparation of the Games and the development of winter sports, and try our best to make well-organized arrangements for the Olympic Winter Games, especially the preparation for sports competitions, so as to accelerate the popularization of winter sports and achieve leapfrog development of winter sports. In order to make a good preparation for the Games, widely spread Olympic culture and carry forward Olympic spirit, the Ministry of Education of China, General Administration of Sport of China and Beijing Organising Committee for the 2022 Olympic and Paralympic Winter Games jointly issued *The Olympic Education Plan for Primary and Secondary School Students of Beijing 2022 Olympic and Paralympic Winter Games* on January 30, 2018, in which several main tasks are tabled as follows: incorporating Olympic education into regular schooling, carrying out educational and cultural activities for Winter Olympics,

conducting exchange activities for Winter Olympics, and organizing research and development of Winter Olympics educational curriculum resources. As an important measure for enhancing Olympic education and promoting the development of winter sports, Beijing Municipal Education Commission launched a series of projects of "the Creation, Adaptation and Exhibition of Olympic Education Achievements" in 2019, and the *Winter Olympic Knowledge for Teenagers* prepared by Beijing Municipal Education Commission with the coordination of Capital University of Physical Education and Sports will be presented.

Based on the Olympic winter sports and considering the physical and mental characteristics of teenagers, this series of illustrated books introduces 15 sports disciplines of the 2022 Winter Olympics which are categorized into 7 main categories. This series of books are compiled by Wang Chunlu, Liu Qiuhong, Man Dandan and other famous world champions, Asian champions and experts in winter sports. Each book of the series introduces one sport from five perspectives, which are the origin and development, venues and equipment, events and rules, stories of Winter Olympic athletes and spectator's etiquette respectively. It aims to promote the Olympic education for elementary and secondary students in Beijing, popularize winter sports, facilitate the learning of Olympic knowledge and develop a good habit of taking part in physical exercises. Furthermore, it also aims to help create a sound atmosphere where the whole society cares for and pays attention to the Olympic Winter Games, and lead people to enjoy the amazing, moving and exciting beauty of winter sports.

Special thanks go to the leaders of Beijing Municipal Education Commission and Capital University of Physical Education and Sports and the experts in winter sports who presented their great support and assistance. Please accept a sincere apology for any deficiency of these books due to limited time for preparation and limited ability of the authors. It is hoped that teenage readers could enjoy the charm of Winter Olympic sports and know more about winter sports through this series of books.

分序

跳台滑雪是冬奥会滑雪竞赛项目之一，是利用自然山形建成跳台，然后进行比赛的一项运动。由于跳台助滑道的角度及起跳端的仰起角度等不同，加上气温、风向、风力及雪质等自然条件的差异，跳台的性能也就随之变化。因此，跳台滑雪比赛只有最好成绩，而没有世界纪录。

在跳台滑雪比赛中，参赛选手脚踏专用滑雪板，不借助任何外力，从起滑台起滑，在助滑道上获得高速度后，于台端飞出，身体前倾与滑雪板成锐角，沿抛物线在空中飞行，在着陆坡着陆后，继续滑行至停止区即比赛完成。

这本《空中飞鹰——跳台滑雪》科普读物，以专业视角和大众语言介绍了跳台滑雪的起源与发展、运动场地与装备、项目设置与规则、冬奥人物故事和观赛礼仪等，并配以近百幅精美图片，让读者身临其境般地感受跳台滑雪带来的惊艳、感动和激情。

Ski jumping is one of the skiing events of the Olympic Winter Games. It is a sport that athletes aim to achieve the longest jump after descending from a specially designed ramp on their skis. Due to the differences in angles of inrun tracks and in angles of take-off tables, as well as the difference in natural conditions such as temperature, wind direction, wind force and snow quality, the performance of jumping is easily affected. Therefore, the ski jumping competition has only the best results, but no world records.

In the ski jumping competition, players put on special skis and start to slide down from the starting platform without any external force. After achieving a considerable speed on the inrun track, they take off at the end of the table and fly into the air, leaning forward and forming an acute angle with the snowboard. After landing on the landing slope, they continue to slide to the outrun to complete the game.

From professional perspectives, this popular science book *Flying Eagle – Ski Jumping* introduces the general knowledge about ski jumping in common words, including the origin and development, venues and equipment, events and rules, stories of Winter Olympians and spectator's etiquette. Supported by nearly one hundred illustrations, the book would bring an immersive experience to readers while making them feel the amazing, moving and exciting beauty of ski jumping.

目录

第一章 跳台滑雪的起源与发展

跳台滑雪运动起源于挪威，并在 1879 年挪威的奥斯陆举行了首届比赛。1883 年跳台滑雪被列入霍尔门科伦滑雪大奖赛，1924 年被列为首届冬奥会比赛项目。

·跳台滑雪的起源与发展·

* 起源挪威

跳台滑雪，又称跳雪，是利用自然山形建成的跳台进行的滑雪运动之一。跳台滑雪运动起源于挪威，运动员双脚穿着特制的专业滑雪板，沿着助滑道倾斜下滑，到达起跳点时借助下滑惯性和运动员的弹跳力，使身体向前跃升至空中，整个身体在空中飞行数秒后，双脚着地并沿着斜坡滑入停止区。

* 动作演示

＊ 早期跳台滑雪选手

跳台滑雪的起源故事五花八门，相传在古代的挪威，统治者因地制宜想出来一种处罚犯人的刑罚，在犯人的双脚上各绑一块滑雪板，然后从有雪的高山上推下去，犯人以极快的速度冲下断崖，飞身而下，落山而死。在 1860 年，来自挪威德拉门地区的两位农民在首都奥斯陆举行的首届全国滑雪大赛上表演了一个疯狂举动——跳台飞跃。这一跳一鸣惊人，震惊了许多当时观看表演的观众，也吸引了一些敢于冒险的热血青年。

* 跳台滑雪的发展

首届跳台滑雪比赛于 1879 年在挪威奥斯陆举行，1883 年跳台滑雪被列入霍尔门科伦滑雪大奖赛。1924 年跳台滑雪即被列为首届冬奥会比赛项目，1964 年被正式列为冬奥会项目。1972 年首届世界跳台滑雪锦标赛在南斯拉夫举行。根据当时国际滑雪联合会的规定，在冬奥运会及世界滑雪锦标赛的跳雪比赛中，设有 70m 级和 90m 级台的两个跳雪项目。（这里的长度指的是起跳台到 K 点即参照点的距离，所以这两个级别也分别叫做 K70 和 K90。第 9 届冬奥会开始统一跳台级别，才规定为上述的 70m 和 90m 两种，现在是 90m 和 120m。）

* 首届跳台滑雪比赛

跳台滑雪受到欧洲人的广泛喜爱，是欧洲体育类节目收视率较高的冬季项目之一。早期该项目只有男子比赛，各国也只组织了男子跳台滑雪队伍。在 20 世纪 80 年代，德国、奥地利、法国、美国、挪威、日本等国开始组建女子跳台滑雪队伍，因为人数和队伍模式有限，每个国家只有几个人。20 世纪 90 年代中期各国女子跳台滑雪队伍逐渐扩大，开始步入正轨，规模、人数、比赛场次等向男子跳台滑雪队伍看齐。女子跳台滑雪从 2000 年开始举办洲际杯比赛，2011 年 12 月开始举办女子世界杯比赛，之后举办世锦赛、世青赛、冬青奥会，2014 年索契冬奥会将女子跳台滑雪列入了比赛项目。

知识窗

你知道跳台滑雪目前实力较强的国家有哪些吗？

目前在跳台滑雪项目上实力较强的国家有德国、奥地利、法国、美国、挪威、日本等，因为这些国家在此项目上发展得比较早，所以目前其成绩也比较靠前。

* 早期跳台滑雪选手登上跳台

* 女子跳台滑雪运动先驱（科尔斯塔德和希尔达）

·跳台滑雪在中国的发展·

* 国内起源及发展

中国跳台滑雪第一支队伍是男子跳台滑雪队，1982 年在吉林市船营区体校成立，大部分运动员是从高山滑雪跨项到跳台滑雪的。当时没有全国比赛，吴德义教练根据单兆鉴老师画的场地图形和他在日本看到的跳台训练的讲解，在松花湖用麻袋搭建了跳台场地。后期，新疆队、八一队、黑龙江省队、通化市队、沈阳体育学院队陆续成立。第一次全国比赛是 1987 年 3 月在吉林举办的第六届全国冬季运动会。2003 年 6 名中国男子跳台滑雪运动员受奥地利笔记本公司的赞助到奥地利进行了 3 年的训练，成绩有很大的提高，中国队获得了 2006 年都灵冬奥会的参赛资格，这也是中国在跳台滑雪项目上第一次进入冬奥会。参赛队伍由王建勋、杨光、李洋、田占东组成，个人比赛中获得的最好成绩是第 44 名，团体比赛获得第 16 名。

中国女子跳台滑雪虽然起步稍晚，但是发展迅速。我国女子跳台滑雪队是在 2008 年成立的，2009 年在世界大学生运动会中获得了铜牌，2012 年在世青赛中获得了第 10 名，2013 年在世界杯中获得了第 7 名，2015 年在洲际杯中获得了第 4 名。女子跳台滑雪在 2014 年索契冬奥会中正式设项，由于我国没有夏季训练场地，队伍参加的比赛比较少，所以未能取得参赛资格。2018 年，我国选手常馨月在世界杯最后一站的最后一跳中以第 35 名的成绩获得了平昌冬奥会最后一张入场券，成为我国第一位进入冬奥会的女子跳台滑雪运动员，并最终获得平昌冬奥会第 20 名的成绩。常馨月目前正在备战 2022 年北京冬奥会跳台滑雪比赛。

* 我国跳台滑雪运动员——常馨月

第二章 跳台滑雪的场地与装备

跳台滑雪是滑雪运动项目之一，利用自然的山形建成跳台进行比赛。跳台滑雪的场地由助滑道、起跳区、着陆坡、停止区组成，分为标准台和大跳台。跳台滑雪的运动员装备与其他滑雪项目相似，但又有着其自身特点。

·竞赛场地·

* 比赛场地

跳台滑雪的场地由助滑道、起跳区、着陆坡、停止区组成，分为标准台和大跳台。根据目前国际滑雪联合会相关规定，在冬奥会的比赛中，设有 90m 级和 120m 级的两个跳台滑雪项目。我国已有的跳台滑雪场地分别建设在吉林的北大壶雪场和哈尔滨的亚布力雪场。北京冬奥会的跳台滑雪场地将会作为标志性建筑建在张家口，目前正在建设中。计划设置成大型建筑物的北京冬奥会跳台滑雪场地，形似中国传统饰物“如意”，因此被形象地称作“雪如意”。

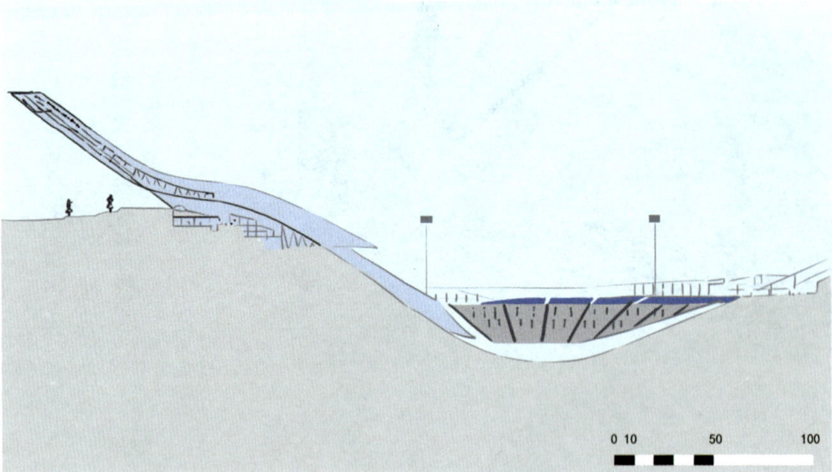

* 跳台结构

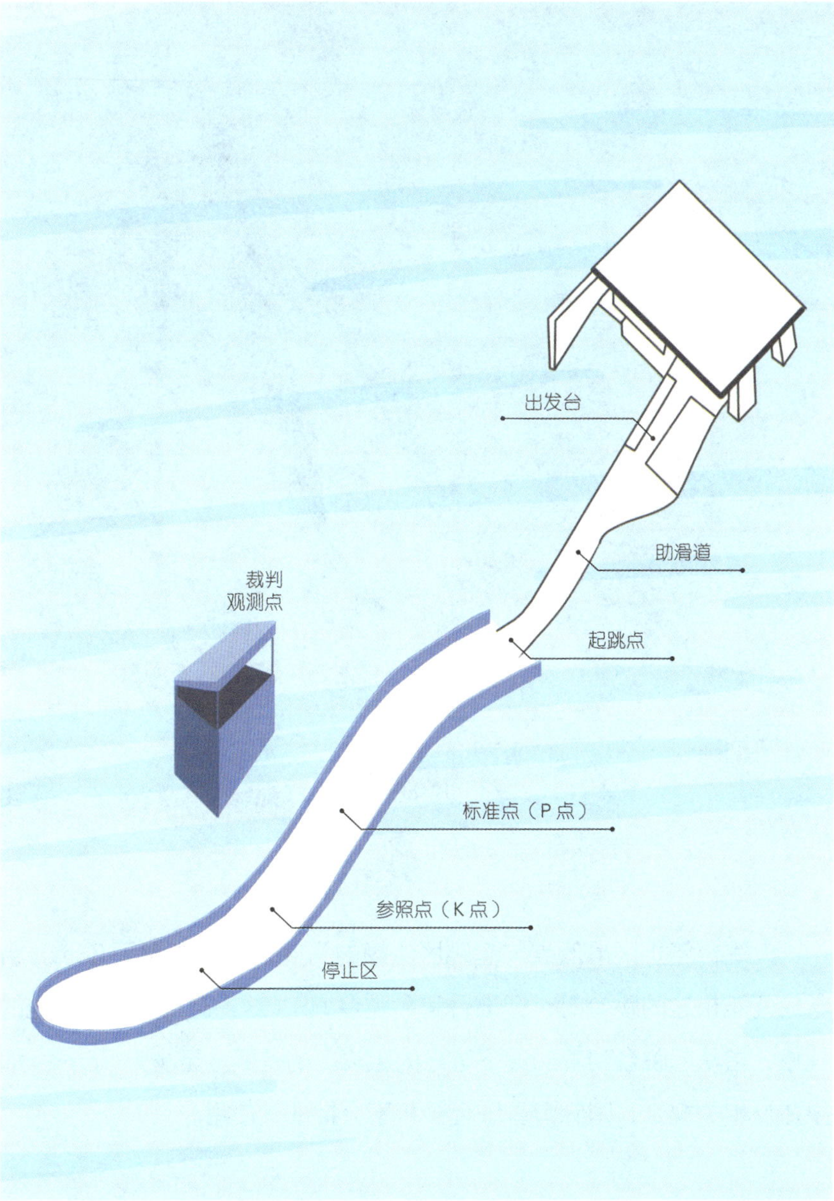

* 跳台平面图介绍

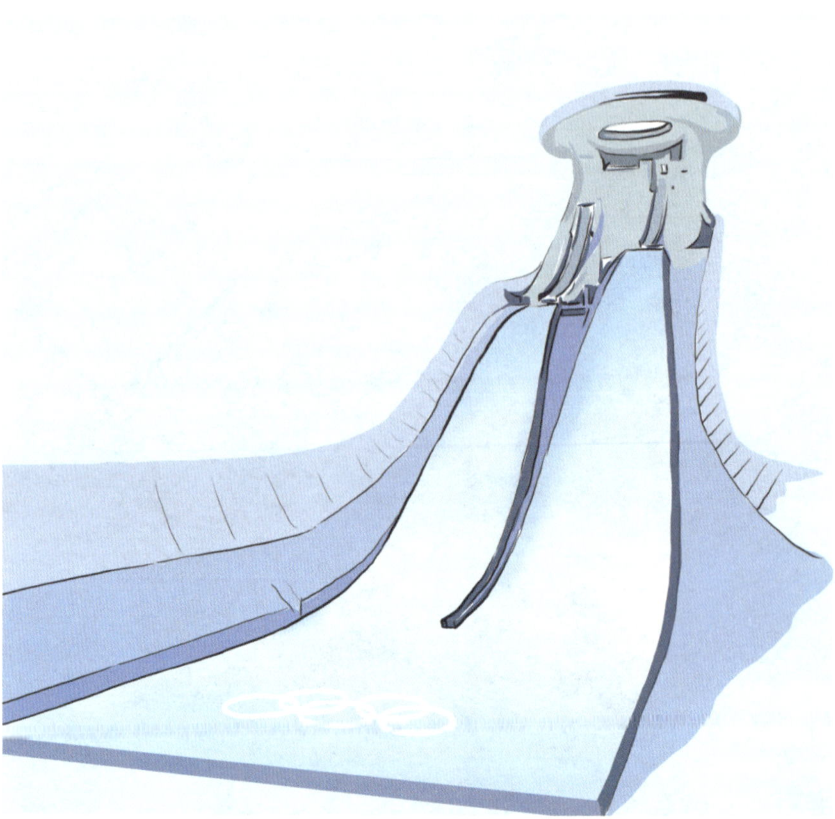

* 标准台与大跳台相连的双跳台

大跳台停止区最低点与起跳区边缘的高度差距不能大于 88m，当新建两座相连的跳台时，标准台和大跳台 HS（Hill Size，表示场地的规格，指从起跳台到着陆坡下边缘的距离）的差距应至少为 25m，如果违反相关规定，国际滑雪联合会将不会批准其使用。

* 雪场的准备

在训练开始之前和在整个比赛期间，跳台从助滑道上端的出发点到停止区结束必须严格按照国际滑雪联合会的要求进行准备。

* 助滑道

（1）对助滑道和起跳区的要求：助滑道上的雪面必须完全水平并且与轮廓板同高。这个轮廓能容纳的雪的深度的最小值必须达到 20cm。通过堆压雪达到必要的雪的密度。借助技术手段（雪辙机、木板或类似物）按以下雪面数据整理雪辙：W（从起跳台到参照点的距离）大于 75m 的跳台两个辙的中轴距离为 30~33cm，辙的宽度为 13.0~13.5cm，标准台辙的深度至少是 2cm，大跳台辙的深度至少是 3cm。

* 吹雪机（助滑道使用）

在冬奥会、世界滑雪锦标赛、世界青年滑雪锦标赛、世界杯赛中，助滑道由人工雪或冰桌制作，雪辙必须通过雪辙机完成，必须确保由于下雨或暖空气而产生的雪表面水被排出雪辙。助滑道和起跳区的准备必须在每个比赛轮次中为所有的参赛者提供相同的条件。如果在比赛期间因为降雪、跌倒或长时间延迟比赛而必须改变或重新准备助滑道，则在比赛继续开始之前必须安排数量充足的试跳。在恶劣和危险的条件下，仲裁将根据试跳者的动作情况和天气对他们的影响情况作出相应的决定。如果助滑道长度或起跳区斜度在某轮正式比赛中被改变了，则该轮次必须被取消，并且重新开始该轮次比赛。仲裁负责在一天的跳跃结束后决定是保留助滑道雪辙还是平掉该雪辙重新准备助滑道。

* 压雪机（着陆区）

（2）对着陆坡和停止区的要求：雪的准备必须达到必要密度和牢固程度。雪的深度最小为 30cm（有塑料层的跳台最小为 35cm）。对于主办冬奥会、世界滑雪锦标赛、世界青年滑雪锦标赛和世界杯赛的场地来说，以下要求是强制性的：通过使用雪场修饰机来准备、修饰和压雪，也可以使用化学方法保证达到必要的牢固程度；准备的雪的表面应完全水平且轮廓与设计的一致。从第一面距离标牌到 U（过渡曲线末端）这块区域，必须严格满足该要求。

知识窗

问：夏季可以举办跳台滑雪比赛吗？比赛场地都是由什么材质制成的？

答：在夏季一样可以举办跳台滑雪比赛，比赛是在铺设塑料垫的赛道上进行的。6 月 15 日到 10 月 15 日期间，国际滑雪联合会批准的跳台可以进行跳台滑雪比赛。（南半球为 11 月 15 日到次年 3 月 15 日期间）

* 塑料材质比赛道

·比赛装备·

＊ 滑雪板

运动员比赛用的滑雪板底板的材料主要是高分子尼龙或塑料。高分子尼龙底板有摩擦力小的优势，因此比塑料底板要好。与日常使用的滑雪板不同，跳台滑雪滑雪板的边刃需要始终保持锋利，甚至可以用来刮胡子。只有这样，才能保证不会产生侧滑。比赛用滑雪板的长度和身高有关，要求是不得超过选手身高的 145%；宽度要求不超过 11.5cm。板底设有雪槽，雪槽的数量根据运动员的水平而定，一般分别为 3 条、5 条、6 条、7 条，雪槽越多则滑行速度越快。

知识窗

问：在比赛中运动员雪板长度不符合比赛要求怎么办？

答：比赛时运动员的雪板长度不符合规定必须当场换掉，如果超长且没有备用滑雪板，可以直接锯掉多出来的部分，再参加比赛。

知识窗

问：你知道现在的雪板与过去的雪板相比，改进后的最大差别是什么吗？为什么要改进？

答：过去的雪板板尖为三角形，现在的雪板板尖为方形。因为后期为了增加雪板出台后的飞行时间，所以将雪板板尖由三角形改为方形，以增加与空气的接触面积，从而增大空气阻力，减缓下落。

* 早期滑雪板

* 滑雪靴与滑雪板分解图

* 日常滑雪板

日常一般选择全能板（Freestyle），长度不超过手臂上举后手腕的高度，不短于胯部的高度。对于初学者而言，太长的滑雪板不易控制，转弯困难，最合适的长度为在自己身高的基础上加 5cm。在弹性方面，初学者可选弹性较大的滑雪板，因为在遇到不平的雪面时，弹性较大的滑雪板不易颠簸，制动效果较好；技术好的可以选择长一些的、弹性较小的且较重的滑雪板，用以增加滑行中的速度和稳定性。

知识窗

问：你知道应该怎样选择适合自己的滑雪板吗？

答：选择一款合适的滑雪板是学好滑雪的关键，主要由以下几个因素决定：滑雪水平、体重、身高和滑雪频率。首先，初学者因为对滑雪的技巧掌握得还不够熟练，选板时要选容易操作和安全系数更高的板子，这时就应该选长度短一些、弹性大一些的滑雪板。而滑雪水平高一些的老手在选板时，如果要求速度快且相对稳定，那就选长而且硬一些的滑雪板；如果要求转向灵活可以做各种动作，那就选相对短和软一些的滑雪板。其次是考虑体重对选板的影响，体重小的滑雪者在滑雪板选择的空间上大一些，很多滑雪板都可以尝试，但是体重较大的滑雪者在选滑雪板时就要选择长一些、硬一些的滑雪板，这样的滑雪板相对承载量大一些，而且滑行也更稳定。再次就是根据自己的身高来选滑雪板，在选择滑雪板的长度时，长即将滑雪板直立不超过自己手臂上举时手腕的高度，短不低于胯部。最后还应考虑滑雪频率，偶尔滑雪可以选择短一点的尺寸，经常参加滑雪运动可以选择长一点的尺寸。

* 固定器

固定器主要用于固定雪鞋和雪板，当运动员摔倒后，能够及时脱落，避免运动员进一步受伤。因此，固定器的材质应轻便、坚固，宜选用合成材料。固定器的尺寸选择需要使选手脚后跟有足够的自由，以便选手能在飞行中前倾。固定器的安装位置要保证雪板前部不超过整个雪板长度的 57%。固定器有史以来分为三种，变化最明显的是后跟部分，最开始是绳子连接，后来换成弹簧，现在使用的是最新的移动杆，而且滑雪板和固定器是一体的，是不可拆卸的。

* 固定器

* 头盔

头盔呈半包围状，由合成材料制成，里面有保温层并且具有弹性，可根据运动员头围大小而制定。比赛用的头盔，必须有国际滑雪联合会认证标识，没有认证标识是不允许佩戴进行比赛的。

一般滑雪头盔有外壳（Shell）、主体（Body）、内衬（Liner）、调节器（Adjuster）、固定装置（Retention System）、插扣（Buckle）和眼镜扣（Goggle Clip），还有一些赛事用的头盔会带一个下巴（Chin Guard）。

* 滑雪头盔

* 滑雪镜

滑雪镜也称滑雪护目镜，其镜片是一种光学镜片，必须保证在所有天气条件下有良好的能见度。具体要有四个标准：第一，防止冷风对眼睛的刺激；第二，防止紫外线对眼睛的灼伤；第三，镜面不能起雾气；第四，跌倒后滑雪镜不应对脸部造成伤害。戴雪镜的目的主要是保护眼睛不受天气和光线的影响和伤害，可以更好地发挥，从而顺利完成比赛。

知识窗

问：你知道滑雪镜不同的颜色有何作用吗？

答：滑雪镜镜片镀膜有不同的颜色。当天气较暗，光线不足时，黄色的镜片可以有效地补光，看起来更加明亮，黄色主要是起到增光的效果。其他颜色的镀膜镜片，适宜在天气好的情况下佩戴，因为阳光越明媚，光线越充足，就不再需要增光镜片，这时蓝色或者银色的镀膜镜片更合适。

* 滑雪镜

* 手套

手套的功能是为运动员提供抵御天气和外力的保护层。所有比赛的运动员都必须戴手套，手套的尺寸必须与手的尺寸相对应，厚度最大为 5mm。手套的形状必须为带手指的五指形状，使用透气性较好的材质。

* 滑雪手套

* 比赛服

跳台滑雪运动员必须穿着国际滑雪联合会认证厂家生产的连身服进行比赛。要求所有部分都必须用同一材料制成，而且要保证一定程度的透气性。不能穿着对运动员带有技术矫正的这类非自然或人工的辅助器具，因为这样不但失去了比赛的公平性，还有可能危害运动员的健康或增加事故发生的概率。滑雪服一般由合成纤维材料制成，厚度不超过 6mm，不低于 4mm。里边穿着一套短款的紧身运动内衣，衣领的高度和拉链的长度必须符合国际滑雪联合会的标准。具体要求为，上身为短袖，内裤为七分裤，在跳跃过程中必须拉紧拉链。这些极为严格的要求主要用于防止作弊。因为如果运动员的衣服超出规定范围，服装有可能会帮助运动员在比赛中提高空中的高度及远度，从而无法考量出运动员的真实水平，失去比赛的公平性。

知识窗

每位运动员的连体服都是量身定制的，在厂家现场测量身体各个部位尺寸之后，厂家根据国际滑雪联合会要求制作专属于运动员的连身服。教练员必须在比赛前一晚对运动员的外穿比赛服做检查，如果运动员赛前瘦了，比赛服需要尽快按照数值进行裁剪。比赛现场裁判员还要检查运动员服装的腋下和裆下，避免出现翼型，产生兜风效果，从而影响公平。

* 比赛服

* 短款内衣

* 滑雪靴

跳台滑雪的雪靴是专为比赛而设计的，具有防颠、减震等作用。合成的材质可减少鞋子受到外部摩擦，如树枝、石头等划伤所造成的伤害。滑雪靴必须紧紧包裹双脚，大小、形状必须与脚的大小和形状相匹配。不允许为了获得更多的功能而对雪靴进行改装。滑雪靴底的厚度指滑雪靴底与鞋跟底之间的距离，包括所有的硬、软部分，靴底厚度不得超过 45mm。

* 滑雪靴

第三章

跳台滑雪的项目设置与规则

跳台滑雪设有 90m 级和 120m 级两个级别的跳台。选手沿助滑道倾斜下滑，到达起跳点后借助下滑惯性和弹跳力向前跃升，在空中飞行数秒后，双脚着落在斜坡上并滑入停止区即完成比赛。

·项目设置·

* 竞赛设置

跳台分为标准台（90m 级）和大跳台（120m 级），比赛的设置及规则基本相同。一般情况下，标准台和大跳台均设有男子个人赛、女子个人赛和男子团体赛。每一次冬奥会的比赛都会根据举办国的不同添加或减少一些项目。在即将到来的 2022 年北京冬奥会上，跳台滑雪比赛共设置男子个人标准台、男子个人大跳台、男子团体、女子个人标准台、混合团体 5 个分项，其中混合团体为新设项目。届时各参赛国家和地区男女单项各限报 4 人，团体赛各限报一个由 4 人组成的队伍。

* 个人标准台

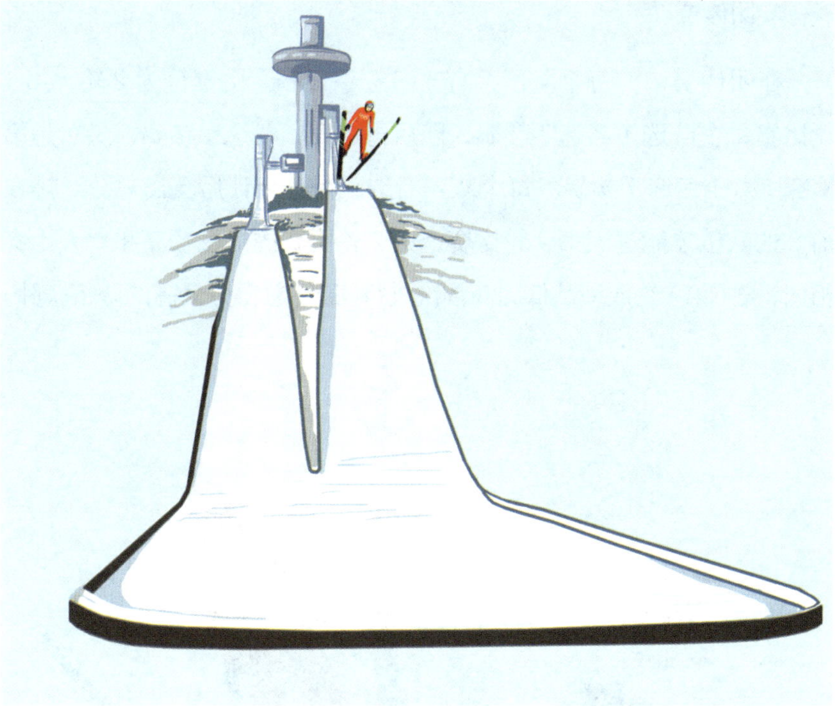

＊ 个人大跳台

1. 个人赛

男子个人赛和女子个人赛中标准台和大跳台的规则都一样，只不过是跳台不同。大部分的跳台滑雪世界杯都是在大跳台上进行的，一个赛季中只有一两站是在标准台上进行的。而冬奥会比赛分为资格赛和决赛，世界杯赛排名前 15 的选手直接晋级决赛，资格赛排名前 35 的选手进入决赛。决赛共有 50 人参加，共计 2 跳，第一跳 50 个人全部参加，取得成绩最好的 35 人继续参加第 2 跳。第 2 跳的顺序按照第 1 跳的成绩从低到高依次进行。

2. 团体赛

在团体赛中，每个队伍共有 4 名选手参赛。比赛分为 2 轮，第 1 轮比赛每个队选 1 名选手参赛，随后再选第 2 名选手参赛，最后是第 3 名和第 4 名选手参赛。每个队 4 名选手得分合计后算出总分。排在前 8 的队伍才能进入第 2 轮比赛，第 2 轮比赛的出发顺序和单人比赛相同，按照第 1 轮成绩从低到高依次进行，最终总得分最高的队伍获胜。

* 大跳台——男子团体赛

·评分制度·

* 评分方式

跳台滑雪比赛中，参赛选手双脚各穿一块专用的滑雪板，不使用雪杖，不借助任何外力，靠自身所受重力从起滑台起滑，在滑行过程中经助滑道获得 110km/h 的高速度，于跳台端飞出后，选手的身体前倾和滑雪板成锐角姿势，双臂紧贴身体两侧，沿自然抛物线在空中进行滑翔，在着陆坡着陆后继续自然滑行到停止区即为结束，裁判依据从台端到着陆坡的飞行距离和动作姿势等进行评分。

* 起跳

跳台滑雪运动员的分数由飞行姿势分、跳跃距离分，以及出发门与风速分 3 个部分组成。

飞行姿势分：由 5 位裁判根据选手在飞行、着陆及停止阶段完成动作的准确性、完美性以及整体稳定性进行打分，每位裁判所给满分为 20 分；去掉最高分和最低分后的 3 个分数相加即为飞行姿势分，满分为 60 分。

跳跃距离分：其重要参考指标是 K 点（K 点是跳台滑雪中打出距离分所用的参照点），起评分为 60 分，然后根据实际跳跃落点加分或减分。

出发门与风速分：主要是为了减少出发门的位置和风速对运动员成绩的影响，每个场地会在比赛前公布出发门和风速的参考分值，根据运动员出发时的情况而进行计算。

3 部分总分之和为选手单轮比赛成绩。比赛共进行 2 轮，第 2 轮比赛结束后两轮分数相加即为选手最终得分。

* 空中飞行

·技术动作·

* 比赛动作

运动员的技术动作主要分为助滑、起跳、空中飞行、着陆 4 部分，在比赛中这 4 部分动作必须一气呵成，缺一不可。

助滑

助滑动作就是顺着助滑道的倾斜面前进时所使用的技术动作。该阶段，运动员两腿尽量向下深蹲，上体前倾成流线型的姿势，尽量做到与雪面大致平行，从而以最大的限度减小空气阻力，在达到起跳端时创造出更快的速度，以此来延长空中飞行距离。

* 助滑技术动作

起跳

跳台滑雪比赛中起跳动作的好坏决定着运动员的成绩，也是整个技术动作的关键，掌握好起跳的最佳时机是评判一个选手技术水平高低的主要标准。起跳用力的方法与我们日常见到的跳高和跳远都不相同，确切地说，它不是跳而是两腿快速下蹬。运动员需要顺着助滑道快速向前向下滑行，当雪板尖到达台端时立即起跳，上体向前伸展。由于助滑的最快速度可超过 30m/s，因此起跳时机的把握至关重要。

＊ 起跳技术动作

空中飞行

在空中飞行时，运动员的上体应充分伸展，上体与下肢间稍有曲折，两雪板平行并与脚底呈锐角上仰，上体与雪板基本保持平行，两臂伸直贴放于身体的两侧，从而完成空中飞行姿势。在比赛中参赛选手应保持平稳的心态，做到沉着、稳定、胆大，这样才有利于空中飞行技术的发挥。

* 空中飞行技术动作

着陆

经过前边的助滑、起跳和空中飞行动作后，最后再以正确完美的姿势着陆，全部动作即算完成。参赛选手得分的高低主要取决于整套动作的连贯性与完成度。着陆时，双脚成弓箭步前后分开，身体重量分别落于双脚，雪板后跟略领先于板尖着陆，两腿屈膝进行缓冲，双臂左右平伸，以保持身体平衡，最后顺利滑到停止区。

* 着陆技术动作

·组织规则·

* 竞赛组织

冬奥会的竞赛组织规则要求由国际滑雪联合会在赛前提名特定的官员进行比赛的组织。为了公平公正地组织比赛，跳台滑雪官员及裁判不得在其亲属参加的比赛中担任裁判工作。

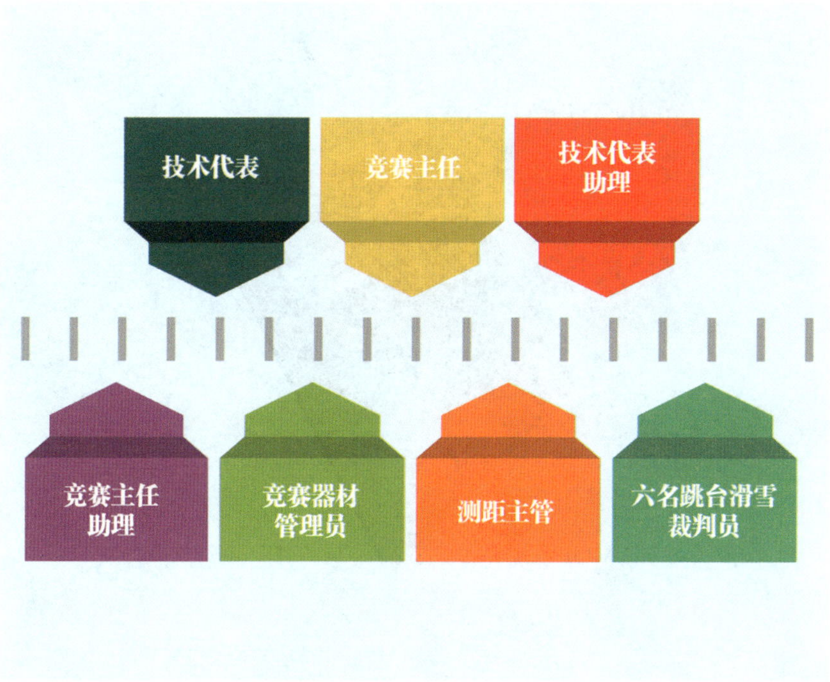

* 组织架构

* 竞赛评分裁判员

跳台滑雪共设有 6 名裁判员。其中，每次均有 5 名裁判员会被提名在冬奥会赛事中担任裁判员，第 6 名跳台滑雪裁判员将任出发或跌倒裁判长（此决定由仲裁委员会决议）。

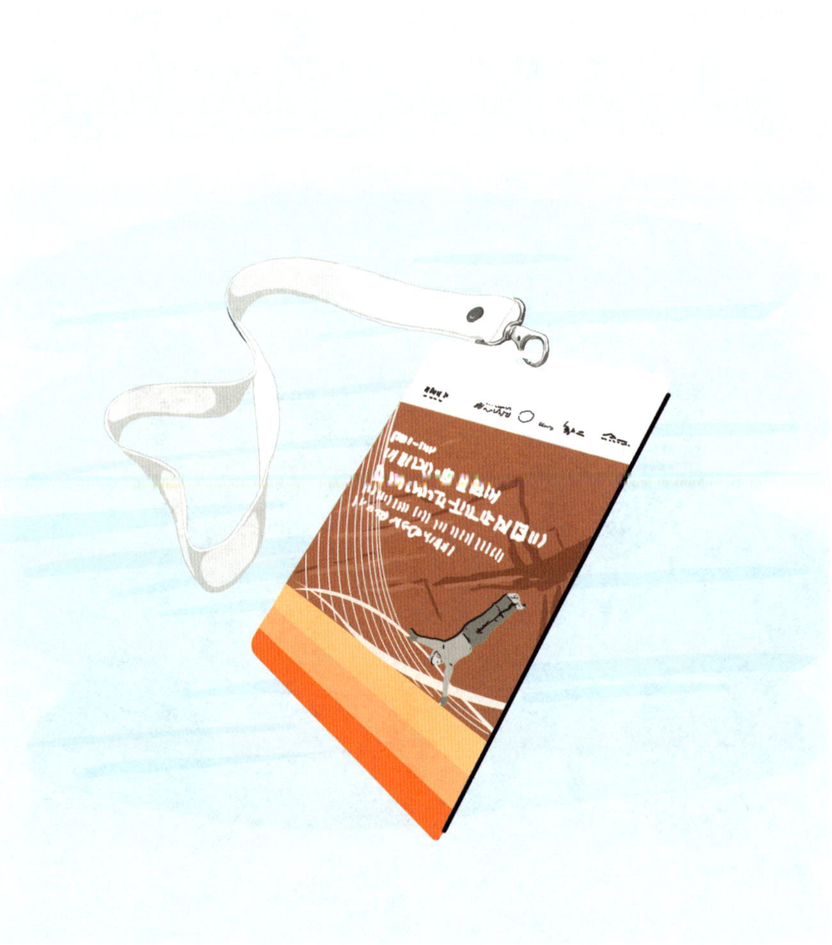

* 工作人员证件

* 竞赛技术官员成员

竞赛长

竞赛长负责筹备竞赛所有的技术和后勤工作，管理、控制、监督所有官员的工作，与技术代表/竞赛主任协调主持领队会议，在正式训练和比赛期间主导仲裁委员会的技术工作委任。

竞赛秘书

竞赛秘书主要负责竞赛中的所有行政和事务性工作：为其他官员准备竞赛中用到的所有表格、清单，包括出发顺序表、成绩表、领队会议的会议纪要以及比赛的信息公告；受理比赛中的意外情况；为仲裁委员会提供服务。

* 竞赛长

* 竞赛秘书

起点裁判

起点裁判主要任务是与裁判塔里的仲裁进行沟通交流，防止出发区出现干扰运动员比赛的人或者意外情况，确保所有运动员按照正确的出发格和顺序在制定好的出发地点和规定的时间内出发。这是对整场比赛节奏把控最为关键的环节之一。但是起点裁判没有判罚权，如果运动员违反规则，起点裁判应及时用耳麦或者对讲机与裁判长沟通。

在冬奥会比赛中，还会设置一名额外的起点裁判，监督出发流程，管理出发犯规现象，确保无关人员离开起点区。起点裁判的权限在发令员及发令员助理之上。

跳台长

跳台长负责做好跳台的准备工作；协调监督助滑区主管和着陆区主管的工作；在训练和比赛期间始终与竞赛长保持联络，及时告知竞赛长赛道情况。

* 起跳点

助滑区主管

助滑区主管负责起跳区和助滑坡的安全工作。在比赛期间，助滑区主管监督管理整个助滑区的情况，若助滑区出现跌倒或障碍物，仲裁委员会将通过助滑区主管提供的信息确定是否允许运动员重跳。跳台上未配备自动出发信号灯的，助滑区主管必须在起点处安排一名助手，示意赛道是否畅通无阻，该助手按照竞赛长给出的信号开启跳台。如果出现下雪或下雨的情况，助滑道主管会组织团队一起进行清扫。如果助滑道裁判员清扫不及时，运动员在助滑道滑行的速度会减慢，从而影响运动员后续的起跳。

* 助滑区主管

着陆区主管

着陆区主管负责着陆坡和停止区的场地准备工作。当着陆坡雪质过硬或过软，浮雪没有及时清理或场地过于光滑时，着陆坡裁判应使用适当的滑雪板（高山滑雪板）或机械设备，通过人工压雪和雪道平整技术来准备着陆坡工作，为竞赛提供最佳雪面条件。

* 着陆区主管

试跳长

试跳长负责在训练和比赛开始前借助试跳员测试助滑区情况，在训练和比赛过程中条件不断变化的情况下（例如降雪）保持赛道通畅。竞赛长将告知试跳长需要多少名试跳员，以及他们应何时准备起跳。

试跳员

赛事主办国滑雪协会负责为每一个正式训练日和比赛日提供可用的合格试跳员：世界杯赛至少 8 人，其他类型的比赛至少 6 人。试跳员在比赛中不予分类，但是必须在仲裁委员会为比赛设立的旗门处出发。根据各系列赛事竞赛规则，适用于运动员的最低年龄限制同样适用于试跳员。试跳员必须由其所属的国家或地区滑雪协会注册，签署国际滑雪联合会的运动员宣言书，且遵守国际滑雪竞赛规则的所有规定和国际滑雪联合会有关运动员的其他所有规定。

* 试跳员

测距主管

测距主管需在比赛前在着陆坡的两侧正确放置和检查距离标志。为了正确地设置距离标牌，应使用测量卷尺从台端两侧边缘向下丈量到 K 点的 50% 处（至整米），从此处开始，在着陆坡左侧和右侧分别设置合适的距离标牌，沿着着陆坡向下丈量，每间隔 1m 标出其他标牌的位置。

比赛中测距主管会监督测距员的工作。测距员的位置是根据经验和能力安排的，经验较少和能力较弱的测距员安排在着陆坡的 P 点（着陆坡的最近距离点）以上。测距主管应一直监督测距员测量跳跃距离的报告工作，并将此距离数值传达给数据处理员和公告员。

知识窗

问：如果裁判员或技术官员违反裁判规则将怎么办？

答：如果裁判员或技术官员违反裁判规则，国际滑雪联合会将会给予相应处罚。例如：每位测距员在比赛前的训练中必须到场，接受测距主管的相关指导。训练期间不到场的测距员，将失去作为比赛测距员的资格。

安全主管

安全主管负责确保在比赛中无职责的人员与赛道保持安全距离，避免干扰或影响到官员的工作，具体职责如下：确保仅授权许可的人员获准进入裁判塔和教练席；确保为新闻记者和摄像人员设立专区，并带有围栏；确保在比赛前，运动员、官员和观众的入口、看台及其他设施均有正确的标识，并带有围栏；确保仅授权许可的人员和运动员获准进入助滑区和起跳区；阻止队伍官员和媒体人员进入助滑区和起跳区；禁止借助技术器材向助滑区中的参赛运动员提供信息，但可以提供组织者给予的信息。

* 安全主管

技术设备主管

技术设备主管负责管控比赛中使用的所有技术系统和设备，保证其有序运行。需确保以下器材设备运转良好：用于测量和展示跳跃距离、助滑和风速的设备，聚光灯，助滑区所有人造制冷系统，内部电话或广播通信线路，展示每位参赛运动员的出发顺序号、跳跃距离、姿势分和整体分数的电子记分牌显示屏。

器材主管

器材主管负责向竞赛长提供合适的设备：在比赛前必须与竞赛长密切合作，确保在比赛期间所需的设备工具随时可用。

知识窗

问：你知道跳台滑雪裁判员和技术官员是在室内还是在室外工作吗？

答：裁判员和技术官员的工作非常艰辛，只有竞赛长等管理人员和评分裁判员的工作是在裁判塔里，而大多数裁判员和技术官员的工作是在室外的场地附近进行。在室外零下 10 多摄氏度的雪地上连续工作几个小时，除了抗寒能力，对身体健康的要求也是非常高的。

电话

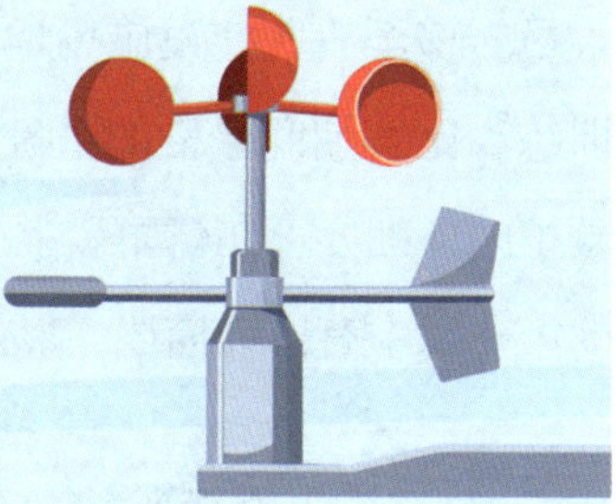

风速仪

电子记分牌

聚光灯

* 技术设备

医务及营救主管

医务及营救主管负责在正式训练和比赛期间为所有在场人员提供急救治疗服务，包括运动员、观众、官员等；同时负责建立将需急救人员转移至有医疗设施场地的急救流程。其具体职责包括确保在正式训练和比赛期间合格的医务队和必要的医疗设备始终在场待命。医疗救护的详细要求在《国际滑雪联合会医疗指南》（包括医疗规则和准则）的第一章中有详细描述。

* 医务及营救主管

飞行评分裁判员

飞行评分裁判员对运动员从起跳离台到滑过停止区内的跌倒线所完成的连续动作打分。打分依据是运动员动作的准确性（起跳时机）、完美性（动作完成情况）、稳定性（飞行姿势、终点）以及总体印象。

知识窗

问：你知道什么是泰勒马克式姿势吗？为什么要用此姿势落地？

答：泰勒马克源于人名。正确的泰勒马克式姿势应控制双腿位置，至少在触地的一瞬间双脚之间的间隙距离应约为一只脚的长度，而这一间隙会随着触地的冲击力迅速扩大。如果着陆期结束时未采用泰勒马克式着陆姿势（双脚平行），将作为一次失误而被扣分。之所以选择泰勒马克式姿势落地，是因为泰勒马克式动作更科学、更安全。

* 泰勒马克式姿势

数据计算主管

评分裁判员和距离裁判员出分后，数据计算主管与其助理一起快速收集基本的打分数据和距离数据，并快速、准确地计算比赛成绩。

* 数据计算主管

第四章

跳台滑雪的冬奥人物故事

跳台滑雪自 1924 年成为冬奥会比赛项目以来，涌现出很多优秀的跳台滑雪选手。下面我们就为大家讲述一下他们精彩的故事。

·常馨月·

* 跳台滑雪中国女子第一人

跳台滑雪这个项目对于很多中国观众来说十分陌生，尤其是在申办冬奥会之前，国内对于跳台滑雪选手的报道非常少，能够让人记住的选手更是少之又少。但其实跳台滑雪在首届冬奥会就被列为正式比赛项目，从 20 世纪 20 年代起在一些发达国家就已经出现了一些比赛。2014 年索契冬奥会开始增加了女子跳台滑雪标准台项目。如果问谁是我国女子跳台滑雪项目从建队以来最有价值的运动员，谁是目前备战 2022 年北京冬奥会最有潜力的选手，那答案无疑就是跳台名将常馨月了。在 2018 年平昌冬奥会女子跳台滑雪项目中，常馨月获得了第 20 名的成绩。也许在很多人看来这个成绩很一般，但这也是该项目上我国选手目前在冬奥会上取得的最好成绩。下面我们就一起来了解一下她的故事吧！

常馨月，1994 年 2 月出生于吉林，现为中国女子跳台滑雪队运动员，运动健将。2002 年，当她还在辉南县朝阳镇中心小学就读时，就因身体素质比较好，在运动会上屡有突出表现。机缘巧合下，她被体育老师发现，因自己也非常喜欢体育运动，所以从 11 岁开始就在家乡开始练习体育，坚持在每天放学后都去进行紧张的训练。虽然很累，但她个性要强，在每件事上都想做得更好，所以她从没有想过放弃。

★ 常馨月（一）

在这段学习结束以后，她于 2005 年被选入体校进行短道速滑的练习。在这里她经过 5 年的学习和高效有序的训练，原以为自己会成为一名短道速滑运动员，没想到在 2010 年 7 月被选进了跳台滑雪队，成为一名跨项运动员。刚入队时，因为跳台滑雪有体重的相关规定，而之前的项目并没有体重的要求，为了达到标准，她除了认真对待每一堂训练课外，还一直在坚持减肥。在每天的学习和训练结束以后，她都要去操场跑步，由于汗腺不发达，不易出汗，她就只能穿着不透气的训练服以加快出汗速度。她每天只吃很少的食物，水也喝得很少。这样一坚持就是 20 天，通过每天坚持跑步和控制饮食，她的体重在这短暂时间内就减掉了 12 斤，这也是对她耐力和韧性的考验。从此，常馨月开始了她的跳台滑雪人生。

* 常馨月（二）

跳台滑雪是竞技项目，在注重体能训练的同时，跳台的技术动作也需要注意从头到脚的每个细节，每一次的模仿训练、台上训练，都需要将注意力高度集中在技术动作上，直到落地结束。刚开始她因为对技术动作掌握不扎实而多次摔倒，腰部、膝盖和脚踝等多处受伤，甚至因为伤病没能和队伍一起参加比赛的训练。但这并没有影响之后她在训练上的态度，她更好地了解到自己在训练上的不足，并及时做出调整和改正。

从事跳台滑雪运动期间，常馨月曾多次代表市、省参加国内以及代表中国参加国际重大比赛。在国家大力发展冰雪运动的环境下，也在队友们的共同努力下，常馨月有幸在 2018 年世界杯最后一站上拿到了最后一张参加平昌冬奥会的入场券。这是中国跳台滑雪队努力进步的一小步，是常馨月梦想前进的一大步！

常馨月的跳台滑雪战绩如下：

国内比赛：2010 年全国冠军赛个人第 4 名；2011 年全国冠军赛第 5 名，全国跳台滑雪赛第 5 名；2012 年第十二届全国冬季运动会个人赛第 6 名；2015 年全国跳台滑雪冠军赛 K50 米个人第 4 名；2016 年第十三届全国冬季运动会女子跳台滑雪比赛 K90 米个人第 4 名，全国跳台滑雪冠军赛 K90 米个人第 1 名；2017 年全国跳台滑雪冠军赛 K90 米个人第 1 名、团体第 1 名；2018 年全国跳台滑雪冠军赛 K90 米个人第 1 名、团体第 1 名。

国际比赛：2013 年洲际杯第 3 名；2013 年世界锦标赛第 30 名；2017 年世界杯挪威站第 13 名，日本札幌站第 10 名，日本藏王站第 16 名；2018 年平昌冬奥会第 20 名。

可以说，常馨月完成了跳台滑雪女队的集体梦想。在这个过程中跳台滑雪队走得很艰辛，因为目前开展跳台滑雪的其他国家都有非常完善的跳台场地，而我们国家没有四季跳台，所以开展跳台滑雪的队伍少，每年夏季只能依靠出国训练来维持技术水平。国外队员每年训练次数在 3000 次左右，而我们的队员每年只能训练 300 次上下，在专项训练量上是国外的 1/10。在平昌冬奥周期，需要两年连续在夏季、冬季共 47 站世界杯总积分排在前 35 的运动员才能参加平昌冬奥会，而在这期间常馨月只参加了 16 站比赛，在最后一个雪季前常馨月还没能获得积分，留给中国队的仅剩下 5 站世界杯。外界对中国跳台滑雪队进入平昌冬奥会不抱任何希望，认为其不可能完成，但全队上下依然按照冬运中心领导的积极部署，凭着全队的坚定意志，一站一站打，抓好每一次的跳跃质量。

剩余的5站比赛，常馨月经过努力在第一站成功获得20分，这也让大家看到了希望。但没有想到的是，在第2站比赛中常馨月因连体服不合格而被取消了参赛资格。第3站由于天气原因比赛被取消，这对中国队来说如同噩梦一般，大家都认为没有希望了。在此关键时刻，冬运中心领导、省市领导一直在背后积极鼓励大家不到最后决不放弃。在第4站比赛中，常馨月接连获得第10名、第13名的个人最好成绩。很快关键的最后一站日本藏王站比赛来临，在此站常馨月必须获得前20名，才可能拿到冬奥会的入场券，同时还要看此时排名第35的法国运动员的发挥情况（她是索契冬奥会铜牌得主）。在日本藏王站比赛当天，天气特别不好，风雪很大，导致比赛一再推迟。而第一跳结束后，常馨月发挥不好，仅排在第26位，留给中国队的仅剩最后一跳。此时天上的雪越下越大，裁判长也多次视察比赛场地，以往这种情况下会取消比赛。在休息室里只有教练和常馨月两人，看着外面的大雪，他们心想：难道中国跳台队多年的坚持、努力、摔倒、伤病，就这样结束了吗？在比赛推迟45分钟后，雪慢慢地变小了，赛场也通知立即比赛，全队都高兴得欢呼起来。经过大家认真部署研究，常馨月决定放下包袱，放手一搏。最终常馨月以第16名的成绩，拿到了最后一张入场券。此时全队都哭了。

这就是一名运动员的奥运梦，也是中国跳台滑雪的奥运梦。只要坚定意志，精诚团结，就没有什么不可能。最终，常馨月在平昌冬奥会上获得第20名。大家坚信，在2022年北京冬奥会上，中国女子跳台滑雪队定会成为一支出彩的队伍，为祖国争光，为中国冰雪添彩。

·马蒂·尼凯宁·

* 历史上最伟大的跳台滑雪选手

马蒂·尼凯宁 1963 年 7 月 17 日出生于芬兰，是芬兰著名的跳台滑雪运动员，他是跳台滑雪运动历史上表现最好的运动员。他在滑雪坡道上的速度其实并不快，而且跳跃方式也不符合传统标准，因此在比赛中并不占优势，但他总是能够完美地起跳，并且在空中飞很远的距离。很多专家认为，他不同寻常的起跳就像一张帆捕捉着风，带着他远远超过了其他的参赛选手。

* 马蒂·尼凯宁（一）

* 马蒂·尼凯宁（二）

在尼凯宁的职业生涯中，他总共拿下 4 次奥运冠军、4 次世界滑雪锦标赛冠军。1988 年卡尔加里冬奥会上，尼凯宁包揽了个人标准台、个人大跳台和团体大跳台 3 项冠军，成为该届冬奥会上名副其实的金牌王，也是在同一届奥运会上同一项目中获得 3 枚金牌的第一人。辉煌成绩的叠加，创造了“伟大的”尼凯宁，也让他成为跳台滑雪历史上的唯一。此外，在跳台滑雪的飞行世界纪录排行榜上，尼凯宁刷新的次数也排在第 1 位，共计刷新过 5 次跳台滑雪的飞行世界纪录。

* 少年成名

马蒂·尼凯宁从9岁开始高强度训练，每年平均跳台训练达到2000到3000次。他在17岁时就获得了少年世界冠军和芬兰高山锦标赛的冠军。第二年，他在奥斯陆举行的霍尔门科伦年度比赛中赢得了国际比赛的胜利，并在1983年、1985年、1986年和1988年成为世界杯冠军。

马蒂·尼凯宁在1984年的南斯拉夫萨拉热窝(现在在波斯尼亚和黑塞哥维那)冬奥会比赛中以精彩的表现获得了他的头两枚奥运奖牌。马蒂·尼凯宁在标准台比赛中获得一枚银牌，东德选手延斯·维斯弗洛格夺得了此项目的金牌。而在高山滑雪项目中，马蒂·尼凯宁以绝

* 马蒂·尼凯宁（三）

对优势击败对手维斯弗洛格，夺得金牌，并打破了奥运会纪录。1988年在加拿大卡尔加里冬奥会上，马蒂・尼凯宁在标准台、大跳台和团体跳台滑雪比赛中获得金牌。在标准台和大跳台比赛中，他分别以17.0分和16.1分的优势获得胜利，这两项的优势甚至都超过了银牌得主和第10名的得分之差。

* 天才的另一面

在传奇的滑雪人生之外，马蒂・尼凯宁还有很多其他的身份，如个体经营者和歌手。他的专辑发行量超过25000张，这个数字在仅有500万人口的芬兰可以说是相当不错的成绩了。他直到去世前还在国内进行他的巡回演唱会。1985年，他被评为芬兰最佳运动员，并获得芬兰“雪上飞人”的称号。马蒂・尼凯宁传奇的人生经历引起了芬兰太阳制片公司的兴趣和关注，该公司将他一生的经历拍成了一部电影，即《马蒂》。影片在芬兰全国首映的当天就受到了好评，芬兰观众纷纷前往影院观看这部电影。在后来的几天内，观众的热情暴涨，在周末的两天内就有超过9万人到影院观看这部电影，创造了芬兰电影首映上座率的纪录。影片将一个真实的马蒂・尼凯宁展现在观众面前，就连他本人观看了这部影片后，也为自己的经历感动落泪了。

在2019年，芬兰当地时间2月4日的凌晨，马蒂・尼凯宁突然去世，这位跳台滑雪历史上最伟大的运动员永远地离开了。

· 西蒙 · 阿曼恩 ·

* 跳台滑雪的哈利 · 波特

1981 年 6 月 25 日，在瑞士昂特瓦瑟的一个小村庄，一个生命诞生了，他就是西蒙 · 阿曼恩。从此，又一位世界级跳台滑雪名将开始成长。因为村子很小，也没有什么玩具，所以小西蒙和伙伴们就从有雪的高处一次次地跳下玩耍。在这样的生活环境影响下，西蒙 · 阿曼

* 西蒙 · 阿曼恩（一）

恩在 11 岁的时候就开始在 30 米的跳台上展开了训练。几年后，年仅 16 岁的西蒙·阿曼恩在 1998 年长野冬奥会上获得了标准台第 35 名及大跳台第 39 名的成绩。而在 2002 年盐湖城冬奥会上，他包揽了标准台和大跳台 2 个项目的个人金牌。如此神勇的表现，再加上他长相酷似小说经典形象哈利·波特，在那届奥运会后他被大家亲切地称为“跳台滑雪的哈利·波特”。由于成绩突出，西蒙·阿曼恩还在 2004 年当选为瑞士世纪最佳跳台滑雪选手。

在 2006 年冬奥会上不知什么原因，西蒙·阿曼恩的成绩一落千丈，大跳台仅获得第 15 名，标准台更是只获得第 38 名。但在第二年的札幌世界滑雪锦标赛上，他又强势反弹，夺得大跳台的冠军和标准台的亚军。在 2009 年世界滑雪锦标赛上，他获得标准台的第 3 名和大跳台的第 8 名，整个 2008—2009 赛季他在新年后就没有赢得一项冠军。进入 2009—2010 赛季，西蒙·阿曼恩再次反弹，夺得五个世界杯冠军。他的表现就像哈利·波特的魔法一样变化无常。

2010 年，温哥华冬奥会开始举行，而对于西蒙·阿曼恩来说这是历史性的一年。在男子个人标准台的比赛过程中，来自瑞士的观众们一直摇晃着手里的牛角铃铛为他加油助威，其中还包括瑞士联邦主席多丽丝·洛伊特哈德。在一片加油声中，西蒙·阿曼恩走上跳台。他不负众望，第 1 轮就跳出了 105m，距离得分 80 分，空中姿态得分 55.5 分。首轮过后，西蒙·阿曼恩以 135.5 分排名第 1 位。紧接着第 2 轮比赛开始，根据比赛成绩西蒙·阿曼恩被安排到最后一个登场。登场后他依然发挥出色，跳出了 108m，距离得分 86 分，空中姿态得分 55 分。两轮成绩相加，西蒙·阿曼恩以 276.5 分的总成绩获得温哥

* 西蒙·阿曼恩（二）

华冬奥会首金。这也是西蒙·阿曼恩继 2002 年盐湖城冬奥会后时隔 8 年再度夺取该项目的金牌。获得冠军的西蒙·阿曼恩面向瑞士助威团单膝跪倒，随后他又跑到场边，同多丽丝·洛伊特哈德热烈“熊抱”。接受采访时，西蒙·阿曼恩说：“我无法用言语来形容现在的心情，真的太不可思议了！为了这场比赛我努力了很久。今天能够拿到我的第三枚奥运会金牌，真是难以置信！”

然而好戏并没有结束，大家纷纷认为从跳台滑雪标准台的出色表现来看，他有望在大跳台再夺冠军，重现盐湖城冬奥会包揽两金的盛景。果然，西蒙·阿曼恩在男子个人大跳台的比赛中不负众望，在两轮比赛中均位列第一，以 283.6 分的总成绩轻松夺得冠军。在获得男子个

* 西蒙·阿曼恩（三）

人大跳台冠军后，西蒙·阿曼恩完成了包揽盐湖城和温哥华两届冬奥会跳台滑雪个人项目 4 枚金牌的壮举，也由此成为跳台滑雪项目中唯一拿到 4 枚奥运金牌的选手。

其实让大家敬佩的，不仅有西蒙·阿曼恩获得的冠军头衔，还有他的坚毅性格。2015 年 1 月 6 日，西蒙·阿曼恩在跳台滑雪巡回赛最后一站比绍夫霍芬的比赛中不幸发生意外,头部朝下重重摔倒在地上，并出现了短暂性昏迷和严重的脑震荡。在大多数人看来，30 多岁的西蒙·阿曼恩可能会因此而结束自己的个人跳台滑雪运动生涯。但是经过短短一个月的休息和恢复，他竟然又重新返回了赛场。西蒙·阿曼恩本人表示,他只有感觉自己已经到了退役的时间才会做出退役决定。

· 高梨沙罗 ·

* 跳台女王

高梨沙罗 1996 年 10 月出生于日本的北海道上川郡上川町，是知名的日本跳台滑雪运动员。她在上川町立上川中学校毕业后，就读旭川市的国际学校。升学时选择国际学校，是因为到国外比赛时需要开口说英语，她不想被语言困扰。2012 年 8 月，她顺利通过了相关的考试并毕业。

* 高梨沙罗（一）

她从小就生活在一个滑雪世家，不仅她的父亲是前跳台滑雪选手，她的哥哥也是现役滑雪选手。高梨沙罗的个人天赋与她家庭是分不开的。

* 高梨沙罗（二）

这位身高只有 1.51 米的美少女从小就表现出了很好的运动天赋，小学二年级时就可以做出高山滑雪的动作。她认真研究电视影像中杰出选手山田卓也、渡濑弥太郎的滑雪姿势，还加入了地方的跳台滑雪少年团进行比赛训练。

2011 年 2 月 19 日，由国际滑雪联合会在奥地利举行的赛事中高梨沙罗顺利夺冠，成为国际滑雪联合会史上获得优胜的最年轻女子选手。2011—2012 赛季开始后，高梨沙罗进入世界杯参赛，在个人第 3 轮比赛中夺得亚军，首次登上了颁奖台；时隔仅 2 个月，她在本国举行的个人赛第 11 轮的比赛中，获得了日本女子选手在世界杯中的首个冠军。接下来的 2012—2013 赛季中，她获得了 16 轮中的 8 个冠军，在还有两轮尚未举行的情况下，就已确定拿下了个人赛季冠军。因此，这位年仅 16 岁的选手，创造了赛季夺冠选手中最年轻选手的纪录。2013 年，她在世界滑雪锦标赛中落败于来自美国的选手莎拉·亨德里克森（Sarah Hendrickson），获得银牌，这也是日本女子跳台滑雪选手在该赛事中获得的最佳成绩。随后的团体赛中，高梨沙罗与伊东大贵、竹内择、伊藤有希出赛，一举摘下了世界滑雪锦标赛的团体赛金牌。

＊ 高梨沙罗获得的主要奖项

冬奥会奖项	2014 年索契冬季奥运会跳台滑雪女子个人标准台　第 4 名
	2018 年平昌冬季奥运会跳台滑雪女子个人标准台　第 3 名
世锦赛奖项	2013 年世界滑雪锦标赛（意大利费耶美山谷）跳台滑雪混合团体第 1 名
	2013 年世界滑雪锦标赛（意大利费耶美山谷）女子跳台滑雪第 2 名
世界杯奖项	2012—2013 赛季跳台滑雪世界杯挪威利勒哈默尔站　第 1 名
	2012—2013 赛季跳台滑雪世界杯奥地利拉姆绍达赫斯坦站　第 1 名
	2012—2013 赛季跳台滑雪世界杯德国纳赫站　第 1 名
	2012—2013 赛季跳台滑雪世界杯日本藏王站　第 1 名
	2012—2013 赛季跳台滑雪世界杯斯洛文尼亚卢布诺站　第 1 名
	2013—2014 赛季跳台滑雪世界杯挪威利勒哈默尔站　第 1 名
	2013—2014 赛季跳台滑雪世界杯德国欣特察尔滕站　第 1 名
	2013—2014 赛季跳台滑雪世界杯俄罗斯柴可夫斯基站　第 1 名
	2013—2014 赛季跳台滑雪世界杯日本札幌站　第 1 名
	2017—2018 赛季跳台滑雪世界杯德国奥伯斯特多夫站　第 1 名

第五章

跳台滑雪的欣赏点与观赛礼仪

跳台滑雪运动员被称为『空中飞人』，他们在给观众带来紧张、刺激的视觉享受的同时，也面临着比赛中的各种风险。让我们一起为他们精彩的表演加油喝彩。

·比赛欣赏点·

* “勇敢者的游戏”

跳台滑雪的场地和规则决定了它是一场“勇敢者的游戏”。跳台滑雪要求参赛者在不使用雪杖、不借助任何外力的情况下，靠自身所受重力从起滑台下滑，经助滑道获得 110km/h 的高速度，起跳后在空中滑翔 3~5s，在着陆坡着陆后继续自然滑行到停止区。这就不但要求参赛运动员有娴熟的技术，而且对运动员的胆量也是一种考验。

* 真正的“空中飞人”

跳台滑雪运动员在起跳后为了减少前进的空气阻力和增加升力，身体在空中要保持与双滑雪板平行，与水平面成 8° ~ 10° 的倾斜角并维持平稳，沿着抛物线轨迹向前滑翔 3~5s 后落地。优秀的跳台滑雪运动员能跳出 139m 的好成绩，所以跳台滑雪运动员是真正的“空中飞人”。

* “飞翔的人体过山车”

跳台滑雪在给观众带来精彩刺激的视觉享受的同时，比赛中的各种不确定因素也给比赛带来了一定的风险。例如，世界杯意大利分站赛上，挪威选手罗莫伦从大跳台上全速向下滑去，然而，就在罗莫伦起跳时，他右脚的滑雪板竟意外脱落，罗莫伦也因此失去了控制，重重地摔在了雪道上，所幸这位 20 岁的挪威小伙并没有受伤。主办方在叫停比赛后分析原因，认为是降雨使跳台湿滑，导致选手失控，于是取消了当天的比赛。

·观赛礼仪·

* 入场

观众应提前 30 分钟持票有序入场，配合工作人员做好安保检查，室外长时间观赛需注重个人保暖，如有携带零食应自带垃圾袋。

* 观赛

观众应进入指定的观赛席观赛。跳台滑雪的整个场地都设在室外，观赛席普遍建立在赛道的两侧，以便于观众更好地观看到运动员起跳的空中姿态和落地时的状态。

* 观看比赛

* 要适时鼓掌和喝彩

跳台滑雪是一项非常惊险的比赛，即使是非常细微的干扰也会影响运动员的发挥，尤其是运动员在空中滑翔和即将落地时，观众的掌声和喝彩声可能会影响运动员的注意力，甚至造成运动员落地不稳，后果非常严重。因此在观赏精彩比赛的同时，要注意适时鼓掌和喝彩。

* 关闭相机闪光灯

准确的起跳、平稳的滑翔和精准的落地是跳台滑雪运动员顺利完成比赛的核心要素。这些要素不仅要求运动员有过硬的技术，还要求现场有适宜的环境，场上观众不能发出大声，不能使用相机闪光灯。所以，请现场的观众在照相时一定记住关掉闪光灯，切勿干扰运动员的比赛。

* 离场

在比赛结束以后，应听从工作人员指挥有序离场，离场时应携带随身垃圾，不得无故逗留。

禁止乱丢垃圾

有序安检

禁止打开闪光灯

附录　跟我学

（中英文对照）

中文	英文
跳台滑雪	Ski Jumping
跳台轴	Axis of the Jumping Hill
跳台	Jumping Hill
大跳台	Large Jumping Hill
标准跳台	Normal Jumping Hill
助滑道	Inrun Track
起跳平台	Take-Off Table
出发门	Start Gate
最高出发门	Highest Starting Gate
最低出发门	Lowest Starting Gate
裁判塔	Judges Tower
跳台雪板	Jumping Ski
风向旗	Wind Flags
着陆坡装饰	Landing Hill Marking
红线	Red Line
认证后的跳台剖面	Approved Hill Profile
媒体混合区	Mixed Zone

续表

中文	英文
着陆区	Landing Area
着陆坡	Landing Slope
等候区	Warm Up Room (Athletes Only)
停止区	Outrun
出发区	Start Area
工作人员休息区	Workforce Rest Area
器材储备区	Equipment Storage Zones
小失误	Minor Fault
严重失误	Major Fault
飞行失误	Mistake During Flight
着陆失误	Mistake on Landing
选手无失误	No Fault of the Jumper
持续失误	Persisting Fault
裁判长	Chief of Competition
距离测量主管	Chief Distance Measurer
器材主管	Chief of Equipment
试滑员主管	Chief of Forerunners
姿势裁判员	Judge for Style/Jumping Judge
测量员	Surveyors
最高分	Highest Score

续表

中文	英文
最低分	Lowest Score
集体分	Collective Points
姿势得分	Style Point
距离得分	Distance Point
跳台滑雪男子个人大跳台	Ski Jumping Men's Large Hill Individual
跳台滑雪男子团体大跳台	Ski Jumping Men's Team
更改姿势得分	Change a Score for Style Points
飞行距离总分	Score for Style
一轮比赛的总分	Total Point for a Round
个人完成姿势得分	Individual Style Point
丢分	Loss of Points
负分	Minus Point
跳跃姿势标准	Standard of Style
重复跳跃动作	Repeat a Jump
跳跃力度	Power of a Jump
跳跃次数	Number of Jumps
起跳前	Before the Take-Off
起跳高度	Height of the Take-Off
起跳评判	Judge the Jump
水平距离	Horizontal Distance

续表

中文	英文
最远跳跃距离	Longest Jump
双腿与滑雪板角度	Angle Between Legs and Skis
身体失衡	Loss of Balance
着陆时身体失衡	Balance Lost on Landing
身体前倾	Body Leaning Forward
弯身	Bend Back
屈膝	Bend Knees
正确的出发顺序	Correct Starting Order
倒计时	Countdown
分差	Difference in Points
逆风	Headwind
顺风	Tailwind
可见度	Adequate View
试滑轮	Trial Round
比赛中断	Interrupt a Round (of Competition)
取消参赛资格	Disqualified Jumper
延迟一轮比赛	Postpone a Round
对失误严重处罚	Penalize Faults Heavily
跳台记录	Hill Record

青少年冬奥知识普及丛书

全能高手

北欧两项

鹿志海◎主编　朱丹◎副主编

新世界出版社
NEW WORLD PRESS

图书在版编目（CIP）数据

全能高手：北欧两项 / 鹿志海主编 . -- 北京：新世界出版社，2021.5
（青少年冬奥知识普及丛书）
ISBN 978-7-5104-6986-2

Ⅰ . ①全… Ⅱ . ①鹿… Ⅲ . ①越野滑雪－青少年读物 ②跳台滑雪－青少年读物 Ⅳ . ① G863.1-49

中国版本图书馆 CIP 数据核字 (2019) 第 284259 号

全能高手　北欧两项

主　　编：鹿志海
责任编辑：王峻峰
责任印制：王宝根
出　　版：新世界出版社
网　　址：http://www.nwp.com.cn
社　　址：北京西城区百万庄大街 24 号（100037）
发 行 部：(010)6899 5968（电话）　(010)6899 0635（电话）
总 编 室：(010)6899 5424（电话）　(010)6832 6679（传真）
版 权 部：+8610 6899 6306（电话）　nwpcd@sina.com（电邮）
印　　刷：小森印刷（北京）有限公司
经　　销：新华书店
开　　本：880mm × 1230mm 1/32　　尺寸：145mm × 210mm
字　　数：69 千字　　印张：2.875
版　　次：2021 年 5 月第 1 版　2021 年 5 月第 1 次印刷
书　　号：ISBN 978-7-5104-6986-2
定　　价：398.00 元（全 15 册）

—北京2022年—

《青少年冬奥知识普及丛书》
编委会名单

青少年冬奥知识普及丛书
（分册名录）

1.《冰上之箭——速度滑冰》

2.《冰上极速——短道速滑》

3.《冰上芭蕾——花样滑冰》

4.《勇敢者游戏——冰球》

5.《冰上象棋——冰壶》

6.《雪上马拉松——越野滑雪》

7.《空中飞鹰——跳台滑雪》

8.《全能高手——北欧两项》

9.《雪山飞人——高山滑雪》

10.《雪中舞蹈——自由式滑雪》

11.《雪上冲浪——单板滑雪》

12.《雪地猎人——冬季两项》

13.《冰上之舟——雪车》

14.《冰中鱼雷——钢架雪车》

15.《雪中跑车——雪橇》

总序

随着2018年平昌冬奥会的圆满落幕，北京接过了冬奥会的会旗，标志着冬奥会正式进入了“北京时间”。北京将成为世界上第一个既举办过夏季奥运会，又举办冬季奥运会的“双奥”城市。

2022年北京冬奥会是我国重要历史节点的重大标志性活动，是展现国家形象、促进国家发展、振奋民族精神的重要契机。我们要深入学习贯彻习近平同志关于筹办北京冬奥会和发展冰雪运动的重要指示精神，全力做好冬奥会各项筹办工作，特别是做好冬奥会备战工作，加快冰雪运动的普及，实现冰雪运动跨越式发展。为做好北京冬奥会筹办工作，广泛传播奥林匹克文化、弘扬奥林匹克精神，2018年1月30日，教育部、国家体育总局会同北京冬奥组委共同制订了《北京2022年冬奥会和冬残奥会中小学生奥林匹克

教育计划》。该计划提出将奥林匹克教育纳入学校常规教育教学工作、开展冬季奥林匹克教育文化活动、开展冬季奥林匹克交流活动、组织冬季奥林匹克教育课程资源研发等主要工作任务。作为加强奥林匹克教育传播和推动冰雪运动开展的重要措施，北京市教委在 2019 年推出了“奥林匹克教育成果创编及展示”系列项目，将由北京市教委主编、首都体育学院统筹完成的《青少年冬奥知识普及丛书》呈现给广大青少年朋友。

本套丛书从冬季奥林匹克运动项目入手，结合青少年身心特点，以图文并茂的方式介绍 2022 年北京冬奥会的 7 个大项 15 个分项内容，邀请了包括王春露、刘秋宏、满丹丹等在内的知名世界冠军、亚洲冠军及冬季运动项目专家参与编写。本套丛书每本各分五章，从项目起源与发展、比赛场地与器材、项目设置与规则、冬奥人物故事和观赛礼仪等方面进行讲述，旨在推动北京市中小学奥林匹克教育的发展和冰雪运动的普及，促进中小学生奥林匹克知识的学习和实践，强化中小学生参加体育锻炼的习惯，营造全社会关心关注冬奥会的良好氛围，引导民众感受冰雪运动的美丽、激情和感动。

特别鸣谢北京市教育委员会、首都体育学院领导以及广大冰雪运动专家给予的鼎力支持与帮助。由于编写时间及编者能力有限，书中有不当之处，敬请谅解。希望广大青少年读者通过阅读本套丛书，能够感受冬季奥林匹克运动项目的魅力，了解冬季运动项目知识。

Beijing's taking over the flag of 2022 Olympic Winter Games at the closing ceremony of Pyeongchang 2018 Olympic and Paralympic Winter Games marks that the Olympic Winter Games is officially entering "Beijing time", and Beijing is set to become the first city in the world to have hosted both the summer and winter Olympic Games.

The Beijing 2022 Olympic and Paralympic Winter Games, a significant landmark event in the important historic time of China, is an important opportunity to show national image, promote national development and inspire national spirit. Thus, it is a must to thoroughly study and implement the spirit of President Xi Jinping's important instructions for the preparation of the Games and the development of winter sports, and try our best to make well-organized arrangements for the Olympic Winter Games, especially the preparation for sports competitions, so as to accelerate the popularization of winter sports and achieve leapfrog development of winter sports. In order to make a good preparation for the Games, widely spread Olympic culture and carry forward Olympic spirit, the Ministry of Education of China, General Administration of Sport of China and Beijing Organising Committee for the 2022 Olympic and Paralympic Winter Games jointly issued *The Olympic Education Plan for Primary and Secondary School Students of Beijing 2022 Olympic and Paralympic Winter Games* on January 30, 2018, in which several main tasks are tabled as follows: incorporating Olympic education into regular schooling, carrying out educational and cultural activities for Winter Olympics,

conducting exchange activities for Winter Olympics, and organizing research and development of Winter Olympics educational curriculum resources. As an important measure for enhancing Olympic education and promoting the development of winter sports, Beijing Municipal Education Commission launched a series of projects of "the Creation, Adaptation and Exhibition of Olympic Education Achievements" in 2019, and the *Winter Olympic Knowledge for Teenagers* prepared by Beijing Municipal Education Commission with the coordination of Capital University of Physical Education and Sports will be presented.

Based on the Olympic winter sports and considering the physical and mental characteristics of teenagers, this series of illustrated books introduces 15 sports disciplines of the 2022 Winter Olympics which are categorized into 7 main categories. This series of books are compiled by Wang Chunlu, Liu Qiuhong, Man Dandan and other famous world champions, Asian champions and experts in winter sports. Each book of the series introduces one sport from five perspectives, which are the origin and development, venues and equipment, events and rules, stories of Winter Olympic athletes and spectator's etiquette respectively. It aims to promote the Olympic education for elementary and secondary students in Beijing, popularize winter sports, facilitate the learning of Olympic knowledge and develop a good habit of taking part in physical exercises. Furthermore, it also aims to help create a sound atmosphere where the whole society cares for and pays attention to the Olympic Winter Games, and lead people to enjoy the amazing, moving and exciting beauty of winter sports.

Special thanks go to the leaders of Beijing Municipal Education Commission and Capital University of Physical Education and Sports and the experts in winter sports who presented their great support and assistance. Please accept a sincere apology for any deficiency of these books due to limited time for preparation and limited ability of the authors. It is hoped that teenage readers could enjoy the charm of Winter Olympic sports and know more about winter sports through this series of books.

分序

北欧两项，顾名思义是由两项运动相结合而成的冬季体育竞赛项目。虽然名字中带有“北欧”两字，但这并不只是北欧人的专属运动，只因最早起源于北欧，故得此名。早在第一届冬奥会时，北欧两项就被列入到正式的竞技比赛项目中，距今已有近 100 年的历史了。

北欧两项，由越野滑雪和跳台滑雪组成，是唯一结合了两个冬奥会正式比赛项目的比赛。运动员需要同时掌握跳台滑雪和越野滑雪的技术特点，既需要有跳台滑雪的“爆发力和准确”，又需要有越野滑雪的“强悍”。因此，北欧两项运动员可以称作是空中与陆地上的强悍勇士。

这本《全能高手——北欧两项》科普读物，以专业视角和大众语言介绍了北欧两项的起源与发展、运动场地与装备、项目设置与规则、冬奥人物故事和观赛礼仪等，并配以近百幅精美图片，让读者身临其境般地感受北欧两项带来的惊艳、感动和激情。

Nordic combined, as the name suggests, is a winter event that combines two sports. Although it is called "Nordic", it is not just an exclusive sport for North Europeans. As early as the first Olympic Winter Games, the Nordic combined was officially included in the competition events, and it has a history of nearly 100 years.

Nordic combined is a winter sport which combines cross-country skiing and ski jumping, so the athletes have to be expert in both cross-country skiing and ski jumping, and that's why they could be called all-round players.

From professional perspectives, this popular science book *All-round Player – Nordic Combined* introduces the general knowledge about Nordic combined in common words, including the origin and development, venues and equipment, events and rules, stories of Winter Olympians and spectator's etiquette. Supported by nearly one hundred illustrations, the book would bring an immersive experience to readers while making them feel the amazing, moving and exciting beauty of Nordic combined.

目录

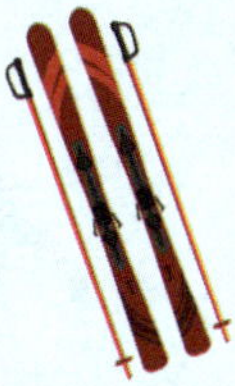

第一章 北欧两项的起源与发展

北欧两项起源于北欧，是北欧的传统项目，又被称作北欧全能。在我国，为了更好地表达这一项目的概念，以区别于其他项目，称其为『北欧两项』。

·北欧两项的起源与发展·

* 项目的起源

北欧两项，是冬奥会最传统的项目之一，如果准确直译的话，应该叫北欧联合项（Nordic Combined）。北欧两项这个名字是意译出来的，听上去很神秘，其实就是跳台滑雪加上越野滑雪 10km。很多观众曾经感到疑惑：为什么这两个原本独立存在的项目，组合起来又变成了新的一项目？项目要都进行组合的话，那还不得衍生出无数新项目？这些问题就只能由挪威人来回答了。

* 项目起源地挪威

* 项目创建者挪威人

早在 1892 年，挪威奥斯陆附近的霍尔门科伦举办了首届滑雪节，该滑雪节一直保留到现在，已成为世界著名的滑雪盛会。在那次滑雪节上，北欧两项这种新型的联合式比赛，受到了瑞典等欧洲北方国家的追捧，到 20 世纪早期又发展到了美洲，为该项目能在首届冬奥会就被确立打下了良好的基础。在早期的冬奥组织里挪威人有很强的话语权，这也是该项目可以被确立的原因之一。

其实，该项目的存在感并不是很强，因为很容易和冬季两项、跳台滑雪、越野滑雪混在一起。但这个项目却一直能够完整地保留下来，不得不说是个奇迹。对该项目的争论从未停止过，主要在于越野滑雪的滑行距离，直到 2010 年冬奥会才将其确定为目前的 10km。

* 挪威军队巡逻

虽然挪威只有 500 多万人口，但其奖牌总数一直很高。挪威人一直占据着早期北欧两项的奖牌榜，第二次世界大战之前的四届冬奥会上，挪威人包揽了该项目前三。当时北欧两项奖牌的计算是分开的，即跳台滑雪和越野滑雪分别单独计算，而现在是一起计算。

* 德国人的崛起

1948 年冬奥会上，芬兰人哈苏打破了挪威的冠军梦，而且芬兰和瑞典包揽了该项目的前 3 名。但在随后的冬奥会上挪威人又很快夺回了该项目的领先位置。直到 1972 年冬奥会，该项目出现了一位具有划时代意义的选手，他就是德国的参赛选手乌尔里希 – 维赫林。他创纪录地连续夺得 3 届冬奥会北欧两项冠军，还成为第一个在冬奥单项上实现三连冠的选手。虽然挪威是滑雪项目强国，但乌尔里希 – 维赫林的出现，彻底打破了这一垄断局面。

* 早期北欧两项选手

* 奥运历史

北欧两项自 1924 年第一届夏蒙尼冬奥会以来，就一直是正式的冬奥比赛项目。

1984 年及以前北欧两项在冬奥会上只设有个人标准台越野赛一项，1988 年卡尔加里冬奥会开始增设团体接力项目，2002 年盐湖城冬奥会上又新增加了个人大跳台越野赛。从此北欧两项在奥运会及世界杯等国际大赛中一般都设有这 3 个小项。北欧两项一直没有女子比赛，不过在 2026 年冬奥会上，女子北欧两项将有望首次出现在观众面前。

在最初的冬奥会比赛中，北欧两项中的跳台滑雪小项跳台的级别为 70m，1992 年跳台滑雪运动将跳台的级别改为 90m，所以 1992 年后北欧两项中的跳台滑雪小项跳台级别也变为了 90m。在经过大会组委会同意的情况下，北欧两项的跳台滑雪小项也可以在 120m 级的跳台上进行。

一开始冬奥会北欧两项的越野滑雪距离为 18km，1956 年改为 15km。个人大跳台越野赛在 2002 年进入冬奥会时为 7.5km 的比赛，直到 2010 年冬奥会才确定为目前比赛的 10km。

* 现代北欧两项选手

* 世界格局

目前北欧两项滑雪运动水平较高的国家有挪威、德国、芬兰、日本、奥地利、瑞士、法国、瑞典、捷克、俄罗斯、波兰、美国等。这些国家主要地处北欧及阿尔卑斯山地区，而在亚洲日本可谓一枝独秀。

1. 早期北欧两项的统治者：挪威

挪威是北欧两项这一项目的传统强国，它作为北欧两项项目的发源地，长期处于这项运动发展的前沿，是当今北欧两项滑雪运动水平最高的国家，成绩突出且稳定，在北欧两项国际大赛中的奖牌总数和金牌总数均列首位。在 1924 年、1928 年、1932 年和 1936 年冬奥会中，挪威曾连续 4 届包揽了全部个人比赛的奖牌。

* 挪威队

* 德国队

2. 北欧两项的第一梯队：德国、奥地利

在 1998—2018 年的冬奥会中，北欧两项项目共有 9 个国家获得了奖牌，按获得奖牌数由多至少依次为：德国、奥地利、挪威、芬兰、美国、法国、日本、俄罗斯、意大利。在这些国家中，德国和奥地利处于第一梯队，挪威、芬兰属于第二梯队，其余各国实力相差不大。

* 奥地利队

在前期的冬奥会中，挪威、芬兰、奥地利、德国并驾齐驱，处在优势地位，在 2018 年平昌冬奥会中德国以 3 金、1 银、1 铜的成绩与挪威和芬兰开始拉开了实力差距，晋升为第一梯队。

而地处阿尔卑斯山地区的奥地利则是传统的高山滑雪强国，其北欧两项滑雪运动长期以来也保持了较高的运动水平，在冬奥会和世锦赛上的成绩相对较稳定，也晋升为第一梯队。

3. 亚洲北欧两项的领头羊：日本

位于亚洲的日本参与北欧两项运动的历史相对较早，目前已经确立了其在北欧两项滑雪国际大赛中的领先地位，特别是团体项目已经站在了世界的前列。其目前获得的两枚冬奥会金牌均为团体金牌，分别是在 1992 年和 1994 年的冬奥会上获得的。另外，日本还夺得了 1993 年、1995 年、2009 年北欧两项世锦赛的团体金牌和 1991 年北欧两项世锦赛的团体铜牌。

* 日本队

4. 北欧两项的新锐力量：美国

美国是北欧两项运动的新锐力量，虽然目前还没有在冬奥会上获得北欧两项的奖牌，但在近几届的世锦赛上却有着较好的表现。在2003年及以后的世锦赛中美国均获得了奖牌，其中在2009年世锦赛上，美国共获得3枚金牌、1枚铜牌，可见其在该项目上的迅速发展。

* 美国队

·北欧两项在中国的发展·

目前，世界上开展北欧两项的国家有 20 多个，其中大多为欧洲国家,其中德国、法国、挪威等国家在该项目上有较高水平。在亚洲范围内，日本也有较高水平,但在中国,北欧两项因为开展较晚而未能发展起来。

2009 年在哈尔滨举办的世界大学生冬季运动会中，中国选手首次参加北欧两项比赛。在这次北欧两项团体赛中，中国选手孙建平、李超和杨光在跳台滑雪和越野滑雪比赛中均名列第七。随后的 2010 年、2014 年、2018 年冬奥会，中国均未参加这项比赛。

为迎战 2022 年北京冬奥会，中国在 2018 年 5 月正式组建了北欧两项国家集训队，并在 12 月 14 -15 日参加了北欧两项洲际杯美国站的比赛。这次比赛不但是中国北欧两项国家集训队建队以来首次参加的国际赛事，同时还代表着中国人正式站在了北欧两项的国际赛场，对我国北欧两项项目有着里程碑式的意义。

中国的北欧两项运动目前还处于“厚积”阶段，相信在 2022 年北京冬奥会上，中国在北欧两项运动中能够取得新的突破。

* 中国队队员——赵嘉文

* 中国队队员——孙建平

* 中国队队员——赵子贺

第二章 北欧两项的场地与装备

跳台滑雪需要胆量和技术，而越野滑雪更偏重考验运动员的耐力，北欧两项作为这两项运动的结合体，参赛选手既要『跳得远』，又要『滑得快』，而这对运动场地和装备也提出了很高的要求。

· 竞赛场地 ·

* 跳台介绍

北欧两项比赛中所使用的跳台与跳台滑雪中的跳台一样。跳台由助滑道、起跳区、着陆坡、停止区组成，依据比赛类型分为标准台和大跳台。

在冬奥会北欧两项中标准台从跳跃台到 K 点（裁判打分所用的参照点）的距离要在 75~99m 之间，大跳台从跳跃台到 K 点的距离要大于 100m。跳台助滑道的坡度应在 35°~40° 之间。

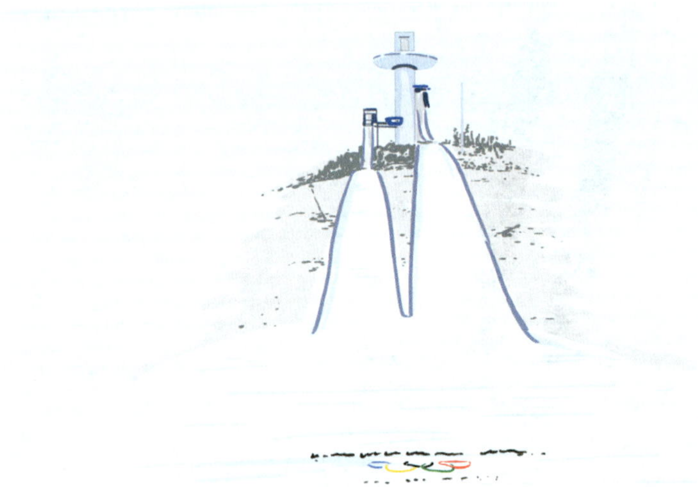

* 跳台

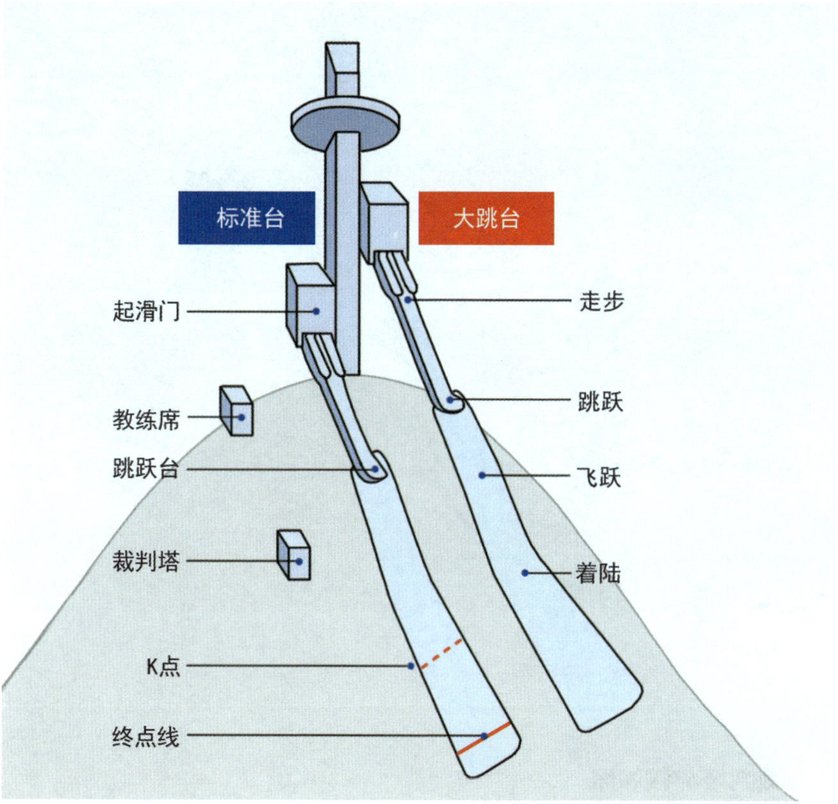

* 跳台详解

其中大跳台终点位置的最低点和起跳点之间的高度差不可以超过 88m，新建的双跳台中标准台和大跳台规格差应大于 25m。

与跳台滑雪的正式比赛相同，北欧两项中的跳台滑雪小项也需要对跳台的助滑道、起跳区、着陆坡、停止区进行修整和装饰，并且需要在比赛间歇快速对跳台着陆坡进行修理、装饰和检查。

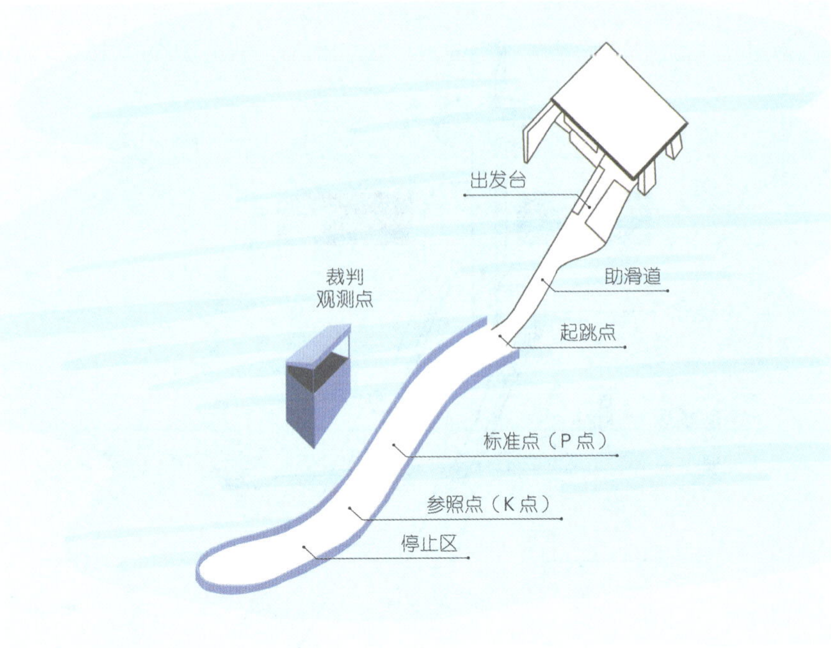

* 跳台平面图介绍

裁判塔与教练席

跳台滑雪中的裁判塔和教练席是与跳台分离的两个单独建筑，裁判塔主要供裁判委员会和其他工作人员使用。裁判塔可以控制赛场上的设备并与跳台上的裁判人员沟通，在裁判塔上必须可以清楚地看到运动员从起点到着陆区域的所有动作。

教练席是提供给各个队伍的教练员观看比赛的最佳看台，每个看台能容纳 20 个人，看台应位于起跳边缘附近，使教练员能够清楚地看到运动员在空中滑行和着陆的动作。

* 滑雪线路

北欧两项中的越野滑雪线路要尽量保证赛道的雪质和雪量。线路宽度应达到 4~5m，雪面要经过机械或人工加固、踏压，厚度至少为 10cm。在线路的一侧要开有带雪辙的雪道，两条雪辙的内壁相距 15~18cm，雪辙深度至少 2cm，雪辙的宽度以雪板的固定器不撞击两侧雪壁为准。线路的着板雪面低于撑杖雪面 2cm 或在同一高度上，线路的另一侧则为没有雪辙的雪道。

越野滑雪的线路分为三个路段，具体要求为：

1/3 的上坡：坡度在 9%（1∶11）到 18%（1∶5.5）之间的爬坡，高度差超过 10m，加上一些坡度超过 18% 的较短爬坡。

1/3 起伏路段：运用所有地形特征，具有短爬坡和下坡（高度差为 1~9m）。

1/3 的下坡：要能考验出运动员的多种下坡技术。

场地不应有过长的平地滑行路段、难度过大的急陡坡滑降路段，以及连续较长距离的蹬行路段。开始阶段的线路要较易滑行，难度应出现在全程线路的 3/4 处。在出发后 2~3km 内不应出现难度极大的急陡坡，在终点前 1km 内不应出现较长的危险滑降线路，线路中要避免有危险的斜滑降，同时要避开冰带、陡角和狭窄的地带。

* 北京冬奥会比赛场地

2022 年，北京冬奥会的北欧两项比赛将在张家口赛区进行，比赛将在新建的国家跳台滑雪中心和国家越野滑雪中心进行。

国家跳台滑雪中心是我国首座跳台滑雪场地，它也是张家口赛区冬奥会场馆群建设中工程量最大、技术难度最高的竞赛场馆。它的主体建筑灵感来自中国传统饰物“如意”，因此被形象地称作“雪如意”。

* 国家跳台滑雪中心

国家越野滑雪中心由 9.7km 比赛赛道和各功能区组成，包括场馆运营综合区、运动员综合区、场馆技术楼、场馆媒体中心和转播综合区，北侧为高山，南侧为丘陵状坡地。

* 国家越野滑雪中心

·比赛装备·

＊ 雪板

跳台滑雪与越野滑雪所用的滑雪板不同。跳台滑雪的滑雪板是专用的跳台大雪板，又厚又重。越野滑雪的滑雪板轻盈而薄，有传统式和自由式之分。

传统式滑雪板：传统式滑雪板具有很明显的弓形弧线，有一定的张力，划分为登坡部分和滑行部分。雪板的长度为身高加上 30cm。雪板的张力要和体重相适应。

自由式滑雪板：自由式滑雪板的板底非常光滑，从而形成一个较大的涂蜡层，这个表层的作用就是利于滑行。雪板的长度为身高加上 10~15cm。雪板的硬度要和体重相适应。

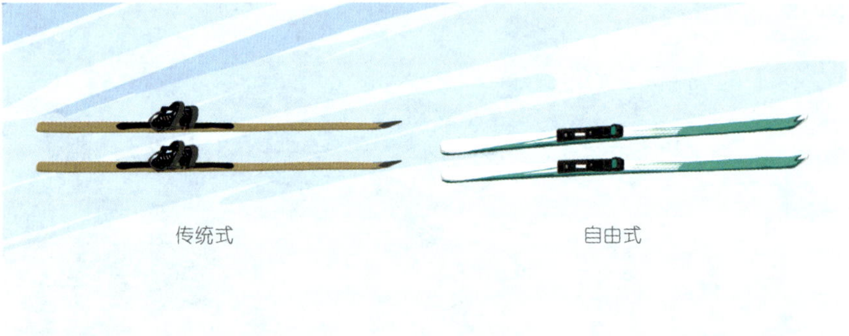

＊ 传统式滑雪板与自由式滑雪板

＊ 滑雪鞋

滑雪鞋一般分为高山鞋、越野鞋、跳台鞋和单板鞋等。越野滑雪的滑雪鞋一般分为尼龙和皮革制品，鞋腰矮软且轻便。跳台鞋一般是用皮革制成，鞋腰较高且前倾大，有利于运动员跳跃和空中飞行前倾姿势。

和滑雪板一样，滑雪鞋也有传统式与自由式之分：

传统式滑雪鞋：在滑传统式技术时，人们通常穿鞋帮较低的鞋。这样既保证了有一定的支撑，同时也能让脚踝有最大的活动范围，从而达到理想的滑雪动作。

自由式滑雪鞋：鞋腰应该高出踝骨，以形成一定的支撑，同时要保证踝关节能自如地活动，以确保任何时候都能以最佳姿势站在雪板上。

＊ 传统式滑雪鞋（左）与自由式滑雪鞋（右）

* 滑雪杖

滑雪杖是滑雪时用来支撑前进、控制平衡、引导变向、支撑身体的工具，一般分为高山杖、越野杖和自由滑雪雪杖。在北欧两项中只有越野滑雪小项需要用到滑雪杖。

可供选择的滑雪杖有很多，同样也有传统式与自由式之分，运动员应该根据自身需要来选择合适的长度。传统式的选择方式为：选手身高 ×0.85；自由式的选择方式为：选手身高 ×0.9。

* 滑雪杖

* 头盔与滑雪帽

为了保障运动员在跳台滑雪中的安全，运动员必须佩戴头盔。滑雪头盔由硬塑模压制而成，头盔里有保温层并且具有弹性。整个头盔被设计成流线型，比较轻便，也不会影响视野。

在越野滑雪小项中，运动员会戴着滑雪帽参加比赛，滑雪帽应以保护耳部、轻便、不影响视野为宜，一般用弹性较好的细绒线织成。

* 头盔与滑雪帽

* 服装

滑雪服装一定要保证身体能自如活动，不能太紧。所有的服装都应该具有高弹性，并应防风、防水、易保养、可水洗。

跳台滑雪滑雪服一般由合成纤维材料制成，厚度最大不能超过6mm，不能薄于4mm。

* 滑雪服

* 护目镜

滑雪护目镜分为高山镜、跳台镜、越野镜、自由镜等。由于雪地上阳光反射很厉害，加上滑行中冷风对眼睛的刺激很大，所以需要滑雪镜来保护滑雪者的眼睛。滑雪镜应具备以下几个功能：第一，防止冷风对眼睛的刺激；第二，防止紫外线对眼睛的灼伤；第三，镜面不能起雾气；第四，跌倒后滑雪镜不应对脸部造成伤害。

* 手套

越野滑雪需要用到雪杖进行滑行，这就要求滑雪手套不仅要保暖、防寒，而且要柔软、耐磨、防割伤。滑雪手套一般用天然皮革和合成材料制成，外层面料一定要防水、防滑，透气性也要好。选择手套时应注意，开始戴时感觉稍紧更好，一定不能选有褶皱的，以免手上磨出水泡。

* 护目镜

* 手套

* 固定器

固定器也叫脱离器，用于连接滑雪板和滑雪鞋，一般分为高山板固定器、跳台板固定器、越野板固定器、单板固定器等。固定器对滑雪者的人身安全起着重要的保护作用。现代的固定器都具有当运动员摔倒时能自动使滑雪鞋与滑雪板脱离的功能，以达到保护运动员不受伤害的目的。

越野板固定器与其他固定器不同，越野板固定器会将脚尖固定，脚跟可抬起。其他固定器分前后两部分，直接用螺丝固定在滑雪板上，前部固定器不可移动，后部固定器可沿滑雪板前后移动，以适应大小不同的滑雪鞋。

* 固定器

第三章

北欧两项的项目设置与规则

北欧两项在目前的比赛中仅设有男子组的比赛，共由3个小项组成。北欧两项的竞赛规则与跳台滑雪和越野滑雪单项的竞赛规则基本相同。

·项目设置·

* 竞赛设置

每一届冬奥会都会对竞赛项目及规则做出一定的调整。2022 年北京冬奥会北欧两项比赛将在国家跳台滑雪中心、国家越野滑雪中心进行，比赛分为男子个人赛和男子团体赛两种，其中个人赛分为个人跳台滑雪标准台 + 越野滑雪 10km、个人跳台滑雪大跳台 + 越野滑雪 10km，团体赛为团体跳台滑雪大跳台 + 越野滑雪 4 × 5km 接力。

知识窗

冬奥会上，有些项目曾经长期拒绝女运动员参加，例如越野滑雪和跳台滑雪，跳台滑雪比赛直到 2014 年索契冬奥会才允许女选手参加。

在如今的世界级北欧两项赛事中，逐渐出现了女子选手的身影，国际雪联的成员表示在 2026 年冬奥会上，女子北欧两项有望出现。

· 竞赛规则 ·

北欧两项比赛的竞赛规则基本与跳台滑雪和越野滑雪单项比赛的规则相同。主要不同在于需先进行跳台比赛，然后根据跳台比赛的得分来决定越野比赛的出发顺序及间隔时间差，得分最多的选手最先出发,得分最少的选手最后出发,以越野比赛的成绩来确定最终比赛名次。

* 个人跳台滑雪标准台 +10km 越野滑雪

在北欧两项的标准台个人赛中，参赛选手需进行 90m 级的跳台滑雪 + 越野滑雪 10km，比赛一共进行 2 天。第 1 天进行跳台滑雪，每位选手跳 2 次，以“姿势分”和“距离分”计算选手的总成绩。第 2 天是决赛日，在第 1 天成绩最佳者将第一个从起点出发，其后的选手会根据与首名选手分数的差距，按排名依次出发，完成 10km 的滑行。10km 越野滑雪是在 2.5km 的区间内滑行 4 圈，最先通过终点线为胜。

* 项目展示 1

* 个人跳台滑雪大跳台 +10km 越野滑雪

大跳台个人赛又称为个人竞速赛，比赛形式类似于标准台个人赛。参赛选手需在 120m 级的跳台上进行跳台滑雪，并进行越野滑雪 10km。在 2 天的赛事中，第 1 天为跳台滑雪，第 2 天为越野滑雪。在第 1 天的跳台滑雪比赛中，所有参赛选手只有一次跳台的机会，同样是以“姿势分”以及“距离分”计算成绩。在第 2 天的越野滑雪中以第 1 天的比赛成绩来决定出发的先后顺序，进行 10km 的比赛，最先到达终点的获胜。

* 团体跳台滑雪大跳台 + 越野滑雪 4×5km 接力

团体赛同样是分 2 天进行比赛，首先是跳台滑雪，其次为越野滑雪。每位参赛选手需在 120m 级的跳台上进行跳台滑雪，并进行越野滑雪 5km。在团体赛的跳台滑雪中，每队设有 4 名参赛选手，每位选手佩戴不同颜色的号码簿。第 1 位为红色，第 2 位为绿色，第 3 位为黄色，第 4 位为蓝色。各选手按顺序依次出发，每位选手设有 2 跳，每跳都会以“姿势分”和“距离分”计算成绩。在第 2 天的越野滑雪比赛中，第 1 天成绩最好的一队最先出发，队伍中其他 3 位选手在接棒区等候，成功交换后即刻出发。需要注意的是，选手排列次序应与第 1 天跳台滑雪的出场次序相同。每位选手需滑行 5km。其他队伍根据排名依次出发，以每队第 4 名运动员到达终点的顺序来决定排名。

* 项目展示 2

* 项目展示 3

· 评分规则 ·

* 个人跳台滑雪标准台 +10km 越野滑雪

在北欧两项跳台滑雪比赛中选手必须跳得很远，同时还需要注意空中跳跃质量，以“姿势分”和“距离分”来计算总成绩。

5 位裁判会根据运动员由开始起动至落地时的“准确性”“完美性”“稳定性”“整体稳定性”做出严格的评分，最低为 0 分，最高为 20 分。去掉最高分和最低分，将剩下的 3 个分数相加起来，就是选手的“姿势分”。

选手进行跳台比赛的距离是从起跳点算起，到双脚着地时的那段距离。摄像机会记录下每一跳的距离，经过测量后，K 点距离对应的基准分为 60 分，如落点短于 K 点，将从基准分中扣除所短距离对应的分数（距离分为 2 分 / 米）。如落点远于 K 点，将在基准分的基础上加上所长距离对应的分数。“姿势分”和“距离分”之和即为跳台滑雪的总分。

决赛日在赛事开始后的第 2 天举行，参赛选手根据跳台滑雪成绩依次出发，跳台滑雪比赛中的第 1 名，将在越野滑雪比赛中第 1 个出发，出发的时间间隔由跳台滑雪的成绩差决定，跳台滑雪成绩与前面选手每相差 1 分，越野滑雪比赛中出发时间需延迟 4 秒。比赛最终结果以到达越野滑雪终点的顺序作为评判依据。

* 个人跳台滑雪大跳台 +10km 越野滑雪

与个人标准台相同，在第 1 天的个人大跳台比赛中，以“姿势分”和“距离分”来计算总成绩。大跳台比赛中距离分为 1.8 分 / 米。第 2 天比赛的出发顺序由第 1 天跳台比赛的成绩来决定。排名靠前的选手

* 项目展示 4

先出发，依次排序。跳台滑雪成绩与前面选手每相差 1 分，越野滑雪比赛中出发时间需延迟 4 秒。比赛最终结果以到达越野滑雪终点的顺序作为评判依据。

* 团体跳台滑雪大跳台 + 越野滑雪 4×5km 接力

在团体赛中，每队有 4 位参赛选手，每位选手按顺序依次出发。比赛开始后，每人进行 2 跳，每跳都会以个人大跳台的评分方式进行评分，每队共有 8 次得分，8 次得分相加后计算出总成绩。在第 2 天越野滑雪比赛中，第 1 天成绩最好的一队最先出发，其他队伍根据排名依次出发。跳台滑雪成绩总分与前面队伍每相差 1 分，越野滑雪比赛中出发时间需延迟 4 秒。比赛最终结果以每队第 4 名队员到达越野滑雪终点的顺序作为评判依据。

* 项目展示 5

* 项目展示 6

·动作与技术·

* 跳台滑雪

在比赛中为了能够达到较大的跳跃距离，保持空中动作的完美，跳台滑雪的技术至关重要。

助滑

助滑是为了在起跳台端产生更快的初速度，以延长空中飞行距离的一种技术。运动员利用助滑起点座位前的横杆，在出发时用双臂用力推横杆，使身体产生初始向前的冲力。此后，人体在重力加速度作用下，沿助滑道斜坡获得越来越快的助滑速度。要求运动员在顺着助滑道的倾斜面前进时，两腿尽量深蹲，上体前倾成流线型姿势，力求与雪面大致平行，以最大限度地减小空气阻力。

* 助滑动作

起跳

起跳是整个技术动作的关键，起跳的时机、动作和力度决定着运动员的成绩。由于助滑的最快速度可达每秒 30 多米，因此，对起跳的最佳时机的掌握是衡量运动员技术水平高低的主要标准。起跳用力的方法与田径的跳高、跳远都不相同，确切地说，它不是跳而是上体向前伸展，两腿快速下蹬，从而脚掌发力产生反作用力的过程。运动员顺着助滑道快速滑行，一般当雪板尖快到达台端时立即起跳，上体向前充分伸展。

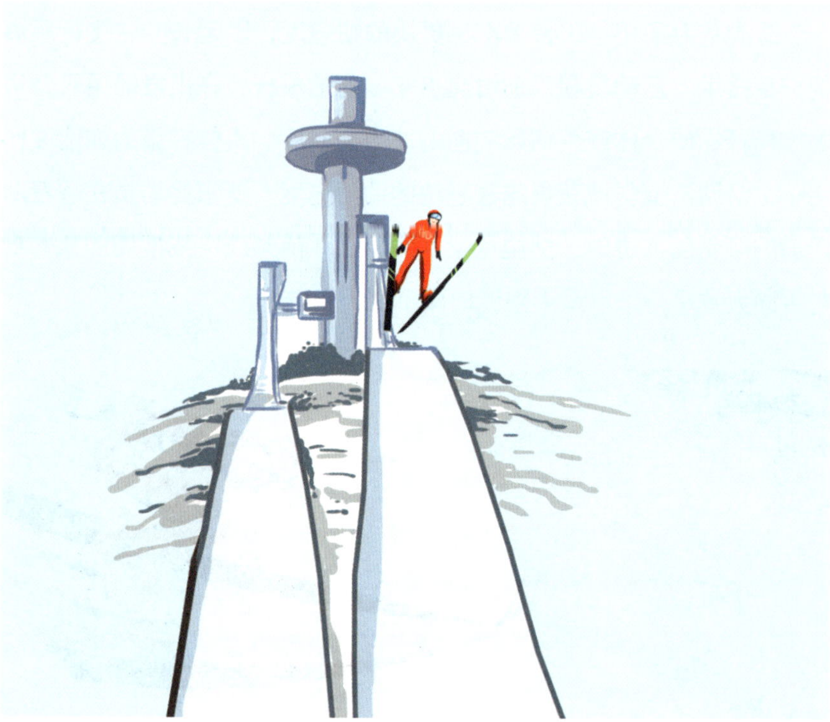

* 起跳动作

空中飞行

选手只有保持大胆、沉着、稳定和善于控制雪板的空中飞行姿势，才能获得理想的空中姿势成绩，这时，运动员的上体要充分伸展，两雪板保持在一个平面，两板间以板跟为轴点成 38° 角的 V 形，板面与脚底呈锐角上仰，上体与雪板基本保持平行，两臂伸直贴放于身体两侧。在飞行过程中，运动员可以靠手臂摆动控制身体平衡。

* 空中飞行动作

着陆

经过助滑、起跳和空中飞行，最后再完成正确的着陆动作，就使整套动作连贯一致，一气呵成，运动员由此便可获得高分。着陆时，应具有弹性和稳定性,两脚成弓箭步前后分开,身体重心落于两脚中间,雪板后跟略先于板尖触地，两板间相距一个雪板宽度的距离。两腿屈膝做缓冲，两臂左右平伸，以维持身体平衡。落地采用类似弓箭步的双腿微曲姿势，能有效减少对人体强大的冲击力。保持平衡姿势顺利滑到终止区，全部动作才算完成。

* 着陆动作

＊ 越野滑雪

在当代越野滑雪比赛中，运动员为取得最快速度，技术动作趋于单一化。滑行技术总的特点是频率快、幅度大，运用战术灵活，技术动作掌握上高度熟练，上下肢配合紧凑，动作协调，节奏感强。

在越野滑雪中，战术运用也很重要。所谓战术，主要指在比赛的全过程中，体力的分配及针对不同地形特点应选择不同的滑行技术方法。例如下坡路程占全程的1/3，在下滑时如果是在体力好的情况下，可以采用流线型的低姿势滑降，以减少空气阻力，提高速度、争取时间；但在体力不佳、特别疲劳的情况下，或在地形复杂、难度大的条件下，姿势就可以高些，使身体受风的阻力增加，降低速度，以防跌倒而浪费更多的时间，同时避免产生烦躁的心理及消极情绪。

目前在越野滑雪比赛中主要采取的技术动作有两步交替滑行、同时推进滑行、跨一步同时推进滑行等。这些不同滑行方法的选择要根据雪质、气温、涂蜡、地形的变化和体力的分配来决定。

两步交替滑行

两步交替滑行是滑雪技术最基础的动作，也是平地滑行和上坡滑行的主要技术动作，由两个滑步和两次单撑杖组成。一个滑行步主要包括单脚滑行阶段、双脚滑行阶段和身体重心交换阶段。这种技术的动作结构能使身体各部位的负担量比较均衡，因此动作协调、轻松。特别是在滑度较差的雪质条件下，与其他滑行方式比较，它的效率更为显著。

两步交替动作中，支撑腿下蹲准备动作不明显，重心起伏小，能使身体保持平稳前进。蹬动时，下蹲小能减轻腿部肌肉的惯性负荷，从而减少体能的消耗。

两步交替滑行中的后蹬动作是推动前进的主要动力。蹬动过早或过晚都会影响前进方向，掌握适宜的后蹬角度（大约在 40° ~55° ）可以获得一个较大的支撑反作用力。

滑行中运动员要含胸收腹，肩关节放松。摆臂时，以肩关节为轴，上臂带动前臂由体后向前摆动，撑杖动作要及时、准确、有力，与后蹬动作同相位，以增加前进的动力。

为提高滑行频率，蹬动结束时必须控制雪板，不要抬得过高（一般在 10~15cm 左右），为减少重心左右摆动，交换重心要及时平稳，不能过早或过晚，以充分利用惯性，缩短停板时间，增加滑行时间。

* 两步交替滑行动作

四步交替滑行

四步交替滑行由四个滑步和两次单撑杖组成。一般在雪质软的新雪道或比赛中体力不佳而要放松、调节时使用，但在现代越野比赛中已很少使用。

＊ 四步交替滑行动作

同时推进滑行

现代越野滑雪比赛中，推进技术也逐渐成为一种主要的滑行方法。同时推进滑行是双腿处于平行弯曲状态，完全靠上肢力量推杖为动力的滑行，也是比赛中常用的一种技术。多用于下坡和较平缓段的加速滑行。

在同时推进滑行中，只有上体拉起和压撑动作，身体重心横向移动很小，重心位置比两步交替滑行时低，因此能够使推杖更充分有力。可以通过上体前引来增大推杖的幅度，也可以加快上肢推杖的频率来达到提高滑行速度的目的。

双手在前提杖时，身体重心在前脚，随着推杖过程，重心逐渐后移，由前脚掌到脚跟移动。这种动作结构，使得雪板的前部压力逐渐减小，有利于加速滑行。

撑杖结束后手臂要积极放松，以便重新开始滑行动作。身体大幅向前倾斜，身体重量要压在雪杖上。在这个阶段，需要收紧腹部肌肉以防止腰部受伤。手臂也需要有很大的力量。这意味着当撑杖开始时，肘部应该有近似 90° 的角度。

* 同时推进滑行

跨一步同时推进滑行

跨一步同时推进滑行由一个蹬动步和一个双撑杖动作组成。这是发挥速度较好的一种技术，被广泛应用于越野滑雪比赛中，多用于平地、缓下坡和起伏地带。跨一步同时推进滑行适用于起跑、冲刺和途中加速。

跨一步同时推进滑行动作结构简单，上下肢配合协调。撑杖与蹬动同时进行，后抬板离地面较低。撑杖时小腿略弯，收腿结束早于撑杖结束，在双板同时着地时，用力撑杖能获得最大的推进速度。在向前撑杖时，没有过去的翻腕动作，而是直接前提，从而提高频率。

收腿的同时开始压杖后推，上体与地面平行，后推结束晚于收腿。后推结束后上体不宜马上成直立状态，因为上体瞬时直立会增加雪板对雪面的压力，从而增加摩擦阻力，导致滑行速度减慢。

跨一步同时推进滑行动作在缓上坡路段也可以使用。当传统滑行速度太快时，运动员通常会转换为跨一步同时推进技术。

* 跨一步同时推进滑行动作

跨两步同时推进滑行

跨两步同时推进滑行动作由两个蹬动步和一次双推杖组成，用于平地、缓下坡和起伏地带。由于这种动作速度较慢，目前已很少使用。

* 跨两步同时推进滑行动作

联合滑步

联合滑步是由几种技术动作交替使用组成的技术动作。一般在深、软雪道或比赛中为放松、调节体力时使用，在现代越野滑雪比赛中已很少使用。

下坡技术

下坡技术是向下滑行使用的技术之一。膝盖以 90° 角进入折叠，胸部应靠在大腿上，头部应尽量放低，双手向上。折叠是符合空气动力学和稳定的，这意味着身体处于阻挡最少风量的姿势，同时，折叠可确保良好的平衡。同样的技术也适用于自由式下坡。

知识窗

越野滑雪技术分为传统式技术和自由式技术两种。传统式技术要求运动员在比赛中的蹬动不得有任何的蹬冰式（侧蹬）动作。自由式技术则对运动员的动作不作限制，运动员可以采用任何技术动作，因此自由式的速度通常比传统式要快，而且更节省体力。在北欧两项中，越野滑雪普遍采用的是自由式技术。

* 联合滑步

* 下坡技术

第四章

北欧两项的冬奥人物故事

作为两项冬季运动的结合体，北欧两项拥有着跳台滑雪的刺激和越野滑雪的激情，是一项极具挑战性的冬季运动，因此也吸引了众多渴望挑战自我的优秀全能型运动员。

·埃里克·弗伦泽尔·

* 北欧两项的代表性人物

德国是众多冬季运动项目的强国，北欧两项也不例外。在近几年该项目赛场上，德国有着超越北欧两项传统强国挪威的态势。在德国北欧两项的众多优秀运动员当中，埃里克·弗伦泽尔是最具代表性的人物之一。

* 弗伦泽尔（一）

埃里克·弗伦泽尔，生于 1988 年 11 月，是德国北欧两项的名将，曾参加过 2010 年温哥华冬奥会、2014 年索契冬奥会和 2018 年平昌冬奥会。其中 2010 年温哥华冬奥会上弗伦泽尔在团体接力比赛中与队友一起夺得了铜牌；在 2014 年索契冬奥会上弗伦泽尔取得了个人标准台比赛的冠军，还和队友夺得了团体接力赛的银牌；在 2018 年平昌冬奥会上弗伦泽尔再次取得了个人标准台比赛的冠军，并且拿到了个人大跳台的铜牌和团体比赛的金牌。

除了在冬奥会上的辉煌外，从世界杯冠军到世锦赛冠军，弗伦泽尔几乎赢得过这个项目上所有的冠军头衔。

* 荣耀时刻

2014 年索契冬奥会是弗伦泽尔的成名之战，在此之前，弗伦泽尔虽然在 2010 年温哥华冬奥会上拿到了团体比赛的第 3 名，但并未在德国引起关注。4 年后在索契冬奥会上，弗伦泽尔带病出征并战胜了诸多高手，赢得了北欧两项个人标准台 + 越野赛 10km 的金牌。德国的很多媒体都对他进行了采访。他在一夜之间声名鹊起，被大家迅速所熟知。

巨大的荣誉和媒体接连不断的访问，让弗伦泽尔有些无措。在冬奥会结束后的 3 月—5 月期间，弗伦泽尔完成了二级士官训练，同时，他决定继续完成自己的学业，开始学习工业课程。此外，弗伦泽尔也为自己的职业生涯设定了一个更远大的目标，那就是在瑞典法伦山举办的北欧两项世锦赛和 2018 年平昌冬奥会的团体比赛上夺得冠军。

* 弗伦泽尔（二）

在德国还有一位名叫德策克的北欧两项选手近年来表现也十分出色，但弗伦泽尔仍在这项运动中保持着最有竞争力的地位。在 2017 年北欧两项世界杯德国绍纳赫站中，弗伦泽尔再次夺得冠军，这意味着他连续五次收获世界杯总冠军，他在世界杯的成绩由此被改写为 5 金、5 银、2 铜。这也是他职业生涯中第 41 个分站赛冠军。

转眼到了 2018 年，在平昌冬奥会的开幕式上，弗伦泽尔被选为德国代表团的旗手，出现在众人视野中。在接下来的比赛中，弗伦泽尔在北欧两项个人标准台比赛中卫冕成功，并且在团体接力比赛中和队友一起又赢得了一枚金牌。在此次冬奥会北欧两项比赛中，德国队包揽全部 3 金，成为这次冬奥会的最大赢家。而弗伦泽尔在索契冬奥会后立下的目标也在四年后得以实现。

* 传奇选手

一次次的成功，让弗伦泽尔变得更加自信。在各大赛事上夺取金牌已经无法满足他的理想，他开始为自己树立更远大的志向和目标，他想缔造北欧两项运动的一个传奇，创造在德国乃至全世界的一个历史。在很多人看来，已经获得过两届冬奥会冠军的弗伦泽尔将很难再有上升的空间，但是弗伦泽尔再次以实际行动证明了自己。

2019 年北欧滑雪世界锦标赛在奥地利西部茵斯布鲁克的塞费尔德举行，在北欧两项的男子标准台个人赛项目中，弗伦泽尔以 23 分 43 秒的成绩再次夺得了个人赛冠军，为他的职业生涯中又赢得一枚金牌。

赛后，弗伦泽尔表示他还是一个比较年轻的运动员，他的运动生涯还可以继续，只要他还有潜能，能够在世界杯中保持一流的水平，就会保持训练，继续参加比赛。在未来漫长的岁月里，我们相信弗伦泽尔可以最终完成他的目标，成为北欧两项运动史上最传奇的人物。

·汉努－曼尼宁·

＊ 初露锋芒

在北欧两项的奥运历史上，人们普遍认为，汉努－曼尼宁是最伟大的明星之一。

曼尼宁是芬兰北欧两项运动员。他 1978 年 4 月出生于芬兰罗瓦涅米，第一次尝试跳台滑雪的时候年仅 10 岁，因有着良好的雪上运动天赋，加之一直练习越野滑雪，他转向北欧两项有着良好的基础，一切看起来都是那么的自然。

＊ 汉努－曼尼宁（一）

1990 年 11 岁的曼尼宁被选入了芬兰国家青年队，在随后的两年里他一直发挥出色，取得了不错的战绩。1993 年他进入了高级巡回赛。

1994 年，年仅 15 岁的他参加了利勒哈默尔冬季奥运会，并成为参加冬奥会最年轻的芬兰人。他在北欧两项个人项目中名列第 38 位。3 年后，18 岁的他在 FIS（国际雪联）赛事北欧世界滑雪锦标赛的 4 × 5km 团体项目中获得银牌，这也是他第一次在该项目中获得奖牌。而在个人项目上曼尼宁的成绩也大幅提升，获得了的第 6 名的好成绩。

* 征战赛场

1998 年，他参加了在长野举办的冬奥会，并在团体赛中收获了第 2 枚银牌，但在个人项目中，由于起跳不佳，导致排名下滑。

在 1997 年和 1998 年的世界杯赛场上，曼尼宁分别获得了个人项目总榜第 4 名和第 5 名。在 1999 年他获得了他的第一个世界杯冠军——帮助芬兰夺得团体金牌。1999—2000 赛季因受到兵役的影响，曼尼宁的成绩和表现欠佳。2001 年他状态回升，获得了拉赫蒂世界锦标赛团体铜牌和个人第 4 名。

2002 年盐湖城冬奥会上，23 岁的曼尼宁在个人项目中发挥失利，最终无缘领奖台，但随后在 4 × 5km 团体赛中和队友一起拿下金牌。虽然在个人项目中没有获得奖牌，但因在团体赛中表现出色，他还是成了国家队的核心，这也让他感到十分欣慰。

2003 年他的平均赛季成绩一般，大家普遍认为与他在摩托车事故中肩膀骨折有关。

但随后在 2004 年，曼尼宁通过自己的努力赢得了他的第一个世界杯总冠军。在世界杯 2004—2005 赛季，他继续保持着绝佳的火热状态，连续赢得了 6 次世界杯分站赛冠军，蝉联总冠军头衔。在 2005—2006 赛季，他再次获得世界杯总冠军——7 次连续分站赛夺冠，共计 11 次夺冠，这表明他已经达到了职业生涯中的巅峰。2007 年曼尼宁又获得世界杯总冠军。同年，他还赢得了第一个世界锦标赛个人冠军。然而，在接下来的一年里，他的成绩开始下滑，世界杯排名仅第 14 位，与之前的成绩相比相差甚远。此时的他做了一个决定，放下滑雪板，去考取飞行员执照。

* 为梦想而努力

2008 年 5 月 29 日，曼尼宁第一次宣布退役，开始专注于他的家庭和未来作为一名飞行员的职业生涯。2011 年他从芬兰航空学院正式毕业。2010 年开始为芬兰航空工作。得到飞行员执照的他成了芬兰国家航空公司的副驾驶员。

在世锦赛和奥运会上曼尼宁获得了 4 枚金牌、2 枚银牌和 3 枚铜牌，但这 9 枚奖牌中有 8 枚都来自团体项目，他唯一的个人奖牌是 2007 年的一块世锦赛金牌。这也成为他一直的遗憾，里面包含了太多的不甘心。他在世锦赛和奥运会个人项目上的不成功促使他在 2009 年第一次复出。他于 2009 年 11 月 28 日在芬兰的鲁卡（库萨莫）重返世界杯，在那次个人赛中他获得了第 2 名。但在接下来的 2010 年温哥华奥运会上，他又没能登上领奖台，因此再次退役。和其他许多人一样，当温哥华的鼓声响起时，他无法抗拒这一召唤，虽然已经是两个孩子

* 汉努－曼尼宁（二）

的父亲，但北欧两项依然对他有着很大的吸引力。

2017 年 1 月 7 日，曼尼宁选择再次复出。然而复出后第一场比赛的成绩并不理想，他仅获得第 18 名。在随后的两场比赛中他又分别获得了第 35 名和第 36 名。

曼尼宁曾在北欧两项中独领风骚，连续 4 次获得世界杯总冠军，并创造了 48 项世界杯比赛的记录。他是一名如此优秀的冬季项目运动员，大家很期待在以后的世界级大赛中能再次看到他的身影以及绝佳的表现。

·渡部晓斗·

* 亚洲北欧两项的先行者

在近百年的北欧两项历史中，亚洲选手存在感很低，不管是冬奥会还是世界大赛，亚洲选手都长时间扮演着陪衬的角色。而渡部晓斗的出现，改变了这一残酷现实。

在亚洲国家冰雪项目的发展中，日本整体水平比较均衡，处于绝对领先的地位。在亚洲北欧两项开展较晚，大多数国家都比较落后。因为日本选手渡部晓斗的出现，亚洲人在该项目上开始有了底气，具备了能与北欧强者一较高下的实力。

渡部晓斗在世界上的各大赛事中都取得了不菲的成绩，甚至超越了众多出身北欧两项强国的运动员。他参加过两届冬奥会，两次都取得了第 2 名的优异成绩，并在各大国际性赛事中也多次登上过领奖台。因为有了渡部晓斗，北欧两项才能摆脱名称上的束缚，有了世界性赛事的意味。

* 命中注定的对手

1988 年 5 月出生的渡部晓斗与德国名将弗伦泽尔年龄相仿，在北欧两项比赛中彼此也是注定的对手。

★ 渡部晓斗（一）

2014年索契冬奥会上，渡部晓斗输给了弗伦泽尔，获得了一枚银牌。

2018年平昌冬奥会上，渡部晓斗以24分56秒02的成绩再次获得了个人标准台比赛的亚军。在该届冬奥会北欧两项比赛中，这是亚洲获取的唯一一块奖牌。弗伦泽尔则成功卫冕。

2018年冬奥会后，渡部晓斗期待在新赛季中进一步突破自己，用实力说话，力争将自己的名字写进历史，为亚洲北欧两项创造传奇。

为了新赛季的备战，渡部晓斗前往欧洲的训练营，进行了为期4周的封闭式训练。在这期间，渡部晓斗还特意拜访了对手弗伦泽尔，交流了很多训练技巧和比赛技术，并彼此互相鼓励。在渡部晓斗看来，夺得冬奥会金牌并且打败弗伦泽尔是他未来的最大目标。值得一提的是，两人在赛场上虽然是对手，可在赛场下面却是很好的朋友。

＊ 渡部晓斗（二）

＊ 英雄也曾受伤

渡部晓斗在众多比赛中并不仅是亚军的人选。2012 年渡部晓斗在北欧两项世界杯捷克站比赛中异军突起夺取冠军；在平昌冬奥会前，渡部晓斗在北欧两项世界杯比赛上还连夺三冠，成为亚洲北欧两项项目新的领头羊。

但作为 2017—2018 赛季北欧两项世界杯的年度总冠军，渡部晓斗的冠军之路却并不一帆风顺，两次骨折成为他无法忘却的痛。

在世界杯揭幕战芬兰卢卡站，为了抓紧训练，渡部晓斗在赛季初的一次训练中肋骨不幸骨折，险些错过比赛。好在经过及时的治疗和调整，他赶上了这次比赛，并取得了不错的成绩。

＊ 渡部晓斗（三）

而在平昌冬奥会前，渡部晓斗在长野县白马村举行的北欧两项世界杯白马大赛期间,在进行跳跃的公开练习时因落地失败而摔倒受伤。随后，他被医院诊断为左肋骨骨折，直到平昌冬奥会北欧两项比赛开始还没有康复。而他靠着惊人的毅力还是夺得了该项目的亚军，这也足以证明他的实力。

在北欧两项未来的发展道路上，渡部晓斗依旧是全世界北欧两项选手的强敌，他也以自身经历激励着亚洲其他的北欧两项运动员，快速地推动着亚洲北欧两项运动的发展。

·约翰内斯·里德策克·

＊ 北欧两项的“新星”

德国北欧两项的选手在冬奥会的北欧两项比赛中极具竞争力，埃里克·弗伦泽尔与约翰内斯·里德策克就是最好的证明。弗伦泽尔和里德策克是属于同一时代的运动选手，弗伦泽尔是德国北欧两项目前最炙手可热的代表人物，而里德策克虽然名气不如弗伦泽尔，但却是未来大有可期的选手。

＊ 约翰内斯·里德策克（一）

★ 约翰内斯·里德策克（二）

约翰内斯·里德策克，来自德国一个以跳台滑雪设施闻名的地区——奥伯斯特多夫。这个地方曾经承办了北欧两项世锦赛中的两站和德国四山锦标赛。因为优越的地理因素，这个地区出现了众多喜好跳台滑雪与越野滑雪的人，里德策克的父亲就是其中的一位。

受到父亲的影响，里德策克从小就开始学习跳台滑雪和越野滑雪。13 岁时里德策克就开始参加 FIS 赛事，并在 15 岁时就第一次获得了参加北欧两项世界杯的资格。他在 18 岁时获得了世青赛冠军，并在同年的 2010 年温哥华冬奥会上帮助德国队赢得了北欧两项团体接力赛的铜牌。在 2014 年的索契冬奥会上，他又获得了团体接力赛的银牌。

* 约翰内斯 · 里德策克（三）

* 世锦赛大满贯

2014—2015 赛季，里德策克在北欧两项世锦赛所有的项目中都取得了好成绩，其中包括 2 枚金牌、1 枚银牌和 1 枚铜牌。

2015—2016 赛季，里德策克选择短暂沉淀自己。

2016—2017 赛季，里德策克强势回归，取得了 8 个世界杯分站赛的金牌，开始了他破纪录的大满贯之路。虽然在 2017 年世界杯中里德策克再次输给了宿敌弗伦泽尔，但他在接下来的比赛中及时恢复状态，并在平昌冬奥会测试赛中复仇取胜。在不久后的北欧两项世锦赛中，里德策克以强势姿态横扫了全部北欧两项项目的金牌。里德策

* 约翰内斯·里德策克（四）

克的大满贯成就史无前例，德国媒体赋予了他“新超人”的称号，他也因此被评选为 FIS 年度最佳选手。

2017 年 9 月，里德策克在奥伯斯特多夫的跳台上把雪鞋换成了跑步鞋，这次尝试制造了一个惊人的冲刺，使他最后以 27.67 秒的成绩创造了吉尼斯世界纪录。

＊ 实现金牌梦

从里德策克开始参与国际比赛到2018年平昌冬奥会前，他已经拿到了6枚北欧两项世锦赛的金牌，在2010温哥华冬奥会和2014年索契冬奥会上他也收获了1枚银牌和1枚铜牌，唯独缺少1枚冬奥会的金牌。

在平昌冬奥会上他渴望实现这个梦想，不过日本选手渡部晓斗和德国选手弗伦泽尔是他最强劲的竞争对手。

经过不懈的努力，在平昌冬奥会上，里德策克的梦想终于实现。在个人大跳台＋越野10km比赛中，他打败了宿敌弗伦泽尔，拿到了梦寐以求的金牌。在团体接力比赛中，里德策克也与队友一起赢得了金牌。

平昌冬奥会，德国队包揽了北欧两项的全部金牌。里德策克也完成了自己长期以来的梦想。按照里德策克现在的发展速度，相信在未来的北欧两项赛场上他将成为世界级北欧两项选手们最强劲的竞争对手。

第五章

北欧两项的欣赏点与观赛礼仪

在比赛中，观众的举止对参赛选手的发挥有着重要影响，文明观赛、适时的掌声和鼓励会增加运动员的信心，使运动员发挥出更出色的水平。

·比赛欣赏点·

* 学会欣赏

北欧两项分为跳台滑雪和越野滑雪两个部分，因此一场比赛可以同时观看到两种比赛的风采：既可以感受到跳台滑雪的刺激，又可以欣赏到越野滑雪激烈追逐的场景。虽然北欧两项看似是两种不同的比赛，但结合在一起后却有着其他比赛项目所没有的独特观赏性。

* 观看比赛

·观赛礼仪·

＊ 文明观赛

奥运比赛项目在不断完善各自的赛制和规则的同时，也逐渐形成了一些约定俗成的赛场文明和观赛规定。文明观赛，这既是奥运会文化礼仪的一部分，也是展示东道主良好形象的重要内容。所以大家在观看比赛时需要严格遵守赛场的规定，并配合好相关工作人员。

比赛前

（1）观看比赛前，应该先了解该比赛项目的基本规则，这样不仅利于我们更好地观看比赛，还可以在适当的时候为参赛的选手加油助威。

（2）入场应尽量提前或准时。在出发前，最好先熟悉一下去赛场的交通路线，尽量乘坐快捷畅通的公共交通。进入场内时，在入口处会进行安检，一定要有序排队，不可插队，须听从安检人员安排。

（3）赛场内不准携带易燃、易爆等危险物品进场。打火机、酒瓶、凳子、刀具、易拉罐、宠物等也不可带入场内。另外，锣鼓、哨笛、喇叭、旗杆等物品，也不宜带入场内。所携带的标语，绝对不可带有侵犯知识产权和变相广告宣传的内容。

比赛中

（1）在观看比赛的时候，不可使用闪光灯拍照，不可翻越栏杆，不可向赛道上丢弃任何物品，以确保赛道的通畅，保证运动员的安全。

（2）在运动员比赛时，可加油鼓掌，但切忌起哄、吹口哨、怪声尖叫、喝倒彩，不嘲讽、辱骂裁判员、运动员、教练员。比赛过程中，运动员的失误是在所难免的，此时观众要理解运动员，控制自己的情绪。当运动员失误摔倒，继续完成下一个动作时，观众应报以热烈的掌声，为运动员加油。

（3）北欧两项的比赛中，有一些分值是裁判员依靠主观判断给出的，观众如果认为裁判不公平，要冷静对待，不可起哄，应尊重裁判，理性观赛。

比赛后

（1）在举行升国旗、奏国歌时，现场所有人员都应肃立并面向国旗行注目礼，也可跟着乐曲用正常音量唱国歌。如果是升他国国旗或奥运会会旗，奏他国国歌或奥运会会歌，也应肃立行注目礼表示尊重。

（2）奥运赛场内，观众进退场有非常明确的专用通道。观众、记者、选手、嘉宾均有专门指定的允许通行路线，安全通行，各行其道。观众不要因为索取选手签名擅自闯入不允许进入的区域。

（3）赛场内禁止吸烟，有的赛场设有吸烟区，吸烟者一定要在允许吸烟的区域吸烟。有许多比赛禁止带入吃食，观众应遵守相关规定。对于带入的物品，在退场时应及时清理并带出场外，保持场地的清洁。

（4）不随便中途退场，若需提前退场，应在不打扰他人的情况下尽快离开。退场时，应按座位顺序退场，向最近的出口缓行或顺着人流行进。

＊ 注意事项

附录　跟我学

（中英文对照）

* 跳台滑雪

中文	英文
跳台	Hill (Jumping Hill)
大跳台	Large Hill
跳台轴	Axis of the Jumping Hill
起跳平台	Take-Off Table
助滑道	Inrun Track
裁判塔	Judges Tower
跳台雪板	Jumping Ski
最高出发门	Highest Starting Gate
最低出发门	Lowest Starting Gate
着陆区	Landing Area
媒体混合区	Mixed Zone
器材储备区	Equipment Storage Zones
等候区	Warm-Up Room
终止区	Outrun
出发区	Start Area

续表

中文	英文
着陆坡	Landing Slope
器材主管	Chief of Equipment
试滑员主管	Chief of Forerunners
裁判长	Chief of Competition
测量员	Distance Measurer
距离测量主管	Chief Distance Measurer
姿势裁判员	Jumping Judge
集体分	Collective Points
更改姿势得分	Change a Score for Style Points
最高分	Highest Score
最低分	Lowest Score
距离分	Distance Points
姿势分	Style Points
丢分	Loss of Points
负分	Minus Point
个人完成姿势得分	Individual Style Point
参赛选手分组	Grouping of Competition
起跳高度	Height of the Take-Off

续表

中文	英文
水平距离	Horizontal Distance
跳台记录	Hill Record
弯身	Bend Back
屈膝	Bend Knees
身体前倾	Body Leaning Forward
跳跃姿势标准	Standard of Style
最远跳跃距离	Longest Jump
重复跳跃动作	Repeat a Jump
跳跃力度	Power of a Jump
身体失衡	Loss of Balance
跳跃次数	Number of Jumps
压雪机	Grooming Machine
风向旗	Wind Flags
风向监测设备	Wind Measuring Devices
风速测量	Measuring Wind Speed
顺风	Tailwind
逆风	Headwind
持续失误	Persisting Fault

续表

中文	英文
飞行失误	Mistake During Flight
着陆失误	Mistake on Landing
严重失误	Major Fault
选手无失误	No Fault of the Jumper
比赛中断	Interrupt a Round (of Competition)
取消参赛资格	Disqualification
延迟一轮比赛	Postpone a Round

* 越野滑雪

中文	英文
双赛道	Double Tracks
终点赛道	Finish Track
滑雪道	Trail
训练滑道	Training Track
热身赛道	Warm-Up Track
出发区	Start Area
供给站	Refreshment Station

续表

中文	英文
打蜡房	Waxing Room
滑雪帽	Ski Hat
滑雪服	Ski Suit
滑雪内衣	Underwear
滑雪杖	Ski Pole
越野滑雪竞赛滑雪板	Cross-Country Racing Ski
滑雪蜡	Ski Wax
越野滑雪靴	Cross-Country Ski Boot
越野赛	Cross-Country Race
追逐赛	Pursuit Competition
坡度	Gradient
最大爬坡	Maximum Climb
分组	Grouping
长距离比赛	Long-Distance Race
短距离比赛	Sprint
接力棒交接	Relay Exchange
接力竞速赛	Relay Sprint
接力赛	Relay Race
严重犯规	Major Offence

续表

中文	英文
赛道测量	Measuring of the Course
离开赛道	Leave the Course
出发顺序表	Start-List
出发时间差	Start-Time Differences
集体出发	Mass Start
同时出发	Simultaneous Start
单人出发	Individual Start / Single Start
正式出发时间	Official Start Time
出发地点	Starting Place
出发顺序	Starting Sequence
平地斜滑	Diagonal Step on the Flat
斜登山	Diagonal Step Uphill / Uphill Diagonal Stride
跨步滑行	Stride
平地滑行技巧	Skating Technique on the Flat
滑降技术	Downhill Technique
自由式技术	Free Technique
传统式技术	Classical Technique/Style
斜滑	Diagonal Step
让道	Give Way (To)

续表

中文	英文
滑行	Glide (To)
接交	Hand-Over
连续转弯	Link Turns
滑降转弯	Downhill Turn
平地滑雪	Flat Skiing
直线滑道	Straightaway
开始滑降	Start Down the Fall
滑步	Skating Step
直上坡	Straight Ascent
侧跨上坡	Sidestep Climb
滑行上坡	Skating Uphill
过坡	To Pass a Slope
陡坡	Steep Section
上坡路段	Uphill Section
上坡技巧	Uphill Technique